조직행동

제2판

박경규

ORGANIZATIONAL

BEHAVIOR

弘文社

제2판 머리말

조직은 자신의 생명을 유지하기 위해 자원을 필요로 한다. 예를 들면 인체의 경우, 공기, 물 그리고 영양분이며 기업조직의 경우 여러 자원이 필요하다. 원자재, 자본, 기술 등 매우 많은 자원이 필요하다.

"조직행동"은 학문적으로는 조직에서 발견되는 행동관련 제 현상을 과학적으로 밝히는 것이다. 즉 현상의 인과관계를 밝히는 것이다. 뿐만 아니라 실천적인 측면에서는 조직이 가지고 있는 인적자원의 에너지를 극대화시키기 위한 여러 방책을 발굴하는 것이다.

본서는 조직 내 인간의 보이는 것뿐만 아니라 보이지 않는 에너지를 찾아내어 이를 극대화시키는 데 초점을 맞추고 있다. 즉 조직구성원이 가지고 있는 심리적 자원을 활성화시켜 행동으로 끌어내는 데 있다.

본서가 처음 출간된 지도 벌써 4년이 지났다. 같은 제목의 서적이 여러 종류가 있음에도 불구하고 본서는 그 내용전개가 학문의 전개과정, 즉 현상에 대한 기술, 설명, 예측 그리고 통제라는 과정에 맞추어 조직행동관련 논의를 전개하여 독자들에게 보다 체계적인 시야를 제공하였다.

사실 필자의 능력부족으로 또한 다소 시간에 쫓기어 제1판에서는 문장구성이 독자들이 이해하는 데 다소 불편함이 있었다. 뿐만 아니라 꼭 필요한지 의문을 가질 수 있는 문단 그리고 오탈자 등이 출간 후 여러 곳에서 발견되어 독자들에게 죄송하게 생각해 왔다.

제2판에서는 불명확하여 이해하는 데 불편함을 주는 문장 및 오탈자를 수정하여 보다 이해하기 쉽도록 하였다. 그러나 새로운 주제를 추가하는 데에는 약간의 망설임이 있어 이는 다음 기회에 검토하기로 하였다.

본서를 출간할 수 있도록 해주신 홍문사 임권규 사장님, 문장을 꼼꼼히 검토해 주신 이경희 주간님 그리고 제2판을 낼 수 있도록 격려하시고 추진해 주신 이준기 부장님께 이 자리를 빌어 거듭 감사드린다.

2019년 1월

저 자 씀

머리말

조직행동은 경영학의 한 분야이다. 경영학이 과연 과학인가에 대해 과거 많은 학자들은 의문을 제기하였다. 어떤 학자는 경영학은 과학이 아니라 기술에 불과한 것이며 그 목적은 이윤창출에 필요한 경영기법을 개발하는 것이라고 주장한 바 있다. 이에 대해 독일의 경영학자인 Nicklisch는 경영학이란 기업조직에서 가치가 창출되는 과정을 과학적으로 즉, 그 인과관계를 밝히는 것이라는 입장을 밝힌 바 있다.

조직행동이 경영학의 한 분야로서 자리를 잡는 데는 오랜 시간이 걸렸다. 조직행동에서 다루고 있는 주제들은 사실상 심리학, 사회학, 정치학 그리고 심지어 문화인류학에서 많은 연구가 이미 되어 온 것들이다. 그러나 조직행동은 이러한 인접 학문분야에서 구축한 지식을 그대로 가져온 것은 아니다. 이러한 지식을 기업조직이라는 그물망을 가지고 사금을 채취하듯 필요한 것을 추출해낸 것이다. 조직행동의 학문적 목적은 조직의 성과와 직접·간접적으로 관련되는 인간의 행동을 과학적으로 밝히는 것이다. 뿐만 아니라 경영학이 순수과학이 아니고 응용과학인 것처럼 조직행동 또한 응용과학으로서 현상의 통제(변화)와 관련되는 지식도 개발한다.

조직행동의 학문적 영역, 즉 다루어져야 할 주제 등에 대해서 그동안 일관된 체계가 구축되어 있지 못하고 있다. 학자들마다 자신들이 선호하는 주제들을 조직행동이라는 학문적 영역에 담고 있어 조직행동의 학문적 구조에 대한 명확한 틀이 제시되지 못하고 있는 실정이다.

이 책에서는 과학적인 접근을 통해 조직행동의 체계를 구축하고자 한다. 과학활동의 과정은 크게 4가지로 나눌 수 있다. 즉 과학활동이란 어떤 현상을 기술(describe)하고, 설명(explain)하고, 예측(predict)하고 그리고 통제(control)하는 데 따르는 지식을 획득하는 것이다. 이러한 틀 속에서 조직에서 발견되는 행동 관련 현상을 다루고자 한다. 뿐만 아니라 조직구성원들의 행동을 개인수준, 집단수준 그리고 조직수준에서 접근하여 이와 같은 분석수준에 따라 조직구성원들의 행동이 다이내믹함을 밝히고자 한다.

이러한 시도는 어떻게 보면 허술할 수 있다. 아름다운 장미를 재배하여 많은 사람들로부터 유능하다는 찬사를 받는 정원사일지라도 처음부터 장미를 아름답게 재배할 수는 없었을 것이다. 채송화를, 나팔꽃을, 그리고 이름 모를 수많은 꽃들을 재배한 후에야 사람들이 감탄하는 장미꽃을 피우게 할 수 있었던 것이다. 이 책에서 시도하는 조직행동의 학문적 체계에 대한 구축은 정원사가 이제 막 채송화를 재배하는 것에 비유할 수 있겠다. 크고 아름다운 장미를 재배하기 위해서는 앞으로 수많은 노력이 있어야 될 것이다. 필자가 시도한 조직행동의 체계는 하나의 대안일 뿐이다. 보다 의미있는 학문적 체계의 정립에 대한 노력은 필자 혼자 하는 것이 아니다. 앞으로 많은 후학들의 관심과 각자의 노력을 통해 조직행동이라는 학문이 보다 의미있게 정립되기를 기대한다.

이 책은 조직행동을 처음 공부하는 사람들에게 기초지식을 제공할 것이며, 대학원 학생들에게도 의미있는 분석의 틀을 제공할 것이다. 뿐만 아니라 기업조직에서 실무를 담당하고 있는 사람들에게는 조직에 대한 통찰력을 획득하는 데 도움이 될 것이다.

이 책을 저술함에 있어서 많은 분들의 도움이 있었다. 관동대 우창열 교수, 홍익대 최연 교수 그리고 서강대 조봉순 교수께서는 이 책의 이론적 체계를 구축하는 과정에 많은 가치있는 의견을 주셨다. 이에 대해 진심으로 감사드린다. 이분들의 코멘트는 항상 저자의 생각에 밝은 횃불을 비추어 주었다. 한 권의 책이 나오는 데에는 독자들이 생각하지 못하는 수많은 과정이 존재한다. 오아라 박사, 현재 박사논문을 준비하고 있는 용현주 선생, 신이현 선생은 이 책의 내용에 대해 망원경과 현미경을 동시에 장착한 리뷰를 기꺼히 해주셨다. 이들의 노고에 대해 감사드리며 이들의 학문적 도약을 기원한다. 박채영 조교와 윤나라 조교 또한 이 책이 나오는 데 많은 궂은일을 해 주었다. 그림 및 표를 만들고 논문 출력, 교정 그리고 도서관에서 책을 빌려오는 등 이런 일들은 별로 빛이 나지는 않지만 없어서는 안 되는 것들이다. 이들에게 이러한 일들이 그래도 의미가 있기를 기대하며 고마움을 표시하고 싶다. 끝으로 이 책을 집필하도록 자극을 주시고 오랫동안 신뢰를 가지고 기다리셨던 홍문사 임권규 사장님과 특히 원고의 조악한 문체를 알기 쉽게 그리고 바르게 고쳐주신 선시현 과장님께 감사드린다. 뿐만 아니라 물심양면으로 지원해주신 홍문사 임직원 여러분들께 진심으로 감사드린다.

2014년 1월
신촌 연구실에서
저 자 씀

차 례

Part I 조직행동이란 무엇인가

Chapter 1 조직행동에 대한 기본이해

Part II 개인수준 행동

Chapter 2 지 각

Chapter 3 개인차: 성격 및 능력

Chapter 6　감정 및 직무 스트레스

Chapter 7　직무행동과 학습

Chapter 8　의사결정

Part III 집단수준 행동

Chapter 9 집 단

Chapter 10 커뮤니케이션

Chapter 11 갈등과 권력

Chapter 12 리더십

Part IV 조직수준 행동

Chapter 13 조직구조 및 변화

Chapter 14 조직문화

Part I

조직행동이란 무엇인가?

Chapter 1 조직행동에 대한 기본이해

Chapter

1

조직행동에 대한 기본이해

ORGANIZATIONAL BEHAVIOR

1. 문제제기
2. 조직행동 이론의 형성배경
3. 학문적 체계

1 문제제기

1.1 조직행동, 무엇을, 왜 공부하는가?

CASE 1

독일의 재상 비스마르크(사진)는 사냥을 좋아했다. 하루는 친구와 같이 사냥을 나갔는데, 그날따라 그들은 한 마리의 동물도 잡지 못했다. 한 마리라도 더 잡으려고 애를 쓰다 보니 날은 이미 저물고 말았고 그들은 기분이 매우 허탈해졌다. 그곳은 늪이 많아 위험했다. 돌아오는 길에 비스마르크가 늪에 빠지고 말았다. 다행히 앞서 가던 친구가 달려와 총대를 내밀어 그는 총대를 잡고 간신히 구조되었다.

이번에는 앞서가던 친구가 늪에 빠지고 말았다. 비스마르크가 달려갔을 때에는 이미 허리까지 빠져들고 있었다. 친구가 빠진 곳은 총대도 닿지 않아, 비스마르크는 발을 동동 굴렀다. 이제 친구는 목까지 빠졌다. "아까 자네가 빠졌을 때에 내가 건져 주지 않았는가? 제발 어떻게든 나 좀 건져 주게나." 친구가 애원했다.

그러자 비스마르크는 총을 들어 늪에 빠진 친구를 향해 겨누었다. "자네를 구하려다 나까지 죽을 수는 없는 일이고… 그렇다고 자네의 그 고통스러운 모습을 더 이상 볼 수도 없군. 매정하지만 이 총으로… 이해하게나." 비스마르크는 실탄을 넣더니 방아쇠를 당기려고 했다.

믿었던 친구의 갑작스런 행동에 놀란 늪 속의 친구가 총을 피하려 있는 힘을 다해 허우적거렸다. 그 바람에 늪가로 조금씩 옮겨갔다. 비스마르크는 얼른 반대편으로 돌아가 총대를 내밀어 친구를 건져 주었다. 그는 친구에게 이렇게 말했다. "오해하지 말게. 아까 내 총은 자네의 머리가 아니라 자네의 분발력을 겨누었었다네."

➔ 늪 속에서 살기 위해 최선을 다했던 그 친구는 비스마르크가 총을 겨누자 분노하여 초인적인 힘을 발휘하였다. 이러한 힘은 어디서 나오는가?

CASE 2

독일의 심리학자 링겔만은 집단 속 개인의 공헌도를 측정하기 위해 줄다리기 실험을 해봤다. 1 대 1의 게임에서 1명이 내는 힘을 100으로 할 때 참가자 수가 늘면 개인이 어느 정도 힘을 쏟는지를 측정했다. 그 결과 2명이 참가하면 93으로, 3명이 하면 85로 줄었고 8명이 함께 할 때 한 사람은 49의 힘, 즉 혼자 경기할 때와 비교하여 절반의 힘밖에 내지 않았다.

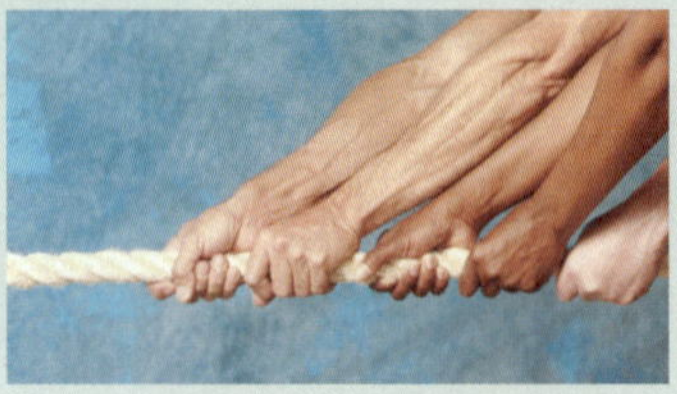

➲ 왜 인간은 혼자 있을 때보다 집단 속에 있을 때 능력발휘의 정도가 달라지는가? 흔히 전체는 개인의 합 이상의 어떤 것이라고 말하는데 이 사례에서 전체는 개인의 합보다 작다. 전체를 개인의 합보다 많게 할 수는 없는가?

CASE 3

지난 설 연휴 직전 S통신 직원들은 기가 푹 죽었다. 매년 받아왔던 인센티브 보너스가 전체 연봉의 30% 가량 되었는데 지난번에는 전년도 대비 5% 감소한 것이다. 즉 개인별로는 수백만 원을 덜 받은 것이다.

S통신은 S그룹 급성장을 이끈 주축이다. 에너지와 텔레콤을 주축으로 한 S그룹은 국내 산업계의 선두 그룹으로 우뚝 섰다. 그런데 그 두 축 중 하나인 S통신이 심하게 흔들리고 있다. 내수시장이 포화된 상태에서 새로운 돌파구를 찾을 길이 없다. 또한 글로벌 시장을 공략하는 것도 여의치 않다. 각 국가는 국가의 기간산업인 통신업종을 외국기업에 잘 개방하지 않기 때문이다. 때문에 S통신에서는 "지금껏 안 해본 일이 별로 없다. 그러나 되는 일도 없다. 그리고 더 해볼 만한 일도 없다."는 패배감이 팽배하였다.

이러한 상황에서 A대표는 조직쇄신을 위해 많은 노력을 기울였다. 그 가운데 하나가 골프금지령. 사실 "골프를 금지한다."라고 명문화한 것은 아니지만, 지난해 골프와 관련하여 일벌백계를 하겠다며 5명의 직원을 징계했다. 당시 과장급 2명이 회사를 그만두고 부장급 1명은 팀장에서 물러났다. 골프금지의 단초는 거래처로부터 필요 이상의 골프접대를 받는다는 것이다.

"사실 매니저급 정도 되면 주말마다 골프를 치는 게 일상화된 상황이었어요. 그런데 갑자기 골프를 많이 쳤다고 직원들이 줄줄이 징계를 당하니 다들 깜짝 놀랐지요. 이후 골프를 치는 직원이 거의 없습니다. 괜히 잘못 걸렸다 무슨 일을 당할지 모르잖아요." 직원 B씨의 얘기다. 일벌백계 조치 후 직원들은 스스로 경계하는 것이 확실하지만 서로 간에 "으샤으샤" 하는 분위기는 전혀 찾을 수 없다고 다들 입을 모아 말하고 있다. 그 사건 이후 직원들이 거래처 사람을 만나는 일이 아주 뜸해졌다.

➲ 조직에서 "으샤으샤" 하는 분위기는 필요한 것인가? 이것이 조직성과를 높이는 데 필수적인가?

CASE 4

바다거북은 산란기가 되면 바닷가로 올라와 500개에서 많게는 1000개에 이르는 알을 낳는다. 어미 거북은 먼저 모래 속 깊이 구덩이를 판 다음 100개 정도의 알을 무더기로 낳은 후 모래를 끌어 모아 그 위를 덮는다. 이런 식으로 10여 차례에 걸쳐 알을 낳는다.

이렇게 무더기로 낳은 알에서 부화한 새끼 거북들은 어떻게 모래 웅덩이를 빠져 나올까? 100마리나 되는 새끼들이 뒤엉킨 상태에서 과연 그 좁은 웅덩이를 빠져 나올 수 있을까?

동물학자들이 관찰한 결과 새끼 거북들이 역할 분담과 협력을 통해 웅덩이를 빠져 나온다는 것이 밝혀졌다. 구덩이에서 막 깨어난 새끼들 중 꼭대기에 있는 녀석들은 천장을 파내고, 가운데에 있는 것들은 벽을 허물고, 밑에 있는 새끼들은 떨어지는 모래를 밟아 다지면서 다 함께 모래 밖으로 기어 나오더라는 것이다. 또 실험하면서 알을 한 개씩 묻어 놓았더니 27%, 2개씩 묻어 놓았을 때에는 84%, 4개 이상을 묻어 놓으면 거의 100%가 알에서 깨 구덩이 밖으로 탈출했다고 한다. 이처럼 새끼 거북들은 협력을 통해 구덩이에서 탈출하는 데 성공한다.[1]

➔ 새끼 거북은 개별적으로 생존을 위해 노력하기보다 서로 협동을 할 때 그 생존율이 높아진다. 즉 협동은 전체를 개인의 합 이상으로 만드는 시너지 효과를 창출한다. 조직의 존재 이유는 바로 시너지 효과를 창출하는 데 있지 않은가?

위에 제시한 사례는 조직행동의 연구방향을 말해 주고 있다. 사례 1은 개인이 초인적인 힘을 끌어낼 수 있는 가능성을 말해 준다. 이는 흔히 말하는 개인의 사기진작의 차원을 넘어선 경지이다. 사례 2는 집단의 의미와 이의 역동성을 시사해 준다. 산업심리학의 초기 호손연구에서는 개인에게 일을 맡기는 것보다 집단으로 시킬 때 성과가 더욱 높다는 것을 증명한 바 있다. 그러나 위의 사례는 오히려 개인이 집단 속에 있을 때 에너지 투입이 더 줄어들 수 있다는 것을 보여 준다. 이를 극복하여 집단 속에서 개인의 에너지 투입이 더 증가할 수 있는 방안은 없는가?

사례 3은 조직 전체의 성과를 높이는 데 소위 말하는 조직문화라는 자원, 여기서는 "으샤으샤"라는 문화가 커다란 역할을 할 수 있느냐에 대한 물음이다.

사례 4는 조직의 존재 이유의 핵심인 시너지 효과를 창출하기 위해 조직 내 구성원 간의 협동시스템을 어떻게 구축하느냐에 대한 질문을 던져 준다.

조직행동 이론은 위에서 제기한 문제들을 해결하는 데 중요한 답을 제시해

준다. 이 이론은 조직이 추구하는 목표를 달성하는 주체가 조직구성원이라는 인식하에 조직에서 인간활동의 다양한 특징과 이를 이끌어 내는 여러 상황요인들을 설명해준다.

1.2 조직의 에너지는 어디서 나오는가?

조직은 살아있는 생명체이다. 즉 유기체이다. 기업조직 역시 유기체이다. 기업조직이 유기체라는 관점은 바로 조직이 생명체로서 환경에 스스로 적응하고 또한 살아남기 위해 동물세계에서 보듯이 진화한다는 것을 의미한다. 기업경영은 이 유기체 속에서 가치를 창출하기 위해 수많은 그리고 복잡한 과정을 거치는데 이러한 과정에는 반드시 에너지가 작용한다. 따라서 조직의 에너지는 어디서 나오는가를 밝히고 이러한 에너지를 극대화시키는 것이 조직행동 이론의 주요 과제가 된다.

기업조직에서 에너지는 기본적으로 아래의 몇 가지 자원으로부터 나온다.

물적자원

기업은 원자재를 구매하여 이를 가지고 공장에서 상품을 생산한다. 여기서 원자재, 공장 건물, 기계 그리고 만들어진 상품 등은 모두 물적자원에 해당된다.

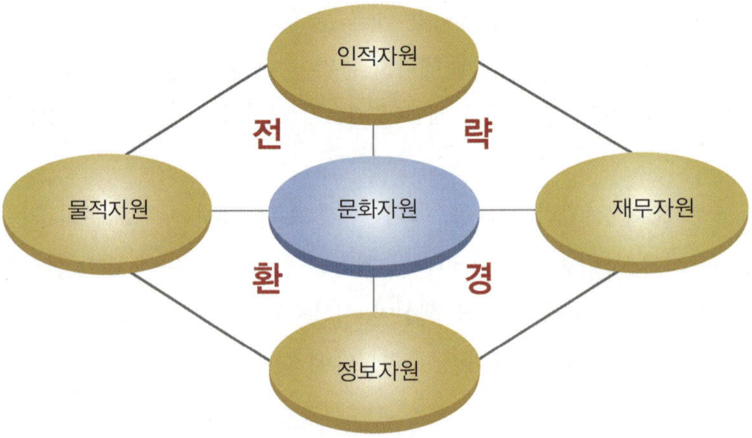

그림 1-1 조직의 제 자원

재무자원

이러한 물적자원을 획득하는 데에는 반드시 금전이 필요하다. 기업에서는 이러한 것을 재무자원이라고 한다.

정보자원

현대의 기업경영은 복잡하고 급변하는 환경에 직면해 있는데 이 속에서 합리적인 의사결정을 하는 데 필요한 것이 바로 정보이다. 특히 IT 업종이 발달한 현대의 기업 상황 속에서 정보자원은 기업의 생존에 결정적인 의미를 가져다준다.

인적자원

위에서 제시한 자원들을 획득하고 활용하는 주체는 바로 인적자원이다. 이러한 자원들 외에 최근 발견된 제5의 자원은 기업의 문화자원이다. 이를 조직문화라고 한다. 특히 조직문화는 조직의 중요한 자원으로서 다른 제 자원들의 중심에 두어야 한다고 주장되고 있다.

조직의 에너지 원천이 되는 자원들은 가시적 영역과 비가시적 영역으로 분류할 수 있다. 가시적 영역에 속하는 것으로는 물적자원, 재무자원, 정보자원 그리고 인적자원을 들 수 있다. 가시적 영역의 4가지 자원을 물리적 자원(physical resources)으로 비가시적 영역의 조직문화를 정신적 자원(mental resources)으로 구분할 수 있는데 이 가운데 조직에너지의 주요 원천이 되는 것은 바로 정신적 에너지인 조직문화와 같이 눈에 보이지 않는 자원이다.

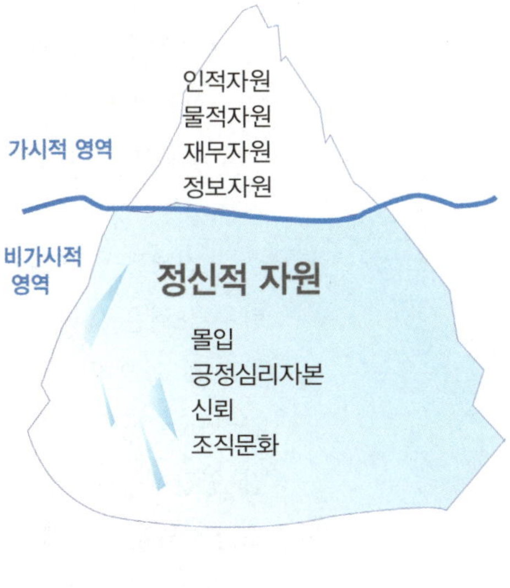

그림 1-2 조직의 정신적 자원(에너지)

조직행동 이론은 많은 부분이 이 정신적 자원의 활성화 및 극대화에 초점을 맞추고 있다. 정신적 자원에는 조직문화 외에도 조직구성원의 자기효능감, 희망, 낙관주의 그리고 복원력 등 소위 긍정심리자본으로 지칭되는 요소들이 있으며, 개별 구성원의 신뢰, 조직 및 직무에의 몰입(commitment)

등도 중요한 정신적 자원으로 볼 수 있다.

조직행동 이론에서는 이러한 정신적 자원의 중요성을 바다에 떠 있는 빙산으로 비유하기도 한다. 즉 물속에 잠겨 있는 것(정신적 자원)이 눈에 보이지는 않지만 그 크기는 눈에 보이는 다른 자원들보다 훨씬 크다는 것을 상징적으로 말해 주고 있다.

2 조직행동 이론의 형성배경

독일의 대문호 괴테(J.W. von Goethe)는 일찍이 "과학 역사는 과학 그 자체이다." 라고 말한 바 있다. 현대 기업조직에서 조직행동을 이해하는 데 있어 이 분야의 역사적인 흔적을 살펴봄으로써 아래의 몇 가지 의미를 찾을 수 있다.

- 조직행동은 인간의 행동에 관한 것이기 때문에 본질적으로 변화를 전제로 하고 있다. 해당 이론이 정립되었을 때의 기업 관련 상황과 이를 이론에 어떻게 반영했는지를 살펴봄으로써 오늘날 조직행동 이론을 구축하는 데 통찰력을 제공받을 수 있다.
- 조직행동과 관련하여 과거 구축된 이론들에서 당시 기업조직의 문제해결의 고유한 아이디어를 발견할 수 있으며 이러한 아이디어는 오늘날 기업조직의 실무에 가치 있는 시사점을 제공해 줄 수 있다.

조직행동 이론은 기본적으로 인간의 행동에 관한 것이다. 인간의 행동에 대한 탐구 노력은 여러 분야에서 발견할 수 있다. 우선 심리학은 개인행동에 초점을 맞추고 있으며 사회학은 집단 내지 국가 전체 수준에서 인간의 상호작용과 관련되는 현상을 연구하는 영역이다. 문화인류학은 여러 문화 속에서 혹은 문화 간 인간행동에 대한 것을 다루며 정치학은 국가 수준에서 인간의 집단행동에 초점을 맞추고 있다.

끝으로 조직에서의 인간의 행동은 경제적 동기가 일반적인데 이와 관련하여 경제학은 인간의 경제활동을 거시적인 시각에서 접근하는 학문이다.

조직행동은 그 용어에서 보듯이 조직과 행동의 합성어이다. 따라서 조직행동 이론은 앞에서 열거했던 여러 학문분야에서 발전된 이론을 수용하고 또한 조직이라는 특수한 상황에서 일어나고 있는 인간의 행동과 관련되는 제 현상을 연구하는 것이기 때문에 조직, 특히 기업조직에 대한 이론을 바탕으로 구축되어 왔다.

산업화 이전까지 기업에서의 조직문제는 실무에서의 경험 및 인간의 건전한 판단력에 의해 해결되어 왔으나 산업혁명은 기업의 경영환경에 커다란 변화를 일으켰다. 이후 기업조직의 규모가 커지고 복잡해지자 기업조직이 직면하는 제 문제들을 해결하기 위해서는 보다 체계화된 과학적인 접근이 필요하게 되었다. 20세기 초 기업의 조직문제를 좀더 과학적으로 접근하려는 노력이 활발해졌다. 즉, 조직 내에서 관찰되는 다양한 현상의 인과관계를 밝히려는 시도가 잇따랐으며 그 결과 여러 이론들이 만들어졌는데 이때의 이론 내지 접근들을 통틀어 고전이론이라고 칭한다. 그 후 고전이론에서 주장하는 기본적인 입장에 대해 다른 시각으로 비판한 접근들을 신고전이론이라고 하며 이러한 고전이론 및 신고전이론을 통합하려는 시도가 1930년대 말에 나타났다. 통합이론 이후에도 경영조직 연구에 새로운 접근들이 계속 나오고 있는 실정이다. 아래에서는 언급된 주요 이론들의 내용을 소개하고자 한다.

2.1 고전이론

산업화 이전의 조직문제는 대개 실무에서의 경험 및 인간의 직관에 의해 해결되었으나 산업혁명은 경영환경에 큰 변화를 일으켰으며 기업은 이에 대처하기 위해 새로운 방법 및 기법을 개발하기 시작했다. 이 시대에 축적된 지식은 후의 고전적 조직이론(classical theory)의 기초가 되었다.

고전이론은 조직의 제 현상을 연구하는 데 있어서 과학적인 방법을 처음으로 동원했다는 측면에서 그 본질적 특징을 찾을 수 있다. 과학적인 방법이란 어떤 현상을 연구하는 데 있어서 이러한 현상을 기술(describe)하고, 설명(explain)하고, 예측(predict)하고 통제(control)하는 데 따르는 지식을 획득하는 활동을 말한다. 특히 여기서 현상을 설명한다는 것은 인과관계를 밝힌다는 것을 의미한다.

고전이론에 속하는 대표적인 것으로서 Taylor의 과학적 관리이론, Fayol의 일반관리 이론 그리고 Weber의 관료제 조직이론을 들 수 있다.

1) 과학적 관리이론

Taylor가 활동했던 19세기 말과 20세기 초 미국의 공장관리는 아래의 문제점들을 가지고 있었다. 첫째, 공장 내 작업성과에 대해 사전에 제시된 표준(standard)이 없었기 때문에 상사가 작업자에게 하는 지시는 상사의 경험과 주관에 의한 것이었다. 둘째, 작업들 간의 유기적인 조정이 거의 불가능했다. 셋째, 하루의 목표생산량에 대한 계획이 없어서 작업자들의 임률(wage rate) 변경에 대한 불안감으로 인한 조직적 태업(systematic soldiering)이 용이하게 이루어질 수 있었다. 여기서 임률변경은 작업자에게 적용되었던 임률(부품 한 개 조립하는데 1000원으로 정한 임금)이 작업자의 생산성이 높아질 경우, 사용자가 개당 임률을 1000원에서 900원으로 삭감하는 것을 말한다. 따라서 작업자는 임률저하를 막기 위해 능력을 최대한 발휘하지 않고 적당한 수준의 성과를 유지하는 소위 조직적인 태업을 하는 것이다. 끝으로 능률향상을 위한 자극방법으로 임금형태를 일급제에서 성과급제로 전환시켰으나 작업자의 성과급제에 대한 불신으로 능률향상이 이루어지지 못했다.[2]

Taylor는 당시 미국공장에 확산되어 있던 이와 같은 경영의 비과학적인 접근을 개선하기 위해 다년간의 공장기사로서의 경험을 바탕으로 과학적 관리(scientific management) 이론을 정립하였다. 이 이론의 핵심은 다음과 같다.

- 시간 및 동작연구를 통해 작업 효율성의 방향 발견
- 차등별 성과급 제도의 도입으로 "근로자의 경제적 이익의 극대화" 동기 자극
- 직능별 조직 고안

직능별 조직은 당시 "한 사람의 작업자는 한 사람의 상사에게 보고해야 한다"는 조직원칙을 정면으로 위반하는 것이어서 주목을 끌었다. Taylor는 공장의 작업조직의 지휘권과 관련하여 직속상사의 전문적 능력에 대해 문제를 제기하였고 작업자의 작업내용 전부를 직속상사가 관리하는 데 한계가 있다고 보았다. 이에 대해 작업자의 특정 작업부분에 대해 전문능력을 가지고 있는 사람이 이를 관리하는 것이 보다 효율적이라는 것이다. 오늘날 야구단의 예를 들면 야구선수들을 총지휘하는 감독 외에 추가적으로 투수코치, 타격코치 그리고 수비코치를 두는 것과 같은 논리이다.

Taylor는 당시 공장의 현장관리에서 뜨거운 논쟁거리였던 기업의 이익극대화와

근로자의 임금극대화의 딜레마를 작업조건의 표준화 등과 같이 과업관리와 성과급 제도도입을 통해 극복하였다.

그럼에도 불구하고 Taylor의 관리이론은 한마디로 기계적 모델(machine model)이라고 특징지을 수 있는데 이것은 인간의 활동을 어떤 특정 기능만을 반복적으로 수행하는 로봇과 같은 존재로 간주해, 그들의 다른 여러 기능을 연결함으로써 조직을 구성한다고 보았기 때문이다.[3] 여기서 인간의 의미는 작업의 한 기능을 수행하는 존재 이상도 이하도 아닌 것이다. 즉 생산성과 관련하여 중요한 요소로 인정되는 인간의 감정적 측면을 등한시했다는 비판이 후에 제기되었다.

2) 일반관리 이론

Fayol은 관리에 임하는 합리적인 접근을 추구한다는 점에서는 Taylor와 마찬가지였지만, Taylor는 생산현장의 작업관리에만 관심을 기울인 데 반해 Fayol은 프랑스의 한 탄광회사에서 30여 년간 경영자로 활동한 경험을 살려 조직 전체를 효율적으로 관리할 수 있는 원칙들을 찾아낸 사람이다. 오늘날 미국에서 경영학을 매니지먼트(management)라고 이름을 붙인 것은 바로 Fayol의 관리이론에서 연유된다.[4]

Fayol이 다년간의 조직관리 경험으로부터 내린 결론은 관리란 아무런 사전계획 없이 무턱대고 행할 것이 아니라, 명확한 이론적 기반에 바탕을 두고 행해야 한다는 것이다. 그는 우선 관리라는 개념을 정립하였다. 이와 관련하여 Fayol은 기업의 필수적인 주요 활동을 기술활동(생산), 상업활동(구매, 판매), 재무활동(자본의 조달과 운용), 보전활동(재산과 인적자원의 유지보호), 회계활동 그리고 관리활동으로 분류했다.

즉 Fayol은 관리활동을 기업의 성공을 위해 필수적인 것으로 보았다. 여기서 관리활동이란 최소의 비용으로 최대의 성과를 달성하기 위해 기업의 여러 활동들을 **계획**(planning)하고, **조직화**(organizing)하고, **지휘**(directing)하고, **조정**(coordinating)하고 **통제**(controlling)하는 것을 말한다. 즉 기업의 제 활동을 합리적으로 수행하기 위해서는 이러한 관리과정을 거쳐야 함을 제시했다. 나아가 그는 조직관리의 성공원칙 14개를 제시했다.

14가지 관리원칙 분업의 원칙, 권한과 책임의 원칙, 규율의 원칙, 지시의 통일원칙, 지휘의 통일원칙, 개인이익의 전체이익에의 종속원칙, 종업원 보상의 공정원칙, 권한의 집중원칙, 조직의 수직계층화 원칙, 조직구성원 간 질서유지의 원칙, 정의와 평화 그리고 평등의 원칙(종업원에 대한 배려), 직무이동의 제한원칙, 주도(initiative)원칙 그리고 종업원 단결원칙.

Fayol의 관리이론은 우선 기업의 활동을 의미있게 분류하고 합리성을 실행하기 위해 관리과정과 관리원칙을 제시하였다는 것에 큰 의미를 부여할 수 있다. 물론 제시된 14개의 관리원칙이 상호 중복 내지 상충되기도 하며 또한 지나치게 이상적인 것도 있지만 당시의 초보적 상황에서 오늘날 강조되고 있는 경영이념들까지 관리원칙으로 제시한 점에서 그의 선구적인 통찰력을 인정할 수 있다.[5]

3) 관료제 조직이론

조직관리에 있어서 관료제 모델의 발생배경은 1872년 독일의 비스마르크 시대로 거슬러 올라간다. 당시 독일 프러시아국의 수상이었던 비스마르크는 대규모의 막강한 군대의 힘으로 독일을 통일시켰는데, 통일 후 대규모의 군대를 효율적으로 관리하기 위한 조직모델로 관료제 조직을 도입했다. 이러한 군대의 조직관리 모델은 그 후 정부조직에 그리고 기업조직에 도입되었다.

Weber는 관료제 조직이 현대조직의 복잡한 문제를 합리적으로 해결하는 데 탁월한 대안이라고 보고 관료제 조직이론을 정립하였다. 관료제 조직의 특징은 아래의 몇 가지로 요약할 수 있다.[6]

- 규칙과 절차에 의하여 조직의 공식적인 기능이 수행되도록 하였다. 즉 어떤 일을 처리하는 데 있어서 그 기준을 규칙과 절차에 두는 것이다. 이렇게 되면 일의 처리에 있어서 사적인 인간관계가 배제되어 합리적인 의사결정을 할 수 있다는 것이다. 물론 기준이 되는 규칙 및 절차는 자격을 갖춘 자가 만드는 것을 전제로 한다.
- 업무 처리에 있어서 가능한 한 분업(전문화)하여 효율성을 높인다.
- 조직구성원은 계층의 원칙을 따른다. 조직구성원을 효과적으로 관리하기 위해 계층구분을 엄격히 하여 단일지배적 관계를 구축한다. 즉 명령 및 보고 라인을 하나로 통일한다.
- 규칙 및 절차는 반드시 문서로 작성, 기록한다.
- 채용 및 승진 등 인사에 있어서 능력을 갖추고 있지 않은 사람을 등용하는 정실인사(nepotism)를 배제한다.
- 조직구성원의 정년을 보장한다. 이를 통해 조직구성원이 인간관계적 측면에서 일을 처리하지 않고 일 그 자체의 논리적 합리성에 근거하여 할 수 있도록 보장한다.

정실인사 인사를 등용할 때 능력이나 자격 요건을 중요한 기준으로 삼지 않고 의사결정자의 친인척을 등용하는 경우를 말한다.

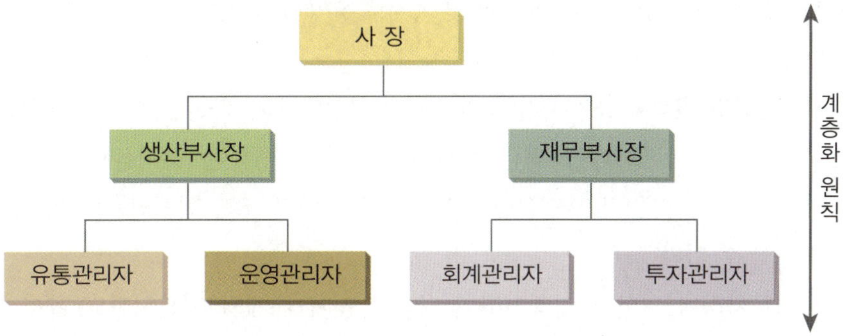

그림 1-3 조직의 계층화 원칙

Weber의 관료제 조직이론은 한마디로 조직관리에 있어서 합리성을 추구하기 위한 것으로서 그 도구로 위에서 설명한 몇 가지 특징들을 제시하였다. 이러한 조직모델은 본질적으로 대규모 조직의 효율적 관리에 많은 기여를 하였으나 아래의 몇 가지 부정적인 결과를 초래하였다.

관료제 이론의 단점

- 이 이론은 그 후 조직관리에 있어서 인간을 조직에 노동력을 제공하는 기계로 취급하여, 이후 조직구성원을 조직의 규칙 및 절차에 종속시킨 결과가 나타나게 되었다.[7] 즉 사용되는 규칙 및 절차는 조직구성원을 통제하기 위해 고안된 것인데 여기에 집착하다 보면 조직이 경직화되어 상황변화에 대처할 수 있는 융통성을 감소시켜 조직의 유연성을 떨어뜨린다는 것이다.
- 조직은 변화되는 복잡한 환경에서 최적의 합리적인 의사결정을 해야 하는데 규칙 및 절차에 대한 집착은 문제해결을 위한 대안을 탐색하는 활동을 감소시킨다. 결국, 수단(규칙 및 절차)이 목표보다 위에 서게 되는 수단-목표 전치(轉置)현상이 나타나게 된다.[8]

이상에서 기술한 고전적 조직이론은 20세기 초반에 형성된 것으로서 그 대상은 조직의 효율성 증대를 위해 조직의 구조적 관계를 이해하는 데 중점을 두었고, 과학적 연구방법으로 인과관계를 밝히려고 시도했다. 그 결과 조직이 성공하기 위해 지켜야 하는 원칙들을 제시했다.

고전이론에서의 핫이슈는 아래의 몇 가지로 요약할 수 있다.

- **기능화의 원칙**이 조직관리의 기본으로 인식되었다. 다른 용어로는 **전문화의 원칙**이라고 하는데 조직은 유사한 기능을 수행하는 부서들로 나눠져야 한다는 것이다. 각자 전문화된 작업을 함으로써 조직 전체의 작업효율성을 높일 수 있다.
- 업무처리에 있어서 사적이고 감정적인 것이 배제된 객관적이고 합리적인 기준을 적용해야 한다는 것이다. 즉 업무처리에 있어서 **규칙 및 절차를 강조**하여 경험미숙으로 인한 잘못된 의사결정을 최소화하는 것이다.
- 조직의 관리에 있어 **계층화의 원칙**(scalar principle)을 따르자는 것이다. 이것은 조직의 지휘를 수직적 관점에서 설계하여 명령계통의 단일화가 될 수 있어야 한다는 것이다. 조직의 계층을 중심으로 명령이 통일됨으로써 분업으로 인해 야기될 수 있는 분열을 조정할 수 있다고 본 것이다.[9]

2.2 신고전이론

신고전이론(neoclassical theory)은 고전이론에서 제시했던 조직관리 원칙들의 경직성에 대해 의문을 제기하면서 조직구성원의 심리적이고 행동적인 문제들을 주요 이슈로 부각시켰다. 신고전이론의 형성배경은 1920년대 유럽에서 발전한 경영사회학과 1930년대 미국에서 발생한 인간관계론에서 발견할 수 있다.

1) 경영사회학적 접근

경영사회학은 기업조직에 대해 사회학적인 접근을 하는 학문 분야이다. 대표적인 연구자로 Simmel과 Briefs를 들 수 있다.[10,11] Simmel의 주요 관심사는 조직 내 구성원 간에 나타나는 갈등문제, 구성원 간의 상호작용을 통한 지배관계, 노동분업의 사회심리적인 결과 그리고 조직 내 구성원들 간의 사회적 관계 및 규범에 미치는 영향요인을 밝히는 것이었다.

Briefs는 기업조직에서 나타나는 인간성 상실이라는 소외문제를 집중적으로 분석하였다. 그는 기업조직이라는 경영공간은 사회적이고 문화적이며 역사적으로 변화하고 있다고 주장하며 이것을 기능공간과 생활공간으로 구분하였다. 기능공간은 조직의 목표달성을 위해 구성원들 간의 긴밀한 협동을 전제로 해야 하며 반면에 생활공간은 조직구성원들 간 자연적인 접촉을 통해 자유로운 인격성장이 이루어지는 장소로 보았다. 이러한 관점에서 그는 기업조직 내 인간소외 현상을 분석하였다. 그 내용을 요약하면 다음과 같다.

소유감으로부터 소외

현대기업에서의 근로자는 조직 내에서 소유감(ownership)으로부터 소외된다. 기업 근로자들은 농부보다 소득 수준이 높지만 자신이 생산한 결과물이 자신의 소유물이 아니라는 것이다. 예를 들면 생산된 제품, 기계 등 모두 자신의 소유가 아니다. 반면에 농부에게는 수확한 농산품, 농기구 등이 자신의 소유물이 된다. 인간은 자신이 소유하고 있는 것에 대해 지배할 수 있고 이를 통해 창조의욕이 증대되어 자신의 가치를 느낄 수 있기 때문에 도시 근로자들은 조직 내 생산결과에 대한 소유감으로부터 소외된다는 것이다.

노동으로부터 소외

기업 근로자들은 자신의 노동으로부터 소외된다. 즉 대량생산을 위한 노동의 분업 내지 전문화로 인해 노동이 기계화되기 때문이다. 여기서 기계화라 함은 당시 작업자가 직접하던 대부분의 일을 기계가 맡게 되어 작업자는 일을 기계에게 빼앗기게 된다는 것이다. 그리하여 노동을 통해 인간이 맛볼 수 있는 기쁨과 보람이 상실된다는 것이다.

생활공간으로부터 소외

근로자는 생활공간으로부터 소외된다. 기업의 작업장에서 인간은 노동을 하고 정신적인 활동도 병행하기 때문에 작업장은 인간의 욕구충족과 정신건강에 매우 중요하다. 그러나 당시 작업장은 기능적 반복만 계속되는 기능공간이 될 뿐 생활공간이 존재할 수 있는 여지가 없어 이것이 인간성을 억압하는 기초가 되고 불만을 유발하는 원인이 된다는 것이다.

협동으로부터 소외

공장근로자들은 협동으로부터 소외된다. 산업화 이전의 경우 어떤 작업을 하기 위해 여러 사람이 공동으로 협동해야 하는 것이 일반적이었으나 산업화가 진행됨에 따라 일이 분업화(division of labor)되어 개인은 단순화된 작업을 혼자하게 된다. 즉 많은 사람들이 서로 공동으로 작업을 하면서 친밀해지고 인간적인 교류를 할 수 있는 기회가 줄어든다는 것이다. 즉 인간이 다른 사람들과 협동함으로써 타인과 맺게 되는 관계속에서 자연스럽게 자기개발의 기회를 발견할 수 있다는 점을 기본전제로 볼 때, 근로자들의 협동으로부터의 소외는 자아상실감을 유발시키는 주요 원인이 될 수 있다.

자기통제로부터 소외

작업자들은 자기통제로부터 소외된다. 과거 기계에게 대부분의 일을 빼앗기지 않았을 경우, 개인은 자기 일을 수행하는데 있어서 그 방법, 속도 등을 자신이 결정할 수 있었으나 이제 개인은 작업장에서 자신이 결정할 수 있는 것이 현저히 줄어들게 되어, 소위 타율적인 인간으로 전락해 버린다는 것이다.

경영사회학 이론들의 주요 이슈는 산업화에 따르는 인간성 상실 그리고 산업조직에서 나타나는 개인의 정신적·심리적 측면의 제 문제였다. 이들 학자들은 부단히 산업화의 부정적 측면을 경고하면서 기업조직에서의 인간성 상실을 막을 수 있는 대안들을 찾는 데 주력하였다.

2) 인간관계적 접근

고전이론의 핵심인 Taylor의 과학적 관리기법은 당시 미국뿐만 아니라 유럽의 공장에서도 광범위하게 도입되고 있었다. 특히 세계 제1차 대전 기간 동안에 영국의 군수산업에서 노동능률을 높이기 위한 노동의학이나 작업자의 피로도에 관한 연구가 활발히 진행되었다. 당시 노동자란 임금만으로 움직이는 기계가 아니라 피로도에 의해서 능률의 저하가 나타나는 육체를 가진 하나의 인간이라는 논리가 대두된 바 있다. 인간관계 이론은 1920년대 미국의 한 전화기 제조회사의 호손공장에서 실시된 일련의 연구결과를 기초로 형성되었다.[12] 당시 호손공장에서는 Taylor의 과학적 관리이론에 입각한 성과급 제도를 도입하고 있었으나 생산성 측면에서 만족스럽지 못했다. 호손공장에서는 작업환경의 물리적 변화나 작업시간, 임률의 변화 등이 종업원의 작업능률에 어떠한 변화를 미치는가를 연구하기 위해 1924년부터 1932년까지 실험이 진행되었다. 그 내용을 아래에서 간략히 살펴본다.

연구는 4차에 걸쳐 진행되었는데 그 첫째 연구가 조명실험이었다. 조명실험의 목적은 작업장의 조명이 작업자의 피로도에 영향을 미치고 이 피로도에 따라 생산성이 달라지는 것을 밝히는 것이었다. 그런데 연구결과는 실험집단의 생산성이 조명이 밝을 때나 어두울 때 모두 높아진 것으로 나타났다. 즉 조명의 변화와 생산성과의 관계를 밝히지 못한 채 다음 연구를 실시하였다. 두 번째 연구는 계전기 조립작업장(relay room)에서 일하는 여성근로자 6명을 대상으로 실시하였다. 생산성과 관련될 것으로 간주되는 휴식시간 제공, 간식의 제공, 작업시간 단축 등 물리적인 작업조건들을 변화시키며 생산성의 변화를 살펴보았으나 이 작업장의 생산성은 물리적 작업 조건과 관계없이 서서히 향상되었다. 연구자들은 생산성의 향상 이유로 작업장 내 우호적인 분위기, 관리자의 칭찬과 실험집단에 대한 기대감 표시, 작업자들이 연구에 참여하게 된 점에 대한 자부심 그리고 작업장에 감독자가 있지 않아 스스로 작업에 대한 책임감을 느꼈기 때문이라고 판단하였다. 세 번째 연구에서는 두 번째 연구에서 발견한 작업자들 간의 생산성에 미치는 심리적 요인을 다시 확인하기 위해 공장의 전체 근로자들을 대상으로 면접연구을 실시하였다. 이 연구를 통하여 작업자의 감정의 역할을 확인할 수 있었으며, 작업자의 작업의욕은 개인적인 감정에 의해서도 영향을 받지만, 그가 속한 집단의 사회적 조건에 따라서 더 크게 좌우된다는 것이 밝혀졌다. 마지막 연구는 배전기 전선작업실(bank wiring room)을 대상으로 실시되었다. 연구결과에 따르면 이 작업장에서는 공장의 공식조직과는 별도로 자생적으로 형성된 비공식 조직(informal organization)이 존재한다는 것이 발견되었다. 이 작업집단에는 비공식적인 그들만의 작업규범이 존재하였고, 이 규범이 작업조직의 공동이익을 추구하는 특징을 가지고 있었다. 예를 들며, "일을 너무 열심히 해서는 안 된다", "너무 일에 태만해서도 안 된다", "동료의 약점을 상급자에게 고자질해서는 안 된다" 등이었다. 이상의 4차례에 걸친 연구결과는 다음과 같다.

호손연구결과

- 한 사람의 작업자에게 나타나는 작업능률은 그의 육체적 능력에 의해서라기보다 사회적 능력(social capacity)에 의해 결정된다.
- 비경제적 보상(예 칭찬, 인정감 부여 등)이 작업자의 작업동기와 긍적적 태도를 결정하는 데 중심적인 역할을 한다.
- 최고도의 전문화(분업)는 결코 가장 능률적인 직무형태가 아니다.

- 작업자는 경영방침과 보상에 대해 개인적으로서가 아니라 집단성원으로서 반응한다.

이상에서 소개했던 호손연구결과를 조직행동적인 측면에서 살펴보면 다음과 같은 특징이 나타난다.

- 과학적 관리이론에서 이상적으로 간주되었던 직무전문화는 평가절하되었다. 분업이 작업활동에서 기능적 상호의존성을 가져오기는 하였지만 사람들은 매우 반복적인 작업으로부터 소외감을 느끼게 되고, 그것은 궁극적으로 그들의 작업에 대한 불만족을 초래한다. 이러한 불만족은 생산성을 떨어뜨리는 것이다.
- 과학적 관리이론에서 중요시되었던 표준화된 작업조건의 작업능률에 대한 역할에 대하여 인간관계 이론에서는 다른 입장을 취했다. 즉 작업장에서의 물리적인 작업조건을 작업자의 심리적·사회적 조건보다 덜 중요하게 간주한 것이다. 작업자의 작업능률은 작업자들 간의 사회적 제 관계에 의해서 대부분 결정된다고 보았다. 작업장에서의 사회적 제 관계는 바로 작업집단에서 형성되는 것이다. 또한 작업자의 개별 행동은 소속된 작업집단의 규범에 의해 상당히 영향을 받으며 작업집단 내에는 종종 비공식적 집단(informal group)이 자연발생적으로 형성되기도 한다. 뿐만 아니라 작업자의 작업능률은 작업에 대한 작업자의 태도에 의해 결정되며, 이 태도는 작업자를 둘러싸고 있는 사회적 조건에 의해서 영향을 받는다. 사회적 조건의 예로서 작업집단의 분위기, 비공식집단의 규범 그리고 작업자의 소속집단에서의 지위(status) 등을 들 수 있겠다.
- 과학적 관리이론에서 강조했던 작업능률의 주요한 수단이었던 경제적 보상(차등 성과급 등)에 대한 중요성이 감소되었다. 즉 경제적 보상 그 자체를 부정하지는 않았지만 그것보다 비경제적인 보상(인정감 부여, 일에 대한 흥미 등)을 강조하였다.

신고전이론의 주요 공헌은 고전이론이 제안한 원칙들이 당시 작업현장에서 보편적으로 적용된데 대해 문제를 제기했다는 점이었으며 개인차의 중요성을 부각시킨 행동연구를 강조하였다는 점에서 찾을 수 있다.[13]

2.3 통합이론

통합이론이라고 지칭한 것은 고전이론과 신고전이론으로 구분한 과거의 이론들에 비해 보다 통합적으로 접근하려고 시도하였기 때문이다. 통합이론의 대표적인 학자는 Barnard이다.[14] Barnard는 조직과 조직 내 인간에 대해 비교적 균형잡힌 접근을 시도했다. 그의 주장에 의하면, 고전이론은 한마디로 인간의 성과를 공식조직의 논리, 즉 경영-기술적 환경과 관련시켜 합리성을 추구했으나 신고전이론은 공식조직의 논리를 거의 무시하고 인간의 사회적-심리적 측면을 강조했다. 즉 인간의 성과를 경영사회학 관점에서 접근한 것이다. 이에 대해 Barnard는 고전이론에서는 인간이 무시된 공식조직만 존재하고(organization without people), 신고전이론에서는 공식조직이 무시된 채 인간만 존재(people without organization)한다고 비판했다.

그는 이 두 가지 이론의 통합적인 시각으로 조직을 목적지향적인 사회시스템이라고 보았다. 여기서 목적지향적은 공식조직의 논리를 함축하고 있으며 사회시스템은 조직구성원들 간의 상호작용 현상을 말한다. 그는 여기서 거론된 조직과 인간의 본질적 속성을 규명하고 개인목적과 조직목적의 통합이 조직의 존속조건임을 강조했다.

1) Barnard에 있어서의 개인과 조직의 개념

Barnard는 조직구성원 개인의 본질적 특징은 "활동 혹은 행동이며 이것은 그의 심리적 제 요소로부터 나오며 또한 조직의 목적에 의해 허용되는 행동의 제한된 선택범위를 갖는다."라고 했다. 여기서 제시한 심리적 제 요소는 개인의 현재 상태를 결정하고 있는 물리적, 생리적 및 사회적 요소의 결합된 것에 의해 형성된다. 또한 제한된 선택범위라는 것은 각자가 조직의 목적달성을 위해 여러 종류의 의사결정을 할 수 있는데 이 중 무엇을 하느냐는 개인의 자유이며 이러한 선택의 자유로부터 직무상의 책임이 존재한다는 것이다.

Barnard는 조직의 본질을 규명하는 데 있어서 전통적 조직론을 비판하고 있다. 즉 전통적 조직론에서는 조직의 본질에 대한 규명은 등한시하고 직위의 분할과 이에 대한 부문화의 원칙 등을 취급한 반면 Barnard는 조직을 기본적으로 협동시스템으로 보았다. 협동시스템의 구성과 관련하여 조직의 기계설비 등 물리적 시스템은 제외시켰다. 또한 조직을 인간의 집단으로 보는 입장, 예를 들면 경영조직을 경영자와 종업원으로 구성되는 집단으로 보는 관점에서 탈피하여 이것도 협동시스템의 구성에서 제외시켰다. 왜냐하면 개인은 대개 여러 집단에 참가하는데 집단을 조직으로 보면 그 본질을 규명하는 데 혼란이 생기기 때문이었다.

이러한 시각에서 Barnard는 "조직을 집단이 아니고 협동의 관계이며, 그것은 인간상호작용의 협동적 시스템이다."라고 보았다. 이러한 논리를 바탕으로 그는 조직을 "2인 이상의 사람들의 의식적으로 조정된 행동 혹은 힘의 시스템"이라고 정의했다. 여기서 의식적이라는 것은 의도적인 것을 뜻하며 이 의도는 조직목적으로부터 나온다는 조직의 공식적 측면을 의미한다. 조정된 행동 혹은 힘이란 조직구성원들의 측면을 포함시키고 있다. 또한 조직을 시스템으로 본다는 것은 조직의 본질에 있어서 동태적인 입장을 보여주고 있다. 즉 시스템이란 제활동이 일정한 방법에 의해 조정된 관계를 말하며 시스템을 구성하고 있는 각 부분이 목적달성을 위해 일정한 방식으로 규정되고, 조정되고, 변화를 일으킨다.

2) 조직의 기본 구성요소

앞에서 제시한 조직에 대한 정의에 입각하여 조직은 다음과 같은 세 가지 조건이 충족될 때 존재한다. Barnard는 공식조직의 구성요소로 조직구성원의 협동시스템에 공헌하려는 의사, 공동의 조직목적 그리고 커뮤니케이션을 들고 있다.

협동의지(willingness to cooperate)

조직의 목적달성을 위해 개인이 노력하고자 하는 마음의 상태를 말한다. 이러한 공헌의욕은 물론 개인이 조직에 주는 공헌과 이에 대한 대가로 조직으로부터 받는 것의 비교를 통해 생긴다. 협동적 의사의 강도는 개인에 따라 차이가 있다. 또한 이것의 강도는 일정한 것이 아니고 항상 변동한다. 뿐만 아니라 협동적 의사의 주체는 조직구성원이며 그 강도는 이들의 개인적 결정에 의해 발생한다. 이러한 협동적 의사는 조직의 성과창출을 통한 조직유지 메커니즘의 핵심이슈로 후에 다시 설명될 예정이다.

공동의 조직목적(common purpose)

조직구성원들이 수용할 수 있는 목적을 말하는 것이다. 공헌하려는 의사는 협동의 목적이 없으면 발휘될 수 없으며 앞의 조직에 대한 정의에서 볼 수 있듯이 여러 가지 힘이 결합되어 있다는 것은 조직에 공통의 목적이 있지 않으면 안 된다는 것이다. 즉 목적달성의 방향으로 여러 힘이 결합되고 이것이 협동시스템으로 발전되어야 하는 것이다. 그러나 조직목적의 존재만으로 협동적인 활동이 보장되는 것은 아니다. 이는 구성원들에 의해 수용되어야 한다. 또한 목적에는 두 가지 측면이 있는데 그것은 협동적 측면과 주관적 측면이다. 협동적 측면은 각 조직구성원이 개인의 입장을 떠나 조직 전체에 대한 이해의 입장에서 조직의 목적을 객관적으로 이해하는 것이며, 주관적 측면은 개인의 주관적 판단에 의해 조직의 목적을 이해하는 것이다. 여기서 개인에게 조직의 공동목적을 설득·이해시키는 것이 경영자의 직능이다.

커뮤니케이션(communication)

앞의 두 가지 조건이 형성될 수 있게 하는 유일한 수단이라고 할 수 있다. 조직에서는 공동의 목적달성에 대해 구성원이 공헌하려는 의욕이 높아져야 하는데 이를 위해서는 우선 조직구성원이 조직의 목적을 이해하고 있어야 한다. 이는 커뮤니케이션을 통해서만 가능하다. 또한 커뮤니케이션을 통해 조직구성원에게 조직의 목적뿐만 아니라 공헌의욕을 통한 노력의 결과 얻어지는 보상이 무엇인지도 알게 할 수 있어야 한다.

따라서 커뮤니케이션은 조직의 목적과 조직구성원의 협동에의 의사를 연결시켜주는 수단으로서 조직의 존재에 필수적인 것이다.

3) 조직의 존속이론 — 조직균형론

조직이 존속한다는 것은 시간적으로 그 생명을 유지한다는 것이다. 조직에 대한 시간은 바로 변화를 의미하며 조직을 동태적으로 볼 수밖에 없는 이유가 된다.

Barnard의 조직론은 조직의 목적과 개인의 목적(동기)은 원래 일치하는 것이 아니라는 데에서 출발한다. 일치하지 않는 이 두 개의 목적을 어떻게 극복하느냐가 그의 조직이론의 출발점이다. 그는 조직이 존속하기 위해서는 대내적 균형과 대외적 균형을 유지해야 한다고 주장했다.

조직의 대내적 균형

조직의 대내적 균형은 조직과 조직구성원 개인 간의 관계에 관한 것으로서 조직구성원 개인이 조직에 공헌하기 위해 협동할 의사를 가지고 있어 그 조직을 떠나지 않으려는 상태 그리고 조직도 그 개인을 계속 보유하고자 하는 상태를 말한다. 이러기 위해서는 개인이 조직에 주는 공헌(contribution)과 조직이 개인에게 주는 보상(inducement)이 엇비슷하거나 공헌보다 보상이 더 커야 된다는 것이다.

그림 1-4 공헌과 보상의 관계

여기서 보상의 가치는 개인의 욕구수준에 의해 개인의 입장에서 평가되는 주관적인 가치이다. 따라서 조직의 입장에서 볼 때 보상 그 자체도 중요하지만 개인의 욕구수준을 조직의 능력에 합당하게 변경시키는 것도 중요하다.

Barnard는 객관적인 보상을 효과적으로 제공하는 과정인 인센티브의 방법(method of incentive)과 개인의 주관적 태도 내지 보상에 대한 기대수준을 변경시키는 설득의 방법(method of persuasion)을 통해 이 관계를 균형으로 유지할 수 있는 가능성을 제시하였다. 여기서 인센티브의 방법은 금전 내지 물적 인센티브뿐만 아니라 비금전적인 보상, 즉 위신, 인정감, 사회적 접촉 기회의 증가 등이 있다. 설득의 방법은 주로 개인으로부터 공헌을 얻는 데 충분한 보상을 조직이 할 수 없을 때 도입된다. 예를 들면 개인의 보상에 대한 기대수준을 낮게 하기 위해 해당 조직이 가지고 있는 대외적 명성, 미래의 성장을 교육을 통해 이해시킨다든지, 기대수준이 지나치게 높은 구성원들에게 그들의 고과결과를 근거로 해고 등 강제력을 동원할 수 있음을 알리는 것 등이다.

여기서 보상이 공헌보다 클 수 있다는 것은 개인의 공헌들이 합쳐져서 시너지 효과를 낼 경우 조직이 개인에게 줄 수 있는 보상은 그들이 공헌한 것보다 클 수 있다는 것을 의미한다.

조직의 대외적 균형

조직의 대외적 균형은 외부환경과의 관계에서의 균형을 말한다. 조직은 조직외부에 상품 및 서비스를 제공하고 반대급부, 즉 매출액, 이익 등을 획득한다. 여기서 이익은 바로 잉여가치를 말한다. 따라서 조직은 조직외부에서 들어온 제 가치(원자재 등)를 변환시켜 다시 조직외부로 내보내어 잉여가치를 창출할 때 존속이 가능해진다. 잉여가치를 창출하지 못하게 될 경우 조직은 자신의 생명을 유지하기 위해 내부에 보유하고 있는 자원(인적자원과 기계, 장비 등 물적자원)을 처분해야 하며 종국에는 소멸하게 된다.

이상에서 Barnard를 중심으로 살펴본 통합이론의 핵심은 다음과 같다.

- 조직의 본질을 인식하는 데 있어서 조직목적이라는 합리적 측면과 조직구성원의 협동의지라는 인간성 측면을 모두 포함시켰다.
- 조직에서 최적의 경제성이라는 공식적 측면과 사회적 균형이라는 비공식적 측면을 통합하려는 시도가 높이 평가된다.
- 과거의 정태적인 조직 시각을 협동시스템의 역동성 그리고 조직의 존속이라는 시간적 개념을 도입하여 조직을 동태적으로 보았다. 이러한 관점은 과거 고전이론이나 신고전이론의 관심의 대상을 뛰어 넘었다고 볼 수 있다.

조직행동이론은 위에서 기술한 고전이론, 신고전이론 그리고 통합이론을 바탕으로 1960년부터 매우 다양한 시각으로 전개되어 오고 있으며 구체적인 내용은 향후 기술할 조직행동의 개별 주제에서 거론될 예정이다.

3 학문적 체계

3.1 학문적 위치

본 저서에서 논의하고자 하는 조직행동론은 기업을 연구대상으로 하는 경영학의 한 영역이다. 경영학은 기업의 제 경제활동을 연구하는 학문으로서 세부영역으로는 인적자원관리, 구매관리, 생산관리, 마케팅(판매)관리, 재무관리 그리고 정보관리 등을 들 수 있다. 이러한 활동을 조직이라는 관점에서 접근하는 학문이 조직론이라고 하는데 기업을 대상으로 하기 때문에 경영조직론이라고 한다. 기업이 아닌 다른 조직인 정부, 군대, 교회 등을 조직관점에서 연구할 때 우리는 행정조직론, 군대조직론, 교회조직론 등이라고 칭한다.

행정조직론의 연구대상은 국가조직 전체를 포함하는데 그 내용으로는 국가조직에서의 권력배분, 직무배분 등을 다루는 행정조직설계 및 관료들의 리더십 등을 들 수 있다. 군대조직론은 군사조직론이라고도 하는데 군대를 조직화하고 운영하는 데 따르는 제 이론을 다룬다. 군사조직의 기본과제는 군인의 지휘체계를 수립하여 작전에 임하는 일이라고 할 수 있다. 예를 들면 조직을 설계하는 기준으로서 명령영역, 군대규모, 무기종류 그리고 기능종류 등을 들 수 있다. 오늘날 기업에 널리 도입하고 있는 참모조직(staff organization)은 바로 군대조직관리에서 나온 것이다. 군대에서의 참모조직은 인사참모, 정보참모, 작전참모, 군수참모 그리고 통신참모 등을 들 수 있다. 이러한 조직을 효율적으로 관리하기 위한 모델이 바로 앞에서 언급하였던 관료제 조직모델의 기초가 된 것이다. 즉 관료제 조직모델은 독일의 비스마르크시대에 통일 후 보유하게 된 대규모 군대를 어떻게 관리하느냐에 대한 해답을 찾는 과정에서 정립되었던 것이다.

교회 등 종교단체를 대상으로 하는 조직론은 가톨릭 교회의 조직관리에서 그 뿌리를 찾을 수 있다. 가톨릭교회의 조직관리 대상으로는 교회의 조직설계 및 지휘체계, 수도원을 포함하는 교회의 재정을 관리하는 조직 그리고 사회윤리적 제 문제를 다루는 분야 등으로 나눌 수 있다. 예를 들면 가톨릭교회의 지휘체계는 교황 - 주교(교구) - 신부(본당) - 평신도 등 전세계 10억 이상의 가톨릭 신자를 관리하는 조직으로서 단지 3개의 계층만 존재한다. 물론 여기에는 추기경이라는 참모조직, 수도원이라는 독립된 활동을 하는 조직 등이 존재한다. 교회의 재산이 증가하자 이를 효율적으로 관리할 목적으로 재정관리를 위한 조직형태가 발전되었다. 그리고 사회윤리적 제 문제와 관련하여 자선사업 활동을 효과적으로 하기 위한 조직체계도 연구대상으로 삼고 있다. 그림 1-5에서는 경영조직론의 학문적 위치를 제시하고 있다. 조직의 종류에 따라 각각 이를 효율적으로 관리하기 위한 조직론이 학문적으로 발전되어 온 것이다.

조직행동론은 원래 경영조직론으로 연구되어 왔던 것이 1960년대에 들어와 그동안 지칭했던 경영조직론을 대체한 것으로 볼 수 있다. 즉, 기업조직을 대상으로 하는 제 현상을 연구하는 학문으로서 과거의 경영조직론을 분석단위에 따라 보다 세분화한 것이라고 하겠다. 즉 조직행동론은 거시적 조직행동과 미시적 조직행동으로 구분되는데 거시적 조직행동을 조직이론(organization theory)이라고도 한다. 조직이론의 연구대상은 조직을 둘러싼 환경과의 관계에서 나타나는 현상을

그림 1-5 경영조직론의 학문적 위치

다루고 있다. 예를 들면 조직의 생성과 소멸을 다루는 생태학적 측면, 조직관리에 영향을 미치는 기술, 국가경제의 영향 그리고 경영전략에 따르는 조직설계 및 관리 등을 주로 다룬다. 반면에 미시적 조직행동은 조직 내 개인으로서의 행동, 타인과의 관계에서 나타나는 행동(예 상사 - 부하), 소집단 내 여러 관계에서 나타나는 행동, 집단 간 협력관계(구매팀, 인사팀, R&D팀) 그리고 조직 간 나타나는 제 행동(M&A 조직) 등을 일차적으로 다루고 있다.[15] 최근에 들어와 미시적 조직행동은 그 영역을 넓히고 있는데 거시적 조직행동의 일부를 포함시키고 있다. 예를 들면 조직설계, 조직문화 및 조직변화에 관한 이슈 등이 있다.

3.2 연구대상 및 연구활동

조직행동론의 연구대상은 한마디로 조직 내 인간의 행동 그리고 이것의 조직과 관련되는 제 현상이라고 말할 수 있다. 그러나 조직에서 발견되는 모든 행동이 연구대상이 되는 것은 아니다. 조직행동론이 경영학의 한 영역이기 때문에 경영학에서 추구하는 실용적 방향을 감안해 볼 때 연구대상이 성과와 직접적 혹은 간접적으로 관련되는 것을 우선적으로 연구대상으로 삼는다. 예를 들면 '종업원이 일을 열심히 한다'든지, '부하와 상사가 성과향상 방법을 협의한다' 등은 연구대상이 될 수 있겠지만 '종업원이 복도를 어떤 자세로 걸어가느냐'는 같은 행동이라는 범주에 속하지만 연구대상이 될 수 없다.

행동을 연구하기 위해 가장 초보적인 방법은 **분류법**을 동원하는 것이다. 즉 행동의 종류를 의미있게 분류함으로써 행동에 대한 1차적인 이해를 할 수 있다. 예를 들면 행동은 드러난 행동(overt behavior)과 드러나지 않은 행동(covert behavior)으로 분류할 수 있다. 즉 드러난 행동은 업무를 수행하는 행동, 타인과 대화를 나누는 행동 등을 들 수 있으며 드러나지 않는 행동은 일에 대한 만족의 정도, 회사에 대해 가지고 있는 연대의식(애사심) 등이 있다.

또한 행동을 범위 내지 수준으로 분류하면 개인수준에서의 행동, 집단수준에서의 행동 그리고 조직수준에서의 행동 등으로 분류할 수 있다. 그러나 이렇게 분류하는 것이 조직행동연구에 가치가 있는 것인가에 대해 의문을 제기할 수 있다. 왜냐하면 집단은 개인의 합이고 조직은 집단의 합이기 때문에 결국 개인수준에서의 행동연구를 하게 되면 여기에 집단 및 조직의 행동이 설명된다고 주장할 수 있다. 그러나 집단은 개인의 합 이상의 어떤 의미를 가지고 있으며 조직 역시 집단의 합 이상의 어떤 모습을 보여주기 때문에 조직행동을 연구하는 데 개인, 집단 그리고 조직수준으로 나누어 연구하는 것이 의미가 있다.

조직행동을 연구한다는 것은 과학적 활동이며 이것은 다음의 몇 가지 세부활동으로 나누어진다. 과학이란 어떤 현상을 기술(describe)하고, 설명(explain)하고, 예측(predict)하고 통제(control)하는 데 따르는 제 지식을 획득하는 것이다. 여기서 현상을 기술한다는 것은 현상의 존재를 파악하고 진실된 모습을 표현하는 것이다. 예를 들면 필리핀은 "날씨가 덥다."라고 했을 때 기온은 몇 도인가를 기술하는 것이다. 기업의 경우 종업원이 어떤 행동을 보여주고 있는지, 업적은 어느 정도 높은지 등을 객관적으로 나타내는 것이다. 현상을 설명한다는 것은 기술된 어떤 사건의 원인을 밝히는, 즉 인과관계를 밝히는 활동이다. 현상을 예측한다는 것은 기술된 사건을 보고 이것이 미래에 어떤 결과를 가져다줄 것인지를 미리 밝히는 것이다. 끝으로 현상을 통제한다는 것은 예측된 미래가 바람직하지 못할 경우, 이를 바람직한 것으로 만들기 위해 현재의 현상을 변화시키는 것이다. 기업의 경우 내년도 매출이 감소할 것이 예상되면 품질관리 및 영업활동을 보다 강화하는 제 조치를 취하는 것이다. 일반적으로 순수과학의 경우 현상의 기술, 설명 그리고 예측에 따르는 제 지식을 획득하는 것을 목표로 하는 반면, 경영학과 같은 응용과학의 경우 현상을 변화시키는 전략인 통제활동까지 연구의 목표에 포함시키고 있다.

조직행동에 대한 연구를 보다 효율적으로 하기 위해서 기업조직에서 발견되는 구성원의 제 행동 관련 현상을 위에서 제시한 과학활동의 틀에 맞추어 연구할 수 있다. 행동의 수준과 과학적 활동을 고려한 조직행동의 연구주제는 그림 1-6과 같이 제시할 수 있다.

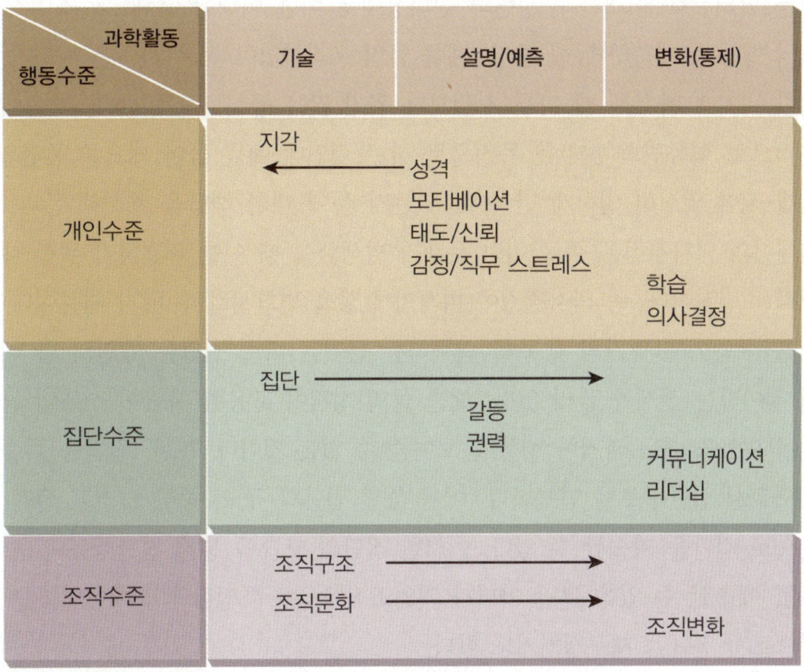

그림 1-6 조직행동의 분석수준과 연구주제

그림에서 볼 수 있듯이 조직행동론에서 일반적으로 다루고 있는 주제들이 과학활동이라는 틀 속에 분류되어 있다.

우선 개인수준에서 조직행동에 대한 연구주제로서 지각이론은 조직에서 타인의 행동 및 행동의 결과를 기술하는 이론으로서 타인을 평가하는 데 얼마나 많은 오류가 발생하는지 그리고 이를 극복하기 위한 방안은 무엇인지 등을 제시해 준다. 성격이론은 개인이 가지고 있는 특성을 연구하는 것인데 조직 내 똑같은 상황이 발생했을 때 개인의 성격에 따라 반응이 다름을 보여준다. 모티베이션 이론은 어떤 행동이 발생하기까지의 인간의 내면적 과정을 설명해 주는 이론이다. 예를 들면 어떤 사람이 열심히 일하는 경우 그 원인이 승진을 빨리하는 것인지 혹은 일이 재미가 있어서인지 등을 밝히는 이론이다. 이러한 인간행동에 대한 심리적 과정에 대한 설명은 인간행동이 미래에 어떻게 나타날 것인가에 대한 예측정보를 제공해 주기도 한다. 조직에서의 구성원의 직무 관련 태도로서 직무만족, 직무몰입, 조직몰입과 같은 것이 있는 반면에 신뢰는 다른 사람의 태도나 행동을 기꺼이 믿고자 하는 태도를 말한다. 감정은 어떤 대상에 대해 가지는 느낌이며 직무 스트레스는 외부 자극에 대해 반응하려는 심리적 상태를 말하는데 이러한 구성원의 심리상태에 대한 이해를 통해 그들의 조직 내 미래의 행동을 예측하게 해 준다. 예를 들면 조직몰입이 높은 사람은 자기가 속한 조직이 위기에 빠졌을 때 다른 사람보다 훨씬 많은 공헌노력을 한다. 학습이론은 기본적으로 행동변화(통제)를 목적으로 하는 것인데 예를 들어 게으른 종업원에게 어떻게 해야 열심히 일하게 만들 수 있는지 등에 대한 해답을 제시해 준다. 또한 조직에서의 의사결정은 주로 어떤 문제가 발생했을 때 이를 해결하기 위한 대안을 선택하는 방식이다. 즉 의사결정이 미래의 현상을 변화시킬 수 있기 때문이다.

집단수준에서 인간의 행동을 연구하는 근거는 바로 집단은 개인의 합 이상의 어떤 것이라는 전제가 깔려 있다. 예를 들면 성격이 조용한 사람이 시위대 군중의 일원이 되었을 때는 과격한 행동을 보여줄 수 있는 것이다. 또한, 집단을 기술하는 활동으로서 집단구조를 연구한다. 예를 들면 집단의 규모, 종류 그리고 목적 등을 기준으로 집단을 기술할 수 있다. 이러한 집단의 모습을 통해 집단행동의 원인 및 결과를 예측할 수 있을 뿐만 아니라 기업조직에서는 특정집단의 행동변화를 위한 전략으로서 집단을 재구성하기도 한다.

집단행동을 설명 및 예측하는 이론으로서 갈등이론과 권력이론이 있다. 집단 구성원들 간 갈등의 정도는 그 집단의 행동의 원인이 된다. 예를 들면 구성원들 간의 갈등의 정도가 너무 높을 경우 집단구성원들은 서로 협동하지 않으며 상호 비방하는 행동을 하기도 한다. 권력은 개인 혹은 집단이 보유하고 있는 자원을 말하는데 이것의 크기는 상대적이라는 데에 그 특징이 있다. 예를 들면 같은 팀장이라도 해당 본부에서 다른 팀장의 연공 내지 역량이 어느 정도인가에 따라 그의 권력의 크기는 달라진다. 마찬가지로 인사팀의 경우도 다른 팀이 보유하고 있는 자원(예 의사결정권, 정보보유량)에 따라 행사할 수 있는 권력의 크기가 달라질 수 있는 것이다. 이렇듯 갈등의 크기 및 권력의 크기는 집단의 행동을 설명하는 데 뿐만 아니라 예측하는 데에도 유용한 정보로 활용된다. 집단행동을 변화시키는 데 활용되는 이론으로서 커뮤니케이션 이론과 리더십이론을 들 수 있다. 사실 이러한 이론은 집단행동변화뿐만 아니라 개인의 행동변화에도 활용된다. 이 이론들을 집단수준에 분류한 이유는 커뮤니케이션 및 리더십은 개인을 대상으로 할지라도 이를 행사하는 사람은 궁극적으로 집단을 고려해야 되기 때문이다.

커뮤니케이션은 조직 내 개인 및 집단에게 정보를 제공하는 것으로서 이를 통해 행동변화를 시도하는 활동이다. 예를 들어, 팀장이 팀원들에게 업무처리 방식을 전달하는 행동 등을 들 수 있다. 리더십은 주로 커뮤니케이션을 수단으로 부하들에게 영향력을 행사하여 구성원들이 조직의 목표를 달성하는 방향으로 행동할 수 있도록 하는 활동이다.

조직수준에서의 조직행동 연구주제로서 조직구조, 조직문화 그리고 조직개발이 있다. 조직구조는 조직이 어떻게 짜여져 있는가를 밝히는 것인데 구체적으로 조직 내 직무의 분화 정도, 업무처리의 공식화 정도 그리고 권한의 배분에 관한 것이다. 이와 관련되는 정보는 또한 조직 전체의 행동의 원인과 그 결과를 예측할 수 있게 된다. 뿐만 아니라 조직 전체의 행동변화를 시도하기 위해 기업에서는 조직구조를 재설계하는 경우가 많다. 예를 들면 영업부서 내에 영업기획팀을 새로 만들 경우 영업분야 조직 전체의 활동이 보다 더 미래를 고려하는 행동으로 변화될 수 있는 것이다. 조직문화는 한마디로 조직이 추구하는 가치를 말하는데 쉽게 생각하면 조직이 보여주는 색깔이다. 예를 들면 삼성그룹은 기술중시 및 조직관리에 있어서 완벽주의를 추구하고, 현대기아차그룹은 선이 굵고 추진력을 중시하는 것을 그 특징으로 이해할 수 있다.

이러한 조직 전체가 추구하는 가치는 해당 조직의 구성원들에게 행동의 기준(원인)이 되며, 조직구성원들은 자신이 몸담은 조직에서 살아남기 위해 그 조직이 추구하는 가치를 지향하는 행동을 보여주어야 한다. 이런 점에서 조직문화는 조직구성원들의 행동을 예측할 수 있는 근거가 되기도 한다. 조직개발은 한마디로 환경변화에 잘 적응할 수 있도록 조직구성원의 태도 및 가치관, 조직구조 및 활동과정을 변화시키는 활동이다. 이를 통해 조직은 보다 새로워지고 건강도를 높일 수 있다.

3.3 조직행동론의 실용적 목적

조직행동 연구를 통해 추구하는 실용적인 목적은 한마디로 기업조직의 유효성(organizational effectiveness)을 높이는 것이다. 조직의 유효성은 매우 복합적인 개념인데 유효성을 구성하고 있는 개별변수들은 사실상 그 숫자가 매우 많다.

그림 1-7에서는 조직행동의 수준별 추구하는 성과물의 예가 제시된다.[16]

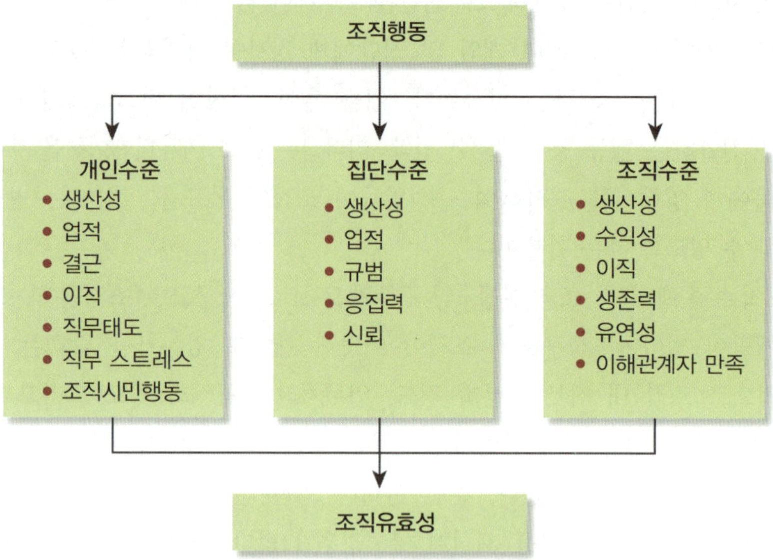

그림 1-7 행동수준별 조직유효성 성과물

조직행동의 수준별 조직유효성을 구성하는 성과물은 그림 1-7에 나타나 있듯이 매우 다양하다. 이러한 성과물은 물론 조직행동 이론을 기업조직에 성공적으로 적용하였을 때 획득할 수 있는 것들이다.

우선 개인수준에서의 성과물로는 생산성, 업적, 결근, 이직, 직무태도 그리고 직무 스트레스 등을 들 수 있다. 생산성은 개인이 투입한 시간 대비 달성한 결과와의 비율을 말한다. 어떤 종업원이 야근을 매일 하는데 업적이 별로 나타나지 않았을 경우 생산성은 낮은 것이다. 개인의 업적은 기업에서 매우 다양한 지표를 가지고 측정한다. 영업사원인 경우, 매출액이 중요한 지표가 될 것이다. 결근과 이직은 구성원 개인의 사정과 선택에 기인하는 경우도 있지만, 이유가 불분명하거나 예년에 비해 평균수준을 넘는 결근율, 이직률이 발생한다면 이는 조직관리에 중요한 지표가 될 수 있다. 직무태도는 직무만족 등 여러 지표를 통해 관찰할 수 있는데, 이는 조직구성원 개인이 기업에 대해 얼마나 긍정적인 태도를 갖는지를 파악하는 데 도움을 준다. 이것은 간접적 성과지표로 보지만 미래에 성과를 높일 수 있는 선행변수이기 때문에 성과물로서 중요한 의미를 가진다. 직무 스트레스 역시 직무태도와 같은 차원에서 이해할 수 있다. 뿐만 아니라 개인이 보여주는 직무역할 외의 행동인 조직시민행동도 중요한 성과물로 제시된다.

조직시민행동이란 자신의 직무는 아니더라도 전반적인 조직성과를 높이는 데 기여한다고 판단되는 행동을 통칭하는 개념이다. 즉, 자신의 직무기술서상에 명시되어 있지는 않지만 타인에 대한 배려와 조직에 대한 애정에 기반하여 조직구성원으로서 발휘하는 행동을 말한다. 예를 들면 종업원이 동료가 바쁠 때 도와주는 행동 등이다.

집단수준에서의 성과물은 생산성, 업적, 규범, 응집력, 집단만족 그리고 집단구성원들 간 신뢰를 들 수 있다. 여기서 생산성과 업적은 개인수준의 그것을 집단 전체의 것으로 보는 것이며 규범은 집단구성원이 집단의 목표에 부응하는 행동기준을 명확히 설정하고 있는 정도를 말한다. 응집력은 집단구성원들이 자기의 소속집단에 대해 호감을 느끼고 심리적으로 연대의식을 가지고 있느냐를 말하는데 이것 역시 성과물에 대한 간접적인 지표가 된다. 신뢰는 집단구성원들이 자신이 속한 집단이 성공적으로 목표를 달성할 수 있을 것이라는 믿음을 말하며 또한 집단구성원 상호간 성실성 및 능력 등의 관점에서 믿는 정도를 말한다. 신뢰 또한 미래의 성과를 말해 주는 선행적 지표가 된다.

조직수준에서의 성과물은 생산성, 수익, 이직, 생존력, 유연성 그리고 이해관계자의 만족 등을 들 수 있다. 여기서 생산성은 개인 및 집단수준에서의 그것을 조직 전체로 합산한 것이며 수익성은 한마디로 기업이 얼마나 이익을 많이 내었느냐를 말한다. 이러한 수익성을 나타내는 장기적 관점의 지표로는 시장 점유율의 증가 등도 포함된다.

생존력은 기업이 계속기업(going concern)으로 살아남는 것을 말한다. 이를 위해서는 물론 시장 점유율, 매출 그리고 이익이 필요한 만큼 발생해야 한다. 유연성은 환경변화에 조직이 얼마나 최소의 비용으로 잘 적응하느냐를 말하는데 이를 위해서는 조직이 계속적으로 혁신을 하고 변화를 해야 한다. 끝으로 이해관계자의 만족은 해당 기업과 관련되는 제 집단인 고객, 종업원, 원자재 공급업자, 금융기관 그리고 주주 등이 해당 기업에 얼마나 만족하느냐를 말한다. 예를 들면 고객의 만족은 기업이 제공하는 제품의 가격, 품질, 판매조건 등에 의해 결정되며 원자재 공급업자의 만족은 해당 기업에 안정적으로 계속 원자재를 공급할 수 있으며 원자재 대금을 제때에 받을 때 높아진다. 또한 금융기관의 만족은 기업에 대출한 자금에 대해 대손이 발생하지 않고 이자를 정한 대로 받을 때 발생하며 주주는 투자에 대한 충분한 배당을 받을 수 있을 때 만족한다.

조직행동 사례

◉ 국내 은행권의 팀제 도입 실패사례

국내 은행권에서는 1990년대 중반에 팀제를 도입했다가 포기했었다. 이후 다시 재도입을 하긴 했지만, 당시 팀제 도입에 실패한 주요 요인은 기업조직이 조직 내부에 엄청난 변화를 시도하면서도 정작 이를 받아들이고 정착시켜야 하는 조직구성원들의 정서나 행동에 대에 대해서는 깊이 고민하지 못한 무지와 무관심에서 초래된 것으로 볼 수 있다. 당시 국내 은행들은 팀제를 시행하면서 실제로 조직을 운영하는 원칙이나 방법(목표관리, 보상시스템 등)은 과거의 부/과제에서 시행했던 것을 그대로 답습했다. 단지, 결재도장을 찍던 간부들만 보직해임시켜서 플레이 매니저라는 생소한 명칭으로 재분류했고, 부서명을 표기한 간판만 ○○○팀 이라고 바꿨던 것이다. 아무것도 달라진 것이 없으니 내부에서도 불신이 생겼고, 팀제 도입을 통해 누구도 이득을 보는 이가 없다고 인식될 만큼 변화의 목적이 불분명했다. 이는 결국 조직구성원들의 저항감만 키운 형국이 되었다. 당시 은행권의 경영자들은 팀제를 하나의 유행으로 생각한 경향이 있었고, 선진적 트렌드를 따라야 한다는 조급증에 이러한 변화를 추진했다고 볼 수 있다. 그러나 조직내부에서는 이러면 직원들을 명퇴시키는 것 아니냐고 생각해서 저항을 하게 됐고, 노조에서 문제 삼고 비협조적으로 나오다보니 다시 원래대로 돌아가자는 압력이 거세졌다. 결국 팀제라는 모델 자체의 문제라기보다는 조직구성원들의 행동에 대한 깊은 이해와 성찰이 없었던 점이 국내 은행권의 팀제 도입을 가로막았던 주요 원인이었다고 볼 수 있다.

생각해 볼 문제

- 위의 팀제 도입 실패사례는 구성원들의 조직행동에 대한 경영자의 무지와 무관심에서 비롯되었다고 볼 수 있다. 여기서 나타난 조직구성원들과 노동조합의 대응 행동을 개인 및 집단수준에서 분석하여 토론해 보자.

Part II

개인수준 행동

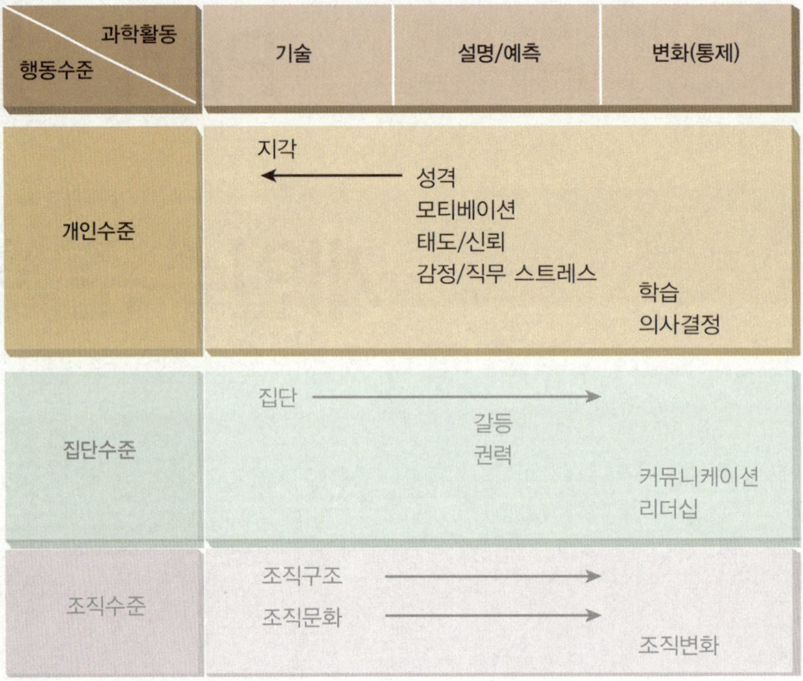

overview

조직행동을 보다 의미있게 연구하기 위해 행동을 세 가지 수준으로 나누어 볼 수 있는데 Part 2에서는 개인수준의 행동을 다루고자 한다. 여기서는 개인행동을 기술하고 설명하고 예측하고 통제하는 것과 관련되는 지식을 획득하는 것이다. 구체적인 주제로서 지각이론, 개인차를 결정하는 성격 및 능력이론, 모티베이션 이론, 태도이론, 학습이론 그리고 의사결정 이론이 되겠다. 우리는 조직행동을 심리학적 시각보다 경영학적인 시각에서 고찰하기 때문에 기업조직의 핵심적 이슈인 성과(performance) 관련 결과물들을 획득하는 데 관심을 가지게 된다. 개인수준에서 기대할 수 있는 결과물의 예로서 생산성, 업적, 결근, 이직, 직무태도, 직무 스트레스 그리고 조직시민행동 등을 들 수 있다. 여기서 결근, 이직 그리고 직무 스트레스는 일반적으로 조직유효성에 부정적인 영향을 미치기 때문에 이를 줄이는 데 관심을 기울이게 된다.

Chapter

2

지 각

1. 왜 지각이론인가?

2. 지각과정

3. 대인지각

1 왜 지각이론인가?

지각(perception)에 대한 연구는 조직 내 구성원의 행동과 관련되는 현상을 이해하는 것을 그 출발점으로 한다. 제1장에서 살펴보았듯이 지각은 일차적으로 개인수준의 조직행동을 기술(describe)하기 위해 필요한 과정이다.

우선 기업에서 발생하고 있는 여러 사건들에 대한 지각활동을 살펴보자. 어떤 조직에서 회의에 참석하고 나온 사람마다 그 회의상황을 해석하는 방식이 다를 수 있다. 최종결정이 모든 대안 중 심사숙고한 후 도달한 것이라고 보는 사람이 있는가 하면, 반면에 최종 결정권한을 가진 구성원이 자신의 의지를 강요하여 얻게 된 결과라고 보는 사람도 있다. 또한 회의에 참석한 사람들에게 발언의 기회가 공평하게 주어진 활발한 토의였다고 보는 사람이 있는가 하면, 시끄럽고 말도 안 되는 난상토론이었다고 보는 사람도 있다. 회의진행 상황에 대한 객관적 사실이 분명히 존재하겠지만 여기에 참석한 사람들의 회의에 대한 해석에는 차이가 있기 마련이다.

이외에도 기업조직에서 일어나는 사건들에 대한 지각차이는 무수히 많다. 이에 대한 몇 가지 예가 아래에서 제시된다.

- 구매담당자가 자신이 생각할 때 가장 좋다고 판단되는 부품을 구입했지만 엔지니어는 최상의 부품은 아니라고 말한다.
- 부하직원은 상사가 질문한 내용에 대해 객관적인 사실이 아닌 자신이 들은 내용을 근거로 대답한다.
- 특정 직원에 대한 시각이 상사마다 달라서, 아주 훌륭한 직원이라고 평가하는 상사가 있는가 하면, 아주 형편없는 직원이라고 보는 상사도 있다.
- 어떤 제품에 대해 검사자는 고품질이라고 보는 반면, 고객은 저품질이라고 볼 수 있다.

지각활동은 사실 조직행동의 다른 개별 주제를 연구하는 출발점이 된다. 기업은 성과를 극대화시키기 위해서 사람-직무 간의 적합성(fitness)을 중요시한다. 이를 위해 해당 직무에 배치될 사람이 직무가 요구하는 자격요건을 갖추고 있는가를 평가해야 하는데 이때 오류가 발생할 수 있다. 구체적으로 입사 면접상황에서 면접자의 주관적인 판단으로 많은 오류가 발생한다. 또한 동기부여를 위해 업적이 높은 사람에게 높은 연봉을 책정하는데 업적평가 자체가 객관적으로 측정되지 못해서 평가자에 따른 평가결과가 상이하게 나타날 수 있다. 양질의 리더십을 발휘하는데도 비슷한 지각의 오류가 발생한다. 부하는 상사를 평가할 때 우수한 리더와 보통의 리더로 구분하는데 부하에 의해 보통의 리더로 평가된 리더가 조직을 지휘할 때 그 효과가 제한적일 수밖에 없다. 즉 상사의 리더십 질(quality)이 존재하지만 부하가 이를 어떻게 지각하느냐에 따라 그 결과가 많이 달라질 수 있다. 커뮤니케이션의 경우도 마찬가지다. 상사가 보낸 커뮤니케이션 내용이 부하에게 왜곡되게 전달될 수 있다. 부하가 똑같은 커뮤니케이션 내용이라도 다르게 지각할 수 있기 때문이다.

지각의 문제는 조직 내 갈등이 발생하였을 때 이를 해결하는 데에도 아주 중요한 역할을 한다. 예를 들어 상대방의 잘못이 그가 무능하고 게을러서 발생하는 것이라고 지각할 수도 있으며 반대로 능력이 있는데 상황이 그렇게 만들었다고 판단할 수 있는 것이다. 지각의 내용에 따라 갈등해결의 과정은 엄청난 차이를 보여준다. 개인 의사결정에 지각의 역할도 매우 중요하다. 예를 들면 의사결정을 하기 위해서는 여러 대안(alternatives)을 탐색하고 이 가운데 가장 우수하다고 판단되는 것을 선택하는데, 부하가 의사결정과정에 중요한 정보를 누락시킨 경우 혹은 상사가 주어진 정보를 객관적으로 보지 않고 왜곡된 시각으로 보는 경우라면 그 의사결정은 양질의 대안이라고 보기 어렵다.

이상에서 지각활동에 대한 조직행동의 제 이슈들을 살펴보았다. 지각의 대상은 사람, 사물 그리고 사건 등 다양하지만 지각의 주체는 개인, 즉 사람이 된다. 따라서 지각은 조직행동의 개별주제를 연구하는 데 있어서 출발점이 된다.

지각연구의 실무적인 목적은 위에서 기술한 현상에 대해 개인마다 이것을 객관적으로 보지 못하는 사례가 많이 발생하기 때문에 조직구성원들이 이러한 제 현상을 어떻게 하면 객관적인 진실로 이해하게 할 수 있느냐에 있다. 현상에 대한 객관적인 진실을 보지 못하는 원인은 어디에 있는지, 이러한 원인이 조직실무에서 어떤 과정을 통해 일어나는지를 체계적으로 연구할 필요가 있다. 그렇게 한다면 조직행동의 제 현상에 대한 정확한 이해가 가능하며 조직에서 발생하는 제 문제를 해결하는 데 보다 효과적인 의사결정을 할 수 있게 될 것이다.

아래에서는 조직행동에 관련되는 제 현상을 인식하는 데 지각의 역할, 즉 지각활동이 어떤 과정을 통해 일어나는지를 살펴본다. 또한 지각이론과 관련하여 우리의 주 관심사는 조직행동의 주체가 되는 조직구성원이기 때문에 사람에 대해 그 특징, 행동 및 관계를 인식하는 것과 관련되는 사회적 지각(social perception), 즉 대인지각에 대해 분석한다. 그리고 이러한 대인지각에서 나타나는 전형적인 오류들을 살펴본다.

2 지각과정

지각과정에 대한 분석의 목적은 조직 내 어떤 현상이 객관적이지 않고 왜곡되게 인식될 가능성이 있기 때문에 왜 그런 일이 일어나는가를 알기 위한 것이다. 조직에서의 지각활동은 지각과정을 통해 이루어지는데 이를 보다 체계적으로 분석하여 오류가 발생하는 것과 그 원인을 규명하는 것을 포함한다. 그림 2-1에서 나타나는 지각오류의 예를 우선 살펴보자.

그림 2-1에서 선분 AB와 BC 중 어느 것이 더 길어 보이는가? 대부분의 사람에게는 두 선분의 길이가 거의 같은 것으로 지각된다. 그러나 실제 그 길이를 재어보면 선분 AB가 BC보다 약 1/3 정도 더 길다. 이 경우 우리는 특별한 편견을 가지고 있지 않더라도 지각활동에 오류가 손쉽게 발생한 사실을 알 수 있다.

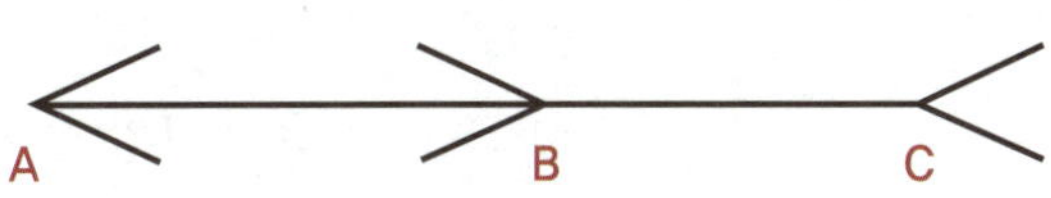

그림 2-1 뮐러-라이어(Mueller-Lyer) 착시

우리가 조직 내 직면하는 제반 행동 관련 현상을 인식하는 데에는 우리가 알지 못하는 착시현상 내지 착각현상이 존재한다. 바로 이러한 오류를 최소화하기 위해 우리는 지각활동에 대해 보다 체계적으로 이해할 필요가 있다.

지각이란 조직행동을 이해할 때 필요한 중요한 인지과정을 말한다. 이것은 감각기관을 거쳐 나타나는데 감각기관을 구성하는 요소로서 시각, 청각, 촉각, 후각, 그리고 미각이 있다. 감각기관으로부터 들어온 자극은 지각 메커니즘

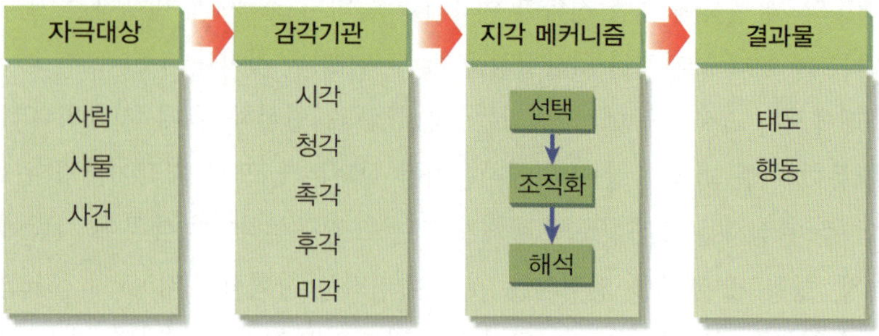

그림 2-2 지각과정

(perception mechanism)을 거쳐 결과물이 나온다. 이러한 과정은 그림 2-2에서 제시된다.

그림 2-2에서 제시된 바와 같이 지각과정은 어떤 자극이 우리의 감각기관으로 들어오고 이것이 지각 메커니즘을 통과한 후 결과물을 산출하는 일련의 과정을 말한다. 자극의 대상으로는 조직에서 우선 사람을 들 수 있다. 관리자, 상사, 부하, 동료 등 그들의 말, 행동, 몸짓 그리고 태도 등을 들 수 있다. 사물은 매출액, 업적, 기계의 배치, 직무 등이 되며 사건은 상호 협력적인 업무, 회의, 승진, 연봉에 대한 협상, 그리고 구성원 간 갈등상황 등이 될 수 있다. 이러한 자극의 대상은 우리의 감각기관을 통해 들어와 지각과정을 거친다. 우리는 감각기관으로 들어온 자극대상을 선택하고, 조직화하고 해석한다. 그 결과 우리는 특정 종업원이 열심히 일한다고 인지하거나 그를 불러 수고한다고 칭찬하기도 한다. 즉, 태도 및 행동은 지각의 결과물로서 나타나는 것이다.

우리가 지각이론을 공부하는 목적은 많은 경우에 지각과정에서 왜곡이 너무나 쉽게 발생하기 때문에 이를 줄이는 데 있다. 객관적인 현상이 왜곡되는 이유를 알기 위해서는 바로 지각 메커니즘을 구성하고 있는 제 요소에 대한 연구가 필요하겠다. 아래에서는 지각 메커니즘을 구성하고 있는 선택단계, 조직화단계 그리고 해석단계를 살펴본다.

2.1 선택단계

우리는 일상생활에서 수많은 것을 보고, 듣고, 느낀다. 종종 우리는 책을 읽는 동안 주변의 새소리를 듣지 못한다. 그러나 의식적으로 새소리에 주의를

CASE 1

많은 양의 시각적인 자극이 주어져도 우리가 처리할 수 있는 자극에는 한계가 있다. Neiser[1]는 사람들에게 검은 옷을 입은 세 사람이 농구를 하고 있는 것과 흰옷을 입은 세 사람이 농구를 하고 있는 두 가지 장면이 겹쳐진 1분짜리 영상물을 보여주었다. 그들은 관찰자에게 검은 옷을 입은 사람이 공을 패스하면 키를 누르라고 지시했다. 영상물 상영 중간에 우산을 쓴 젊은 여인이 스크린을 가로질러 걸어갔다."

➔ 관찰자들은 검은 옷을 입은 경기자들에게 주의를 기울였기 때문에 여인이 지나가는 것을 미처 보지 못했다. 연구자가 그 영상을 다시 보여주었을 때 비로소 관찰자들은 그녀를 발견하고 놀랐다.

돌리면 그제야 인지할 수 있다. 우리는 우리에게 주어지는 자극 모두를 선택하여 인지하는 것이 아니라 그 일부만 인지하게 된다. 이것을 **선택적 주의**(selective attention)라 한다. 예를 들면 칵테일파티에서 수많은 목소리로 시끄럽지만 우리는 얘기하고 있는 사람의 목소리만 선별하여 들을 수 있다.[2] 이것을 칵테일파티 효과(cocktail party effect) 라고 한다.

위에서 제시한 바와 같이 지각 메커니즘의 첫 단계인 자극대상에 대한 선택 단계에서 우리는 경험할 수 있는 것들 중에 의식할 수 있는 것은 매우 제한되어 있다는 것을 알 수 있다. 부하의 행동, 동료의 행동 그리고 상사의 많은 행동 중 우리는 그 일부분만을 선택하여 지각하는 것이다. 문제는 지각선택에서 놓친 것들이 지각활동 중 해석에 매우 중요한 것일 수도 있다는 것이다. 우리는 왜 주어진 자극대상 중 일부분만 선택하는가? 그 원인을 살펴봄으로써 지각선택에 나타나는 오류의 가능성을 줄일 수 있을 것이다. 지각활동 중 선택에 미치는 제 요인으로서 외적요인, 내적요인 그리고 상황적 요인을 살펴본다.[3]

1 자극대상이 보여주는 외적특징에 따라 인간의 선택이 달라진다.

강도(intensity) 외부자극의 강도가 높을수록 지각자는 이를 우선적으로 선택하게 된다. 예를 들면 잡음, 진한 냄새, 밝은 조명 등은 그렇지 않은 것보다 지각자의 주의를 더 많이 끌게 된다. 조직실무에서는 부하의 주의를 끌기 위해 평소보다 큰소리로 말하기도 한다.

크기(size) 어떤 대상의 규격이 크면 그것이 작은 것보다 지각자의 주의를 더 끌게 된다. 예를 들면 신문의 광고란에서 지면의 면적이 큰 광고가 작은 것보다 독자의 주의를 더 끈다.

대비(contrast) 색채 혹은 배경 등에 의한 외적자극은 그것이 전달하고자 하는 색깔 혹은 모양이 서로 대비될 때 지각자의 주의를 더 많이 끈다. 예를 들면 검정색 바탕에 노란색 문자를 사용한 포스터 등을 들 수 있다.

반복(repetition) 반복된 외적자극은 단 1회의 자극보다 지각자의 주의를 더 많이 집중시키게 된다. 예를 들면 단순작업을 하는 작업장에서 상사는 작업자들에게 어떤 지시를 한 번만 하는 것이 아니라 똑같은 것을 여러 번 한다.

움직임(motion) 인간은 어떤 대상이 움직일 때 고정되어 있을 때보다 더 많은 주의를 기울인다. 예를 들면 네온사인에 의한 광고 등을 들 수 있다.

2 주어진 외부자극 중 어떤 것을 우선적으로 선택하느냐는 이를 지각하는 인간의 심리적 상태에 따라 달라질 수 있다.

인간의 욕구(needs) 무수한 외적자극 중 어떤 것을 우선적으로 선택하느냐는 인간이 현재 가지고 있는 욕구 정도에 따라 다르게 나타날 수 있다. 예를 들면 취업을 못한 학생은 지하철의 많은 광고 중에서 "인재를 찾습니다"라는 광고 문단이 제일 먼저 눈에 띈다. 이와 관련하여 반응감도(response of salience)라는 것이 있는데 이것은 욕구나 동기로 인해 특정 외적자극을 더 민감하게 받아들일 수 있는 내적 상태를 말한다.

학습(learning) 지각자가 과거에 경험했던 것, 즉 학습내용에 따라 지각선택이 달라진다. 예를 들면 그림 2-3과 같이 팻말에서 영어 단어가 중복되어 틀린 것이라고 배운 "THE"가 눈에 먼저 들어오게 된다.

성격(personality) 지각자가 어떤 성격의 소유자인가에 따라 똑같은 외부자극들 중 선택하는 것이 다를 수 있다. 예를 들면 낙천주의자가 신문을 볼 때 그에게는 많은 신문기사들 중 긍정적인 사건이 먼저 눈에 들어오지만 반대로 비관적인 성격을 가진 지각자는 부정적인 사건을 먼저 읽게 된다.

3 자극대상이 출현하는 상황을 들 수 있다. 예를 들면 똑같은 괘종시계의 소리도 대부분의 사람들이 낮에는 그냥 지나치게 되지만 아무도 없는 늦은 밤에는 그 소리를 더 크게 듣게 되는 경우이다.

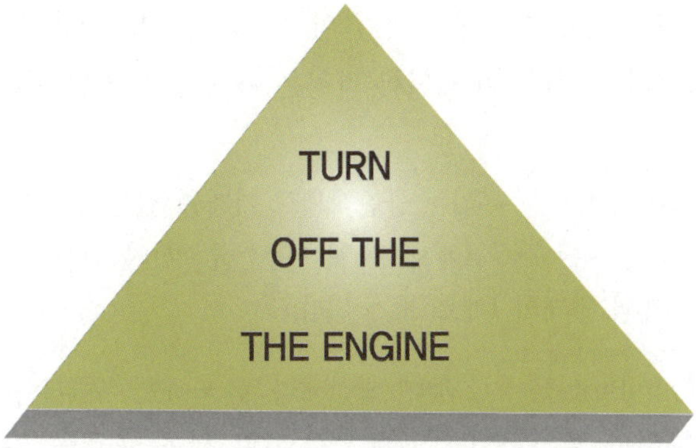

그림 2-3 지각선택과 학습

2.2 조직화단계

지각 메커니즘의 두 번째 단계는 조직화단계인데 이것은 선택단계를 통해 들어온 어떤 자극대상에 대한 작은 부분들을 전체적으로 어떤 의미있는 형태로 짜맞추는 활동이다. 지각자가 생각하기에 의미있는 형태로 조직화하는 과정에는 아래의 몇 가지 원리 내지 패턴이 있다.[4]

1) 전경과 배경

자극대상이 어떤 형태를 가지고 있느냐를 알기 위해서는 전경(figure)과 배경(ground)의 분리과정이 우선 나타난다. 무엇을 먼저 인식하느냐에 따라 지각형태가 달라질 수 있다. 우리는 일반적으로 주어진 자극대상에서 배경을 뒤로 한 전경을 조직화하는 경향이 있다. 그림 2-4의 경우 이것이 꽃병인가 아니면 마주보는 두 개의 얼굴인가를 지각하는 기준은 바로 무엇을 전경으로 보느냐에 달려 있다.

그림 2-4 루빈의 컵

2) 집단화 원리

어떤 대상이 단일한 형태로 지각되기 위해서는 그 형태를 구성하는 요소들이 어떤 식으로 통합되어야 하는데 이와 같이 형태의 구성요소들이 통합되는 과정을 집단화(grouping)라고 한다. 이 집단화 과정은 아래의 몇 가지 원리를 따르게 된다.

근접성(proximity) 우리는 공간적으로 가까이 있는 것들을 함께 집단화하는 경향이 있다. 그림 2-5 A에서 우리는 단순히 7개의 선이 있다고 보기보다 두 줄로 된 3개와 별개의 1개로 보게 된다.

유사성(similarity) 만약 생김새가 유사하면 우리는 비슷한 것들끼리 집단화하려고 할 것이다. 그림 2-5 B의 경우 우리는 검정 사각형과 흰 사각형을 집화시켜서 본다.

연속성(continuity) 우리의 시각체계는 원래의 궤적에 따라 부드럽게 이어지는 윤곽을 선호한다. 그림 2-5 C의 경우 우리는 이것을 직선과 곡선의 조합으로 보지 톱니바퀴 2개로 보지 않는다.

완결성(closure) 어떤 형태가 불완전할 경우 우리는 빈곳을 채워서 완전한 전체 대상으로 지각한다. 그림 2-5 D의 경우 우리는 선, 면들이 연결이

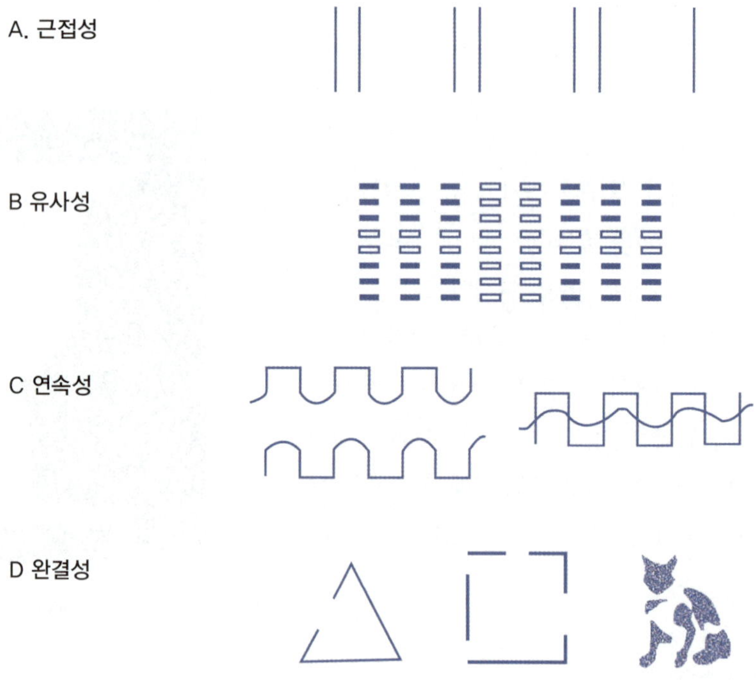

그림 2-5 집단화의 원리

되어있지 않음에도 불구하고 연결을 완성시켜 완전한 삼각형, 사각형 그리고 고양이로 본다.

2.3 해석단계

자극대상이 선택단계와 조직화단계를 거치게 되면 우리는 이것을 해석한다. 예를 들면 어떤 사람이 임금제도에 대해 문의하고 따지면 그 관리자는 이 사람이 '임금에 대해 불만이 있구나' 라고 생각하는 것이다. 우리는 각자의 경험, 가정(assumption) 그리고 기대 등을 통해서 자극대상을 해석한다. 만일 자극대상이 친숙하지 않거나 모호한 인상를 줄 경우 어떤 도식(schema)을 이용하여 이를 해석한다. 예를 들면 하늘에서 움직이는 모호한 물체를 보게 되면 사람에 따라 자기가 가지고 있는 도식을 이용하여 새 혹은 비행기 등으로 보게 된다. 목표관리제도(MBO)를 도입하고 있는 기업에서 부하가 상사에게 이 제도에 대해 꼬치꼬치 물을 경우 어떤 관리자는 이를 순수하게 받아들여 친절하게 설명해주겠지만 다른 관리자는 이를 목표관리제도에 대한 불만의 표시라고 해석할 수 있다. 즉 자극대상에 대한 해석단계에서는 지각자가 가지고 있는 어떤 도식—이것이 편견일 수도 있겠지만—과거의 경험 그리고 성격과 같은 개인적 특성 등이 영향을 미친다.

이상에서는 지각과정에 있어서 핵심이 되는 지각 메커니즘을 살펴보았다. 그 과정을 보면 어떤 현상, 즉 자극대상에 대한 진실된 모습을 인식하는 것이 상당히 어렵다는 것을 알 수 있다. 따라서 조직행동 현상을 기술하는 단계에서 오류가 발생할 경우 그 후에 오는 현상의 설명, 예측 그리고 통제하는 데 많은 차질을 빚게 된다.

아래에서는 개인의 지각 메커니즘에 대한 이해를 바탕으로 조직에서 타인을 지각하는 문제를 다룬다.

3 대인지각

우리가 지각이론을 공부하는 이유는 색깔의 구분, 바위의 모양, 과일의 종류 등을 식별하기 위한 것이 아니다. 우리는 기업조직에서 나타나는 조직행동에 대한 연구의 일환으로 지각이론을 공부하기 때문에 조직에서 타인에 대한 지각이 주된 관심사다. 타인에 대한 지각의 대상으로서 조직에서 다른 사람들의 태도, 행동 그리고 그에 대한 결과를 연구한다. 즉 누가 사기가 높은지, 열심히 일하는지 그리고 업적이 높은지 등을 식별하는 데 지각이론이 활용된다. 사람에 대한 지각은 어떤 물건에 대한 지각보다 훨씬 어렵다. 우리는 사과를 배라고 하지 않는다. 반면에 우리 속담에 "열길 물속은 알아도 한길 사람 속은 모른다."라는 말이 있듯이 사람에 대한 진실된 모습을 파악하는 것은 매우 어렵다. 사물에 대한 지각이 비교적 객관적인데 반해 사람에 대한 지각은 종종 객관성이 결여된다. 같은 사람이라도 옷차림이나 머리 모양 때문에 그 느낌이 다를 수 있다. 우리는 지각이론을 공부함으로써 이러한 어려움을 최소화시키려고 하는 것이다. 대인지각을 사회적 지각(social perception)이라고도 하는데 이것은 한마디로 한 개인이 다른 사람들을 어떻게 지각하고 그들에 대해 어떻게 이해하는가에 관한 것이다.

대인지각 (사회적 지각)
한 개인이 다른 사람들을 어떻게 지각하고 그들에 대해 어떻게 이해하는가에 관한 것

다른 사람을 이해하는 과정을 보면 첫째, '그 사람은 어떤 사람이다' 라는 측면과 둘째, '그 사람은 왜 그런 행동을 하였는가' 라는 측면이 있다. 여기서 '어떤 사람인가'에 대해서는 인상형성이론에서 인식과정을 설명해 준다. 그리고 '왜 그런 행동을 했는가', 즉 행동의 원인파악에 대해서는 귀인이론이 그 판단과정을 제시해 준다.

3.1 인상형성이론

기업에서는 다른 사람과 같이 일하는 것이 기본이다. 그가 상사일 수도 있고 동료 혹은 부하일 수도 있다. 이때 우리는 그가 어떤 사람인가? 라는 질문을 종종 하게 된다. 이를 위해 우리는 그에 대해 내가 가지고 있는 정보를 가지고 판단하게 된다. 이러한 정보는 남에게서 들은 것이나 상대방이 직접 보여준 태도 및 행동

CASE 2

▶ 첫인상의 놀라운 정확성

포천 500대 기업의 상위그룹과 하위그룹의 최고경영자들 얼굴 사진 50개를 하나씩 보여주면서 그의 리더십, 호감, 유능감 등을 평가하도록 하고, 이 평가치를 회사의 매출액과 비교하였다. 사람들이 리더십이 높으리라 여긴 사람들은 경영실적도 높은 회사로 나타났다.[5] 경영자들이 모두 비슷한 연배이고, 대부분이 백인이며, 생김새에 있어서도 크게 차이가 나지 않음에도 불구하고 이 같은 차이가 짧은 만남에서 얻어진 첫인상으로부터 나타날 수 있다는 것은 흥미롭고 놀랍다.

등으로부터 수집된다. 이러한 정보는 많은 경우에는 정확하지 않을 수도 있으며 내가 관찰한 것이 상대방 행동의 전부가 아니고 일부이기 때문에 완벽하다고 하기 어렵다. 따라서 우리는 먼저 소수의 정보를 접하게 되면 이를 바탕으로 다수의 미확인 정보를 추론한다. 그런 다음 수집한 정보 중에서 최종 판단에 사용할 정보를 선별하고, 마지막으로 이 정보를 통합하여 전반적인 인상을 형성하게 된다.[6] 인상형성이론(impression formation theory)에서는 이렇게 제한된 정보를 가지고 타인을 평가하는 과정 및 발생할 수 있는 오류 등을 다루고 있다. 아래에서는 타인을 평가하는 것, 즉 인상형성과정에 나타나는 대표적인 몇 가지 원리를 살펴본다.

인상형성이론
제한된 정보를 가지고 타인을 평가하는 과정 및 발생할 수 있는 오류 등을 다루는 것

초두효과

타인을 평가하는 데 있어서 다른 조건이 같다면 그에 대해 먼저 제시된 정보가 나중에 제시된 정보보다 더 큰 영향을 미친다는 것이다. 한 실험에서 가상적인 인물에 대한 성격을 묘사하는 형용사들을 나열하고, 학생들이 그 인물에 대해 느끼는 인상이 무엇인지를 쓰게 했다.[7] 학생 A집단에서는 형용사의 순서가 "똑똑하고, 근면하고, 충동적이며, 비판적이고, 고집이 세며, 질투심이 강함"이었고 B집단에게는 형용사들의 제시순서를 바꾸어 "질투심이 강하고, 고집이 세며, 충동적이며, 비판적이고, 똑똑하고, 근면함"을 제시했다. 그랬더니 A집단이 B집단보다 해당 인물에 대해 보다 더 호의적이라고 응답했다.

초두효과(primacy effect)는 처음에 제시된 정보가 맥락을 형성하고 이 맥락 속에서 나중에 제시된 정보를 해석하기 때문에 나타난다. 일단 정보가 접수되면 그 후에 접수되는 정보에 대해 주의가 소홀해지는 경향이 있다.[8] 일상적

CASE 3

▶ 고춧가루

어느 대학생이 길을 가다가 정말 예쁜 여자를 봤다.
이 기쁨과 환희를 주체할 길이 없는 남자!!!
여자에게 용기를 내어 말을 걸어 본다.
남: 저기 제가 원래 이런 사람이 아닌데, 그쪽이 너무 마음에 들어서 그러는데 저랑 차 한 잔 하실래요?
여: (웃으며) 제가 보기엔 선수 같은데… 그래도 뭐 나쁘지는 않을 것 같네요.
라고 말하는 그 순간 그 여자의 이에 낀 왕 고춧가루가 보인다.
순간 이 남자의 마음이 완전 사그라들었다.

조직생활에서 초두효과는 대개 시간적 여유가 없거나 판단의 중요성이 그리 높지 않을 때 잘 나타난다.

현저성 효과

하나의 두드러진 점이 한 사람의 인상을 형성하는 데 결정적인 역할을 하는 경우 이를 현저성 효과(salience effet)라고 한다. 대인관계에서 우리는 상대방으로부터 긍정적인 정보를 많이 접하기 쉽다. 어쩌다 눈에 띄는 부정적인 정보는 비록 그 수가 적을지라도 돌출해 보이는 현저성 효과 탓으로 상대방에 대한 인상형성에 큰 영향을 준다. 일반적으로 사람들은 긍정적인 정보를 바탕으로 내린 판단보다는 부정적인 정보를 바탕으로 내린 판단에 보다 더 큰 확신을 가지고 있다.[9]

중심특질과 주변특질

우리는 상대방에 대한 여러 가지 정보를 가지고 그 사람의 전체를 한 방향으로 평가하는 경향이 있다. 그런데 제공된 여러 가지 정보 종류가 평균개념으로 인상형성에 영향을 미치지는 않는다. 어떤 정보는 매우 중요하게 인상형성에 영향을 미치고 또 다른 정보는 그냥 지나치는 경향이 있다. 여기서 여러 정보 종류 중 인상형성에 중요한 영향을 미치는 정보를 중심특질이라고 하고 별로 영향을 미치지 않는 정보를 주변특질이라고 한다. 이에 대해서는 Ash의 연구가 뒷받침하고 있다.[10]

그는 피험자 집단에 특정 인물을 묘사하는 형용사를 아래와 같이 제시했다.

표 2-1 **인물묘사를 위한 형용사**

집단 1	지적이며, 근면하며, 따뜻하고, 의지가 굳고, 실용적이며, 신중하다.
집단 2	지적이며, 근면하며, 차갑고, 의지가 굳고, 실용적이며, 신중하다.

표 2-1에서 볼 수 있듯이 집단 1에 제시한 형용사들 중 "따뜻하고"를 집단 2에는 "차갑고"로 바꾸어 반응을 조사하였다. 여기서 "따뜻하고" 를 제시한 집단 1의 반응은 표적인물에 대하여 "인간적이며, 사귀기 쉽고, 품성이 좋고, 인자한" 인상을 가진 사람으로 평가한 반면, "차갑고" 라는 형용사를 제시한 집단 2의 경우 표적인물을 "잔인하고, 비사교적이며, 인색한" 사람이라고 평가했다. 그런데 이 실험에서 "따뜻한-차가운" 대신 "공손한-무례한"으로 대체하여 제시한 경우에는 그 같은 차이가 나타나지 않았다. 즉 이 상황에서는 "따뜻한-차가운"이라는 정보는 중심특질이 되며, "공손한-무례한"은 주변특질이 된다.

Kelley가 실시한 실험에서도 중심특질 현상이 확인되었다.[11] 그는 똑같은 강사에 대해 2개의 교실에 있는 학생들에게 강의 시작 전에 강사소개서를 배포하였다. 소개글은 한 가지 정보만 제외하고는 다른 것은 똑같았다. 표 2-2처럼 A반에는

표 2-2 **중심특질이 인상형성에 미치는 영향**

특성	강 사	
	매우 따뜻함	약간 차가움
자기중심적	6.3	9.6
비사교적	5.6	10.4
인기 없음	4.0	7.4
형식적	6.3	9.6
불안	9.4	12.0
유머 없음	8.3	11.7
인정 없음	8.6	11.0

* 점수가 높을수록 그러한 특성을 강하게 갖고 있음.

이 강사가 "약간 차가운" 사람이라고 소개된 반면에 B반에는 "매우 따뜻한" 분이라고 소개한 것이다. 이 강사는 20분간의 강의 및 토론을 하였다. "매우 따뜻한" 분이라고 소개된 A반에서는 이 강사를 보다 좋게 평가하였을 뿐만 아니라 토론에서도 B반보다 더 활발하게 참여하였다. 즉 정보 중 중심특질은 인상형성뿐만 아니라 표적인물에 대한 교류행동에도 영향을 준 것이다.

일관성 원리

인상형성과정에 나타나는 원리 중 일관성 원리(principle of consistency)가 있다.

사람을 평가할 때 대개 소수의 몇 가지 정보를 가지고 하는데 이 정보종류가 서로 방향이 다를 때 나타나는 현상이다. 예를 들면 어떤 사람에 대한 정보가 긍정적인 것(성실하고, 친절하고, 예의가 바름)과 부정적인 정보(까다롭고, 정직하지 못하고, 경솔함)가 동시에 주어졌을 때 우리는 이 사람을 좋으면서도 나쁜 사람이라고 평가하지 않는다. 즉 좋다 혹은 나쁘다 중 어느 하나를 택한다는 것이다. 주어진 정보에 설사 모순되는 것이 있다 하더라도 그를 어느 한 방향으로 일관되게 평가하는 것이다.

이상에서는 다른 사람을 지각하는 과정에 대해 인상형성에 나타나는 몇 가지 대표적인 원리를 통해 살펴보았다. 이러한 원리들은 타인을 객관적으로 지각하고 평가하는 것이 간단하지 않음을 보여주고 있다. 타인을 지각하는 데에는 여러 종류의 정보가 주어지는데 이러한 정보의 종류 또한 매우 다양하며, 여기엔 무의식적으로 처리되는 정보, 특정 기준으로 분류되는 정보 그리고 비언어적 정보 등이 있다.

- 무의식적으로 처리되는 정보 중 특히 나에 관한 정보, 상대방의 나쁜 행동에 대한 정보 그리고 상대방이 속한 집단 관련 정보는 별 의식없이 자동적으로 처리된다. 예를 들면, 우리는 떠들썩한 파티 장소에서 자신의 이름이 불리는 것을 놓치지 않으며 상대방의 부정적 행동 내지 특징에 대해 민감하고 이를 주목하여 상대방을 평가하기도 한다. 또한 상대방이 속한 집단 관련 정보, 특히 성별, 인종, 연령은 무의식적으로 처리된다.[12]
- 사람들은 타인을 평가할 때 일반적으로 도덕적 특성과 지적특성으로 나누는 경향이 있다. 도덕적 특성으로서 진실성, 이타성 그리고 정직성 등을 들 수

있으며, 지적특성으로서 똑똑함, 근면성 그리고 융통성 등을 들 수 있다.[13]

- 많은 내용은 언어적 채널을 통해 전달되지만, 이것이 애매하거나, 내용이 상황에 맞지 않을 경우, 말하는 사람이 거짓말을 하는지 등의 의중이나 정서를 알고자 하는 경우 사람들은 언어보다 비언어적 채널에 중심을 둔다.[14]

인상형성이론은 한마디로 우리가 다른 사람이 어떤 사람인가를 알고자 할 때 행해지는 지각과정을 설명한 것이다. 타인에 대한 보다 객관적이고 정확한 평가를 하기 위해 인상형성과정에서 우리도 모르게 나타날 수 있는 여러 가지 오류의 가능성을 인상형성이론을 통해 살펴보았다. 이러한 이론을 활용하여 우리는 조직에서 타인을 보다 정확히 파악해야 할 것이다.

3.2 귀인이론

지하철에서 남이 나의 발을 밟았을 때 그 사람이 고의적으로 그랬다고 생각하면 화를 내고 따지겠지만 붐비는 지하철이어서 어쩔 수 없이 그랬다면 그냥 기분이 불쾌한 정도로 끝났을 것이다. 기업에서 부하가 업적이 낮았을 경우, 상사는 왜 그런 일이 발생했는지를 따져볼 것이다. 이와 같이 사람들의 행동 혹은 그로 인한 사건의 원인을 따져보는 것을 귀인(attribution)이라고 한다. 조직행동에서 귀인이 중요한 것은 그 결과가 추후 행동에 영향을 미치기 때문이다. 낮은 업적을 낸 부하의 경우 그 원인이 그가 열심히 일하지 않았기 때문이라면 야단을 친다든지 연봉을 동결시킨다든지 등 어떤 통제를 가하겠지만, 시장 경기의 침체로 인한 것이었다면 그 부하의 잘못을 따지기보다 마케팅전략 등 기업차원에서의 어떤 조치를 취할 것이다. 아래에서는 어떤 행동 내지 사건에 대한 원인파악의 정확성을 높이기 위한 몇 가지 원리를 설명하고 귀인과 관련하여 발생하는 대표적인 몇 가지 오류를 살펴본다.

귀인 사람들의 행동 혹은 그로 인한 사건의 원인을 따져 보는 것

내적 귀인과 외적 귀인

어떤 행동에 대한 원인을 어디에 귀속시킬 것인가에 대해 우선 내적 귀인과 외적 귀인으로 구분할 수 있다.[15] 예를 들면 어떤 종업원의 업적이 낮았을 경우, 그 원인을 노력 부족 혹은 능력 부족으로 인식하면 내적 귀인이라고 하며, 직무의 난이도 혹은 관련되는 타부서 사람들의 비협조 때문이라고 인식하면 이를 외적

귀인이라고 한다. 물론 조직생활에서는 이 두 가지가 동시에 원인이 되어 나타날 수도 있다. 여기서 중요한 것은 어떤 행동의 원인을 판단할 때 사용할 수 있는 분석의 틀이다.

이에 대해 Rosenbaum은 행동 내지 사건에 대해 원인의 안정성을 추가하여 그림 2-6과 같은 분석의 틀을 제시하였다.[16]

구 분	내적 귀인	외적 귀인
안 정	능 력	직무의 난이도
불 안 정	노 력	운

그림 2-6 원인 귀속 분류의 틀

그림 2-6에 제시되어 있듯이 어떤 팀원의 업적이 낮았을 때 그 원인을 내부이냐 외부이냐에서만 찾는 것보다 이 원인이 변화가능성이 있느냐에 따라 다시 분류하는 것이 보다 더 의미가 있다. 왜냐하면 낮은 업적에 대해 그 원인이 단시간에 변화시키기 어려운 안정적인 "능력"일 경우 이를 개선시키기 위해 교육훈련이라는 조치를 취할 수 있을 것이고 그 원인을 "노력" 부족에서 찾을 경우 노력을 증가시킬 수 있는 동기부여 방법을 적용할 수 있다.

공변모형

어떤 행동이나 사건의 원인을 행위자의 내부에서 찾느냐 혹은 외부에서 찾느냐에 대한 추론을 보다 정교하게 할 수 있는 분석틀로서 공변모형이 있다. 여기서 공변(corvariation)이란 여러 번에 걸쳐서 발생하는 사건 혹은 요소들이 서로 관련성이 있어 원인과 결과로 쌍을 지어 나타나는 경우를 의미한다. 예를 들면 구름이 많이 끼면 비가 항상 왔을 경우, "비는 항상 구름이 많이 있은 후 오게 되며, 구름이 없으면 비가 오지 않는다."고 추론할 수 있는데 이때 "구름-비"는

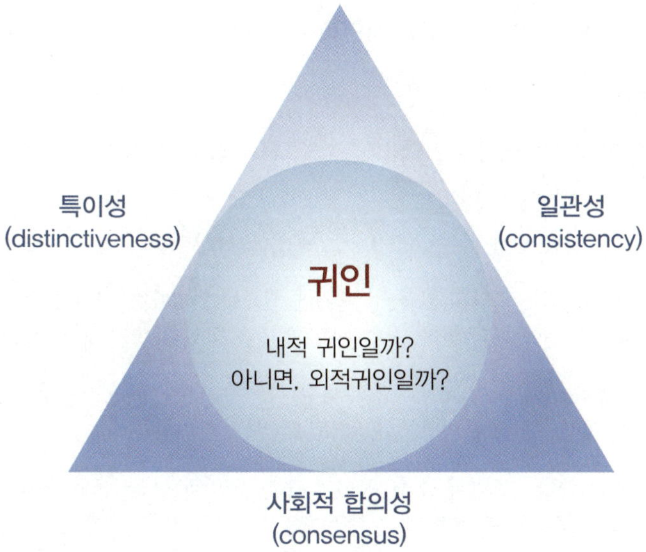

그림 2-7 귀인에 대한 공변모형

공변관계에 있는 것이다.[17]

조직에서의 어떤 사건 혹은 행동을 공변모형을 활용하여 그 원인을 내적 혹은 외적 귀인으로 판단할 수 있다. 귀인을 판단하는 데 구체적으로 활용되는 정보로서 자극대상, 행위자 그리고 상황을 들 수 있다.[18] 직무 A를 수행하는 갑이 낮은 업적을 내었을 때 그 원인을 공변모형에 따라 분석하면 다음과 같다.

- **자극대상의 특이성**(distinctiveness)
  갑이 과거 다른 직무를 수행했을 때에도 업적이 낮았는가?
- **상황의 일관성**(consistency)
  갑이 과거에도 동일한 직무 A에 대해서 업적이 낮았는가?
- **사회적 합의성**(consensus)
  직무 A를 수행하는 다른 종업원들의 업적도 낮았는가?

위에서 제시한 분석틀을 가지고 아래 사건에 대한 귀인을 분석하면 표 2-3과 같다.

표 2-3에서는 어떤 사건에 대한 원인분석을 자극대상의 특이성, 상황의 일관성 그리고 사회적 합의성 관점에서 하였다. 개별 요소를 높은 경우와 낮은 경우로

표 2–3 **랠프가 조안의 발을 밟은 사건에 대한 귀인**[19]

특이성	높은 특이성				낮은 특이성			
	랠프는 다른 사람과 춤을 출 때 상대방의 발을 거의 밟지 않는다.				랠프는 춤을 출 때 발을 밟는 경우가 많다.			
일관성	높은 일관성		낮은 일관성		높은 일관성		낮은 일관성	
	과거에 랠프는 언제나 조안의 발을 밟았다.		과거에 랠프는 조안의 발을 밟았던 적이 거의 없다.		과거에 랠프는 언제나 조안의 발을 밟았다.		과거에 랠프는 조안의 발을 밟았던 적이 거의 없다.	
합의성	높은 합의성	낮은 합의성	높은 합의성	낮은 합의성	높은 합의성	낮은 합의성	높은 합의성	낮은 합의성
	조안과 춤을 추는 거의 모든 사람이 조안의 발을 밟는다.	조안과 춤을 추는 랠프 이외의 다른 사람이 조안의 발을 밟는 경우는 거의 없다.	조안과 춤을 추는 거의 모든 사람이 조안의 발을 밟는다.	조안과 춤을 추는 랠프 이외의 다른 사람이 조안의 발을 밟는 경우는 거의 없다.	조안과 춤을 추는 거의 모든 사람이 조안의 발을 밟는다.	조안과 춤을 추는 랠프 이외의 다른 사람이 조안의 발을 밟는 경우는 거의 없다.	조안과 춤을 추는 거의 모든 사람이 조안의 발을 밟는다.	조안과 춤을 추는 랠프 이외의 다른 사람이 조안의 발을 밟는 경우는 거의 없다.
귀인	조안이 균형을 잡지 못한다. 조안의 실수이다.	랠프와 조안 둘 다에게 책임이 있다.	조안이 균형을 잃어도 대체로 랠프는 조안의 발을 밟지 않았는데 오늘은 그렇지 못하다.	운이 없는 날이다.	랠프와 조안 둘 다에게 책임이 있다. 어느 한 쪽만 있어서 이러한 결과는 충분히 일어날 수 있다.	랠프가 균형을 잃었다. 랠프의 책임이다.	랠프와 조안 둘 다 균형을 잃었다. 대체로 이 둘은 춤을 잘 추는 데 오늘은 그렇지 못했다.	랠프가 균형을 잃었다. 조안이 대체로 잘하는 데 오늘은 그렇지 못했다.
	외적 귀인	외적 내적 귀인 모두	외적 귀인	외적 귀인	외적 내적 귀인 모두	내적 귀인	외적 내적 귀인 모두	내적 귀인

분류하였을 때 8종류의 경우의 수가 나온다. 각각의 경우에 대해 내적 귀인, 외적 귀인 그리고 둘 모두가 원인일 경우를 보여주고 있다.

귀인을 위한 공변모형은 그 이론적 타당성은 인정되지만 귀인과정을 논리적으로 모형화시킨 것일 뿐 실제 사람들이 일상생활에서 이렇게 정교하게 할 수 있느냐, 즉 실용적 측면에서 비판되고 있다.[20]

3.3 귀인오류

타인의 행동 혹은 사건에 대한 원인을 분석하는 데 나타나는 대표적인 오류를 살펴보면 아래와 같다.

1) 근본귀인오류

어떤 행동이 일어났을 때 그 원인이 많은 경우에는 행동한 그 사람의 내적요인 및 외적요인이 동시에 작용하여 일어난 것일 수 있다. 그럼에도 불구하고 우리는 외적요인을 무시하는 경향이 있다. 예를 들어 여름철 증명서를 발급받으러 갔을 때 주민센터의 직원이 불친절하면 더운 날씨 때문이 아니라 그의 자질에 문제가 있다고 생각한다. 우리는 그가 하루에도 수십 명의 민원업무를 처리하고 있다는 것은 간과한다. 이와 같이 우리는 타인의 행동을 해석할 때 상황의 영향을 과소평가하고 개인특성의 영향을 과대평가하는 경향이 강한데, 이를 근본귀인오류(fundamental attribution error)라고 한다.[21]

근본귀인오류 타인의 행동을 해석할 때 상황의 영향을 과소평가하고 개인특성의 영향을 과대평가하는 경향이 강한 현상

이러한 오류가 나타나는 이유는, 타인의 행동을 관찰할 때 관찰의 초점을 주로 그 사람에게 두고 이러한 행동을 둘러싼 배경(환경)은 대개 지나치기 때문이다. 왜냐하면 그 사람이 우리의 사고의 초점이 되고 환경은 대개 우리의 주의를 끌지 못하기 때문이다. 또한 행동의 원인이 될 수도 있는 모든 환경적 요소에 대해 정보부족으로 잘 알지 못하는 경우가 많기 때문이기도 하다.[22]

이러한 오류는 기업실무에서 상사가 부하의 낮은 업적에 대한 귀인을 파악할 때 일방적으로 부하의 능력 내지 노력부족이라는 내부귀인으로 단정하는 현상으로 자주 나타난다.

2) 행위자-관찰자 편견

미국의 역대 대통령 중 가장 위대한 사람으로 평가받고 있는 링컨 대통령은 1864년 쓴 편지에서 "나는 많은 사건들을 잘 조정하며 처리해 왔다고는 할 수 없다. 오히려 많은 사건들에 어쩔 수 없이 끌려 지내왔다고 고백할 수 있다." 라고 적고 있다. 반면에 링컨의 관찰자들은 그의 업적으로부터 그의 성향을 추론하는 근본귀인오류를 보이고 있으며, 링컨 본인은 자신의 행동을 자신이 처해 있는 상황의 탓으로 돌리고 있는데 바로 이러한 것이 행위자-관찰자 귀인이 보이는 전형적인 차이이다.[23]

행위자 - 관찰자 편견(actor-observer bias)은 어떤 행동에 대해 내가 행한 행동에 대해서는 외적 귀인을, 타인이 행한 행동에 대해서는 내적 귀인을 하는 경향이 있는 것을 말한다. 예를 들면 얼음판 위에서 내가 미끄러지면 그 원인을 "얼음판이 왜 이렇게 미끄러운가?" 라고 반문하지만 다른 사람이 미끄러질 경우 그 사람이 "조심성이 없어서 미끄러졌다"고 판단하는 것이다. 이러한 오류가 나타나는 이유는 행위자와 관찰자의 지각적 초점이 다르기 때문이다. 행위자의 지각초점은 대개 외부 상황에 맞추어지는데 이때에는 상황적 정보가 중요하게 부각되는 반면, 관찰자의 행위를 지각할 때는 그 사람의 내부에 초점이 맞추어 진다. 즉 행위자 자신은 스스로에 대하여 다양한 상황에서 어떠한 행동을 취했는지를 잘 알고 있지만, 타인(관찰자)에 대해서는 그가 처한 상황에 대한 정보가 행위자에게는 부족하기 때문에 관찰자의 행위를 그의 내부에 귀속시킨다.[24]

3) 자존적 편견

기업조직에서 자신이 승진되었을 때는 자신의 능력 및 노력이 반영된 것이고 또한 상사의 평가가 공정하다고 믿는 반면에 승진에서 탈락되고 바로 옆 동료가 승진되었을 경우에는 상사의 평가가 불공정했고 동료가 줄을 잘 섰기 때문이라고 생각하는 경우를 자존적 편견(self-serving bias)이라고 한다. 이러한 편견은 자신에 대한 사건뿐만 아니라 자기가 속한 집단이거나 가깝게 여기고 있는 집단(예 프로야구팀)의 성패에 대해서도 나타난다.[25] 이와는 반대 방향으로 나타나는 경우를 자기겸양적 편견(modesty bias)이라고 한다. 예를 들면 마라톤에서 신기록을 낸 사람이 그 원인을 묻는 한 인터뷰에서 자기의 능력보다 소속기업의 아낌없는 지원과 코치의 탁월한 지도 덕분이라고 하는 경우이다. 대개 동양적 문화권에서 이런 편견이 많이 나타난다.[26]

여기서 자존적 편견이 나타나는 이유를 동기론적 관점에서 찾을 수 있다. 인간은 자존심을 높이려는 욕구가 있는데 이것이 귀인에 영향을 미친다는 것이다. 즉 어떤 일이 실패했을 때 그 책임을 상황에 돌림으로써 자존심의 손상을 막을 수 있고, 성공시에는 그 공을 자신에게 돌림으로써 자존심을 높일 수 있는 것이다.[27]

자존적 편견을 단순히 귀인 오류로서 부정적으로만 보기보다는 이에 대한 순기능적인 측면도 제시되고 있다. 예를 들면 어떤 일이 성공했을 때 그 이유를 자신의 능력 및 노력 덕분으로 여기는 경우, 사람들은 장래에 관련된 일에 계속적인 성공을 기대하고 더 열심히 노력할 것이며, 실직자들이 해고사유를 자신의 능력이 아니라 회사의 사정이라는 환경에서 찾을 경우 재취업을 위해 보다 적극적으로 노력할 것이다.[28]

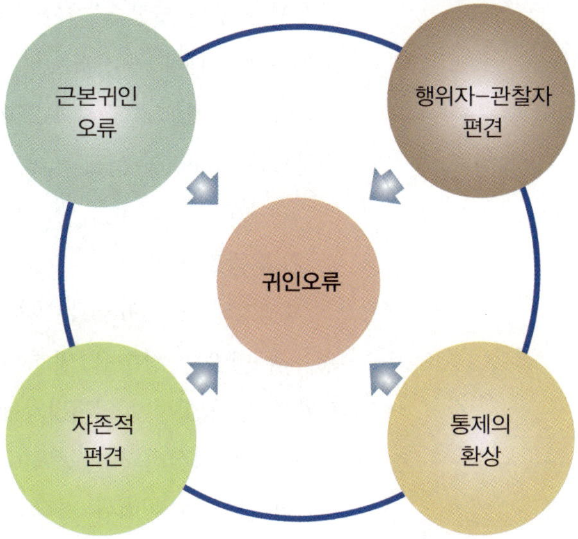

그림 2-8 귀인오류

4) 통제의 환상

통제의 환상(illusion of control)의 원래의 의미는 개인이 자기가 한 일에 대한 성공가능성을 객관적인 성공가능성의 확률보다 높게 지각하는 것을 말한다.[29] 그러나 일상생활에서는 그 의미가 확장되어 사용되고 있다. 축구시합에서 선수들이 빨간색 유니폼을 입었을 때 이긴 경우가 많았을 경우, 유니폼의 색깔이 사실 경기결과와 전혀 관계가 없음에도 불구하고 빨간 유니폼이 승패를 결정할 수 있는 통제력을 가지고 있다고 믿는 것이다.

또한 귀인상황과 관련해 보면 세상일을 자기 노력으로 다 할 수 있다고 믿어 어떤 일이 실패하였을 때 이것이 외적 귀인임에도 불구하고 내적 귀인으로 돌리는 경우이다. 예를 들면 어떤 사람이 이사를 갔는데 다음해 그 지역에 유난히 비가 많이 내려 집이 물에 잠겼을 경우, 그 사람은 내가 이사를 잘못 온 것이고 그 책임은 나에게 있다고 자책하는 경우이다.

3.4 기타오류

1) 상동적 오류

상동적 오류(stereotyping)는 사람에 대한 경직된 편견을 가진 지각을 말하는데, 대개 타인에 대한 평가를 그가 속한 사회적 집단에 대해 평소 가지고 있는 편견을 가지고 평가함으로써 발생하는 오류이다. 예를 들면 “정치인은 거짓말쟁이이다.”, “어느 종교는 사이비다.” 그리고 “어떤 사회단체는 사회를 분열시키는 것이 목적이다.” 등이다. 이럴 경우 지각자가 어떤 국회의원의 연설을 들을 때 그 내용을 객관적으로 이해하지 않고 그가 “정치인이기 때문에 거짓말을 하는 것이다."라고 속단해 버리는 것이다. 기업실무에서는 어떤 관리자가 노동조합에 대해 부정적으로 보는 경우, 자신의 부하 중 한 명이 객관적으로는 업적이 높음에도 불구하고 조합원이라는 이유로 낮게 평가하는 경우이다. 이러한 지각오류는 윤리적 문제를 야기한다.

2) 후광효과

후광효과(halo effect)는 지각자가 타인의 어느 한 면을 기준으로 다른 것까지 평가해 버리는 경향을 말한다. 예를 들면 평소 성실하게 일한 부하의 업적을 평가할 때 성실성이 업적평가에 영향을 미치어 높은 점수를 주는 경우이다. 사실 그가 매우 성실하지만 능력이 부족할 경우 업적이 낮게 나올 수 있는 것이다. 기업실무에서는 이러한 지각오류를 제거하는 것이 매우 어렵다. 왜냐하면 상사는 부하의 모든 면을 관찰할 수가 없기 때문에 자신이 부하에 대해 가지고 있는 정보에 의존하여 부하를 평가해 버리는 경향이 있기 때문이다.

3) 지각방어

지각방어(perceptual defense)란 개인이 자신에게 불리한 사건 내지 정보가 있을 때, 이에 대한 지각 자체를 피함으로써 자신을 지키려는 경우에 일어난다. 예를 들면 1000명을 고용하고 있는 기업에서 임금인상을 이유로 파업이 일어났는데 경영자는 파업의 원인을 현실대로 인식하지 않고 파업을 몇몇 불순분자의 선동에 의해 일어난 것이라고 지각하는 경우이다. 즉 파업의 진정한 이유를 지각하지 않으려는 경향을 말한다.

4) 대비오류

대비오류(contrast error)는 여러 사람들을 평가할 때 흔히 일어난다. 예를 들면 어떤 주제에 대해 여러 명이 발표하는 회의에서 처음 3명이 형편없게 발표한 후 4번째 사람이 중간 정도 수준으로 발표했을 경우, 실제보다 높은 평가점수를 받는 오류이다. 그 반대의 경우 실제보다 낮은 평가점수를 받는 경우도 이에 해당된다. 우리는 어떤 사람을 평가할 때, 그 사람에만 집중하여 평가하는 것이 아니라 그 전에 평가를 받았던 사람의 평가점수로부터 자신도 모르게 영향을 받아 평가하는 지각오류를 범하는 것이다.

5) 문화 차이에 따른 오류

문화는 대개 국가별로 구분하지만 우리는 일반적으로 서양문화와 동양문화로 구분한다. 어떤 사건에 대한 선택 및 해석과정에 문화적 오류가 특히 많이 일어난다. 예를 들면 컵에 물이 반이 차 있을 때, 서양 사람들은 컵보다 물의 양에 초점을 맞추어 '물이 반이 차 있다'라고 지각하는 반면에, 동양 사람들은 컵의 물이 차 있지 않은 빈 부분을 먼저 선택하여 '물이 이것밖에 차 있지 않구나'라고 해석하는 경우가 많다. 물론 이것은 개인의 낙관주의 성격과 관련되지만 지각의 문제로도 해석할 수 있다. 또한 서양 사람들은 다른 사람들과 대화를 할 때, 대화내용이 주는 정보를 기준으로 커뮤니케이션 내용을 해석하지만 동양 사람들은 그 사람의 신분, 직책, 대화의 이면에 있는 무엇 등을 모두 추측 고려하여 그 대화를 해석하는 경향을 보인다. [30]

본장에서는 조직행동을 이해하는 데 그 출발점이 되는 이론인 지각에 대해 살펴보았다. 지각이론은 타인을 어떻게 보는지에 대한 것과 그의 행동에 대한 해석과 관련되는 것이다. 타인에 대한 지각은 이 사람이 어떤 사람인지를 판단하는 데 활용되는 인상형성이론과 그 사람의 행동의 원인을 규명하는 데 사용하는 귀인이론으로 구성되어 있다.

타인에 대한 인상형성에 있어서 나타나는 오류들에 대한 이해를 통해 우리는 타인에 대한 정보처리의 정확도를 높여야 한다. 앞에서 설명하였던 초두효과, 현저성 효과, 평가과정에 있어서의 정보의 중심특질 그리고 일관성 원리 등은 사실 평가하는 사람인 자신도 지각과정에서 인지하기가 어려운 현상이다. 반면에 귀인이론은 타인의 행동 내지 그 결과의 원인규명에 관한 이론으로서 제시된 평가의 틀을 가지고 할 경우 정확성을 보다 더 높일 수 있다. 그럼에도 불구하고 나타날 수 있는 대표적인 오류들로 근본귀인오류, 행위자-관찰자 편견, 자존적 편견 그리고 통제의 환상이 있는데 이것들은 개인의 가치관 내지 성향 그리고 소속된 문화에 따라 그 정도가 다소 다르게 나타날 수 있다.

지각 관련 사례

◉ 기업채용 면접시 첫인상이 미치는 영향

기업 인사담당자 10명 가운데 8명은 면접시 지원자의 외모를 평가에 반영하는 것으로 나타났다. 「취업포털 사람인」이 최근 기업 인사담당자 273명을 대상으로 설문조사 한 결과 84.2%에 해당하는 230명이 '지원자의 겉모습이 평가에 영향을 미친다'고 답했다. 외모를 중시한다고 답한 기업 인사담당자 가운데 57%인 131명은 스펙이 부족해도 외모가 뛰어난 지원자에게 가산점을 주거나 합격시킨 경험이 있는 것으로 나타났다.
외모를 평가 항목에 포함하는 이유로는 '인상에 따라 신뢰도가 달라져서'(50.9%, 복수응답), '자기관리를 열심히 하는지 알 수 있어서'(32.6%), '외모가 대인관계에 영향을 미쳐서'(28.7%), '외모도 경쟁력이라서'(21.7%) 등을 꼽았다. 지원자의 겉모습 가운데 채용에 가장 영향을 미치는 부분은 인상(83%, 복수응답)이었으며 분위기(41.7%), 옷차림(40%), 청결함(33%), 얼굴 생김새(14.8%), 헤어스타일(10.4%) 등의 답변도 나왔다.
성별에 따라 외모가 평가에 미치는 정도가 다르냐는 질문에 61.7%는 차이가 없다고 답했다.

* 『한국경제』, 2013. 6. 24.

생각해 볼 문제

- 위 기사는 국내 기업들의 채용면접에서 지원자들의 외모와 첫인상이 적지 않은 영향을 주고 있음을 시사하는 조사결과를 소개하고 있다. 이처럼 제한된 정보로 타인을 평가하게 될 때 발생할 수 있는 오류에 대해서 토론해 보자.

Chapter

3

개인차: 성격 및 능력

1. 인구통계적 특성
2. 성격
3. 능력
4. 긍정적 심리특성

CASE 1

서울 석촌호수 놀이 마당에서 10일 오전 3시 40분쯤 A(20, 학원생)가 20대 청년과 시비를 벌이던 B(21, L호텔 사우나 종업원)를 말리다가 싸움이 붙어 호수로 굴러 떨어지는 바람에 두 사람 모두 익사했다. 여자친구와 나들이 나왔던 A는 이날 옆자리에서 20대 청년 1명과 시비를 벌이던 B를 말렸으나 B가 "네가 뭔데 남의 일에 끼어드느냐"며 A에게 시비를 걸어 서로 붙잡고 나뒹굴다 4m 아래 호수로 굴러 떨어졌다는 것. 이들은 물 속에서 10여 분 동안 허우적거리며 싸움을 계속하다 함께 익사했다.[1]

이 사례는 우리나라 국민의 성격적 특성을 단적으로 보여주고 있다. 이들이 죽음을 걸고까지 싸움을 해야 할 절실한 이유가 정말 있었는가? 물론 아니다. 남의 일에 가볍게 참견한 것이 시발점이 되어 격한 싸움으로 발전, 급기야 두 사람을 죽음으로까지 몰고 간 것이다. 물론 이 사례는 극단적인 것이긴 하지만 우리나라 국민의 특성이라고 할 수 있는 물불 안 가리고 욱하는 성격을 잘 보여주고 있다.

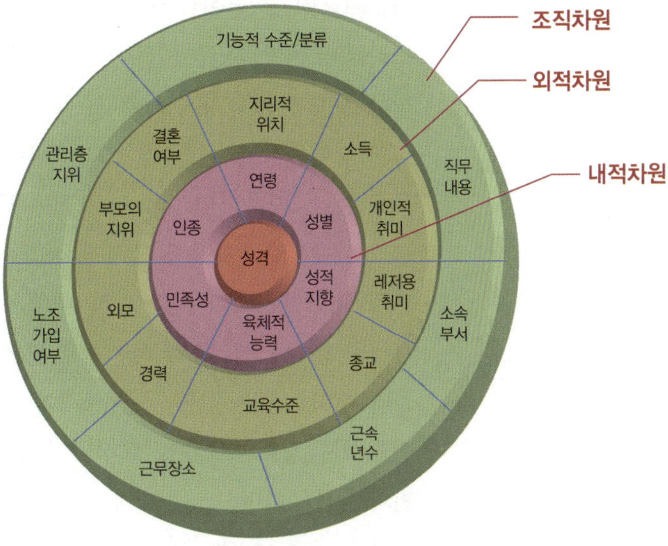

그림 3-1 조직구성원의 4가지 차원의 분류[2]

조직행동을 설명하는 데 있어서 행동의 원인 규명에 조직구성원이 가지고 있는 개인차, 즉 조직구성원의 다양성(diversity)의 문제가 오늘날 많은 학자들의 관심을 끌고 있다. 조직구성원의 다양성을 구성하는 요소들은 매우 많다. 이들을 몇 가지 차원에서 분류하면 아래와 같다. 이러한 분류는 내적차원을 구성하는

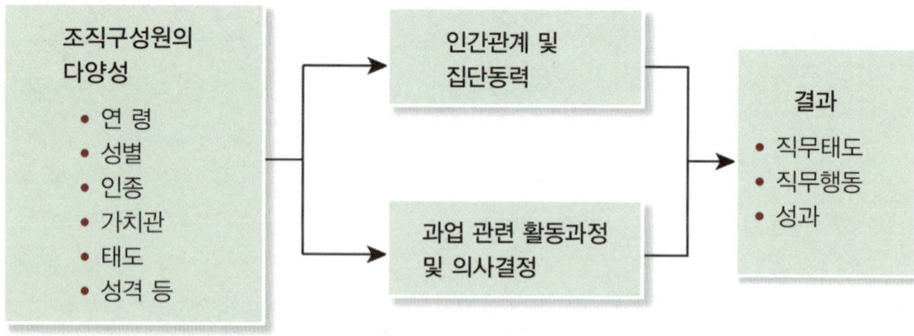

그림 3–2 구성원의 다양성의 영향에 대한 과정적 모델

성별, 연령, 인종, 종교 등이 있고 그 다음 외적차원인 결혼관계, 외모, 교육수준 등이 있으며 끝으로 조직차원으로서 계층, 노조가입 여부, 연공, 소속부서 그리고 근무 장소 등이 있다.

조직구성원의 다양성은 구성원들 간 인간관계를 형성하고 집단 속에서 활동의 다이내믹스를 끌어내는 데에는 다소 부정적인 측면이 있을 수 있다. 예를 들면 특정집단 내 구성원의 학력수준이 매우 상이하다든가, 인종이 다를 경우 이들 간에 인간관계를 형성하는 데에는 다소 불편하고 시간이 많이 걸릴 수 있기 때문이다. 그러나 과업 관련 공동의 작업을 할 경우라면 그들이 가지고 있는 상이한 능력과 관점은 오히려 문제해결에 대한 다양한 시각으로 접근할 수 있기 때문에 성과를 높이는 데 긍정적으로 작용할 수 있다.[3] 뿐만 아니라 개인차 변수는 조직에서 어떤 자극이 들어 왔을 때 이에 대해 개인이 어떻게 반응할 것인가에 대한 예측을 가능하게 해준다.

조직행동을 분석할 때 조직구성원들의 개인차는 기본적으로 주어진(given) 것으로 본다. 왜냐하면 이들이 조직에 들어올 때 개인적 특성은 이미 정해진 것으로 보기 때문이다. 따라서 조직에 적합한 개인적 특성을 가진 사람을 채용과정에서 선택해야 하는 것이다. 조직 내에서 개인차를 구성하는 여러 변수들을 보다 자세히 살펴보면 변화 불가능한 것뿐만 아니라 변화 가능한 것도 있다. 예를 들면 나이, 성별, 인종 등은 조직이 변화시킬 수 없다. 개인의 성격 또한 단기간에 변화되는 것이 아니다. 그러나 개인의 능력 등은 조직이 교육훈련 등을 통해 변화가 가능하다.

아래에서는 조직에서 구성원의 다양성을 구성하는 요소들 중 조직행동과 특히 관련성이 있는 몇 가지 변수들을 살펴보고자 한다.

1 인구통계적 특성

조직구성원의 인구통계적 특성을 구성하는 변수로서 나이, 성별, 근속연수, 인종, 교육수준, 결혼관계, 부양가족수 그리고 종교 등을 들 수 있다. 아래에서는 행동에 대한 설명력이 비교적 높은 변수인 나이, 성별, 근속연수 그리고 결혼관계에 대해 살펴본다.

1.1 나이

나이에 따라 생산성이 차이 나는가에 대한 질문은 오래전부터 제기되어 왔다. 나이가 들수록 그들의 경험, 판단력 그리고 업무의 질에 대한 강한 몰입도가 높으며 반면에 유연성, 창의성 그리고 변화에 대한 수용도가 떨어진다는 것이 일반적으로 주장되고 있다. 나이와 생산성과의 관계는 개인이 수행하는 직무가 어떤 것인가에 따라 크게 차이가 날 수 있다. 육체적 노력이 많이 요구되는 직무의 경우 생산성은 20대 후반에 절정에 도달한 후 서서히 감소되지만 정신적 노력이 필요한 직무의 경우 40대 후반까지 생산성이 높아졌다가 그 후 차츰 감소되는 경향이 있다.

한편 나이는 결근율 및 이직률과 반비례한다는 주장이 많은 연구에서 뒷받침되고 있다. 그러나 결근이 불가피한 것인가 고의적인 것인가에 따라 그 관계도 다르게 나타날 수 있다. 불가피한 결근일 경우, 젊은 종업원보다 나이가 많은 종업원의 결근율이 높게 나타난 사례도 있다.[4] 왜냐하면 나이가 들면 아무래도 건강에 이상이 생기는 경우가 많기 때문이다. 또한 이직의 경우, 젊은 종업원의 이직률이 나이 많은 종업원의 이직률보다 높게 나타난다. 나이가 들면 변화보다 안정을 더 추구하는 경향이 있고, 설사 직장을 옮기려고 해도 받아 주는 회사를 발견하기가 쉽지 않기 때문이다.

나이와 직무만족 간의 관계는 대체로 U형태를 띠고 있다고 볼 수 있다.[5] 즉

20대에서 30대까지는 나이가 들수록 직무만족도가 점차 낮아졌다가 40대부터 직무만족도는 점차 증가된다는 것이다. 그러나 이러한 현상은 전문직의 경우 다르게 나타나기도 한다. 즉 이 직종에서는 나이가 들수록 직무만족도가 증가한다는 것이다.[6]

1.2 성별

성별과 조직행동과의 관계에 대해 관심을 갖는 직접적인 이유는 바로 남성과 여성의 속성에 대한 고정관념에서 출발하고 있다. 즉 남성의 속성으로 독립성, 적극성, 사교성, 야심, 리더십, 공격적, 지배적 그리고 주도권 등을 들고 있는 반면에 여성의 속성으로 부드러움, 민감함, 따뜻함, 헌신적, 수동적, 재치 그리고 친절 등을 들고 있다.[7]

그러나 성별에 따르는 이러한 고정 관념은 현대 기업조직에서 그 설명력이 극히 낮다. 성별에 따르는 생산성의 차이에 대해 일관된 결론을 내리기는 어렵지만 성별과 결근율 간의 관계에 있어 기혼 여성의 경우에는 다른 종업원보다 가사나 육아와 관련하여 결근율이 높게 나타나고 있다.[8] 물론 이러한 현상은 문화권마다 다른 성역할의 차이에 따라서도 달라질 수 있다.

성별에 따르는 성과의 차이에 대한 관심도 중요하겠지만, 오늘날 기업 조직에서는 연봉결정, 승진기회 및 직무배치 등에서 나타나는 성차별 현상이 중요한 이슈가 되고 있다.

1.3 근속연수

특히 우리나라와 같이 연공주의가 조직 내 질서유지에 역할을 하는 경우, 근속연수는 승진 및 보상 등에 대한 의사결정에 영향을 끼친다. 그런데 성과주의 인사관리가 확산되고 있는 오늘날과 같은 상황에서는 근속연수보다는 해당 종업원이 달성한 업적이 그들의 승진 및 보상에 더 큰 영향을 끼치기도 한다. 그러나 직종에 따라 근속연수와 생산성 간의 관계가 다르게 나타나는 경우도 발생한다. 예를 들면, 해당 직무가 많은 숙련을 요구하는 경우에는 근속연수가 길어질수록 생산성이 높아지지만 신기술을 요구하는 정보산업에서는 그 관계가 나타나지 않는다. 근속연수와 이직률 간의 관계에 대해서는 비교적 일관된 결과를

보여주고 있다. 즉 근속연수가 길수록 이직률이 낮다.[9]

1.4 결혼관계

결혼여부가 생산성에 영향을 주는지에 대해서는 아직 일관된 연구결과가 나오지 않고 있다. 그러나 몇몇 연구들에서는 결혼을 한 종업원이 미혼 종업원에 비해 결근율 및 이직률이 낮다고 주장하고 있다. 뿐만 아니라 더 높은 직무만족도를 보이고 있다고 한다. 그 이유는 결혼을 하게 되면 부양가족이 생김으로써 책임감이 높아져 직업에 대해 보다 더 애착을 가지며 직무만족도도 높게 나타나기 때문이라는 것이다.[10]

2 성 격

2.1 개념

"나는 다른 사람과 다르다."라고 많은 사람들은 생각한다. 사실 다양한 외모만큼이나 다양한 성격이 존재한다. 어떤 사람은 부끄럼 잘 타는 성격을 가지고 있으며 어떤 사람은 괄괄한 성격을 가지고 있다. 인간의 성격은 시간과 상황에 걸쳐 지속적인 동시에 한 개인을 다른 사람과 구별해 주는 특징적인 사고, 감정 및 행동양식이다. 이러한 성격의 개념에는 아래의 몇 가지 측면이 내포되어 있다.[11]

- 성격은 행동이나 사고 그 자체가 아니라 행동이나 사고 틀에 나타나는 특징적인 양식을 말한다. 따라서 성격은 관찰된 행동이나 사고들을 토대로 하여 추리된 경향성을 뜻한다.
- 성격은 개인마다 어느 정도 다른 독특성을 지닌다. 모든 사람이 동일하게 사고하고 행동한다면 거기엔 성격이 존재하지 않는다. 그것은 어떤 규칙이나 규범 때문일 것이다. 즉 독특성은 다른 사람과 구별되는 요소로서 그 사람에게 특별히 나타나는 어떤 성질을 말한다. 독특성은 개인차를 논할 때 주로 사용된다.

- 성격은 상황의 변화나 시간의 흐름에도 불구하고 그의 행동과 사고에서 비교적 일관성 있게 나타나는 것이다. 상황이 바뀔 때마다 다른 방식으로 행동한다면 그것은 성격의 산물이라기보다는 상황 자체의 속성 때문이라고 보아야 할 것이다. 또한 시간의 경과에 따라 전혀 다르게 행동하고 사고한다면 역시 성격 때문이라고 하기는 어렵다.

기능적 측면에서 볼 때 성격은 개인이 외부세계와 관계를 맺는 방식에 영향을 준다. 뿐만 아니라 성격은 행동을 설명하는 조절변수(moderator)이다. 여기서 조절변수란 어떤 자극(input)이 반응(output)을 유발할 때 그 관계의 강도에 영향을 주는 변수를 말한다. 즉 성격이 바로 그 중간에서 어떤 역할을 한다는 것이다. 예를 들면 상사의 민주적 리더십이 부하의 만족을 유발하는 정도는 부하가 가지고 있는 성격(예 권위주의)에 따라 달라질 수 있다.

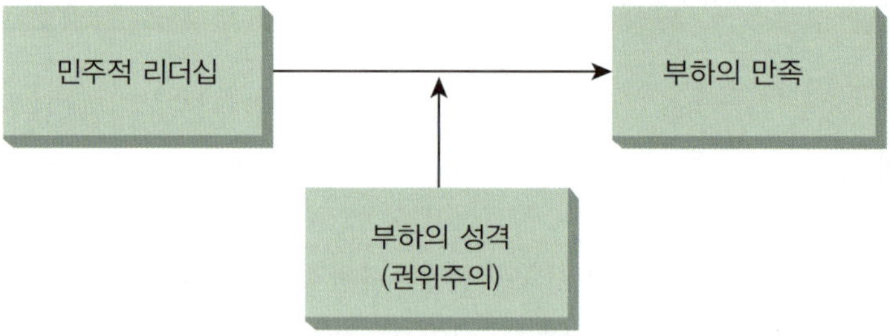

그림 3-3 조절변수로서의 성격의 역할(예)

아래는 성격과 관련된 유사 용어들로 다음과 같이 구분된다.[12]

- **개성** 사람의 됨됨이 중에서도 남과 구별지어주는 그 개인만의 독특한 성질의 정도를 가리킨다.
- **기질** 체질에 바탕을 둔 정서발동의 경향을 일컫는 것으로 쓰이며, 유전적 요소가 강하고, 따라서 성장 후에도 별로 변함이 없는 개인적 특징을 일컫는다.
- **인격** 개인의 사람 됨됨이나 그의 행동을 평가할 때 쓰이며, 부분적이기 보다는 총괄적인 의미를 갖는다.

2.2 성격이론

성격에 대해 유형, 본질적 특질 그리고 구조와 관련하여 몇 가지 접근법이 있다. 아래에서는 대표적 이론인 특성이론과 정신역동적 이론을 살펴본다.

1) 특성이론

특성이론은 성격을 개인의 독특한 성향에 맞추고 여러 사람들이 같은 상황인데도 불구하고 다르게 행동하는 이유를 그들이 가지고 있는 독특한 성향에서 찾고자 한다. 특성이론에는 사람의 특성을 몇 개의 범주로 묶어 설명하고자 하는 유형론과 개인이 보여주는 여러 성격들에서 개별적으로 그 정도가 얼마나 높게 혹은 낮게 나타나는가를 설명하려고 하는 특질론이 있다.

유형론

사람을 판단하는 일차적인 방법은 어떤 특성에 근거해서 범주적으로 파악하는 것인데 유형론은 인간의 성격을 어떤 틀에 고정시키고자 하는 시도이다. 이러한 접근법은 특정 개인이 어떤 성격유형에 속하는지를 밝힌다.

유형론 관점에서 성격을 분류한 접근은 Sheldon과 Jung 등이 있다.[13,14] Sheldon은 사람을 체격특성에 따라 뚱뚱한 내배엽형, 근육질의 중배엽형 그리고 허약체질의 외배엽형으로 분류하였다. 내배엽형은 음식과 사람, 그리고 편안함을

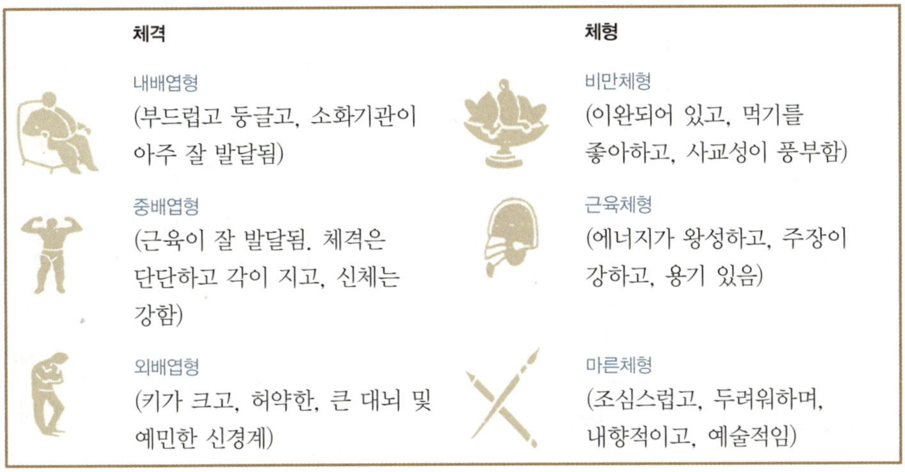

그림 3-4 Sheldon의 체격 차원과 연합된 기질

좋아하고 사회성이 높은 특징이 있다. 중배엽형은 신체적 모험과 활기찬 활동을 좋아하는 반면 외배엽형은 두뇌형으로 자의식이 강하며 비밀을 좋아하는 특징을 가지고 있다. Jung은 성격을 내향성과 외향성으로 구분한 바 있는데 내향적 성격의 소유자는 관심이나 행동이 내부로 향하는 경향이 있으며, 혼자 있는 것을 좋아하고 부끄러워하는 경향이 있다. 반면에 외향적인 사람은 다른 사람과 사귀고 어울리는 것을 좋아하며 활달하다.

특질론

특질(trait)은 한 개인과 다른 개인의 행동양식이나 사고양식을 비교적 영속적이고 일정한 방식으로 구별해주는 특징을 말한다.[15] 앞에서 소개한 유형론은 개인을 어떤 특성에 따라 분류하지만 특질론은 특정개인을 주어진 특질에서 연속적인 차원에서 설명하고자 한다. 예를 들면 A에 대해 유형론은 내성적이 아니고 외향적인 사람이라고 분류하지만 특질론에서는 A에 대해 외향적과 내향적을 한 선상에 두고 그가 외향적에 가깝다든가 혹은 중간에 속해 있다는 등으로 평가하는 것이다. 인간이 가지고 있는 공통적인 특질을 Cattell은 16가지로 구분한 바 있다.[16]

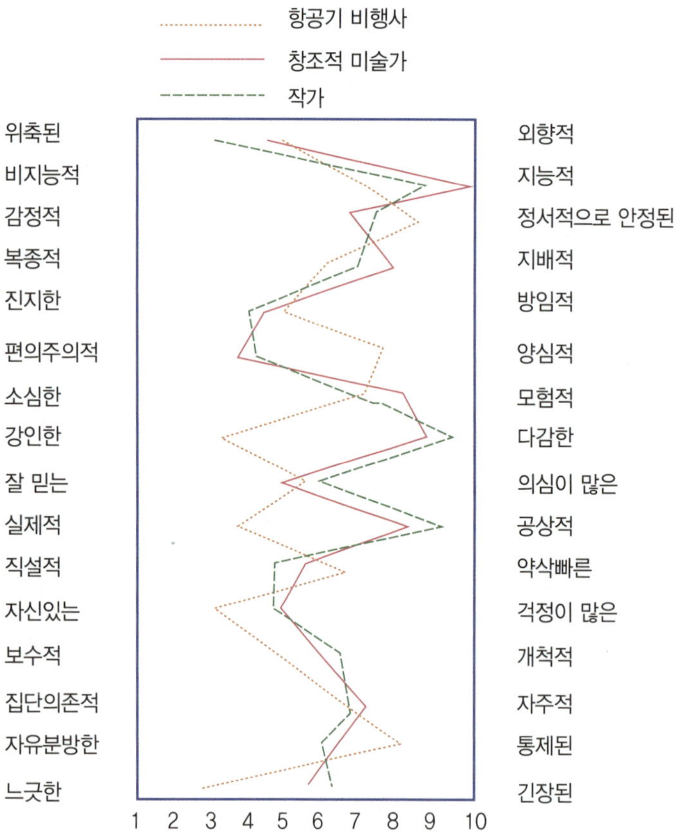

그림 3-5 Cattell 성격특질 리스트

그림 3-5에서 제시된 바와 같이 사람에 따라 이 16가지의 특질에 따라 그 정도가 다를 수 있다. 어떤 사람은 공격적인 행동을 자주 하고 다른 사람은 그와 같은 행동을 별로 하지 않는다면 이들은 공격성이라는 특질에서 차이를 보여주는 것이다. 이러한 성격의 특질은 개인의 직업에 따라 상이하게 나타나기도 한다. 예를 들면 항공기 조종사의 경우 긴장되기보다 느긋한 성격을 가지고

있으며 또한 걱정이 많은 것보다 자신있는 성격의 소지자이다. 반면에 미술가의 경우 겁이 많다기보다 모험적이며, 실제적이기보다 상상력이 풍부한 성격의 소지자다.

특질론에 따른 성격의 기능은 한마디로 특정 자극에 대한 반응은 개인이 가지고 있는 성격에 따라 달라질 수 있음을 말해 준다. 그림 3-6에서처럼 개인이 높은 친근감을 가지고 있을 경우 상이한 자극에 대해서 비교적 일관적인 반응을 보여주는 것이다.[17]

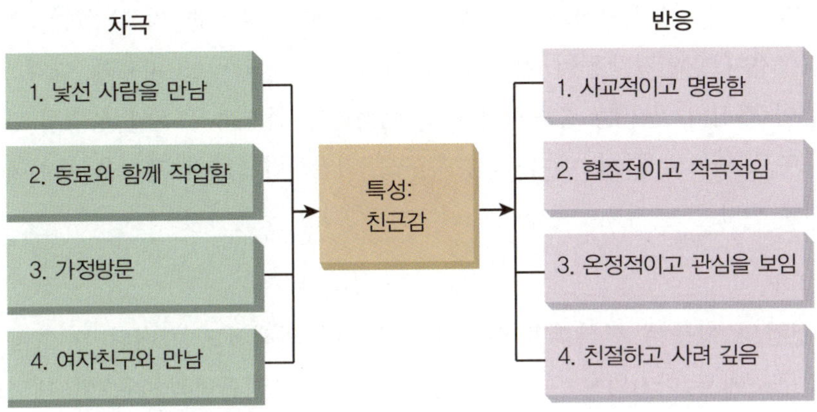

그림 3-6 특성이 자극들과 반응들을 동질화시킨다는 예

2) 정신역동이론

Freud가 주창한 이 이론은 성격 결정요소에 대한 해답을 찾으려는 데 있다. 여기서 역동의 의미는 무의식적으로 작용하는 내면세계의 정신적인 힘을 말한다. 인간이 내면의 욕구를 현실에서 충족해 나가는 과정에서 생기는 갈등 해결에 따라 그 사람의 행동양식, 즉 성격이 결정된다고 보는 것이다. Freud는 성격이 원초아(id), 자아(ego) 그리고 초자아(super ego)로 구성되어 있다고 보았다. 이들은 서로 분리되어 존재하는 것이 아니라 전체 구조 속에서 역동적으로 상호작용한다.[18]

원초아

원초아는 성격의 기초를 이루는 것으로 인간이 태어날 때부터 존재하는 가장 원시적인 것이며 이후 자아와 초자아가 이로부터 파생된다. 원초아는 인간의

무의식 세계의 핵심이 되며, 또한 성적인 것과 공격적인 에너지를 모두 포함하는 것이다. 이것은 쾌락원리(principle of pleasure)에 의해 행동을 지배한다. 즉 쾌락(즐거움)을 극대화하고 고통을 최소화하는 방향으로 행동을 하게 만든다.

자아

자아는 인간의 의식세계를 말하는데 원초아의 쾌락추구가 현실에 부딪칠 때 이를 조정해 준다. 즉 원초아의 충동을 통제하고 이로부터 야기되는 위험으로부터 개인을 보호해 준다. 예를 들면 갈증이 날 때 원초아는 액체가 든 병을 무조건 마시려고 하는 반면 자아는 그 액체가 인체에 해가 없는 것인지 확인하는 역할을 한다. 자아는 인간행동이 현실원리(principle of reality)를 따르게 한다. 이는 인간이 자신의 욕구를 충족시키기 위해 적합한 환경적 조건이 성숙될 때까지 원초아로부터 발생하는 본능적인 욕구를 지연시킴으로써 자신을 보존해주는 역할을 한다.

초자아

인간의 행동은 현실뿐만 아니라 도덕성에 의해서도 지배된다. 초자아는 성격구조에서 마지막으로 발달되는 것으로서 사회규범과 기준이 내면화된 것을 말한다. 초자아는 주로 양심(conscience)에 의해 형성된다. 이를 도덕적 감시자라고도 한다. 초자아는 자아로부터 발달되고 유아기 아동에게는 나타나지 않는다. 초자아는 부모 및 사회와의 상호작용을 통해 발달되는 도덕적 표준이나 사회적 이상(ideal)을 말한다.

성격을 구성하고 있는 이러한 세 가지 요소는 서로 관계를 가지고 있다. 즉 자아는 원초아의 요구를 초자아가 인정하는 방식으로 만족시켜야 하며, 이렇게 함으로써 자신의 감정을 죄의식 없이 자유롭게 표현하게 된다. 원초아가 지배적일 때 개인의 정서는 난폭해지며 자신과 사회에도 위험하다. 또한 초자아가 지배적일 때 개인의 행동은 지나치게 융통성이 결여되어 정상적인 생활을 즐기기 어렵다. 따라서 원초아, 자아 그리고 초자아가 조화롭게 작동할 때 인간의 행동은 정상적이 된다.

2.3 성격의 결정요인

성격은 한번 형성되면 거의 영속적으로 유지된다. 이러한 성격이 무엇에 의해 형성되는가에 대해서는 크게 두 가지 요인으로 분류된다. 즉 생물학적 요인과 사회적 요인이다.

1) 생물학적 요인

많은 학자들은 생물학적인 요인으로서 유전적 요인을 들고 있다. 그 외에도 신체적 요인 그리고 생화학 물질의 영향을 제시하고 있다.

유전적 요인을 주장하는 학자들은 주로 일란성 쌍둥이를 대상으로 연구한 결과를 제시하고 있다. Canter 외의 연구에서는 일란성 쌍둥이들이 태어난 후 멀리 떨어진 상태에서 양육된 후 이들이 가지고 있는 성격을 조사하였더니 놀랍게도 유사성이 매우 높았다는 결과가 보고되었다.[19] Arvey와 Bouchard의 연구에서도 100쌍의 쌍둥이가 태어난 후 서로 떨어져 살았으나 그들의 성격이 매우 유사하다는 결과가 보고되었다.[20] 이들 중 한 쌍둥이는 39년간 45마일 이상 떨어진 곳에 살았음에도 불구하고 자동차를 선택한 모델 및 색상이 같았으며 또한 같은 브랜드의 담배를 피우는 등 매우 유사했다는 것이다. 따라서 이들의 유사한 성향은 유전적으로 형성된 것이라는 결론을 내렸다. 성격형성의 원인을 유전에서 찾는 학자들은 개인의 성격이 염색체 상에 위치하는 유전자의 분자구조로 설명될 수 있다고 말한다.

Kretschmer는 성격형성이 개인의 신체적 특성에 의해 영향을 받는다는 주장을 일찍이 펼친 바 있는데 그는 인간을 마른형, 비만형, 근육질형으로 분류하고 마른형은 억제적이고, 자의식이 강하고 혼자 있기를 좋아하는 반면에 비만형은 호탕하고 긴장을 풀고 있으며 낭만적이라고 하였다.[21] 또한 근육질형은 사교적이고 신체적 활동을 좋아하는 특성을 지니고 있다고 하였다. 이렇게 신체적 특성이 다르면 그들이 보여주는 행동이 다르다는 데에 착안하여 신체적 특성이 행동을 결정할 수 있는 요인인 성격에 영향을 줄 수 있다고 주장하는 것이다.

생화학적 물질을 성격형성요인으로 보는 학자들도 있는데, 예를 들면 나쁜 짓을 한 다음 처벌을 받을까 두려워할 때 많이 분비되는 호르몬의 일종인 코르티솔이 적게 분비되는 아이들이 공격적인 행동을 할 가능이 높다는 것이다.[22]

2) 사회적 요인

사회적 요인은 인간이 태어난 후 경험하는 것으로부터 성격이 형성된다는 것이다.

유아기에 성격형성의 원인이 되는 것으로서 수유방법이 있다. 수유를 규칙적으로 원하는 양만큼 할 경우 아이는 후에 낙천적이고 자신감을 가지며 조바심이 적은 데 비해, 수유를 비규칙적으로 할 경우, 즉 아이가 원할 때마다 수유할 경우, 자신이 원하는 것은 언제든지 충족될 수 있다는 만능감을 초래하여 그 아이는 후에 어른이 되어서도 자기의 욕구가 곧 채워지지 않으면 신경질을 부리게 된다. 뿐만 아니라 의존적이며 비꼬는 성격 등 신경성이 높게 나타난다.[23]

또한 아이가 태어난 후 1년간 성격형성이 결정적으로 이루어진다는 연구도 있다. 특히 이 시기에는 성적 에너지가 입에 집중되어 있어 빨고, 삼키고, 깨무는 쾌락이 잘 충족되면 후에 낙천적이고 원만한 성격이 형성된다는 것이다.[24]

이외에도 유년기 성격형성에 주요한 것으로서 가족관계를 들 수 있다. 특히 자녀의 출생순서에 따라 성격형성이 다르게 이루어진다는 것이다. 예를 들면 장남의 경우 차남보다 정신분열증에 더 노출되기 쉽고, 의존적이며 우울증 가능성이 차남보다 높다는 것이다.[25] 그 외에도 부모의 성격이 아이의 성격형성에 영향을 준다.

아이가 자라면서 경험하는 인간관계 및 그 사회의 문화적 특성 또한 성격형성에 영향을 준다. 요즘 사회문제가 되고 있는 학교에서의 따돌림현상은 이를 당하는 아이의 경우 불안감 내지 신경증 형성의 원인이 될 수 있다. 또한 특정집단의 문화적 특성이 해당 문화에 속하는 사람들의 행동규범을 제시하는데, 예를 들면 집단주의를 강조하는 문화권에서 성장한 사람은 원만한 인간관계를 중시하는 성격이 형성된다.

한 개인의 성격이 위에서 제시한 어느 하나만으로 형성된다고 보기는 어렵다. 생물학적 요인과 사회적 요인이 개인의 성격형성에 모두 영향을 미친다. Arvey와 Bouchard는 생물학적 요인이 성격을 50% 이상 결정한다고 주장하기도 한다.[26]

또 다른 학자들은 성격의 종류에 따라 영향을 받는 요인이 다르다고 주장하기도 한다. 예를 들면 범죄성향, 이타성, 공격성, 혐오감 그리고 두려움 등은 생물학적 요인에 의해 결정되고, 관대함, 신경증, 의지력, 쾌활성 그리고 적응성은 사회적 요인에 의해 결정된다는 것이다.[27]

2.4 주요 성격변수

성격의 유형에 대해 많은 학자들이 그 종류를 제시하고 있다. 아래에서는 조직행동과 관련하여 보다 의미가 있는 주요 성격변수들을 살펴본다.

1) A형 / B형

성격을 A형과 B형으로 구분하는 관점은 심장질환을 연구했던 학자들에서 시작되었는데 이러한 성격을 결정하는 원인을 생화학적인 측면에서 찾고 있다.[28] 즉 인간의 신경세포에는 초조, 근심, 불안을 만들어내는 조바심(anxiety) 물질이 있어서 이것이 많은 사람을 A형, 적은 사람을 B형이라고 분류하고 있다. 이들의 특징은 표 3-1과 같다.

표 3-1 A형과 B형의 성격비교

A 형	B 형
언제나 움직인다	언제나 조용하다
인내심이 적다	인내심이 많다
언제나 시간의 압박을 느낀다	시간의 압박을 느끼지 않는다
여가선용을 못한다	죄의식없이 여가를 즐긴다
경쟁적이며 성공을 추구한다	경쟁이 아니라 즐기려고 일을 한다

표 3-1에서 제시하였듯이 인간의 성격을 A 혹은 B형으로 단순하게 분류하는 데에는 문제점이 있다. 대개 인간은 A형과 B형의 양 극단의 어느 점에 속하게 된다. 따라서 장비는 A형에 가까우며 관우는 B형에 가깝다고 말할 수 있다.

대개 A형은 B형 성격 보유자보다 채용 면접시 능력이 더 있는 것처럼 보이는 경향이 있다. 왜냐하면 A형은 일반적으로 면접관이 선호하는 추진력, 적극성, 성취동기 같은 바람직한 특성을 지닌 것으로 보여지기 때문이다.[29] 그러나 조직행동과 관련하여 어느 성격유형이 더 좋다고 말할 수는 없다. 기업조직에는 많은 직무들이 있으며 해당 직무 수행에 더 적합한 성격유형이 있을 수 있다. 예를 들면 영업직무의 경우 A형 성격이 성과를 더 많이 낼 것이며, 반면에 성과를 내는데 팀 구성원들의 협동이 요구되는 직무들에서는 B형 성격이 보다 효과적일 것이다.

2) Big 5 성격모델

사람들이 가지고 있는 주요한 성격들이 무엇인가에 대한 해답을 찾기 위해 심리학자들은 많은 사람들에게 본인의 성격이 무엇인가를 물은 다음 그 목록을 작성하여 정리하는 방법을 사용해 왔다. 이 가운데 가장 설명력이 높은 것으로 평가되는 성격목록이 바로 Big 5모델이다. 여기서 제시되는 5가지 성격의 종류는 인간에게 발견되는 대표적인 것이라고 할 수 있으며 성인이 된 인간에 상당히 안정적으로 나타나는 것으로 밝혀진 바 있다.[30]

표 3-2 Big 5 특성 요인들과 설명 척도

높은 점수의 특성들	특성척도	낮은 점수의 특성들
침착한, 느긋한, 냉정한, 대담한, 안정된, 자기만족의	정서적 안정성 • 조절과 감정적 불안정을 평가 • 심리학적 고뇌, 비현실적 이상, 지나친 열망 또는 충동, 적응성이 없는 모방된 반응을 하기 쉬운 개인을 분류한다.	걱정하는, 신경질의, 감정적인, 불안정한, 부적절한, 심기증의
사교적인, 활동적인, 말이 많은, 사람지향적인, 낙천적인, 농담을 좋아하는, 자애로운	외향성 • 인간 상호작용; 활동수준; 자극의 필요성; 기쁨의 수용성의 양과 강도를 평가한다.	말수가 적은, 냉정한, 비활동적인, 쌀쌀맞은, 과제지향적인, 사양하는, 조용한
호기심이 있는, 폭넓은 관심, 창조적인, 독창적인, 상상력이 있는, 비전통적인	개방성 • 자신을 위하여 경험의 진가와 순향적인 탐구; 친숙하지 않은 것에 대한 관용과 탐험을 평가한다.	전통적인, 현실적인, 좁은 관심, 비예술적인, 비분석적인
동정심이 있는, 마음씨가 고운, 신용하는, 도와주는, 용서해주는, 잘 속는, 솔직한	동조성 • 동정심에서 사고, 감정, 행동의 적개심에 이르기까지 계속 선상에 있는 인간관계 지향의 질을 평가한다.	냉소적인, 무례한, 의심하는, 비협동적인, 앙심을 품은, 무자비한, 성마른, 속임수를 쓰는
조직적인, 믿음직한, 근면한, 자기 수양적인, 착실한, 양심적인, 순수한, 의욕적인, 끈기있는	성실성 • 개인의 목표에 대한 자발적 행동에서의 조직, 끈기, 동기의 정도를 평가한다. 의존적이고, 괴팍스러운 사람과 게으르고 나약하고 감상적인 사람들을 대조한다.	목적이 없는, 믿음직하지 못한, 게으른, 경솔한, 느슨한, 무관심한, 의지가 약한, 쾌락적인

이러한 성격의 종류는 **정서적 안정성**(emotional stability), **외향성**(extraversion), **개방성**(openness), **동조성**(agreeableness) 그리고 **성실성**(conscientiousness)이다. 정서적 안정성은 신경증(neuroticism)이라는 용어로도 사용되는데 감정의 안정과 불안, 슬픔, 성급함, 신경의 긴장을 포함하는 긍정적 내지 부정적인 감정을 말하며, 개방성은 개인의 정신적이고 경험적인 생활에 대한 폭과 깊이 등에 관한 것으로서 한마디로 말하면 친숙하지 않은 것에 대한 관용을 말한다. 외향성과 동조성은 대인관계에서 나타나는 특성, 즉 사람들이 서로 어떤 방식으로 대하느냐에 관한 것이다. 마지막으로 성실성은 주로 과제나 목표에 대한 자발적인 동기 및 행동과 이를 달성하는 데 따르는 끈기 등에 관한 것이다. 이러한 성격요인들은 개별적으로 그 정도를 측정하여 개인의 성격특성을 기술하는 방법을 따르고 있다. 이에 대한 측정의 예가 표 3-2에 나타나 있다.

위에서 제시한 성격들과 기업조직에서의 행동결과변수들과의 몇몇 관계들이 밝혀졌다. 예를 들면 성실성이 높은 사람은 자신의 직무를 수행하는 데 있어 보다

표 3-3 BIG 5 특성이 조직행동 결과에 미치는 영향

BIG 5 특성	개인행동과의 연관성	개인의 조직행동 결과
정서적 안정성	• 부정적 사고 억제 및 낮은 부정적 감성 • 낮은 과민반응	• 일과 삶에 대한 높은 만족도 • 낮은 스트레스 수준
외향성	• 능숙한 대인관계 기법 • 강한 사회적 권위 • 풍부한 감성적 표현	• 높은 성과 • 향상된 리더십 • 일과 삶에 대한 높은 만족도
개방성	• 향상된 학습 • 풍부한 창의성 • 뛰어난 유연성과 자율성	• 훈련 성과 • 향상된 리더십 • 뛰어난 변화에 대한 적응력
동조성	• 뛰어난 친화력 • 높은 타협심과 순응성	• 높은 성과 • 낮은 수준의 일탈행동
성실성	• 엄청난 노력과 끈기 • 높은 추진력과 절제력 • 우수한 조직과 기획기능	• 높은 성과 • 향상된 리더십 • 장기근속

많은 노력을 하기 때문에 높은 수준의 직무지식을 개발하고 그 결과 전반적으로 높은 성과를 내는 경향이 있으며, 또한 직무 외 역할인, 직장에서 동료가 어려움을 겪을 때 도와주는 조직시민행동을 많이 보여주고 있다.[31]

다른 종류의 성격들은 성과기준과 직무종류에 따라 다른 결과를 보여주었다. 예를 들면 외향성이 높은 사람은 관리직군 및 판매직군에서 높은 성과를 보여주었으며, 또한 개방성은 기업교육의 효과를 예측하는 데 중요한 변수임이 밝혀진 바 있다.[32] 표 3-3에서는 개별 성격변수와 조직행동과의 관계를 보다 자세히 제시했다.

3) MBTI 성격유형 지표

앞에서 소개한 Big 5 성격모델과 아울러 Jung의 심리 유형론을 근거로 한 MBTI (Myers-Briggs type indicator)는 Briggs와 Myers가 보다 쉽고 일상생활에 유용하게 활용할 수 있도록 개발한 자기보고식 심리검사이다. 이는 기업 및 조직에서 가장 널리 쓰이는 성격측정 도구이며, 인식과 판단에 대한 Jung의 심리적 기능이론과 인식과 판단의 향방을 결정짓는 Jung의 태도이론을 바탕으로 개념화되었다. 즉 개인이 인식하고 판단할 때 선호하는 경향을 찾고, 이러한 선호 경향들의 결합이 인간의 행동에 어떠한 영향을 미치는가를 살펴보는 데 그 원리가 있다.

Jung의 인지 스타일(cognitive styles) 분류의 내용은 다음과 같다.[33] 첫째, 성격을 외향성(extraversion)과 내향성(intraversion)으로 구분했다. 이것은 에너지의 방향 및 주의 초점에 대한 선호 경향을 말하는데 개인이 타인과 상호 작용하는 특성을 말한다. 둘째, 개인이 외부의 정보를 수집하는 방식, 즉 사물을 인식하는 기능에 대한 선호 경향으로 감각형(sensing)과 직관형(intuition)으로 구분했다. 셋째, 개인이 내리는 판단기능 및 의사결정의 근거와 관련되는 선호 경향으로서 사고형(thinking)과 감정형(feeling)으로 구분했다. 넷째, 개인이 선택하는 생활 방식과 관련되는 것으로서 판단형(judging)과 인식형(perceiving)으로 구분했다. 표 3-4에서는 MBTI에서 말하는 성격유형에 대한 구체적인 특징이 제시된다.

MBTI는 이러한 분류에 따라 16가지의 성격유형이 제시된다. 예를 들면, INTJ(내향/직관/사고/판단)형은 과학자형이라고 불릴 만큼 대개 독창적인 생각을 가지며 비판적이거나 독립적이며 의지가 강한 스타일이다. ESTJ(외향/감각/사고/판단)형은 사업가형으로서 현실적이고 논리적이며 분석적이고 결단력이 있어서 활동을 계획하고 실행하는 것을 좋아한다.

MBTI 활용의 가장 큰 장점은 개인이 자신의 인지스타일에 대해 자각할 수

표 3-4 MBTI의 성격 모델 내용

성격유형(및 주요특징)	
외향성(E)	내향성(I)
• 폭넓은 대인 관계 • 활동적, 정열적 • 자기 외부에 주의 집중 • 경험한 다음에 이해	• 깊이 있는 인간관계(소수) • 조용하고 신중함 • 자기 내부에 주의 집중 • 이해한 다음에 경험
감각형(S)	직관형(N)
• 현재에 주의 초점 • 정확한 일처리 • 사실적이고 구체적 • 관례에 따르는 경향	• 미래에 주의 초점 • 신속하고 비약적인 일처리 • 상상적이고 영감적 • 새로운 시도 경향
사고형(T)	감정형(F)
• 객관적인 사고를 바탕으로 의사결정 • 원리와 원칙을 강조 • 논리적, 분석적 • 독립적	• 감정을 개입시켜 의사결정 • 의미와 영향을 강조 • 상황적, 포괄적 • 의존적
판단형(J)	인식형(P)
• 신속한 결론 • 통제와 조정 • 분명한 목적 의식과 방향 감각 • 뚜렷한 기준과 자기 의사	• 유유자적한 과정 • 융통과 적응 • 목적과 방향이 변할 수 있다는 개방성 • 재량에 따른 처리, 포용성

있다는 것과 직무적성 및 직장생활의 가이드가 된다는 것이다. 또한 팀 혹은 조직 내에서 MBTI를 활용함으로써 개인차 및 관리, 리더십 스타일에 대한 이해를 높일 수 있으며, 조직구성원과 과업 사이의 조화와 균형, 갈등관리와 더불어 커뮤니케이션 효과를 증진시키는 동시에 업무성과를 강화하는 데 활용될 수 있겠다.

4) 통제의 위치

우리는 흔히 사람을 운명론자와 자기결정론자로 분류한다. 특히 우리나라를 비롯한 동양에서는 운명을 많이 믿는다. 그러나 서양에서는 운명을 믿기보다 극복 가능한 대상으로 보는 경향이 있다. 이러한 문화적인 현상을 조직구성원을 대상으로 측정할 수 있는 도구를 Rotter가 개발하였다.[34] 그는 개인과 관련되어 일어나는 사건의 원인을 운명적인 것으로 보는, 즉 자신이 이를 통제할 수 없는 것으로 보는 사람의 성격유형을 외적통제론자(external locus of control)라고 하고 이러한 사건의 원인을 자신의 노력 여하에 따라 결정할 수 있다고 믿는 사람을 내적통제론자(internal locus of control)라고 명명했다.

기업조직의 경우를 통해 살펴보면, 외적통제론자는 승진, 높은 업적, 고객확보 등을 자신의 노력보다도 운이나 외적 환경에 의해 결정된다고 보는 반면 내적통제론자는 이러한 사건들을 자신의 노력에 의해 결정할 수 있다고 믿는다. 조직 내지 팀구성원이 외적통제론자인가 혹은 내적통제론자인가에 따라 조직행동 관련 결과가 달라질 수 있다. 예를 들면 외적통제론자는 내적통제론자보다 직무만족이 낮으며, 결근율이 높고 직무에 대한 몰입의 정도가 낮다는 것이다.[35] 또한 내적통제론자는 의사결정에 앞서 보다 적극적으로 많은 정보를 탐색하고 목표달성을 위해 더 많이 동기부여되며 자신이 처한 직무상황을 통제하려고 노력한다. 반면에 외적통제론자는 순응적이고 지시에 따르려 하는 경향이 강하다.[36]

5) 권위주의

권위주의(authoritarianism)는 원래 독일의 나치 독재정권 때 보여주었던 독일국민의 성향을 분석하면서 정립된 성격변수로서 Adorno 등이 개념을 정립했다.[37] 권위주의는 사람과의 관계에서 나타나는 특징을 그 내용으로 하고 있다. 예를 들면 권위주의 성향이 높은 자는 강제력을 사용하여 약한 자를 지배하는 것이 효과적이라고 믿으며, 반면에 자기보다 강한 자에 대해서는 정중하고 복종적이다. 여기서 강한 자는 권한을 많이 가진 사람이 아니더라도 전문지식 내지 기술 등을 많이 보유한 사람에 해당된다.[38] 권위주의 성향은 개인이 조직 내지 인간관계에서 지위와 권력의 활용이 중요한 기능을 수행한다고 믿는 정도를 말한다.

권위주의와 조직행동과의 관계에 관한 초기연구는 Vroom에 의해 실시되었는데 그는 민주적 리더십과 부하의 만족도 간의 관계에서 부하의 권위주의가 조절효과를 보여준다는 것을 발견하였다.[39] 즉 동일한 수준의 민주적 리더십을 행사하더라도 권위주의가 낮은 부하의 만족도가 권위주의가 높은 부하보다도 더 높다는 것이다.

조직에서 권위주의 성향이 높은 사람이 보여주는 특징을 정리하면 다음과 같다.

- 상사의 전제적 리더십을 기꺼이 수용한다.
- 타인의 감정을 배려하는 대인관계가 중요한 직무에서는 성과가 낮다.
- 반면에 직무가 구조화되어 있고 규정준수가 중요한 직무에서는 높은 성과를 낸다.
- 전문지식을 많이 가졌거나 카리스마가 강한 상사에게는 무조건 복종하는 경향을 보여준다.

6) 마키아벨리즘

마키아벨리즘(Machiavellism)은 16세기 『군주론』을 저술한 Machiavelli의 이름에서 유래되었다. 그는 권력을 획득하기 위해서는 수단과 방법을 가리지 말아야 한다고 주장했다. 이러한 견해의 기본가정은 개인은 자기의 목적달성을 위해 타인을 쉽게 조작할 수 있어야 한다는 것이다.

마키아벨리즘이란 다른 사람을 이용하거나 조작하려는 성향을 말하는데 이러한 성향이 강한 사람은 독단적이면서 타인과의 감정적 거리를 잘 유지하며 목적이 수단을 정당화시킬 수 있다고 믿는다. 또한 이들은 타인을 보다 잘 구슬리고, 남에게 쉽게 설득당하지 않는 반면 남을 잘 설득한다. 마키아벨리즘이 가지고 있는 주요 특성은 아래와 같다.[40]

- 대인관계에서의 감정결핍, 즉 타인을 자신의 목표달성을 위한 수단으로 한다.
- 전통적인 의미의 도덕성에 대한 관심결핍, 즉 타인과의 관계에 있어 도덕성의 관점보다는 이용가치의 여부를 판단기준으로 삼는다.
- 타인을 구슬리며 추구하는 성과에 있어 타인을 장기적 측면에서 배려하는 것이 아니라 현재에 나타나는 것에 가치를 둔다.

이러한 마키아벨리즘 성향이 조직행동에 어떤 설명력을 가지느냐에 대한 연구는 흔치 않다. 한 연구에서는 협상스킬을 요구하는 직무나 목표달성에 대한 구체적인 보상이 주어지는 직무(예 영업직)의 경우 이러한 성향을 가진 사람이 보다 높은 성과를 가져다준다고 주장하고 있다. 또한 이러한 성격이 특정 직무상황에서 조절변수로서의 역할을 할 수 있다고 본다. 마키아벨리즘 성향이 높은 사람은 그들이 여러 사람과 대면하여 작업을 하고 있을 때, 그리고 최소의 규정만 있는 상황에서 즉흥적 재량권이 허용될 때보다 높은 성과를 낼 수 있다.[41]

그러나 마키아벨리즘 성향은 전체적으로 볼 때 오늘날 성숙된 기업조직에서는 순기능보다 역기능이 더 많을 것으로 여겨진다.

7) 적극적 성격

인간은 자신을 둘러싼 환경에 대해 항상 소극적인 것만은 아니다. 오히려 자신이 의도적으로 그리고 직접적으로 환경변화를 시도하기도 한다. 적극적 성격(proactive personality)이란 인간이 자신에게 영향을 미치는 환경에 대해 자기에게 유리하도록 변화시키기 위해 주도적인 행동을 하는 성향을 말한다. 적극적 성격의 소유자는 자기를 둘러싼 부정적인 환경 내지 상황에 굴하지 않고 이를 자신에게 유리하게 변화시키기 위해 꾸준히 노력한다. 이러한 성격을 가진 자의 주요 행동적 특징은 아래와 같다.

- 자기 인생에 있어 새로운 면을 찾기 위해 부단히 노력한다.
- 자신이 속한 조직 내지 공동체의 변화를 주도한다.
- 일을 하는 데 있어 새로운 보다 나은 방법을 찾기 위해 항상 노력한다.
- 직면한 문제 내지 장애를 기회로 전환시키려고 노력한다.[42]

적극적 성격은 조직행동과 관련하여 일반적으로 긍정적으로 작용하는 것으로 파악되고 있다. 예를 들면 이러한 성격의 소지자는 그렇지 않은 사람에 비해 보다 높은 직무만족을 보여주고 조직 내에서도 역할 외 행동(조직시민행동)을 많이 보여준다. 또한 보다 높은 성과를 내고, 직무가 주는 스트레스에 대해 보다 잘 견디고, 혁신행동을 더 많이 보여주며 보다 효과적인 리더십을 발휘한다.[43]

그러나 적극적 성격의 소유자는 자기 사업에 대한 욕구가 높아 종종 소속한 조직을 떠나며,[44] 또한 조직의 변화에 동조하지 않는 경우 불만 등의 목소리를 많이 내기도 한다.

3 능 력

조직행동에서 관심의 주 대상은 당연히 성과인데 전통적인 접근은 개인이 능력이 많으면 성과를 더 많이 낸다는 것이다. 물론 성과를 결정하는 요인이 능력만이 아님은 주지의 사실이다. 다음 장에서 설명할 동기부여, 즉 일하고자 하는 의욕도 중요한 결정요인이 되겠다.

능력이란 일반적으로 어떤 일을 잘 할 수 있는 개인적 특성으로 이해할 수 있는데 예를 들면 지적 능력과 육체적 능력으로 분류할 수 있다. 현대 기업조직에서는 육체적 능력은 과중한 업무를 수행할 때 지속성 측면이나 높은 스트레스 상황에 대한 신체적 대처능력 측면에서 의미가 있겠지만 지적능력에 비해 관심의 정도가 낮다. 왜냐하면 인간이 발휘할 수 있는 육체적 능력은 대개 기계로 대체되기 때문이다. 아래에서는 인간의 지적능력을 중심으로 살펴본다.

지능은 개인의 지적능력을 포괄적으로 지칭하는 용어로 널리 사용되고 있다. 지능은 어떤 목적을 향하여 행동하고 합리적으로 사고하며 환경을 효과적으로 다루는 개인 총체적인 능력을 말한다.[45] 지능은 우리에게 IQ 점수(Intelligence Quitient)로 알려져 있는데 보다 현대적 의미의 체계적인 측정 방식은 Binet와 Simon에 의해 개발되었다.[46] 이들이 개발한 IQ 점수는 원래 학생의 학업수행을 예측하는 데 그 목적을 둔 바 있다. 그러나 그 후 많은 연구에서 문제점이 제기되고 있다.

Gardner는 IQ 점수와 개인이 발휘하는 행동성과와의 관계가 일관성이 부족하다고 주장하며 지능에 대한 개념이 여러 개의 독립적인 영역으로 구성되어 있다는 소위 다중지능(multiple intelligences) 이론을 제시한 바 있다.[47] 그는 인간행동을 예측하는 데 개인의 능력을 포괄적으로 말하는 IQ 점수보다 이를 7개의 구성요소로 구분하여 접근하는 것이 보다 설명력을 높일 수 있다고 보았다. 다중지능의 구성요소는 아래와 같다.

- **음악적 지능**(musical intelligence)
  악기를 쉽게 다루거나 음악적인 표현을 할 수 있는 능력

- **신체-운동적 지능**(body-kinesthetic intelligence)
  신체의 일부 혹은 전체를 사용하여 문제를 해결하거나 창조적인 표현을

하는 능력

- **논리-수학적 지능**(logical-mathematical intelligence)
  논리력과 수리력 그리고 과학적인 능력

- **언어적 지능**(linguistic intelligence)
  논리적인 지능과 더불어 전통적으로 심리학자들이 '지능'이라 칭해 온 능력

- **공간적 지능**(spatial intelligence)
  공간세계에 대한 정신적 모형을 만들어 그것을 조절하고 활용하는 능력. 배를 조정하는 기술이나 시각적인 예술품을 만드는 데 이 공간적 능력이 사용된다.

- **대인관계 지능**(interpersonal intelligence)
  다른 사람의 동기나 생각, 의도를 이해하는 능력

- **자기이해 지능**(intrapersonal intelligence)
  자신의 욕망, 두려움, 재능 등을 정확히 이해하고 판단하여 효과적으로 삶을 영위해 나가는 능력

아래에서는 조직행동과 관련성이 높은 몇 가지 지적능력의 유형을 제시하고자 한다.

3.1 감성지능

감성지능(emotional intelligence: EQ)에 대한 논의는 1920년대 이미 심리학 분야에서 시작되었으나 1990년대 들어와 조직행동 분야에서 관심을 끌기 시작했다. 감성지능은 자신 및 타인의 감성을 인지하고 조절할 수 있는 능력을 말한다.[48] 이러한 능력은 구체적으로 아래의 요소로 구성되어 있다.[49]

- **자기감성의 이해**
  자신의 감성을 정확하게 이해하고 표현하는 능력

- **타인감성의 이해**
  자기 주위의 다른 사람들의 감성을 인식하고 이해하는 능력

- **감성활용**
  자신이 가지고 있는 감성정보를 자신의 성과와 건설적인 활동에 활용할 수 있는 능력

- **감성조절**
  자신의 감성을 주어진 상황에 따라 적합한 행동으로 나타내는 능력

이러한 감성지능이 조직행동과 관련하여 관심을 끄는 이유는 다음과 같다.

첫째, 조직이 의사결정한 것을 실행할 때 이러한 의사결정이 수용되고 협동을 끌어내는 데 감성지능이 매우 중요하기 때문이다.[50]

둘째, 조직에서의 승진결정요인으로서 감성지능의 역할이 발견되었다. 한 연구에 의하면 승진에 영향을 미치는 요인으로서 그 설명력이 감성지능은 36%로 나타난 반면 관리능력은 16%에 불과했다.[51]

셋째, 리더가 갖추어야 할 능력으로서 감성지능의 역할이 매우 크다. 즉 감성지능이 높은 리더는 합리적이고 이성적인 부분들만 강조하는 리더들보다 리더십 유효성이 높은 것이다.[52]

이외에도 감성지능은 조직구성원의 조직몰입, 조직시민행동, 성과, 혁신행동 그리고 직무 스트레스 등 조직유효성 분야에 긍정적인 영향을 미친다.[53]

3.2 사회지능

사회지능(social intelligence: SQ)은 교육심리학자인 Thorndike가 1920년 한 저널에서 인간의 사회화 능력으로서 처음 제시한 것이다. 그는 인간의 능력을 추상적 지능, 기계적 지능 그리고 사회지능으로 구분하고 사회지능을 하나의 독립된 지능으로 보았다. 사회지능이란 타인의 이해와 타인에 대해 현명하게 행동하는 능력을 말하며, 또한 타인에 대한 인지적인 이해와 타인의 행동에 초점을 두고 인간관계 속에서 현명하게 행동하는 능력을 뜻한다.[54] 즉 사회지능이 높은 사람은 상대방의 의도와 감성을 잘 읽고 다른 사람과 잘 어울린다. 또한 이러한 사람은 상대방의 눈높이에서 공감하고 감정이입을 하며, 상대방이 처한 문제점에 적절히 잘 대응할 수 있다.[55] 오늘날 인적 네트워크가 다양화되는 현대조직에서 자신의 말만 쏟아내는 사람보다 상대방의 말에 귀기울이는 사람,

빈둥대는 팀원을 조용한 곳으로 데려가 문제점을 정확하게 지적해 주는 사람이 가장 필요함을 인식한 것이다. 사회지능은 앞에서 기술한 감성지능과 개념적으로 중복되는 부분도 있다. 그러나 차이점으로 감성지능은 자기 및 타인의 감성의 이해에 초점을 둔 반면 사회지능은 타인과 더불어 사는 인간관계기술에서 찾을 수 있다.

사회지능은 조직 내 협동을 통한 성과창출 작업장에서 특히 많은 긍정적인 결과를 가져다준다. 사회지능이 높은 사람은 타인에게 직무수행에 따르는 지원을 더 많이 할 뿐만 아니라 타인으로부터 사회적 지원(social support)을 더 많이 끌어내어 개인 및 조직의 성과를 더 많이 가져다주며, 또한 광고 분야에 종사하는 조직구성원의 창의적 행동을 더 많이 끌어낸다.[56]

3.3 도덕지능

도덕지능(moral intelligence: MQ)은 원래 교육학의 주된 주제로 연구되기 시작했으며 최근에야 조직행동 분야에서 관심을 가지게 되었다. 기업의 사회적 책임에 대한 이론이 구축되고 기업조직에서의 신뢰(trust)와 조직유효성과의 관계를 연구하면서 리더의 도덕지능의 중요성이 강조되기 시작했다.

도덕지능은 착하고 친절하며 다른 사람을 배려할 줄 아는 마음이며, 또한 무엇이 옳고 그른지 생각하고 판단하는 능력을 말한다.[57] 도덕적 행동에는 도덕적 민감성, 도덕적 추론 내지 판단, 도덕적 동기화 그리고 실행력 등 4가지 구성요소가 있다.

- **도덕적 민감성**: 도덕적 사태를 인지하고 해석하는 과정
- **도덕적 판단**: 어떤 행동이 옳고 공정하며 정의로운지 판단하고 추론하는 과정
- **도덕적 동기화**: 여러 가지 갈등하는 가치들 중에서 도덕적 가치가 우선적으로 의사결정에 반영되는 과정
- **실행력**: 의사결정이 된 것을 실제의 행동으로 옮기는 과정

조직행동에서의 도덕지능은 효과적인 리더십을 발휘하는 데 중요한 요소로 이해된다.[58] 또한 도덕지능은 기업이 윤리경영을 실천하는 데 있어서 중요한 역할을 한다. 기업의 활동이 얼마나 도덕적 기준에 부합할 수 있는지에 대한 판단은 도덕적 강도(moral intensity)라는 기준을 가지고 판단할 수 있다. 도덕적 강도는

한마디로 어떤 행동 내지 이슈가 어느 정도의 윤리적 원리를 요구하는가의 정도를 가리킨다. 표 3-5에서 도덕적 강도를 결정하는 요인을 제시했다.

표 3-5 도덕적 강도[59]

영역명	의미	예
결과의 중요성	희생자에게 가해지는 피해의 정도	살인사건이 단순절도 사건보다 더 중대하다.
사회적 합의	문제행동이 사회적으로 선 또는 악으로 받아들여지는 정도	인도네시아보다 미국에서 뇌물죄가 더 큰 죄로 간주된다.
결과의 발생확률	문제행동이 실제로 발생할 확률	무장강도에게 총을 파는 것은 결과의 발생확률이 높다.
즉시성	문제행동 발생시점과 현재와의 시간차	미래 발생사건보다 현재 발생한 사건에 보다 비중을 둔다.
친밀성	문제행동에 대해 익숙하게 받아들이는 정도	미국에서는 총기사건을 친숙하게 받아들인다.
영향의 집중성	문제행동의 영향을 받는 사람들의 수	소수에게 해당되는 사건일수록 영향의 집중성이 높다.

4 긍정적 심리특성

긍정적 심리특성에 대한 인식은 심리학 분야에서 최근 관심을 끌고 있는 긍정심리학에서 개발된 것이다. 긍정심리학은 심리학의 전통적인 연구대상이 인간행동의 부정적 측면 (예 스트레스, 신경증, 우울증, 정신치료 등)에 초점을 맞추어 왔던 것에 대한 비판으로부터 인간의 긍정적인 행동측면에 대한 연구의 필요성을 제기한 데서 출발하였다.[60] 즉, 기존의 심리학은 우울하고 스트레스가 많은 사람들이 불행한 상태를 벗어나는 데 도움을 주는 학문으로만 주로 알려져 왔다는 것이다.

CASE 2

▶ 에디슨의 긍정적 사고

"왜 불이 자꾸 꺼질까?"

에디슨은 고개를 떨구었다. 700번째 만든 백열전구가 5초도 안 돼서 꺼지고 만 것이다. 이번 실험도 결국 실패였다. 천재적인 발명가 에디슨도 도무지 무엇이 문제인지 가늠조차 할 수 없었다.

에디슨 이전에도 백열전구를 만들었던 사람은 있었다. 그러나 그들이 만든 전구는 모두 전원이 들어오자 4, 5초를 견디지 못하고 꺼졌다. 누구도 수명이 오래가는 전구를 발명하지는 못했다. 그러나 에디슨은 다른 사람들과 달리 포기를 몰랐다. 그는 실패에도 아랑곳하지 않고 다시 실험에 몰두했다. 그리고 마침내 1879년 10월 21일, 에디슨은 무려 1200번이 넘는 실험 끝에 백열전구를 발명했다.

에디슨이 전구를 발명하자, 기자들이 에디슨에게 물었다. "전구가 발명되기 전까지 1200번이 넘게 실패했다는데 사실입니까?" 에디슨은 빙그레 웃으며 대답했다. "실패한 것이 아닙니다. 전구가 켜지지 않는 방법을 1200여 가지나 알아낸 것이지요."

조직행동 분야 역시 지금까지 조직구성원의 부정적인 행동 및 태도(직무 스트레스, 직무소진, 부정적 정서, 반생산적 행동 등)를 개선하는 데 많은 관심을 가진 나머지 구성원의 긍정적인 측면인 강점, 보유하고 있는 정신적 자원, 이타주의 등에 대해서는 상대적으로 연구가 미흡했던 것이다.[61] 이와 관련하여 조직구성원이 보유하고 있는 긍정적 심리특성에 대한 변수를 개발하려는 노력이 최근 진행되고 있다. 이러한 긍정심리 변수를 학자들은 조직의 유효성 내지 성과와 관련시켜 긍정심리자본(positive psychological capital)이라고 하기도 한다.

아래에서는 긍정심리자본으로 평가되고 있는 자기효능감, 낙관주의, 희망 및 회복탄력성을 살펴본다.

4.1 자기효능감

자기효능감(self-efficacy)은 개인이 어떤 일을 성공적으로 수행하는 데 필요한 능력을 보유하고 있다고 생각하는 믿음이다.[62] 자기효능감은 개인이 행동을 선택하고 이를 실천하는 데 필요한 노력을 투입하며 성공적으로 일을 마치고자 하는 의지에 영향을 준다. 뿐만 아니라 문제해결에 대해 보다 긍정적인 사고를 하며 일을 수행하는 과정에서 나타나는 스트레스에 대한 극복을 용이하게 할 수

있게 해준다.[63]

자기효능감은 다음과 같은 몇 가지 요인에 의해 형성된다.

- 개인이 어떤 일을 성공적으로 수행했던 경험
- 타인이 성공적으로 일을 수행했던 것을 관찰하여 얻은 학습(간접경험)
- 긍정적 피드백, 사회적 지원 등 "할 수 있다"라는 조직분위기
- 정신적 및 육체적인 건강 등[64]

조직행동에서의 자기효능감은 긍정적인 직무태도를 가져다주며, 보다 효과적이며 자신감 있는 리더십을 발휘하게 해 주며 그리고 이에 대한 결과로 조직구성원의 만족을 높여준다. 뿐만 아니라 조직구성원의 혁신행동에 긍정적인 영향을 미친다.[65]

4.2 낙관주의

컵에 물이 1/2만 있을 때 어떤 사람은 "물이 반밖에 없다."고 말하는 반면 다른 어떤 사람은 "물이 아직 반이나 남아 있다."라고 말하는 사람이 있다. 후자를 우리는 낙관주의자(optimist)라고 한다. 낙관주의자는 자신에게 어떤 긍정적인 사건이 일어났을 때 이의 원인을 내부(internal locus of control)에서 찾으며 이러한 사건이 앞으로도 계속 안정적(stable)으로 일어날 수 있다고 믿는다. 반면에 비관주의자는 이런 사건의 원인을 외부(external locus of control)에서 찾으며 일시적이고 불안정적인 것으로 믿는 경향이 있다.[66] 이렇듯 낙관주의(optimism)는 어떤 사건의 원인 규명의 패턴에서 인식된다. 낙관주의자는 자신이 추구하는 목표달성에 대해 긍정적인 기대를 하는 반면 비관주의자는 자기의심으로 부정적인 기대를 하게 된다. 이러한 상이한 기대가 그들의 목표달성을 위한 노력의 투입 면에서 차이를 보여주는 것이다.[67]

낙관주의가 조직에서 보여주는 결과는 대부분 긍정적이다. 예를 들면 낙관적인 조직구성원은 보다 높은 성과와 만족을 보여줄 뿐만 아니라 보다 낮은 직무 스트레스를 느끼며 이직률도 낮다.[68] 또한 낙관적인 리더는 조직변화를 보다 더 효과적으로 이끌 수 있다는 연구결과도 있다.[69]

그러나 낙관주의의 부정적인 측면도 존재한다. 즉 낙관주의자는 목표설정에 있어 비현실적일 수 있으며, 그 결과 오히려 좌절과 스트레스를 더 많이 느낄 수

있다. 따라서 모든 직무에서 낙관주의자가 성과를 더 많이 내는 것은 아니며 어떤 직무들에서는 오히려 비관주의자의 성과가 높을 수 있다(예 안전관련 기술직무, 재무통제 및 회계분야 등).[70]

4.3 희망

가까운 친구가 하던 일이 실패했을 때 우리는 그를 위로하기 위해 "희망을 가져라, 잘 될 거야." 라는 말을 한다. 이때 어떤 사람은 진짜로 희망을 가지는 반면 어떤 사람은 아예 포기한다. 여기서 희망을 가지는 성향을 개인의 성격적 특성으로 보는 것이다. 희망을 가지는 것은 어떤 사람이 어려운 도전이나 실패에 직면했을 때 나타나는 패배주의적인 태도, 불안감 등에 굴복하지 않는 것을 의미한다.[71] 이러한 사전적 용어에 대해 긍정심리학에서는 조직행동과 관련하여 보다 의미있게 해석하고 있다. 즉, 희망(hope)은 긍정적인 동기부여 상태를 말하는데 그 내용으로 특정 목표를 달성하기 위해 자신이 에너지를 투입하겠다는 의지(willpower)와 목표달성 경로(pathways)에 대한 긍정적인 평가를 포함한다.[72]

희망을 자기효능감과 비교하면 희망이 목표에 대한 모티베이션과 행동에 영향을 준다는 점에서는 유사하지만, 목표가 달성되는 과정에 초점을 둔다는 점에서 자기효능감과 구분된다. 즉, 희망은 목표달성에 대한 의지와 경로에 관련된 내적통제력에 초점을 맞춘 인지적 과정인 반면, 자기효능감은 목표달성에 대한 자신의 총체적인 능력에 대한 인지적 평가라는 점에서 차이가 있다.[73]

희망은 조직행동에 긍정적인 결과를 가져다준다. 예를 들면 서비스직군과 같이 스트레스가 많은 직업에서 희망을 가진 사람은 높은 성과를 보여주고, 감정적으로 덜 지치며 해당 조직에 더 오래 남는 경향을 보여준다.[74]

긍정심리학에서는 희망을 단순히 주어진(given) 안정적인 개인특성으로 보기보다 교육훈련을 통해 개발가능한 것으로 보고 있다.[75] 예를 들면 구성원의 능력을 뛰어넘는 도전적인 목표설정 훈련 등이 있다.

4.4 회복탄력성

회복탄력성(resiliency)의 개념은 Werner라는 심리학자의 연구에서 정립되었다. 그는 하와이 카우카이 섬에서 1955년 태어난 신생아들을 대상으로 30년에 걸친 종단적 연구를 실시했다.[76] 이 중 매우 열악한 환경에서 태어나 성장한 아이들의 경우 부정적인 사회적응을 보일 것이라고 예상하였으나 이 중 1/3이 훌륭하게 성장된 것을 보고 이들이 가지고 있는 역경극복의 강인한 원동력을 회복탄력성이라고 명명하였다.

회복탄력성은 인간이 역경, 갈등, 실패, 좌절의 상황에 빠졌을 때 이를 극복하고 원래의 상태로 돌아올 수 있는 일종의 역량이다.[77] 이를 마음의 근력에 비유할 수 있다. 인간에게 역경의 의미는 마치 사람을 더욱 더 강하게 튀어 오르게 하는 스프링보드와 같은 역할을 한다.[78] 회복탄력성이 높은 사람은 부정적 사건으로 받은 충격으로부터 벗어나 원래의 상태로 돌아오는 데, 그렇지 않은 사람보다 더 많은 에너지를 동원할 수 있으며 소요되는 시간도 짧다.[79] 또한 회복탄력성이 높은 사람은 실수를 두려워하지 않으면서도 자신의 실수를 스스로 민감하게 알아차리는 뇌를 가지고 있으며, 회복탄력성이 낮은 사람은 실수를 지나치게 두려워하고, 실수를 적극적으로 분석하기보다 무시하려는 경향을 보여준다.

조직행동에서의 회복탄력성은 조직 유효성에 긍정적인 영향을 미친다. 이것은 조직이 변화와 불확실성이 큰 상황에서 특히 요구되는 조직구성원의 역량으로서 개발의 대상이 된다.[80] 이것은 형성되는 데 많은 시간을 요구하기 때문에 조직은 장기적 시각에서 팀워크를 통한 역경 극복하기, 조직에서 권한을 아래로 많이 위양하는, 즉 분권화를 통해 구성원의 시행착오를 통한 경험축적 그리고 신뢰에 바탕을 둔 조직문화 형성 등의 노력을 해야 하겠다.[81]

개인차: 성격 및 능력 사례

역린지화(逆鱗之禍) : 상대방의 치부를 건드리지 말라

중국의 고서 〈한비자〉의 '세난' 편에 군주에게 유세할 때 주의해야 할 것을 설명하면서 역린지화(逆鱗之禍)라는 말을 소개하고 있다. 그 내용은 이렇게 시작된다. "용은 순한 짐승이다. 길들이면 사람이 올라타고 다닐 수도 있다. 그러나 목 근처에는 길이가 한 자나 되는 거꾸로 난 비늘이 있으니 이것이 역린이다. 만일 이것을 건드리는 자가 있으면 용은 반드시 그를 죽여버린다. 군주에게도 이 역린이 있으니 임금에게 유세하려는 자는 이 역린을 건드리지 말아야 한다."

비단 군주만 역린을 가지고 있는 것은 아니다. 사람은 누구나 나름대로의 역린을 가지고 있다. 무슨 소리를 해도 다 받아줄 것만 같은 호인조차도 어떤 특정한 부분을 지적당하면 못 견디고 화를 내는 경우가 있다. 그것이 그 사람의 역린이며, 요즘 말로는 그 사람의 핵심 콤플렉스 쯤으로 바꿔 말할 수 있겠다. 타인과 좋은 관계를 유지하려면 상대방이 자극받고 싫어하지 않는 민감한 부분이 무엇인지를 헤아려야 할 것이다.

* 『1%만 바꿔도 인생이 달라진다』, 이민규, 더난출판, 2005에서 인용.

생각해 볼 문제

- 위의 고사는 세상을 살아가는 처세에 중요한 교훈을 줄 뿐만 아니라 조직생활에서 타인을 좀 더 잘 이해하고 소통할 수 있는 기본적 태도를 제시한다고 볼 수 있다. 이는 오늘날 조직행동 분야에서 주목받고 있는 감성지능에 대한 관심으로도 설명할 수 있겠다. 자신과 타인의 감성을 이해하고 조절할 수 있는 능력이 왜 특히 현대 기업조직의 관리자 및 리더들에게 중요한지에 대하여 토론해 보자.

Chapter

4

모티베이션

ORGANIZATIONAL BEHAVIOR

1. 중요성 및 개념
2. 욕구이론
3. 인지적 동기이론
4. 내재적 동기이론

"5명이 할 일을 4명이 하면 더 잘 한다. 5명이 일할 곳에 6명을 넣으면 성과가 떨어진다. 여러 번 경험한 것인데, 참 묘한 것이다."

이는 우리나라 최고의 기업을 이끌고 있는 S그룹 L회장의 말이다. 몇 십만 명의 종업원을 지휘하는 그룹총수가 그것도 수십년간 그 자리에 있으면서 아직까지 명확히 이해하지 못하는 현상이다. 본 장에서는 바로 L회장이 가진 질문에 대한 답을 찾으려 한다.

1 중요성 및 개념

조직에서 사기가 높은 사람과 낮은 사람이 똑같은 일을 할 때 성과가 같을 것이라고 생각하는 사람은 없을 것이다. 『삼국지』의 하이라이트 중의 하나인 적벽대전은 제갈공명이 동남풍을 이용하여 화공전법으로 조조의 83만 명의 대군을 격파한 장면을 보여주고 있다. 여기서 우리의 관심은 제갈공명이 조조가 도망갈 길목을 미리 예측하여 겁만 주고 죽이지 않고 무사히 도망가게 하는 장면이다. 도망가는 조조를 따르는 군사가 점점 줄어들자 장군 하나가 아군의 숫자가 적으니 아예 항복하고 후일을 도모하자고 한다. 그러나 조조는 사기가 꺾인 병사는 더 있어도 의미가 없다며 따르는 군사의 숫자에 연연해하지 않는다.

기업조직에서 개인의 성과는 무엇에 의해 결정되는가? 무엇보다도 작업자가 보유하고 있는 능력이 중요할 것이다. 그러나 성과는 작업자의 능력에 의해서만 결정되는 것이 아니다. 여기서 중요한 것은 작업자가 열심히 일하겠다는 의지 내지 마음이다. 이것을 보통 사기 또는 의욕이라고 한다. 뿐만 아니라 능력과 사기가 있더라도 작업여건이 뒷받침되지 않으면 아무리 열심히 노력을 해도 높은 성과가 나오기 어렵다.

기업조직에서 사기가 아주 높은 종업원과 낮은 종업원의 성과 간의 차이는 얼마나 될까? 어떤 사람은 사기가 높은 종업원의 성과가 사기가 낮은 사람의 2배 내지 3배가 된다고 한다. 이에 대해서 산업심리학자들의 공통된 의견은 중간 정도의 업적을 내는 종업원을 기준으로 볼 때, 사기가 높은 자의 성과는 +30%, 사기가 낮은 자의 성과는 −30% 정도 된다고 한다. 왜 차이가 이것밖에 나지 않을까? 우리는 기업조직의 특수성을 이해해야 할 것이다. 사기가 매우 높은 사람의 경우 한번에 너무 높은 성과를 낼 경우 그 이후에 보다 높이 설정된 목표수준을 의식할 것이고 사기가 낮은 사람은 아무리 일하기 싫더라도 기대하는 목표의 70% 정도는 달성할 것이다. 왜냐하면 성과가 더 이상 떨어질 경우 해고될 수 있기 때문이다.

조직행동 이론은 개인의 성과와 관련하여 사기에 관심을 가지고 있다. 개인의 능력은 인적자원관리 분야에서 교육훈련을 통해 변화시킬 수 있다고 본다. 작업여건에 대해서는 기본적으로 인적자원관리의 직무설계 분야에서 다루지만 기업이 통제할 수 없는 경우도 많다.

어떤 사람은 왜 열심히 일할까? 이들이 보여주는 행동이면의 심리상태를 살펴보면 어떤 특성이 있음을 볼 수 있을 것이다. 이같이 바로 행동이 나오기까지의 심리적인 과정을 밝히는 것이 모티베이션 이론이다. 모티베이션은 행동의 원인을 설명하는 데 도움이 되는 어떤 가설적 구성개념(hypothetical construct)이라고도 할 수 있다. Pinder는 작업동기(work motivation)를 개인의 작업행동을 일으키며, 행동의 방향, 강도 그리고 지속기간을 결정하는 역동적인 힘의 집합이라고 정의하고 있다.[1] 즉 이것은 기업조직에서 성과를 내는 방향으로 개인의 행동이 열정적이고 지속적으로 일어날 수 있도록 유도하는 내적인 힘을 말한다. 모티베이션 개념을 구성하고 있는 요소를 살펴보면 아래와 같다.

- 모티베이션은 그 시작이 인간행동을 **자극**(initiate)하는 것인데 이것은 인간은 어떤 상황에서 뭔가 행동을 해야 하겠다는 마음이 생기는 과정이다. 예를 들면 배가 아주 고플 경우 그냥 참고만 있을 수 없다는 것이다. 무언가 이 문제를 해결하는 행동을 해야 할 것이다.
- 어떤 행동을 할 것인가, 즉 **방향**(direction)을 설정한다. 기업조직에서

작업자는 직무를 수행하는 데 있어서 여러 종류의 과업(task) 중 어떤 것은 열심히 하려고 하지만 어떤 일은 적당히 하려고 할 것이다. 이 과정에서 자기가 힘을 쏟아야 할 과업을 선택하는 것을 말한다.

- 선택한 행동에 대해 얼마나 **노력을 많이 기울일 것인가**(intensity) 하는 것이다. 근무시간에 더 집중한다거나 초과근무를 할 것인지 등을 들 수 있다.
- 선택한 행동과 그 노력의 강도를 얼마나 오래 **지속**(duration)하느냐이다. 여기서 제시한 구성요소들의 집합체를 모티베이션 현상으로 이해하는 것이다.

모티베이션과 관련하여 우리는 기업조직에서 여러 종류의 종업원을 만나게 된다. 예를 들면 일을 열심히 하는 사람과 그렇지 않은 사람 등을 말이다. A는 땀을 뻘뻘 흘리며 열심히 일을 하고 있다. 왜 그렇게 열심히 일하느냐고 물으니 "먹고 살기 위해 어쩔 수 없습니다. 우리 가족의 생계를 제가 책임지고 있습니다." 라고 대답한다.

B 역시 일을 열심히 하고 있는데 그 이유를 물으니 "팀장이 제시한 과업목표가 도전적이어서 노력만 하면 성공할 수 있을 것 같기에 열심히 하고 있습니다." 라고 대답한다.

매우 열심히 일하고 있는 또 다른 C에게 왜 그렇게 열심히 일하느냐고 물으니 대답이 의외였다. "제가 열심히 일을 하고 있나요? 저는 일이 재미가 있어 나도 모르게 빠져들어 있는데 다른 사람에게는 열심히 일하는 것으로 보이나 봐요."

위의 세 가지 예는 똑같이 일을 열심히 하고 있으나 열심히 하는 이유가 각각 다름을 말해 준다. 반대로 열심히 일을 하지 않는 사람들도 관찰해 보면 그 이유가 서로 다를 수가 있다.

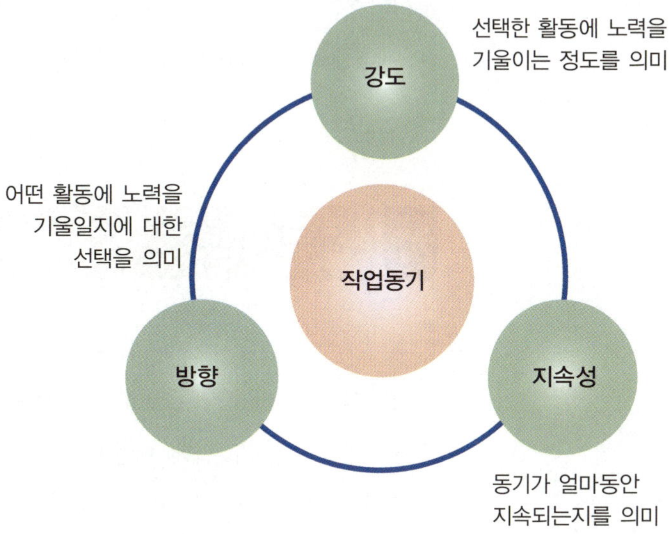

그림 4-1 작업 동기의 3요소

모티베이션 이론은 인간행동의 원인을 과학적으로 밝히는 것이다. 위에서 제시한 예를 중심으로 이론에 대한 접근 방식을 간단히 살펴보면 다음과 같다.

- A는 현재 먹고살기 위해 돈이 필요하다. 일이 나에게 돈을 가져다준다. 모티베이션 이론은 이 경우에 대해 인간은 결핍(deficiency: 돈)이 존재할 때 모티베이션이 발생한다고 본다.
- B는 부여된 목표에 대해 달성가능한지에 대해 우선 인지적(cognitive)으로 판단하여 그 결과로 모티베이션이 발생한다고 본다.
- C의 경우 모티베이션의 전제가 되는 결핍이나 인지적 과정 없이 그냥 일이 재미를 가져다주기 때문에 작업자가 자신도 모르게 모티베이션을 가지게 된 경우이다.

사실 모티베이션에 대해서는 그간 여러 이론들이 구축되어 왔다. 그러나 아래에서는 이 가운데 위에서 제시한 세 가지 관점을 중심으로 살펴보고자 한다.

A의 경우 결핍을 욕구(needs)라는 관점에서 접근하여 이를 **욕구이론**이라고 명명한다.

B의 경우 행동이 나오는 데에는 작업자의 인지적 과정이 중요한 역할을 한다고 보는 관점으로 이를 **인지적 동기이론**이라는 범주 속에서 다루고 있다.

C의 경우 자신의 의지와 관계없이 일 그 자체가 작업자의 내부에 모티베이션을 불러일으킨다고 보는 시각으로서 이는 **내재적 동기이론**으로 정립된다.

아래에서는 이러한 이론들을 자세히 살펴본다.

2 욕구이론

욕구이론(needs theory)은 기본적으로 인간의 행동은 그가 지니고 있는 결핍상태를 채우기 위해 나온다는 전제에서 출발한다. 이러한 이론이 정립되는 과정에는 몇 가지 배경이 있다. 이 분야 초기 학자들은 인간행동의 원인을 고대 그리스 철학자들이 주장했던 쾌락주의(hedonism)에서 찾았다. 쾌락주의에 의하면 인간은 유쾌함(pleasure)을 추구하고 고통(pain)을 회피하려는 경향이 있다는 것이다. 그러나 이러한 이론은 어떤 유형의 사건이 유쾌함이나 고통을 일으키는지를 명료하게 제시하지 못하고 있다는 비판을 받는다.[2]

쾌락주의적 접근의 단순함을 극복하기 위해 많은 심리학자들은 인간행동의 원인으로 인간이 가지고 있는 생리적인 에너지의 발원지인 본능(instinct)을 제시한 바 있다. 예를 들어 인간이 가지고 있는 본능인 호기심, 모방, 애정, 사회성, 동정 그리고 어둠에 대한 두려움 등이 행동을 일으킨다는 것이다. 이 이론 역시 인간의 복잡한 행동을 설명하는 데 많은 한계를 가지고 있다. 이러한 이론적 발전 과정을 거쳐 1950년대에 인간행동의 원인을 그가 가지고 있는 욕구에서 찾는 시도를 하게 된다. 이러한 욕구이론은 우선 인간이 가지고 있는 대표적인 욕구들을 찾는 데에서 출발하게 되며, 나아가 이러한 욕구들 간의 관계를 밝히고 기업조직의 현실을 설명할 수 있는 방향으로 발전하게 된다. 아래에서는 Maslow의 욕구계층이론(need hierarchy theory), Maslow가 제시한 욕구분류에 대한 새로운 입장을 내놓은 Alderfer의 ERG 이론, 그리고 McClelland의 성취욕구이론을 살펴본다.

2.1 욕구계층이론

이 이론이 내세운 기본가정은 다음과 같다.

- 인간은 충족되지 못한 욕구들을 충족시키기 위해 동기화되는 동물이다. 즉 인간은 충족되지 못한 욕구들에 의해서만 지배되고 행동이 유발된다. 그러면 인간이 가지고 있는 욕구들은 어떤 것이 있는가? 이러한 욕구들의 종류를 심리학자들이 밝혀내려고 노력해 왔다. 예를 들면 Murray는 인간이 가지고 있는 욕구목록을 제시하였는데, 여기에는 친화욕구, 공격욕구, 자율욕구, 만회욕구(need for counteraction), 지배욕구, 유희욕구 등이 있다.[3]
- 인간이 추구하는 욕구들은 서로 다를 수 있다.
- 이러한 욕구들은 서로 관계를 가지고 있다. 즉 특정 욕구가 생성되고 이것이 충족되면 그 후에 다른 욕구가 나타난다는 것이다.[4] Maslow의 욕구이론의 핵심은 인간이 가지고 있는 대표적인 욕구들을 발견했다는 것과 이러한 욕구들 간의 관계를 밝힌 데 있다.

1) 욕구의 종류

Maslow는 임상적 관찰을 통해 아래와 같은 5가지의 욕구종류를 제시했다.[5]

생리적 욕구

인간은 배고픔, 갈증, 수면, 섹스 등으로 지칭되는 생리적 욕구(physiological needs)를 가지고 있다. 이러한 욕구는 인간에게 가장 처음 나타나는 것으로서 다른 욕구들에 비해 동기화에 대한 가장 강한 본능적인 힘을 가지고 있다.

안전욕구

인간은 신체적인 안전과 심리적인 안정을 추구하는 것을 모두 포함하는 안전욕구(safety needs)를 가지고 있다. 이러한 욕구는 인간이 건강함을 유지하고, 범죄, 폭행, 학대 등 위험으로부터 벗어나려는 것을 말한다. 또한 인간은 불안 및 혼란으로부터 자유로워지기를 원하며, 생활하는 데 있어 어떤 안정된 질서와 법으로부터의 보호를 받고자 한다. 이러한 욕구는 대체로 안정적인 직업에 대한 선호, 저축 및 보험 등을 선호하는 모습에서 볼 수 있다.

사회적 욕구(소속감 및 애정욕구)

인간은 일반적으로 혼자 사는 것보다 타인과 어울려 살기를 원한다. 뿐만 아니라 이성에 대한 애정을 소유하려는 욕구를 가지고 있는데 이를 사회적 욕구 혹은 소속감 및 애정(belongingness and love needs)에 대한 욕구라고 한다. 이러한 욕구는 사람이 일을 할 때 혼자서 하기보다 어떤 조직에 속해 있기를 원하는 데서 알 수 있다.

존경욕구

많은 사람들은 사회생활에서 자신을 높게 평가하고, 타인으로부터 존경받기를 바라는 욕구(esteem needs)를 가지고 있다. 이러한 욕구는 두 가지로 구분된다.

- 자신이 이 세상에서 스스로 강한 존재라는 것을 인식하고 싶고 역량과 자신감을 더욱 많이 보유하고 싶어하는 욕구이다. 또한 자신이 타인으로부터 지배를 받기보다 독립적으로 행동할 수 있기를 원한다.
- 자기 주위로부터 명성을 얻고 타인으로부터 존경을 받기를 원하는

욕구이다. 즉 자신이 자기와 관련되는 사람들에 대한 지배력을 가지고 타인이 자신을 중요한 인물로 여기기를 원한다.

자기실현 욕구

인간은 소위 자기완성(self-fulfillment)에 대한 욕구를 가지고 있는데 이것을 자기실현 욕구(self-actualization needs)라고 한다. 여기서 자기완성이란 자신이 보유하고 있는 잠재능력을 발휘하는 것을 말한다. 예를 들면 음악가는 연주를 함으로써, 미술가는 그림 속에서 자기가 추구하는 정신세계를 표현함으로써, 시인은 이 세상의 아름다움을 시를 통해 표현함으로써 자기 인생의 가치가 실현된다고 믿는 것이다.

2) 욕구들 간의 관계

Maslow는 인간이 가지고 있는 대표적인 욕구들을 위에서 제시한 5가지로 정리하고 이러한 욕구들은 한꺼번에 인간에게 나타나는 것이 아니라 순차적으로 발생한다고 주장했다. 즉 인간이 가지고 있는 가장 강력한 기본적 욕구로서의 생리적 욕구가 충족되어야 그 다음 욕구인 안전욕구가 나타난다는 것이다. 그 다음 안전욕구가 충족되면 사회적 욕구가 나타나고, 이것이 충족되면 존경욕구가 발생하고, 존경욕구의 충족 후 자기실현 욕구가 나타난다는 것이다. 이러한 욕구들 간의 관계가 가지고 있는 의미를 정리하면 다음과 같다.

- 5가지 종류의 욕구를 그 발생하는 순서에 따라 위계(hierarchy)적으로 파악하고 있다. 따라서 그림 4-2처럼 생리적 욕구가 가장 하위에 위치하고 자기실현 욕구를 가장 높은 곳에 존재하는 것으로 보았다.
- 하나의 욕구가 충족되면 다른 상위의 욕구가 나타난다는 의미는 이 욕구가 100% 충족되어야 다른 욕구가 나타난다는 것을 의미하지는 않는다. 즉 그림 4-3처럼 하나의 욕구가 충족되기 시작하는 순간 다른

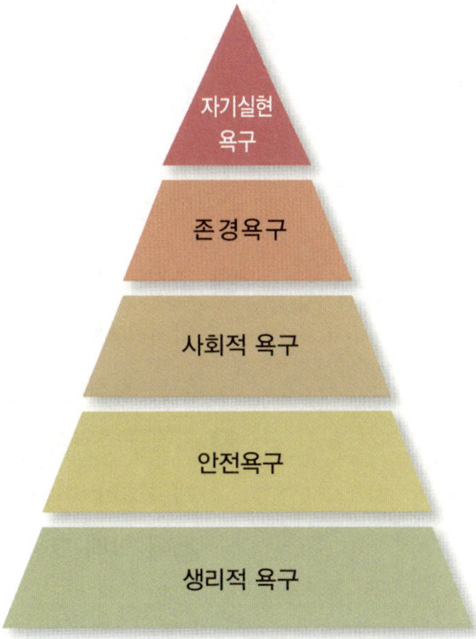

그림 4-2 Maslow의 욕구 5단계

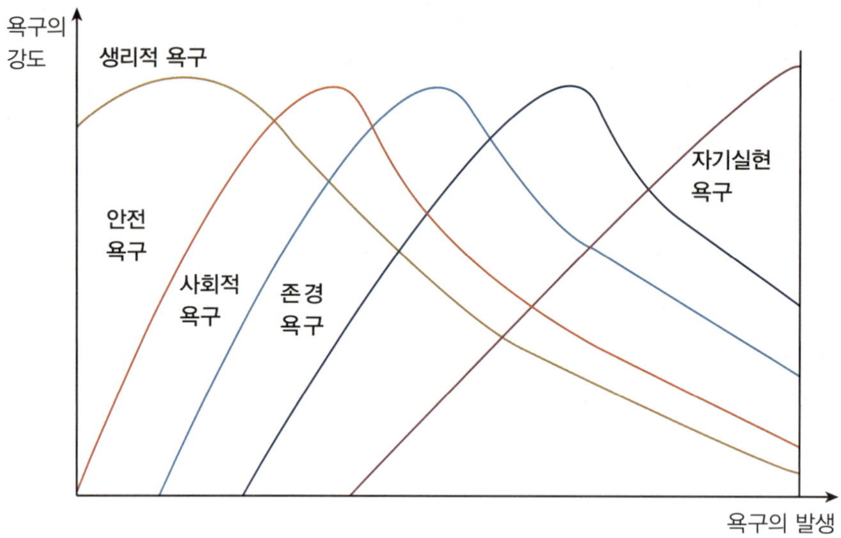

그림 4-3 욕구의 출현과 강도

욕구가 발생한다.[6]

- 위에서 제시한 욕구들은 이것이 충족되는 순간 그 강도가 약화되는 반면 자기실현 동기만은 충족되면 될수록 욕구의 수준은 더욱 높아진다는 것이다.
- 제시한 욕구들은 인간이 원하는 것을 가지고 있지 못하기 때문에 나타나는, 즉 결핍에 의해 발생하는 결핍욕구라고 이해하지만, 자기실현 욕구는 결핍이라기보다 개인의 가치관에 더 가까운 것으로 이해된다.

조직행동 관점에서 Maslow의 이론이 제공하는 시사점은 다음과 같다.

1. 조직구성원의 행동은 그들이 가지고 있는 욕구를 충족시키기 위해 발생되기 때문에 조직은 구성원이 가지고 있는 이러한 욕구들을 충족시킬 수 있는 조직환경을 제공해야 한다.[7]
2. 조직구성원들의 욕구구조를 파악하여 해당 구성원별 차별화된 조직환경을 제공해야 한다. 즉 조직에서 직급이 높아질수록 보다 높은 수준의 욕구들에 의해 그들은 동기화된다.

Maslow의 욕구이론은 산업조직에서 유용하게 활용할 수 있는 반면 아래와 같이 몇 가지 비판을 받기도 한다.

1 가장 상위에 있는 자기실현 욕구는 개념적으로 모호성을 가지고 있으며 이것은 모든 인간이 가지고 있는 것은 아니기 때문에 보편적인 욕구라고 보기가 어렵다.[8]

2 낮은 계층의 욕구가 충족되면 충족된 욕구는 더 이상 행동을 동기화시키지 않는다는 주장은 적절하지 않다.[9] 예를 들면 생리적 욕구는 충족되더라도 일정 기간이 지나면 다시 강력한 욕구로 작용할 수 있기 때문이다.

3 욕구의 유형을 5가지로 세분화시킨 것에 대한 문제를 제기하고 있다.[10] Maslow 자신도 후에 욕구들을 차라리 결핍된 욕구와 성장욕구로 나눌 수도 있다고 밝힌 바 있다.[11]

4 Maslow는 제시한 욕구계층이 일반적 내지 보편적이라고 주장하였으나 미국이 아닌 다른 문화권에서는 이러한 계층이 다르게 형성될 수 있다.

표 4-1 욕구단계와 욕구충족방법

일반요소	욕구단계	조직적인 구체적 요소
• 성장 • 성취 • 발전	자기실현 욕구	• 도전적인 직무 • 창조성 • 조직체 내에서 발전 • 작업의 성취
• 인정감 • 지위 • 자기 존경 • 자존	존경욕구	• 직위, 직급 • 급여의 인상 • 동료와 감독자의 인정 • 일 그 자체 • 책임성
• 동료애 • 애정 • 우정	사회적 욕구	• 감독의 질 • 조화된 작업집단 • 직업적 우정
• 신체적 안정 • 심리적 안정 • 역량 • 안정성	안전욕구	• 안전 작업 조건 • 복리후생 • 임금 인상 • 고용 안정
• 공기 • 음식 • 거처 • 성	생리적 욕구	• 냉난방시설 • 기본임금 • 식당 • 작업조건

특히 동양 문화권에서는 생리적 욕구보다 존경욕구(예 체면 중시문화)가 더 먼저 나타날 수 있는 것이다.

2.2 ERG 이론

이 이론은 기본적으로 Maslow의 욕구 계층이론을 수정한 것이라고 할 수 있다. Alderfer는 기업, 은행, 대학 기숙사, 감수성 훈련에 참가한 사람 등을 대상으로 질문지법을 통해 그들이 가지고 있는 욕구들을 조사하였으며 나아가 이러한 욕구들 간의 관계를 분석하였다.[12]

1) 욕구의 종류

그는 조직구성원들의 욕구를 세 가지 유형으로 분류했는데, 그것은 존재욕구, 관계욕구 그리고 성장욕구이다. 이러한 욕구들의 영어 첫 자를 합쳐 ERG 이론이라고 칭한다.

존재욕구

존재욕구(existence needs)는 인간이 존재하기 위해 필요한 가장 기본적으로 가지고 있는 물질적 및 생리적인 욕망들을 포함한다. 예를 들면, 배고픔, 갈증, 주거지, 질병 등을 해결하고자 하는 것 등을 가리킨다. 이러한 것이 충족되지 못하면 인간은 생존에 위협을 받게 된다. 이러한 욕구를 충족하는 데 필요한 자원은 근본적으로 한정되어 있기 마련이다. 산업조직에서 이러한 욕구를 충족시켜줄 수 있는 도구는 임금, 복리후생 그리고 신체적 위협을 방지하는 산업안전을 위한 제반 장치 등이다.

관계욕구

관계욕구(relatedness needs)는 인간이 타인과 관계를 맺으려는 욕망을 말한다. 인간은 타인과 상호교류를 함으로써 자신의 생각과 감정을 교환하려고 한다. 이러한 과정을 통해 인간은 사회현실에 일체감을 느낄 수 있는 것이다. 관계욕구는 인간이 자신에게 중요한 의미를 지니는 사람들과 관계를 맺고 싶어 하는 것을 말한다. 여기서 자신에게 의미있는 사람들의 일반적인 범주는 부모, 형제, 친구, 그리고 본인이 속해 있는 조직구성원을 들 수 있다. 관계욕구가 충족된다는 것은 타인과의 생각과 감정을 공유하는 것을 의미한다. 관계욕구의 충족이 의미하는 바를 좀 더 구체적으로 살펴보면 다음과 같다.

- 자신이 주변의 타인과 인간관계를 맺을 수 있는, 즉 타인들에게 자신이 배척당하지 않고 수용되는 것을 의미한다.
- 그들과 일상생활에서 자신이 속한 집단에 소속감을 느끼고 특정 타인에 대해 애정을 느낀다.
- 자기가 속해 있는 집단에서 인정을 받고 자신의 존재감을 드러낼 수 있음을 의미한다.

성장욕구

성장욕구(growth needs)는 자신의 능력 내지 잠재적 능력을 향상시키기 위해 자신을 둘러싼 환경과 상호작용을 하고자 하는 욕망을 말한다. 여기에 자기 능력에 대한 발견과 이를 인정하고자 하는 것도 포함된다.

이상에서 제시한 Alderfer의 욕구의 종류는 Maslow가 제시한 5종류의 욕구들을 3종류로 재분류한 것이다. Alderfer는 산업조직구성원들에게서 발견되는 욕구의 종류를 이렇게 세 가지로 분류하는 것이 더 의미있다고 주장한다. 표 4-2에서는 위의 두 학자가가 분류한 욕구유형이 비교된다.

표 4-2 Maslow와 Alderfer 욕구 분류 비교 [13]

Maslow	Alderfer
생리적 욕구	존재욕구
안전욕구 • 물리적 안전 • 대인 관계 안전	존재욕구 / 관계욕구
사회적 욕구 • 소속감 • 애정	관계욕구
존경욕구 • 타인으로부터의 존경 • 자기 자신에 대한 존경	관계욕구 / 성장욕구
자기실현 욕구	성장욕구

2) 욕구들 간의 관계

Alderfer는 그가 제시한 욕구들 간의 관계에 대해서는 기본적으로 Maslow와 같은 입장을 보이지만 해당 욕구를 충족시키기 위해 노력하다가 이것이 좌절되었을 때 나타나는 욕구의 추구에 대해 다른 견해를 제시하였다. 이를 그림 4-4에서 볼 수 있으며 그 내용은 다음과 같다.

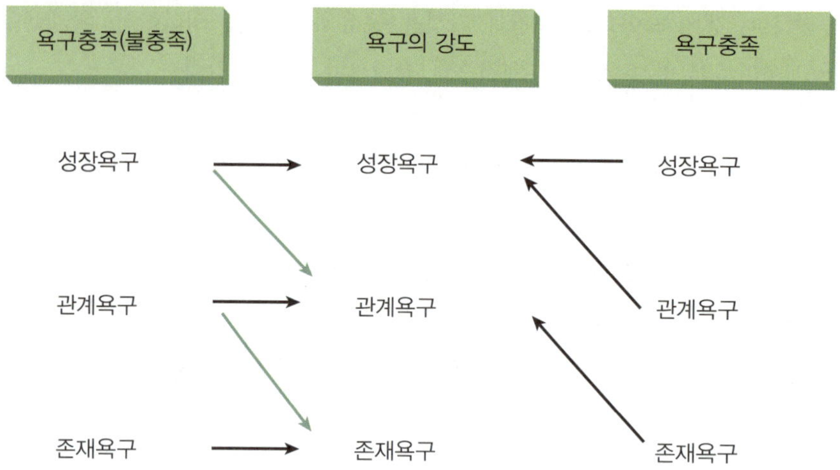

그림 4-4 ERG 이론에서의 욕구의 관계[14]

- 인간은 제일 먼저 존재욕구를 추구할 것이며, 이것이 충족되지 못하면 이를 계속 추구한다.
- 추구했던 존재욕구가 충족되면 인간에게는 다음 상위욕구인 관계욕구가 발생한다. 그러나 이러한 관계욕구 충족이 좌절되었을 때 인간은 이 욕구의 충족을 위해 계속 노력함과 동시에 하위욕구인 존재욕구를 추구하는, 소위 욕구의 퇴행(regression) 현상이 나타난다. 예를 들면 직장에서 인간관계가 원하는 방향으로 진행되지 않을 경우, 그는 인간관계를 개선하기 위해 노력함과 동시에 존재욕구 충족의 도구가 되는 연봉 등 제 보상의 증가를 위해서도 노력한다는 것이다.
- 인간은 관계욕구가 충족되면 다음의 상위 욕구인 성장욕구가 발생한다. 이러한 욕구가 충족되면 인간은 계속 성장욕구가 더 충족될 수 있도록 노력한다. 반면에 이 욕구가 충족되지 않을 경우, 성장욕구의 충족을 위해 계속 노력을 할 것이며, 동시에 관계욕구의 충족에 눈을 돌리게 된다는 것이다. 즉 조직에서 어떤 사람이 승진 등을 통해 조직으로부터 인정을 받았을 경우, 그는 계속 조직으로부터 인정을 받기 위해 또 다른 공헌을 세우려고 노력한다. 반면에 승진에서 탈락되었을 때, 그는 다음 해에 승진이 될 수 있도록 승진요건을 갖추기 위해 노력함과 동시에 그간 맺어왔던 인간관계에 대해서도 더욱 신경을 쓴다는 것이다.

3) Alderfer의 욕구이론의 시사점

1. Maslow의 욕구이론과 마찬가지로 조직구성원으로 하여금 행동을 이끌어 내기 위해서 그들이 가지고 있는 욕구에 대한 이해와 이를 충족시킬 수 있는 조직환경을 제공해야 한다는 것이다.
2. 조직구성원들의 욕구를 파악할 수 있는 틀을 Maslow의 5단계를 보다 단순화시켜 산업조직에서 적용하는 데 더 유용하게 했다는 것이다.[15]
3. 욕구들 간의 관계를 설명함에 있어 특정 욕구가 충족되지 못했을 때 나타나는 하위 욕구로의 퇴행현상을 제시했다는 것이다.

반면에 이 이론에 대한 비판 역시 Maslow의 욕구이론이 보여주는 것과 유사하다. 즉, 욕구들에 대한 개념적 모호성과 욕구들 간의 관계가 문화권에 따라 다르게 나타날 수 있다는 것이다. 뿐만 아니라 Alderfer 이론의 일반화와 관련하여 실증연구의 불충분성을 들고 있다.[16]

2.3 성취욕구 이론

인간의 욕구에 대해서는 Murray가 이미 중요한 것을 목록으로 만든 바 있다.[17] 그 후 Maslow는 인간이 가지고 있는 욕구들 중 5가지에 초점을 맞추어 이들이 인간에게 발견되는 공통된 것이며 또한 이들 간에 특정한 위계적인 관계가 있음을 밝힌 바 있다. 그는 또한 이러한 욕구들은 인간에게 본능적으로 나타나는 것이라고 했는데, 예를 들면 배가 고프면 뭘 먹어야겠다는 욕구가 저절로 생긴다는 것이다. 그러나 McClelland는 인간의 욕구는 학습된 것이며 인간의 행동에 영향을 미치는 욕구의 서열은 사람마다 다르다고 주장했다.[18]

그는 동인(motives)을 어떤 목표에 대한 반응으로 설명할 수도 있겠지만, 그보다는 과거의 쾌락이나 고통과 연합되어 있는 일정한 단서들에 의해서 일어나는 복합체라고 보았다. 예를 들면 성취욕구가 높은 사람에게는 성취를 일으키는 사건이 유쾌한 감정을 일으키는 단서가 된다. 이와 같이 성취욕구와 같은 욕구는 과거의 사건에 의해 학습되는 것으로 보는 것이다.[19]

McClelland가 특히 주목한 욕구는 Murray의 욕구목록에 나와 있는 것 중 성취욕구(need for achievement), 권력욕구(need for power) 그리고 친화욕구(need for affiliation)이다. 그가 제시했던 세 가지 욕구들 중 행동과 관련하여 보다 설명력이 높은 성취욕구에 대해 살펴본다. 그는 이 욕구를 바탕으로 성취동기이론(achievement motivation theory)을 정립했다. 그의 연구의 출발점은 어떤 일을 수행하려는 인간의 의지는 그가 가지고 있는 성취욕구의 강도에 의해 설명되고 예측될 수 있다는 것이다. 바로 이러한 논리를 가지고 그는 기업조직구성원의 성공적 업무수행에서부터 한 국가의 경제성장까지 설명할 수 있다고 주장했다. 또한 그는 성취동기를 교육훈련을 통해 높일 수 있는 것으로 보았으며 이를 개발할 수 있는 여러 교육프로그램의 개발을 시도한 바 있다.[20]

성취욕구는 “어려운 일을 달성하려는 것, 탁월해지려는 것, 다른 사람과 경쟁하고 이기려는 것, 장애물을 극복하고 높은 기준을 달성하려는 것에 대한 것”으로 정의된다.[21]

아래에서는 성취욕구에 대해 기업조직수준과 국가수준으로 나누어 살펴본다.

우선 성취욕구는 조직구성원의 높은 성과를 달성하고자 하는 동인(motivation)으로서의 역할을 한다. 따라서 성취욕구가 높은 조직구성원은 낮은 구성원보다 업적이 높을 것으로 예상된다. 이러한 이유로 조직은 구성원의 성취욕구를 높일 수 있는 교육훈련프로그램의 제공이 요구되겠다. 조직에서 성취욕구가 높은 사람들이 보여주는 특징은 다음과 같다.[22]

- **성취지향성**

  이들은 도전적으로 자기 능력을 시험하는 데 흥미를 느낀다. 어떤 일이 성취되었을 때 이러한 성취의 결과로 얻게 되는 화폐적 보상에 대한 기대보다는 성취 그 자체에 만족을 느낀다.

- **중간수준의 위험부담 추구**

  이들은 업무의 목표달성에 대한 가능성이 중간수준일 때 가장 많은 노력을 투입한다. 과제의 난이도가 너무 높거나, 너무 낮으면 이에 대해 흥미를 느끼지 않는다. 즉 어떤 일을 할 때 성공 확률이 50% 정도 된다고 판단할 때 일을 잘 수행한다. 그들은 우연적인 성공에 대해 만족하지 못하기 때문에 불확실성이 높은 도박은 싫어한다. 반대로 너무 쉬운 일에도 관심을 가지지 않는다.[23]

- **성공가능성에 대한 자신감**

  이들은 일반적으로 목표달성의 성공가능성을 긍정적으로 믿는 경향이 있다. 자기의 목표달성 가능성에 대한 객관적인 근거가 없을 때에도 자신감을 가지고 과제를 열심히 수행한다.

- **과업수행 결과의 신속한 피드백 추구**
  이들은 과업을 수행했을 때 그 결과에 대해 신속하고 구체적인 피드백을 받기를 원한다.

- **과업수행에 대한 몰입**
  이들은 일단 과업수행을 시작하면 그 일이 끝날 때까지 높은 몰입도를 보여준다.

- **책임감**
  이들은 문제해결 상황에 있어서 책임을 기꺼이 지기를 원한다.

- **미래지향성**
  이들은 과거의 경험이나 현재 시점에서 내려진 평가를 행동기준으로 삼기보다는, 장래에 발생할 사태를 예견하여 행동하는 경향을 보여준다.

기업조직에서 성취동기가 높은 관리자가 보여주는 특징은 표 4-3과 같다.[24]

표 4-3 성취욕구와 관리자 특징

	성취 욕구가 높은 관리자	성취 욕구가 낮은 관리자
부하의 능력	신뢰함	회의적
직무	직무가 가져다주는 성취에 관심	직무가 지니는 지위 상징성에 관심
리더십	참여적 리더십 행사	비참여적 리더십 행사
개방성	타인에 개방	자신의 아이디어나 느낌에 얽매임
관심 영역	대인관계 외 과업 모두	과업에만 관심

McClelland는 성취욕구의 이론의 적용범위를 개인수준에서만 머물지 않고 국가수준으로 확장시켰다. 한 국가의 경제발전은 해당 국가 국민들이 가지고 있는 성취욕구수준과 관련이 있다는 것이다. 즉 국민의 성취욕구가 높은 국가는 높은 경제성장을 이루는 반면 낮은 국가는 경제성장이 저조하다는 것이다.

그는 인도사람들의 성취욕구수준이 미국사람들보다 낮다는 것을 밝혔으며, 성취욕구의 수준은 선천적이라기보다 후천적으로 형성되는 것이라고 주장했다. 즉 인도의 경우, 교육제도, 가난한 환경, 도전적이지 못한 자연 순응력 그리고 운명을 강조하는 종교적 문화 등이 그 원인이라고 보았다.[25] 이러한 이론의 확장은 Weber의 기독교 노동윤리(protestant work ethic)에서 그 근거를 찾을 수 있는데, 그는 일종의 문화적 가치인 기독교 노동윤리가 서구사회에서 경제발전의 원동력이 되었다고 주장한 바 있다.[26] McClelland는 이러한 가설에 근거하여 성취동기의 형성근거와 그 역할을 아래와 같이 정리하였다.[27]

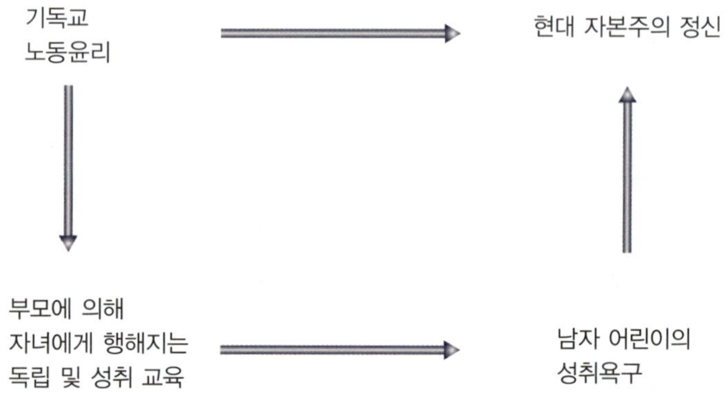

그림 4-5 성취욕구의 형성

그림 4-5에 나타난 바와 같이 기독교 가치를 중시하는 사회에서는 부모는 자식들에게 독립심 내지 목표에 대한 성취를 강조하며, 이러한 교육을 받은 자녀들은 성취욕구가 개발되게 된다. 성취욕구는 현대자본주의 정신으로 나타나며 이것은 경제발전의 원동력이 된다.

성취욕구 이론이 모티베이션과 관련하여 시사하는 바는 다음과 같다.

1. 성취욕구가 기업조직에서 구성원의 성과를 높이는 데 중요한 변인이 된다는 것을 제시하였다.
2. 성취욕구는 다른 욕구와 달리 학습을 통해 개발할 수 있음을 보여주었다. 즉 기업조직의 입장에서 볼 때 통제가능한 변수가 되는 것이다.
3. 채용 및 인사배치 등 인력운용에 개인의 성취욕구수준을 중요한 판단 기준으로 도입할 것을 제시해 준다.

성취욕구 이론에 대한 비판은 다음과 같다.

1. 성취욕구 동기가 교육훈련을 통해 개발될 수 있다는 주장에 대해 의문을 제기한다. 즉 인간의 욕구체계란 대개 어릴 때 형성되기 때문에 성인을 대상으로 하는 기업조직에서 이러한 성취욕구의 개발에 어느 정도 실효성이 있을 것인가에 대한 실증연구가 부족한 실정이다.
2. 설사 성취욕구가 개발되었다 하더라도 이것이 얼마나 지속될 것인가에 대해서도 문제가 제기되고 있다.
3. 성취동기가 높은 성과를 예측하는 중요한 원인변수임은 인정하지만 기업조직의 복잡한 과업환경하에서는 성취동기라는 단 하나의 변수가 보여줄 수 있는 설명력이 제한된다는 것이다.[28] 즉 성취동기 하나만 가지고 조직구성원의 행동을 충분히 설명하기에는 한계가 있다는 것이다.

3 인지적 동기이론

모티베이션에 대한 인지적 접근은 인간이 과거 경험으로부터 학습할 수 있고 미래를 예측할 수 있는 능력이 있다는 가정에서 출발한다.

인간은 정보를 수집하고 분석하며, 수집된 정보를 바탕으로 행동한다. 또한 인간행동은 환경에서 얻은 단서(cue)를 중심으로 형성된 의도(intention)와 목적 지향성(goal orientation)을 지니고 있는 것이다.[29]

인지적 동기이론은 인간이 그에게 닥칠 미래의 상황과 자신이 행동하였을 때 어떤 결과가 나타나는지 그리고 그 결과가 자신에게 무엇을 가져다주는지 등을 미리 예측하고 행동한다는 입장이다. 즉 모티베이션을 인간의 인지적 작용의 결과물로 보는 것이다. 이러한 가정을 바탕으로 정립된 모티베이션 이론 중 아래에서는 기대이론, 공정성 이론 그리고 목표설정 이론을 살펴본다.

3.1 기대이론

CASE 1

마라톤 선수인 홍길동 씨는 현재 국내 S그룹의 마라톤 선수단 소속이다. 그는 5년차 선수로서 최근 2시간 13분 11초 기록을 세워 해당 구단뿐만 아니라 국내 마라톤 팬들의 많은 관심을 받고 있다. 언론에서는 차기 올림픽에서 좋은 성적을 낼 수 있다고 대서특필되기도 한다. 그런데 그는 집안형편이 넉넉지 못한 상황이다. 어느 날 감독이 그에게 3개월 후 개최되는 대회에서 2시간 8분 기록을 깨면 단장님께 건의하여 포상금 10억 원을 주겠다고 했다.

➲ 이러한 제안을 받았을 때 홍길동 선수의 마라톤 훈련에 대한 모티베이션은 어느 정도 높아질 것인가?

앞서 논의했던 욕구이론 관점에서 보면 홍길동 씨는 집안이 가난하여 포상금도 받고(생리적 욕구) 기록을 내면 구단뿐만 아니라 국가적 차원에서 명성(존경욕구)도 얻을 수 있기 때문에 전력을 투구하여 훈련할 것이다.

그러나 기대이론에서는 이 경우 다른 시각에서 접근하고 있다. 포상금 10억 원과 선수로서의 명성은 자신에게 매우 가치있는 것이기는 하지만 홍길동 씨는 우선 자기가 열심히 훈련만 하면 3개월 후에 마라톤 기록을 현재보다 약 5분 정도 단축할 가능성이 있는지를 먼저 생각한다는 것이다. 또한 자신이 기록을 세우면 진짜 10억 원을 받을 수 있는지, 즉 감독이 자기에게 개인적으로 말한 것을 어느 정도 믿을 수 있는지도 생각할 것이다.

우선 마라톤에서 2시간 8분이라는 기록은 어느 정도의 의미가 있는가? 한국인으로는 2000년 도쿄 국제마라톤대회에서 이봉주가 세운 2시간 7분 20초가 최고기록이다. 우리를 감동시켰던 1992년 바르셀로나 올림픽에서 황영조가 금메달을 땄을 때 기록은 2시간 13분 23초이다. 현재 세계기록은 케냐의 윌슨 킵상이 2013년 독일 베를린 마라톤에서 세운 2시간 3분 23초이다.

선수생활 5년차인 홍길동 씨는 우선 10억 원이 탐이 나기는 하겠지만 자기가 열심히 훈련한다고 해서 3개월 후 2시간 8분 기록을 낼 수 있을 것이라고 기대하기는 쉽지 않다. 즉 가능성이 상당히 낮은 것이다. 이럴 경우 홍길동 씨의 훈련에 대한 모티베이션은 크게 높아지지 않을 것이다.

기대이론(expectancy theory)은 한마디로 모티베이션을 유발하는 내적 인지상태(cognition)에 초점을 맞추고 있다. 즉 인간은 자신의 행동을 통해 원하는 보상이나 결과물을 얻게 될 경우에만 동기유발이 되는 것이다. 이러한 관점은 인간이 합리적 의사결정자라는 것을 가정하고 있다.[30]

기대이론은 동기화과정에서 개인의 지각이 중요한 역할을 한다는 인지이론으로 그간 많은 학자들에 의해 이론적 초석이 만들어졌다.[31] 1960년대에 들어와 Vroom에 의해 그 모델이 보다 정교하게 설계되었으며 계속적으로 수정모델이 제시되고 있다.[32] 아래에서는 Vroom의 모델을 중심으로 살펴본다. 그가 제시한 모델의 주요 구성요소는 다음과 같다.

유인가(valence)

개인이 조직에서 성과를 달성했을 때 주어지는 긍정적 혹은 부정적 보상에 대해 부여하는 주관적 가치를 뜻한다. 예를 들면 목표달성이 되었을 때 자신에게 제공되는 보상이 승진인 경우 그 가치는 매우 클 것이며, 목표달성을 위한 과로 때문에 건강을 해치는 경우 이것은 부정적 유인가를 가지게 된다. 기업 조직에서 긍정적 보상은 연봉인상, 승진, 상사의 배려, 동료와의 좋은 관계, 재량권 증가, 의사결정에의 참여증가, 직무안정성 등을 들수 있다. 반면에 부정적 보상(결과)은 따돌림, 건강해침, 안전사고 위험성, 징계, 불리한 곳으로의 직무이동 등을 들 수 있다.

도구성(instrumentality)

자신이 부여된 목표를 달성했을 때 이것이 보상으로 연결될 수 있을 것이라고 믿는 정도. 이것은 목표달성–보상 간의 연결에 대해 개인이 지각하는 주관적인 확률이다. 올해의 목표달성이 반드시 내년도 자신의 승진으로 이어질 것이라고 믿는다면 목표달성과 승진 간의 도구성은 매우 높다. 예를 들면 홍길동 씨가 2시간 8분 기록을 달성했을 때 상금 10억 원을 받을 수 있는 가능성을 말한다.

기대(expectancy)

노력과 목표달성 간의 개연성의 정도. 조직이 올해 나에게 부여한 목표를 내가 열심히 노력을 할 경우, 과연 주어진 목표를 달성할 가능성에 대해 개인이 지각하는 확률을 말한다. 앞에 제시한 예에서 홍길동 씨가 열심히 훈련을 하였을 때 3개월 후 마라톤 기록을 2시간 8분을 달성할 수 있을 가능성을 말한다.

힘(force)

앞에서 제시하였던 유인가, 도구성 그리고 기대치를 감안해 볼 때 개인이 목표달성을 위해 투입하는 노력 혹은 압력의 양. 여기서 힘이 크면 클수록 모티베이션도 커진다.

이상의 요소들을 가지고 기대이론에서는 아래와 같은 공식을 제시한다.[33]

$$F = E\left\{\sum_{i=1}^{n} V_i I_i\right\}$$

F: Force
E: Expectancy
V: Valence
I : Instrumentality

이상의 공식을 그림으로 살펴보면 그림 4-6과 같다.

그림 4-6 동기화 과정

홍길동 씨의 경우 위의 공식에 의한 모티베이션 크기를 다음과 같이 계산할 수 있다. 우선 기대(E)와 관련하여 살펴보면, 홍길동 씨가 열심히 훈련을 할 경우 2시간 8분이라는 기록달성을 할 수 있을 것인가에 대해서는 그 가능성이 상당히 낮다. 이 선수의 기록이 만일 현재 2시간 30분인데 여기서 5분을 단축하기는 현실성이 어느 정도 있겠지만 현재 2시간 13분이라는 매우 높은 수준의 기록에서 5분을 더 단축시킨다는 것은, 그것도 3개월 만에 한다는 것은 사실 매우 어렵다.

유인가(V)로서 기록달성의 결과 얻게 되는 10억 원과 명성은 본인이 생각할 때 그 가치는 매우 클 것이다. 반면에 부정적인 결과인 무리한 훈련으로 인해 건강을 해칠 수도 있다.

도구성(I) 관점에서 보면 홍길동 씨가 기록을 달성하였을 때 약속된 보상들이 실제로 주어질 것인가인데, 10억 원의 경우, 스포츠 단장이 공식석상에서 약속한 것도 아니고 감독이 포상금을 단장에게 건의하겠다는 것이기 때문에 100% 보장되는 것은 아니다. 명성의 경우, 2시간 8분은 우리나라에서 좋은 기록이기 때문에 언론에서 좋은 기사로 다루어 줄 것에 대한 가능성은 상당히 높다. 그리고 과도한 훈련으로 인해 건강을 해칠 가능성은 있겠지만 홍길동 씨가 5년차 선수이기 때문에 그렇게 높지는 않을 것이다. 이상의 추론을 통해 홍길동 씨의 모티베이션 힘은 아래 표의 계산에 의하면 0.36으로 매우 낮게 나타난다.

표 4-4 홍길동 씨의 모티베이션 크기

	기대(E)	도구성(I)	보상의 종류	유인가(V)
노력	0.20	0.50	10억 원	(12)
		0.80	명성	(7)
		0.20	건강 해침	(–2)

[0.20×0.50×12]+[0.20×0.80×7]+[0.20×0.20×(–2)]
=1.20+1.12+(–0.08)
=2.24

기대이론 모델에서 힘(force)의 계산 방법의 특징은 다음과 같다.

- 기대, 도구성 그리고 유인가들이 서로 곱셈을 통하여 합산된다.
  이 중 어느 하나라도 값이 0일 경우 힘(F)의 값은 0이 된다. 예를 들면 포상금이 아무리 많더라도 마라톤 기록을 2시간 이내로 요구할 경우 기대(E) 값은 0이 되고 전체 힘(F)의 값은 0이 된다.
- 성과 후 받게 되는 보상은 그 형태별로 값이 다르다(유인가).
  긍정적인 보상은 +값을 가질 것이고 부정적인 보상(결과)은 –값을 가지게 된다.
- 힘의 크기에는 성과 후 예견되는 보상의 모든 종류(긍정적 및 부정적)가 합산되어 반영된다.

그러면 일상생활에서 개인은 위에서 제시한 힘의 크기를 결정하는 요소들의 값들을 어떤 방법으로 계산하는가? 이에 대해 아래의 몇 가지 예를 들 수 있다.[34]

기대(E)

- 유사한 혹은 동일한 직무를 수행했던 다른 사람들과 커뮤니케이션을 통해 추정한다.
- 자신의 과거경험을 바탕으로 판단한다.
- 객관적인 확률을 가지고 판단한다. 예를 들면 상금 10만 원이 걸린 도박판에서 만 원을 내기에 걸 경우 그의 심리적 개연성은 0.1이 된다.

도구성(I)

- 목표달성의 결과 자신의 과거 보상경험을 가지고 추정한다.
- 비슷한 상황에 있는 다른 사람들과의 커뮤니케이션을 통해 판단한다.
- 보상을 결정할 수 있는 사람의 평소 신뢰성을 가지고 추정한다.

유인가(V)

- 개인이 특정 보상에 대해 어느 정도 선호하는가를 그의 발언을 가지고 판단한다. 예를 들면 "나는 사과를 매우 좋아한다." 등
- 개인의 선택행동을 가지고 판단할 수 있다. 기업에서 휴가를 갈 것인가 아니면 휴가 대신 휴가 반납수당을 택할 것인가를 보고 그의 금전에 대한 유인가를 판단할 수 있다.
- 개인이 특정 상황에서 선택하는 데 소요되는 시간을 가지고 판단할 수 있다. 예를 들면 갈증이 많이 난 사람에게 콜라와 사이다를 동시에 주었을 경우, 그가 주저없이 콜라를 선택했다면 그의 콜라에 대한 유인가는 사이다보다 훨씬 클 것이다. 그러나 선택하는 데 시간을 많이 지체한다면 콜라와 사이다 간의 유인가 차이는 별로 없는 것이다.

이상에서 소개한 기대이론의 특징을 요약하면 아래와 같다.

- 모티베이션 현상을 매우 합리적이고 인지적으로 설명한다. 즉 인간은 어떤 행동을 선택할 때 어떤 것이 자신에게 이익을 극대화시키는가를 추론한다는 것이다.[35]

- 동기화되는 과정에 초점을 두고 있다. 동기요인으로서 개인의 욕구에 국한하지 않고 이것이 모티베이션으로 발전하는 데 다른 요인들(기대, 도구성)을 고려하고 있어 모티베이션 현상을 보다 의미있게 설명한다.
- 이 이론은 객관적 현실보다도 현실에 대한 주관적 지각요인들이 모티베이션의 크기에 결정적인 영향을 미친다고 주장한다.[36]

기대이론이 기업실무에서 관리자 내지 조직에 시사하는 점은 다음과 같다.[37]

1. 조직이 제공할 수 있는 보상 중 어떤 것이 구성원에게 가치(V)가 있는지를 파악해야 한다. 즉 개별 구성원이 원하는 보상을 제공할 때 유인가가 높아진다.
2. 조직구성원에게 요구되는 성과가 무엇인지를 구체적으로 알려주어야 한다. 이렇게 해야 구성원은 해당 성과의 달성가능성(E)을 추정할 수 있다.
3. 조직구성원들의 역량을 높여 기대(E) 값을 높여야 한다. 이를 위해 조직은 교육훈련 프로그램 등을 도입한다.
4. 구성원이 요구되는 성과를 달성했을 때 제공되는 보상의 형태 및 크기가 일관성(I)이 있어야 한다. 이를 위해서는 일관성 있는 인사관리시스템이 구축되어야 하고 이를 구성원에게 알려야 한다.

기대이론에 대한 비판은 다음과 같다.[38]

1. 이 이론은 인간의 인지적 능력의 한계를 간과했다. 즉 인간의 인지적 정보처리능력은 제한적이다. 인간은 이 이론의 구성요소인 기대(E), 도구성(I) 그리고 유인가(V)에 대한 정보수집도 제한적일 뿐만 아니라 이들의 값을 정확하게 계산할 능력이 있다고 보기는 어렵다.[39]
2. 인간의 행동의 선택과정을 지나치게 합리적인 것으로 보고 계산과정을 제시하고 있으나 인간의 무의식적이거나 충동적인 결정과정은 설명하지 못하고 있다.
3. 이 이론에서는 기대(E) 값이 높으면 높을수록 모티베이션(F)이 높게 나타난다. 그러나 앞에서 논의했던 성취동기가 높은 자는 어떤 일을 할 때 성공가능성이 중간수준일 때 일에 몰입하는 것으로 보았다. 이들에게는 기대(E) 값이 너무 높은 경우, 오히려 일에 대한 성취의지가 떨어진다는 것이 실증된 바 있다. 뿐만 아니라 뒤에 설명할 목표설정 이론에서도 기대(E) 값이

매우 높은, 즉 쉬운 일(easy goal)을 할 경우 오히려 성과가 떨어짐을 밝히고 있다. 따라서 기대이론에서 주장하는 기대(E) 값과 모티베이션(F) 값 간의 관계는 수정되어야 한다.[40]

3.2 공정성 이론

공정성 이론(equity theory)은 사회적 교환관계에서 나타나는 현상을 바탕으로 시작되었다. 이 이론의 핵심은 기업조직에서 구성원이 불공정성을 느꼈을 때 나타나는 인지적 및 행동적 측면의 동기화 과정을 설명하고 있다. 그 전제는 바로 사람들은 공정성에 많은 가치를 두며 이러한 공정성이 깨어졌을 때 공정성을 확보하기 위하여 동기화된다는 것이다.[41] 이러한 동기화는 바로 인간의 인지적 판단을 통하여 이루어지기 때문에 이 이론을 인지적 동기이론의 범주에 포함시키고 있다. 이 이론의 내용은 아래와 같다.

- 인간은 타인과의 관계 혹은 조직과의 관계에서 서로 주고 받는 일을 경험하게 된다.
- 개인이 기업조직에 속해 있을 때 그는 노동을 제공하고 기업으로부터 보상을 받는다.
- 여기서 개인이 조직에 주는 것을 통틀어 투입(input)이라 하고 그 대가로 조직으로부터 받는 것을 산출(output 혹은 outcome)이라고 한다.
- 여기서 투입과 산출이 엇비슷하면 교환관계에서 균형이 유지되는데 공정성 이론에서는 단순히 자신의 투입과 산출 간의 비율뿐만 아니라 타인의 조직과의 교환관계를 비교하여 공정성을 지각하게 된다.

기업조직에서 투입과 산출을 구성하는 내용은 표 4-5에서 예시된다.

공정성 이론의 모델과 그에 대한 설명은 아래와 같다.

표 4-5 투입 및 산출의 종류(예)[42]

투입	산출
업적	임금
노력/ 근무시간	복리후생
교육수준	승진기회
직무경험	고용안정
직무교육	인정감
보유기술	동료들의 수용성
능력	의사결정에의 참여 재량권
혁신 아이디어	조직의 사회적 명성
건강	

▸ 공정성 지각의 경우

$$\frac{\text{산출(자신)}}{\text{투입(자신)}} = \frac{\text{산출(타인)}}{\text{투입(타인)}}$$

▸ 불공정성 지각의 경우

i) 과소보상

$$\frac{\text{산출(자신)}}{\text{투입(자신)}} < \frac{\text{산출(타인)}}{\text{투입(타인)}}$$

ii) 과다보상

$$\frac{\text{산출(자신)}}{\text{투입(자신)}} > \frac{\text{산출(타인)}}{\text{투입(타인)}}$$

1) 투입과 산출의 크기는 구성하고 있는 요소들의 합을 말하는데 이것은 지각된 것이다. 여기서 투입 및 산출의 구성요소들에 대한 가중치는 개인마다 다를 수 있다.
2) 개인과 비교대상의 투입과 산출의 값이 서로 다를지라도 이를 비율로 환산하여 공정성을 지각한다. 예를 들면 개인이 조직에 투입한 것이 10이고 조직으로부터 받은 것(산출)이 9일 경우 단순 비교의 경우 불공정성을 느끼겠지만 타인이 조직에 20을 투입하고 18을 받았다면 개인은 공정성을 지각한다는 것이다.
3) 개인의 교환관계에서 공정성 인지과정에는 반드시 비교대상이 등장한다. 여기서 비교대상은 조직 내 비슷한 혹은 다른 직무를 수행하고 있는 타인, 다른 조직에 속한 자 그리고 자기 자신의 과거의 그것이 될 수 있다.
4) 개인은 과다보상 때보다 과소보상일 때 불공정성을 더 민감하게 지각한다. 예를 들면 개인은 타인보다 보상이 10%만 낮아도 분노를 느끼고 불평을 직접적으로 하지만 과다보상의 경우 자신이 타인보다 15% 이상 높아야 심리적인 불편함을 느낀다는 것이다.[43]

개인이 불공정성을 지각할 때 어떤 심리적 과정이 나타나는지는 인지부조화 이론(cognitive dissonance theory)에서 말해 주고 있다.[44] 예를 들면 개인이 "흡연은 건강에 해롭다."와 "나는 하루에 담배를 2갑 피운다."라는 2개의 상충되는 인지를 경험할 때, 그는 우선 이러한 인지의 부조화로 인해 긴장감을 느끼게 된다. 여기서 긴장감의 강도는 부조화의 크기에 비례한다. 예를 들면 자신이 하루에 담배 3갑을 피우면 2갑 때보다 긴장감의 강도가 더 커진다. 그리고 인간은 이러한 긴장을 감소시키려는 생각을 하게 된다. 마지막으로 긴장을 감소시키려는 노력은 행동적 방식뿐만 아니라 인지적 방식도 포함된다.[45]

공정성 이론에서는 인지부조화 이론의 논리를 바탕으로 개인이 불공정성을 지각할 때 할 수 있는 대안으로 아래의 몇 가지를 제시한다.

행동적 측면

- 투입을 변경한다. 과소보상의 경우 사무직에 근무하는 개인은 과거 자발적으로 초과근무를 했으나 이제는 정시에 퇴근한다. 그러나 생산직의 성과급하에서는 오히려 생산량을 증가시킨다. 이 경우 물론 작업의 질은 떨어지게 된다. 반면에 과다보상의 경우 투입을 증가시킨다.

- 산출을 변경한다. 과소보상의 경우, 임금을 높게 책정해 줄 것을 요구한다. 이 경우 개인이 직접 하기보다 노조를 통해 임금협상을 하게 된다. 과다보상의 경우, 개인이 조직에 임금삭감을 요구할 수 있겠지만 현실적이지 못하다.
- 투입 및 산출의 변경이 여의치 않을 경우 개인은 작업현장(이직)을 떠난다.

인지적 측면

개인은 불공정성을 회피하기 위해 자신 및 비교대상의 투입 및 산출을 왜곡하여 지각한다. 과소보상의 경우, 연봉이나 경제적 복리후생 등은 왜곡이 어렵겠지만 승진기회, 인정감, 상사 및 조직의 지원, 그리고 동료의 투입의 크기 등은 왜곡이 가능하다. 예를 들면 동료의 연봉이 자신보다 조금 많이 올랐지만 상사의 최근 발언으로 볼 때 자신이 앞으로의 승진에 유리하다고 지각할 수 있다. 또한 불공정성을 지각할 때 개인은 비교대상을 바꿀 수도 있다. 예를 들면 자신의 연봉이 낮지만 중견기업에 근무하는 대학동기를 비교대상으로 삼을 수 있다.

공정성 이론의 공헌은 다음과 같다.

1. 이 이론은 앞에서 소개한 기대이론과 마찬가지로 동기화가 일어나는 과정에 초점을 둔 것이기 때문에 욕구이론보다 모티베이션에 대한 설명을 보다 다양한 시각에서 하므로 이론으로서의 완성도가 더 높다고 평가된다.
2. 모티베이션이 일어나는 과정에 타인 혹은 집단의 영향을 강조하여 조직실무에 보다 의미있는 시사점을 제공한다. 예를 들면 조직에서 결정되는 개인의 연봉에 대해 그는 자신의 업적과 비교할 뿐만 아니라 동료의 그것을 가지고 자기 연봉의 적정성을 판단하기 때문에 관리자는 임금을 책정할 때 조직구성원 전체를 보고 그 형평성을 고려해야 한다는 것이다.
3. 투입과 산출은 개인이 지각에 의해 인지하기 때문에 똑같은 요소에 대해 조직과 구성원이 서로 다르게 지각할 수 있다. 예를 들면 사장은 사무실에 카페트를 깔아주고 이것을 복리후생(산출)이라고 생각하는 반면 종업원은 이것을 복리후생(산출)으로 지각하지 않고 단지 사장의 취향으로만 생각할 수 있다. 따라서 조직의 입장에서 볼 때 구성원이 지각하는 산출이

무엇인지에 대한 관심을 가질 필요가 있다. 그렇지 않을 경우 기업은 비용을 지출하고도 종업원을 동기화시키는 데 실패할 수 있다.

공정성 이론의 한계점은 다음과 같다.

1. 투입 및 산출에 대한 측정의 문제이다. 공정성 인지를 위해 투입 및 산출의 구성요소 확정 및 이의 측정이 관건인데, 이러한 것들이 모두 주관적이라는 것이다. 이런 이유로 투입 및 산출의 구성요소들의 종류 및 그 가중치가 개인마다 다르기 때문에 조직의 입장에서 볼 때 이를 파악 및 관리하는 데 한계가 있다.
2. 공정성 지각에 있어서 비교대상이 핵심인데, 이것이 개인마다 다를 수 있다. 또한 특정 상황에서 개인이 비교대상을 바꿀 수 있기 때문에 조직의 입장에서는 구성원의 비교대상 선택에 대한 정보획득에 한계가 있을 수밖에 없다. 물론 조직의 입장에서 구성원이 적절하게 비교대상을 선택하도록 설득하거나 교육을 통해 영향을 미칠 수 있다.
3. 개인이 불공정성을 지각하였을 때 이를 해소하기 위해 앞에서 설명한 여러 대안들 중 어떤 대안을 선택할 것인가에 대한 예측기준으로서의 설명력이 미흡하다는 것이다.[46]

3.3 목표설정 이론

기업조직에서 목표란 매우 중요한 의미를 갖는다. 일찍이 Taylor는 공장조직에서 생산성을 높이기 위해 차등성과급을 도입하였는데, 그 기준으로 "상당히 높은 수준의 하루 과업량(a large daily task)"을 제시한 바 있다.[47] 오늘날 조직에서 광범위하게 사용되는 목표관리(management by objective)는 목표를 기업성과에 적용시키는 거시적 접근법으로 해석된다.[48]

모티베이션 이론으로서의 목표설정 이론(goal setting theory)은 목표와 인간의 동기와의 관계를 미시적으로 규명하는 것인데, 한마디로 말하면 인간이 목표를 설정하고 이를 달성하기 위해 의도적으로 행동하는 과정이 모티베이션에 중대한 영향을 미친다는 것이다.[49]

아래에서는 목표의 기능, 목표의 유형 내지 속성 그리고 목표설정의 상황변수 등을 살펴보고 목표설정 이론에 대한 문제점을 제시한다.

목표의 기능은 다음과 같다.[50]

- 목표는 조직구성원의 행동방향을 결정해 준다.
- 목표는 조직구성원으로 하여금 목표달성에 필요한 행동에 주의를 기울이고 몰입하게 한다.
- 목표는 조직 전체는 물론 집단이나 개인의 업적을 평가하는 기준이 된다.
- 목표는 달성하도록 부과된 자에게 목표달성에 필요한 자원을 활용할 수 있도록 합법적인 근거를 제공해 준다.
- 목표는 조직구조에 영향을 미친다. 즉 목표달성을 위해 요구되는 활동 및 기술 등을 조직화하기 위해서는 커뮤니케이션, 권력구조 설계 그리고 업무를 분배해야 하는데 이를 통해 조직구조는 변화된다.
- 목표달성을 위해 효과적인 전략을 탐색한다.

목표설정 이론의 기본 모델은 그림 4-7과 같다.[51]

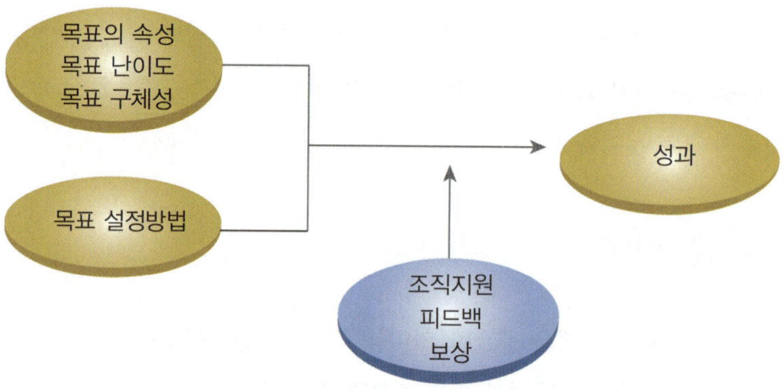

그림 4-7 목표의 속성 및 설정방법과 성과 간의 관계

목표설정 이론의 내용은 그림 4-7에서 볼 수 있듯이 목표의 속성 및 설정방법에 따라 개인의 성과수준이 결정된다는 것이다. 이 이론은 목표의 속성인 목표의 난이도가 높을 때와 목표가 보다 구체적이고 목표의 설정방법에 대해 작업자가 수용할 때 목표달성을 위해 작업자가 노력을 더 많이 기울이며 그 결과 성과가 높아진다는 것이다. 이러한 인과관계를 조절하는 상황변수로서 조직지원, 목표달성 과정에 피드백 부여, 보상제도 등을 제시하고 있다. 위의 모델에 대한 구체적인 설명은 아래와 같다.

1) 목표의 난이도

이 이론은 목표의 난이도가 높을수록 성과가 높아진다는 것을 주장한다.[52] 그러나 목표가 너무 높아 작업자가 아예 불가능한 것이라고 지각하게 되면 성과는 높아지지 않는다. 여기서 목표의 난이도는 작업자가 온 힘을 기울여서 노력할 때 성공할 수 있다고 믿는 수준이 되어야 한다. 일반적으로 이를 도전적(challenging) 목표라고 하는데 개인이 보통 달성할 수 있는 목표수준보다 약 15~20% 상향 조정된 목표수준을 말한다.

목표난이도는 좀더 구분해 보면 과제난이도와 목표난이도로 나누어진다. 과제난이도는 달성해야 할 작업의 성질을 말하는 것으로서 과제의 해결이 어려운 정도를 말하며, 목표난이도란 과제의 수행결과를 일정한 표준에 근거하여 측정한 달성도를 말한다.[53]

목표의 난이도가 높으면 성과가 높아지는 이유로 Muchinsky는 목표에 대한 몰입도를 들고 있다. 즉 목표에 대한 난이도가 높으면 작업자는 더욱 긴장하게 되고 목표에 대한 몰입도(goal commitment)가 높아지기 때문이다.

2) 목표의 구체성

목표의 구체성이란 요구되는 목표수준에 대한 명확한 정보를 제공하는 것을 말한다. 여기에는 목표의 양적 측면, 질적 측면 그리고 요구되는 달성 시기까지 포함된다. 일반적으로 생산공장에서 양적 측면인 목표생산량만 제시할 경우 이를 달성하는 데에만 초점을 맞추어 제품의 질이 저하될 수 있다. 보통 조직에서는 "최선을 다하라."라고 하는데 이것은 구체적인 목표를 제시하는 것이 아니다. 또한 어떤 작업장에서는 목표 자체를 아예 제시하지 않고 작업하는 경우도 있다. 목표설정 이론에서는 목표가 보다 구체적일 때 성과가 높아진다고 한다.

구체적인 목표설정이 그렇지 않은 경우보다 왜 성과를 높여주는가? 그 이유로 다음의 두 가지를 들 수 있다. ① 목표가 보다 구체적일 때 작업자는 과제에 대해 더 흥미를 더 느낀다.[54] ② 목표가 구체적일 때 작업자는 목표달성을 위해 보다 구체적인 기법들을 고안할 가능성이 크기 때문이다.[55]

3) 목표설정방법

목표설정방법은 직무수행자의 목표에 대한 수용성에 영향을 끼친다. 여기에는 작업자의 목표에 대한 수용성이 높으면 목표달성을 위해 보다 더 노력을 기울인다는 것을 전제로 하고 있다. 목표설정방법은 세 가지로 구분된다.

- 상사가 일방적으로 부하에게 목표를 할당하는 것(지시적)
- 상사가 부하의 목표를 확정하기 전에 부하로 하여금 의견을 내게 하고 협의하여 목표를 설정하는 것(참여적)
- 부하로 하여금 스스로 목표를 설정하게 하는 것

이 가운데 참여적 목표설정이 목표수용성을 높이고 가장 높은 성과를 가져다준다.

참여적 목표설정이 성과를 높여 주는 이유는 다음과 같다.

- 작업자의 목표수준에 대한 수용성을 높여 작업에 더욱 몰입하게 되기 때문이다. 즉, 목표설정과정에 작업자가 자기의 의견을 낼 수 있고, 이를 상사와 협의하기 때문이다.
- 목표에 대한 협의 과정에 부하 스스로 목표를 상사가 예상했던 것보다 높게 설정하는 경향이 나타나기 때문이다.[56]

위에서 제시한 목표의 속성 및 설정방법이 높은 성과를 가져오도록 그 관계를 조절하는 몇 가지 변수들이 있는데 그 변수들의 역할은 다음과 같다.

4) 조직지원

설정된 목표가 성과를 내는 데 조직지원이 역할을 한다. 즉 조직은 작업자에게 설비, 예산 그리고 정보제공 등 적절한 지원을 할 때 높은 성과가 나오는 것이다. 뿐만 아니라 높은 성과를 낼 수 있는 조직환경을 만들어 주고 성과를 방해하는 제반 규정변경 및 리더십도 개선해야 한다.[57]

5) 피드백

목표달성 과정에서 상사가 작업자에게 제공하는 작업수행에 대한 적절한 피드백은 업적을 높이는 데 많은 역할을 한다. 그 이유는 다음과 같다.

- 피드백을 통해 작업자는 작업에 대한 더 많은 정보를 제공받고 기존의 목표를 상향조정하는 경향을 보인다.[58]

- 지금까지의 작업결과가 만족스럽지 못한 것을 알게 된 경우, 목표달성을 위해 더 많은 노력을 기울이게 된다.
- 상사의 피드백을 통해 작업방법을 개선하는 계기가 된다.[59]

6) 보상

위에서 제시한 효과적인 목표속성 및 목표설정방법이 제공되었다 하더라도 작업자가 목표를 달성하였을 때 공정한 보상을 받을 수 있느냐는 목표달성에 중요한 영향을 미친다. 예를 들면 열심히 노력하여 높은 수준의 목표를 달성하였지만 그렇지 못한 작업자와의 보상이 별 차이가 나지 않는다면 목표설정 이론은 작동할 수 없는 것이다.

CASE 2

▶ 목표설정 이론의 기업사례[60]

제재소로 통나무를 나르는 트럭운전사를 대상으로 두 가지 조건에서 연구가 수행되었다. 먼저, 운전사들이 트럭에 통나무를 적재하는 데 최선을 다하라고만 이야기했다. 얼마 후에, 그들에게 트럭의 법적 무게 제한의 94%까지 통나무를 적재하도록 구체적이고 어려운 목표를 설정해주었다. 법적 무게 제한에 가깝게 통나무를 실을수록 나르는 운행횟수를 줄일 수 있었다. 적재량을 재어서 운전사 각각에게 적재한 톤수를 알려줌으로써 피드백을 주었다. 그림 4-A는 48주 동안 운전사의 성과을 보여준다. 목표설정 초기에 성과는 크게 향상되었다. 하지만 그 원인은 뚜렷하지 않다. 한 가지 가능한 설명은 목표를 설정하였기 때문에 성과가 향상되었다는 것이다. 또 다른 설명은 누가 법적 제한에 가장 근접하게 트럭에 통나무를 적재할 수 있는지와 같은 운전사들의 경쟁심에 의해 수행이 향상되었다는 것이다. 네 번째와 다섯 번째 구역 사이에 수행이 감소한 이유는 트럭 운전사들이 경영층의 반응을 살피기 위해 일부러 성과를 낮게 하였기 때문이었다. 이 연구는 목표를 설정한 조건에서의 성과가 최선을 다하라고만 말한 조건보다 뛰어났다는 것을 분명히 보여주었다.

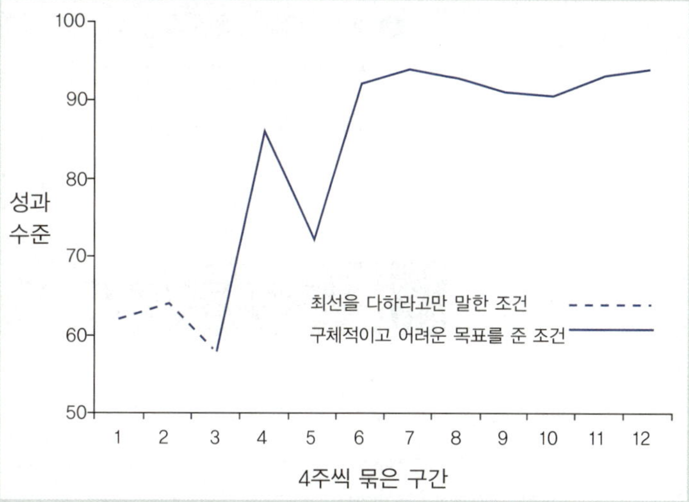

그림 4-A 구체적이고 어려운 목표가 생산성에 미치는 효과

목표설정 이론의 시사점은 다음과 같다.

1. 목표설정 이론은 이해하기 쉬우며 다른 동기이론보다 실무에 적용하기가 용이하다. 적용하였을 때의 결과를 밝히는 데 어려움이 없다.
2. 이 이론은 앞에서 소개한 기대이론과 비교해 볼 때 동기에 대한 인지적 접근이라는 관점에서는 같지만 세부적으로 살펴보면 차이가 있다. 우선 기대이론에서는 기대(expectancy)의 값이 클수록 동기의 힘(motivational force)이 크게 되지만 목표설정 이론에서는 목표가 달성되기 어려운 것일수록(낮은 기대값) 작업자의 노력성향이 커진다는 것이다. 이 부분에 대해서는 목표설정 이론이 많은 연구에서 옳다고 밝혀졌다.

목표설정 이론의 한계점은 다음과 같다.

1. 일반적으로 작업장에서는 하나의 목표만 부과되는 것이 아니고 여러 목표들이 동시에 부과되는데 이 경우, 개별목표들 중 어떤 목표가 이 이론의 설명력이 높은지에 대한 검토가 미흡하다.
2. 마찬가지로 여러 목표들 간에 상충되는 것이 있을 때 이 이론이 어떻게 작동하는지에 대한 연구가 미흡하다.
3. 목표설정시 개인특성 및 작업상황에 대한 연구 역시 미흡하다. 예를 들면 스트레스가 많은 작업자에게 난이도가 높은 목표를 부과하면 오히려 성과가 떨어질 수 있다.[61]

4 내재적 동기이론

앞에서 소개한 욕구이론은 기본적으로 인간이 무언가 결핍된 상태에서 이를 충족시키기 위해 내부로부터 행동하고자 하는 마음이 생기는 현상을 다루고 있으며, 인지적 동기이론은 인간이 어떤 상황에 처했을 때 합리적인 사고과정을 통해 행동하고자 하는 마음을 설명한다. 그러나 내재적 동기이론은 결핍과 합리적 사고과정 없이 일에 대해 자신도 모르게 재미를 느껴 빠져드는 현상을 다루고

CASE 3

▶ 한 등산가의 인터뷰 사례[62]

암벽을 오르는 것은 무척 까다로운 고도의 기술을 요하지요. 암벽을 오르면서 조금씩 전진해 갈 때면 주변에서 일어나는 모든 현상에 몰두하게 됩니다. 암벽에 손을 넣어 지탱할 빈틈이 있는지, 그리고 내 몸은 어디쯤에 있는지 등에 혼신의 노력을 쏟노라면 제 자신이 누구인지 아예 의식을 잃어버리죠. 암벽에 제 자신이 녹아 혼연일체를 이룬 것 같은 느낌이 듭니다.

있다. 사례 3은 모티베이션이 극치를 이룰 때 나타나는 몰입의 경지를 말해 주고 있다. 무엇이 인간으로 하여금 이렇게 몰입하게 만들까?

기존의 모티베이션 이론에 새로운 세계를 열어 준 것은 Deci가 실시한 한 실험에서 시작되었다. 그는 1960년대 말 사방 1인치의 정육면체들을 여러 형태로 조합한 퍼즐을 가지고 실험을 하였는데 여기서 발견된 것이 내재적 동기(intrinsic motivation) 현상이다. 즉 인간은 어떤 외적 보상(임금, 칭찬, 승진 등) 없이도 일에 대해 깊이 몰입할 수 있다는 것이다. 일이 흥미로울 때, 이것은 더 이상 일(work)로 느껴지기보다 놀이(play)로 받아들여진다는 것이다.[63]

이후 일이 단순히 재미있을 경우 내재적 동기를 야기시킨다는 다소 막연한 접근에서 나아가 어떤 경우 일이 개인에게 재미를 가져다주는가에 대한 구체적인 원인변수를 찾으려는 노력이 진행되었다.

4.1 직무특성 이론

이 이론은 작업동기를 유발하는 근원이 작업자 개인에게 있다기보다 수행되는 직무의 내용에 있다는 것이다. 즉 직무가 적절하게 설계되어 있다면 이 직무가 개인에게 열심히 일하고자 하는 마음을 생기게 만든다는 것이다. 직무특성 모델(job characteristics model)은 원래 직무의 과도한 전문화가 작업동기를 저하시킨다는 전제하에 직무를 확대(job enrichment)시켰을 때 나타나는 작업동기의 증가를 설명하기 위한 것으로 제시되었다.[64]

그림 4-8의 모델에서는 직무의 내용이 어떤 심리적 상태를 가져와 내재적 모티베이션을 높이게 되는가에 대한 과정을 제시해 준다.

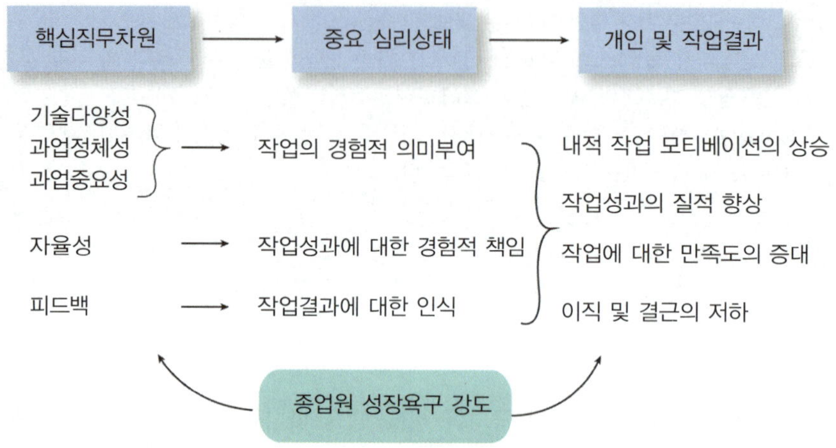

그림 4-8 직무특성 모델

직무내용을 구성하는 것을 핵심직무차원이라고 하며 이것은 아래의 몇 가지로 구성되어 있다.

- **기술다양성**(skill variety)
  직무를 수행하는 데 요구되는 기능종류의 수
- **과업정체성**(task identity)
  작업자가 현재 수행하는 직무에서 최종제품과의 관계를 인식할 수 있는 정도
- **과업중요성**(task significance)
  작업자가 현재 수행하고 있는 직무가 최종제품의 성공적인 완성에 얼마나 중요한 몫인가를 인식하고 있는 정도
- **자율성**(autonomy)
  작업자에게 작업의 일정, 방법 등을 결정하는 데 부여된 자유재량권
- **피드백**(feedback)
  작업자에게 자신이 수행한 작업결과에 대해 직접적이고 분명한 정보를 제공하는 정도

이러한 직무특성들은 작업자에게 몇 가지 심리상태를 야기시키는데 그 내용은 다음과 같다.

- 기술다양성, 과업정체성 그리고 과업중요성은 작업이 의미(meaningfulness)있다는 것을 경험하게 해 준다.
- 자율성은 작업자가 자신의 행동에 따라 작업의 결과가 달라질 수 있기 때문에 이러한 행동에 대해 책임감(responsibility)을 느끼게 해 준다.
- 피드백은 작업결과에 대한 정보를 제공하기 때문에 이 정보가 차후의 행동에 영향을 미치게 된다.
- 이러한 심리적 상태가 작업자 개인의 내재적 동기(intrinsic motivation)를 결정하게 된다.

4.2 내재적 보상이론

내재적 동기가 일어나는 원인을 보상관점에서 접근한 이론이다. 조직에서 구성원에게 제공할 수 있는 보상을 크게 외재적 보상과 내재적 보상으로 구분할 수 있다. Thomas는 바로 이 내재적 보상(intrinsic reward)이 조직구성원에게 내재적 동기를 가져다준다고 주장했다. 내재적 보상은 감정에 기초한 것으로서 그 내용은 그림 4-9와 같다.[65]

그림 4-9에서 제시한 4가지 내재적 보상 중 의미와 성과는 과제의 목표로부터 나오고, 선택과 역량은 과제의 활동으로부터 나온다. 자세히 살펴보면 아래와 같다.

그림 4-9 내재적 보상의 종류

- **의미**(meaningfulness)
  작업자가 하는 일에 대해 "이것은 내가 할 만한 일이다."라고 느끼는 것이다. 즉 자신이 가치있는 일을 하고 있다는 느낌을 가질 때 의미를 지각한다. 이러한 의미는 자신이 하는 일에 중요한 목표가 내재되어 있음을 느끼는 것이다.

- **선택**(choice)
  작업자가 자신이 하는 일에 대해, 자신의 판단을 근거로 수행할 수 있다고 느끼는 것이다. 즉 재량권이 주어져 있는 경우를 말한다.

- **역량**(competence)
  "나는 이 일을 잘할 수 있다."고 느끼는 것으로서 현재 하는 일을 잘 해내고 있다는 느낌을 포함한다.

- **성과**(progress)
  "목표가 달성되고 있다."고 느끼는 것으로서 목표달성을 통한 성취감이 포함된다.

이상에서 제시한 네 가지 내재적 보상은 구성원들을 보다 만족스럽게 하고 조직에 대해서는 헌신과 혁신을 가져다주는 것으로 보고되고 있다.[66]

4.3 인지적 평가이론

Deci에 의하면 내재적 동기는 개인이 가지고 있는 유능감(competence)과 자기결정감(self-determination)에 의해 결정된다.[67] 여기서 유능감은 어떤 일을 잘할 수 있는 역량을 가지고 있다는 믿음이며, 자기결정감은 어떤 일을 할 때 자기가 스스로 결정했다고 느끼는 것을 말한다. 일반 작업상황에서 작업자의 이 두 가지 특성이 많이 충족될수록 내재적 동기가 높아지는 것이다.

그런데 어떤 일이 수행되면 피드백이 주어지는데 여기에는 통제적 기능과 정보적 기능이 존재한다. 예를 들면 팀원이 높은 업적을 올렸을 때 팀장이 "잘 했습니다. 김대리는 이 정도는 해야지요."라고 피드백을 주면 이것은 칭찬임과 동시에 압박감을 주는 것으로 앞으로도 이 정도의 업적을 내야 함을 암시하기

CASE 4

▶ 톰소여 효과[68]

유치원에서 그림 그리기를 자발적으로 즐기고 있는 아이들에게 보상을 받을 때 나타나는 결과가 어떤지를 실험하였다. 아이들은 모두 세 그룹으로 나뉘었다.

첫째 그룹은 '상을 기대하는' 아이들인데 연구자들은 아이의 이름이 새겨지고 파란 리본으로 장식된 '참 잘했어요' 상장을 아이들에게 보여준 다음에 이 상을 받기 위해 그림을 그리고 싶은지를 물었다. 두 번째 그룹은 '상을 기대하지 않은' 그룹인데, 첫 번째 그룹과 같이 아이들에게 그림을 그리고 싶은지 물어보았다. 그리고 아이들이 그림을 다 그리고 난 후에 '참 잘했어요' 상장을 주었다. 세 번째 그룹은 '상을 주지 않는' 그룹이었다. 연구자들은 이 아이들에게도 그림을 그리고 싶은지를 물었으나 처음부터 상장을 보여주지도 않았고, 그림을 그린 후에도 상장을 주지 않았다.

2주일이 지난 후 자유놀이 시간에 교사들이 종이와 사인펜을 나누어준 후에 연구자들은 비밀리에 아이들을 관찰했다. '상을 기대하지 않았던' 두 번째 그룹과 '상을 주지 않는' 세 번째 그룹에 속했던 아이들은 2주일 전의 실험 때와 마찬가지로 여전히 재미있게 그림을 그렸다. 그러나 상을 기대하고 있다가 그림을 그린 후 상을 받았던 첫 번째 그룹에 속했던 아이들은 그림 그리기에 대한 관심이 감소하고 그림 그리는 시간도 줄었다. 톰소여 효과가 작용한 것이다.

때문에 통제적 기능으로 해석된다. 반면에 똑같은 상황에서 "김대리 잘 했습니다. 지난번보다 생산성이 10% 향상되었어요."라는 피드백을 주면, 이것은 구체적인 정보를 제공하는 칭찬이며 김대리의 유능감을 인정하는 정보적 기능이 되겠다. 여기서 피드백이 통제적 기능을 수행하면 내재적 동기수준이 감소하며, 정보적 기능을 수행하면 내재적 동기수준이 높아진다.[69]

톰소여 효과 마크 트웨인의 소설 『톰소여의 모험』에서 주인공이 친구들을 속여 울타리 칠하기 작업을 자기 대신 하도록 꾀를 낸 것에서 유래한 것으로 내재적 동기 유무에 따라 놀이가 일로 바뀌거나 일이 놀이로 바뀌는 것을 뜻한다.

내재적 동기의 지속이라는 관점에서 Deci는 외재적 보상, 즉 임금의 역할을 제시했다. 앞에서 언급한 퍼즐실험에서 내재적 동기가 높아 성과를 높이 보여주는 집단에 외재적 보상인 임금을 투입하였더니 오히려 성과가 떨어진 것이다.

왜 이런 현상이 나타나는지에 대해 Deci는 귀인이론(attribution theory)에서 그 답을 찾는다. 즉 내재적 동기상태에서 열심히 일하고 있는 작업자는 다른 외재적 보상(성과급 등)이 없기 때문에 자기가 열심히 일하는 원인을 직무가 제공하는 재미에서 찾는다. 그런데 여기에 외재적 보상이 투입되면 열심히 일하는 원인이 일의 재미가 아닌 성과급과 같은 외재적 보상이라고 생각하게 된다는 것이다. 겉으로 보기에는 똑같이 일을 열심히 하는 것처럼 보이지만 그 원인은 내재적 동기에서 외재적 동기로 바뀌어버린 것이다. 즉 작업자는 자신이 왜 열심히 일하고 있는가에 대한 귀인을 인지적으로 평가(cognitive evaluation theory)한다는 것이다. 그런데 여기서 중요한 발견은 작업 중 투입했던 외재적 보상을 제거하게 되면 작업자가 과거 가지고 있었던 내재적 동기가 원래 수준으로 회복되지 않는다는 것이다.

외재적 보상의 역할에 대한 많은 후속연구에서도 위와 동일한 결과가 나온 바 있다.[70] 그림 4-10에서는 내재적 보상과 외재적 보상 간의 관계가 제시된다.[71]

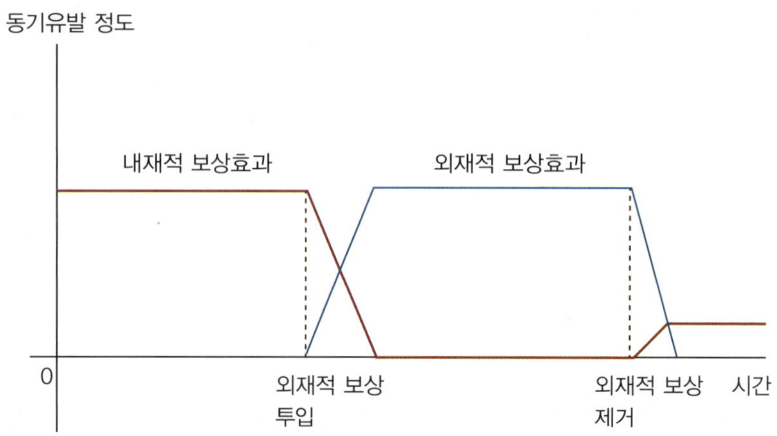

그림 4-10 내재적 동기와 외재적 보상과의 관계

그림 4-10에서와 같이 개인이 내재적으로 동기화되어 있는 상황에서 외재적 보상을 투입하게 되면 내재적 보상의 동기화 수준은 떨어지게 된다. 반면에 외재적 보상의 동기화 효과는 투입 후 증가되지만 어느 시간이 경과한 후 투입했던 외재적 보상을 제거할 경우, 외재적 보상의 효과는 감소한다. 이후 이 작업자에게 원래 존재했던 내재적 보상효과는 약간 증가하지만 원래의 수준으로까지 회복되지 않는다. 이러한 Deci의 연구결과는 기존의 외재적 보상의 만능주의에 대한 새로운 입장을 보여주는 것이다.

내재적 동기이론에 대한 평가는 다음과 같다.

1 이 이론은 한마디로 기존 모티베이션 이론에 비해 매우 가치 있는 새로운

시각을 제시했다.

2 이 이론의 실무에서의 공헌 또한 높이 평가된다. 예를 들면 직무특성 모델에 따른 직무재설계는 성과를 높이는 데 결정적인 역할을 한다.[72]

3 외재적 보상(임금 등)에 대해 기존 연구에서는 일반적으로 동기유발적인 기능을 인정하고 있는 데 반해, 내재적 동기이론에서는 임금이 오히려 모티베이션을 감소시킴을 입증하고 있어 기업조직에 많은 시사점을 제공해 준다.

내재적 동기이론의 한계점은 다음과 같다.

1 내재적 동기의 주된 원인변수가 직무의 특성인데 작업구조상 내재적 동기자체를 기대할 수 없는 경우에 대한 논의가 미흡하다. 예를 들면 주차장 관리직의 경우, 내재적 동기를 높일 수 있도록 직무를 재설계하는 데에는 한계가 있다.

2 모든 작업자가 내재적 동기의 원인변수들인 유능감, 자기결정감에 대한 높은 욕구를 가지고 있느냐 하는 문제이다. 이러한 욕구가 낮은 작업자들에게 어떤 방법으로 내재적 동기를 높일 수 있을 것인가에 대한 논의가 미흡하다.

모티베이션 사례

3M社

3M은 직원들의 동기부여를 위해 경제적, 사회적, 심리적 세 가지 측면에서의 안정과 배려가 중요함을 실천적으로 보여주고 있다. 직원들의 안정적 생활을 위한 급여수준 및 복지 프로그램 개발을 중시함은 물론, 다양한 파티문화의 활성화를 통하여 유쾌하고 끈끈한 직원들 간의 유대관계를 강조한다. 마치 서양의 합리적 기업 풍토에 동양의 가족적인 인간관계를 섞어놓은 듯한 3M만의 독특한 기업문화는 직원들이 "우리는 3M 가족이다"라는 소속감을 느끼도록 하기에 충분하다. 이러한 문화는 직원들의 활발한 해외파견근무와 출장 그리고 낮은 이직률과 함께 회사의 공식적인 조직체계를 뛰어넘고 또한 조직의 기능을 보완하는 글로벌 네트워크를 형성해왔다. 심리적 측면에서의 배려 역시 돋보인다. 세계적인 석학과 유명 과학자들의 심포지엄이나 초청세미나 등이 끊이지 않는 사내 환경은 박사급 연구원들의 지적 욕구를 충족하고도 남으며, 풍부한 연구비 지원과 최고의 대우를 누릴 수 있게 한다. 미니애폴리스 3M 본사에 들어서면 우선 시선을 끄는 것은 한편에 걸려있는 게시판이다. 각종 세미나와 심포지엄 일정이 가득 적혀있는 게시판은 마치 대학을 방불케 한다. 세계 각국의 유명 물리학자나 화학자 초청세미나에서부터 연구원들의 심포지엄에 이르기까지 새로운 연구 발표 일정이 익년 1월 말까지 게시판을 가득 메우고 있다. 그래서 3M은 학자들의 천국으로 불린다. 이곳에 근무하는 박사급 연구원만 1200명, 하루에 연구비로 사용하는 비용만 300만 달러(36억 원)에 이른다. 하루 평균 4.5회의 세미나와 심포지엄이 열린다. 모든 세미나 참석자에게 비즈니스 클래스 항공편과 특급호텔이 제공된다. 이곳에서 근무했던 김영화 HDR 대표는 "3M은 연구원들에게 최상의 대접을 하고, 결과에는 관대하다."고 말한다.

생각해 볼 문제

- 3M은 동기부여를 위해 경제적, 사회적, 심리적 세 가지 측면에서의 안정과 배려를 중시한다고 한다. 국내 기업들의 경우는 어떠한지 생각해 보고, 자신이 알고 있는 국내 기업의 사례를 공유해 보자.

Chapter

5

태 도

ORGANIZATIONAL BEHAVIOR

4장에서 논의한 모티베이션 이론은 행동이 나타나는 심리적 과정인 동태적인 측면을 다룬 반면에 이 장에서 논의할 태도와 다음 장에서 설명할 감정 및 스트레스는 개인의 심리적 현상을 정태적인 관점에서 다룬다. 모티베이션 이론이 인간행동의 인과관계를 분석하는 것인 반면 태도, 감정 및 스트레스 이론은 인간의 행동을 예측하기 위한 심리적 현상으로 이해될 수 있다.

태도이론은 원래 개인행동의 예측 변수로서 심리학에서 연구되어 왔던 주제였으며 조직행동 분야에서 관심을 끌기 시작한 것은 신고전이론 형성의 결정적 요인이 되었던 호손연구로부터이다.[1] 이 연구의 중요한 발견 중의 하나가 바로 작업자의 태도가 생산성에 영향을 끼친다는 것이었다.

태도이론과 더불어 인간의 행동에 영향을 미치는 중요한 심리적인 변수로는 가치관이 있다. 가치관에 대한 연구는 심리학에서뿐만 아니라 문화인류학에서 연구되어 왔으며, 문화인류학에서는 문화를 측정할 수 있는 대안으로서 연구되기 시작했다.[2] 이 장에서는 먼저 가치관에 대한 기본적인 이해를 한 후 태도에 대한 기초 이론과 조직관련 태도 현상을 살펴본다.

1 가치관

가치관(value orientation)이란 어떤 특정한 행동 양식이나 존재 목적에 대해 다른 것보다 개인적 또는 사회적으로 더 바람직하다는 신념을 말한다.[3] 가치관은 개인이 행동을 선택하는 기준이 되며 이것은 어떤 평가 과정을 통해 형성된다.[4] 가치관은 해야 할 행동과 해서는 하지 않아야 할 행동을 구분해주는 기능을 가지고 있다.

가치관의 개념적 특징은 다음과 같다.

- 가치관은 어떤 행동 목적 및 이 목적을 달성하는 데 사용될 도구(instrument)를 결정하는 데 기준이 된다.
- 가치관은 형성되는 데 오랜 기간을 필요로 한다. 개인의 가치관은 그가 사회화 과정을 거치는 동안 형성되며, 한번 형성된 가치관은 일관성과 높은 지속성을 보여준다.
- 가치관은 무엇보다도 일상생활에서 개인이 행동을 결정하는 데 기준으로 작용한다.

1.1 가치관의 유형

가치관의 유형은 여러 기준을 가지고 분류할 수 있지만 대상을 기준으로 아래와 같이 분류할 수 있다.

1) 개인 가치관

개인 가치관(personal values)은 목적 가치(terminal values)와 수단 가치 (instrumental values)로 분류할 수 있다. 목적 가치는 개인이 자신의 인생에 있어서 도달하고자 하는 상태를 말하며 수단 가치는 이러한 목적 가치를 추구하는 데 어떤 방법을 선호하는가를 말한다. 표 5-1은 Rokeach가 제시한 가치들의 목록이다.

2) 집단 가치관

이것은 특정 집단이 추구하는 가치(group values)를 말하는데 집단구성원이 이를 지켜야 할 규범적인 측면을 내포하고 있다. 이 가치들은 집단 내 구성원 간의 상호작용이나 인간관계를 유지하는 데 지침이 된다. 아래에서 몇 가지 예가 제시된다.[5]

- **지원**(support)
  집단 내 타인을 이해하고 격려하고 우호적으로 대해야 함.
- **동조**(conformity)
  집단의 규범을 따라야 함.

표 5-1 목적 가치와 수단 가치 목록

목적 가치	수단 가치
편안한 삶(번영된 삶)	야망 있는(열성과 야망)
흥분시키는 삶(자극적, 활력적인 삶)	넓은 마음의(개방적 자세)
성취감(지속적 공헌)	유능한(능력 있는, 효율적인)
세계 평화(전쟁과 갈등의 배제)	쾌활한(밝은 마음의, 즐거운)
아름다운 세계(자연과 예술의 아름다움)	깔끔한(단정한, 깨끗한)
평등(인류애, 만인에 대한 기회 균등)	용기 있는(자신의 신조를 내세우는)
가족 안전(사랑하는 사람들 돌보기)	용서하는(기꺼이 타인을 용서하는)
자유(독립, 자유 선택)	도움이 되는(타인의 행복을 위해 일하는)
행복(만족)	정직한(솔직한, 진실한)
내적 조화(내적 갈등으로부터의 자유)	상상력이 풍부한(참신한, 창의적인)
성숙한 사랑(성적, 정신적 친밀)	독립적인(자립의, 자급자족의)
국가 안전(공격으로부터 보호)	지적인(영리한, 숙고하는)
즐거움(즐거운, 여유있는 삶)	논리적인(일관된, 합리적인)
구제(보호받는, 외부적 삶)	사랑이 깃든(애정 있는, 다정한)
자기 존중(자긍심)	순종하는(성실한, 공손한)
사회적 안정(존경, 칭찬)	정중한(공손한, 예의바른)
진실한 우정(가까운 우의)	책임있는(의지할 수 있는, 신뢰할 수 있는)
지혜(삶에 대한 성숙한 이해)	자기 통제의(억제된, 자기 규율의)

- **인정**(recognition)
  집단 목표달성에 공헌한 구성원에 대한 인정감을 표시해야 함.

- **독립성**(independence)
  자신의 일에 대해 자신이 의사결정을 하고 실행해야 함.

- **이타적 행동**(altruism)
  집단 내 타인을 돕는 일

- **리더십 발휘**(leadership)
  집단에 어떤 일이 발생하였을 때 스스로 나서서 해결하고 기꺼이 책임을 지는 행동 등

이상에서 제시한 집단 가치에 대해 특정 집단이 어느 정도의 수준을 요구하고 있는가는 집단별로 상이하다.

3) 조직 가치

조직수준에서 추구하는 가치(organization values)는 크게 조직에서 일어나는 사건들에 대한 것과 조직이 추구하는 목적과 관련되는 것으로 구분할 수 있다. 전자는 조직이 구성원들 간의 경쟁을 얼마나 선호하는가 그리고 어떤 의사결정을 할 때 선호하는 위험 부담의 정도 등을 말한다. 반면에 후자는 이윤, 매출액, 시장 점유율, 혁신 그리고 성장에 대해 조직이 얼마나 가치를 두느냐를 말한다.[6]

4) 사회·문화적 가치

사회·문화적 가치는 특정 사회나 문화권에서 수용되는 가치(social-cultural values)에 관한 것인데 예를 들면 아래와 같다.[7]

- 경제적 이념: 자본주의, 사회주의
- 종교적 전통주의
- 사회 불평등에 대한 수용의 정도
- 지역주의
- 전통적 가족주의 등

1

▶ 중국인에게 절대 주면 안 되는 선물이 있다?!

중국인들에게 절대 선물해서는 안 되는 물건이 있다는데, 어떤 것들이 있을까?

먼저, 한국에서는 개업식이나 집들이에 추가 달린 벽걸이나 탁상시계를 많이 선물한다. 하지만 중국에서는 추가 달린 시계를 의미하는 종(鍾)이 마지막이라는 의미의 종(終)과 발음이 같다.

'시계를 선물하다'는 뜻의 '쏭종(送鐘)'은 '장례 치르다'라는 뜻의 '쏭종(送終)'과 그 발음이 같다. 다만, 같은 시계여도 손목시계는 종(鍾)자가 안 들어가기 때문에 선물해도 괜찮다.

한국에서는 기업 홍보용으로 흔하게 선물하는 우산도 중국에서는 금기시되는 선물이다. 중국어로 우산은 산(傘)으로, 이는 '헤어지다, 흩어지다'라는 뜻의 산(散)과 발음이 같다.

중국 사람들은 과일 중에 배도 잘 선물하지 않는다. 중국어로 배는 리(梨)라고 발음하는데 이것이 '헤어지다'를 뜻하는 리(離)와 발음이 같기 때문이다.

또 하나 삼가야 하는 것이 거북이 모양이 들어간 선물이다. 한국에는 거북이가 장수의 상징이라 이를 새긴 물품이 많다. 중국에서는 욕설에 거북이가 많이 등장해, 그런 것을 선물하면 상대를 놀리는 뜻으로 이해된다.

5) 작업 가치

작업 가치(work values)는 기업의 조직구성원이 자신이 일을 함으로써 얻게 되는 보상이나 결과(outcomes)와 이러한 것을 얻기 위해 어떤 방법을 사용할 것인가에 대해 선호하는 신념을 말한다.[8] 일을 함으로써 얻을 수 있는 보상으로는 가족의 부양, 성취감, 자기 존경 그리고 사회적 인정 등이 있겠다. 이러한 보상을 얻기 위한 수단에는 도전적이고, 창의적이고, 스스로 잘 통제하고, 상사를 존중하고 지시를 따라야 하는 것 등이 포함된다. 이러한 작업 가치는 개인에게 작업장에서의 행동 기준을 제시하며 어느 정도 윤리적인 행동을 해야 할 것인가도 제시한다. 예를 들면, 자신이 조직에서 정직하고 타인에게 신뢰를 줄 수 있으며, 타인이 필요할 때 도움을 주어야 하는 것 등이다.

작업 가치는 내재적 가치(intrinsic values)와 외재적 가치(extrinsic values)로도 분류할 수 있다. 내재적 가치는 직무 그 자체에 관련되는 것이며 외재적 가치는 직무를 수행함으로써 얻게 되는 것에 대해 부여하는 정도를 말한다. 표 5-2에서는 이에 대한 내용이 제시된다.

표 5-2 내재적 및 외재적 작업 가치[9]

내재적 작업 가치	외재적 작업 가치
흥미로운 업무	높은 임금
도전적인 과제	고용 보장
새로운 것을 배움	직장 복지
중요한 공헌을 하는 것	조직에서의 지위
업무를 통해 최대한의 잠재능력 획득	사회적 접촉
자율과 책임	가족과 보내는 시간
창의성	여가에 할애하는 시간

이상에서 논의한 가치관은 조직행동 관점에서 볼 때 조직구성원의 태도에 영향을 미치기 때문에 연구의 의미가 있다. 즉 그림 5-1과 같이 하나의 가치관이 특정 태도 혹은 여러 종류의 태도에 영향을 미친다.

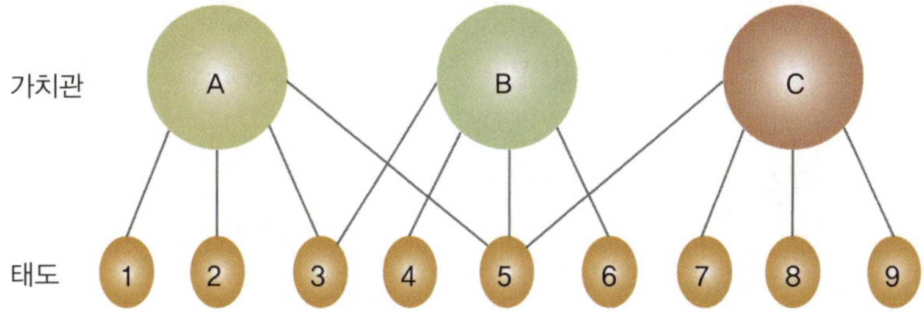

그림 5-1 가치관과 태도의 관계

2 태도의 기초

2.1 개념

태도란 "어떤 대상이나 상황에 대해 비교적 지속적으로 유지되는 신념(belief)으로서 개인반응의 사전적 경향"[10]으로 정의된다. 이러한 정의에 나타난 태도의 개념적 특성은 다음과 같다.

- 태도는 비교적 지속적이다. 즉 태도는 그때그때의 행동에 앞서 발생하며, 특정 상황 속에서 형성되었다가 곧 사라지는 것이 아니라 비교적 지속적으로 개인의 행동에 영향을 미친다.
- 태도란 여러 종류의 신념으로 구성되어 있다. 신념이란 한마디로 어떤 것에 대해 개인이 믿는 것을 말하는데, 이것은 몇 가지로 구분된다. 우선 "나는 내일도 해가 뜰 것으로 생각한다."라는 진위를 주장하는 서술적 신념(descriptive belief)이 있으며, 다음으로 "나는 꽃이 아름답다고 생각한다."라는 호감-비호감을 주장하는 평가적 신념(evaluative belief)이 있으며, 끝으로 "나는 자식은 부모에게 복종해야 한다고 생각한다."라는 당위성을 주장하는 규범적 신념(prescriptive belief)이 있다.
- 태도는 특정 사람, 대상 그리고 상황을 중심으로 형성되어 있다.
- 태도는 욕구와 본능과 같은 선천적인 것과는 달리 후천적으로 습득된 것이다.[11]

태도의 개념에 대해 보다 구체적으로 이해하기 위해 태도의 구성요소를 살펴볼 필요가 있다. 태도는 감정적 요소(affective component), 인지적 요소(cognitive component), 그리고 행동적 요소(behavioral component)로 구성되어 있다.[12]

- **감정적 요소**

  어떤 대상에 대한 감정, 즉 "좋다", "싫다" 아니면 "무관심"을 들 수 있는데 그 감정의 강도는 다양하다. 현재 수행하고 있는 직무에 대해 직무담당자가 "마음에 든다" 등의 감정적인 상태가 이에 해당된다.

- **인지적 요소**
  어떤 사건에 대해 개인이 가지고 있는 신념이 표출되는 것인데 예를 들면 무상보육정책은 바람직하지 않다는 등의 입장을 보여주는 경우가 이에 해당된다.
- **행동적 요소**
  행동에 대한 의도가 포함되어 있는 경우이다. 예를 들면 팀장의 리더십 스타일이 권위주의적이어서 언제 한번 대들고 싶다는 마음을 먹는 경우라든가 혹은 현재 자신이 하는 직무가 마음에 들지 않아 이직의도를 가지고 있는 경우가 이에 해당된다.

위에서 제시한 태도의 구성요소는 서로 독립적으로 작동하기보다 서로 관련되어 나타난다. 예를 들면 팀 내 어떤 구성원이 거짓말을 자주 하는 경우에 그가 점점 싫어지고, 그를 정직하지 않은 사람으로 판단하게 되며, 마침내 그와 점심식사를 같이 하지 않는 등 어울리고 싶지 않는 마음이 생기는 경우이다.

2.2 태도와 행동과의 관계

조직행동에서 태도이론을 다루는 기본전제는 태도가 행동에 영향을 미친다는 것이다. 예를 들면 회사에 만족하는 종업원은 이직을 하지 않을 것이라는 것이다.

La Pierre라는 사회학자의 연구는 태도와 행동 간의 관계가 그렇게 간단한 것만은 아니라는 것을 보여준다. 그는 한 젊은 중국인 부부와 미국전역을 여행하면서 이 외국인 부부가 호텔이나 식당에서 어떻게 대접받는지를 관찰하였다. 그들이 방문한 장소는 251개였으며 이 가운데 중국인 부부를 환대하지 않았던 곳은 딱 한 군데에 불과했다. 여행 6개월 후 그는 그들이 방문했던 251개의 호텔 및 식당에 편지를 보내어 그들이 일반적으로 중국손님이 올 경우 환대할 것인가를 물었다. 응답자 중 93%가 중국손님에 대해 환대하지 않을 것이라는 대답을 하였다.[13] 이러한 연구결과에 대해 다음과 같이 해석할 수 있겠다.

- 태도에는 대상(중국인)에 대한 태도도 있겠지만 상황(고객)에 대한 태도도 존재하는 것이다. 즉 중국인은 싫지만 고객으로서 매출을 올려주게 되면

수용한다는 것이다.

- 태도와 행동 간의 관계에는 규범이 역할을 한다는 것이다. 즉 영업방침이 "고객에 대해 친절하라."라든지 미국 내 사회적 윤리가 "외국인을 차별해서는 아니된다."라는 규범이 종업원의 중국인에 대한 부정적인 태도를 상쇄시킨 것이다.

최근의 한 연구에서는 태도와 행동 간의 관계를 보다 정교하게 분석하고 있다. 그림 5-2의 모델은 태도와 행동 간의 관계에 의도가 매개역할을 하고 있음을 보여준다. 의도가 형성되는 데에는 태도뿐만 아니라 지각된 규범 및 자신의 지각된 행동에 대한 통제력이 영향을 미친다. 이와 관련하여 자동차 회사에서 개인이 파업에 참가하는 과정을 예로 설명하면 다음과 같다. A자동차 회사는 최근 경기가 좋지 않아 품질검사를 아웃소싱으로 대체하려는 방침을 세웠다.

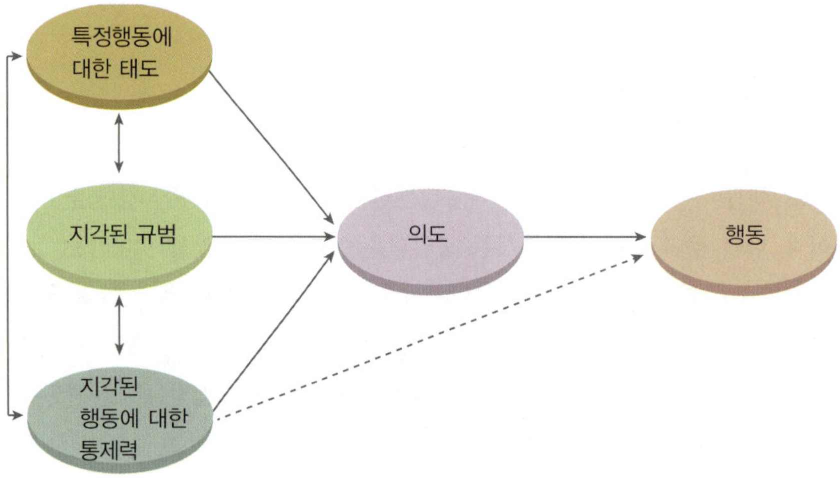

그림 5-2 태도-의도-행동 간의 관계[14]

1) 특정 행동에 대한 태도

품질검사 부서에 근무하는 기술자들은 회사의 이러한 방침이 잘못되었으며 이를 바로잡기 위해서는 파업을 해야 한다고 생각한다. 즉 파업이라는 행동에 대한 긍정적인 태도를 가지고 있다. 이러한 태도는 파업이라는 특정 행동이

유용한지 아닌지에 대한 판단으로 형성되는 것이다.

2) 지각된 규범

특정 행동에 대해 주변에서 받아들일 것인가, 다시 말해 사회적 압력을 말한다. 이 경우 파업에 대해 노조가 적극적인 지지를 보여주기 때문에 지각된 규범이 강하게 형성된다.

3) 지각된 행동에 대한 통제력

특정 행동을 하는 것이 쉬운 일인지 혹은 어려운 일인지에 대한 판단을 하는 것을 말한다. 이를 위해 과거의 경험을 되돌아보거나 앞으로 일어나게 될 사건에 예측되는 장애물이 존재하는지를 검토하게 된다는 것이다.

태도와 행동 간의 관계에 대한 이상의 연구들을 살펴볼 때 다음과 같이 정리할 수 있다.

- 태도와 행동 간의 관계는 기본적으로 존재하지만 태도가 행동으로 연결되는 데에는 다른 요인도 존재한다. 예를 들면 태도는 대상에 대한 것뿐만 아니라 상황에 대한 측면도 고려해야 한다.
- 태도가 행동을 야기시키는 데에는 사회적 규범의 역할이 존재한다.
- 태도가 행동으로 연결되는 데에는 개인이 행동에 대한 통제력을 가지고 있을 때 가능하다.
- 태도와 행동 간의 관계를 단순히 직접적인 관계로 보기보다 그 관계를 중간에 매개하는 역할을 하는 의도가 존재한다는 것이다.

아래에서는 조직에서 성과를 예측할 수 있는 변인으로서의 태도를 다루고자 한다. 성과 관련 태도로서 직무만족, 직무몰입, 조직몰입 그리고 신뢰 등을 살펴본다.

3 직무만족

직무만족(job satisfaction)이 조직행동 이론의 관심을 끌게 된 것은 1920년대에 실시되었던 호손연구로부터다. 당시 연구결과는 기존 이론을 뒤엎는 것이었다. 즉 비경제적인 보상이 작업자의 태도와 작업동기를 결정하는 데 결정적인 역할을 한다는 것이었다.[15] 당시 만족이란 개념이 일정한 대상에 한정되어 이해되었다기보다 막연하게 감정적인 태도나 감정적인 방향을 의미하는 용어로 사용되었다.[16] 직무만족과 직무동기(work motivation)와의 차이를 구별하는 것이 모호했고, 이들 관계를 명확히 구분하지 않고 사용되어 왔다. 즉 직무만족 그 자체를 직무동기로 이해했던 것이다.

직무만족이 성과와 관련된 예측변수로서 주목받은 것은 Herzberg의 2요인 이론에서 이를 검증한 후부터이며, 그 후로 직무만족에 대한 연구가 매우 활발하게 이루어지고 있다.[17]

3.1 직무만족의 개념

직무만족이란 개인이 직무를 평가하거나 직무를 통해서 얻게 되는 경험을 평가함으로써 얻게 되는 유쾌함 혹은 좋은 정서상태를 말한다.[18] 여기서 우선 만족에 대한 개념을 보다 정확하게 인식하는 데에는 아래의 몇 가지 접근들이 있다.

1 개인이 가진 욕구의 충족 정도에 따른 접근

욕구충족 이론(need fulfillment theory)에서는 만족이란 개인이 가지고 있는 욕구가 실제로 어느 정도 충족되었느냐에 따라 그 크기가 결정된다고 본다.[19]
예를 들면 배가 고픈 사람이 밥을 한 그릇 먹어야 배가 부른데 반 그릇만 먹게 되면 만족의 크기는 50%밖에 되지 않는다는 것이다. 이러한 주장은 밥 한 그릇이 가져다주는 만족의 크기를 바로 밥 한 그릇의 크기만으로 보는 것이다. 그러나 밥 한 그릇이 모든 사람에게 같은 크기의 만족을 가져다주는 것은 아니다. 어떤 사람은 밥을 두 그릇은 먹어야 배가 부를 수 있다. 신입사원에게 일괄적으로 연봉 4,000만 원을 주었다고 했을 때 이들의 연봉에 대한 만족도는 모든 신입사원들에게 동일하다는 입장은 잘못된 것이다. 연봉에 대한 만족도는 신입사원마다 다를 수 있다. 왜냐하면 개인마다 자기가 원하는 연봉의 수준이 다를 수 있기 때문이다. 따라서 이 이론은 만족의 정도에 대해 개인차를 고려하지 않았다는 한계를 지닌다.

2 보상의 현실–기대 차이에 따른 접근

성과차이 이론(discrepancy theory)은 만족의 크기가 실제로 얻은 보상과 기대했던 보상 간의 차이에 의해 결정된다는 것이다.[20] 이 이론의 수리적 모델은 그림 5-3과 같다.

$$S = 1 - \left(\frac{|X-V|}{V}\right)$$

S = 만족의 크기
X = 실제로 받은 양
V = 받고 싶어 했던 양

그림 5-3 성과차이 이론의 수리적 모델

그림 5-3의 모델에 의거하여 만족의 크기를 계산하면 다음과 같다. 홍길동 씨가 회사로부터 받고자 하는 연봉이 4,000만 원이었는데 실제 받은 연봉이 3,600만 원일 경우 홍길동 씨의 만족의 크기는 0.9가 된다. 만일 연봉을 3,200만 원 받았다면 만족의 크기는 0.8이 되는 것이다. 그러나 실제로 받은 연봉이 4,400만 원이었을 경우 어떻게 되는가? 위의 모델에 근거한 계산결과는 0.9가 된다. 기대보다 더 많은 보상은 오히려 종업원의 만족을 감소시킨다는 것이다. 쉽게 받아들이기는 어렵다. 이에 대해 Lawler는 이러한 과다보상의 경우 오히려 개인에게 심리적 불편함과 자신의 직무 관련 고용에 대한 불안감이 생겨 만족도가 떨어진다고 하였다.[21]

왜냐하면 자기가 기대했던 연봉 4,000만 원에는 자신의 능력, 직무의 특성 등이 종합적으로 반영된 것인데 비슷한 처지에 있는 동료가 연봉 4,000만 원을 받을 때 자신이 연봉을 4,400만 원 받게 되면 동료에 대한 마음이 불편해지고 혹시 있을지도 모르는 인력을 감축해야 하는 상황에서 연봉이 다른 사람보다 높은 자신이 우선적으로 정리해고 대상이 될 수 있다는 불안감이 생겼기 때문이다.

이 이론은 만족을 인식하는 데 있어서 개인차를 고려했다는 측면에서 앞의 욕구충족 이론보다 그 설명력이 더 우수하다고 볼 수 있다. 그러나 만족을 결정하는 기대치가 어떻게 형성되느냐에 따라 만족의 수준이 달라지기 때문에 개인마다 기대치를 지각하는 근거나 기준이 다르므로, 이 역시 이론의 일반화에 한계가 있을 수 있다.

3 가치관의 구현 정도에 따른 접근

만족은 개인이 생각하는 중요한 직무가치가 직무수행을 통해 구현될 수 있다는 것을 지각할 때 형성되는 것이다.[22] 즉 직무를 통해 자신의 가치관이 구현(value attainment)되는 정도를 만족이라고 보는 것이다. 예를 들면 종업원들이 환경보호에 대한 높은 가치를 가지고 있고 기업은 환경보호를 할 수 있는 제품을 생산한다면, 이때 종업원은 직무를 통해 자신이 추구하는 가치가 실현된다고 믿게 될 것이며, 이를 통해 만족이 느껴지는 것이다.

4 공정성 지각 정도에 따른 접근

만족은 개인이 조직에서 공정하게(fairly) 대우받고 있는 것을 지각하는 정도이다. 즉 만족이란 개인이 조직에서 자신이 조직에 공헌한 것과 받는 것을 타인의 그것과 비교하여 비슷하다고 지각하는 것을 말한다. 즉 모티베이션의 공정성 이론에서 개인이 준거집단과 비교하여 공정성을 지각하는 것을 만족이라고 보는 것이다.

산업조직에서 직무만족을 어떻게 측정하느냐에 대해 크게 두 가지로 구분된다.

- 전반적 직무만족(overall job satisfaction)은 개인이 수행하는 직무상황을 전체적으로 볼 때 가지는 정서적 반응을 말한다.[23]
- 직무단면별 만족(job facet satisfaction)은 직무상황에 존재하는 여러 사건에 대한 개별적인 만족을 측정대상으로 보는 것이다. 직무단면을 구성하고 있는 요소들은 직무 그 자체, 임금, 승진기회, 감독, 동료작업자 등에 대한 개인의 만족을 개별적으로 보아야 한다는 것이다.

표 5-3 전반적 직무만족 문항[24]

• 나는 현재 하고 있는 직무에 대해 대체로 만족하는 편이다. • 나는 거의 매일 나의 일에 대한 열정으로 보낸다. • 내가 일하는 매일매일은 결코 끝날 것 같지 않다. • 나는 진정으로 일 때문에 즐겁다. • 나는 내가 하고 있는 일에 대해 다소 불쾌한 감정이 든다.(역척도)

표 5-4 단면적 직무만족 문항(미네소타 만족 설문지:MSQ) 문항

당신이 현재 맡고 있는 직무에서 다음의 측면에 대하여 얼마나 만족하고 있습니까?

1. 항상 바쁘게 지낼 수 있다.
2. 직무에서 혼자 일할 수 있는 기회가 있다.
3. 때때로 다른 일을 수행할 기회가 있다.
4. 공동체의 한 구성원으로 일할 수 있다.
5. 상사가 부하를 다루는 방식에 만족한다.
6. 의사결정시 상사가 보여준 역량에 만족한다.
7. 양심껏 일할 수 있다.
8. 안정적인 일자리를 보장해 주는 직무이다.
9. 다른 사람들을 위해 일할 수 있는 기회가 있다.
10. 다른 사람에게 무슨 일을 하라고 말할 수 있는 기회가 있다.
11. 나의 능력을 활용하여 일할 수 있는 기회가 있다.
12. 회사 정책이 실행되는 방식에 만족한다.
13. 임금과 현재 하고 있는 업무량에 만족한다.
14. 현 직무는 승진 기회가 있다.
15. 자신의 판단을 사용할 수 있는 자율성과 재량권이 있다.
16. 자신만의 직무수행 방식을 실행할 수 있다.
17. 작업 조건들에 만족한다.
18. 동료들과 상호작용하는 방식에 만족한다.
19. 우수한 직무수행에 대해 인정받는다.
20. 직무로부터 성취감을 가질 수 있다.

보다 자세한 내용은 표 5-5에서 제시된다.[25]

직무만족의 제 단면		구체적 내용
• 작업 그 자체	→	작업의 난이도, 자율성, 피드백, 역할 명확성
• 작업의 양	→	작업시간의 과다, 작업 부하량
• 작업의 물리적 조건	→	작업장 청결도, 작업 조명, 편의 시설
• 동료감독자	→	동료와의 의사소통, 친숙도, 상호 협력
• 보상	→	리더십 스타일(통제/지원, 독재/참여)
• 승진기회	→	승진기회의 공평성
• 조직의 정책이나 관행	→	종업원 참여제도, 이익분배, 조직 비전

표 5-5 직무만족의 단면들

사실 직무만족에 대한 초기연구에서는 전반적 직무만족을 측정하기 위해 직무단면의 제 측면을 물어 그 결과를 평균하는 것이었다. 예를 들면 A는 임금에 대해 만족도가 7이고 작업환경에 대한 만족도가 3이며, B는 임금에 대한 만족도가 3인 반면 작업환경에 대한 만족도가 7인 경우 이 두 사람의 전반적 만족도는 5로 동일하다. 이러한 측정결과가 과연 어떤 의미가 있을까? 생산성을 높이기 위해 종업원의 만족도를 높여야 된다는 것은 전통적인 관리방식의 접근인데 이러한 방식에 의한 종업원의 전반적 만족도 수준에 대한 정보는 그 활용면에서는 상당히 제한적이다. 즉 동일한 수준의 만족도를 가진 개인들의 작업에 대한 반응이 다를 수 있기 때문이다. 따라서 구성원의 만족을 조직관리에 활용하기 위해서는 보다 정교한 분석접근이 있어야 하겠다. 예를 들면 직무단면에 대한 개별적인 만족도와 결과(성과)와의 관계를 살펴보아 개별단면에 대한 가중치를 부여할 수 있겠다.

3.2 직무만족과 성과

"종업원의 직무만족이 높으면 그의 성과가 높다."라는 가정은 조직행동 분야에서 정설로 인정되어 왔다. 호손연구에서 처음으로 생산성에 종업원의 긍정적 태도가 영향을 미친다는 것을 발견한 후, 이 분야에서는 직무만족과 작업동기를 거의 같은 개념으로 취급해 왔던 것이다. 즉 작업동기가 높은 사람일수록 보다 많은 노력을 할 것이고 그 결과 성과가 높아진다는 논리이다.

이와 관련하여 Herzberg는 종업원의 직무만족을 측정하여 이것이 성과와 정(+)의 상관관계가 있음을 입증했다. 그는 종업원의 만족의 원인이 되는 사건들을 모티베이터(motivator)라고 명명한 바 있다. 또한 그는 만족과 불만족을 한 선상에 있는 연속선상의 개념으로 보지 않고 서로 다른 차원의 개념이라고 주장하였다.[26] 직무만족의 반대편 개념으로서 직무만족이 아닌(not satisfied) 상태를 제시하였고 직무불만족의 반대개념을 직무불만족이 아닌(not dissatisfied) 상태로 보았다.

그러나 1960년대에 들어와 직무만족과 성과 간의 당연시되었던 정(+)의 관계에 대하여 반론이 제기되었다. Vroom은 과거 실증적으로 연구되었던 20개의 연구결과들을 정리했는데 여기서 발견한 것이 직무만족과 성과 간의 상관관계계수가 r=+0.86에서 r=−0.31까지 다양하게 나타나 직무만족이 성과를 높인다는 과거 통설에 대해 문제가 제기된 것이다.[27]

이에 대해 이후 제기된 대표적인 주장을 아래에서 살펴본다.

❶ 직무만족이 성과를 가져다주는 것이 아니라 직무성과가 만족을 가져다준다는 주장이다. Porter와 Lawler는 성과가 보상을 통해 만족에 영향을 미친다고 주장했다.[28] 그림 5-4에서는 성과가 내재적 보상 및 외재적 보상을 통해 만족에 영향을 미치는데 여기에는 보상에 대한 공정성 지각이 그 관계를 조절하는 것이다.

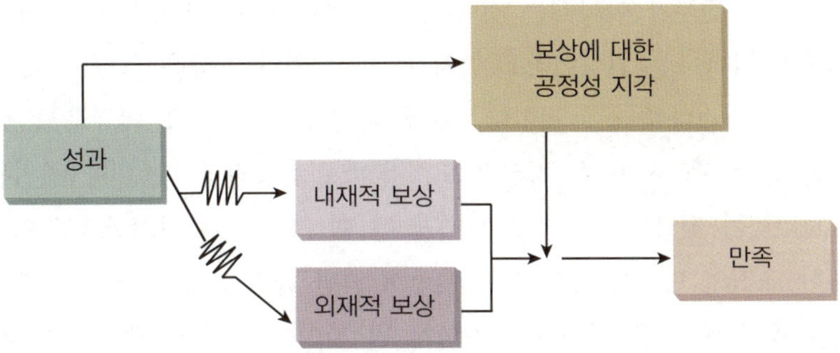

그림 5-4 성과와 만족 간의 관계[29]

❷ 직무만족과 성과 간에는 서로 영향을 주고받는 순환관계가 있다는 것인데 이는 위의 두 주장에 대한 절충적 대안으로 평가된다. Newstrom에 의하면 직무만족과 성과 사이에는 많은 다른 요인들이 존재하며 이것들이 서로 연결되어 그림 5-5에서 보여주는 것처럼 직무만족과 성과 간의 관계를 설명해주는 것이다.[31]

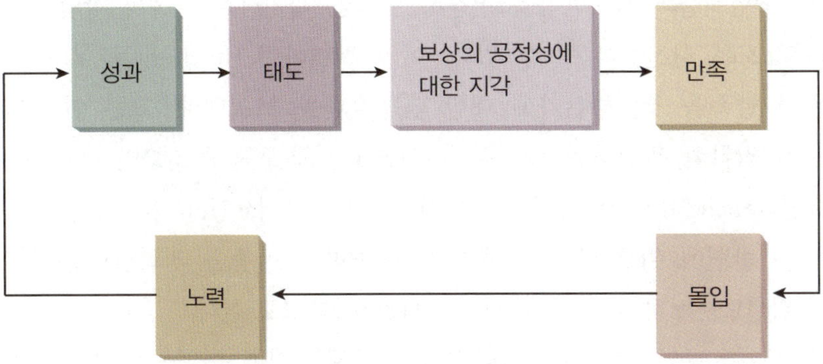

그림 5-5 직무만족과 성과 간의 순환적 관계[30]

그림 5-5에서 보여주듯이 직무만족은 일에 대한 몰입을 가져다주고 이것은 직무노력으로 연결되고 직무노력은 성과에 영향을 미친다. 달성된 성과는 다시 보상을 거쳐 만족으로 연결된다.

직무만족과 성과 간의 관계에 대해 학자들이 여러 이론들을 제시하였음에도 불구하고 기업실무에서는 여전히 직무만족이 높으면 성과가 높아진다고 굳게 믿고 있는 것이 현실이다. 문제의 핵심은 직무만족을 성과에 대한 원인변수로서만 논의하는 것이 전부가 아니라는 것이다. 기업현실에서는 종업원의 만족이 설사 성과 이후에 나타나는 현상이라고 할지라도 종업원의 만족은 그 자체로 조직에 많은 의미를 가져다준다는 것이다. 예를 들면 오늘날 주요 이슈로 등장하는 노동의 질(quality)을 구성하는 결정적 요소가 바로 종업원의 만족이다. 종업원들이 만족하고 나아가 직업상의 행복을 느끼게 될 때 그 기업은 사회적으로 인정받게 되고 또한 조직의 명성이 높아진다. 이렇게 되면 해당 기업은 유능한 종업원을 확보하는 데 훨씬 높은 경쟁력을 가지게 될 것이고 자연스럽게 기업의 사회적 책임을 수행하게 된다.

이상에서 살펴보았듯이 직무만족은 기업의 경쟁력 측면에서뿐만 아니라 사회적 책임을 수행한다는 점에서 매우 의미있는 현상이다. 어쨌든 기업은 종업원들의 만족을 높이는 데 관심을 가지지 않을 수 없다. 아래에서는 이에 대한 해답을 찾기 위해 직무만족을 결정하는 요인들을 살펴본다.

3.3 직무만족의 결정요인

기업 종업원들의 직무만족을 결정하는 요인들은 사실 그들이 작업일상에서 경험하는 모든 사건들이 될 수 있다. 이와 관련하여 Herzberg는 어떤 사건이 종업원의 만족을 결정하는가에 대한 연구결과를 보고했다. 그는 연구결과를 바탕으로 직무와 관련하여 종업원이 추구하는 욕구를 동기요인(motivatior)과 위생요인(hygiene factor)으로 분류하였다. 여기서 동기요인이 충족되면 종업원은 만족하는 반면에 위생요인이 충족되지 못하면 불만족을 경험한다는 것이다. 여기서 위생요인을 유지요인(maintenance factor)이라고도 한다.

Herzberg는 종업원들에게 그들이 직무를 통해 경험한 사건들 중 만족의 원인이 되었던 것과 불만족의 원인이 되었던 것들을 열거하고 개별 사건으로부터 느꼈던

만족 혹은 불만족의 느낌이 얼마나 지속되었는지를 물었는데 그 결과는 그림 5-6과 같다.

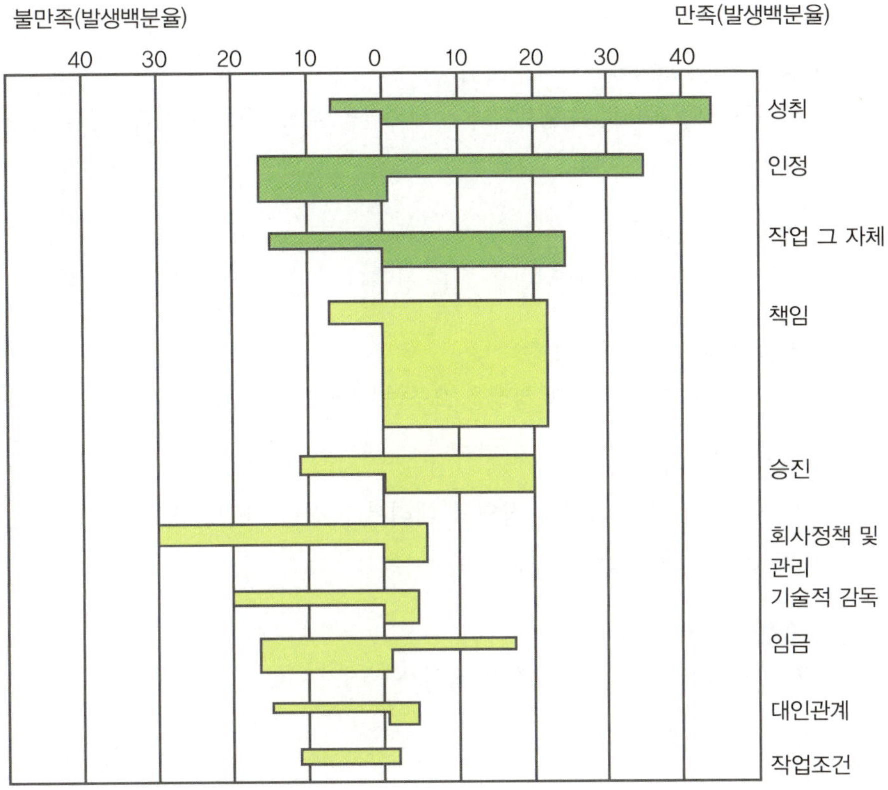

그림 5-6 만족과 불만족의 원인[32]

그림 5-6에 의하면 똑같은 사건이 어떤 종업원에게는 만족을 가져다준 것이 될 수도 있고 동시에 다른 사람에게는 불만족의 원인이 될 수 있는 것이다. 예를 들면 '내가 하던 과업이 완성되어 기분이 좋았다'라고 대답한 설문 응답자는 전체의 41%, '하던 과업이 실패하여 불만족했다'라고 응답한 자는 7%에 불과했다. Herzberg는 어떤 사건이 만족 – 불만족 중 어떤 것에 더 많은 빈도를 보이는가를 기준으로 해당 사건을 표 5-6과 같이 만족요인 혹은 불만족

표 5-6 만족 및 불만족 요인

만족요인	불만족요인
성취 인정 책임 승진	회사의 정책 및 관리 기술적 감독 임금 대인관계 작업조건

요인으로 분류했다.

Herzberg가 분류한 만족과 불만족의 원인이 되는 사건들은 다음과 같다.

만족요인

- **성취**(achievement)
  직무를 성공적으로 수행했거나 문제해결을 위해 좋은 아이디어를 내었을 경우 등

- **인정**(recognition)
  상사로부터 칭찬을 받은 경우 혹은 칭찬이 아닌 비난을 받은 경우 등

- **작업 그 자체**(work itself)
  직무내용이 다양한가, 독창성을 요구하는가 혹은 단조롭고 따분한가 등

- **책임**(responsibility)
  자신의 작업이나 타인의 작업에 대해서 자신이 책임을 맡는 경우 혹은 새로운 책임을 맡는 경우 등

- **승진**(advancement)
  조직 내에서 자신의 지위 혹은 직위가 실질적으로 변화된 경우

불만족 요인

- **회사정책 및 관리**(company policy & administration)
  회사조직이나 경영의 적절성 그리고 인사정책 등

- **기술적 감독**(supervision-technical)
  감독에 있어서의 공평성, 감독자가 책임을 지려고 하는가 그리고 부하에 대한 편애 등

- **임금**(salary)
  임금의 인상, 임금 공정성 등

- **대인관계**(interpersonal relations)
  다른 작업자와의 관계, 상사 및 부하와의 관계 등

- **작업조건**(working conditions)
  작업환경의 물리적 조건, 즉 환기, 조명, 작업도구, 작업공간, 작업량 등

이상에서 살펴본 Herzberg 이론의 특징은 아래와 같다.

- 직무를 수행하는 과정에서 경험하는 작업자의 일련의 사건들 중에 직무만족을 결정하는 것이 있는 반면 직무불만족을 가져다주는 사건들도 있다고 구분하였다.
- 해당 사건들이 직무만족 혹은 직무불만족에 일시적일 뿐만 아니라 장기적으로 영향을 미치는 것이 있다.
- 직무만족을 가져다주는 사건은 Maslow가 제시한 욕구단계 중 대체로 상위욕구(자기 존경 내지 인정욕구)를 충족시키는 것과 관련되는 반면, 직무불만족을 가져다주는 사건은 하위욕구(사회적 욕구, 안전욕구, 생리적 욕구)와 관련된다.
- 작업장에서 생산성에 영향을 미치는 종업원의 태도가 바로 직무만족이라는 것을 발견하였으며, 직무만족을 높이기 위해 조직이 무엇을 해야 하는지를 구체적으로 제시하였다.

Herzberg의 연구는 그 방법론 측면에서 많은 문제를 야기하고 있지만 작업현장에서 종업원의 태도를 직무만족이라는 구체적 측면에서 접근했다는 점이 매우 가치 있게 평가되며 이후 직무만족에 대한 연구가 학계에서 매우 활발하게 진행되는 계기가 되었다. 이후 수행된 연구들의 결과를 요약하면 아래와 같다.[33]

그림 5-7에서 나타난 바와 같이 직무만족에 미치는 영향요인은 매우 광범위하다.

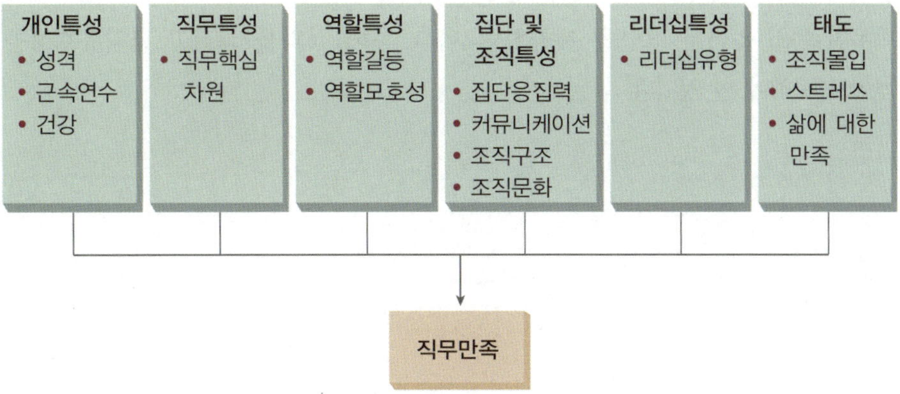

그림 5-7 직무만족의 결정요인

- 개인특성인 성격, 근속연수, 건강상태 등이 직무만족에 영향을 끼친다. 예를 들면 내적통제위치(internal locus of control) 성향을 가진 자, 낙천적인 성격을 가진 자, 근속연수가 오래된 자 그리고 건강한 자가 다른 조건이 동일할 경우 직무만족의 정도가 높다.[34]
- 직무특성으로서 직무의 핵심차원(다양성, 정체성, 중요성, 자율성, 피드백 등)이 작업자에게 긍정적으로 지각될 때 직무만족도가 높다.
- 역할특성으로서 작업자가 역할갈등과 역할 모호성을 낮게 지각할수록 직무만족도가 높다.
- 집단 및 조직특성이 직무만족에 영향을 미친다. 예를 들면 집단응집력이 높거나 집단 내 구성원 간의 커뮤니케이션이 개방적일 때 직무만족도는 높다. 뿐만 아니라 조직이 분권화되어 있거나, 온정적인 조직문화 속에서 일하는 작업자의 직무만족도는 높다.
- 리더십 특징으로서 상사가 행사하는 리더십이 민주적이고 개개인을 배려하고 비전을 제시하고 부하의 역량을 개발하는 데 지원을 많이 할 때 작업자의 직무만족도는 높다.
- 작업자의 조직몰입 및 스트레스 그리고 삶에 대한 만족 정도가 직무만족에 영향을 미친다. 즉 작업자의 조직에 대한 심리적 연대감인 조직몰입이 높을 경우, 스트레스가 낮을 경우 그리고 개인이 삶에 대한 만족도가 높을 경우 직무만족도가 높다.

이상에서 살펴본 직무만족의 결정요인은 조직행동 관점에서 볼 때 조직유효성을 높이는 데 기업실무에서 무엇을 해야 하는지를 보여준다. 즉 기업이 작업자에게 직무만족을 높이는 요인을 제공하여 이를 통해 성과를 그리고 조직유효성을 높이도록 해야 할 것이다.

4 몰 입

작업자의 심리적 감정적 상태가 성과와 깊은 관련이 있다는 것이 밝혀졌으며, 그 대표적인 심리적 상태가 직무만족이라는 것이 주목의 대상이 된 바 있다. 직무만족에 대한 연구가 본격적으로 시작되는 시점인 1960년대부터 학자들은 성과와 관련되는 또 다른 심리적 현상에 관심을 가지기 시작했다. 이것이 바로 종업원이 일이나 조직에 대해 몰입하는 현상이다. 몰입에 대한 개념에 대해서는 학자마다 다양하게 제시하고 있다. 몇 가지 거론되는 개념들은 다음과 같다.

- **직무열의**(job engagement)는 작업자가 일에 대하여 긍정적이고 헌신하고 몰두하는 마음가짐을 말한다.[35]
- **플로어**(flow)는 인간이 행동과정에서 경험하는 느낌으로서, 행동에 필요한 의식적(conscious)인 통제가 거의 없는 상태를 말한다. 즉 사람들이 어떤 활동에 매우 강렬하게 집중하여 다른 일이 일어나는 것을 전혀 지각하지 못하는 심리상태를 말한다.[36] 예를 들면 게임, 예술활동 그리고 과학활동 등에서 개인과 하는 일이 혼연일체가 되어 자신의 존재를 거의 의식하지 못하는 경우이다.
- **직무몰입**(job involvement)은 작업자가 자기가 하는 일에 대해 심리적으로 일체감을 가지고 일과 자신의 존재와 관련하여 가지고 있는 태도를 말한다.
- **조직몰입**(organizational commitment)은 개인이 조직에 대해 보다 긍정적인 느낌을 가지고 조직에 대해 자신이 심리적으로 애착을 가지고 있는 상태를 말한다.

아래에서는 조직행동의 주관심사인 성과와 관련하여 보다 관심을 많이 끌고 있는 변수인 직무몰입과 조직몰입에 대해 살펴본다.

4.1 직무몰입

대개 직무에 몰입되어 있는 종업원은 자기가 수행하는 직무가 매우 높은 동기를 유발하며 도전적이라고 말한다. 따라서 그는 직무에 심리적으로 보다 강한 연대감을 느낄 것이고, 이것이 조직에 대한 태도가 형성되는 데 영향을 미치며 그 결과 조직을 떠나고 싶은 마음이 생기지 않는다. 이러한 종업원은 동료작업자와 좋은 관계를 맺을 것이다.[37]

직무몰입이라는 심리현상에 대한 관심은 사회학에서 시작되었는데 예를 들면 Dubin은 직무몰입을 "일하는 것이 자신의 인생에서 중심적인 관심사라고 느끼는 정도"라고 했다.[38] 또한 Lodahl과 Kejner는 직무몰입을 "개인이 작업상황에서 달성한 성과의 수준이 자신의 자기존중감에 영향을 미치는 정도"라고 정의한 바 있다.[39] 사회학에서는 직무몰입을 일종의 일에 대한 가치관과 유사한 문화적 개념으로 이해했으나 심리학에서는 조직 내에서 발생하는 단순한 직무에 대한 태도로 보았다.[40]

직무몰입이 작업상황에서 어떤 역할을 할 것인가에 대해 아래의 몇 가지를 들 수 있다.[41]

- 직무몰입은 직무행동 및 성과와 높은 관련성을 보여준다. 예를 들면, 직무몰입이 높은 작업자는 작업행동에 더 많은 노력을 투입하여 높은 성과를 낸다.
- 직무몰입이 높은 작업자는 낮은 결근율 및 이직률을 보여준다.
- 직무태도와 관련하여 직무몰입이 높은 작업자는 보다 높은 직무만족도 및 조직몰입도를 보여준다.

직무몰입이 조직에서 성과와 관련하여 중요한 변수임이 밝혀지게 됨에 따라 무엇이 직무몰입을 결정하는지에 대한 관심을 갖게 된다. 원인변수들이 통제 가능할 경우 기업은 이를 개선시켜 직무몰입을 높이려는 정책을 도입할 수 있는 것이다. 직무몰입의 원인변수와 결과변수들이 그림 5-8에서 제시했다.

그림 5-8에서 제시한 것에 대해 통제 가능한 것과 통제 불가능한 것으로 분류하여 설명하면 다음과 같다.

- 사회학에서는 직무몰입을 일종의 사회문화적 가치관인 기독교 노동윤리와 유사하게 보고 있다.[42] 기독교 노동윤리란 서양자본주의의 성공의 핵심가치이고 역사적 산물로 인식되고 있다. 즉 기독교 노동윤리에 대한 가치관이 높은 사람은 보다 높은 직무몰입도를 보여준다. 이러한 관점에서

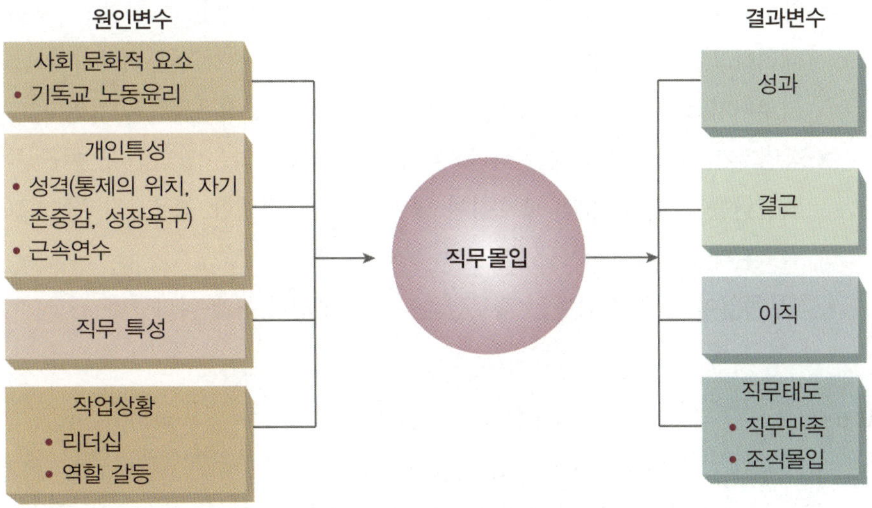

그림 5-8 직무몰입의 원인변수 및 결과변수

보게 되면 직무몰입은 해당 사회에서 오랜 기간 동안 사회화 과정 속에서 형성되기 때문에 기업수준에서 어떻게 단기간에 변화시킨다는 것은 거의 불가능한 것으로 간주된다.

- 직무몰입을 결정하는 또 다른 요인들로서 성격변수인 통제의 위치(locus of control), 자기존중감, 성장욕구 등이 제시된다. 즉 개인의 통제의 위치가 내적(internal locus control)일 경우, 자기존중감(self-esteem)과 성장욕구(growth need strength)가 높은 경우 직무몰입도가 높다.[43] 이상에서 열거한 직무몰입의 원인변수들은 사실상 기업의 통제변수(controllable variable)로 보기가 어렵다. 이런 경우 기업이 할 수 있는 것은 인력선발 때 고려할 수밖에 없다.

그러나 기업이 통제 가능한 결정변수들도 존재한다. 그 내용을 살펴보면,

- 직무특성 모델에서 제시된 바와 같이 직무특성이 작업자에게 긍정적으로 제공될 때 직무몰입은 높게 나타난다. 예를 들면 내재적 동기이론에서 소개했던 직무의 핵심차원이 보다 긍정적으로 설계되어 있을 때, 즉 직무가 제공하는 기술다양성, 과업정체성, 과업중요성, 자율성이 높고 작업결과에 대한 적절한 피드백이 제공될 경우 직무몰입도는 높게 나타난다.

- 양호한 리더십행사가 이루어질 때 직무몰입은 높아진다. 예를 들면, 부하를 배려하고, 의사결정에 부하의 참여 폭을 넓히고, 개방적인 커뮤니케이션이 이루어지고 부하의 성장을 위한 지원 등이 있을 때 직무몰입을 높인다.[45]
- 작업자가 역할을 어떻게 인식하느냐에 따라 직무몰입은 달라진다. 예를 들면 역할갈등 그리고 역할 모호성이 많은 직무를 수행할 경우, 직무몰입도는 감소된다.[46]
- 직무몰입이 높은 작업자는 직무만족과 조직몰입이 높게 나타난다.[47]

표 5-7 **직무몰입의 측정 설문**[44]

- 나는 직무가 나의 존재에 매우 중요하다고 생각한다.
- 나는 나의 직무에 개인적으로 매우 많이 관여되어 있다.
- 나의 개인적 인생목표들의 대부분은 일을 통해 이루어진다.
- 나의 인생에서 일어난 가장 중요한 것들은 일과 관련되어 있다.
- 일생에서 일은 중요하게 여겨져야 한다.
- 사람들이 일에 열중할 때만 인생은 살아갈 가치가 있다.

4.2 조직몰입

조직몰입(organizational commitment)은 조직구성원의 태도변수로서 직무만족 및 직무몰입과 더불어 개인의 성과를 예측하는 데 매우 의미있는 변수이다. 여기서 커미트먼트(commitment)라는 단어의 의미는 자기 자신, 타인, 집단 그리고 조직을 위해 뭔가 행동할 것에 대한 동의를 말한다.[48] 조직몰입이 태도변수로서 관심을 끌기 시작한 것은 March와 Simon이 모티베이션 이론을 전개하면서 개인의 집단에 대한 일체감(identification)을 언급하였고, 이러한 일체감은 집단구성원들에게 집단의 목표가 공유되어 있고 집단구성원 개인의 욕구가 충족되어 있을 때 높아진다고 주장했다.[49]

개인의 집단에 대한 일체감에 관한 논의는 그 범위가 집단에서 조직에 대한 일체감으로 확장되었다. 또한 개인과 조직 간의 관계에서 개인이 조직에 기여한 것과 조직으로부터 받은 것과 비교하여 조직을 떠나는 것보다 조직에 남아 있는 것이 더 유리할 때 개인은 조직에 남으려는 의도를 보여준다고 한다.[50]

태도변수로서의 조직몰입이 단일 개념인가에 대한 논란이 그동안 있어 왔으나

Buchanan은 조직몰입이 아래와 같은 하위요소를 포함한다고 하였다.[51]

- **일체감**(identification)
  조직이 추구하는 가치와 목표를 개인이 받아들이는 것

- **몰입**(involvement)
  개인이 직무역할에 심리적으로 빠져들거나(immersion) 몰두(absorption)하는 것

- **충성심**(loyalty)
  개인이 조직에 대해 애정(affection)이나 애착(attachment)을 가지는 것

Buchanan의 개념을 바탕으로 Allen과 Mayer는 조직몰입을 다차원의 개념으로 보고 아래와 같이 세 가지 하위차원으로 구분하여 제시하였다.[52]

- **정서적 몰입**(affective commitment)이란 조직을 감정적 애착이나 조직에 대한 감정적 유대감의 관점에서 보는 것이다. 이것은 조직구성원이 조직에 대하여 느끼는 심리적인 애착을 말한다. 즉 정서적 몰입이 높은 조직구성원은 조직을 위하여 노력을 아끼지 않는 태도를 가지게 된다.
- **지속적 몰입**(continuance commitment)은 개인이 조직과의 거래를 계속 유지하려는 행동적 성향을 보여주는 것을 말한다. 이것은 계산적이거나 교환적인 판단에 의거한 몰입을 말한다.[53] 이를 또한 거래적 몰입이라고 하는데 거래를 구성하는 것에는 작업에 투입한 시간, 작업수행에 기울인 노력, 조직 내 다른 구성원들과의 관계, 해당 조직에서 습득한 기술 그리고 보상(임금, 연금, 지위 등) 등이다. 이러한 거래적 관계에서 개인은 조직에 남아 있는 것이 떠나는 것보다 더 유리할 때 조직에 남아 있으려는 태도를 가지게 된다.
- **규범적 몰입**(normative commitment)은 개인이 조직에 대해 어떤 의무감을 가질 때 나타난다. 한 개인이 조직에 재직함으로써 얻는 지위나 보상과 관계없이 그 조직에 계속 남아 있는 것이 옳다고 믿거나 남아 있어야 한다는 도덕적인 의무감 때문에 형성된다. 예를 들면 조직의 목표와 개인의 목표가 일치될 때, 개인은 조직에 높은 충성심을 보이며 의무를 수행하는 것이다. 그림 5-9에서는 조직몰입의 하위 구성요소가 제시된다.

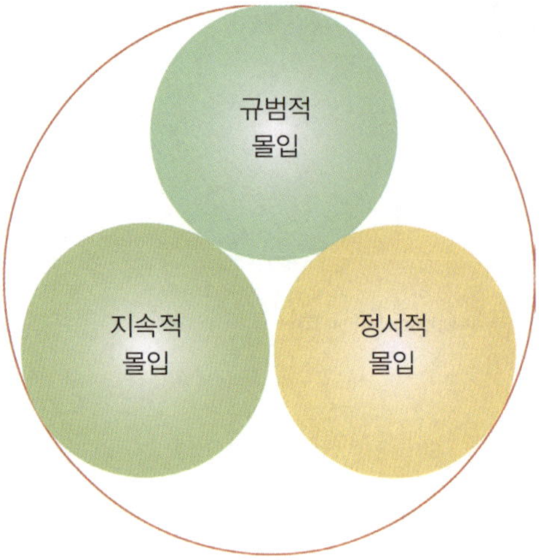

그림 5-9 조직몰입의 구성요소

이상에서 제시한 조직몰입의 하위 구성요소들 간의 관계를 살펴보면 다음과 같다.

정서적 몰입은 개인이 조직과 교환관계에서 이해득실을 따지기보다 순수하게 조직 자체에 대해 정서적으로 애착을 가지고 있는 경우이다. 반면에 지속적 몰입은 개인이 조직과의 관계에서 이해관계의 득실을 따지는 거래적 관계에서 형성되는 것이다.[54] 반면에 규범적 몰입은 개인이 조직에 대한 애착이나 조직과의 거래에 대한 이해득실을 계산하기보다 자신의 조직에 대한 도덕적 의무감에 의해 형성된다는 것이다. 사실 개인이 이러한 규범적 몰입이 낮을지라도, 감정적 몰입이나 지속적 몰입이 높을 수도 있다. 예를 들면 조직이 개인에게 경력개발에 유리한 기회를 제공해줄 경우, 개인은 조직에 대해 어떤 의무감과 관계없이 감정적 몰입을 할 수가 있다.

조직몰입이 조직유효성에 미치는 영향과 원인들이 그림 5-10에 제시된다.

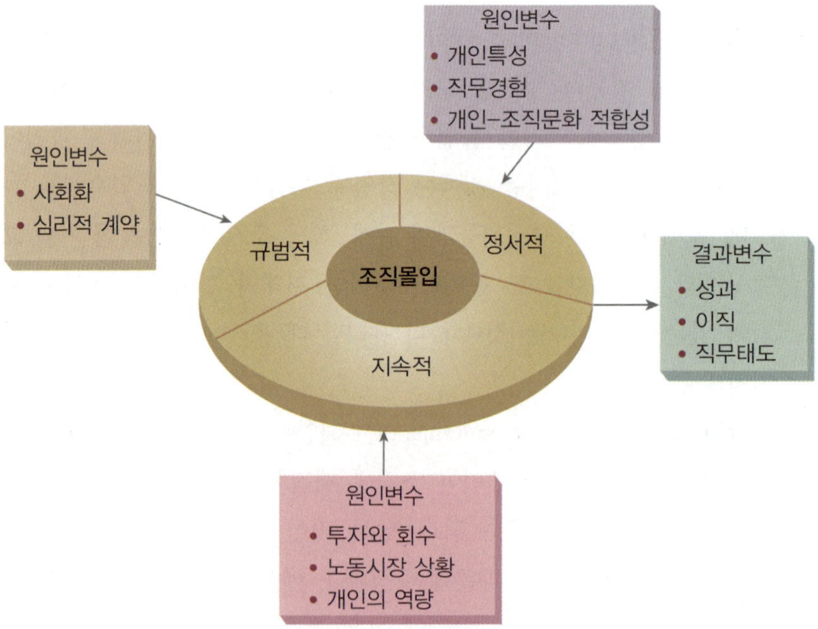

그림 5-10 조직몰입의 원인변수 및 결과변수[55]

그림 5-10에서는 조직몰입의 원인변수들을 조직몰입 하위 구성요소별로 제시하고 조직몰입 결과변수를 제시하고 있다. 조직몰입이 결과변수인 성과, 이직, 그리고 직무만족에 긍정적인 영향을 미친다는 점에 대해 많은 연구에서는 일관된 결과를 보여주고 있다.

- 높은 정서적 조직몰입을 보여주는 종업원은 정서적 몰입이 낮은 종업원보다 더 열심히 일하는 경향을 보여주며, 이러한 노력은 높은 성과로 연결된다.[56]
- 조직몰입이 높은 종업원의 이직이 낮다는 것 또한 밝혀졌는데, Bauer와 Erdogan은 실증연구를 통해 조직몰입이 이직을 예측할 수 있는 결정적인 변수라는 것을 밝힌 바 있다.[57]
- 조직몰입은 직무태도인 직무만족, 직무몰입과는 긍정적인 상관관계를 보여주지만, 스트레스와는 부정적인 상관관계를 보이고 있다.[58]

그림 5-10에서 제시하는 조직몰입을 결정하는 변수들은 다음과 같다.

1. 정서적 몰입은 우선 개인이 직무를 수행함으로써 얻은 경험에 의해 형성된다. 예를 들면, 개인의 조직지원에 대한 지각(perceived organizational support), 조직이 내리는 의사결정(예 연봉결정, 평가제도, 업무절차 등)의 절차공정성에 대한 지각 그리고 개인이 소속해 있는 조직문화에 대한 수용성(personal-culture fit) 등에 의해 결정된다. 예를 들면 개인의 성격이 매우 신중하고 합리적이며 그리고 내성적인 데 반해 자기가 속한 조직이 매우 권위적이고 복종을 강요하는 문화의 경우, 이 조직에 대한 개인의 정서적 몰입의 정도는 낮을 것이다.[59]
2. 지속적 몰입은 무엇보다도 개인이 조직에 투자한 것과 회수 가능성에 대한 계산을 통해 결정된다. 이것은 사이드-벳 이론(side bets theory)으로 설명할 수 있다. 예를 들어 한 사람이 앞으로 지속적으로 잃을지도 모르는 도박에 돈을 거는 경우, 그 사람은 언젠가 한번에 대박이 터질 것이라는 기대로 도박행위에 몰입하게 된다. 이러한 논리를 가지고 종업원이 조직에 남으려는 현상을 설명하는 것이다. 즉 종업원들은 자신들이 조직에 오래 있을수록 조직으로부터 받을 수 있는 보상이 축적된다는 것을 인식하고 자신이 다른 조직으로 이직할 경우 예상되는 미래의 보상을 포기해야 하기 때문에 현재의 조직에 남아 있으려는 태도를 가지게 된다는 것이다. 또한 오랜

기간 동안 작업동료들과 맺은 안정적 유대감 역시 자기가 조직을 떠나면 잃게 된다는 인식이 지속적 몰입을 형성하게 하는 것이다.[60] 뿐만 아니라 현재의 조직에 대한 지속적 몰입은 노동시장의 상황에 의해 결정될 수도 있다. 예를 들면 자신의 조직에 대한 투자와 이에 대한 회수(cost/benefit)의 관계가 불리할지라도 현재 노동시장에서의 실업률이 높을 경우, 현재조직에 대한 지속적 몰입은 그대로 유지될 것이다. 이외에도 개인이 보유하고 있는 직무역량, 즉 노동시장에서 본인의 고용 경쟁력도 지속적 몰입에 영향을 미친다. 본인의 자격수준이나 역량이 높을 경우, 다른 조직으로의 이동에 대해 보다 자신감을 가지게 될 것이고 그 결과 현 조직에 대한 지속적 몰입은 그다지 높지 않을 것이다.

3 규범적 몰입은 조직에 대해 호감을 가지고 있지 않을지라도 그리고 조직에 대한 투자/회수 간의 관계가 불리할지라도 조직에 대해 몰입하는 경우이다. 이것은 개인이 조직에 대해 가지게 되는 도덕적 의무를 중요시 여기는 경우이다. 이러한 도덕적 의무감은 조직에 들어오기 전 사회화과정에서 형성된 가치관 등 사회적 규범에 의해 영향을 받는다. 예를 들면 국가에 충성하는 것이 가치 있는 것이라고 교육을 받아온 사람들은 입사 후 조직에 충성하는 것이 직업윤리 관점에서 당연한 도리라고 생각하게 된다. 또한 개인은 입사할 때 조직이 제공하는 각종 보상(연봉, 승진기회, 고용안정, 교육기회 등)에 대한 반대급부로 조직에 충성해야 한다는 소위 말하는 심리적 계약(psychological contract)을 체결하게 되며 이것을 지켜야 한다는 의무감을 가지게 되는 것이다.[61]

이상에서 분석한 조직몰입의 원인변수들을 조직내부요인들과 조직외부요인들로 구분할 수 있겠다. 조직내부요인으로서 직무경험의 중심이 되는 직무특성, 역할명료성, 조직의 주요 의사결정에 종업원 의견의 반영, 입사 후 구성원들의 사회화를 위한 교육, 보상제도의 공정성 그리고 종업원이 입사할 때 기업이 종업원과 맺은 심리적 계약이 지켜질 수 있는 인사제도의 관리 등을 들 수 있다. 조직몰입이 조직유효성을 높이는 데 매우 중요한 태도이기 때문에 기업은 위의 요인들을 보다 합리적으로 설계, 관리해야 할 것이다.

조직외부요인으로는 종업원의 입사 전 사회화 과정, 노동시장의 특성 그리고 개인특성으로서 성격 등을 들 수 있다. 이러한 요인들은 사실상 조직의 입장에서는 거의 통제불가능한 것이기 때문에 조직구성원을 채용할 때 고려되어야 할 것이다.

표 5-8 조직몰입의 측정 설문지[62]

▶ **정서적 몰입**
- 나는 이 조직의 문제를 나의 문제인 것으로 느낀다.
- 나는 이 조직에 대하여 한가족 같은 느낌을 갖고 있다.
- 나는 이 조직에 대하여 애착을 느끼고 있다.
- 나는 이 조직에 대하여 여러 가지 많은 개인적인 의미를 갖고 있다.
- 나는 이 조직에 대하여 강한 소속감을 갖고 있다.

▶ **지속적 몰입**
- 내가 지금 직장을 그만둔다면 내 인생에서 너무나 많은 것들을 잃게 될 것이다.
- 내가 조직을 떠날 경우 비용이 너무 크기 때문에 조직을 떠날 수 없다.
- 내가 이 조직을 못 떠나는 것은 이 조직에서 누리는 혜택을 다른 조직에서는 얻을 수 없기 때문이다.
- 나는 직장을 떠나기에는 다른 직장 선택의 폭이 너무 좁기 때문에 계속 재직하고 있다.
- 이 조직에 재직하는 이유 중 하나는 회사에서 쌓아온 것을 포기할 수 없기 때문이다.

▶ **규범적 몰입**
- 나는 내가 몸담고 있는 이 조직에 남아야 할 의무감을 느낀다.
- 내게는 비록 이익이 될지라도 지금 몸담고 있는 이 조직을 떠나는 것은 옳지 않다.
- 지금 내가 몸담고 있는 이 조직은 내가 충성을 바칠 곳이다.
- 지금 몸담고 있는 이 조직의 사람들에 대한 의무감 때문이라도 이 조직을 떠나지 않을 것이다.
- 개인적 이익 때문에 회사를 자주 바꾸는 것은 옳지 않다.
- 한 회사에 재직하면서 그 회사에 봉사하는 것이 도덕적으로 옳다고 생각한다.

5 신 뢰

5.1 개념

CASE 2

내가 10년 뒤에 우리 팀장의 모습이 될까 봐 걱정이다. 그는 임원에게 보고할 때 안 좋은 일은 모두 젖혀두고 잘된 것만 보고한다. 실제로 업무추진에서 문제가 되는 것들도 있는데 이러한 것들은 상부로 제대로 보고되지 않는다. 그는 소위 직장에서 힘 있다고 생각되는 임원의 사적인 일까지도 알아서 처리해 주는 열성을 보인다. 그러나 그는 팀에서 회의를 할 때에는 사소한 것까지 간섭하면서 입으로만 임파워먼트(empowerment)를 외쳐된다.

[회사원 A씨의 독백]

위의 사례는 우리나라 대기업의 한 직원이 한 말이다. 미국의 경우도 크게 다르지 않다. 한 조사에 의하면 "경영진을 신뢰하는 종업원은 51%밖에 안 되며, 리더가 정직하고 성실하게 행동한다고 생각하는 종업원은 31%에 불과하다. 또한 지난 12개월간 직장에서 불법적 혹은 비윤리적인 행동—공개될 경우 대중으로부터 심각한 신뢰의 위기를 불러올 수 있는 것—을 목격한 종업원이 76%나 되었다.[63]

위의 조사결과를 보면 오늘날 조직에서 신뢰문제가 매우 심각함을 알 수 있다. 신뢰에 대한 연구는 정치학, 경제학 그리고 사회학 등에서 오래전부터 비교적 활발하게 이루어져 왔다. 특히 신뢰를 사회적 자본으로 보고 그 효용성을 밝힌 연구도 있다. 예를 들면 Knack과 Keefer가 실시한 실증연구에 의하면, 다른 조건이 동일하다면 국가 신뢰지수가 10% 떨어질 경우, 경제성장률은 0.8% 포인트 하락한다는 것이다.[64]

기업조직의 성공요인으로서 물적 자본과 더불어 인간의 지식이나 기술 같은 인적자본을 들게 된다. 그러나 오늘날 관심을 끄는 자본이 바로 사회적 자본인데 이것이 신뢰(trust)이다.

조직행동 분야에서 신뢰는 바로 하나의 사회적 자본으로서 조직 내 구성원 간 활발하고 긍정적인 상호작용을 가능하게 하여 협동시스템을 구축하는 데 필요불가결한 요소이다.

사전적 의미에서의 신뢰란 "어떤 사람의 정직함, 언행일치, 약속의 이행, 거짓이나 위선이 아닐 것이라는 기대 그리고 어떤 일을 제대로 수행할 수 있으리라는 기대"를 말한다.[65] 신뢰는 다른 사람의 태도나 행동을 긍정적으로 생각하고 기꺼이 그들을 믿고자 하는 태도이다. 이러한 신뢰가 가지고 있는 개념적 특징은 아래와 같다.

- 신뢰는 **기대**(expectation)와 관련된 개념으로서 개인이 타인 혹은 집단으로부터 구두나 문서로 작성하여 받은 약속이 지켜질 것이라는 기대이다.[66] 우리가 누군가를 신뢰한다는 것은 그가 우리에게 이익이 되거나 적어도 해로운 행동은 하지 않으리라는 기대감이 높다는 것을 의미한다.[67] 또한 신뢰란 공동체 내에서 구성원들이 보편적인 규범에 기초하여 규칙을 준수하고, 정직하며, 협동적인 행동을 할 것이라는 기대이다.[68]
- 신뢰는 **위험**(risk)과 관련된 개념인데 기본적으로 위험을 감수하는 것으로서 어떤 상황에서 다른 사람으로부터 손해를 볼 가능성이 있지만 그의 말과 행동을 믿고 따르고자 하는 의도이다.[69]

그림 5-11과 같이 신뢰의 유형은 매우 다양하다. 우선 신뢰 대상을 기준으로 살펴보면 대인 신뢰, 팀 신뢰, 조직 신뢰, 사회 신뢰 그리고 국가 신뢰로 구분할 수 있다. 대인 신뢰란 개인이 조직에서 타인을 신뢰하는 것을 말하며, 여기에는 수평적 측면인 동료 신뢰와 상사 신뢰가 있다. 팀 신뢰는 개인이 속해 있는 팀을 얼마나 믿느냐 하는 것이며 조직 신뢰는 개인이 자기가 속한 기업을 신뢰하는 것을 말한다. 사회 신뢰 및 국가 신뢰는 말 그대로 자기가 속해 있는 사회 및 국가를 평가하여 긍정적인 태도와 확신을 가지는 것을 말한다.

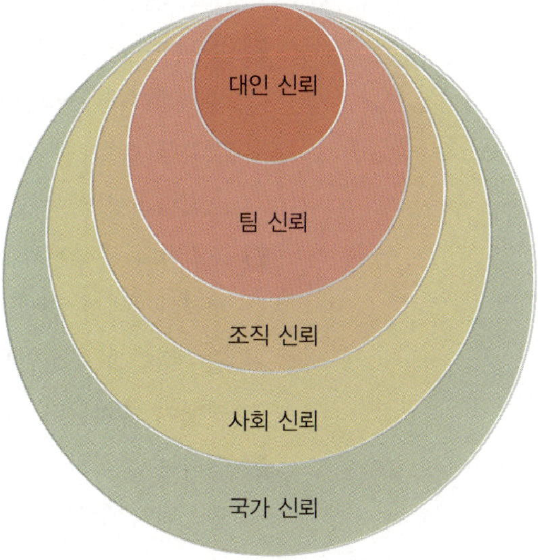

그림 5-11 신뢰의 유형

조직 내의 다양한 신뢰유형들 중 동료에 대한 신뢰는 팀 안에서 협동시스템을 구축하는 데 중요한 역할을 한다. 그러나 수직적 신뢰인 팀을 대표하는 상사(팀장)에 대한 신뢰는 상사의 리더십이 수용되고 부하의 자발적인 노력을 끌어낼 수 있다는 측면에서 더욱 강조된다. 조직에 대한 신뢰는 회사와 구성원 간의 일체감 형성, 경영진에 대한 긍정적 태도를 형성하는 역할을 한다.

5.2 신뢰와 조직유효성

신뢰가 조직에 가져다주는 효익에 대해 아래와 같이 정리할 수 있다.

1. 신뢰는 조직이 높은 성과를 낼 수 있도록 촉진한다.[70] 신뢰관계가 잘 형성되어 있는 조직에서 일하는 사람들은 개방적인 커뮤니케이션을 통한 정보교환이 활발하며 이것이 발생된 문제를 효과적으로 해결하는 데 본질적으로 공헌한다. 또한 불확실하고 복잡한 환경에서 일하는 조직구성원 간 활발한 상호작용과 협동을 도출하는 데에는 상호신뢰가 구축되어 있을 때 매우 효과적이다.[71] 특히 신뢰는 상호작용을 하는 상대방의 행동을 예측할 수 있게 할 뿐만 아니라 나아가 당사자들 간에 믿음을 갖도록 함으로써 집단 내지 조직구성원들의 협동을 촉진한다.[72]
2. 조직 내 신뢰관계가 구축되어 있을 경우, 조직구성원을 감독하는 데 소요되는 비용이 감소된다.[73]
3. 신뢰는 조직구성원 간 일체감을 갖게 해 주어 제반 조직에서 발생한 문제해결에 구성원이 자발적으로 참여하게 한다. 이렇게 함으로써 규정과 절차를 통한 공식적인 조직의 운영체계로부터 보다 유연하고 인간중심적인 조직관리를 가능케 해 준다.[74]
4. 조직변화 관점에서 신뢰는 매우 긍정적인 역할을 한다. 즉, 빠르게 변화하는 경영환경에서 경쟁력을 갖추기 위해서는 조직구조 등 조직 전체의 변화가 필수적인데 구성원들이 조직에 대해 신뢰를 가지고 있을 경우 변화에 대한 저항이 줄어든다.[75]
5. 신뢰는 조직의 안정과 구성원의 행복을 가져다준다.[76] 조직에서 신뢰관계가 형성되어 있지 않으면 구성원들은 불안과 정체성에 대한 자신감을 잃게 되고 결국 해당 조직은 불안정해지며 효율성이 떨어진다.

사실 신뢰는 위에서 제시한 역할 외에도 조직에서 일어나는 대부분의 사건에 긍정적인 결과를 가져다준다.

5.3 신뢰의 형성요인

신뢰의 형성요인은 신뢰 대상에 따라 다를 수 있다. 예를 들면 타인에 대한 신뢰, 팀에 대한 신뢰 그리고 조직에 대한 신뢰 등이다. 팀에 대한 신뢰를 살펴보면 대개 팀장에 대한 신뢰 그리고 팀원에 대한 신뢰이기 때문에 결국 대인관계에 있어서의 신뢰라는 관점에서 볼 수 있다. 또한 조직에 대한 신뢰는 대부분 회사를 대표하는 최고 경영자에 대한 신뢰를 말한다. 물론 회사의 인사제도, 회계제도 그리고 생산기술에 대한 신뢰도 포함되겠지만 아래에서는 대인관계에서의 신뢰형성요인을 중심으로 살펴본다.

대인관계에서 신뢰가 형성되는 데에는 무엇보다도 개인이 가지고 있는 특성이 중요한데, 예를 들면, 능력, 성과, 호의, 성실성, 성과, 그리고 개방성 등을 갖추고 있을 때 타인으로부터 신뢰를 얻을 수 있다.[77]

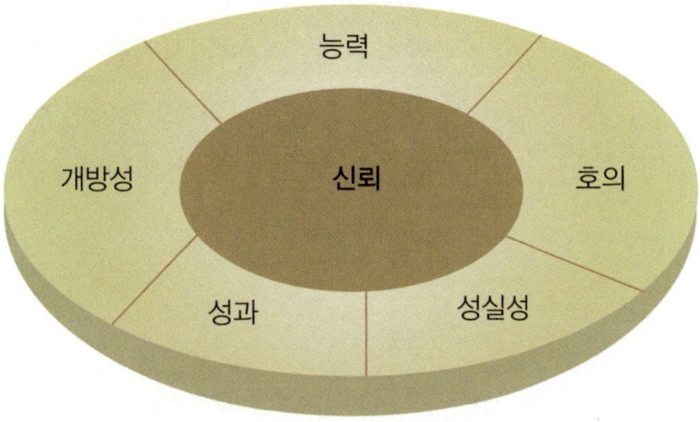

그림 5-12 신뢰형성요인

능력

능력(ability)은 어떤 사람이 특정한 분야에서 영향력을 갖도록 해 주는 기술과 재능의 집합을 의미한다. 능력은 또한 문제해결을 위해 필요한 지식이나 정보처리와 관련된 지식뿐만 아니라 이를 위해 필요한 자원의 동원능력도 포함한다. 이와 유사한 개념으로서 경쟁력, 전문성, 판단력 등도 능력의 범주에 포함시킬 수 있다.[78]

호의

호의(benevolence)는 자기 중심적인 동기에서가 아니라 진심으로 타인에 대해 관심을 가지고 이로운 일을 하기를 원한다고 믿어지는 정도를 말한다. 이는 또한 타인에 대해 특별한 애착이나 친밀감을 가지고 있음을 의미한다. 호의는 소극적인 호의와 적극적인 호의로 구분되는데, 전자는 타인에게 피해를 주는 기회주의적인 행동을 하지 않는 것을 의미하고, 후자는 타인의 이해를 보호하고 배려하는 것이다.[79]

성실성

성실성(conscientiousness)은 타인이 받아들일 수 있다고 보는 원칙들을 자신이 준수하는 정도를 말한다. 이것은 건전한 도덕적 원칙을 가진 상태인 정직성, 가치관 내지 신념과 행동의 일치성 그리고 겸손을 포함한다. 정직성은 진실을 말하는 것은 물론 말뜻을 제대로 전달하는 것도 포함한다.[80] 말과 행동이 일치되지 않으면 그를 사람들은 거짓말쟁이라고 하게 된다. 겸손은 원칙에 충실함을 말하는데, 겸손한 사람은 자신이 옳다고 생각하는 것보다 실제로 옳은 것에 더 관심을 갖는다. 또한 아이디어를 내는 것보다 좋은 아이디어를 실행하는 데 더 관심을 보인다. 뿐만 아니라 과거의 입장을 고집하기보다 새로운 진실을 수용하는 일에 더 관심을 갖는다.[81]

성과

성과(performance)란 어떤 일을 성공적으로 해낸 것을 말한다. 성과는 타인과 신뢰를 구축하고 유지하는 데 영향을 미친다. 예를 들면, 변호사의 경우 자격증을 갖추고 있고 법에 대한 해박한 지식을 가지고 있다고 하더라도 재판에서 승소율이 낮으면 고객은 그를 찾지 않을 것이다. 마찬가지로 기업에서는 일을 해내지 못하는 사람을 신뢰하지 않는다. 성실성과 성과의 차이는 표 5-9에서 발견할 수 있다.

표 5-9 성실성과 성과

활동(성실성)	성 과
• 나는 10명의 고객을 만났다. • 나는 강의를 열심히 했다. • 나는 강의를 들었다. • 나는 다이어트 중이다. • 나는 해 보았다.	• 나는 10건을 계약했다. • 학생들의 지식이 늘었다. • 나는 효과적인 발표법을 배웠다. • 나는 10킬로그램을 감량했다. • "하거나 하지 않았거나 둘 중 하나이지 해 보았다는 것은 없다."

CASE 3

▶ 일치성을 보여준 간디[82]

언젠가 간디는 영국 하원에서 원고도 없이 무려 2시간을 연설해 당시 적대적이었던 청중으로부터 기립박수를 받았다. 그가 연설을 마치자 어떤 기자가 간디의 비서 마하데브 데자이에게 다가가 간디가 어떻게그 토 록 오랫동안 원고 없이 청중을 매료시킬 수 있었는지를 물었다. 데자이는 조용히 대답했다. "간디의 생각, 감정, 말, 행동은 한결같습니다. 그는 원고가 필요하지 않습니다.… 물론 생각, 감정, 말, 행동이 따로따로인 사람은 원고와 기록해야 할 파일이 필요할 것입니다." 간디는 내면적으로도 자신이 신봉하는 원칙과 완전히 일치했다. 그에게는 삶을 지배하는 영원한 원칙에 깊이 박힌 뿌리가 있었던 것이다.

간디는 원칙의 힘에 의존하고 그 원칙과 완전하게 일치하는 삶을 살았고 한 번도 공직이나 공식적인 지위에 오르지 않았음에도 인도와 전 세계에 놀라운 감동과 영감을 주었다.

개방성

개방성(openness)은 타인과 아이디어 및 정보를 공유하는 정도를 말한다. 자기 것을 감추어 두고 다른 사람의 정보만 받으려고 할 때 더 이상 신뢰를 획득할 수 없다. 마음을 열고 타인을 만나는 것은 타인에게 "이 사람은 정말 믿어도 되겠구나."하는 생각을 하게 한다. 이렇게 함으로써 두 사람 사이에 신뢰가 형성된다.

이상에서 제시한 신뢰의 형성요인들 중 어느 하나가 결핍될 경우, 전체적인 신뢰형성에 차질이 생긴다. 예를 들면 성과는 높은데 성실성에 문제가 있을 경우, 그의 상사는 그를 단기적으로는 관대하게 대할 수는 있어도 중장기적으로는 신뢰관계가 유지되기가 어렵다.

태도(몰입) 관련 사례

◉ 품삯을 더 받는 것도 아닌데…

옛날 한 장원의 영주가 산책길에 자신이 고용하고 있는 젊은 정원사가 땀을 흘리면서 부지런히 정원 일을 하는 것을 보았다. 걸음을 멈추고 살펴보니 정원 구석구석을 아주 아름답게 손질하고 있었다. 그뿐 아니라 젊은 정원사는 자기가 관리하는 화분마다 꽃을 조각하는 일에 열중하고 있었다. 이 광경을 목격한 영주는 그 젊은 정원사를 기특하게 여겨 그에게 물었다. "자네가 화분에다 꽃을 조각한다고 해서 품삯을 더 받을 수 있는 것도 아닌데, 어째서 거기에다 그토록 정성을 쏟는가?" 젊은 정원사는 이마에 맺힌 땀방울을 닦으며 이렇게 말했다. "나는 이 정원을 매우 사랑합니다. 내가 맡은 일을 다 하고 나서 시간이 남으면 더 아름답게 만들기 위해 이 나무통으로 된 화분에 꽃을 새겨 넣고 있습니다. 나는 이 일이 한 없이 즐겁습니다." 이 말을 들은 영주는 젊은 정원사가 너무 기특하고 또 손재주도 있는 것 같아 그에게 조각 공부를 시켰다. 이 젊은 정원사가 훗날 이탈리아 르네상스 시대의 최대 조각가요 건축가이며 화가인 미켈란젤로 바로 그였던 것이다.

* 『1%만 바꿔도 인생이 달라진다』, 이민규, 더난출판, 2005에서 인용.

생각해 볼 문제

- 위 글은 중세 유럽의 세계적 거장 미켈란젤로의 젊은 시절 일화이나, 현대에 살고 있는 오늘날의 직장인들에게도 시사하는 바가 크다고 할 수 있다. 조직구성원들의 직무몰입을 이끌어내기 위한 선행적 요건과 몰입의 결과로 기대할 수 있는 것은 무엇인지 생각하여 토론해 보자.

Chapter

6

감정 및 직무 스트레스

1. 감정

2. 직무 스트레스

1 감 정

CASE 1

김팀장은 상사가 조금만 싫은 소리를 해도 못마땅한 마음이 얼굴에 그대로 나타난다. 세계를 제패한 여성 골퍼 선수 박인비는 시합을 할 때 좋을 때나 나쁠 때나 표정 변화가 없다. 우리는 일상에서 크고 작은 사건을 경험하면서 즐거워하기도 하고 화를 내기도 한다.

30대 회사원 이대리의 귀엔 언제나 자신을 험담하는 소리가 윙윙거렸다. 누군가를 만나는 것은 늘 불안했다. 모든 사람이 자신을 손가락질한다는 망상에 사로잡혔다. 결국 병원을 찾은 이대리, 정신과 전문의는 그를 조현병(정신분열증)으로 판정했다.

이상의 사례는 바로 감정과 스트레스에 관한 것이다. 조직에서는 화가 나도 이를 삭이는 경우가 많다. 이것이 쌓이면 스트레스로 발전한다. 조직구성원의 감정과 스트레스는 바로 그의 직무 태도 및 성과와 관련된다. 아래에서는 감정과 행동 간의 관계, 감정노동, 스트레스가 성과 관련 변수에 미치는 영향과 이것의 원인을 살펴본다.

1.1 개념

지금까지 우리는 조직구성원의 심리적인 현상인 성격, 모티베이션, 가치관 및 태도 등을 살펴보았다. 이러한 현상들의 예를 들면, 너무 내성적이라 대인관계에 소극적인 사람, 열정이 넘쳐 일하고자 하는 마음이 강한 사람, 자기가 하는 일에 대해 의미를 부여하고 만족하는 사람, 한번 일을 시작하면 자신도 모르게 그 일에 빠져들어 시간 가는 줄 모르는 사람, 자기가 다니는 회사에 애정을 가지고 있는 사람 그리고 다른 사람에 대해 잘 할 것이라고 믿는 사람(신뢰) 등을 주위에서 볼 수 있다.

이 외에도 구성원에게 또 다른 심리적인 현상이 존재한다. 바로 서비스 업종에서 중요한 이슈가 되는 것이 바로 감정노동인데 고객을 대할 때, 자신의 내면적인 감정을 숨기고 조직에서 요구하는 행동을 보여주어야 하는 것을 들 수 있다. 예를 들면 고객이 말도 안 되는 이유로 억지를 부릴 때, 실제 기분은 좋지 않지만 친절하게 응대해야 한다는 등이다.

어떤 경우에는 운전 중에 다른 차가 차선을 위반하여 나의 주행을 방해했을 때 화를 내며 욕설을 퍼붓는다든지 그래도 화가 풀리지 않으면 규정 속도보다 더 속력을 내어 그 차를 추월해 버려야 직성이 풀리는 경우도 있을 것이다. 조직 일상에서 가끔 일어나는 일들을 보면 팀장이 자신의 상사인 본부장으로부터 심한 질타를 받은 후 팀에 돌아와 팀원들에게 말도 안 되는 이유로 트집을 잡으며 화풀이를 하는 경우도 볼 수 있다. 심지어 팀장은 본부장에게 이치에 맞지 않는 이유로 여러 번 꾸중을 듣게 되면 한번 대들고 싶은 마음이 생기기도 한다. 물론 이런 경우 결국 팀장 자신이 손해를 볼 수 있지만 이를 감수하고 행동하는 경우도 있다. 이러한 행동이 나오게 되는 배경이 바로 감정(emotion)이다.

감정이란 인간에게 어떤 대상(사람, 사건, 사물)에 대해 반작용으로 생겨나는 짧고, 강한 느낌(feeling)으로서 기쁘거나, 슬프거나, 분노하거나 공포를 느끼는 등 매우 다양하다. 반면에 기분(mood)은 감정보다는 약한 느낌으로서 어떤 구체적인 자극이 결여된 것으로 파악된다. 감정은 상사로부터 이유 없는 질책을 받았을 때 생기는 분노처럼 구체적인 대상으로부터 나오지만 기분은 아침에 출근한 후에 별로 일할 맛이 나지 않는 것과 같이 원인이 되는 어떤 대상이 없는 경우에도 일어난다.[1] 그리고 정서(affect)란 감정과 기분을 포괄하는 보다 광범위한 느낌을 말한다.[2]

감정의 요소

감정은 다음과 같은 네 가지 하위 요소로 구성되어 있다.[3]

- '느낌'이라는 요소이다. 즉, 감정은 우리에게 어떤 대상이나 상황에 대해 특정한 방식으로 느끼게 하는 주관적인 느낌인 것이다. 예를 들면 사랑하는 사람과 이별하였을 때 우리는 이별이라는 상황과 대상인 연인에 대해 분노,

후회, 고통 등의 부정적 느낌을 가지게 된다.

- 감정은 자신이 직면하는 상황에 적응하도록 신체를 준비시키거나 에너지를 동원하는 생물학적인 반응이다. 즉, '신체적 각성'이라고 할 수 있다. 슬픔을 느낄 때 신체적 각성이 일어나면 심장 박동수가 감소하고 낮은 에너지 수준을 경험하게 되는 것 등이 바로 '신체적 각성'의 예이다.
- 감정은 이를 극복하거나 아니면 지속하려는 행동을 위한 '목적 의식'이 된다. 슬픔이라는 감정의 경우, 이를 되돌리거나 극복하려는 일련의 행동이 수반된다. 배고픔이 목적을 가지는 것과 같이 감정은 목적을 위한 행동 주체이다. 예를 들면 분노는 적과 싸우거나 불의에 항거하는 것처럼 우리가 그것을 느끼지 않는다면 행동하지 않을 동기적 욕구를 생성한다.
- 감정은 사회적-표현적 현상이다. 우리가 어떤 느낌을 받았을 때 상대방에게 표정, 자세, 음성 등을 통해 복합적으로 전달되는 것이다.

이상의 네 가지 요소들은 감정을 이해하는 데 서로 떨어질 수 없는 관계를 보여준다. 예를 들면, 위협을 느끼면서 스키를 타는 사람은 무서움을 느끼고(느낌), 흥분하고(신체적 각성), 자신의 보호를 강하게 원하고(목적 의식), 눈 모양은 긴장되고 입술은 바짝 당긴 모습(표현)을 보인다.

이와 관련하여 그림 6-1에서는 슬픔이라는 감정의 구성요소가 예로 제시된다.

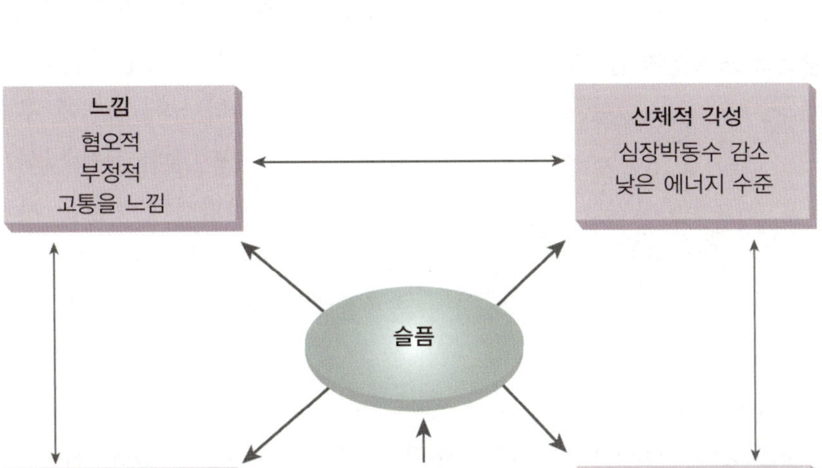

그림 6-1 슬픔의 네 가지 구성요소[4]

감정의 기능

감정은 일상에서 아래와 같은 몇 가지 기능을 수행한다.[5]

- 감정은 에너지를 불어넣어 주고 행동을 유발한다. 예를 들면, 사회 부조리에 대해 느끼는 분노는 이에 대한 반대 시위에 참가하는 행동을 일으키고 이를 위한 생리적, 신체적 자원들을 활성화시킨다.
- 감정은 개인의 일에 대한 적응 상태를 해석하게 해 준다. 예를 들면, 기쁨은 사회적으로 수용된 것이나 목표를 향한 전진을 암시하는 반면, 괴로움은 사회적으로 따돌림을 당하거나 실패를 암시한다.
- 감정은 사회적 기능을 수행한다. 예를 들면 개인은 타인에게 자기의 느낌을 전달하는 일종의 비언어적인 커뮤니케이션의 역할을 한다. 예를 들면 타인과의 관계에서 미소, 화난 얼굴 등을 통해 상호작용을 촉진 혹은 조절한다.

감정의 종류

감정의 종류는 매우 다양하다. 분노, 멸시, 부러움, 좌절, 실망, 사랑, 당황, 혐오, 행복, 증오, 질투, 기쁨, 놀라움 그리고 슬픔 등이 있다. 이러한 감정은 조직행동과 관련하여 긍정적 감정과 부정적 감정으로 분류할 수 있다. 긍정적 감정은 기쁨, 사랑, 행복 등을 들 수 있으며 이것은 바람직한 사건이 발생했을 때 나타난다. 반면에 부정적 감정은 분노, 공포, 슬픔 등을 말하는데 이런 것들은 바람직하지 않은 사건이 일어났을 때 나타난다. 표 6-1은 감정의 종류를 분류하여 제시한 것이다.

표 6-1　감정의 종류 - 긍정적 vs 부정적 감정(예)

긍정적 감정	부정적 감정
• 기쁨 • 사랑 • 행복 • 긍지	• 분노 • 공포 • 슬픔 • 좌절

감정의 강도

감정은 강도(intensity) 측면에서 인식할 수 있다. 간절히 바라왔던 사건, 예를 들면 원하는 기업으로부터 입사 통보를 받았다든지, 몇 개월간 끌었던 프로젝트가 성공적으로 마무리되었을 때 느끼는 기쁨의 강도는 매우 높을 것이며, 이에 비하면 화창한 날 공원을 산책하면서 느끼는 행복감은 상대적으로 강도가 낮을 것이다. 이러한 감정의 강도는 똑같은 사건이 발생했을지라도 사람마다 다를 수 있다.

감정의 지속성

감정의 지속성에 관한 문제는 해당 감정을 유발하는 사건의 강렬함에 따라서도 달라질 수 있다. 이것은 감정의 강도와 비슷하면서도 차이가 있는데, 예를 들면 조직에서 직무의 확대로 자신의 권한 및 책임이 증가되었을 때의 기쁨은 오래 지속되는 반면, 작업 환경 개선(청결함, 소음 등)으로 인한 기쁨은 그리 오래 지속되지 않는다.[6] 그러나 일반적으로 볼 때 형성된 인간의 심리적인 현상 중 성격이 가장 오래 지속되며 그 다음으로는 가치관, 태도, 감정 그리고 기분 순으로 볼 수 있다. 성격은 형성되는 데 오랜 기간이 소요되기 때문에 일단 형성되면 변화가 쉽지 않으며 오래 지속된다. 반면에 기분은 수시로 형성되고 그때그때 쉽게 바뀌는 경향이 있다. 그림 6-2는 심리적 현상을 지속성 관점에서 제시한 것이다.

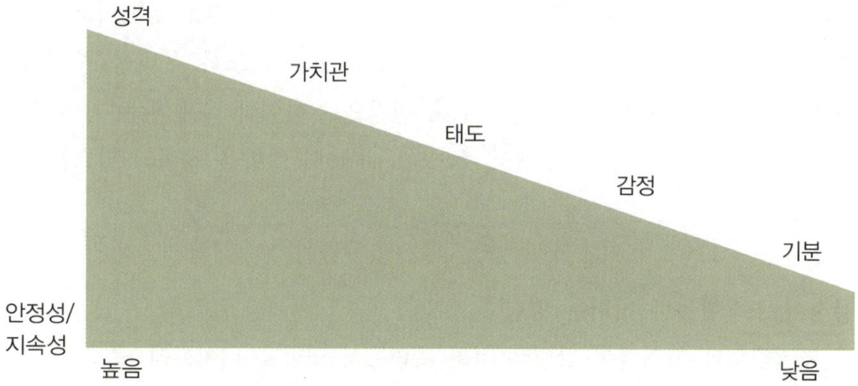

그림 6-2 심리 현상의 지속성

1.2 감정과 행동

감정의 구성요소에서 기술하였듯이 감정은 목적의식에 의해 행동을 유발한다. 일반적으로 감정은 최소한 여덟 가지 별개의 목적들을 제공하며, 보호, 파괴, 번식, 재결합, 관계, 거부, 탐구, 지향(orientation) 등이 이에 해당된다. 표 6-2에는 감정, 자극상황, 행동, 감정의 기능에 대해 제시된다.

표 6-2 감정과 행동의 예[7]

감정	자극상황	행동	기능
공포	위협	달리기, 도망치기	보호
분노	장애	물기, 때리기	파괴
기쁨	잠재적 배우자	구애하기, 짝짓기	번식
슬픔	소중한 사람을 잃음	울면서 도움 요청하기	재결합
수용	집단 구성원	훈련시키기, 공유하기	제휴
혐오	섬뜩한 대상	구토하기, 밀어내기	거부
기대	새로운 영역	조사하기, 지도 만들기	탐색
놀람	갑작스러운 새로운 대상	멈추기, 경계하기	지향

표 6-2에 나타난 바와 같이 감정 중, 예를 들면 공포는 신체 보호를 목적으로 도망치거나 위기를 모면하도록 인간의 행동을 지휘한다. 분노는 본질적으로 파괴적인 행동을 동기화시키지만 그것은 또한 사회적 규범을 집행하도록 하거나 분노를 유발하는 사건들이 발생하기 전에 그것을 막도록 우리를 준비시킨다. 슬픔은 이러한 감정을 감소시키기 위해 인간으로 하여금 울게 만든다. 이와 같이 감정은 개인이 직면하는 환경에서 주의(attention)의 방향을 정하고 필요한 행동을 유발한다.

감정이 조직행동에 미치는 영향

조직행동과 관련하여 감정은 여러 측면에서 영향을 미치는데, 특히 의사결정, 리더십, 대인관계에서의 갈등, 고객서비스 및 일탈 행동 등에 끼치는 감정의 영향력을 발견할 수 있다. 조직행동에 미치는 감정은 크게 긍정적 감정과 부정적 감정으로 나누어 그 영향력이 상이하다.

긍정적 감정은 어떤 일이 성취되었거나 이에 대해 만족했을 때 나타나는데, 이러한 감정을 가지게 되면 스스로 보다 긍정적이 되어 어려운 과업을 성취하고자 하는 마음을 가지게 된다. 또한 긍정적 감정은 창의성을 요하는 과업을 수행하는 데 적합하며, 새로운 아이디어에 대해 보다 개방적인 태도를 이끈다.

부정적인 감정은 개인이 타율적인 작업 상황에 처해 있거나 동료, 고객 등과의 관계에서 불쾌한 상호작용이 발생했을 때 나타난다. 이러한 감정은 갈등을 유발하게 하여 조직 내 따돌림이나 괴롭힘 그리고 일탈 행동 현상을 일으키게 한다. 그러나 경쟁회사의 갑작스런 성공으로 인한 부정적인 감정(분노)은 자신이 속한 회사가 이를 따라잡을 수 있도록 필요한 노력을 조직구성원들로부터 강력히 끌어낼 수 있게 만드는 경우도 있다.

정서적 사건 반응이론(affective events theory)은 조직에서 개인이 경험하는 사건에 대해 사람들마다 느끼는 감정이 다르며 이것이 구성원의 직무 태도 및 성과에 영향을 미치는 것을 보여준다.

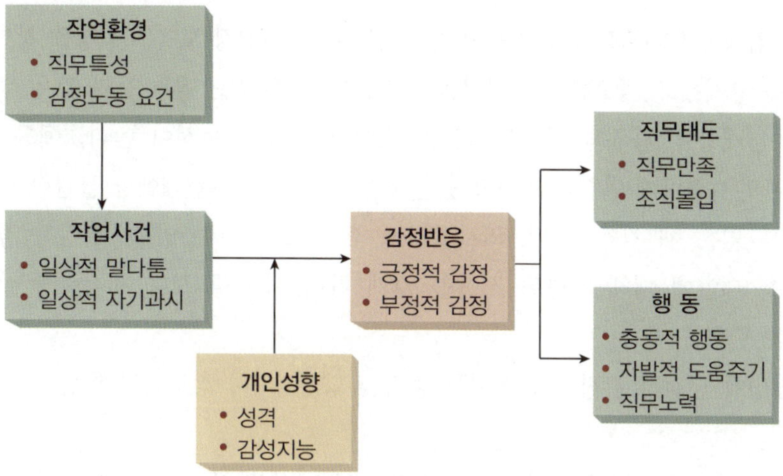

그림 6-3 정서적 사건 반응 모델[8]

그림 6-3에 제시된 모델에 의하면 감정은 개인의 직무환경에서 일어나는 사건에 대한 반응이라고 인식함으로써 형성된다는 것이다. 직무환경은 과업의 다양성, 중요성, 자율성 등과 같은 직무특성, 직무수행에 있어서 과도한 업무 압박과 갈등을 수반하는 직무 요구 그리고 감정노동의 요건 등 직무를 둘러싼 모든 것을 말한다. 이러한 직무환경에 따라 일상적인 작업 생활에 여러 사건들이 발생하며 이것은 구성원 개인의 감정을 형성하게 만든다. 이러한 감정은 크게 긍정적인 것과 부정적인 것으로 구분할 수 있다. 긍정적인 감정은 직무만족 및 조직몰입을 높이며 부정적인 감정은 그 반대 방향으로 영향을 미친다. 또한 긍정적인 감정은 직무노력 및 자발적으로 동료를 도와주는 행동, 즉 조직시민행동의 정도를 높인다.

이러한 사건과 감정의 관계는 개인의 성격이나 감성지능에 의해 조절될 수 있다. 예를 들면 감정적 안정성이 낮은 사람은 부정적인 사건이 발생했을 때 더욱 민감하게 반응하는 경향이 있다. 반면에 감성지능이 높은 사람은 덜 민감하게 반응한다.

자신 및 타인의 감정을 인지하는 능력을 감성지능(emotional intelligence)이라고 하는데 이것은 조직에서 인간관계를 성공적으로 이끈다.[9] 한 연구에 의하면 조직에서 높은 성과를 내는 것은 지능 지수가 아니라 자신 및 타인의 감정을 인지하는 능력과 이를 조절하는 능력, 즉 감성지능이라고 한다.[10] 아래에서는 조직행동의 여러 분야에 감정이 미치는 영향을 간단히 살펴본다.

▪ 감정은 **의사결정**에 영향을 미친다. 합리적 의사결정 모델은 감정을 경시하고 이성을 중시했다. 중요한 의사결정을 할 때 분노, 두려움, 질투 등과 같은 부정적 감정이 개입할 경우에 잘못된 의사결정이 일어날 가능성이 높다. 예를 들어 경쟁사의 대표에게 반감을 가지고 있을 경우 그를 압도하는 데에만 급급한 나머지 이성을 잃은 채 감정적으로 의사결정을 하여 실패할 수 있다. 부정적 감정은 새로운 대안에 대해 제한된 시야를 갖게 하며, 정보를 보다 세심하게 살피지 못하게 한다.

반면에 긍정적 감정은 문제해결 능력을 향상시키며 정보의 통합을 용이하게 한다.[11]

▪ 감정은 **동기부여**에 영향을 미친다. 조직에서 제공하는 각종 보상에 대해 개인이 공정성을 지각하지 못할 경우, 조직에 대해 실망하고 부정적 감정을 가질 것이다. 이것은 직무만족을 감소시키며, 그 결과 모티베이션 수준은 감소할 것이다. 조직과의 교환 관계에서 개인은 반드시 이성적인 계산 방식에 의존하는 것만은 아니다. "아" 다르고 "어" 다르다는 말처럼 개인은 조직의 직무관련 환경에 대해 감정적인 평가를 하는 경우가 많다.

▪ 감정은 **리더십의 효과**에 영향을 미친다. 감정은 표현 방식이며 비언어적 커뮤니케이션의 핵심이 된다. 리더가 이를 얼마나 잘 활용하느냐에 따라 발휘하는 리더십이 성공할 수도 있으며 실패할 수도 있다. 리더가 도전적인 일에 대해 흥분하고 열정적인 기분을 느낄 때 부하도 비슷한 감정을 느끼게 된다.[12] 즉 리더의 감정이 부하의 감정을 긍정적으로 전환시킬 수 있는 것이다. 또한 리더가 조직에 어떤 변화를 시도할 때, 부하들은 대개 변화에 대한 저항을 하는데 상사는 회식 등 비공식 자리에서 변화의 필요성 및 그로 인한 불이익이 없음을 전달하는 등 부하들의 감정을 긍정적으로 전환시킬 수 있다.

▪ 감정은 대인관계에서의 **갈등**과 밀접하게 관련되어 있다. 누구나 갈등이 생기면 감정이 솟아오르는 것을 느낄 것이다.[13] 부정적 감정은 종종 정상적인

인간관계를 훼손시킬 수 있고 갈등 해결을 어렵게 만드는 경우가 많다. 갈등으로 인해 발생한 부정적 감정은 이성적인 접근만으로 해결되지는 않는다.

- 감정은 **고객서비스**의 질에 영향을 미친다. 고객에게 보다 긍정적인 감정으로 대할 경우 그 고객은 해당 제품 및 기업에 대해 보다 긍정적인 평가를 할 것이다. 감정은 고객만족의 수준을 결정하는 데 중요한 요소로 작용한다.[14]

그림 6-4는 감정으로부터 영향을 받는 조직행동의 여러 분야를 제시한 것이다.

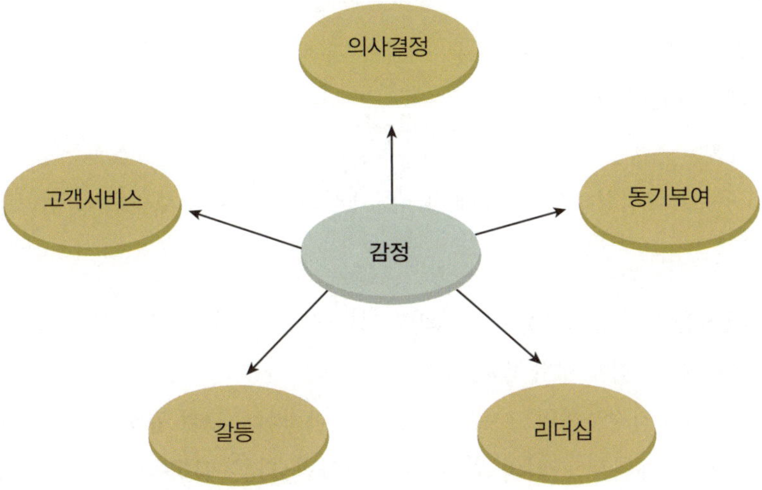

그림 6-4 감정과 조직행동

1.3 감정노동

식당이나 호텔에 종사하는 종업원은 고객에게 자신의 감정을 감추고 친절하게 행동한다. 감정노동(emotion labor)에 대한 이론은 서비스 업종에 종사하는 종업원에게서 흔히 나타나는 것으로 종업원이 고객에 대한 바람직한 행동을 유도하기 위해 자신의 감정을 숨기는 데 착안하여 정립된 것이다. 개인은 효과적으로 직무를 수행하기 위하여 자신이 경험하는 실제 감정 상태와 요구되는 감정의 표현에 차이가 발생할 때, 자신의 감정을 조절하려고 한다. 즉, 자신의 실제 감정을 통제하려는 노력과 조직이 원하는 특정한 감정을 표출하려는 노력을 하게 되는데 이러한 노력을 감정노동이라고 한다.[15] 감정노동은 고객을 상대하는 분야인 서비스 업종, 인사부서, 영업부서에서 주로 많이 나타나며, 연구개발직과 같이 자기의 업무가 고객과 직접 관련되지 않는 경우 상대적으로 거의 발생하지 않는다.

감정노동이 일어나는 직무의 특성은 다음과 같다.[16]

- 고객과 직접적인 상호작용이 존재한다.
- 고객에게서 감사, 긴장 완화, 즐거움 등과 같은 감정적인 반응을 산출하도록 기대된다.
- 조직은 교육, 감독, 보상 또는 처벌을 통해 조직구성원의 감정표현에 대해 통제하려고 한다.

감정노동은 작업상황의 특성에 따라 아래의 네 가지 차원으로 접근할 수 있다.[17]

1. **감정표현의 빈도**: 이것은 고객과의 상호작용을 자주 하면 할수록 조직이 정한 표현 규칙에 보다 많이 순응해야 한다.
2. 요구되는 감정표현의 지속기간 및 강도에 따른 **표현 규칙의 주의성**(attentiveness): 개인은 자신의 원래 감정이 아닌 다른 감정을 오랫동안 표현할수록 그리고 감정이 강하게 표출될수록 개인은 자신의 감정을 관리하는 데 보다 많은 주의를 기울여야만 한다.
3. **감정의 다양성**: 표현되는 감정의 수가 많으면 많을수록 감정노동의 부담 및 이를 통한 피로도는 보다 커진다.
4. **감정 부조화**(emotional dissonance) **현상**: 조직이 원하는 감정과 개인이 느끼는 감정 간에 일치가 되지 않을 때 감정 부조화현상이 나타나며 부조화 정도가 클수록 감정노동의 강도가 높아진다.

감정노동에 종사하는 구성원은 조직이 원하는 감정을 표현하도록 요구된다. 감정표현은 크게 세 가지로 분류된다.[18]

1. **가식적 행동**(surface acting): 조직이 원하는 감정을 표현하기 위하여 자신의 실제 느낌을 억제하거나 숨기는 것을 말한다. 예를 들면 항공기 승무원처럼 기내에서 승객을 대할 때 항상 미소를 보여주어야 하는 경우이다. 이러한 행동은 실제 많은 스트레스를 유발한다.
2. **내면화 행동**(deep acting): 가식적 행동에서 한 단계 더 나아간 것으로서 이러한 가식적 행동을 자신이 원하는 행동으로 인지하려는 것을 말한다. 즉 항공기 승무원의 경우 승객이 좁은 의자에서 장시간의 여행으로 피로하기 때문에 자신의 미소를 공감(sympathy)의 표시라고 생각하여 감정표현을 하는 경우를 말한다. 이러한 행동은 가식적 행동보다 낮은 수준의 스트레스를 유발한다.
3. **진실 행동**(genuine acting): 조직이 원하는 감정에 대해 공감하고 이에 맞는 표현 행동을 하는 경우이다. 이 경우 직무수행시 자신이 원하는 감정을 표현하기 때문에 스트레스를 별도로 유발하지 않아 감정노동의 강도가 가장 낮다.

감정노동의 부정적 결과

감정노동은 개인이 직무수행 중에 느끼는 실제적 감정(felt emotion)은 숨기고 전시적 감정(displayed emotion)을 표현해야 하기 때문에 조직행동 전반에 다음과 같은 부정적인 결과를 가져다준다.[19]

- 감정노동은 구성원을 소외감에 빠지게 하고 그 결과 심리적 웰빙(well-being)을 감소시킨다.
- 감정노동의 강도와 스트레스 간은 정적(+)인 상관관계를 보여준다.
- 감정노동의 강도가 높을수록 직무만족과 자기 자긍심이 낮아진다.
- 감정노동의 강도가 높을수록 직무몰입, 조직몰입 그리고 조직시민행동의 정도가 낮아진다.
- 감정노동은 약물 남용, 알코올 중독, 결근율을 높이게 한다.
- 감정노동은 작업자에게 건강을 해치고 심리적 장애를 유발한다.[20]

감정노동의 부정적 결과를 개선하기 위한 대책

감정노동의 부정적 결과를 개선하기 위해서 조직은 다음과 같은 몇 가지 대책을 강구할 수 있다.

- 감정노동의 부정적 결과의 핵심 원인이 바로 감정 부조화인데, 이에 대해 구성원들이 심리적으로 극복할 수 있는 조직의 지원이 있어야 한다. 예를 들면 심리 상담을 통해 이러한 어려움들을 구성원이 스스로 호소하고 해소하도록 유도한다.
- 감정노동 상황하에서 내면화 행동을 할 수 있는 훈련 프로그램을 제공한다.
- 감정노동에 노출되어 있는 구성원들에게 현실성 있는 수당 지급 등 보상 제도를 개선하고 및 추가적인 휴가 등을 제공하여 심리적인 회복의 기회를 가지도록 지원한다.

2 직무 스트레스

스트레스 이론은 원래 의학에서 주요 연구대상이 되었다. 병원을 찾는 환자의 대부분이 스트레스로 인한 문제로 고생하고 있는 것으로 추정되어 의학 분야에서 전통적인 주 관심사였던 것이다.[21]

현대인들은 여러 가지 원인에서 비롯된 스트레스(stress)를 일상생활에서 경험하고 있다. 불교에서 말하는 백팔번뇌는 바로 현대적 용어로 스트레스를 말하며 모든 질병의 근원이 백팔번뇌라고 설파하고 있다. 이와 관련하여 의학분야에서는 현대인의 질병의 50~75%가 스트레스와 관련된 것이라고 지적하고 있다.[22]

우리나라 기업종업원들이 느끼는 스트레스는 OECD 국가들 중 최고수준이라는 보고도 있다. 그림 6-5에서는 국가별 스트레스 수준을 보여준다.[23]

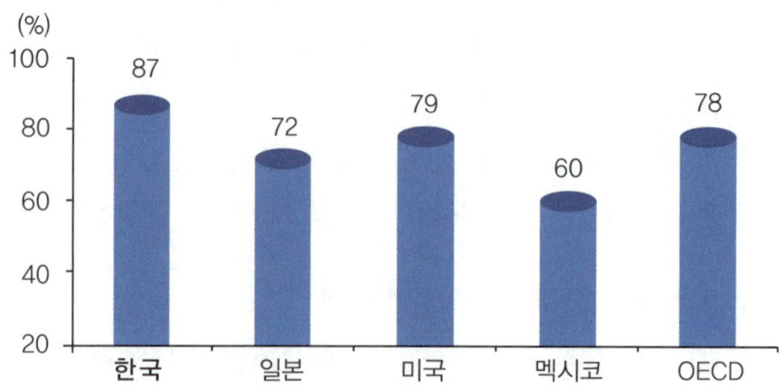

그림 6-5 직무 스트레스를 느끼는 직장인 비중

다른 한 연구에 의하면 우리나라 직장인 중 87.8%가 직무 스트레스로 인해 정신적 무기력증과 소화기 질환 등 육체적 이상을 경험하고 있다.[24] 이러한 스트레스 현상은 바로 구성원의 성과와도 밀접한 관련이 있다. 아래에서는 스트레스를 조직행동적 관점에서 살펴본다.

2.1 개념

스트레스란 라틴어 “stringere”에서 그 어원을 찾을 수 있으며 그 의미는 바짝 잡아끌다(draw tight)를 의미한다. 스트레스는 원래 물리학에서 사용했던 용어였으나, 생리학 및 의학에서 원용하기 시작했다. Cannon은 인간이 스트레스를 받았을 때 생존수단으로 투쟁-도피반응(fight-flight response)과 생리적 균형(homeostasis)상태로 돌아가려고 한다는 것을 의학계에 소개했다.[25] 또한 Selye는 어떤 종류의 스트레스 요인이라도 신체적 반응은 매우 유사하다는 점과 이러한 스트레스 요인이 오랫동안 지속되면 질병으로 발전할 수 있다고 했다.[26]

스트레스는 신체 및 마음에 가해진 어떤 외부적인 자극에 대해 신체 및 마음이 수행하는 일반적이고도 비특징적인 반응을 말한다. 여기서 반응은 신체의 변화(예 땀이 나는 것 등)뿐만 아니라 심리상태의 변화, 즉 긴장상태를 말한다. 인간은 일상생활에서 경험한 사건들로부터 스트레스를 지각한다.

2.2 스트레스의 진행단계

어떤 위급한 사건이 발생하면 우리는 긴급히 반응한다. 예를 들어 불이 나면 그 장소를 빠져나오고, 번개가 치면 건물 속으로 빨리 피신한다. 마찬가지로 스트레스를 받으면 우리의 신체는 세 가지 단계를 거치면서 반응한다. 이러한 반응의 일반적인 패턴을 Selye는 **일반적응증후군**(general adaptation syndrome)이라고 했다.[27]

제1단계 경고반응단계

이것은 스트레스의 강도에 따라 다를 수가 있다. 강력한 스트레스의 경험은 급격한 상황 내지 사건의 부정적인 변화 및 발생으로 나타난다. 예를 들면 정기검진에서 암으로 진단을 받았을 때 나타나는 신체적 반응이다. 경고반응

단계는 충격과 역충격으로 이루어지는데, 충격은 근육이 이완되며, 체온 및 혈압이 떨어지고 식은땀이 난다. 그러나 어느 정도 시간이 지나면 초기의 충격이 진정되면서 몸과 마음을 추스르고 상황에 대처하게 되는데, 이것을 역충격단계라고 한다. 역충격시에는 교감신경이 작동하여 가능한 한 스트레스에 직접적이지 않은 에너지 소비를 억제하고 엔도르핀을 분비하여 통증을 감소시키며 백혈구를 양성하여 면역능력을 증가시킨다.

제2단계 저항단계

이 단계에서는 신체가 스트레스에 대처하게끔 변화된다. 즉 뇌에서 호르몬이 분비되어 스트레스에 대항할 수 있는 신체를 구비하는데 이 단계에서는 스트레스에 대한 저항의 정도가 최고도에 올라 많은 경우에 신체가 스트레스를 상당히 극복하게 된다. 그러나 스트레스 원인이 계속 유지되면 다음 단계로 넘어간다.

제3단계 소진단계

신체가 스트레스에 대처하기 위한 저항능력이 서서히 떨어지는 단계이다. 이 단계에서는 신체의 면역반응은 약화되고 스트레스 자체가 감소하거나 없어지지 않으면 질병에 걸리기 쉽게 된다. 그림 6-6에서는 복수의 스트레스 사건들이 순차적으로 나타났을 때 스트레스의 저항정도와 진행단계가 제시된다.

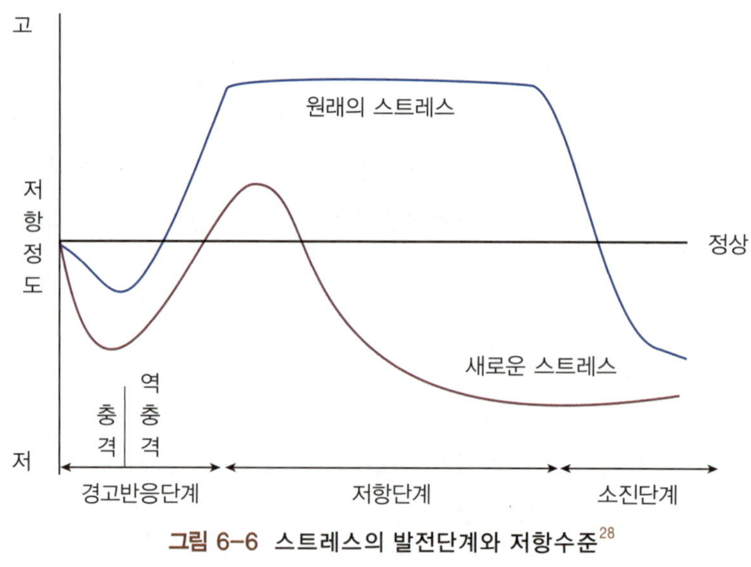

그림 6-6 스트레스의 발전단계와 저항수준[28]

위에서 살펴본 스트레스의 개념과 진행단계를 바탕으로 아래에서는 조직에서 나타나는 구성원의 스트레스 문제를 살펴본다. 아래에서는 조직구성원이 직무수행 등 조직생활에서 발생하는 직무 스트레스가 구체적으로 어떤 성과 관련 변수에 영향을 미치는지 그리고 스트레스가 부정적인 결과를 가져다주는 경우, 그 원인을 규명하고 이러한 원인을 개선하는 방안을 찾아본다.

2.3 직무 스트레스의 결과

조직구성원은 기본적으로 직무수행과 관련하여 스트레스를 경험하게 되는데 이것이 어떤 성과 관련 결과변수에 영향을 미치는지 그리고 스트레스와 결과 간에 역할을 하는 조절변수에 대해 살펴본다. 그림 6-7에서는 이와 관련하여 주요한 변수들이 제시된다.

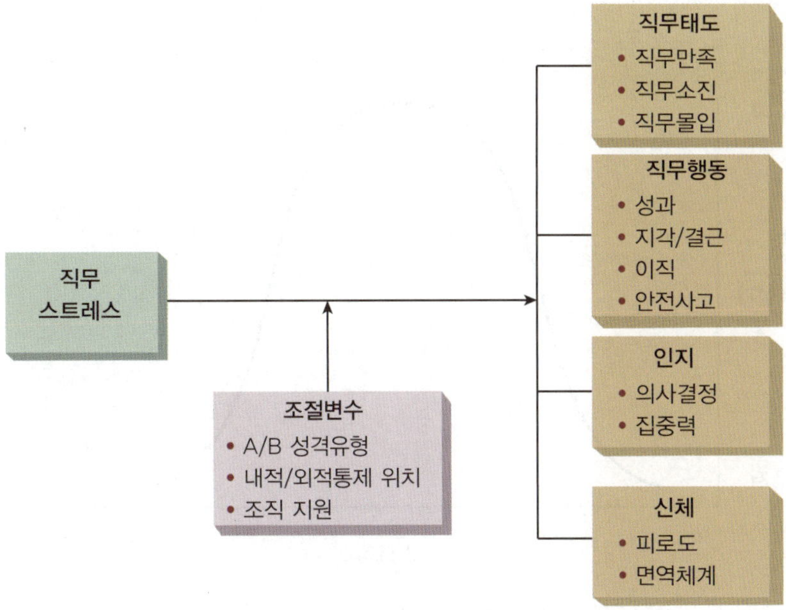

그림 6-7 직무 스트레스의 결과

1) 직무태도

직무 스트레스는 구성원의 직무태도에 부정적인 영향을 미친다. 높은 스트레스는 종업원의 직무 불만족 및 직무소진(job burnout)을 증가시킬 뿐만 아니라 조직에 대한 심리적인 연대감인 조직몰입도를 감소시킨다.[29] 특히 스트레스는 직무소진에 결정적인 영향을 미치는데, 이것은 정서적 고갈(exhaustion), 냉소주의(cynicism) 그리고 무능감(ineffectiveness)으로 구성되어 있다. 여기서 고갈은 과도한 직무부담으로 인해 신체적, 정신적으로 지친 상태를 말하며, 냉소주의는 자신이 하는 일에 대해 소극적인 태도와 대인관계에서 무관심한 태도를 의미한다. 예를 들면 많은 환자를 진료해야 하는 의사는 환자들에게 관심을 보이거나 병의 상태를 자세히 설명하는 대신 기계적 내지 사무적인 진료행위를 하는 경우다.[30] 그리고 무능감은 자신이 하고 있는 직무수행능력에 대한 자신감을 상실하는 것을 말한다.[31]

2) 직무행동

스트레스가 종업원의 행동 및 행동의 결과에 영향을 미친다. 스트레스와 직무성과 간의 관계는 그림 6-8과 같이 역 U 커브를 보여준다.

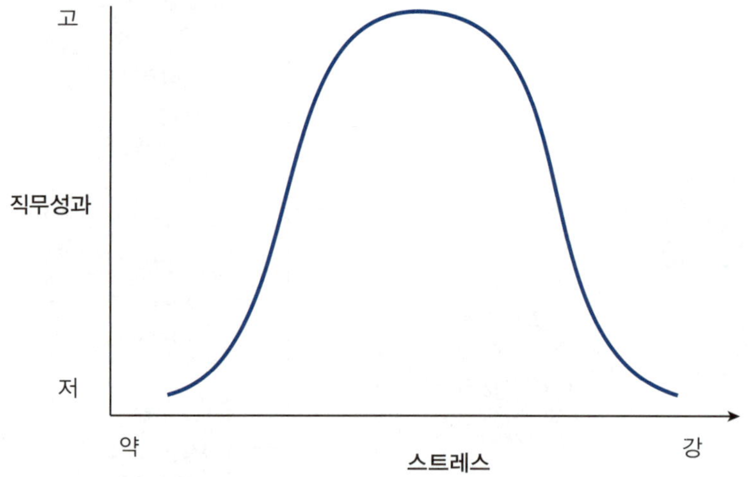

그림 6-8 스트레스와 직무성과[32]

스트레스와 성과 간의 관계는 바이올린의 줄에 비유할 수 있다. 즉, 바이올린을 연주할 때 줄이 너무 느슨하거나 너무 팽팽하면 아름다운 소리를 낼 수 없게 된다. 직무상황에서 스트레스가 너무 많으면, 작업자는 일에 대한 혐오감으로 자신감을 상실하고, 신체적인 피로도 증가 등의 이유로 성과가 감소하게 된다. 반면에 어느 정도의 스트레스는 작업자를 필요한 정도로 긴장하게 만들고, 성취에 대한 동기를 부여하여 성과를 높인다. 그리고 스트레스가 너무 낮을 경우, 작업자는 매너리즘에 빠지고 권태감을 느껴 이것이 성과 감소로 연결되는 것이다.[33]

스트레스는 또한 지각 및 결근율을 높이고 이직을 증가시킨다. 또한 높은 스트레스 상황에서는 일에 대한 몰입도가 떨어져 안전사고의 발생률도 높아진다.[34]

3) 인지적 결과

스트레스는 개인의 인지적 과정에 오류를 가져다준다. 어떤 의사결정에 있어서 충분한 정보수집과 대안에 대한 신중한 평가를 해야 함에도 불구하고, 심리적으로 압박감을 느낄 경우 불량한 의사결정을 할 가능성이 높게 된다.[35] 예를 들면 피자를 배달하는 점원이 배달업무가 과중하여 스트레스를 많이 받을 때, 배달 중 교통사고를 빈번히 낸다. 즉, 스트레스로 인해 교통신호 체계나 보행자에 대한 정보를 제대로 파악하지 못해 사고를 유발하는 것이다.[36]

뿐만 아니라 스트레스는 작업자로 하여금 집중력을 떨어뜨리게 한다. 이 때문에 발생한 문제의 핵심을 파악하는 데 어려움이 있으며, 일의 수행과정에 몰입도가 감소된다.[37]

4) 신체

스트레스는 인간의 신경체계를 변화시켜 아드레날린 등 스트레스 호르몬을 증가시킨다. 이것은 신체적, 인지적 활동량이 증가하는 것을 미리 준비하기 위해 분비되는 것인데, 그 결과 심장박동이 증가하고, 혈압도 높아진다. 이러한 생리적 변화가 초기에는 의사결정과 판단력 그리고 직무수행에 효과가 있지만 신경체계가 만성적으로 과다 활성화될 경우 건강을 해치게 된다. 예를 들면 피로도가 증가되며 두통 등 질병으로 연결된다.[38]

5) A/B 성격유형

인간의 신경세포에는 초조, 근심, 불안을 만들어내는 조바심(anxiety) 물질이 있어서 이것이 많은 사람을 A형, 적은 사람을 B형 성격의 소유자라고 분류한다.[39] 여기서 A형은 인내심이 적고, 언제나 시간적 압박감을 느끼고, 가능하면 빠른 시간 안에 제한된 자원을 획득하기 위해 노력하는 성격을 말한다. A형은 스트레스에 대해 보다 민감한 반응을 보인다. 반면에 B형은 인내심이 많으며 시간의 압박을 상대적으로 적게 느끼며 그리고 경쟁에 대해 둔감한 편이다. B형은 스트레스에 대한 저항력이 강하다. 따라서 똑같은 스트레스 상황에서 스트레스가 그 결과에 미치는 부정적인 영향은 A형의 경우, B형보다 더 크다.[40]

6) 통제의 위치

성격변수로서의 통제의 위치(locus of control) 또한 스트레스와 그 결과 간의 관계를 조절한다. 내적통제위치(internal locus of control) 소지자는 성공이나 성과가 자신의 노력이나 능력에 의해 결정된다고 믿는 반면, 외적통제위치(external locus of control) 소지자는 성공 내지 성과가 자신의 능력과 노력의 결과로 나타나는 것이 아니라 외부나 타인에 그 원인을 돌린다.[41]

자신의 성공을 외적 요인으로 귀인시키는 외적통제자보다는 능력이나 노력 등 내적으로 귀인시키는 내적통제자가 직무 스트레스에 대해 내성이 강하며, 낮은 수준의 직무긴장을 경험하게 된다. 동일한 스트레스 상황에서도 외적통제자보다 내적통제자가 자신의 성공이나 목적을 달성하기 위해서는 스트레스 상황도 통제할 수 있다고 믿기 때문에 스트레스로 인한 긴장이나 결과를 덜 경험하게 된다.[42]

7) 조직지원

조직지원(organizational support) 또한 스트레스와 결과 간의 관계를 조절해 준다. 여기서 조직지원의 의미는 상사 및 동료의 지원을 포함한 개인이 조직에서 받는 지원 전체를 말한다. 예를 들어 동료의 조직시민행동(organizational citizenship behavior), 상사의 개방적 커뮤니케이션, 배려행동을 말하며 또한 조직의 복리후생 제도, 공정한 인사제도 등이 포함된다. 이러한 지원은 조직 밖으로부터 받을 수도 있다. 이를 사회적 지원이라고 하는데 예를 들면, 배우자, 동창, 취미단체 구성원 등으로부터 받는 이러한 지원은 개인에게 심리적으로 보호받고 있다는 느낌을 주기 때문에 스트레스의 부정적인 효과를 완화시켜 준다.[43]

2.4 직무 스트레스의 원인

앞에서 살펴보았듯이 스트레스는 기본적으로 우리의 조직생활에 부정적인 결과를 가져다준다. 스트레스는 인간이 살아있는 동안 피할 수 없는 것인데 스트레스의 원천(stressor)도 매우 다양하다. 우리나라 기업종업원들의 스트레스 원천에 대해 650명을 대상으로 조사한 한 연구에 의하면 "야근이나 휴일근무 같은 초과 업무 발생"이 42%로 1위로 나타났다. 2위는 "상사의 잔소리(32%)"가 꼽혔고, 3위는 "아래 직원이 잘 따라오지 않을 때 또는 무시당할 때(12%)"로 나타났다.[44]

표 6-3에서는 일상생활에서 경험하게 되는 크고 작은 사건들이 어느 정도

표 6-3 **스트레스 강도의 점수화**[45]

인생 사건	인생-변화치
배우자의 죽음	87
가까운 친족의 죽음	79
개인적 부상이나 질병	78
형무소 복역	76
가까운 친족의 부상이나 질병	72
저당물의 권리 상실이나 대부	71
이혼	71
범죄의 희생자가 됨	70
경찰의 만행의 희생자가 됨	69
배우자의 부정	69
가정 내 폭력, 성적학대를 경험	69
혼인상의 별거나 재결합	66
해고	64
재정적인 어려움	62
가까운 친구의 죽음	61
재난에서 살아남음	59
배우자 없이 혼자 아이를 키우게 됨	59
연장자나 아픈 사람의 책임을 떠맡게 됨	56
보험 등에서 큰 손실을 봄	56
가까운 사람이 법적위반으로 체포됨	56
자녀양육비/양육권/면접권에 대한 의견충돌	53
자동차 사고를 경험함	53
업무와 관련해 훈련받거나 강등 당함	53
원하지 않는 임신	52
자식이 집을 떠남	50
자식의 학업적, 행동적 문제	49
고용차별이나 성적학대를 경험	48
개인의 충동적인 습관을 고치려는 시도	47
가까운 사람의 충동적인 습관이나 행동을 발견하거나 수정하고자 함	46
사업의 재조정	45
불임이나 유산을 경험	44
결혼이나 재혼	43
커리어나 고용주가 바뀜	43
융자를 얻는 자격심사 등에 실패	42
본인이나 배우자의 임신	41
업무 외의 차별이나 학대를 경험	39
석방	39
부인이 직장에서 나가거나 그만둠	38
동료나 상사와의 의견 충돌	37
거주지의 변화	35
아이를 맡길 적당한 곳을 찾음	34
예기치 못하게 금전적으로 크게 얻게 됨	33
이직이나 승진	33
업무 분담의 변화	32
아이가 집을 떠남	30
주택 대출을 하게 됨	30
주택 대출 외에 대출을 하게 됨	30
은퇴	28
정식 교육을 시작하거나 중단함	26
사소한 법의 위반	22

300포인트 이상: 스트레스로 인해 건강상 문제가 발생할 확률이 75% 정도
155-299포인트: 스트레스로 인해 건강상의 문제가 발생할 확률이 50% 정도
150포인트 이상: 스트레스로 인해 건강상의 문제가 발생하지 않을 가능성이 큼

스트레스 강도를 결정해 주는지 밝히고 있다. 개별사건들에 대한 스트레스의 강도를 지수화한 사례가 제시된다. 일상생활에서 가장 높은 강도의 스트레스를 가져다주는 사건은 배우자의 사망(87점), 이혼(71점), 해고(64점) 등이다.

조직행동 분야에서의 관심은 앞에서 살펴보았던 직무 스트레스가 조직에 부정적인 영향을 미치기 때문에 그 원인을 밝혀 이를 개선하는 데 있다.

직무 스트레스의 원인

직무 스트레스의 원인을 그림 6-9처럼 발생주체별로 살펴보면, 개인원천, 집단원천, 조직원천 그리고 조직외부 원천으로 나누어 접근할 수 있겠다.

아래에서는 위에서 제시한 스트레스의 주체별 원인의 주요한 내용을 보다 자세히 살펴본다.

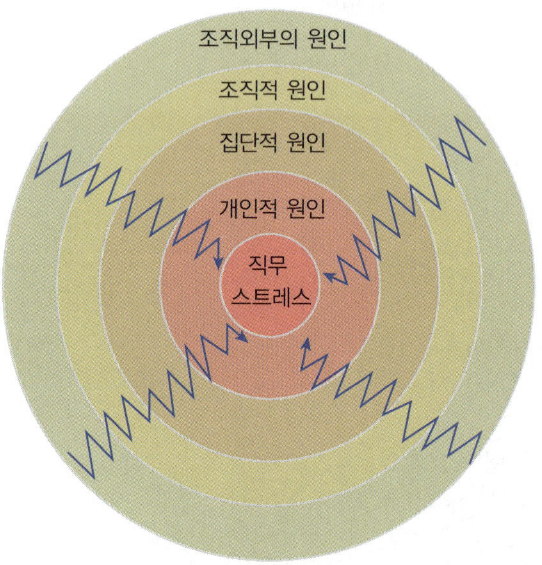

그림 6-9 직무 스트레스의 발생원인 발생주체별 분류[46]

1) 개인수준 스트레스 원인

개인수준 스트레스 원인들이 많이 있겠으나 아래에서는 직무요구, 직무통제력, 역할갈등 및 모호성 그리고 경력압박을 살펴본다.

스트레스란 개인의 긴장상태를 말하는데, 긴장의 주원인을 직무요구와 직무통제에서 찾을 수 있다. **직무요구**(job demand)란 직무에서 필요로 하는 지적·신체적 능력이나 업무부하량을 말한다. 예를 들면, 업무를 수행할 때 시간적인 압박을 받거나 능력 밖의 어려운 일이 떠맡겨지는 것, 지나치게 과도한 업무량 등이다. **직무통제**(job control)는 의사결정의 자율성 정도와 직무담당자가 자신의 직무활동에 대한 통제가능성의 정도 그리고 직무를 수행할 때 제공받는 지원 등을 의미한다. Karasek은 직장에서 가장 스트레스를 많이 받는 상황은 종업원들이 과중한 일에 직면한 상태에서 그들이 일의 양을 조절할 권한이 거의 없는 경우라고 했다.[47]

역할갈등 및 역할 모호성 또한 스트레스를 유발한다.[48] 역할이란 조직에서 다른 사람들로부터 기대되는 행동을 말한다. 역할갈등(role conflict)은 조직에서

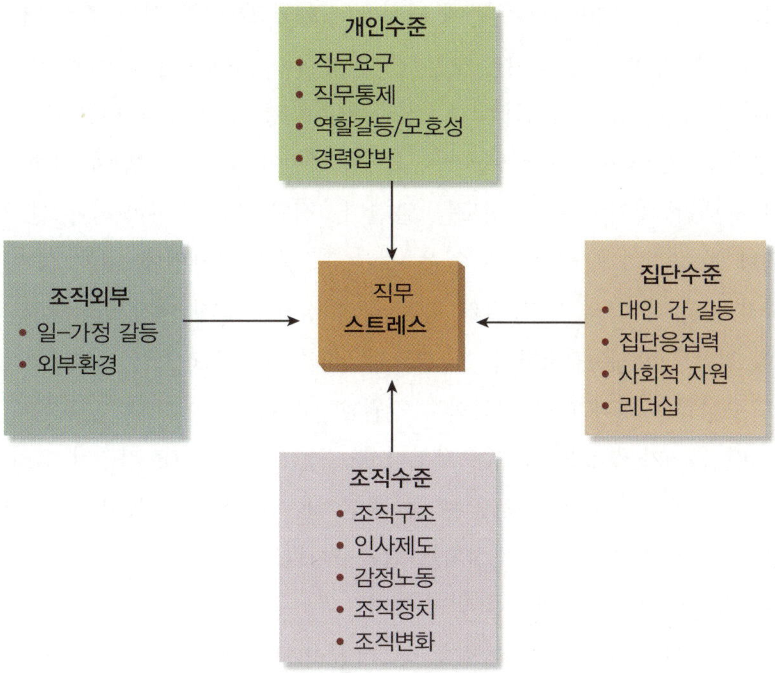

그림 6-10 직무 스트레스의 원인(stressor)

요구하는 것이 제대로 전달되지 못했을 때 혹은 잘 전달되었다 하더라도 직무수행자 자신의 가치관과 상충될 때 일어난다. 뿐만 아니라 직무 과부하의 경우에도 개인은 갈등을 느낀다. 역할 모호성(role ambiguity)은 다른 사람이 맡은 역할과 자기의 역할 간의 경계가 모호하거나 아예 조직이 부여한 역할 자체가 명료하지 않은 경우이다. 예를 들면 해당 직무를 어떻게 수행해야 하는지에 대한 구체적인 규정 및 절차의 적용에 대한 명확한 기술이 없을 때 나타난다.

경력압박(career pressure) 또한 스트레스를 유발한다. 조직구성원은 조직에서 성장단계별 적절한 사건을 경험하게 되는데 이러한 경험이 부정적으로 나타날 때 스트레스를 느낀다.[49] 즉 조직구성원은 직무안전(job security)에 불안감을 가질 때, 승진이 제때에 되지 못했을 때 등 조직에서의 경력개발이 자신의 열망수준에 미치지 못했을 때 스트레스를 느끼는 것이다.

2) 집단수준 스트레스 원인

집단수준에서 나타나는 스트레스 원인은 대인 간 갈등, 집단응집력 결핍, 사회적 지원 부족 그리고 적절하지 못한 리더십 등을 들 수 있다.[50] 조직 내 대인간 갈등수준이 높아지면 서로 간에 감정이 격화되고, 심할 경우 조직 내 사고나 폭력으로 발전한다.[51] 조직 내 개인 간 갈등(interpersonal conflict)은 서로를 왕따시키고 협동활동이 감소하여 조직성과에도 부정적인 영향을 미친다.

집단응집력(group cohesiveness)은 집단구성원이 소속한 집단에 대해 가지는 심리적 연대감 내지 매력의 정도를 말한다. 집단 전체가 수행해야 할 직무를 구성원에게 공정하게 배분하지 않을 경우, 구성원 개개인에 대한 성과평가가 공정하지 못할 때 그리고 그 결과 집단 내 특정인이 승진 내지 임금상의 혜택을 받을 때 집단응집력은 감소하며, 그 결과 구성원들은 스트레스를 느낀다.

집단구성원은 자기가 받는 사회적 지원(social support)에 매우 민감하다. 예를 들면 어떤 문제가 생겼을 때 동료로부터 도움을 받는다든지, 자신이 심리적으로 위축을 받고 있을 때 위로를 받는 등 집단 내 구성원들과 동고동락하고 싶은 욕구가 있다. 이러한 욕구가 좌절되고 집단구성원들이 오로지 공식적인 관계로만 머물 때 개인은 많은 스트레스를 받게 된다.

끝으로 집단의 리더가 불량한 리더십을 행사할 때 구성원들은 많은 스트레스를 받게 된다. 예를 들면 업무지시를 한 후 얼마 지나지 않아 지시내용을 바꾼다든지, 구성원에게 전제적인 리더십을 행사하며, 부하가 공을 세웠을 때 이를 가로채는 등 리더의 행동이 조직구성원의 스트레스의 주원인이라 해도 과언이 아니다.

3) 조직수준 스트레스 원인

조직수준에서 나타나는 스트레스 원인은 조직구조, 조직관리 시스템, 업종으로 인한 감정노동, 조직정치 그리고 조직변화를 들 수 있다.[52] 조직구조(organizational structure)는 조직 내 의사결정 권한을 어떻게 배분하고 있는지 그리고 직무수행 절차를 얼마나 공식화하는지를 말한다. 조직에서 의사결정권한을 상위직급에 집중시킬 경우 조직구성원들은 자율성 결핍으로 인해 스트레스를 느낀다. 또한 모든 일을 규칙 및 절차에만 맞게 수행하게 하는 소위 관료제 조직모델을 도입할 경우 환경변화에 따른 유연성이 결핍되고, 이것은 조직구성원에게 스트레스를 준다.

인사시스템은 조직구성원에게 적용하는 제도와 실행을 말하는데, 예를 들면 승진제도, 부서이동제도 및 임금제도 등을 들 수 있다. 승진을 능력과 업적이 아닌 아첨하는 사람이 한다든지 업적을 객관적으로 평가할 수 없는 공동작업장에서 구성원들의 연봉인상을 개인별로 차등하는 등 개인의 신분, 경력 그리고 소득과 관련하여 조직이 공정성을 잃을 경우, 구성원의 스트레스를 유발한다.

감정노동(emotion labor)은 직무를 수행할 때 자신의 감정을 숨기고 상대방에게 좋은 혹은 친절한 모습을 보여야 하는 것을 말한다. 예를 들면, 인사부서에 근무하는 종업원은 타부서 사람들에게 인사서비스를 해야 하기 때문에 불쾌한 일이 생기더라도 친절하게 대해야 한다든지, 영업직원이 고객에게 물건을 팔 때 자신의 진심과는 다른 언어 및 행동을 보여주어야 하는 경우이다. 종업원이 이러한 감정노동을 해야만 할 때 그 정도에 따라 차이가 있겠지만 감정적 탈진 및 심각한 스트레스를 느낀다.[53]

조직정치(organizational politics)란 개인이 조직에서 목표달성을 하기 위해 비공식적이고 비합법적인 방법을 동원하여 권력 내지 영향력을 획득하기 위한 행동을 말한다. 이러한 행동에 대해 많은 다른 조직구성원들은 권모술수라고 하며 부정적으로 평가한다. 조직정치가 많이 있는 조직에서는 구성원들이 타인의 승진이나 연봉 등 보상의 결정이 공정하지 못하다고 지각하며, 이것이 심리적 긴장 및 생리적 긴장을 통해 스트레스로 나타난다.[54]

조직변화(organizational change)는 여러 가지 이유로 일어나며 변화의 내용도 매우 다양하다. 경쟁이 치열할 경우 살아남기 위해 조직은 항상 변화를 시도한다. 예를 들면, 새로운 기술을 도입함으로써 생산 라인이 변화되고 구조조정이 불가피하여 인원감축으로 연결된다든가, 몇 개의 부서가 통합되어 업무분담이 달라지는 경우 등이다. 대개 조직구성원은 조직변화가 자신에게 불리하게 작용할 것으로 지각하여 개인 혹은 집단적으로 저항한다. 이러한 조직변화는 조직구성원 개인에게는 직무내용의 변화, 권한의 변화, 고용유지에 대한 불안감 그리고 승진 기회의 불이익 등으로 지각되어 스트레스를 유발한다.

4) 조직외부 스트레스 원인

조직구성원의 스트레스를 유발하는 조직외부 요인은 매우 많겠지만 아래에서는 가정-직장 갈등과 외부 환경변화를 중심으로 살펴본다.

직장-가정 갈등(work-family conflict)은 직장과 가정이라는 두 영역에서의 역할압력이 상호 양립할 수 없을 때 발생하는 일종의 역할 간 갈등을 말한다. 여기서 발생하는 갈등은 개인을 긴장하게 만들고 결국 스트레스로 발전한다. 직장-가정 갈등이 발생하는 근거는 첫째, 시간근거 갈등인데, 이것은 특정 역할 수행에 시간을 할애하는 동안 동시에 다른 역할을 수행할 수 없어서 발생하는 시간부족 때문이다. 예를 들면 근무시간이 길어지면, 가족구성원에게 부정적 영향을 주고, 이로 인한 가족구성원의 반응은 다시 조직구성원의 스트레스로 발전하게 된다.[55] 둘째, 긴장근거 갈등인데, 이것은 개인이 직장에서 경험한 긴장과 피로가 가정에서의 역할수행에 방해가 되고, 반대로 가정에서의 과도한 역할기대가 직무수행에 긴장과 스트레스를 가져다준다.[56]

조직 외부환경은 여러 가지가 있다. 경제적 환경으로서 경기가 후퇴하여 실업률이 증가하게 되면 기업종업원은 고용에 대한 불안감을 느끼게 된다. 기술환경의 변화로서 새로운 기술이 발명되어 현재 자신이 보유하고 있는 직무자격이 더 이상 현재의 직무수행에 적용할 수 없을 때 개인은 새로운 기술이 요구하는 자격을 취득해야 한다. 이러한 조직외부에서의 환경변화는 조직구성원에게 스트레스를 유발시킨다.

이상에서 살펴본 스트레스의 결과와 원인으로 볼 때 아래의 몇 가지 결론을 내릴 수 있겠다.

1. 스트레스는 대부분 조직유효성에 부정적인 결과를 가져다준다. 조직구성원의 만족 등 삶의 지표가 되는 것뿐만 아니라 성과 측면에서도 부정적이다. 그러나 스트레스와 성과와의 관계는 스트레스의 원인이 직무요구가 될 경우, 어느 정도의 직무요구수준을 높이면 작업자는 긴장감과 스트레스가 발생하는데 이러한 경우 스트레스가 전혀 없는 경우나 스트레스가 심하게 많은 경우보다 성과가 높다.
2. 조직구성원의 스트레스를 줄이기 위해서는 조직의 지원이 필요하다. 인사제도의 개선, 유연근무시간제도, 공정한 평가제도 및 보상제도 그리고 무엇보다도 양질의 리더십이 요청된다.
3. 조직구성원으로서 일을 하는 동안에 스트레스를 구조적으로 피할 수 없다면, 이를 줄이기 위해 개인차원에서 대책을 강구해야 하겠다. 예를 들면 발생한 스트레스에 적절히 대응하는 방법으로 긴장완화훈련, 근육이완훈련, 식이요법 그리고 정기적인 명상 및 운동을 꾸준히 해야 하겠다.

직무 스트레스 관련 사례

비즈니스석 승객의 항공승무원 폭행사건

"라면이 짜다"며 불만을 드러내다 결국 항공사 여성 승무원을 폭행해 물의를 빚었던 P사 임원이 23일 사표를 제출했다. 이 임원은 사직서를 통해 "한 사회의 구성원이자, 기업 임원으로서 이번 사태에 대한 책임을 통감하며 해당 항공사와 승무원께 진심으로 사과드린다."고 밝힌 것으로 전해졌다. P사는 사직서를 곧바로 수리했다고 밝혔다. 앞서 P사 측은 사건과 관련, "조속한 조사와 엄중한 조치를 취할 것"이라며 "불미스러운 일에 대해 다시 한번 깊이 사과한다"고 밝혔다.

이날 사표를 낸 이 임원은 지난 15일 대한항공 LA편 비즈니스석에 탑승해 "밥이 제대로 익지 않았다"며 입맛에 맞게 라면을 끓여줄 것을 요구하고 승무원이 내온 라면을 "라면이 설익었다" "너무 짜다" 등 각종 이유를 대며 불만을 표시하다 "왜 라면 안 주냐" 며 손에 들고 있던 잡지로 여승무원의 머리와 얼굴 등을 때린 것으로 알려졌다.

이와 같은 소식을 전해들은 기장은 미 LA공항당국에 신고했고 이에 미 연방수사국(FBI) 요원이 출동, 입국하는 임원에게 기내 폭행과 관련해 미 수사기관의 조사를 받거나 한국으로 되돌아가라고 선택하라 요구했다. 임원은 한국으로의 귀국을 택한 것으로 전해졌다. 이 같은 사실이 인터넷 커뮤니티는 물론 SNS를 통해 일파만파 퍼져나가자 결국 모기업인 P그룹도 자사의 블로그를 통해 사과글을 게재하는 등 비난 여론을 잠재우기 위해 노력한 바 있다.

* 『서울신문』, 2013. 4. 3.

생각해 볼 문제

- 위 기사는 항공사 승무원에 대한 한 승객의 지나친 서비스 요구에서 시작된 사건을 소개하며, 이로 인해 국내 서비스산업 분야에서는 고객접점에 서 있는 감정노동자들의 실태와 고충을 재조명하게 되었다. 이 사례를 보면, 항공사와 승무원들은 불가피하게 노출될 수밖에 없는 직무 스트레스로 인한 조직유효성 저하를 막기 위해 다양한 노력을 해야 할 것으로 보인다. 조직과 개인의 입장에서는 직무 스트레스 극복을 위해 할 수 있는 노력을 열거하고 토론해 보자.

Chapter

7

직무행동과 학습

ORGANIZATIONAL BEHAVIOR

1. 직무행동
2. 학습

CASE 1

철수는 다른 운동보다도 테니스에 대해 호감을 가지고 있다. 그런데 철수의 여자 친구는 테니스를 아주 잘 친다. 철수는 테니스를 배워야겠다는 결심을 하고 라켓 및 테니스 신발 그리고 옷을 구입하고 테니스를 치기를 시작했다. 그러나 테니스 운동은 쉽지가 않다. 날아오는 공을 헛치기도 하고 코트 밖으로 치기도 한다. 철수는 정말 테니스를 잘 치고 싶다. 그래서 테니스에 대한 서적을 읽고 비디오도 보고 연구하지만 잘 되지 않는다.

위의 사례를 지금까지 배운 조직행동 이론으로 설명하면 다음과 같다. 철수는 여자 친구와 재미있는 시간을 보내기 위해 테니스를 잘 치고 싶은 욕구(사회적 욕구)가 있고, 테니스에 대해 좋은 감정(태도)을 가지고 있어 열심히 노력하였음에도 불구하고 잘 되지 않는다. 즉, 철수는 테니스에 대한 충분한 모티베이션이 있으며, 뿐만 아니라 테니스치기를 좋아하는 소위 긍정적 태도가 있지만 이것만으로는 충분하지 않다. 인간의 행동변화는 사실 모티베이션과 태도변화를 통해서만 전부 나타나는 것은 아니다.

철수의 경우 올바른 스트로크를 하기 위해 적어도 몇 백번 연습을 해야 된다. 그래야만 테니스 경기 도중 공이 예상하지 못한 곳으로 날아왔을 때 자기도 모르게 올바른 스트로크 자세를 갖추고 공을 받아넘긴다. 물론 이때 철수에게 그와 같은 올바른 타격자세가 어떻게 나왔는가를 물으면 그 자신도 대답을 잘하지 못한다. 수없이 많은 반복연습을 통해 자신도 의식하지 못한 채 그런 행동이 나오는 것이다. 이러한 자세가 나오는 순간을 어떠한 인지적 과정으로 설명할 수 없다. 학습이론은 이러한 현상을 포함하여 인간의 행동을 변화시키는 것에 대한 이론을 연구하는 것이다.

조직행동 이론은 바로 성과와 관련되는 행동을 연구하는 학문이다. 더 정확하게 말하면 기업조직 구성원의 성과와 직접 혹은 간접적으로 관련된 현상을 연구하는 것이다. 지금까지 우리는 행동의 전단계인 심리적 과정을 설명하는 모티베이션 이론과 조직 내 행동을 예측할 수 있는 태도에 관한 이론을 공부했다. 이 장에서는 우리가 관심을 가지는 성과와 관련되는 행동은 무엇이며, 이러한 행동을 끌어내는 즉, 행동변화를 유도하는 원리인 학습이론을 살펴본다.

1 직무행동

기업조직 구성원의 행동의 종류는 수없이 많다. 아침에 출근하는 행동, 커피를 마시는 행동, 동료와의 대화, 상사의 업무지시, 업무의 처리, 고객과의 만남 그리고 졸려서 하품하는 행동 등. 그러나 수없이 많은 행동 모두가 우리의 관심대상은 아니다. 우리의 관심대상은 바로 작업성과 내지 조직성과(조직유효성)와 관련되는 직무행동이다.

이러한 행동들을 보다 의미있게 인식하기 위해 우선 가장 초보적 연구방법인 분류법을 동원하여 접근할 수 있다. 즉, 조직구성원의 행동을 생산적 작업행동과 반생산적 작업행동, 역할 내 행동과 역할 외 행동 그리고 친사회적 행동과 반사회적 행동 등으로 분류할 수 있겠다. 이러한 분류기준은 특정 관점을 기준으로 했기 때문에 서로 중복되는 것도 있다. 아래에서는 조직행동의 중심 개념인 성과에 대해 종업원의 특정 행동을 긍정적인 행동인 생산적 작업행동과 부정적인 행동인 반생산적 작업행동으로 분류하여 살펴본다.

1.1 생산적 작업행동

생산적 작업행동(productive work behavior)은 한마디로 말하면 조직의 목표달성에 공헌할 수 있는 조직구성원의 행동을 말한다. 예를 들면 자신에게 부여된 역할을 완수하기 위해 열심히 노력한다든가, 자기 일은 아니지만 남을 도와준다든가 혹은 조직의 발전을 위해 새로운 아이디어를 내는 등 매우 다양하다. 이러한 생산적 작업행동은 역할을 기준으로 역할 내 행동(in-role behavior)과 역할 외 행동(extra-role behavior)으로 나누어 살펴볼 수 있다.

1) 역할 내 행동

역할이란 다른 사람으로부터 기대되는 행동 패턴을 말한다. 역할 내 행동이란 자신의 조직이 자기에게 공식적으로 기대하는 행동을 말한다. 이것은 구성원이 조직에 근무하는 동안 조직의 목표달성에 기여하는 직접적인 과업수행과 관련되는 행동이다.[1] 이러한 행동의 구체적 내용은 기본적으로 직무기술서(job description)에 열거되어 있다. 직무기술서에는 작업자가 해야 하는 행동을 공식적인 문서로 그 종류 및 방법 등을 기술하고 있으나 기업실무에서는 이외에도 투입해야 하는 노동의 강도 및 문제가 발생하였을 때의 해결 절차 등도 포함한다. 역할 내 행동의 예를 열거하면 다음과 같다.

- 성과달성을 위한 노력투입
- 업무와 관련되는 지식 및 기술획득 노력
- 업무 관련 정보의 획득 및 전달
- 고객관리
- 리더십 발휘
- 갈등해결
- 피고과자 평가 등

이러한 역할 내 행동은 개인이 조직에 들어올 때 고용계약 차원에서 약속한 것이다. 즉, 개인은 이러한 역할 내 행동을 조직에 제공하고 그에 대한 보상을 받는다. 이를 통해 개인과 조직 간의 교환관계가 형성된다. 이러한 교환관계가 형성되면 개인과 조직은 서로에게 의무감을 가지게 되는데 이를 심리적 계약(psychological contract)이라고 한다. 문서로 된 고용계약서에 물론 많은 부분이 포함되어 있겠지만 심리적 계약을 통해, 나아가 서로에게 제공해야 하는 보다 포괄적이고 암묵적인 관계가 형성되는 것이다. 예를 들면 종업원은 기업을 위해 열심히 일하고 충성하는 것에 대한 교환조건으로 기업이 보수, 직업안정성 그리고 승진 등을 제공해야 한다고 기대하는 것이다.

2) 역할 외 행동

역할 외 행동은 조직이 구성원에게 공식적으로 요구하지 않은 행동을 말한다. 이들 행동들 중 조직의 목표달성에 긍정적인 역할을 하는 행동으로서 조직시민행동,

혁신행동 그리고 협동행동 등이 있는데 그 내용을 아래에서 살펴본다.

조직시민행동

조직시민행동(organizational citizenship behavior)은 조직에 규정상으로 정해진 직무행동이 아니며 또한 그 행동에 대해 공식적으로 보상이 보장되지 않으나, 조직의 효율성과 성과를 높이는 조직구성원의 자발적인 행동을 말한다.[2] 이러한 조직시민행동의 유형은 다음과 같다.

- **이타적 행동**(altruism)

  조직 내 타인을 돕는 행동으로 이러한 행동이 자신의 이해타산이 아닌 순수한 의도인 경우를 말한다. 예를 들면 업무량이 과도한 동료를 도와준다든가 결근한 동료의 일을 처리해준다든가 그리고 동료가 어려운 문제에 처했을 때 해결을 위한 아이디어를 제공하는 등이 포함된다. 이러한 이타적 행동은 주로 조직 내 타인을 대상으로 많이 일어나지만, 조직외부인 고객, 원재료 공급자 등에게도 일어난다. 이를 친사회적 행동이라고도 한다.[3]

- **양심적 행동**(conscientiousness)

  회사 규정의 빈틈을 이용하여 개인의 편의나 이익을 챙기지 않으면서도 규정에서 요구하는 수준 이상을 지키려고 하며, 또한 규정에 명시되어 있지 않은 경우에도 사회적 룰(rule)이나 자신의 양심에 맞는 행동을 하는 경우를 말한다. 예를 들면 갑작스럽게 병이 났거나 교통사고를 당한 와중에도 정상적으로 출근을 하려고 노력한다든지, 근무시간 중에 개인적인 일을 하지 않는 등의 예가 이에 해당된다.

- **예의행동**(courtesy)

  직무수행과 관련하여 타인들과의 사이에 문제나 갈등이 야기될 수 있는 가능성을 미리 막으려고 노력하는 행동을 의미한다. 예를 들면 동료의 직무 관련 권한을 침해하지 않는다든지, 어떤 의사결정을 하기 전에 관련되는 다른 사람들과 상의를 하는 등이 포함된다. 앞의 이타적 행동은 이미 문제가 발생한 후에 보여주는 행동인 반면, 예의행동은 향후 좋지 않은 일이 발생할 가능성을 미리 줄이는 행동이다.[4]

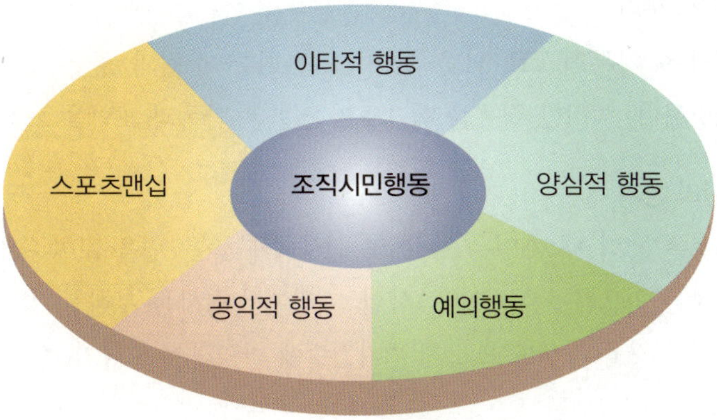

그림 7-1 조직시민행동의 차원

- **공익적 행동**(civic virtue)

  조직생활에 관심을 가지고 적극적으로 참여하는 것을 말한다. 예를 들면, 조직에서 주관하는 행사(회식 등)에 참석하는 것이 포함된다. 공익적 행동에는 개인이 조직의 정책이나 변화에 관심을 가지고 긍정적인 행동을 보이는 것도 포함된다. 예를 들면 조직에 아이디어 제공, 회의에서 적극적인 토론참여 등이다.

- **스포츠맨십**(sportsmanship)

  회사에 대해 불평불만을 하지 않고, 개인적으로 감내할 수 있는 조직 내 문제점을 과장하지 않으며 조직에서 어떤 결정이 내려졌을 때 자신에게 불리한 점이 있음에도 불구하고 이를 수용하는 태도를 보이는 것을 말한다.

위에서 제시한 조직시민행동은 개인이 조직에 대해 의무적으로 해야 하는 행동은 아니다. 그럼에도 불구하고 개인은 왜 조직시민행동을 하는가? 이에 대해 아래의 세 가지 동기를 들 수 있다.[5]

- **조직관심 동기**

  자신이 속한 조직이 잘되기를 바라고 조직에 대한 자부심을 가지고 있을 때 이러한 행동을 보여준다.

- **친사회적 동기**

  인간은 기본적으로 남을 돕고 또한 다른 사람과 좋은 관계를 맺기를 희망한다. 이러한 행동을 함으로써 인간은 만족과 보람을 느끼는 것이다.

- **인상관리 동기**

  이것은 조직 내 개인은 동료 및 상사에게 좋은 면을 보여주어 후에 어떤 보상을 얻으려는 동기이다. 사실, 기업에서 상사는 부하를 평가할 때 업무 외적인 것을 자신도 모르게 평가점수에 반영하는 오류가 종종 나타난다.

혁신행동

혁신(innovation)은 "무언가 새롭게(innovare)"라는 라틴어에서 유래하였다. 혁신행동이란 기본적으로 조직의 목표달성을 용이하게 하기 위해 새로운 아이디어를 내고 이를 실행하는 과정 모두를 포함한다.[6] 혁신행동의 내용을 구체적으로 살펴보면 다음과 같다.

- 새로운 제품, 기술이나 제조공정을 찾기 위해 아이디어를 내는 활동
- 다른 사람의 아이디어를 증진시키는 일
- 새로운 아이디어를 실행하기 위해 계획을 수립하는 것 등이다.

혁신행동은 대개 아래의 3단계를 거치게 된다.[7]

제1단계 : 생성

새로운 아이디어를 **생성**(generation)하는 단계이다. 예를 들면 직무수행상 발생하는 문제점, 조직 내 부서 간 업무기능과 관련해서 발생하는 문제점 그리고 조직의 규정으로 통제하기 곤란한 우발적 상황 등이 발생할 때, 조직이 기존의 방식으로 해결하는 데 한계가 있기 마련이다. 이런 상황에서 해결을 위한 아이디어를 도출하는 것이다.

제2단계 : 촉진

도출된 새로운 아이디어가 조직에 반드시 필요하다는 인식을 구성원들이 공유할 수 있도록 **촉진**(promotion)하는 단계이다. 이렇게 함으로써 동료 및 상사의 지원 그리고 조직의 정책적·재정적 지원을 받을 수 있게 된다.

제3단계 : 실현

아이디어를 **실현**(realization)하는 것이다. 도출된 아이디어를 해당 조직에 적합한 혁신모델로 구축하여 실행가능성을 높이는 것이다. 이렇게 함으로써 아이디어로 출발한 혁신행동이 구체적으로 조직에 성과를 가져다주게 된다.

혁신행동을 가져다주는 요인에는 조직구성원의 개인적 특성, 직무특성, 리더십 스타일 그리고 조직문화 등이 있다. 개인적 특성으로서 창의성, 성취욕구, 자기효능감 등이 혁신행동에 긍정적인 영향을 미친다. 직무특성으로서의 직무자율성 또한 긍정적으로 작용한다. 지원적 리더십과 유연성 추구, 개방적인 조직문화 역시 혁신행동을 촉진시킨다.[8]

협동행동

협동(cooperation)은 조직이론이 처음 정립될 때 중심개념으로서 이해되어 왔다. 조직이 하나의 실체로서 존재하려면 세 가지 조건을 갖추어야 한다. 우선 조직구성원이 추구하는 공동의 목적(common purpose)이 존재해야 하고 그 다음으로 조직구성원이 이러한 목적을 달성하기 위해 협동하려는 의지(willingness)가 있어야 한다. 그리고 조직의 목적을 구성원에게 전달해야 하는 커뮤니케이션이 가동되어야 하는 것이다.[9]

CASE 2

▶ 협동행동의 사례[10]

우루과이의 지휘자 호세 세레브리에르는 최근 멕시코 시에서 열린 부활절 특별음악회에서 180명의 관악기, 타악기 협주단과 합창단을 지휘했다. 그때 그는 '열정이 지나친 나머지' 지휘봉으로 자신을 찔렀다. 세레브리에르는 다음과 같이 말했다. "지휘봉이 부러졌다. 그리고는 지휘봉의 한 조각이 내 손을 찌르고 있었다. 아마도 내가 누구보다 놀랐을 것이다. 아이러니하게도 나는 지휘봉을 전혀 사용하지 않는다. 하지만 지휘봉을 사용하면 지휘가 더 잘될 것 같아서 이번 연주회에서 지휘봉을 사용하기로 한 것이다. 그런데 그게 실수였다. 내가 너무 열정적이었기 때문이다. 음악이 멈추지 않은 채로 손에 박힌 지휘봉 한 조각을 겨우 빼내었다. 남은 20분이 지나, 끝날 때까지 밴드는 연주를 계속하였고 합창단은 노래를 불렀다. 평소에 구축되었던 협동 시스템이 진가를 발휘하여 지휘자가 아무런 역할을 하지 않았음에도 연주는 성공적으로 끝난 것이다."

조직에서의 협동행동이란 두 사람 이상이 조직의 목적달성을 위해 서로 돕는 행동을 말한다. 협동은 조직구성원 개개인이 추구하는 목표와 조직의 목표가 서로 긍정적으로 연관되어 있고 개인 간 목표들의 차이가 적을 때 보다 긍정적인 상호작용이 나타나게 된다. 협동의 결과 조직에서는 시너지효과(synergy effect)가 나오게 된다. 조직은 바로 이것을 통해 잉여가치를 창출할 수 있게 되어 계속 생존할 수 있게 된다.

조직에서 협동행동이 촉진되는 요인들이 많이 있겠지만 아래에서는 주요한 몇 가지 요인을 살펴본다.

- 조직구성원들이 추구하는 목표의 공통성이 협동행동을 촉진시킨다. 즉, 자신이 다른 조직구성원을 도와주면 결국 자신이 추구하는 목표가 달성되어 자신에게 이익이 되기 때문이다.
- 협동은 구성원들의 가치관이나 성격, 지위의 유사성, 정보와 자원의 상호보완성이 높을 때 나타난다.[11]
- 조직구성원들 간 서로 신뢰하고 일체감을 느낄 때 협동은 촉진된다.[12]
- 조직구성원에게 적용되는 보상시스템이 협동행동에 영향을 미친다. 기업에서 개인업적만을 기준으로 연봉을 결정할 경우, 협동행동은 줄어들 것이며 연봉책정에 팀의 업적을 많이 반영하게 되면 협동행동은 증가된다.
- 직무의 상호 의존성이다. 직무가 상호 의존적일수록 업무수행과 관련되는 정보교환이 많아지고, 타인의 작업에 대한 책임감도 증가하여 협동행동이 증가된다.[13]

1.2 반생산적 작업행동

앞에서 기술한 조직구성원의 여러 종류의 행동들은 조직에 긍정적인 결과를 가져다준다. 그러나 조직구성원은 이러한 긍정적인 행동만 하는 것은 아니다. 조직에 부정적인 영향을 미치는 개인의 행동도 존재한다. 이것을 반생산적 행동(counterproductive behavior) 혹은 반사회적 행동(antisocial behavior)이라고 한다.

이러한 행동들은 소극적인 행동으로부터 적극적이고 파괴적인 행동들 등 그 형태가 매우 다양하다. 소극적인 반생산적 과업행동으로서 이탈행동(withdrawal)이 있다. 일시적인 것으로서 지각이나 결근 그리고 근무시간 중 게으름을 피우거나 개인적인 일처리 등이 있다. 영구적인 행동으로는 이직이 있다. 반면에 적극적인 행동에는 무례행동, 공격, 직장폭력, 사보타주(sabotage), 절도 등과 같은 보복행동 등이 있다.

무례행동은 직장에서 상호존중에 대한 규범을 어기고, 분명한 의도 없이 목표대상이 되는 타인에게 해를 끼치고자 하는 일종의 일탈행동이다. 이것은 타인에게 거칠고, 예의 없으며 무시하는 행동을 말한다.[14] 무례행동이 발전하면 공격적 행동으로 나타난다. 이러한 현상은 용수철 효과(spiraling effect)로 설명된다. 무례행동은 거친 말투나 상대방 입장을 생각하지 않는 행동으로부터 시작하고 이로부터 악의적인 모욕이 뒤따른다. 이러한 모욕은 상대방으로부터 보복적 모욕을 촉발한다. 이러한 상황이 계속되면, 그 다음 단계로 신체적 공격을 하겠다는 위협이 뒤따르고 결국은 폭력으로 발전한다. 용수철을 건드리면 튀어 오르는 것처럼 사소한 모욕이 극단적인 폭력으로까지 발전하는 것이다.[15] 미국에서 발생하는 폭력 범죄의 15%가 직장에서 일어난다는 연구보고도 있다.[16]

개인이 조직을 상대로 행하는 보복행동으로는 사보타주, 절도 등이 있다. 사보타주는 정해진 작업규정을 지키는 척하면서 교묘하게 기업에 해를 끼치는 행동이다. 예를 들면 근무시간 중 열심히 일하는 척하면서 품질에 문제가 생길 수 있는 공정을 개선하지 않고 그대로 방치한다든지, 고객에게 규정에 나와 있는 행동만 하고 친절하게 행동하지 않는 것 등을 말한다. 그리고 허락없이 회사제품을 집으로 가져가는 일, 회사의 물품을 낭비하는 행동 등도 일종의 보복행동이다. 뿐만 아니라 상사와 고의적으로 접촉을 피하며, 지시사항을 못들은 척 한다든가 그리고 상사 내지 조직을 험담하는 것도 이에 포함된다.

이러한 반생산적 작업행동 중 무례행동과 같은 대인 간에 나타나는 행동은 무엇보다도 상호 호의적인 인간관계 형성에 실패했을 때 나타난다. 이러한 인간관계 형성의 실패원인은 가해자 혹은 피해자에게 성격적인 특성이 있거나 조직에서 보다 많은 자원(연봉, 승진 기회 등)을 획득하기 위한 과정에서 찾을 수 있겠다.

개인이 조직에 대해 보복행동을 하는 원인은 첫째, 조직이 심리적 계약을 위반했다고 지각했을 때 그리고 각종 인사제도가 공정하게 운영되지 않는다고 인지할 때 등이다. 즉, 조직공정성이 훼손되었다고 지각할 때 개인은 조직으로부터 배신당했다고 생각하게 되고 조직에 대해 보복행동을 하는 것이다. 둘째, 상사가 부하를 비인격적으로 감독(abusive supervision)하는 등으로 인해 개인이 심각한 스트레스를 경험하는 상황에 빠져 있을 때에도 이러한 보복행위가 나타난다.

2 학 습

CASE 3

▶ 원숭이의 학습

1952년 일본의 어떤 무인도에 사는 원숭이가 진흙이 묻은 고구마를 강물에 씻어먹자 이 방법을 다른 원숭이들이 점차 흉내 내어 고구마를 물에 씻어먹는 원숭이 수가 늘어나기 시작했다. 그 숫자가 100마리에 이르자 갑자기 핵반응이 일어난 것처럼 섬 전체의 원숭이들이 하루 만에 그것을 거의 다 알게 되었다.

학습이론을 공부하는 목적은 조직구성원의 행동을 조직의 목표방향으로 변화시킬 수 있는 지식을 획득하는 데 있다. 위에서 논의한 생산적 작업행동을 증가시키고 반생산적 작업행동을 최소화시키는 것이 조직의 입장에서 볼 때, 조직목표 지향적인 것이라고 볼 수 있다.

학습이란 연습과 반복적인 훈련이나 경험을 통해 일어나는 비교적 영속적(permanent)인 행동 혹은 잠재적인 행동 그리고 지식의 변화를 말한다.[17] 여기에 내포된 학습의 개념적 특징은 다음과 같다.

- 학습은 변화를 수반한다. 학습 전과 후에는 뭔가 달라진 것이 존재하는 것이다.
- 여기서 변화는 행동변화뿐만 아니라 잠재적인 행동변화도 포함되는데 이것은 소위 말하는 드러나지 않은 잠재적인 행동(covert behavior)인 태도변화를 말한다. 뿐만 아니라 학습은 지식의 양적·질적 변화도 포함한다.
- 학습은 자신의 경험이나 연습의 결과에 의한 것이다. 졸릴 때 하품하는 행동은 타고난 것이지 학습이라고 볼 수 없다.
- 학습에 의해 일어난 변화는 비교적 오래 지속되는 경향이 있다. 약물이나 피로 등으로 일어난 일시적인 행동 내지 신체 상태의 변화는 학습이라고 할 수 없으나 교통 신호등을 위반했을 때 범칙금을 물고, 그 후 운전하면서 신호등을 잘 지키는 행동은 학습에 해당된다.

- 학습은 직접적인 경험의 결과만은 아니다. 간접적인 경험으로도 일어날 수 있다. 예를 들면 타인의 행동을 관찰하여 그 결과를 보고 나의 행동을 변화시킬 수 있다.

아래에서는 학습의 유형을 우선 살펴보고 조직구성원의 행동변화 전략을 살펴본다.

2.1 학습의 유형

학습이 일어나는 과정을 설명하는 대표적인 이론에는 고전적 조건화, 작동적 조건화, 사회적 학습 그리고 인지학습 등이 있다.

1) 고전적 조건화

강아지가 짖는 행위는 학습의 결과가 아니라 본능적인, 즉 타고난 것이다. 그러나 어떤 여자가 퇴근 길 어두운 골목을 지날 때 뒤에서 발자국 소리가 나면 자기도 모르게 무서워 식은땀이 난다. 이러한 신체적 변화는 과거의 어떤 사건과의 관계성에서 일어난 학습현상이다.

인간의 행동(땀)이 주어진 어떤 자극(발자국)과 전혀 관련성이 없음에도 불구하고 행동변화를 일으키는 현상을 고전적 조건화(classical conditioning)라고 한다.

이 이론은 Pavlov의 한 실험에서 발견되었다.[18] 그는 개의 소화기계 생리를 연구하던 중 개가 음식을 주지 않았는데도 평소에 음식물을 가져다주는 사람을 보고 침을 흘리는 현상을 보았다. 그는 침을 흘리는 원인이 사람이 될 수 없음에도 왜 개가 침을 흘리는가에 대한 의문을 가지게 되었다. 실험은 아래의 몇 단계를 거치게 된다.

제 1 단계

개의 입에 음식물을 넣어 주면 침이 분비되고, 음식물을 주지 않은 상태에서 종소리를 들려주면 침을 흘리지 않았다. 여기서 음식물을 넣어 주었을 때 침이 분비되는 것은 학습이 아니고 생득적으로 나타나는 반응이다.

제2단계
종소리를 들려준 후 음식물을 입에 넣어주었다. 종소리와 음식물 제공 간의 간격을 짧게 하여 종소리와 음식물을 하나의 짝을 이루게 한다. 그리고 이것을 여러 번 반복했다.

제3단계
음식물은 제공하지 않고 종소리만 들려주었는데 개는 침을 흘렸다.

이 실험을 해석하면 다음과 같다. 여기서 음식물은 아무런 조건 없이 개의 타액을 분비시켰으며, 이 경우 음식물을 무조건자극(unconditioned stimulus)이라 하고, 이 자극의 결과 나타나는 행동을 무조건 반응(unconditioned response)이라고 한다. 반면에 종소리는 원래 타액분비와 무관한 자극이었다. 그러나 종소리가 음식물과 짝을 이루어 수없이 반복되었을 때 종소리가 타액을 분비시켰을 종소리라는 자극은 이제 조건자극(conditioned stimulus)이 되는 것이다. 이러한 조건자극에 의해 나타난 타액분비를 조건반응이라고 한다. 여기서 조건자극이 반드시 종소리일 필요는 없다. 주인이 음식물을 주기 전에 항상 개를 발로 찼다면 개는 주인의 발에 차이기만 해도 침을 흘리게 된다(그림 7-2 참조).

고전적 조건화에는 소거현상(extinction)이 존재한다. 종소리를 듣고 침을 흘리는 개에게 이제는 종소리만 들려주고 음식물을 주지 않는 것을 반복하게 되면 강아지는 종소리에 침을 흘리는 것이 점차 감소되어 나중에는 침을 흘리지 않는다.

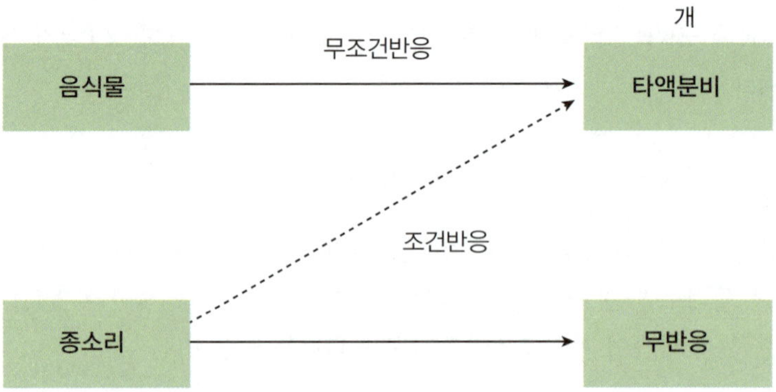

그림 7-2 Pavlov의 실험

Watson은 고전적 조건화를 생후 11개월이 된 유아를 대상으로 실험하였다.[19] 이 아이는 원래 흰쥐를 무서워하지 않았으나, 어린 아이를 놀라게 할 만한 큰 소리를 들려주며 흰쥐를 보여주었다. 처음에 아이는 큰 소리에 공포반응을 보였으나 흰쥐를 보고는 놀라지 않았다. 그러나 이러한 조건자극을 여러 번 반복하니까 이제는 흰쥐를 보고도 공포반응을 보였다. 이렇듯 고전적 조건화 이론에서는 자극과 반응 간의 반복적인 결합(association)에 의해서 행동이 학습될 수 있다는 주장이다.

기업조직에서도 고전적 조건화 실험에서와 같이 어떠한 중성적 자극이 구성원의 행동을 변화시킬 수 있다. 예를 들면 신입사원에게 몇 개월간의 교육과정 동안 매일 아침 교육이 시작되기 전에 회사 로고가 새겨진 깃발을 보고 사가를 부르며 회사에 대한 충성심을 고취시키게 되면, 이들은 교육 후 현장에 돌아와서도 회사 로고가 새겨진 배지(badge)만 봐도 숙연해지며 회사에 대한 긍지와 자부심을 느끼게 된다. 또한 어떤 사원은 팀장이 자기 이름만 불러도 식은땀이 나는데 그 경우도 이에 해당된다.

그림 7-3 고전적 조건화의 기본논리

고전적 조건화는 행동변화를 위해 어떤 자극이 주어지고 그 결과로 행동을 끌어낸다는 접근이지만 인간은 반드시 어떤 자극에 의해서만 행동이 변화되는 것은 아니라는 비판이 제기된다. 또한 기업조직 내 복잡한 직무 관련 학습현상을 모두 고전적 조건화로 설명하는 데에는 한계가 있다.

2) 작동적 조건화

고전적 조건화에서의 학습은 학습자를 수동적인 존재로 가정했다. 예를 들면 개가 침을 흘리는 것은 어떤 자극이 있어야 하며 어린이가 흰쥐를 무서워하는 것 역시 커다란 소리라는 자극에 의한 것이다. 작동적 조건화(operant conditioning)에서는 학습자의 적극적인 측면을 보다 강조한다.

Thorndike는 고양이를 대상으로 실험을 하였는데, 상자 속에 지렛대 장치를 한 후 상자 밖에는 음식물을 놓아두고 고양이를 이 상자 속에 집어넣었다. 고양이는 음식을 먹기 위해 상자에서 나오려고 발버둥 치다가 우연히 지렛대를 누르게 되었고, 상자의 문이 열리자 밖으로 빠져나와 음식물을 먹었다. 이러한 실험을 반복하자 고양이가 상사 속에 들어가 지렛대를 밟는 데까지 걸리는 시간이 점차 줄어들었다. 그는 이러한 실험의 결과를 시행착오(trial-and-error)에 의한 효과의 법칙(law of effect)이라고 했다.[20] 이는 어떤 반응이 일어난 후 나타나는 결과가 바람직한 것이면 학습자는 이러한 반응을 계속할 가능성이 증가하는 반면, 반응 후에 나타나는 결과가 바람직하지 않으면 이후 이러한 반응이 계속 일어날 가능성이 감소된다는 것이다.

앞에서 살펴보았던 고전적 조건화에서는 학습자의 반응 후 나타나는 결과가 반응에 영향을 미친다고 보지 않았으나, 작동적 조건화에서는 결과가 반응을 결정하는 것으로 보았다.

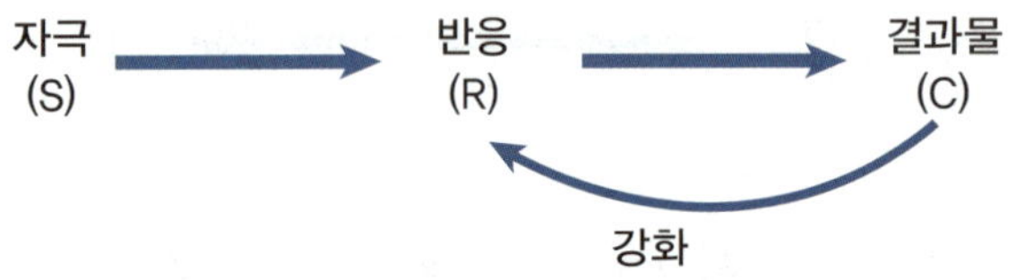

그림 7-4 작동적 조건화 과정

Thorndike의 이론은 Skinner에 의해 한층 체계화되었다. Skinner는 학습자의 행동은 자기가 보여주었던 어떤 자극에 대한 반응 후에 나타나는 결과물(consequence)에 의해 결정되며, 이때 자극은 행동유발에 하나의 단서(cue)로서의 역할만 할 뿐이라고 하였다. 그림 7-4에서처럼 여기서 결과물이 이 반응을 결정하는 것을 강화(reinforcement)라고 하였다.[21]

Skinner는 쥐를 대상으로 한 실험에서 강화이론을 만들게 된다. 그는 상자 속에 배가 고픈 쥐를 넣고 행동을 관찰했다. 이 상자에는 막대기가 있고 쥐가 막대기를 누르면 먹이가 굴러 나오게 하였다. 쥐는 이리저리 다니다가 막대기를 누르게 되었고 먹이를 먹게 된다. 그는 쥐로 하여금 막대기를 누르면 먹이가 나온다는, 즉 행동과 먹이 간의 관계를 학습하게 했다. 어느 시점이 지난 후 Skinner는 상자 속 설계를 바꾸었는데, 이제는 막대기를 누르면 바닥에 전류가 흐르도록 하였다. 이렇게 되었을 때 쥐가 막대기를 누르는 빈도는 현저히 줄어들었다. 여기서 먹이는 쥐로 하여금 막대기를 누르게 하는 긍정적인 강화(reinforcement)를 유도한 반면, 전류는 쥐로 하여금 그런 행동을 하지 않도록 부정적인 강화를 유도한 것이다. 이러한 강화를 이끄는 것은 바로 결과물(먹이, 전류)인 것이다. 결론적으로 행동은 어떤 자극에 의해서 나타나기보다 행동 후 나타나는 결과물(이를 강화물이라고 함)에 의한 것이다.

인간의 행동변화, 특히 기업조직에서 구성원의 행동변화를 위해서는 바로 이런 강화작용에 의한 학습설계가 주요 관심사일 것이다. 예를 들면 팀장이 부하에게 오늘 야근을 하라고 지시하였고, 팀원은 야근을 하여 작업을 완성시켰다. 다음 날 팀장이 수고했다고 칭찬하고 점심을 샀다. 여기서 자극은 야근지시이며, 야근하는 행동은 반응이다. 칭찬과 점심을 사는 것은 야근에 대한 결과물 즉 강화물인 것이다. 이 팀원에게 향후 비슷한 일이 생기면 그는 계속 야근을 할 것이다. 그러나 야근 후에도 팀장이 칭찬도 하지 않고 점심도 사지 않게 되면, 점차 팀원은 팀장의 지시에 대해 핑계를 대며 야근을 피하려 할 것이다. 즉 팀원의 야근이라는 행동(반응)은 야근지시(자극)에 의해 나타나는 것이 아니라 야근이 가져다주는 결과물에 의해 결정된 것을 알 수 있다. 이 결과물이 팀원의 야근이라는 반응을 강화시킨 것이다.

작동적 조건화는 앞에서 살펴보았던 고전적 조건화보다 인간 행동을 설명하는 데 더 설득력이 높다. 기업조직은 구성원의 행동변화를 위해 보상이라는 도구(instrument)를 일반적으로 많이 활용하고 있다.

인간의 행동변화를 위에서 기술한 것처럼 고전적 조건화 혹은 작동적 조건화라는 학습을 통해 모두 설명할 수 있는지에 대해서 많은 학자들이 문제를 제기해 왔다. 이러한 이론들에서는 인간은 직접적인 경험을 통해 학습된다는 것을 전제로 하고 있으나 인간은 직접적인 경험 없이 간접적인 경험으로도 학습할 수 있다. 왜냐하면 인간은 상황이나 사태를 지각하고 판단하는 인지적 능력을 가지고 있기 때문이다. 여기서 인지(cognition)란 정보를 습득하고 조직화하는 과정을 말한다.[22]

아래에서는 인간의 인지능력을 전제로 한 학습이론인 사회학습과 인지학습에 대해 살펴본다.

3) 사회학습

사회학습(social learning)이란 학습자가 다른 사람들과 상호작용을 통해 학습하는 것을 말한다. 여기서 학습자는 다른 사람의 행동을 관찰함으로써 학습한다고 하여 이를 관찰학습(observational learning)이라고도 한다. 학습자가 다른 사람의 행동을 관찰한다는 것은 그 사람이 어떤 행동을 하였을 때 어떤 결과가 뒤따르는지를 인지한다는 것을 의미한다. 이러한 과정에 학습자는 관찰대상을 정하게 되는데 이를 모델링(modeling)이라고 하고 그의 행동과 그 결과를 보고 학습하는 것을 대리학습(vicarious learning)이라고 한다.[23]

모델링은 여러 단계를 거쳐 이루어지는데, 학습자는 관찰대상에 대해 관심을 가지는 단계, 그 다음으로 대상에 대해 어떤 태도를 가지게 되는 단계 그리고 모델의 행동을 수용하는 단계로 이어진다. 여기서 수용은 다시 두 가지로 구분된다. 모델의 행동을 단순히 따라하는 것을 모방(imitation)이라 하고, 모델의 행동과 반대되는 방식으로 행동하는 것을 역모방(counterimitation)이라 한다.[24]

대리학습은 모델이 한 행동의 결과를 학습하는 것이다. 여기서 대리강화(vicarious reinforcement)는 모델의 행동 후 나타나는 결과가 바람직하여 학습자가 따라할 가능성이 높은 경우이다. 반면에 대리처벌(vicarious punishment)은 모델의 행동결과가 바람직하지 않아 학습자가 모델의 행동을 따라할 가능성을 줄인다.[25] 예를 들면 신형 스마트폰을 구입한 친구가 스마트폰의 앱종류 및 서비스에 대해 만족하면 학습자도 이 스마트폰을 구입할 것이고, 친구가 구입을 후회한다면 그는 다른 종류의 스마트폰을 구입할 것이다.

대리학습 발생의 조건[26]

- 학습자는 모델의 행동을 관찰해야 한다.
- 학습자는 모델의 행동을 정확하게 지각해야 한다. 즉 모델의 행동이 어떤 결과를 가져다주는지를 인지한다.
- 학습자는 그 행동을 기억해야 한다.
- 학습자는 모델을 관찰하고 하고자 하는 행동에 필요한 능력을 갖추고 있어야 한다.

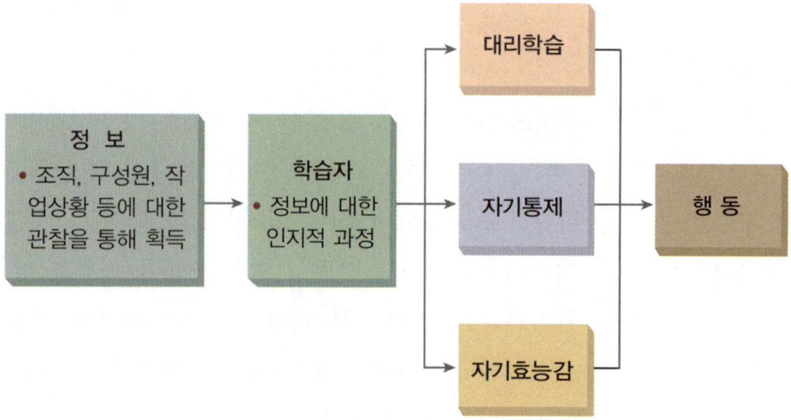

그림 7-5 사회학습 모델[27]

학습을 통해 학습자의 행동이 나오는 데에는 대리학습뿐만 아니라 학습자의 자기통제 및 자기효능감도 역할을 한다. 자기통제(self-control)는 자신이 설정한 어떤 목표가 성공적으로 달성되는 것이 명확하여 목표달성 자체가 학습자에게 자기강화(self-reinforcement)를 시켜 일에 몰입하게 하는 것을 말한다. 또한 자기효능감(self-efficacy)은 목표가 성공적으로 달성될 수 있을 것이라는 믿음을 말한다. 그림 7-5는 사회학습의 과정을 제시한 것이다.

4) 인지학습

인지학습(cognitive learning)은 고전적 조건화 및 작동적 조건화의 논리에 문제를 제기하면서 나온 이론이다. 조건화를 주장한 학자들은 학습에 있어서 자극-반응-결과 간의 관계를 생각이 필요 없는 단순연합으로 설명하려고 하였으나, Tolman은 동물은 자극과 반응 사이의 연합관계를 학습하기보다 인지를 학습한다고 주장했다. 여기서 인지란 단순한 자극과 반응 간의 관계뿐만 아니라 그런 관계를 포함한 일련의 상황에 대한 총체적 이해를 말한다.[28]

조건화 이론 및 사회학습은 직접 또는 간접경험을 강조하지만 인지학습은 이러한 경험 없이도 학습이 일어날 수 있다는 것이다. 예를 들면 인간을 대상으로 할 경우, 강의실에서 배운 내용이 행동으로 나타날 수 있는 것이다. 학생들은 어떤 주제에 대한 이론을 학습함으로써 바람직한 행동이 무엇이며, 어떤 결과가 나타날 것인가를 예상할 수 있다. 이때 학습에 중심적인 역할을 하는 것은 바로 인지(cognition)인 것이다. 인지학습이 행동으로 발전하기 위해서는 학습자의 행동에 대한 훈련과 보상이 존재해야 한다.

Tolman은 쥐를 대상으로 T형 미로에서 어떤 길을 선택하는가를 실험했다. 중앙에서 출발한 미로의 목표지점은 T의 오른쪽과 왼쪽 두 곳이었는데, 쥐가 가운데까지 가서 오른쪽 혹은 왼쪽을 선택하는 것을 관찰했다. 길의 선택점 양쪽에는 커튼이 쳐져 있어 쥐가 목표지점에 무엇이 있는지 볼 수 없게 했다. 오른쪽 목표지점에 먹이를 두고 쥐를 출발하게 하였다. 쥐가 다행히 오른쪽으로 길을 선택하여 먹이를 먹게 되었다. 실험은 그 후로 쥐를 다시 출발시켰을 때 어느 쪽으로 가느냐 하는 것이었다. 여러 번 반복실험의 결과 쥐는 이미 먹이를 획득한 방향이 아닌 다른 쪽으로 가는 것이었다. 실험 결과는 쥐가 오른쪽의 목표점에 있는 먹이를 이미 먹었기 때문에 이제는 왼쪽에 먹이가 있을 것으로 예상하고 그 쪽으로 간 것을 보여주었다. 이러한 쥐의 행동은 조건화 이론으로는 설명되지 않는데 그 이유는 이 이론에 의하면 쥐가 오른쪽 목표지점에서 먹이를 발견했기 때문에 계속 오른쪽으로 간다고 보기 때문이다. Tolman은 쥐에게 공간에 대한 어떤 인지지도(cognitive map)가 존재한다고 주장했다.[29]

인지학습은 시간이 많이 소요되는 조건화 및 사회학습 과정을 거치지 않고도 학습자에게 바람직한 행동을 학습시킬 수 있다는 점에서 매우 효과적이라고 볼 수 있다.

2.2 학습강화의 유형

앞에서 기술했던 학습이론들은 모두 나름대로 설명력을 갖추고 있다. 기업조직에서는 구성원의 행동변화를 위해 어느 한 종류의 학습이론에만 의존할 필요는 없다. 종업원을 교육시키는 과정에 제공되는 상징물(회사 로고), 업적이 높은 사람에게 보다 높은 연봉의 책정, 열심히 일하는 사람에게 칭찬하는 것 그리고 교육을 통해 새로운 관리기법을 이해시키는 것 모두 행동변화를 위한 학습전략이 될 수 있겠다. 이러한 학습전략 중 기업에서 가장 많이 활용되는 것은 강화전략(strategy of reinforcement)이라고 볼 수 있다. 아래에는 학습이론 중 강화에 대해 살펴보고 강화 유형의 개별 기능을 제시한다.

앞에서 이미 살펴보았듯이 강화란 어떤 자극에 대한 반응의 결과가 어떤 것인가에 따라 이후의 똑같은 자극에 대해 동일한 반응의 발생 가능성을 말하는 것이다. 즉 강화는 반응의 결과물(C)을 어떻게 설계하느냐에 따라 그 강도가 달라진다. 반응, 즉 행동에 대한 결과물을 강화물이라고도 하는데, 이것은 여러 종류가 있다. 예를 들어 업적이 높은 사람에게 연봉을 대폭 인상시키는 것에서부터 업적이 몇 년째 낮은 사람에게 보직 해임이라는 처벌을 하는 등 매우 다양하다. 또는 과거 업적이 높았으나 올해 업적이 별로 증가되지 않아 그에게 제공했던 혜택을 철회하는 일 그리고 보직에서

그림 7-6 강화의 유형

해임되었던 사람을 원래 자리로 복직시켜 줌으로써 과거에 주었던 벌을 철회하는 일 등도 있다. 이러한 다양한 강화유형을 정리하면 그림 7-6과 같다.

그림 7-6에서 보여준 강화의 유형은 개별적으로 조직행동에 상이한 효과를 보여준다.

기업은 업적향상 등과 같이 종업원에게 바라는 행동이 있을 것이며, 반대로 지각 내지 게으름과 같은 원하지 않는 행동이 있을 것이다. 그림 7-7에 제시된 것처럼 기업이 종업원으로부터 어떤 행동을 기대하느냐에 따라 제공해야 하는 강화의 유형은 다르다.[30]

아래에서는 위의 그림들에서 제시된 강화의 유형과 그 효과에 대해 살펴본다.[31]

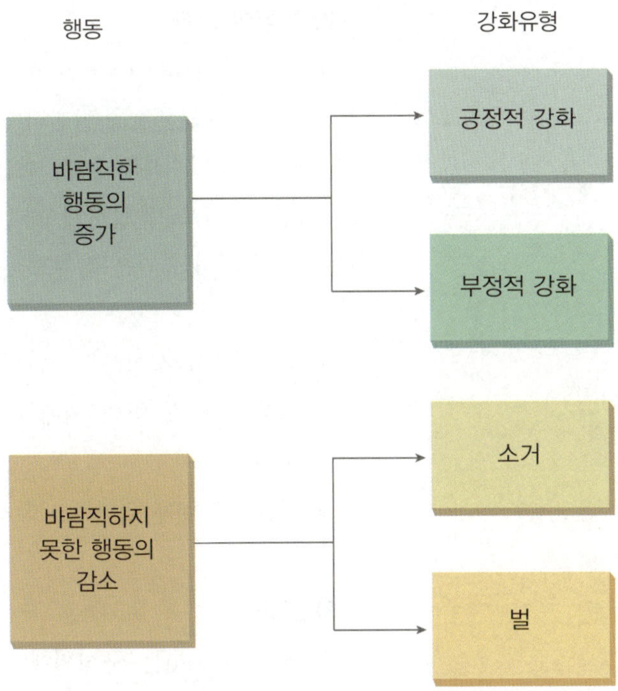

그림 7-7 강화의 유형과 행동변화

1) 긍정적 강화

긍정적 강화(positive reinforcement)는 조직구성원에게 선호하는 결과물을 제공하는 것을 말한다. 예를 들면 연봉인상, 승진, 권한부여 등 보상을 제공하는 것이다. 이러한 강화유형은 종업원으로 하여금 기업이 원하는 행동을 증가시키는 데 보다 효과적이다. 그러나 긍정적인 강화가 성공하기 위해서 아래의 몇 가지 조건이 충족되어야 한다.[32]

- 보상이 개인의 욕구와 결부되어야 한다. 예를 들면 내재적 동기부여가 높은 종업원이 연봉 인상에 대한 유인가(valence)가 높지 않다면 이러한 강화유형은 효과를 내기 어렵다.
- 행동과 보상의 관계를 명확히 하고 일관성이 있어야 한다.
- 보상을 가져다주는 성과의 수준이 현실성이 있어야 한다. 즉 성과수준을 너무 높여 놓으면 종업원들은 아예 포기한다.

2) 부정적 강화

부정적 강화(negative reinforcement)는 종업원이 원하지 않는 벌과 같은 결과물을 철회하는 것을 말한다. 이렇게 함으로써 기업이 원하는 바람직한 행동을 증가시킬 수 있다. 예를 들면, 생산실적이 올라간 종업원에게 벌점을 제거함으로써 생산활동에 더욱 몰입하게 하는 등이다. 부정적인 강화가 효과를 가져오기 위해서는 아래의 요건을 갖추고 있어야 한다.

- 벌과 같이 싫어하는 결과물이 강화하고자 하는 행동과 반드시 연결되어 있어야 한다. 앞의 예에서처럼 벌점이 생산성과 관련하여 부과되어 있어야 한다.
- 개인에게 현재 회피하고자 하는 강화물(벌)이 존재해야 한다.

3) 소 거

소거(extinction)는 구성원에게 선호하는 보상이 주어진 상태에서 그 보상을 철회하는 것이다. 보상이 철회되어 더 이상 보상이 주어지지 않기 때문에 과거 존재했던 행동의 빈도는 점차 줄어들어 결국에 소멸된다. 이러한 강화유형은 대개 기업에서 바람직하지 못한 행동을 줄이는 데 효과가 있다. 예를 들면, 연수원에서 파견교육을 받고 있는 종업원에게 연수 성적이 낮을 경우, 지급했던 교육수당을 반납시키는 경우이다.

4) 벌

벌(punishment)은 종업원에게 공식적인 조치로서의 직급 강등, 직무권한 축소, 연봉삭감 등이 있으며, 비공식적으로는 해고에 대한 위협, 따돌림, 그리고 괴롭힘 등이 있다. 벌은 기본적으로 종업원의 바람직하지 못한 행동을 감소시킬 목적으로 도입된다. 벌은 개인에게 특정 행동과 벌의 연관성을 가르쳐 줌으로써 구성원의 바람직하지 못한 행동을 감소시키는 효과뿐만 아니라 타인에게 부과된 벌을 관찰하게 함으로써 벌의 원인이 되는 행동을 회피하려는 학습(avoidance learning)을 하게 된다.

벌의 효과에 대해서 긍정론자와 부정론자의 입장은 명확하게 다르다. 우선 긍정론자의 입장에서 벌이란 인간에게 극히 자연스러운 것이라는 것이다. 예를 들면 어린이가 어머니의 말을 듣지 않고 겨울에 얇은 옷을 입고 밖에 나가면,

감기가 들어 대개 일주일 이상 고통이라는 벌을 받게 된다. 또한 뜨거운 것을 만지지 못하게 했는데 만져서 화상을 입고 고통을 당하는 등 일련의 성장과정에 일어난 사건들이 벌과 관련되어 있다. 따라서 벌은 바람직하지 못한 행동을 줄이는 데 효과적이라는 것이다.

반면에 벌에 대한 부정론자의 입장은 다음과 같다.

- 벌은 벌을 주는 사람이 그곳에 있을 때만 바람직하지 못한 행동을 줄인다는 것이다. 벌을 주는 사람이 장소를 떠나면 벌을 받는 사람의 행동은 원래대로 돌아가 버리는데 예를 들면, 군대 내무반에서 내무반장이 자리를 떠나면 내무반의 군기가 원래대로 돌아가 버리는 경우를 들 수 있다. 때문에 바람직하지 못한 행동을 줄인 상태가 유지되기 위해서는 벌을 주는 사람의 감독이 필요하게 되고 이것은 많은 관리비용을 수반한다.
- 벌은 행동개선의 능력이 없는 사람에게는 좌절만 안겨준다.
- 벌은 벌을 받는 자가 벌을 주는 사람에게 반감을 일으켜 관계를 더욱 악화시켜, 또 다른 바람직하지 못한 행동을 유발할 수 있다.
- 벌의 수단으로 사용한 고통스러운 사건은 원래의 바람직하지 못한 행동보다도 더 심각한 공격적 행동을 일으킬 수 있다.

이와 같이 벌에 대한 부정적 측면이 있지만 벌을 사용해야 하는 상황이 존재한다.

- 학습자가 벌을 피하기 위해 신호에 반응하기를 바랄 때 효과적일 수 있다. 예를 들면, 사람은 천둥이 칠 때 건물 안으로 들어가고, 햇빛을 피할 때는 그늘을 찾는 것을 배운다.
- 벌은 정보의 피드백 기능을 갖는다. 전기기구에서 쇼크를 받았던 아이는 어느 연결이 안전하고 어느 연결이 위험한가를 배울 수 있다. 또한 제출한 답안지를 붉은 펜으로 고쳐서 돌려줄 경우(일종의 벌로 해석됨), 이것은 새로운 지식을 획득할 수 있는 기회를 제공한다.

벌이 효과가 있기 위해서는 일관성 있게 사건이 발생한 직후에 가해져야 하며, 벌이 가해질 때 벌을 받는 사람의 심리적인 상태가 고려되어야 한다.[33]

위에서 살펴본 강화유형 중 기업조직에서 어떤 것이 가장 효과적인가? 어느 하나의 강화유형만을 도입하는 조직은 거의 없다. 전통적으로 기업에서는 "당근과 채찍"이라는 긍정적 강화와 벌을 병행해 오고 있다. 그러나 오늘날 기업조직에서 벌이 가져다주는 부정적 효과가 매우 크기 때문에 긍정적 강화와 소거를 병행하는 것이 바람직하다.

2.3 강화계획

앞에서는 강화의 유형별 기능 및 효과를 살펴보았다. 학습효과의 극대화를 위해서는 단순히 효과적인 강화유형을 선택하는 것만으로는 충분하지 않다. 특히 긍정적 강화는 반응이 나타날 때 학습자가 선호하는 강화물을 제공하는 것인데, 이를 어떤 방식으로 제공하느냐에 따라 효과가 다르게 나타난다. 강화계획(reinforcement schedule)은 강화하는 순서나 형식을 말하는데 크게 연속적인 강화계획(continuous reinforcement schedule)과 간헐적인 강화계획(intermittent reinforcement schedule)으로 구분된다.[34]

연속적인 강화계획

연속적인 강화계획은 학습자가 기대하는 행동을 할 때마다 즉시 강화물(보상)을 제공하는 방식이다. 이러한 방식은 학습자에게 행동과 보상의 관계가 도구적(instrumental)이라는 것을 명확하게 해 주기 때문에 매우 효과적일 수 있다. 그러나 이러한 방식은 아래의 이유로 문제가 제기된다.

- 학습자에게 포만효과(satiation effect)를 가져다주어 행동변화의 지속성이 보장되기가 어렵다. 여기서 포만효과란 해당 강화물에 대해 학습자가 싫증을 느끼게 되는 현상을 말하는데 이렇게 될 경우, 강화물의 유인가치가 떨어지게 된다. 예를 들면, 부품을 조립하는 작업자에게 매 분 혹은 매 시간마다 개별 부품이 조립되는 즉시 인센티브를 줄 경우, 이 작업자에게는 화폐적 인센티브에 대한 관심이 감소된다.
- 이러한 강화방식은 기업실무에서 관리상의 문제를 야기한다. 즉, 보상을 주는 일을 담당하는 사람이 작업자의 성과를 매 분 혹은 매 시간 계속해서 관찰해야 하기 때문에 현실적으로 관리비용이 많이 발생하여 실무에 도입하기가 현실적으로 어렵다.

간헐적인 강화계획

간헐적인 강화계획(부분강화계획이라고도 함)하에서는 학습자가 원하는 행동을 하더라도 가끔씩 강화되는 것을 말한다. 간헐적 강화계획하에서 변화된 행동은 연속적 강화계획하에서보다 더 오래 유지되고, 강화가 중지된 경우에도 한동안 행동이 지속된다.[35] 간헐적인 강화계획하에서는 강화를 시간에 따라 주기도 하고 반응에 따라 주기도 한다. 여기서 시간을 기준으로 강화물을 제공할 때 이를 **간격법**이라고 하고 반응빈도를 기준으로 강화물을 제공하는 방식을 **비율법**이라고 한다. 그림 7-8과 같이 이러한 방식은 다시 간격 혹은 비율을 사전에 고정시키느냐 혹은 고정되지 않느냐에 따라 고정간격법(fixed interval schedule), 변동간격법(variable interval schedule), 그리고 고정비율법(fixed interval schedule)과 변동비율법(variable ratio schedule)으로 나뉘어진다.

그림 7-8 강화계획의종류

아래에서는 강화계획의 내용과 효과를 살펴본다.[36]

1) 고정간격법

고정간격법은 정해진 시간이 지나면 그 기간 동안 나타난 반응을 반영하여 일정하게 강화물이 제공되는 방식이다. 기업에서 도입하고 있는 월급과 같은 급여 지급방식이 이에 해당된다. 고정간격법에서 사람들은 일반적으로 강화물을 받은 직후 반응률이 낮아지는 현상을 보여준다. 대표적인 예가 바로 국회인데, 국회의원들은 회기가 시작된 후 이런 저런 이유로 법안 통과를 미루다가 회기가 끝나기 직전 한꺼번에 몰아서 통과시킨다. 반응이 나타나는 빈도는 시간을 기준으로 볼 때 부채꼴 모양(scallop)으로 나타난다.

2) 변동간격법

변동간격법은 반응과 강화물 제공 간의 시간 간격이 변동적인 경우인데, 강화물의 크기는 전체적으로 비슷하지만 제공되는 시간이 불규칙적인 경우이다.

예를 들면 낚시의 경우, 낚시꾼이 대개 하루에 10마리를 잡는다고 할 때, 오전에 한 마리도 못 잡다가 오후에 10마리를 잡을 수 있으며, 혹은 그 반대의 경우도 발생할 수 있다. 기업의 경우, 대개 정년 전에 부장급까지는 승진되는데, 언제 과장 혹은 차장이 되는지 사전에 정해져 있지 않는 경우이다.

3) 고정비율법

고정비율법은 일정한 수의 반응이 나타난 후에 강화물이 제공되는 방식이다. 예를 들면 부품 조립작업에서 완성한 부품의 숫자만큼 돈을 주는 성과급 그리고 영업사원이 제품을 판매한 숫자를 기준으로 임금을 지급하는 경우이다. 고정비율법하에서는 학습자의 반응은 빠르고 안정적으로 나타난다. 그러나 한 번의 강화물을 얻기 위해 많은 수의 반응을 해야 하는 경우 강화물을 받은 직후에 반응을 멈추는 현상도 나타난다.

4) 변동비율법

변동비율법에서는 강화물이 반응의 빈도를 기준으로 주어지지만, 그 빈도의 기준이 불규칙적인 경우이다. 전형적인 예가 바로 카지노의 도박장치이다. 기업의 경우, 자동차 영업사원에게 자동차 판매대수당 5대까지는 가격의 5%를 업적급으로 주고 그 이상을 판매할 경우 자동차 업적급을 7%로 책정할 경우도

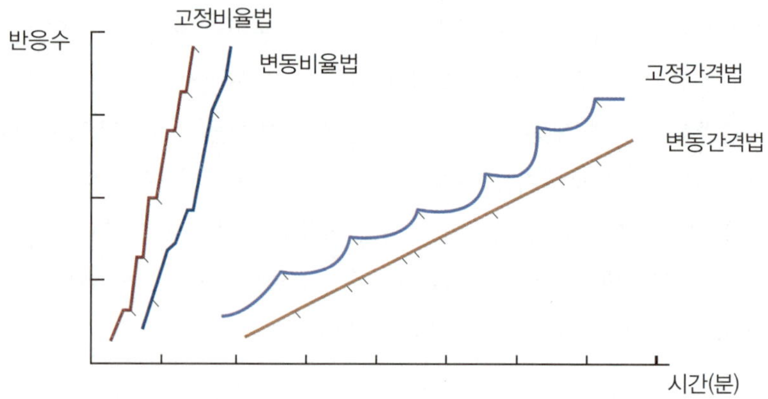

* 짧은 빗금은 강화를 나타내며 그래프의 수평선은 휴식을 나타낸다.
반응률이 높을수록 그래프의 경사는 가파르다.

그림 7-9 강화계획별 반응특성

이에 해당된다. 변동비율법은 강화계획 유형들 중 가장 높고 안정적인 반응을 유발한다. 지금까지 논의한 강화계획의 유형별 효과를 정리하면 그림 7-9와 같다.[37]

2.4 조직에서의 행동수정

기업조직에서 종업원으로 하여금 바람직한 행동을 증가시키고 바람직하지 않는 행동을 감소시키기 위해서 행동수정 전략을 실행할 수 있겠다. 이러한 전략은 아래의 몇 가지 단계를 거치게 된다.[38]

- **제1단계**
  수정되어야 할 행동, 즉 학습되어야 할 행동이 무엇인가를 확인한다. 예를 들면 출근시간 지키는 행동, 장비의 효과적 사용, 영업활동 등에 나타나는 행동으로서 관찰가능하고 객관적으로 측정이 가능해야 한다. 변화대상의 행동은 물론 직무 및 조직성과와 관련이 있어야 한다.

- **제2단계**
  제1단계에서 대상으로 삼은 행동의 발생빈도를 측정한다.

- **제3단계**
  해당 행동에 대한 기능적 측면에서 분석한다. 이것은 해당 행동의 발생 후 나타나는 결과를 말한다.

- **제4단계**
  해당 행동의 발생빈도를 변화시키기 위한 방침을 정하고, 이를 해당되는 사람들에게 공정하게 적용시킬 것이라는 것을 공지한다. 예로서 행동수정 방침은 학습강화의 여러 유형들을 검토하여 가장 적합한 것을 선택한다.

- **제5단계**
  행동변화 방침을 실행하고 행동변화의 빈도를 측정한다.

마지막으로 해당 방침이 효과가 있을 경우, 그 방침을 계속 유지한다. 그러나 효과가 미미할 경우, 해당 행동에 대한 기능적 분석을 다시 실시하고, 이에 상응한 변화전략을 다시 수립한다. 그림 7-10에서는 종업원의 출근시간 준수와 관련되는 행동수정 단계의 예가 제시된다.

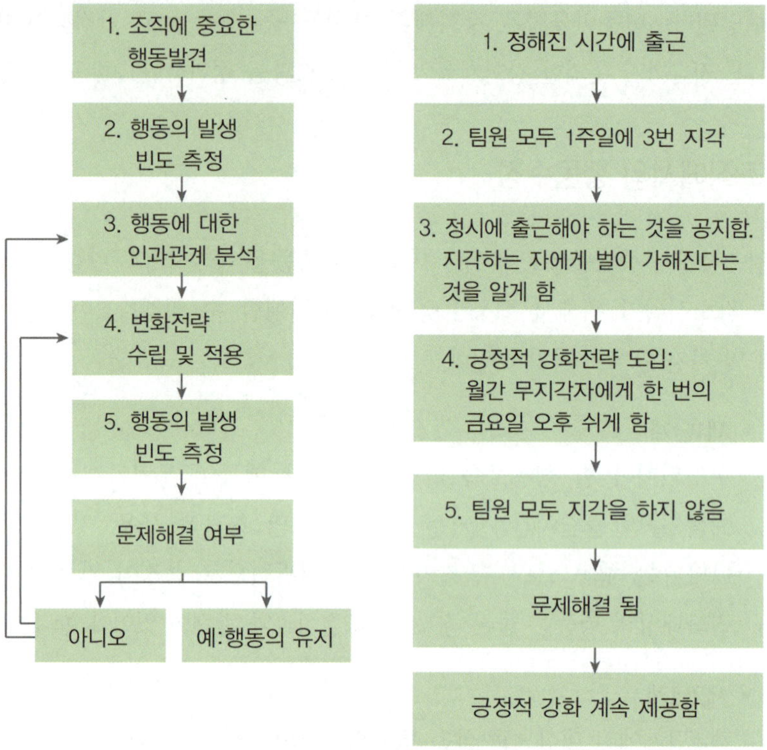

그림 7-10 출근시간 관련 행동수정 단계[39]

직무행동과 학습 관련 사례

◉ 싱가폴 에어라인의 직원 학습 중시 풍토

국제 항공업계에서 고객서비스의 탁월한 명성을 오랫동안 유지하고 있는 싱가폴 에어라인(Singapore International Airline: SIA)의 비법은 무엇일까? 이를 알아보고자 미국의 항공사들과 싱가폴 에어라인의 직원교육 비용 및 시간을 비교 조사한 자료가 흥미롭다. 미국 항공사들이 평균적으로 지출하는 임직원 교육훈련비는 총 매출액의 1.5% 정도라고 한다. 이에 비해 싱가폴 에어라인은 총 매출액의 15%를 투자하고 있다. 또한 미국 항공사들의 승무원 교육기간은 평균 연 4주 정도라고 하는데, 싱가폴 에어라인은 연간 4개월을 교육에 할애하고 있다. 물론, 탁월한 고객서비스를 가능케 하는 데는 여러 가지 복합적 요인이 작용했겠지만, 싱가폴 에어라인의 직원 학습 중시 풍토와 이에 대한 실제적인 시간투자 및 비용투입은 타 기업들이 쉽게 따라하기 어려운 것임은 분명해 보인다.

* 『1등 기업에는 있고 2등 기업에는 없는 것』, 한상완·정진철·최승준 역, 청림출판, 2004에서 인용.
원제 *Invisible Advantage*, Jonathan Low and Pam Cohen Kalafut.

생각해 볼 문제

- 조직에서의 학습은 조직유효성 향상을 위한 필수불가결한 선택이라고 할 수 있다. 싱가폴 에어라인이 직원학습에 투자하는 시간과 비용의 규모로 보면 이들의 학습은 단순한 지식전달이 아닌 지속적이고 효과적인 강화계획을 포함하고 있을 것으로 보인다. 어떤 방법이 효과적일 수 있을지 상호 토론해 보자.

Chapter

8

의사결정

1. 의사결정의 개념
2. 의사결정의 유형
3. 의사결정 모델
4. 의사결정의 전형적 오류
5. 집단의사결정

1 의사결정의 개념

우리는 일상생활에서 크고 작은 의사결정을 한다. 오늘 점심 메뉴로 무엇을 선택할 것인가, 어떤 옷을 구입할 것인가, 어떤 집을 구입할 것인가 그리고 배우자로 누구를 선택할 것인가 등 수없이 많은 의사결정의 연속에서 우리는 살고 있다. 이러한 의사결정은 행동으로 이어진다. 우리가 점심 메뉴로 비빔밥을 선택했다면 주문이라는 행동을 하게 된다. 즉 의사결정은 행동을 유발시키는 것이다.

의사결정이란 바람직한 목표를 달성하기 위하여 하나 혹은 그 이상의 대안(alternatives) 중에서 하나를 선택하는 것을 말한다. 여기에는 제시된 대안들 중 어느 것도 선택하지 않고 현재의 상태를 그대로 유지하는 것도 이에 포함된다.[1]

의사결정은 중요한 것에서부터 그렇지 않은 것까지 매우 다양하다. 우리가 점심 메뉴를 선택할 경우, 비용은 몇 천원으로 얼마 되지 않으며 의사결정의 효력기간도 대개 6시간 정도밖에 되지 않는다. 설사 비빔밥 선택이 잘못되었더라도 우리는 저녁 메뉴로 다른 것을 선택하면 되기 때문이다. 그러나 배우자 선택은 매우 중요하다 하겠다. 의사결정에 의해 발생되는 비용은 결혼식 비용 및 주거마련에 따르는 비용 등 엄청나게 많으며, 또한 이러한 의사결정에 의해 나타나는 효력기간도 매우 길다. 이혼을 하지 않을 경우 결혼의 효력기간은 40~50년은 될 것이다.

기업조직에서 일어나는 의사결정은 사소한 것으로부터 기업의 사활을 결정짓는 것까지 매우 다양하다. 한 연구에 의하면 기업에서 일어나는 의사결정의 50%가 기대하는 결과를 얻지 못한 실패한 의사결정이라고 한다. 의사결정이 실패하는 주된 원인은 대안을 잘못 선택하였거나 의사결정을 너무 단기적 효과에만 집착한 나머지 중장기적으로 발생하는 효과를 간과하기 때문이다.

그렇기 때문에, 기업은 매 순간 내린 의사결정을 비교 분석하고 그 결과도 추적하여 평가, 보완하면서 다음번의 유사한 의사결정에 그 정보를 활용하려고 노력한다. 결혼상대를 결정하는 일에 부모나 집안 어른들이 자꾸 개입하고 간섭하려는 것으로 보이는 것도 아마 이러한 정보제공 노력의 일환일 것이다. 이와 같이, 과거 어느 시점에서 선정했던 최선의 대안을 실행하고 그 결과를 평가, 수정, 보완하는 일련의 과정까지 다 포함한 것을 의사결정이라고 한다.

기업조직의 유효성을 높이기 위해서는 의사결정의 질(quality)을 높이는 것이 무엇보다 중요하다. 관리자가 내리는 의사결정의 예를 제시하면 아래와 같다.[2]

계획활동

- 기업의 장기적 목표의 수립
- 이러한 목표 달성을 위한 전략 수립
- 기업의 단기적 목표의 수립
- 개별 목표들에 대한 난이도 설정

조직화 활동

- 관리 폭의 결정, 즉 한 명의 관리자가 지휘해야 하는 부하의 수
- 조직에서 권한의 집중화 정도
- 개별 직무들에 대한 전문화 정도
- 조직구조의 개편해야 할 시점

지휘활동

- 성과 수준이 낮은 구성원에 대한 동기부여 방법의 결정
- 조직의 특정 상황에서 발휘해야 하는 리더십 스타일의 결정
- 조직구성원의 생산성을 높이기 위한 방법
- 조직 내 발생한 갈등에 대한 해결방법

통제활동

- 조직에서 평가 및 통제 대상이 되는 구성원의 활동
- 이러한 활동을 통제하는 방법
- 목표성과 수준에 미달되는 구성원의 성과에 대한 허용 폭

- 조직이 구축해야 하는 경영정보 시스템의 내용 등

의사결정론은 경제학이나 심리학 등 여러 인접 학문에서의 주된 관심사이기도 하며 각각 그 접근방법도 다양하다. 본 서에서는 주로 기업조직에서 일어나는 의사결정에 초점을 두고 다음의 내용을 전개하고자 한다.

아래에서는 의사결정의 유형, 의사결정에 활용되는 모델, 의사결정에 나타나는 전형적인 오류, 집단의사결정에 대한 것 등을 살펴본다. 집단의사결정은 엄격히 말하면 집단수준 행동에 속할 수 있지만 여기서는 편의상 개인수준 행동에서 기술한다.

2 의사결정의 유형

기업조직에서 일어나는 의사결정은 여러 관점에서 분류할 수 있다. 예를 들면 불량률을 줄이는 것과 관련된 문제해결을 위한 의사결정이라든지, 기업의 매출증대를 위해 새로운 시장을 개척하는 것 등이다. 의사결정의 빈도를 기준으로 일상적으로 발생하는 구조화된 의사결정과 그 발생빈도 측면에서 처음 발생한 것이거나 아주 드물게 발생하는 비구조화된 의사결정이 있다. 그리고 의사결정이 일어나는 조직계층을 기준으로 의사결정의 종류를 구분할 수 있다.

2.1 구조화된 의사결정 vs. 비구조화된 의사결정

구조화된 의사결정(programmed decisions)은 특정 문제나 기회가 발생할 경우, 이에 대해 선택해야 하는 대안(alternatives)이 사전적으로 제시되어 있는 것을 말한다. 이러한 의사결정은 일상적이고 반복적으로 일어난다.[3] 예를 들면 백화점에서 고객이 구입한 옷을 반품하려고 왔을 때 영업사원이 해야 하는 일(의사결정)이 사전에 정해진 경우이다. 영업사원은 백화점에서 정한 순서대로 의사결정을 하면 되는 것이다. 다른 예로서 편의점에서는 생수의 재고가 일정 수준 이하로 내려가면 생수를 주문하는 것 등이 이에 해당된다.

이와 같이 구조화된 의사결정은 어떤 문제가 발생하면 조직구성원은 미리 주어진 결정방식에 따라 자동적으로 의사결정을 하면 된다. 자주 발생하는 문제들에 대한 해결방식을 조직이 사전에 유형별로 분석하고 그에 가장 적절한 의사결정 내용을 정함으로써 의사결정에 있어 오류를 최소화하려는 데 그 목적이 있다.

비구조화된 의사결정(nonprogrammed decisions)은 과거에 발생한 적이 없었던 문제이거나 기회에 대해 내려야 하는 의사결정을 말한다. 예를 들면 휴대폰 제조회사에서 신모델의 스마트폰을 출시할 때 경기악화에 의해 소득이 낮아진 고객들의 구매동기를 높일 수 있는 방안을 수립하는 경우 등을 들 수 있다. 이러한 의사결정을 위해 의사결정자의 사고(thinking), 정보의 수집 그리고 대안에 대한 면밀한 분석 등이 요구되겠다.

이상에서 제시한 의사결정의 종류를 비교하면 표 8-1과 같고 표에 제시된 차이점은 다음과 같다.

표 8-1 구조화된 의사결정과 비구조화된 의사결정의 비교[4]

특 징	의사결정 유형	
	구조적 의사결정	비구조적 의사결정
발생빈도	반복·일상적	비반복적·예외적
과업유형	단순·구체적	복잡·모호함
정보	충분·분석 용이	불충분·분석 어려움
결정방식	규정·정책	상황판단적·창의력
의사결정자	하위계층 담당자	최고 경영층

- 구조화된 의사결정은 반복적이고 일상적인 과업에서 나타나는 반면, 비구조화된 의사결정은 예외적이고 비정기적으로 발생하는 과업에서 나타난다.
- 구조화된 의사결정은 과업이 단순하고 구체적인 과업에서 나타나는 반면, 비구조화된 의사결정은 복잡하고 불분명한 과업에서 발생한다.
- 구조화된 의사결정은 판단을 위한 정보가 충분하며 분석이 용이한

상황에서 일어나며, 비구조화된 의사결정은 정보가 불충분하며 분석이 어려운 상황에서 일어난다.

- 구조화된 의사결정은 조직에서 미리 정해놓은 정책이나 규정에 의존해야 하는 반면, 비구조화된 의사결정은 의사결정의 기준이 되는 정책이나 규정이 없으므로, 의사결정자가 재량권을 가지고 상황 판단적이고 창의력을 가지고 의사결정을 해야 한다.
- 구조화된 의사결정은 주로 조직의 하위계층에서 일어나며, 비구조화된 의사결정은 대개 조직의 상위계층에서 하게 된다.

이와 같은 의사결정의 유형별 분류방법 중에서 특히 조직행동 측면에서 관심있게 살펴볼 부분이 바로 의사결정자의 조직 내 위치에 따른 구분이다. 즉, 조직계층별로 구분되는 의사결정의 종류와 그 특징들을 살펴보기로 하겠다.

2.2 조직계층별 의사결정

의사결정의 유형을 조직의 계층별로 구분할 수 있다. 조직의 가장 상위계층에서는 전략적 의사결정(strategic decisions), 중간계층에서는 전술적 의사결정(tatical decisions), 그리고 하위계층에서는 운영적 의사결정(operational decisions)을 한다.

전략적 의사결정은 경쟁사에 대응하기 위한 의사결정으로서, 제품가격의 결정, 판매시장의 결정, 새로운 생산기술의 도입, 자금조달정책의 결정, 조직재설계 그리고 기업의 장기계획수립 등과 같이 의사결정이 기업조직에 광범위하게 그리고 중장기적으로 효력을 발생시키는 것을 말한다. 전략적 의사결정은 기업의 사활에 결정적인 영향을 미친다.

전술적 의사결정은 전략적 의사결정을 실행에 옮기는 데 필요한 것으로서, 예를 들면 새로운 기술을 도입하는 방법, 시기 그리고 이를 위한 기술인력 양성 등에 관한 의사결정이다. 그리고 운영적 의사결정은 조직의 일상생활에서 발생하는 여러 문제 및 기회에 대처하기 위한 것이다. 예를 들면, 고객 질문에 대한 대처방법, 새로 도입된 기술의 확산방법 그리고 결근율을 줄이기 위한 방법의 결정 등이 이에 해당된다.

전략적 의사결정은 대개 비구조화된 의사결정이기 때문에 의사결정의

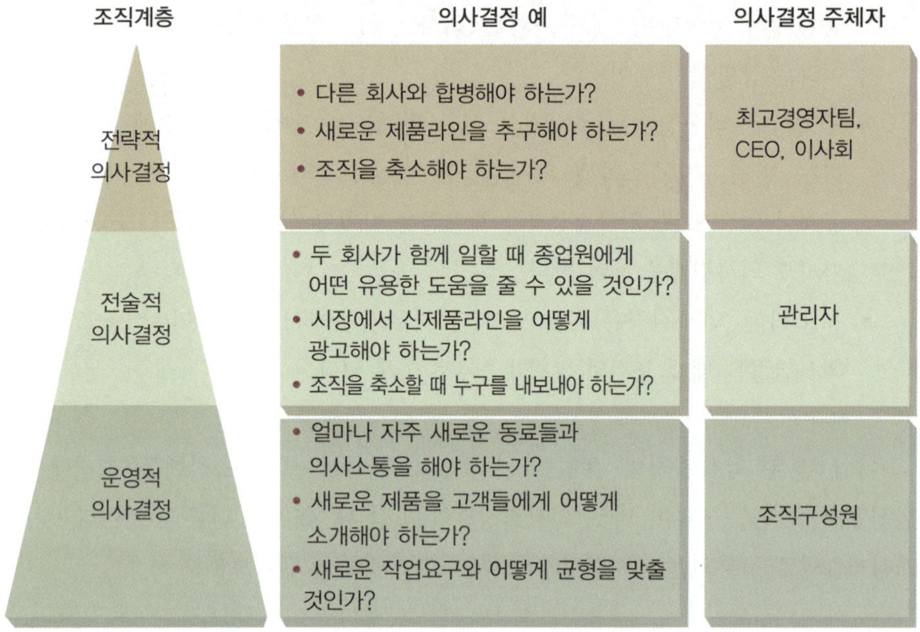

그림 8-1 계층별 의사결정 유형

질(quality)을 높이기 위해서 고도화된 정보 분석 능력 및 예측 능력이 요구된다. 반면에 운영적 의사결정은 주로 구조화된 의사결정이 이해 해당되는데 의사결정의 질을 높이기 위해서는 조직이 사전적으로 정해 놓은 규정 및 절차에 의해 해결하면 된다. 전술적 의사결정은 구조화된 의사결정이 어느 정도 포함되어 있지만 많은 부분은 비구조화된 의사결정의 내용을 가지고 있어서 의사결정의 질을 높이기 위해서는 의사결정자의 높은 능력이 요구된다.

3 의사결정 모델

의사결정을 하는 방법과 관련하여 여러 가지 모델이 있다. 고전적인 모델로서 합리성 모델, 이에 대한 수정모델로서 제한된 합리성 모델, 직관적 모델 그리고 쓰레기통 모델 등이 있다. 아래에서는 이러한 모델들의 내용을 살펴본다.

3.1 합리성 모델

의사결정에 있어서 합리성 모델(rational decision-making model)은 아래의 과정을 통해 이루어진다.

그림 8-2에 의거 합리성 모델에서의 의사결정 과정을 설명하면 다음과 같다.

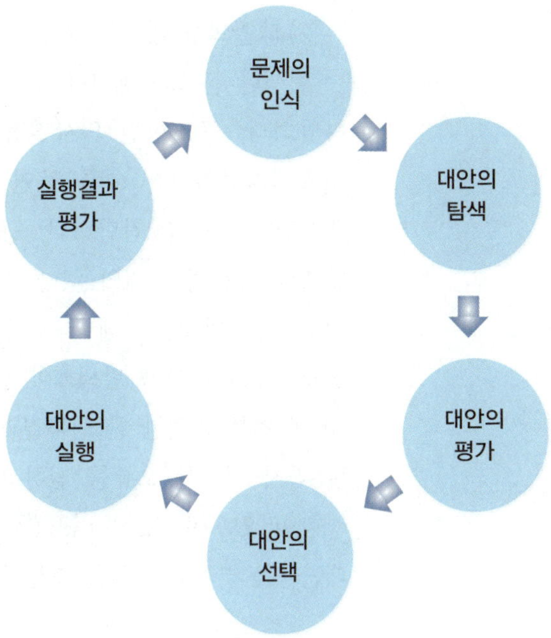

그림 8-2 의사결정의 합리성 모델

1) 문제의 인식

기업이 원하는 상태와 현재 상태 간의 차이가 존재할 때 문제가 발생한다. 예를 들면 자동차 판매대리점에서 한 달에 자동차를 100대 판매해야 하는데 이번 달에 80대밖에 팔지 못했을 때 문제가 되는 것이다. 이러한 문제를 인식하는 방법에는 세 가지가 있다.[5]

1. 과거에 발생한 사건을 기준으로 문제를 인식할 수 있다. 예를 들면 이번 1월에 판매한 매출액을 작년 1월의 그것과 비교하여 차이가 발생하면 이것을 문제로 인식하는 것이다. 문제의 인식기준은 바로 과거의 사건이 되는 것이다.
2. 계획적 접근으로서 어떤 시나리오를 가지고 미래에 발생할 사건(예 매출액)을 예측하고 현재 상태를 그대로 유지할 경우 매출액에 문제가 발생할 것을 사전에 예견해서 이를 해결하려는 방식이다.
3. 문제를 인식하는 데 있어서 타인의 지각에 의존하는 방법이다. 예를 들면 레스토랑 지배인이 제공하는 메뉴의 질과 종업원 서비스에 대해 고객이 불평할 경우, 이를 문제로 인식하는 것이다. 즉, 고객이 의사결정의 문제제기를 하는 경우이다.

기업조직에서는 위에서 제시한 문제 인식의 방법 중 어느 하나만을 선택하는 것이 아니고 여러 방법을 병행한다. 문제의 인식은 의사결정의 출발점이 되며, 문제를 인식한 후에는 이러한 문제발생의 원인이 무엇인지를 면밀하게 분석하고 해결을 위한 대안탐색 과정으로 넘어간다.

2) 대안의 탐색

발생한 문제를 해결할 수 있는 대안을 찾는 것은 문제의 유형에 따라 매우 다양하다. 구조화된 의사결정의 경우에는, 대안을 탐색하는 데 시간이 거의 소요되지 않는다. 예를 들면, 고객에게 제품 구입에 대한 안내서를 보내는 의사결정은 아주 간단하다. 규정에 나와 있는 대로 하면 되기 때문에 오류가 발생할 가능성이 거의 없다. 그러나 비구조화된 의사결정의 경우 대안 탐색은 훨씬 복잡하다. 문제 자체가 낯설고 특이한 것이기 때문에 의사결정자는 창의적으로 대안을 탐색해야 한다. 기업에서 행해지는 전략적 의사결정의 사례 400여 개를 분석한 한 연구결과에 의하면, 관리자들이 의사결정을 할 때 다음의 몇 가지 심각한 오류를 범하고 있다고 한다. 의사결정을 할 때 너무 서두르는 경향이 있으며, 당장 적용할 수 있는 아이디어에 매달리며, 여러 가치 있는 대안들을 찾는데 자원을 충분히 투입하지 않는다는 것이다.[6]

3) 대안의 평가 및 선택

대안에 대한 평가는 개별 대안들이 실행되었을 때 얻게 되는 결과를 분석하는 활동이다. 여기서 평가의 기준이 되는 것은 우선 경제성의 원칙을 들 수 있다. 이 원칙은 투입(input)과 산출(output)을 비교하여 투입보다 산출이 더 큰 경우를 말한다. 여러 대안 중 우리는 이러한 경제성 원칙에 의거하여 우선순위를 정하며, 이 가운데 가장 우수한 대안을 선택한다.

그러나 종업원의 만족도 저하와 같은 문제는 비화폐적인 것이기 때문에, 특정 대안을 실행했을 때 나타날 것으로 예측되는 결과를 화폐적으로 계산할 수 없다. 또한 어떤 문제가 조직에서 정치적인 속성을 가지고 있을 때 대안에 대한 경제성의 원칙을 적용하는 데는 한계가 있다. 예를 들면 부서장 간에 갈등이 생겼을 때, 이것의 원인이 권력 획득과 관련된 것이라면 이러한 사안에 대해서는 권한의 재배분 등의 조치를 취해야 하는데 이것의 결과를 경제성의 원칙하에 측정하기는 매우 어렵다.

4) 대안의 실행 및 실행결과의 평가

선택된 특정 대안을 실행에 옮길 때에는 실행할 도구 및 수단을 결정해야 한다. 예를 들면, 부서 간에 갈등이 발생했을 때 부서의 업무 내용을 조정함으로써 부서장의 권한을 재조정해야 하는데 부서의 업무내용을 부서장 간의 업무협의를 통해 조율할 것인가, 최고경영층이 일방적으로 할 것인가 혹은 특별위원회를 만들어서 논의할 것인가 등에 대한 의사결정을 말한다. 아무리 선택한 대안이 우수할지라도 이것을 실행하는 과정에 문제가 발생하면 소기의 목적을 달성하기가 어렵다.

마지막으로 선택한 대안을 실행한 후에 나타난 효과에 대한 평가를 해야 한다. 평가지표로서 정량적(quantitative)인 것뿐만 아니라 정성적(qualitative)인 것으로 나누어 볼 수 있다. 예를 들면, 신제품이 출시된 후에 매출액의 변화와 같은 정량적인 것뿐만 아니라 고객의 제품에 대한 만족도를 평가하는 정성적인 것이 있다.

의사결정에 있어서 합리성 모형은 이상에서 살펴본 바와 같이 어떤 문제가 발생하였을 때 위에서 제시한 의사결정과정을 단계적으로 거치는 것을 말한다. 이러한 모델은 의사결정을 할 때 과학적이고 이성적인 사고를 통해 문제해결을 위한 최적(optimal)의 대안을 찾을 수 있다는 것을 전제로 하고 있다. 이러한 접근을 규범적 모델(normative model)이라고 한다. 즉 현실에서 추구해야 하는 이상적인 모습을 요구하는 것이다. 그러나 이 모델은 현실적으로 아래와 같은 문제가 있다.

1. 우리는 조직에서 발생하는 문제를 정확히 인식하는 데 모든 정보를 획득할 수가 없다.
2. 비구조화된 의사결정인 경우, 우리는 이를 해결할 수 있는 모든 대안에 대한 정보를 확보하는 것은 불가능하다. 이상의 문제들 때문에 합리성 모델은 기업 현실에 적용하는 데 한계가 있다.

3.2 제한된 합리성 모델

합리성 모델에서는 인간이 의사결정을 할 때 거쳐야 하는 과정을 당위성(규범)측면에서 접근하고 있으나 제한된 합리성 모델(bounded rationality model)에서는 조직 내 구성원들이 실제로 하고 있는 의사결정을 대상으로 접근하고 있다. 조직에서 의사결정이 일어날 때, 의사결정자는 이에 대한 충분한 정보를 가지고 있지 않을 뿐만 아니라 의사결정자의 인지적 능력(cognitive ability)조차 충분하지 않기 때문에 합리성 모델에서 추구하는 최적의 의사결정(optimal decision)을 할 수 없다는 것이다.

의사결정자가 객관적인 합리성을 하기 어려운 이유

- 객관적 합리성은 모든 대안을 열거하기를 요구하는데, 현실적으로는 그 중 일부만 열거할 수밖에 없다.
- 객관적 합리성은 모든 대안 각각에 대한 실행 결과에 대해 완전한 지식을 요구하지만, 현실적으로 거기에 대한 의사결정자의 지식은 거의 단편적이고 불완전하다.
- 설사 실행 결과에 대한 지식이 완전하다 할지라도, 의사결정자는 한 순간에 모든 사안들을 완전하게 평가할 수 없다. 또한 평가체계가 변하지 않는다는 보장도 없다. 따라서 대안에 대한 평가는 정확성과 일관성이라는 측면에서 제한을 받게 된다.

이러한 이유 때문에 의사결정자가 내리는 의사결정은 최적인 것이 아니라 만족스러운 것(satisfactory)이 될 수밖에 없는 것이다.[7] 이를 관리인 모델(administrative decision model)이라고도 한다.

사실 조직에서 의사결정자는 문제를 인식할 때, 주어진 상황을 보다 단순화시키고 대략적인 분석을 하며, 문제와 관련된 모든 정보를 수집하지도 않으며, 대안을 탐색할 때도 가능한 모든 대안을 탐색하지 않는다. 또한 개별 대안이 가져다주는 결과들에 대한 정보를 모두 수집하지도 않는다는 것이다. 따라서 문제 해결을 위해 의사결정을 할 때, 객관적인 최선책을 발견하는 것이 사실상 불가능하기 때문에 주어진 정보와 인지적인 능력 안에서 특정 기준을 세워 대안을 선택하면 되는 것이다. 예를 들면, 건초더미에서 바늘을 찾을 때, 합리성 모델은 건초더미에 있는 모든 바늘을 다 찾아내어 그 중에 가장 뾰족한 것을 선택한다. 그러나 제한된 합리성 모델은 주어진 시간에 바늘을 여러 개 찾아내어 그 중 가장 뾰족한 것을 선택하는 것과 같다.

제한된 합리성 모델의 특징

- 조직에서 최적의 의사결정을 하기 위해서는 충분한 정보와 판단을 위한 지식이 있어야 하지만 현실적으로 그렇지 못하기 때문에 의사결정자는 특별한 경우를 제외하고는 최적의 의사결정을 위해 투입해야 하는 노력과 시간을 줄여 '만족스러운(satisfying)' 수준의 의사결정을 하게 된다.
- 의사결정자는 의사결정에 필요한 충분한 정보를 수집할 수 없기 때문에 점진적 조정(incrementalism)이라는 단순화 전략을 택하게 된다. 즉, 현재 상태와 원하는 상태 간의 차이를 한 번에 완전히 줄이는 것이 아니라 여러 차례에 걸쳐 이들 간의 간격을 조금씩 줄여나가는 방식의 의사결정을 하는 것을 말한다.[8]
- 제한된 합리성 모델하에서 의사결정자는 실제 발생한 문제가 매우 복잡함에도 불구하고, 이를 단순화시켜 접근하기 때문에 기업의 사활이 걸린 중대한 사안에 대한 의사결정 모델로서는 한계가 있을 수밖에 없다.

3.3 직관적 모델

의식적인 논리적 과정을 거치지 않고 의사결정을 하는 것을 직관적인 의사결정(intuitive decision making)이라고 한다. 한 연구에 의하면 조직의 일상생활에서 관리자의 89%가 가끔, 59%는 자주 직관적인 의사결정을 한다고 한다.[9] 직관이란 이성이나 논리적 추론을 통하지 않고 사물을 인식하는 것을 말한다. 이를 오감(five senses)에 추가하여 육감(six senses)이라고도 한다.

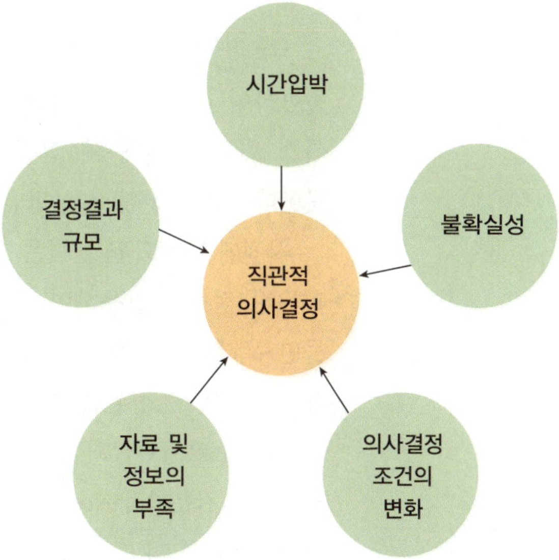

그림 8-3 직관적 의사결정이 일어나는 상황

의사결정에 있어서 직관적 모델은 의사결정자가 조직에서 시간적 압박을 많이 받을 때, 불확실성이 높을 때 또는 의사결정과 관련되는 조건들이 빨리 변화할 때, 현실적으로 자료와 정보가 너무 많거나 턱없이 부족할 때 그리고 의사결정이 가져다주는 결과가 가시적이고도 엄청날 경우 많이 적용된다.

이러한 모델하에서는 의사결정자가 합리적 모델에서처럼 여러 종류의 대안을 면밀하게 분석하는 것이 아니라 소위 말하는 '감(sense)'으로 의사결정을 한다. 생사를 빨리 판단해야 하는 소방수 팀장, 항공기 기장 그리고 간호사 등이 이러한 직관적 모델에 많이 의존한다. 물론 복잡한 정치 분야에서 일어나는 커다란 결과를 가져다주는 정치적 결단도 이에 해당된다.

그림 8-4는 직관적 의사결정 모델에서 직관이 형성되는 과정을 나타낸 것이다.[10]

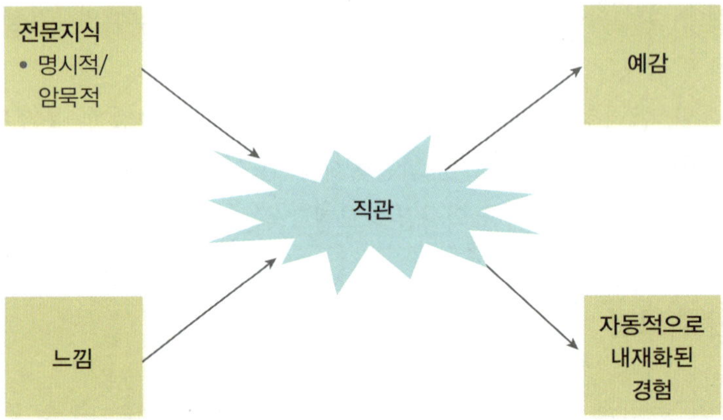

그림 8-4 직관의 형성과정

그림 8-4에서 보는 바와 같이 예감은 기억 속에 잠재적으로 존재하는 정보를 종합하여 나타난다. 이러한 예감을 사용하여 의사결정을 했을 때, 의사결정자는 특정 사안에 대해 왜 그런 의사결정을 했는가에 대한 논리적인 설명을 하지 못한다. 다만 "느낌"으로 판단했다고 말할 수 있는 것이다.

사전에 내재화된 경험은 현재 의사결정의 대상에 대해 과거 유사한 상황에서 획득된 정보를 활용하여 치밀한 분석 없이 의사결정을 하도록 유도한다. 예를 들면 우리가 수년간 운전한 경험이 있는 경우, 운전 중 급한 상황이 발생하였을 때, 의식적으로 상황을 분석하지 않고 반응하게 된다.

다음으로 그림 8-4에서 제시되듯이 직관의 형성요인으로는 명시적 내지 암묵적인 전문지식(expertise)과 느낌(feelings)을 들 수 있다. 전문지식은 어떤 대상, 사람, 상황 그리고 의사결정 사안에 대해 명시적 그리고 암묵적 지식을 종합한 것을 말한다. 이러한 지식은 대개 연령과 경험에 정비례한다. 반면에 느낌은 어떤 대상, 사람 등에 대해 자동적으로 부여되는 느낌을 말한다. 직관적 반응은 개인의 전문적 지식과 느낌의 상호작용을 통해 나타난다.

직관적 의사결정은 다음과 같은 장단점을 가지고 있다. 장점은 의사결정이 신속하게 이루어지므로,[11] 복잡하고 변화가 빠른 조직생활에 매우 유용하다 할 것이다. 반면에, 단점은 합리적 의사결정 모델과 비교해 볼 때 오류가 발생할 가능성이 높다는 것이다. 왜냐하면 유용성 오류(availability), 대표성 오류(representativeness) 그리고 과신오류(overconfidence) 등이 발생할 가능성이 높기 때문이다(이에 대해서는 의사결정 오류에서 자세히 설명할 예정임).[12] 뿐만 아니라 의사결정자는 자기가 내린 의사결정에 대해 타인에게 그 논리를 설명할 수 없기 때문에 타인은 이러한 의사결정을 인정하기보다 무시하는 경향을 보일 수 있다.

직관적인 의사결정에 대한 찬반의견이 팽팽하지만 조직에서는 모든 의사결정을 직관적으로만 할 수는 없다. 앞서 소개한 합리성 모델과 제한된 합리성 모델을 병행해야 할 것이다. 아래에서는 직관적 의사결정 모델의 핵심인 직관적 인지능력을 개발하기 위한 지침이 소개된다.[13]

표 8-2 **직관적 인지능력 개발방법**

제 안	내 용
1. 당신의 직관을 오픈하라.	당신의 직관을 어느 정도 경험해 봤는지, 당신의 느낌을 믿어보고 직관에 의한 판단에 의지해라. 예감을 숨기고, 은밀하게 직감을 믿을 것인가?
2. 위의 1번을 뒤죽박죽으로 만들지 마라.	본능, 통찰력, 직관은 같은 의미가 아니다. 당신의 본능, 통찰력, 직관을 구분하는 연습을 하라.
3. 좋은 반응을 끌어내라.	당신의 직관적인 판단에 대한 평가를 찾아보아라. 당신의 직관에 대한 신뢰를 쌓아라. 직관적 인지를 개발시킬 수 있는 교육환경을 형성하라.
4. 성공에 대한 감각을 익혀라.	당신의 직관에 대해 기준을 세우고, 당신의 예감이 얼마나 믿을 만한지 알아보아라. 스스로에게 당신의 직관적 판단이 용납될 수 있는지 자문하라.
5. 형상화해라.	말 대신 형상화하는 방법을 택하라. 말 그대로 상상해보는 잠재적인 미래의 시나리오는 자신의 직관을 고려하라.
6. 일부러 반대의견을 말하라.	자신의 직관을 시험해보라. 반대자들을 이끌어내어 이의를 제기하도록 하여, 위기상황에서 직관이 얼마나 탄탄한지 증명하라.
7. 당신의 직관을 붙들고 확인하라.	자신의 직관적인 생각이 방황할 수 있도록 내적 상태를 형성하여라. 자신의 직관을 얻고, 이성적인 분석에 의해 제지당하기 전에 이를 통과시켜라.

위에서 설명한 다양한 의사결정에 대한 모델들은 기업조직에서 의사결정을 해야 할 상황에 직면했을 때 어떤 룰(rule) 또는 어떤 방식으로 하는 것이 보다 현실적이고 효과가 있는지에 대해 각각 나름대로의 주장을 하고 있다.

그러나 Olsen은 기존의 의사결정 모델들을 전면 부인한 바 있는데 그의 주장의 요지는 다음과 같다.[14] 조직에는 목표와 규정이 명확하지 않은 경우가 많으며, 환경이 급변하여 해야 할 의사결정은 수없이 많은데 이를 우선순위를 정하여 해야 함에도 불구하고 그렇지 못하다는 것이다. 또한 의사결정자가 근본적으로 의사결정에 필요한 정보를 충분히 가지고 있지도 않으며, 언제 직무이동을 할지도 모르기 때문에 잠정적인, 적당한 의사결정을 한다는 것이다. 따라서 실제 조직에서는 위에서 제시한 의사결정 모델이 제대로 작동되지 않고, 의사결정 사안들이 마치 쓰레기통에 한꺼번에 뒤엉켜 있다는 소위 쓰레기통 모델(garbage can model)에 비유할 수 있다고 주장한 바 있다. 그러나 그의 관점은 조직에서의 의사결정이 일어나는 현실을 강조한 것이지 어떤 논리체계를 가진 의사결정 모델이라고 보기는 어렵다.

표 8-3에서는 위에서 설명한 의사결정 모델들의 장단점과 조직에서 언제 적용되는지에 대한 예가 제시된다.[15]

표 8-3 의사결정 모델들의 장단점

모 델	장 점	단 점
합리성 모델	• 의사결정자들에게 대안을 찾기 전에 기준을 설정하도록 함 • 모든 대안에 대해 탐색 후, 수익을 극대화하는 최적선택을 하도록 함	• 정보과다로 인한 분석이 힘듦 • 마땅히 해야 할 선택에 대해 이해했다는 전제 • 가능한 모든 대안을 알아야 함 • 지각 편견이 없다는 전제 • 최적선택을 하려는 의사가 있다는 전제
제한된 합리성 모델	• 인지 시간과 노력을 아낌	• 얻어진 해결책은 최적의 선택이 아닐 수 있음
직관적 모델	• 사안에 대한 인지 시간과 노력을 아낌	• 의사결정자가 이전에 관련된 교육, 경험, 혹은 지식이 없으면 잘못된 결정을 초래할 수 있음

표 8-4에서 볼 수 있듯이 의사결정 모델들 중 어느 것이 가장 우수한 것인가는 한마디로 말할 수 없다. 개별 모델을 선택할 때는 조직에서 의사결정 사안을 둘러싸고 있는 여러 상황들(예 의사결정 문제의 유형, 위험 부담 수준 그리고 허용되는 시간 등)이 고려되어야 하겠다.

표 8-4 의사결정 모델들의 선택 상황

모 델	모델의 적용시기
합리성 모델	• 대안에 대한 정보를 수집할 수 있고, 계량화가 가능한 경우 • 의사결정이 매우 중요한 경우 • 결과를 극대화하기를 원할 때
제한된 합리성 모델	• 최소한의 판단기준이 명확할 때 • 많은 시간을 투자할 필요가 없거나 중대한 사안이 아닐 때 • 의사결정 결과에 대한 극대화의 필요가 없을 때
직관적 모델	• 목표가 불분명할 때 • 시간제한과 정보과다로 인해 분석이 어렵고 비용이 많이 들 때 • 유사한 문제에 대한 경험이 있을 때

4 의사결정의 전형적 오류

위에서 제시한 여러 가지 의사결정 모델을 조직에 적용하더라도 전형적으로 나타나는 오류들이 있다.[16] 아래에서는 몇 가지 오류들을 살펴본다.

4.1 과신 오류

과신 오류(overconfidence bias)는 의사결정자가 자신이 미래에 일어날 의사결정 결과들에 대해 예측을 충분히 할 수 있다고 자신의 능력을 과신할 때 일어난다. 한 연구에 의하면 응답자의 82%가 자신의 자동차 운전 실력이 매우 높다고 생각하며, 하버드 대학생의 86%가 자기가 동료 학생들보다 외모가 더 잘 생겼다고 생각한다. 또한 많은 의사는 병을 치료하는 데 자신의 능력을 과대평가하고 있다.

복권을 구입하는 사람들도 자기가 당첨될 확률을 실제보다 매우 높게 생각한다. 사실 어떤 사람이 20km를 운전하다가 사고가 날 확률은 복권에 당첨될 확률보다 3배 이상 높다고 한다.[17]

이렇게 미래에 대한 예측능력을 과신하는 사람들은 조직 내 협상에서 실패할 가능성이 높다. 이러한 오류를 줄이기 위해서는 의사결정을 할 때, 시간을 충분히 가지고 자신의 판단을 보다 현실에 근접하게 하도록 노력해야 할 것이다.

4.2 유용성 오류

유용성 오류(availability heuristic)는 의사결정자가 과거 자기가 수집한 정보, 즉 기억되기 쉬운 정보만을 가지고 의사결정을 하는 경향을 말한다. 여기서 활용되는 정보란 최근에 발생한 것, 비행기 사고와 같은 현저성(salient)이 높은 것, 그리고 사건이 강렬한 감정을 야기시킨 것(예 초등학생이 동료학생을 살해한 경우 등) 등과 같은 정보가 의사결정자의 기억에 남아 이것이 의사결정에 영향을 끼치는 경우를 말한다.

이러한 정보들은 자주 접하게 되고 쉽게 기억되므로 의사결정자에게 보다 유용한 것으로 인지되는 것이다. 사실 여러 정보들이 어떤 것은 극단적일 수 있음에도 불구하고, 쉽게 기억에 남기 때문에 이를 의사결정에 주로 활용하게 된다. 예를 들면, 백화점에서 냉동 후식(desserts)의 판매량이 최근 현저하게 감소되었는데 담당영업 직원이 지난 주 잡지에서 다른 제품이 광고를 통해 매출이 향상되었다는 기사를 읽고 자기도 이렇게 하면 성공할 수 있을 것이라고 판단하는 경우이다. 이러한 경우는 매우 예외적인 사건임에도 불구하고 이것이 최근에 일어난 일이라 기억에 남아 쉽게 의사결정을 하는 데 손쉽게 활용해 버리는 것이다. 즉 광고의 유용성(availability)을 과대평가하는 것이다.

4.3 대표성 오류

대표성 오류(representativeness heuristic)는 과거의 어떤 사건이 현재의 비슷한 다른 상황에서 같은 효과를 낼 것이라고 생각하는 데서 나온다. 즉, 과거의 사건이 대표성을 가지게 되고 의사결정자는 이를 기준으로 다른 의사결정을 하는 것이다. 예를 들면 화장품 회사에서 최근 생산한 핸드크림이 국내에서 호응을 얻으니까 미국에서도 잘 팔릴 것이라고 생각하는 경우이다. 과거의 특정 사건을 현재의 의사결정의 기준으로 삼는 것은 어떻게 보면 효과가 있을 것으로 보이지만, 많은 경우에 이러한 의사결정을 할 때 고려해야 할 추가적이 정보를 등한시하게 되어 의사결정의 질을 떨어뜨린다. 예를 들면 핸드크림의 경우, 우선 다른 외국 국가들에 소량으로 판매한 후에 결과를 비교하여 이를 잘 팔 수 있는 국가들을 찾아야 할 것이다. 즉, 의사결정을 할 때 기본적으로 필요한 정보를 다양한 원천에서 수집해야 대표성 오류를 피할 수 있다.

4.4 고착과 조정 오류

고착과 조정 오류(anchoring and adjustment heuristic)는 의사결정을 위해 정보를 수집할 때 처음 수집된 정보가 의사결정의 기준이 되는 것이다. 설사 이 정보가 현재의 의사결정과 직접적으로 관련되지 않는 경우도 발생한다. 의사결정자는 이러한 초기 정보를 기준으로 의사결정의 결과치에 약간의 수정을 가하여 최종 결과치로 판단한다. 이것은 최초에 선택한 정보(수치)에 약간의 오차가 있을 때 결과치에 많은 오차를 가져다주기 때문에 오류의 심각성이 크다고 볼 수 있다. 예를 들면 내년도 시장상황을 분석하지도 않고 내년도 매출액 내지 예산을 올해를 기준으로 5% 증가라는 고착된 접근을 하는 경우이다. 여기서는 예산을 제로기준(zero base)으로 하지 않게 된다. 또한 특정 부서 종업원의 연봉을 책정할 때, 그 부서의 업적이 매우 높음에도 불구하고 회사의 방침인 예산의 5% 증가의 틀 안에서 연봉을 인상하게 된다.

4.5 인지 오류

인지 오류(framing bias)는 정보를 인지적으로 처리하는 과정에서 발생하는 오류를 말하는 것으로 특정 사건 내지 문제가 제시되는 형태에 따라 의사결정이 달라지는 것을 말한다. 즉, 동일한 문제에 대해 부정적인 문장이 제시된 경우 위험 회피적(risk aversing)인 의사결정을 하고, 긍정적인 문장으로 제시될 경우에는 위험 추구적(risk-taking)인 의사결정을 한다는 것이다. 예를 들면, 소비자가 구매에 대한 의사결정을 할 때 백화점에서 어떤 제품이 20% 세일이라는 표시가 붙은 제품과 동일한 제품이지만 다른 백화점에서는 이러한 표시 없이 20% 낮은 가격으로 책정하여 판매할 경우, 고객은 20% 세일 표시가 붙어 있는 백화점의 제품을 구입한다는 것이다. 또 다른 예로서 백화점에서 소고기 부위를 판매할 때, '이 소고기는 85% 살코기, 15% 지방으로 구성됨'이라는 팻말에다 살코기 85%라는 긍정적 정보를 줄 때와 팻말에 지방 15%라는 부정적 정보를 줄 경우 살코기 85%라는 긍정적 정보만을 제공할 때 매출수준이 훨씬 높아진다. 의사결정자가 이러한 오류를 줄이기 위해서는 정보가 제공될 때의 여러 측면을 면밀히 검토해야 한다.

4.6 몰입상승 오류

몰입상승(escalation of commitment) 오류는 경영자가 어떤 의사결정이 잘못되었음을 인지한 후에도 시간, 노력, 자원을 계속 투입하여 결국에 가서는 조직에 큰 해를 입히는 경우를 말한다. 이러한 오류는 다음의 단계를 거치면서 나타난다. 첫째, 의사결정자는 부정적인 결과를 가져다주는 의사결정을 한다. 둘째, 의사결정이 잘못되었음을 알고도 자원을 더 투입한다. 셋째, 결국에 가서는 의사결정에 대한 커다란 손해가 발생한다. 예를 들면 어떤 사람이 중고 자동차를 구입한다. 얼마 지나지 않아 잔고장이 나기 시작하고, 그는 이 자동차를 잘못 구입했다는 것을 알게 된다. 그럼에도 불구하고 자동차가 고장날 때마다 수리비를 지출한다. 나중에 가서는 그동안 지출된 수리비로 새 차를 구입할 수 있을 정도로 많이 발생한다. 기업의 경우 몇 년 전 미국정부가 잘못된 의사결정임을 알아챘음에도 불구하고 제너럴 모터스 자동차 회사에 130억 달러를 지원하였으나 그 회사는 결국 재정적으로 개선되지 못했다.[18]

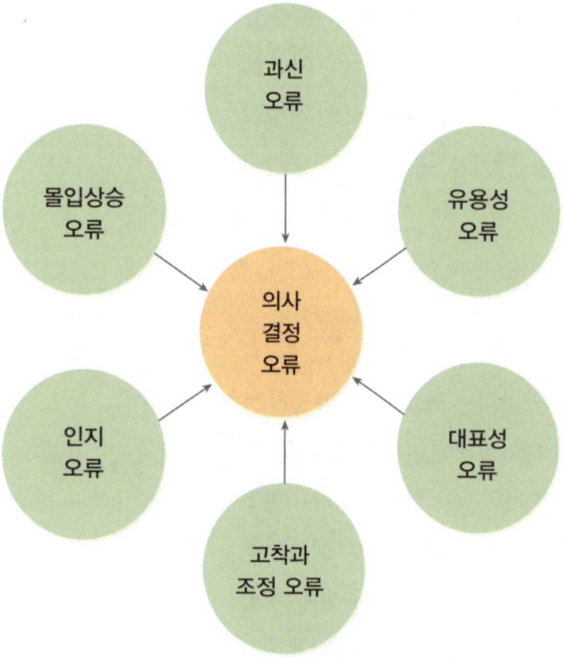

그림 8-5 의사결정의 오류

몰입상승의 오류가 발생하는 원인으로서 의사결정자의 자기 합리화, 도박에서처럼 승률에 대한 착각, 지각결함이라든지, 매몰

비용(sunk cost)에 대한 집착 즉 '지금까지 들인 공이 얼마인데' 라고 생각하며 실패를 인정하지 않는 태도 등을 들 수 있다.[19]

몰입상승의 오류를 줄이기 위해서는 다음의 몇 가지를 제안할 수 있다.

- 의사결정을 할 때, 한번에 커다란 결과가 나올 수 있는 것을 피하고 목표를 여러 작은 것들로 쪼개어 설정한다.
- 어떤 프로젝트가 운영될 때 의사결정 권한을 관리자들이 돌아가며 갖는다.
- 의사결정을 할 때, 차후에 발생하는 비용을 장기적으로 계산한다.
- 집단의사결정 제도를 도입하여 위에서 언급한 오류의 원인이 발생하는 것을 최소화한다.[20]

이상에서 살펴본 다양한 오류현상은 개인의사결정에서는 물론이고 집단의사결정에서도 빈번하게 나타난다. 특히 집단의사결정의 특수한 상황과 위의 오류 요소들이 결합되는 경우에는 잘못된 의사결정의 파급효과가 매우 심각해지는 경우도 빈번하다.

시민의식이 성숙되고 대중의 지적수준도 높아진 현대사회에서는 집단의사결정에 대한 관심이 더욱 높아진다. 일정수준 이상의 학력을 갖춘 균질한 조직구성원들이 모인 기업조직에서도 마찬가지이다. 더욱이 최근에는 경영환경의 불확실성과 조직의 분권화 등으로 집단의사결정의 효율성이 강조되면서 이에 대한 관심 또한 증폭되고 있다. 그러나 집단의사결정은 그 유용성만큼이나 부작용도 만만치 않은 것이 문제이다. 아래에서 좀 더 자세히 살펴보겠다.

5 집단의사결정

정치분야에서 집단의사결정의 역사는 매우 길다. 예를 들어 로마시대 원로원에서의 의사결정이나 신라시대의 화백제도하에서의 의사결정 등이 있다. 집단의사결정제도를 도입하는 가장 큰 이유는 의사결정이 국민이나 국민을 대표하는 사람들에게 수용되어야 하기 때문이다. 기업조직의 경우,

의사결정자에게 부여된 의사결정 권한이 명확하며 정당성을 확보하고 있기 때문에 전통적으로 의사결정자 개인이 의사결정을 해오고 있다. 개인의사결정은 많은 장점을 가지고 있다. 예를 들면 의사결정을 내리는 데 개인의 책임이 명확하며, 의사결정을 신속히 내릴 수 있다.

또한 의사결정자는 해당 조직 혹은 집단에서 성과가 높고 가장 능력 있는 사람이기 때문에 의사결정의 질(quality)이 높은 편이다. 반면에 개인의사결정은 단점도 가지고 있다. 예를 들면 개인의 정보력이나 능력의 한계로 대안 탐색이 제한될 수 있으며, 개인의 성격이나 판단착오로 의사결정이 제때에 이루어지지 않을 가능성도 있다. 아주 우수한 개인의 경우 의사결정의 질이 확보될 수 있겠지만 많은 경우에 의사결정의 질을 보장하는 데 한계가 있을 수 있다. 이러한 이유로 오늘날 기업과 같은 규모가 크고 모든 것이 복잡한 상황에서는 의사결정을 개인에게만 의존하는 데 한계를 인식하고 집단의사결정제도를 도입하게 된다. 아래에서는 집단의사결정의 기능과 집단의사결정 기법 등을 살펴본다.

5.1 집단의사결정의 기능

집단의사결정은 순기능적인 측면뿐만 아니라 역기능적인 측면도 존재한다. 순기능적인 측면으로서 집단구성원 각각이 가지고 있는 다양성으로 인한 이점, 의사결정 결과에 대한 집단구성원의 수용성 증대 그리고 집단구성원들이 의사결정을 하는 과정에서 서로 상호작용을 하게 되고 이를 통해 개인이 집단구성원들을 통해 많은 것을 학습할 수 있다는 장점 등이 있다. 아래에서는 먼저 집단의사결정의 순기능적인 측면을 살펴본다.

1) 다양성으로 인한 이점

집단구성원들은 의사결정을 할 때 자신이 보유하고 있는 지식 및 기술, 정보 그리고 전문성을 동원하게 된다. 이러한 것들은 개인의사결정자가 보유하고 있는 것과는 비교하기 어려울 정도로 그 폭이나 깊이 측면에서 월등히 많을 수밖에 없다. 경영에 있어서 신화적인 존재였던 GE사의 CEO인 잭 웰치 역시 본인이 아무리 탁월한 능력을 가지고 있다 해도 자체 생산하는 세탁기를 보다 현대화시키는 데 투자규모가 7000만 달러나 소요되는 프로젝트를 혼자서 결정할 수는 없는 것이다. 이러한 의사결정을 하는 데에는 제품에서 요구되는 신기술,

제조공정에 필요한 여러 기술 그리고 투자자금을 조달하는 데 발생하는 여러 문제들에 대한 정보가 필요하며, 이러한 정보를 평가해야 한다.[21] 따라서 그는 여러 관리자들과 같이 제조원가, 제품개발 비용 그리고 품질 등을 협의하지 않을 수 없다.

의사결정에 참여하는 집단의 다양성(연령, 인종, 성별, 전공, 경험 등)은 의사결정을 내리는 데 있어서 대안의 평가 등에 대해 다양한 관점에서 접근하게 된다. 예를 들면, 새로운 자동차 모델을 설계할 때 과거에는 남성위주로 의사결정에 참여하였으나 이제는 여성 및 문화가 상이한 곳에서 온 조직구성원이 참여함으로써 신종 자동차의 글로벌화에 대한 창의적이고 가치있는 아이디어를 제공할 수 있는 것이다.

2) 오류 발견의 용이성

집단의사결정에 참가하는 구성원들은 보다 다양하고 폭넓은 경험을 가지고 있기 때문에 어떤 의사결정에 필요한 정보 수집이나 평가 과정에 있어서 오류를 찾아내는 데 보다 유리하다. 예를 들면 수집한 정보의 진위 여부나 대안 평가에 있어서 어떤 문제를 구성원 개인이 지적하면 이를 다른 구성원이 검토하고 토의하여 의사결정 과정에 발생할 수 있는 오류를 줄이는 등 중요한 역할을 한다.

3) 의사결정에 대한 수용성 증대

의사결정이 내려지면 이것을 실행에 옮겨야 하는데, 이 단계에서는 조직 내 여러 부서 내지 개인이 관련된다. 예를 들면 근무시간대 변경, 초과근무 결정 등의 경우 상부에서 일방적으로 결정하게 하면 종업원들의 강력한 저항에 부딪친다. 앞에서 예를 들었던 GE사의 경우 잭 웰치는 세탁기를 현대화시키는 프로젝트를 관리자들뿐만 아니라 노조 대표들과 공동으로 협의하여 의사결정을 하였기 때문에 이러한 결정이 실행에 옮겨지는 데 종업원들의 저항이 없었다.

4) 집단구성원의 학습효과

집단의사결정에는 많은 사람들이 해결해야 할 문제에 대한 정보 수집 및 평가, 대안의 탐색 그리고 이러한 대안들에 대한 평가 활동이 이어진다. 의사결정에 참여한 이러한 과정에서 다른 구성원들과의 커뮤니케이션을 통해 상호작용하게 된다. 이러한 과정을 통해 개인은 다른 사람이 생각하고 있는 것 혹은 문제를 분석하는 관점 등 많은 것을 배울 수 있게 된다. 그 결과 집단의사결정에 참가하는 구성원들은 의사결정 과정을 통해 공동으로 지식 및 평가 능력을 공유하게 되는 것이다.[22]

한편, 집단의사결정은 위에서 제시한 순기능적인 측면만 있는 것이 아니다. 아래에서는 집단의사결정의 역기능적인 측면을 살펴본다.

과도한 시간 소모

개인이 하게 되면 30분 걸릴 사안도 집단의사결정을 할 경우 몇 시간 걸리는 경우가 종종 있다. 회의에서는 큰 소리를 지른 사람, 한번 발언권을 얻으면 끊임없이 얘기하는 사람 등을 볼 수 있다. 사실 집단이 의사결정을 하면 개인이 하는 것보다 대체로 시간이 몇 배 소요된다. 이러다 보면 의사결정 참가자들의 집중력이 떨어지고 권태감을 느끼기도 하여 의사결정의 질이 저하될 소지가 있다.

책임의 분산 현상

기업조직에서는 대개 위원회를 만들어 집단의사결정을 하는데, 여기서 이루어진 의사결정이 잘못되었을 때 그 책임을 위원회 공동으로 지게 된다. 물론 위원회에 속한 개개인이 책임을 져야 하는데, 대개의 경우 개인은 위원회에서 자신의 의견과 다르게 의사결정이 이루어졌다고 항변한다. 특히 불확실성이 높아 스트레스를 많이 유발하는 의사결정의 경우, 이의 결과가 조직에 커다란 영향을 끼칠 수 있는 사안에 대해서는 개인은 자신의 의견이 조직에 매우 유익할 수 있음에도 불구하고 발언을 꺼리게 된다. 사실 집단의사결정에서 나타나는 책임의 분산현상은 조직의 입장에서 볼 때는 문제가 되겠지만 의사결정에 참가하는 개인에게는 자신의 보호막으로 작용할 수 있다. 이것은 조직에서 사회적 태만(social loafing), 즉 개인이 집단에서 열심히 일하지 않으려는 현상을 가져다준다.

집단 양극화 현상

집단 양극화(group polarization)는 집단의사결정 참가자들이 토론을 하는 중에 구성원들 간에 극단적인 쏠림이 나타나는 현상이다.[23] 어떤 의사결정에 있어서 채택하려고 하는 대안들은 대개 위험 부담이 매우 높은 대안, 보통수준의 대안 그리고 위험 부담이 낮은 보수적인 대안들이 있게 마련이다. 여기서 위험 부담이 높은 대안을 지지했던 사람들은 회의 후에도 이러한 대안을 더욱 고집하고, 반대의 것을 지지했던 사람 역시 회의 후 자신들의 입장을 더욱 공고히 하게 된다. 의사결정이 다음 회의로 넘어갈 경우 중간수준의 위험 부담의 안을 지지했던 구성원들이 대개 원래의 입장을 바꾸게 되는데, 한편은 고위험 대안 쪽으로, 다른 한편은 저위험 대안으로 생각을 바꾸게 된다. 결국 의사결정에 참여하는 참가자들의 의견은 두 쪽으로 명확히 갈라지는 것이다. 이렇게 될 경우, 최종 의사결정이 내려진다 해도 갈라진 두 집단 간에 갈등이 생겨 다른 사안에도 영향을 미치게 된다.

여기서 위험 부담이 높은 대안을 택하는 사람들의 심리를 들여다보면 의사결정에 대한 책임의 분산이 영향을 미친다. 즉 실패에 대한 책임을 자신들만 지는 것이 아니라고 생각하는 것이다. 또 다른 이유로서 개별집단은 자신들이 첫 번째 지지했던 대안이 최고라는 생각—일종의 몰입상승 효과—을 하게 되고, 이것을 수정하면 체면이 손상된다는 생각을 하기 때문이다.

집단사고

집단사고(group think)는 Janis가 원래 미국 정부에서 나타나는 잘못된 의사결정을 분석한 후, 이러한 의사결정이 일어나는 데 집단사고라는 현상이 존재하였음을 밝힌 바 있다.[24] 사례 1에서 소개된 미국의 쿠바 해안 침공사건 그리고 미국이 베트남 전쟁에 참전하는 의사결정의 과정에서 백악관 참모들의

CASE 1

미국은 1959년 쿠바에 카스트로 공산정권이 들어서자 이를 붕괴시킬 계획을 세웠다. 당시 케네디 미국 대통령은 군사안보 전문가들과의 회의를 거쳐 1961년 '피그스만 상륙작전'을 감행한다. 미국으로 망명 온 쿠바인 1400여 명을 피그스만에 상륙시켜 카스트로 정권을 전복하자는 것이었다. 언뜻 봐도 무모해 보이는 이 계획은 놀랍게도 반대 없이 통과되었다. 미국은 사흘 만에 118여 명의 사상자를 내고 1189명을 포로로 내주었다. 당시 작전 결정에 참여한 케네디 대통령, 딘 러스크 국무장관, 로버트 맥나마라 국방장관, 맥조지 번디 안보 보좌관, 앨런 덜레스 CIA 국장 등은 모두 친구 사이였다. 또한 성장 배경도 비슷했고 출신 대학도 대부분 하버드대였다. 그들은 금세 작전 시행으로 의견을 모았고, 실패할 가능성은 상상조차 하지 않았다. 동질적인 군사안보 전문가들로만 구성된 집단에서는 회의에서 의견의 일치만 추구하고 비판을 배제한 탓에 합리적인 의사결정에 실패한 것이다.

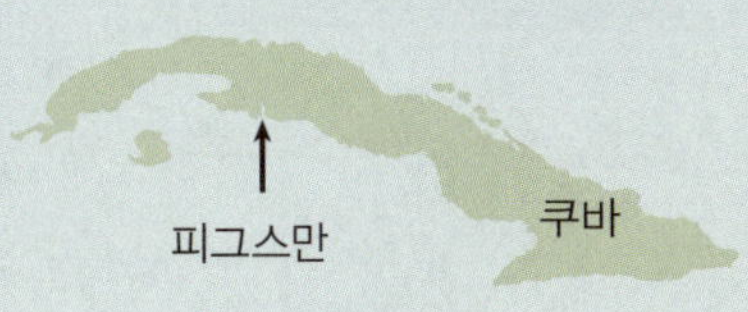

집단사고 현상이 발견되었다. 또한 미국이 1986년도에 발사한 인공위성 첼린저호가 그 준비 과정에서 사소한 몇 가지 결함이 발견되었으나, 준비의 권한을 가졌던 당시 집단의사결정자들이 이를 무시한 결과 인공위성이 발사된 후 73초 만에 폭발하여 승선자 7명 전원이 사망하기도 했다.

집단사고란 응집력(cohesiveness)이 높은 집단에서 위험수준이 높은 잘못된 의사결정을 하도록 유도하는 집단압력 현상을 말한다. 여기서 집단응집력이란 집단구성원이 자기가 속해 있는 집단에 대해 가지고 있는 매력의 정도를 말한다. 따라서 응집력이 높은 집단에서는 구성원들이 서로에게 가치를 느끼고 각자가 해당 집단 성원으로서 남아 있기를 원하게 된다. 이러한 상황에서 어떤 의사결정을 하게 될 때, 집단사고가 흔히 나타나 집단구성원은 특정 대안에 대해 깊이 따져보지 않고 무조건 찬성하게 된다. 이러한 행동은 집단구성원이 해당 의사결정에 대한 통제력 내지 도덕성 측면에서 과장되게 집단을 믿어버림으로써 나타나게 된다. 이런 경우 그 집단은 대개 외부에 대해 폐쇄적인 자세를 취하고, 의사결정에 필요한 정보를 꼼꼼히 따져 보지도 않는다. 이러한 현상은 해당 집단이 외부로부터 고립되어 있거나 의사결정에 대한 시간적 압박과 위험이 높아져 구성원들이 극도의 스트레스를 느낄 때 빈번하게 나타난다. 결국 이들은 잘못된 의사결정을 하게 되는 것이다.

집단사고의 발생 징후

- 집단구성원들은 매우 낙천적이며, 과도한 위험부담을 추구하는 경우이다. 이들은 자기들이 비판받아서는 안 된다는 환상을 가지고 있다(illusion of invulnerability).
- 자기들이 내린 결정은 도덕적이라는 환상을 가지고 있다(belief in inherent morality).
- 자기들이 내린 의사결정은 합리적이라고 생각하고 이를 반박할 수 있는 정보들에 대해서는 무시한다(collective rationalization).
- 이들은 다른 의견을 가진 집단에 대해 적(enemy) 또는 바보로 보는 상동적 태도를 가지고 있다(stereotypes).
- 이들의 의사결정 과정에 각각이 개인적으로 집단의 의견에 반대되는 생각을 하고 있어도 이를 표시하지 않는다(self-censorship). 다시 말하면 감히 비판하지 않는다. 집단토론에서는 대개 강경론자가 분위기를 장악하는데

누가 반대 의견을 내면 심하게 공격하고, 심지어 배신자라는 낙인을 찍는다. 이러한 분위기는 반대의견이 개진되는 것을 차단한다.

- 이들은 의사결정에 있어 만장일치가 이루어져 있다는 환상을 가지고 있다(illusion of unanimity). 반대자는 발언을 하지 않고 중립인 사람은 찬성하는 것으로 해석하게 된다.
- 집단의사결정에 대해 의문을 가지는 구성원에게 집단이 의사결정에 동조하도록 압력을 가한다(direct pressure on dissenters).
- 이들은 집단의 의사결정에 불리한 정보가 나타날 경우, 이를 숨김으로써 집단 속에서 자신의 안전을 추구한다(emergence of self-appointed mind guards). 이렇게 됨으로써 집단에 부정적인 정보는 흐르지 못하게 되는 것이다.

이상에서 제시한 집단사고의 징후들은 그림 8-6에서 제시된다.

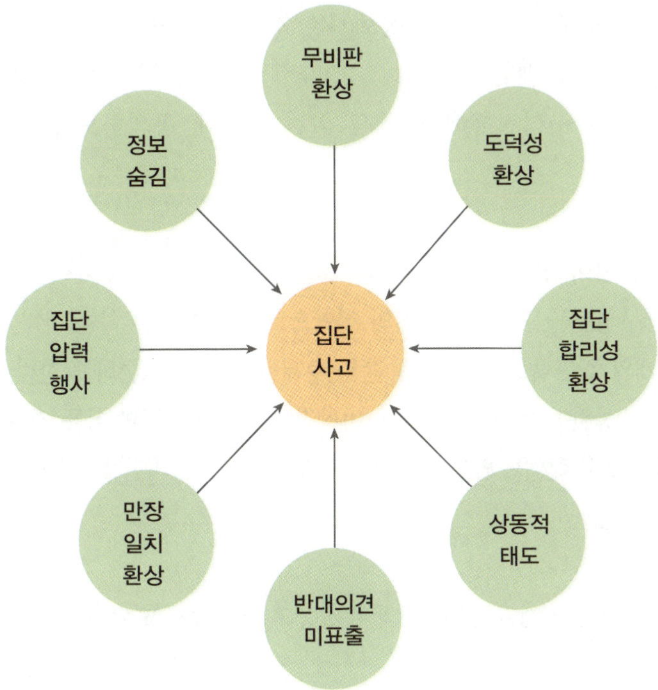

그림 8-6 집단사고의 징후

이러한 집단사고 현상을 막기 위해 집단, 집단구성원 그리고 집단의 리더가 해야 할 일은 다음과 같다.[25]

집단이 해야 할 일

- 집단은 토론 중 집단사고의 징후가 나타나는지를 살펴보고, 우려되는 징후가 나타날 경우 이를 막을 수 있는 노력을 한다.
- 대안에 대해 반대 의견을 반드시 내야 하는 사람을 돌아가며 정한다.
- 해당 집단에 소속해 있지 않은 외부 전문가를 참석하게 하여 의견을 듣는다.
- 토론에서 상이한 의견들이 인정될 수 있는 분위기를 만든다.

집단구성원이 해야 할 일

- 집단사고의 징후가 될 수 있는 행동을 자신이 하는지를 점검한다.
- 자신이 토론의 방향에 반대되는 의견을 가지고 있음에도 이를 개진하지 않는지를 점검한다.
- 자신이 토론에 부정적인 정보(나쁜 정보)를 가지고 있으면서 이를 감추고 있는지를 점검한다.
- 다른 집단구성원들에게 특정 의견에 대해 동의하도록 압력을 가하지 않는다.

집단 리더가 해야 할 일

- 집단구성원들을 가끔 두 개의 집단으로 나누어 토론하게 한다.
- 두 개의 집단들로 하여금 똑같은 주제를 가지고 토론하게 한다.
- 집단구성원이 어떤 안에 대해 비판적인 발언을 할 때 이를 격려한다.
- 가끔 공개토론을 멈추고, 대안에 대한 각자의 의견을 익명으로 제출할 수 있도록 한다.

지금까지 설명한 집단의사결정의 순기능과 역기능이 표 8-5에 요약된다.

표 8-5 집단의사결정의 순기능과 역기능

순기능	역기능
• 집단구성원의 다양성 이점 • 오류 발견의 용이성 • 의사결정에 대한 수용성 증대 • 집단구성원의 학습 효과	• 의사결정에의 과도한 시간 소모 • 책임의 분산 현상 • 집단 양극화 현상 • 집단사고

5.2 집단의사결정 기법

집단의사결정에 자주 사용되는 몇 가지 유용한 기법들을 살펴보면 다음과 같다.

1) 브레인스토밍

브레인스토밍(brainstorming)기법은 타인의 아이디어에 대해 비판하지 않음으로써 집단구성원들이 자유롭게 창의력을 발휘하는 데 효과가 있는 기법이다. 이 기법은 문제해결을 위한 대안을 제시하는 데 어떠한 제약을 두지 않고 집단구성원들이 자유롭게 의견을 낼 수 있도록 유도한다. 이는 다음과 같이 진행된다.[26]

1. 원탁의 탁자에 앉아 서로 돌아가면서 아이디어를 낸다. 구성원 중 한 명은 제안된 아이디어를 다른 사람들이 모두 볼 수 있도록 차트에 기록한다.
2. 집단구성원들은 타인이 아이디어를 부담 없이 발언할 수 있는 분위기를 만든다. 다른 사람의 아이디어가 설사 문제 해결과 전혀 관계가 없을지라도 절대 비판하지 않는다.
3. 집단구성원들은 다른 사람들이 아이디어를 가능한 한 많이 낼 수 있도록 심리적인 지원을 제공한다. 회의에서는 아이디어의 질적인 측면보다 양적인 측면을 강조한다. 즉, 아이디어의 수를 증대시키는 것이 중요하다.
4. 이미 개진된 아이디어를 수정하거나 개선하는 아이디어도 허용된다.
5. 다른 사람이 아이디어를 낼 때 중간에 끼어들지 않는다.

이 기법은 소수의 의견이 무시되지 않으면서 회의의 진행방식이 구성원 모두에게 참여의 기회를 제공하기 때문에 소수의 구성원이 회의를 지배할 수 없다는 장점이 있다. 또한 다른 구성원들의 아이디어를 통해 학습효과도 나타난다. 그러나 이 기법은 다음과 같은 단점이 있다.

브레인스토밍의 단점

- 회의 내용이 전혀 통제가 안 되다 보니 주제와 많이 벗어난 얘기들로 회의에 허용된 시간을 다 소비할 수 있다.
- 한 사람씩 돌아가면서 발언하는 규칙을 적용하다 보니, 다른 사람들의 아이디어를 경청하면서 자기의 발언 기회 때까지 기다려야 하고, 심지어 기다리다가 원래 떠올랐던 자신의 아이디어를 잊어버리는 경우가 발생한다.
- 아이디어를 개진하는 데에 초점을 맞추다 보니, 현실성이 결여된 아이디어로만 끝날 수 있다.

따라서 브레인스토밍 기법은 복잡한 문제에 대한 대안을 찾는 데는 적합하지 않다. 그러나 마케팅부서에서 새로 나오는 제품의 브랜드명을 짓는 등 비교적 창의적이고 단순한 문제 해결에 적합한 방법이다.[27]

2) 명목집단 기법

명목집단 기법(nominal group technique)은 기본적으로 토의에 참석한 구성원 간에 대화를 하지 못하도록 하는 기법이다. 진행 순서는 다음과 같다.

1. 회의에 참가한 구성원들은 해결해야 할 문제가 무엇인지 진행자로부터 설명을 듣는다.
2. 구성원들은 서로 대화를 하지 않고, 각자가 생각한 아이디어를 백지에 적는다.
3. 집단구성원 각자가 적은 아이디어 리스트를 차트에 모두 적는다.
4. 각자는 자기가 제출한 아이디어에 대해 30초의 제한 시간 내로 설명한다. 설명이 끝나면, 이에 대해 누구나 자유롭게 평가할 수 있다.
5. 제출된 아이디어에 대한 토론이 끝나면, 이를 무기명 투표에 붙여 우선순위를 매긴다.

이 기법은 제출된 아이디어에 대한 평가기능을 가지고 있어 아이디어의 질(quality)에 대한 인식 측면에서 브레인스토밍 기법보다 우수하다. 또한 투표라는 객관적인 방법을 동원하여 아이디어의 우선순위를 매기기 때문에 그 결과에 대한 구성원들의 수용성이 높다.[28] 이 기법이 성공하려면 회의에 참가하는 구성원들이 문제에 대한 사전 지식과 관련 자료를 충분히 가지고 있어야 효과적이다.

3) 델파이 기법

델파이 기법(Delphi technique)은 문제해결을 위한 대안을 찾을 때, 주로 해당 분야의 전문가들로 구성된 집단을 만들어 이들에게 대안을 내도록 하는 기법이다. 이들은 서로 대면접촉(face-to-face)을 하지 않도록 되어 있다. 진행과정을 살펴보면 다음과 같다.

1. 집단구성원들에게 진행자가 문제에 대한 정보를 사전에 충분히 제공하다.
2. 구성원들은 자료를 보고 문제해결에 대한 대안을 진행자에게 제출한다.
3. 진행자는 구성원들이 보낸 대안들에 대한 리스트를 만들어 익명으로 구성원 모두에게 보낸다. 구성원 각자는 다른 구성원들이 제출한 아이디어들과 그 논리에 대해 인지한다.
4. 구성원 각자는 다른 사람들이 제출한 대안들을 참고하여 자신의 수정된 대안을 작성하여 진행자에게 보낸다.

이러한 단계를 대개 3~5회 반복한다. 이 기법의 장점은 첫째, 의사결정 과정에 참여하는 집단구성원에 대해 익명성이 철저히 보장되기 때문에 회의에서 소수의 지배나 집단사고 현상은 완전히 제거된다는 것이다. 둘째, 다른 사람의 수정된 의견이 여러 차례 피드백 되는 과정에서 문제 해결에 대한 대안의 수준과 실행 가능성 등을 보다 정확하게 파악할 수 있어 실질적으로 우수한 대안을 찾는 데 효과적이다. 셋째, 다른 사람들이 제시한 대안들로부터 많은 것을 배울 수 있다. 예를 들면 다른 사람들이 대안을 개발하는 데 있어서 중요하게 고려했던 과정과 합리성 등은 본인에게도 매우 유용한 학습자료가 되는 것이다.

그러나 이 기법을 진행하는 데는 시간이 많이 소요되기 때문에 긴박성을 요하는 문제해결에는 적합하지 않다.

4) 반론자 지명기법

반론자 지명기법은 일명 악마의 주장(devil's advocacy) 기법이라고도 한다. 이 기법은 회의를 하기 전에 집단구성원을 두 개의 소집단으로 나누어 특정 대안에 대해 한 집단에서는 무조건 찬성하는 발언을 하고, 다른 집단은 반대만 하는 발언을 하도록 하는 것이다. 이 기법은 어떤 대안에 대해 잠재적이고 예상치 못한 위험이나 함정이 있을 수 있다는 가정하에 이를 찾는 데 목적이 있다.[29] 기업조직에서 일어나는 집단의사결정 과정에는 구성원들이 집단 내에서 가장 높은 사람이 발언을 하면 이에 대한 반론을 감히 제기하지 못하는 경우가 많다. 이런 눈치를 보는 현상을 막는 데는 효과적이라고 할 수 있다. 이 기법은 조직에서 매우 중요한 의사결정을 할 때 많이 도입된다.

5) 프리모텀 기법

프리모텀(premortem) 기법은 원래 의사들이 고안한 것을 원용한 것이다. 의사들은 어떤 환자가 치료 후 사망했을 때, 사망 원인을 사후적(postmortem)으로 찾아냄으로써 향후 환자들의 치료에 활용하고 있다. 이러한 기법을 기업에 적용한 것이 바로 프리모텀 기법이다. 이 기법은 어떤 프로젝트가 실패했다고 미리 가정하고 실패의 원인을 집단이 찾는 활동을 말한다. 이러한 기법을 동원하게 되면 의사결정의 실패 확률이 30%나 감소된다는 주장도 있다.[30]

이 기법은 아래의 단계를 거치며 진행된다.

1. 향후 실행될 프로젝트에 대해 자세한 실천 계획을 수립한다.
2. 특정집단에 프로젝트의 내용과 실행계획을 설명하고, 이 집단은 이 프로젝트가 실패할 것이라는 것을 상상하게 한다. 집단구성원들은 각자가 프로젝트가 실패할 이유를 작성한다. 구성원들이 제출한 실패 이유들을 모두가 공유한다.
3. 실패한 이유에 대한 리스트가 검토되고 새로운 아이디어가 추가된다.
4. 실패 이유들은 주제 내지 사안별로 재분류한다.
5. 실패한 이유를 검토한 것을 바탕으로 원래의 프로젝트 계획에 수정을 가한다.

이러한 기법은 기업에서 투자의 규모가 큰 프로젝트의 가능한 실패 요인들을 사전에 분석하는 데 활용되고 있다.

의사결정이 조직행동 이론에서 차지하는 의미는 바로 의사결정자의 행동을 결정한다는 것이다. 기업조직이 추구하는 목적은 성과, 나아가서는 조직유효성인데 이와 관련된 모든 행동은 바로 의사결정의 결과로 나오는 것이다. 따라서 행동변화의 직접적인 원인 변수로서의 의사결정에 대한 논의의 가치는 충분히 높다.

여기서 또 한 가지 주목해야 할 요소를 든다면 아마도 **윤리성**이 될 것이다.

오늘날 기업조직에서 일어나는 의사결정에 윤리적 측면의 중요성이 강조되고 있다. 기업이 윤리경영을 실천해야 하는 것은 더 이상 선택의 문제가 아니라 필수적이다. 이러한 윤리경영은 바로 의사결정이 윤리적일 때 비로소 시작이 된다. 의사결정에 있어서의 윤리성 확보를 위해 의사결정 전에 아래의 몇 가지 질문을 먼저 하고 해야 한다.

- 지금 하는 의사결정이 현행법을 위반하는가?
- 지금 하는 의사결정이 조직의 규정을 위반하는가?
- 나는 이 의사결정이 공정(fair)하다고 생각하는가?
- 나는 지금의 의사결정이 옳은 것 혹은 나쁜 것이라고 생각하는가?
- 내가 한 의사결정을 언론매체에 공개해도 좋은가?

의사결정(집단의사결정 기법) 관련 사례

답은 천재가 아닌 대중의 손에 있다

다음은 '대중의 지혜'를 보여주는 두 가지 사례이다. 수준이 전혀 다른 문제 같지만 집단의 지적능력은 간단한 문제와 복잡한 문제에 대해 동일한 원리로 작동한다는 것을 보여주기 위한 것이다.

[간단한 문제] 1884년 런던 국제박람회장 한 켠에서 도살돼 손질된 소의 무게 맞추기 내기가 벌어졌다. 영국의 통계학자 프랜시스 골튼이 우연히 이 장면을 목격했다. 소에 관한 지식이 전혀 없는 8백 명이 참가한 이 내기가 끝난 후 골튼은 모든 참가자가 써낸 추정치의 평균값을 구한 결과 1천1백97파운드였다. 실제 소의 무게를 측정한 결과 1천1백98파운드였다.

[복잡한 문제] 1968년 미국 잠수함 스콜피온이 본토 귀환 중 사라졌다. 해군장교 존 크레이븐은 수학자, 잠수함 전문가, 인양 전문가 등 다양한 분야의 전문가들로 팀을 구성했다. 그러나 그는 팀원들이 서로 상의해서 한 가지 최선의 대안을 내놓으라고 하지 않았다. 대신 스콜피온의 실종에 관한 가장 그럴싸한 시나리오를 각자 따로따로 제시하도록 요구했다. 그는 답변을 모두 모아서 베이즈 정리라는 통계공식으로 분석했다. 베이즈 정리란 어떤 사건에 대한 새로운 정보가 나왔을 때 사건 발생 확률이 얼마나 변하는지 계산하는 방식이다. 크레이븐은 팀원들에게 질문하고 대답한 수치를 입력하고, 더 많은 질문을 던진 후 다시 입력하는 방식으로 새로운 정보를 반영해서 최종 수치를 얻어냈다.

이렇게 해서 크레이븐이 찾아낸 지점은 팀원 개개인의 대답과는 다른 지점이었다. 잠수함의 최종 위치는 집단 전체의 선택이었다. 스콜피온이 실종된 지 5개월 후 해군함정이 잠수함을 찾아냈다. 위치는 크레이븐의 팀이 지목한 곳에서 불과 2백 미터 거리밖에 떨어져 있지 않았다. 이 사례에서 놀라운 점은 전체 집단이 판단 근거로 삼을 수 있는 증거가 거의 없었다는 사실이었다.

* 『대중의 지혜』, 제임스 서로위키 저, 홍대운 · 이창근 역, 2005, 랜덤하우스코리아에서 인용.

생각해 볼 문제

- 위 사례는 집단의사결정을 효과적으로 활용한 경우로 볼 수 있다. 두 가지 문제 모두에서 집단양극화나 집단사고(group think) 등의 역기능에 빠지지 않고 지혜로운 결론에 도달할 수 있었던 요인이 무엇이었을지 생각하고 토론해 보자.

Part III

집단수준 행동

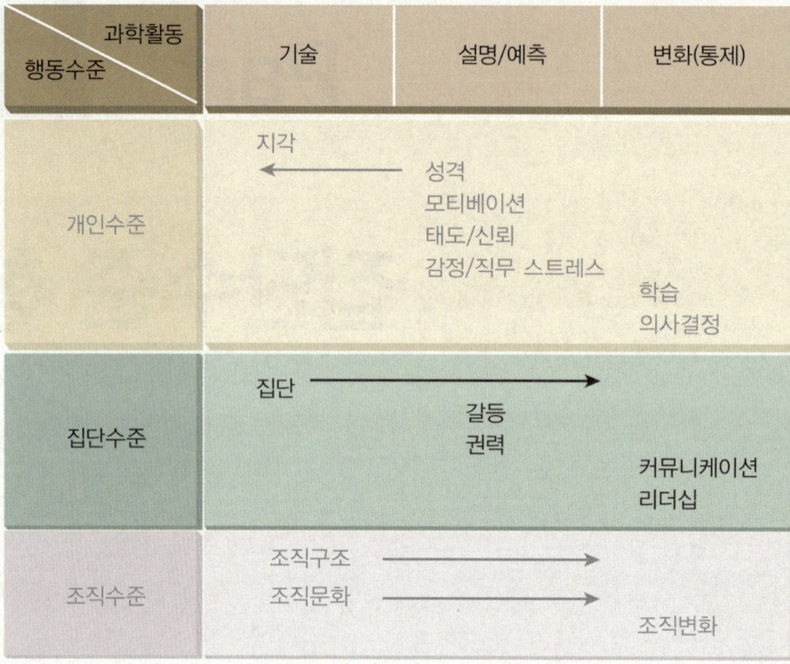

overview

집단수준에서의 조직행동은 개인수준에서의 그것과 많이 다를 수 있다. 즉 집단은 개인의 합 이상의 어떤 것이라는 전제하에서 집단이 가져다주는 성과에 대한 이해가 요구되는 것이다. 집단수준에서의 조직행동의 영역들은 집단 그 자체에 대한 분석, 구성원들 간의 커뮤니케이션, 갈등 및 권력 그리고 리더십 등을 들 수 있다. 집단수준에서의 조직행동에서 기대되는 성과물로는 집단 생산성, 업적, 규범, 응집력 그리고 집단구성원들 간에 형성되는 신뢰 등을 들수 있다. 이러한 성과물은 조직유효성을 가져다주는 역할을 한다.

Chapter

9

집 단

ORGANIZATIONAL BEHAVIOR

1. 집단의 특성
2. 집단의 기능
3. 집단의 유형
4. 집단의 발전
5. 집단행동의 결정요인

조직행동 이론은 기업조직에서 성과와 직·간접적으로 관련되는 행동을 연구하는 학문이다. 지금까지 우리는 조직에서의 인간의 행동을 개인수준에서 살펴보았다. 집단이란 기본적으로 개인이 모여서 만들어지는 것인데 조직행동을 집단수준에서 살펴보는 이유는 무엇인가? 그 대답은 간단하다. 개인이 하는 행동은 그가 속해 있는 집단의 상황에 따라 달라질 수 있기 때문이다. 개인은 자신이 속한 집단 속에서 더 열심히 일할 수도 있겠지만 반대로 사회적 태만(social loafing)으로 오히려 노력을 줄일 수도 있다.

조직행동에서 집단에 대한 연구의 효시는 신고전이론을 정립하게 된 계기를 마련한 호손연구에서 찾을 수 있다. 집단의 실체에 대해서는 오래전부터 누구나 인식했지만 집단은 개인의 공헌물의 합 이상의 결과가 실현되는 집합체라는 것을 인식하지 못했던 것이다. 당시 호손연구에서는 실험집단인 여성 근로자 6명이 1주일에 3000개의 전화기 부품을 조립하였다. 그러나 그 이전에 그들이 집단의 성원이 아닌 각 개별 종업원으로서 조립한 부품의 수는 1주일에 400개 정도이며 이들이 조립한 수를 모두 합하면 2400개였다. 여성 근로자들이 집단을 형성하여 작업했을 때가 개별 종업원으로 독립적으로 작업했을 때보다 생산성이 25% 증가되었던 것이다. 이러한 생산성 증가의 원인을 찾는 작업이 바로 호손연구였다. 여러 원인 중 하나가 여성 근로자 6명에는 비공식집단(informal group)이 형성되어 있었고 이러한 집단의 활동이 생산성 향상의 주요 원인으로 밝혀진 바 있다.[1]

여기서 우리가 주목해야 하는 것은 집단은 개인들의 단순한 합 이상의 어떤 것이라는 것이다. 화학 원소를 예로 들면 수소(H_2)와 산소(O)가 결합되면 원래의 성질이 없어지고 물이 된다. 이와 마찬가지로 집단에 소속된 개인은 그 집단을 자기 외부에 있는 존재로 인식하고, 개인은 자신이 그 집단의 구성원임에도 불구하고 집단은 개인의 행동에 영향을 미친다. 이렇게 개인과 그가 속한 집단 간에 서로 영향을 주고받음으로써 집단은 수동적이기보다 능동적이 되며, 정적이기보다 동적이 되는데 이에 대한 연구 분야를 집단역학(group dynamics)이라고 한다.[2]

아래에서는 우선 집단의 특징, 기능, 유형 및 발전단계를 살펴보고 나아가 집단역학이라는 관점에서 기업조직에서 집단행동에 영향을 미치는 제반 요인들을 살펴본다.

1 집단의 특성

식사를 하러 식당에 들어갔을 때 20여 명이 여러 테이블에 삼삼오오로 앉아 있으면, 우리는 이들을 집단이라고 하지는 않는다. 조직행동 관점에서 집단이란 공동의 목표달성을 위해 서로 상호작용을 하는 2명 이상의 사람들로 구성된 단위를 말한다. 집단에는 아래와 같이 몇 가지 특징이 있다.

집단의 특징

- 집단에는 구성원들이 서로 합의한 **공동의 목표**가 있다. 에베레스트 등반대의 경우, 등반대 대원들 각자가 추구하는 목표들이 있을 수 있다. 어떤 대원은 등반경험을 통해 도전감을 추구할 수 있으며 다른 어떤 대원은 등반대에서 활동한 경험이 나중에 자신의 경력에 커다란 홍보 역할을 할 수 있다는 기대를 할 수 있다. 그렇지만 이들이 공동으로 합의한 것은 에베레스트 정상을 정복하는 것이다.
- 집단구성원 간에는 **상호작용**이 존재한다. 이러한 상호작용은 바로 대면(face-to-face) 관계에서 일어나며 이를 통해 서로 영향을 주고받는다. 예를 들면 위의 등반대의 경우, 대원 혼자서 에베레스트를 등반하는 것은 사실상 불가능하기 때문에 등반대 구성원 간의 협동이 필요할 것이며, 이를 위해서는 반드시 커뮤니케이션을 통해 상호작용이 있게 된다.
- 집단구성원 간에는 집단에 대한 **소속감**이 존재한다. 우리(in-group feeling)라는 인식을 통해 개개인은 자기가 속한 집단에의 일체감(common identity)을 느낀다. 이러한 소속감이 자신이 속한 집단과 타 집단을 구분하게 만든다.

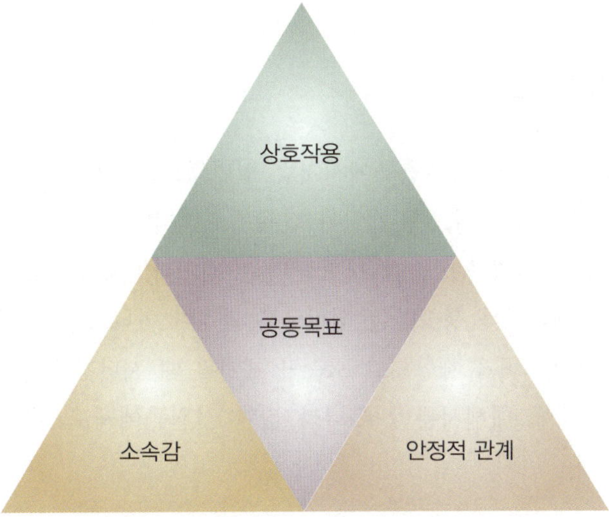

그림 9-1 집단 특성의 구성요소

- 집단에는 구성원들 간에 **안정적인 관계가 형성·유지**되어야 한다. 일반적으로 집단은 시간 흐름에 따라 변화될 수 있지만 하나의 단위로서 기능하는 구성원들 간에 안정적인 관계가 유지되어야 위에서 언급한 공동의 목표달성을 위한 노력 및 집단에 대한 일체감 형성이 용이해진다.[3]

2 집단의 기능

100m 달리기를 할 때 혼자 달리는 것보다 여러 명이 달리면 기록이 더욱 향상된다. 집단은 개인의 행동을 촉진시킨다. 반대로 말을 빠르게 하는 사람이 말더듬이들 속에 있으면 말의 속도가 느려진다. 이와 같이 집단은 개인의 행동을 촉진시킬 수도 있고 지체시킬 수도 있다.

조직행동의 연구대상은 바로 기업조직이다. 여기서 어떤 일을 개인이 단독으로 하게 하는 것과 집단을 만들어 그 성원으로서 하게 될 때 결과는 어떻게 될까? 아래에서는 이러한 집단의 기능에 대해 살펴본다. 집단은 조직에게 순기능뿐만 아니라 역기능도 가져다준다.

2.1 집단의 순기능

앞에서 소개한 호손연구에서처럼 일반적으로 집단은 시너지 효과(synergy effect)를 낸다고 한다. 즉 개인이 단독으로 각각 일하는 것보다 집단을 이루어 일할 경우 성과가 더 높게 나타난다는 것이다. 시너지 효과는 새로운 지식, 아이디어, 에너지를 생성하는 신비로운 과정이 아니고, 집단에서 누군가에 의해 더 나은 아이디어가 제안되고 오답이 제거될 때 시너지가 생긴다고 할 수 있다.[4] 집단은 조직에 대해서뿐만 아니라 집단 성원들에게도 아래와 같은 순기능을 가져다준다.[5]

1) 조직에 대한 순기능

조직에 대해 집단이 가져다주는 순기능은 다음과 같다.

- 개인 능력의 한계로 인해 할 수 없는 일을 집단은 수행할 수 있다. 왜냐하면 집단구성원들이 보유하고 있는 능력이나 기술은 개인보다 다양하기 때문이다.
- 집단은 개인보다 새로운 아이디어나 문제해결을 위한 방안을 더 많이 낼 수 있다. 여러 명이 내는 아이디어의 수는 개인이 내는 것보다 많다.
- 개인들이 하는 일에 대해 집단은 조정역할을 할 수가 있어서 업무배분이 보다 효율적이 된다.
- 복잡한 의사결정 사안에 대해 합리적인 의사결정이 가능하며, 의사결정에 대한 수용성을 높일 수 있다.
- 조직에서 구성원을 통제하려고 할 때 개인별로 하는 것보다 집단별로 하는 것이 더 효과적이다.
- 조직이 변화하려고 할 때 이를 개인별로 알리고 이해를 구하는 것보다 집단을 대상으로 하는 것이 보다 효과적이 된다.
- 새로 들어온 조직구성원들에게 조직의 가치나 문화를 인식시키고 사회화시키는 데 집단이 보다 효과적이다.

2) 개인에 대한 순기능

집단이 구성원 개인에게 주는 순기능은 다음과 같다.

- 개인은 집단에 소속됨으로써 자신의 안전 욕구, 사회적 욕구, 존경욕구 등을 충족시킬 수 있다. 예를 들면, 조직이 구조조정을 할 때 이에 대해 개인적으로 대처하는 것보다 팀이나 부서 혹은 노조의 이름으로 하는 것이 신분 보장에 보다 효과적이 된다. 뿐만 아니라 집단구성원과의 인간관계를 통해 사회적 욕구를 충족할 기회를 얻을 수 있고 개인이 집단에서 능력을 발휘하게 되면 집단구성원들로부터 인정을 받게 된다.
- 집단은 개인에게 조직 및 작업환경에 대한 학습을 가능하게 한다. 혼자 사무실에서 일할 경우, 개인은 조직의 문화나 가치를 이해하기 어렵고 조직이 원하는 행동을 보여주기가 어렵다.
- 집단에 소속된 개인은 자신에 대한 이해를 보다 명확하게 할 수 있다. 집단의 다른 구성원들과의 비교를 통해 자신의 능력이나 성과 등이 집단에 얼마나 공헌하였는지 그리고 집단에서 자신의 사회적 위치 등에 대한 정보를 획득할 수 있다.
- 집단은 개인에게 새로운 기술을 획득하는 데 도움을 준다. 개인은 집단의 다른 구성원의 행동으로부터 학습할 수 있다.
- 개인은 자신이 당면한 문제를 해결하는 데 있어서 집단으로부터 사회적 지원뿐만 아니라 구체적인 해결방식을 배울 수 있다.
- 집단이 명성을 가지고 있을 때 집단구성원은 이러한 집단의 일원으로서의 자격을 획득한다는 사실 자체가 커다란 의미를 주게 된다. 특히 집단구성원으로서의 자격을 획득하는 일이 어려울수록 개인은 집단구성원으로서의 명성과 사회적 지위를 누릴 수 있다.

2.2 집단의 역기능

집단은 위에서 제시한 순기능만 있는 것이 아니다. 집단은 개인이 일할 때보다 오히려 성과가 떨어질 수도 있다. 아래에서는 집단의 역기능에 대해 살펴본다.

1) 사회적 태만

사회적 태만(social loafing)은 집단 속에서 함께 일할 때 혼자서 할 때보다 노력을 적게 하는 현상을 말한다. Ringelmann은 이에 대한 실험연구에서 구성원들에게 압력기가 부착된 밧줄을 당기도록 한 결과, 각 개인으로서 잡아당긴 경우보다 집단으로서 잡아당긴 경우가 개별 구성원의 노력의 정도가 감소된다는 사실을 발견했다.[6] 그림 9-2에서 보면, 한 사람이 100단위를 당긴다면 2명의 경우 200단위가 아니었다. 그들이 당긴 힘의 크기는 186단위였다. 8명이 당겼을 때는 겨우 392단위였는데, 이 수치는 개인으로 계산했을 때 49에 불과했다.

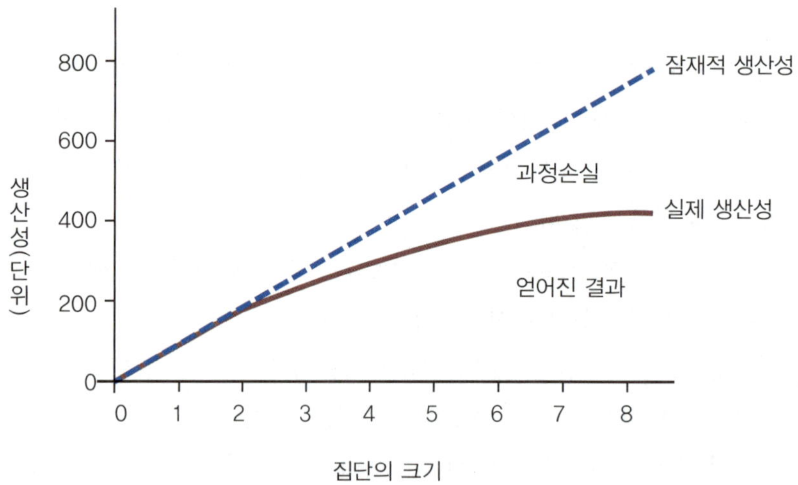

그림 9-2 집단규모와 생산성 관계

이와 같이 집단의 크기가 증가함에 따라 비효율성이 증가되는 경향을 **링겔만 효과**(Ringelmann effect)라고 부른다. 또 다른 실험에서도 비슷한 결과가 나타났다. Ringelmann은 집단에서 탈곡기를 돌리도록 한 다음에 이들을 관찰하였는데, 집단구성원은 옆 사람이 열심히 일하고 있다는 것을 확인하고 나면, 자신은 단지 탈곡기가 돌아가는 것에 따라 그냥 움직이기만 한 것이다. 바로 여기에 사회적 태만 현상이 나타난 것이다.[7]

이러한 상황은 집단구성원들이 자신의 몫을 다하지 않아도 다른 사람이 잘 할 수 있을 것이라고 생각하여서 소위 말하는 무임승차(free riding)현상이 나타나게 된다. 이러한 무임승차 현상은 집단의 규모가 크면 잘 드러나지 않는다. 따라서 집단을 작게 만들면 이러한 현상을 줄일 수 있다.

2) 집단구성원 간의 갈등 증가

집단구성원이 공동의 목표를 달성하기 위해 결성되었다 하더라도 구성원 개개인은 이를 위해 어느 정도의 노력을 투입할 것인가, 어떤 과제를 수행할 것인가, 집단 인간관계에서 어떠한 위치를 확보하고 싶은지 그리고 집단 공동의 목표 외에 추가하여 자신의 개인적 목표도 추구하기 때문에 이를 달성하기 위해서는 정치적 행동도 하게 된다. 정치적인 행동이란 집단 내 공식·비공식 방법을 동원하여 권력을 획득하기 위한 행동을 말한다. 집단구성원 간의 역할갈등, 지위 관련 갈등 등은 집단의 성과를 떨어뜨린다.

3) 의사결정 관련 역기능

집단이 어떤 의사결정을 할 때 집단이기 때문에 개인보다 효율적인 이유는 구성원의 다양성으로 인한 보다 창의적인 아이디어 도출, 대안평가에 있어서 오류 발견의 용이성, 의사결정에 대한 수용성 증대 그리고 집단구성원의 학습 효과라는 점을 들 수 있다. 그럼에도 불구하고 의사결정에 있어서 집단은 개인에 비해 의사결정에의 과도한 시간 소모, 책임의 분산 현상, 집단의 양극화로 인한 문제 그리고 집단사고(group think)로 인한 잘못된 의사결정의 가능성이 존재한다.

3 집단의 유형

이 세상에는 수없이 많은 집단이 존재한다. 조직행동 관점에서 우리의 관심은 물론 기업조직에서 발견되는 집단이다. 집단을 특정 기준에 따라 유형별로 분류할 수 있는데 이렇게 함으로써 분류된 집단 간의 특징과 차이를 인식할 수 있게 된다. 아래에서는 사회과학에서 일반적으로 분류하는 기준을 가지고 집단의 유형을 먼저 살펴보고 조직행동의 주 관심사인 공식집단과 비공식집단에 대해 논의한다.

1차집단과 2차집단

이것은 집단구성원 간 인간관계의 밀착성을 기준으로 분류한 것인데 1차집단(primary group)은 구성원 간 높은 상호 의존성과 동일시를 특징으로 한다. 예를 들면 가족을 들 수 있다. 1차집단은 구성원의 태도, 가치관 형성 및 사회화에 중심적인 역할을 한다. 2차집단(secondary group)은 보다 복잡한 사회에서 비교적 크고 공식적으로 조직되는 사회집단(작업 집단, 클럽 등)을 말한다. 이러한 집단은 집단구성원의 태도, 가치관 및 사회화에 영향을 미치지만 1차집단에 비해 그 영향력이 작다. 또한 1차집단에 비해 집단구성원 간의 관계는 감정적이라기보다 이성적이며 계산적이다.[8]

계획된 집단과 자연발생적 집단

계획된 집단(planned group)은 어떤 목적을 달성하기 위해 의도적으로 만들어진 집단으로서 위원회, 음악연주 집단, 퇴역 군인 집단 등이 이에 해당된다. 자연발생적 집단(emergent group)은 개인들이 같은 지역에 있거나 반복적으로 동일한 사람들과 상호작용함으로써 점차적으로 형성된 집단으로서 가족, 직장친구 모임 그리고 탑승을 위해 기다리는 승객집단이 이에 해당된다. 계획집단에는 집단의 운영 절차 및 규칙 등을 가지고 있는 반면에 자연발생적 집단에는 특별한 규정이 없으며 참여 및 이탈에 특별한 조건이 요구되지 않는다.[9]

성원집단과 준거집단

성원집단(membership group)은 현재 개인이 속해 있는 집단이다. 그가 대학의 경영학과 학생이라면 그 경영학과가 성원집단이 된다. 준거집단(reference group) 은 개인이 미래에 소속되고 싶은 집단을 말한다. 예를 들면 경영학과 학생이 미래에 기업의 관리자가 되고 싶을 때 이 관리자 집단이 준거집단이 되겠다.

개방집단과 폐쇄집단

개방집단은 성원으로서 집단가입에 제약을 두지 않는다. 예를 들면 동네 조기축구회 등이 이에 해당된다. 폐쇄집단은 해당 집단에 가입하려면 특정한 자격을 요구한다. A대학 경영학과라는 집단에 참여하려면 우선 A대학 경영학과에 입학해야 한다. 개방집단의 경우 일반적으로 결속력이 낮은 반면에 폐쇄집단은 구성원 상호간의 지위에 대해 공통점이 높기 때문에 결속력이 높다고 할 수 있다.

이상에서 제시한 집단의 유형 외에도 더 많이 있을 수 있겠지만 아래에서는 기업조직을 중심으로 발견되는 공식집단과 비공식집단에 대해 살펴본다.

3.1 공식집단

조직에서의 공식집단(formal group)은 관리자, 작업자 등으로 구성된 집단으로서 조직의 목표에 의해 구성원의 행동이 정해지고 이에 상응하는 직무가 부여되며, 이를 수행하는 데 있어서 규정과 절차가 문서화 혹은 비문서화되어 구비되어 있다. 자동차 판매회사에서 12명으로 구성된 영업팀이 바로 전형적인 공식집단이다.

그림 9-3과 같이 공식집단의 종류는 조직 내 수직적인 관점에서 분류할 때 명령집단, 작업집단 등으로 나눈다. 명령집단(command group)은 타인, 즉 부하에게 업무를 지시하고, 수행된 업무를 평가하는 일을 한다. 작업집단(task group)은 지시받은 업무를 수행하는 집단이다. 집단의 존속기간 측면에서 볼 때 앞의 두 집단은 고정집단(permanent group)에 속하며 임시집단(temporary group)은 일시적이고 변동적이라고 할 수 있다. 예를 들면 기업에서 어떤 특정한 프로젝트를 수행하기 위해 여러 부서에서 차출된 구성원으로 이루어진 태스크포스 팀(task force team)이 있으며, 필요할 때마다 모여서 의견을 교환하고 혹은 의사결정을 하는 위원회가 있다.

기업조직에서 관찰된 관리자들의 업무는 부하들에게 업무지시를 하고 그 결과를 평가하는 일 말고도 너무나 많은 임시집단(예 위원회)에 참여하게 된다.

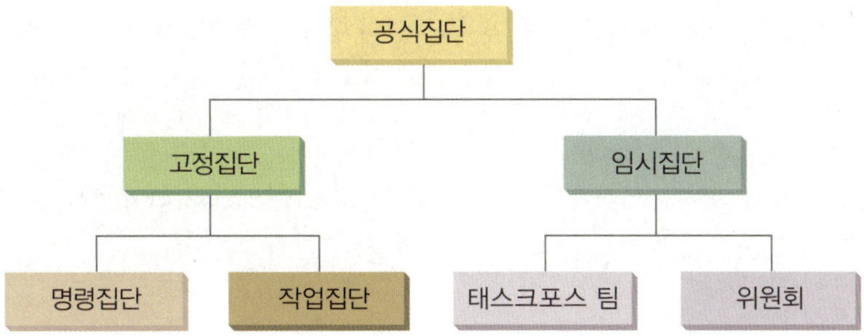

그림 9-3 공식집단의 종류

하루 일과의 많은 시간을 회의에 시간을 할애하고 있는 것이다. 관리자들은 회의에 참석하는 것이 부가적인 일이라고 생각하는 경향이 많다. 이러한 이유로 인해 관리자들은 회의 자체에 대해 아래와 같은 부정적인 태도를 가지게 된다.[10]

- 구성원 간의 신뢰 부족으로 인해 자신들의 솔직한 감정·의견을 숨김
- 회의에서 논의되는 사안에 대한 진지한 태도의 결핍
- 중요한 의사결정시 충분하고 정확한 정보전달의 결핍
- 회의의 소극적 진행: 회의시간, 의제, 회의방식에 대한 무관심
- 회의를 통해 양질의 의견을 수렴하기보다 회의가 개최된 그 자체에 의미를 둠

위에서 제시한 회의의 부정적인 측면들이 있음에도 불구하고 기업조직에서는 보다 예외적인 사안에 대한 다양한 아이디어를 수집하기 위해 임시집단을 활용하고 있다. 임시집단이 효과적이 되기 위해서는 해당 집단의 리더의 역할이 무엇보다도 중요하다. 리더가 해야 하는 역할은 과업 관련 역할과 인간관계 관련 역할로 구분할 수 있는데 이러한 역할이 효과적이기 위해서는 아래와 같은 행동이 요구된다.[11]

표 9-1 임시집단 리더의 효과적인 역할[12]

직무적인 역할	사회적인 역할
• 조직을 위하여 문제나 목표를 정의 • 구성원들에게 사실, 아이디어, 의견을 요함 • 사실, 아이디어, 의견들을 제공 • 혼란스러운 상황에서 예시를 들어 명확하게 하고 구조를 제시함 • 논의사항을 요약 • 논의가 목표에 도달했는지 결정 • 구성원의 합의를 확인 • 윤리성 검토	• 다른 사람들의 공헌을 지지하고, 이러한 공헌을 인지하여 격려해 줌 • 조직의 정서적 상태를 파악하고 조직원들이 이를 알 수 있도록 함 • 긴장을 완화하고 합의할 수 있도록 도움 • 실수를 인정함 • 모든 구성원들의 참여를 장려함 • 조직의 효과성에 대하여 평가함 • 팀 내 스트레스를 다룸

3.2 비공식집단

기업조직에 나타나는 비공식집단(informal group)은 조직 내 상부로부터 나오는 규정에 근거한 명령이나 지시에 의해서가 아니라 구성원들의 공동의 이해(interest)를 달성하기 위해 자발적으로 형성되는 집단을 말한다.[13] 비공식집단에는 이해집단(interest group)과 우호집단(friendship group) 등이 있다. 이해집단은 구성원의 공동의 이익을 충족하기 위해 모인 집합체이다. 예를 들면, 기업 내 학연에 의해 만들어진 집단으로서 "A대학 동창회"를 들 수 있다. 구성원들은 조직 내 여러 공식적인 집단에 속해 있으면서 동시에 해당 동창회에 속해 있는데, 이들의 주요 관심사는 조직에서 공개되지 않은 정보를 서로 교환하는 것이다. 이러한 정보를 통해 각 구성원들은 자기가 속한 공직집단에서 보다 효과적인 행동을 할 수 있다. 반면에 우호집단은 단순히 취미를 공유한다든가 친목을 도모할 목적으로 형성된 경우를 말한다. 예를 들면 산을 좋아하여 만든 산악회, 낚시회 그리고 축구클럽 등이다. 표 9-2에서는 공식집단과 비공식집단의 비교가 제시된다.

표 9-2 공식집단과 비공식집단의 비교[14]

비교 기준	공식집단	비공식집단
일반적 성격	공식적	비공식적
중요 개념	권한과 책임	힘과 정책
주요 초점	지위	사람
리더의 힘의 근원	지도층에서 부여됨	그룹에서 주어짐
행동 지침	규칙과 정책	규범
통제의 근원	패널티와 보상	금지

표 9-2에서 제시된 바와 같이 공식집단과 비공식집단의 차이는 다음과 같다.

1. 공식조직에서는 어떤 일의 진행이 조직의 규정(예 직무기술서)에 의해 진행되지만 비공식집단에서는 조직과는 별도로 그들이 자체적으로 가지고 있는 어떤 약속에 의해 진행된다.
2. 공식조직에서는 일이 조직이 부여한 권한과 책임에 근거하여 진행된다. 예를 들면 팀원은 팀장의 지시에 따라야 한다. 물론 이러한 지시가 팀장의 공식적인

권한의 범위 안에 있을 때이다. 업무와 관계가 없는 담배 심부름을 시킬 경우, 팀구성원은 이 지시를 따를 필요가 없는 것이다. 반면에 비공식집단에서는 집단구성원이 가지고 있는 사회적 지위나 권력에 의해 행동이 결정된다. 예를 들면 A대학 동창회에서는 직급이 대리인 홍길동이 팀장인 김철수에게 지시할 수 있다. 그 근거는 홍길동이 김철수의 대학 3년 선배일 경우이다. 이 동창회에서의 사회적 지위는 대개 대학의 학번에 의해 결정되기 때문이다.

3 인간관계의 초점과 관련하여 공식조직에서는 구성원이 가지고 있는 직급에 근거하며 비공식집단에서는 해당 구성원의 개인적 특성에 초점이 맞추어진다. 즉 그가 어떤 직급이냐가 아니라 그가 누구인가를 따지는 것이다.

4 공식집단에서의 리더는 조직의 규정에 근거하여 결정되며, 비공식집단에서는 집단구성원들이 합의에 근거하여 결정된다.

5 집단구성원의 행동기준은 공식집단에서는 조직의 규칙이나 절차가 되지만, 비공식집단에서는 집단구성원들이 합의하여 만든 규범이 된다.

6 집단구성원에 대한 통제방식은 공식집단에서는 보상과 처벌이 되지만 비공식집단에서는 제재(sanction)를 통해 가능하다. 예를 들면 규범을 위반하는 구성원이 있으면 다음 모임에 아예 연락하지 않는 것 등이다.

이상과 같이 두 집단의 비교를 통해 볼 때 공식집단은 비공식집단보다 규모면에서 크며, 집단구성원에 대한 통제 방식도 보다 명시적이며 직접적이고 강력하다고 할 수 있다. 일반적으로 하나의 공식집단에는 여러 개의 비공식집단의 존재도 가능하다.

조직에서 비공식집단의 형성을 어떤 기업은 철저히 금지하는가 하면 어떤 기업은 오히려 지원하기도 한다. 표 9-3에서는 비공식집단의 주요한 장·단점을 제시한다.

표 9-3 비공식집단의 장·단점[15]

장 점	단 점
• 협력을 조장함 • 관리자 능력 부족의 공백을 메움 • 작업집단의 만족도와 안정성 제공 • 의사소통을 증진시킴	• 바람직하지 못한 루머가 양산됨 • 부정적인 태도를 조장함 • 변화에 저항함 • 동조에 대한 압력을 조장함

비공식집단의 장점

- 집단구성원들은 일반적으로 응집력(cohesiveness)이 높아 일하는 데 서로 협동하여 일을 성공적으로 완수한다.
- 관리자가 가지고 있지 못한 지식이나 업무 노하우를 팀원들이 자신들이 속한 비공식집단의 도움을 받아 해결할 수 있어 관리자의 부족한 부분을 채워줄 수 있다.
- 집단구성원은 집단 내에서 안정감과 만족도를 높일 수 있다.
- 커뮤니케이션이 활성화된다.

비공식집단의 단점

- 불필요한 루머를 확산시켜 조직에 부정적 결과를 야기시킨다.
- 집단구성원들은 조직이 조금만 잘못하더라도 이에 대해 보다 민감하게 서로 반응하여 이것이 필요 이상으로 확대·발전된다.
- 조직이 변화해야 할 때 집단구성원들은 서로 단결하여 저항하는 힘이 크다.
- 조직이 어떤 정책에 대해 조직구성원들의 수용성을 확보해야 할 때 비공식 집단이 이를 거부할 경우 문제가 더욱 어려워진다. 즉 비공식집단은 대체로 응집력이 높으므로 조직에 대해 저항할 경우, 매우 강력해진다.

4 집단의 발전

집단이 어떻게 생성되고 발전하고 그리고 소멸하는지 그 과정에 대한 이해는 집단 연구에 중요한 관심사이다. 왜냐하면 집단에 대한 연구의 목적은 바로 집단이 개인과 달리 어떤 행동을 하느냐 인데 그 행동은 집단의 발전단계, 즉 성숙도에 따라 달라지는 것이다. 집단의 발전이 점진적으로 발전단계를 거쳐 일어나는 경우가 일반적이지만 어떤 경우에는 비점진적인 단계를 보이기도 한다. 이러한 발전 유형을 단절적 균형 모델이라고도 한다. 아래에서는 집단의 발전단계를 점진적인 모델과 단절적 균형 모델을 구분하여 기술한다.

4.1 점진적 발전모델

집단을 둘러싼 환경이 비교적 안정적일 때 집단은 점진적인 과정을 통해 만들어진다. 그림 9-4에서는 집단의 발전단계가 제시된다.

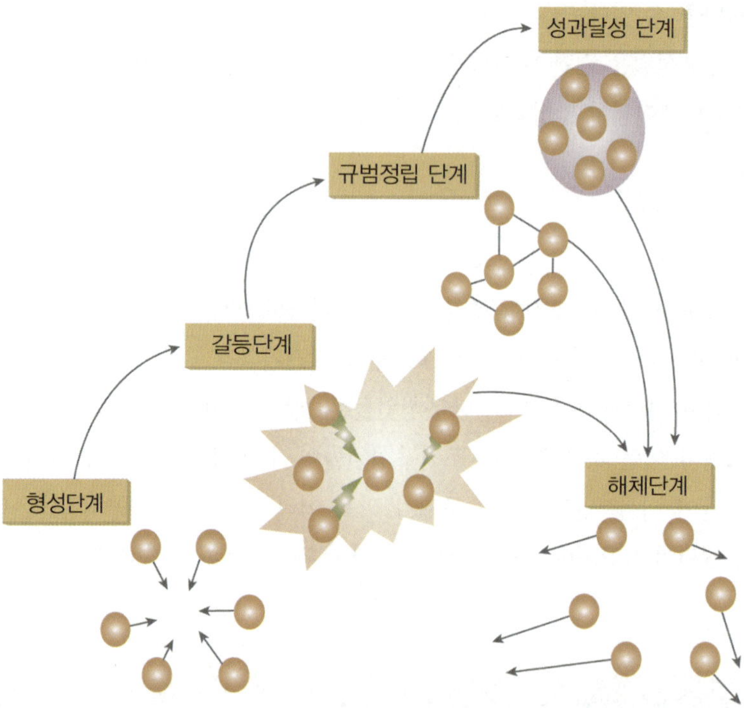

그림 9-4 집단의 발전단계[16]

위에서 제시한 집단 발전단계를 설명하면 아래와 같다.

1) 형성단계

형성단계(forming)에서는 개인들이 집단에 들어와 처음 만나게 된다. 어떤 구성원은 사전에 서로 아는 관계이지만 다른 구성원들은 처음 서로 만나게 된다. 이때 구성원들은 집단에서 향후 무슨 일이 일어날 것인가를 자세히 모르기 때문에 호기심 반, 두려움 반 상태가 된다. 자신이 이 집단에서 어떤 역할을 하는 것인지, 누가 이런 것들을 결정할 수 있는 권한을 가지고 있는지 등 의문을 가지고 있으면서 집단은 서서히 모습을 갖추게 된다. 이 시기에는 집단구성원들은 서로에게 친절하고 서로 부딪히려고 하지 않으며 일단 관찰을 하게 된다. 그들은 서서히 집단의 운영에 대한 무난한 규칙을 만든다. 이 시기에 집단구성원들은 자신들이 이 집단 성원으로 선택되었다는 자부심을 갖게 되고 향후 수행하게 될 과제에 대해 낙관적이 된다. 또한 집단구성원들은 서로가 어떤 사람인지 파악하려고 한다.

집단구성원들은 자신들이 해야 할 과제 및 역할이 명확하지 않기 때문에 많은 부분을 리더에게 의존하게 된다. 리더는 구성원들에게 집단에 대한 제반 관련되는 정보를 제공한다. 형성단계의 기간은 매우 짧은데 구성원들이 두세 번 회의를 하게 되면 이 단계는 종료된다.

2) 갈등단계

형성단계가 마무리되면 이어서 갈등단계(storming)가 나타난다. 집단구성원들은 이제 자신이 집단에 별 문제없이 소속하게 되었다는 것을 인식하게 되고 집단에서 자신의 위치를 확보하려는 시도를 하게 된다. 그들은 권력이나 역할에 대해 다른 사람들의 것과 자기 것을 비교하게 되고, 이에 대해 만족하지 않는 경우가 많이 발생한다. 이 단계에서 집단구성원들은 보다 격렬한 토론을 하게 되고 또한 리더의 결정에 대해 반항하기도 한다. 구성원들은 대체로 방어적이 되고, 경쟁심을 노골적으로 드러내며 서로 시기하는 갈등 상황이 발전한다. 이러한 갈등 상황을 빨리 종식시키기 위해서 집단 리더는 아래의 몇 가지 조치를 취할 수 있다.

- 구성원들에게 갈등현상이 집단 발전단계에서 자연스럽게 발생하는 것이며 구성원들이 특별히 잘못하는 것이 아니라는 것을 주지시킨다.
- 구성원들이 서로 의견이 다른 것은 극히 자연스러운 것이라는 것을 알리고, 이러한 의견들이 새로운 가치 있는 아이디어를 발굴하는 과정에서 매우 중요하다는 것을 주지시킨다.
- 격렬한 토론을 진지하게 경청하고 상대방의 의견에 대해 이해할 태도를 갖도록 지원한다.
- 집단의 목표를 달성하기 위해 구성원들이 가지고 있는 능력이 매우 중요하다는 것을 강조한다.
- 이러한 갈등단계를 서둘러 종식시키려는 시도를 해서는 안 된다. 이 단계에서는 여러 차례 회의를 하게 되면, 갈등이 서서히 감소된다.[17]

3) 규범정립 단계

갈등단계가 어느 정도 지속되면 집단구성원들과 리더는 집단 운영에 대한 제반 규칙 및 절차 등 규범을 만드는 것이 갈등을 해소하는 데 필요하다는 것을 인식하게 된다. 이때 나타나는 단계가 규범정립 단계(norming)이다.

역할 모호성 및 권한관계에 대한 불확실 등이 규범이 정립됨으로써 해소된다. 이 단계에서의 집단구성원들은 집단목표에 더욱 더 몰입하게 되고 구성원들의 관계 또한 긍정적이 된다. 그 결과 집단의 응집력이 높아지고 구성원들 간 협동의 수준도 높아진다. 중요한 의사결정도 집단에서 별 문제없이 이루어진다. 또한 집단구성원들은 서로를 인정하고 마음을 열며 그 결과 중요한 정보도 공유하며 무슨 일이 있으면 서로 돕게 된다. 이 단계에서는 집단의 에너지가 최고조에 이른다.

4) 성과달성 단계

성과달성 단계(performing)에서는 집단의 통일성 그리고 비전이 서로 공유되어 집단목표를 달성하는 데 모든 조건을 갖추게 된다. 집단구성원들은 이제 통일성을 추구하면서 상호의존적이 되고, 구성원 개개인의 서로 다른 개성을 존중해 준다. 이 단계에서의 구성원들은 직무수행에 몰입하게 되며, 원활한 커뮤니케이션을 통해 실질적으로 높은 성과를 낸다. 이때 비로소 집단은 보다 높은 수준의 역량을 보여주며, 자율적으로 운영되고 집단리더는 구성원들을 지휘하는 역할에서 코칭(coaching)역할로 바뀌게 된다.

5) 해체단계

집단의 목표가 달성되어 더 이상 집단의 필요성이 없어졌을 때 해당 집단은 해체단계(adjourning)를 맞이하게 된다. 또한 집단구성원들이 목표달성과 관계없이 목표나 규범에 대해 부정하여 집단을 이탈하거나 집단이 더 이상 효과적으로 작동하지 못할 경우 집단은 해체된다.

지금까지 설명한 집단의 발전단계가 그림 9-5에 요약·제시된다.

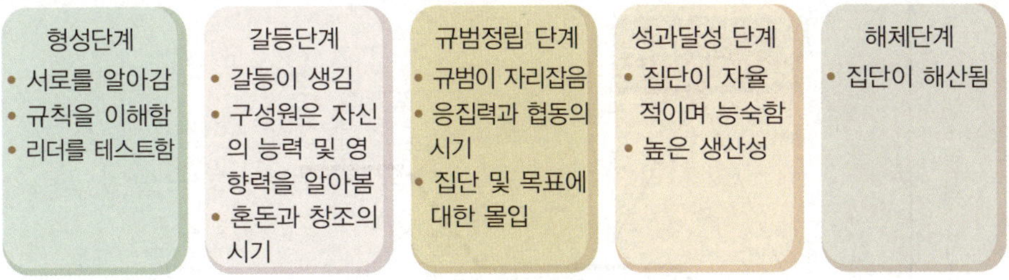

그림 9-5 집단의 발전단계별 특징

4.2 단절적 균형 모델

앞에서 설명한 점진적 발전단계는 집단이 시작부터 해체될 때까지 모든 일이 정상적으로 순조롭게 진행될 때 나타나는 일반적인 형태이다. 그러나 집단의 생성 소멸이 항상 정상적인 단계를 거치는 것만은 아니다. 집단은 상황에 따라 매우 가변적이고 역동적으로 생성·소멸된다는 주장이 있다. 이러한 논리는 기본적으로 진화론에서 따온 것이다. 진화란 항상 점진적으로만 이루어지는 것이 아니고 급격하게 변화되기도 하고, 변화의 방향이 예측할 수 없는 것으로 갈 수도 있다는 것이다.[18]

이러한 논리에 기초하여 나온 것이 바로 집단발전에 대한 단절적 균형 모델(punctuated-equilibrium model)이다.[19] 이 모델에 의하면 집단의 발전단계가 점진적 발전 모델에서 보여준 단계처럼 순서에 맞게 차례로 나타나는 것은 아니라는 것이다. 예를 들면 어떤 집단이 성과달성 단계에서 높은 성과를 내고 있는데 경쟁사에서 예상하지 못한 신기술을 도입하였거나 새로운 대표이사가 취임하여 정책을 바꾸었을 경우 이 집단은 갈등단계로 되돌아갈 수 있다는 것이다. 즉 이 집단이 성과달성 단계에서 한동안 집단구성원들의 의식 및 행동이 한 방향으로 균형을 유지하고 있었는데 어떤 예상치 못한 상황이 발생하면 이러한 균형이 깨지고 다시 다른 발전단계로 퇴행하여 한동안 혼란기를 거치게 되고 일정 기간이 지나면 다시 균형을 찾는다는 것이다.

이 모델에 의하면 집단에 어떤 특별한 자극(예 위기 등)이 가해지면 그 집단은 현재의 균형으로부터 단절되어 새로운 시작을 맞이한다. 그림 9-6에서는 단절적 균형 모델에서의 변화형태를 보여준다.

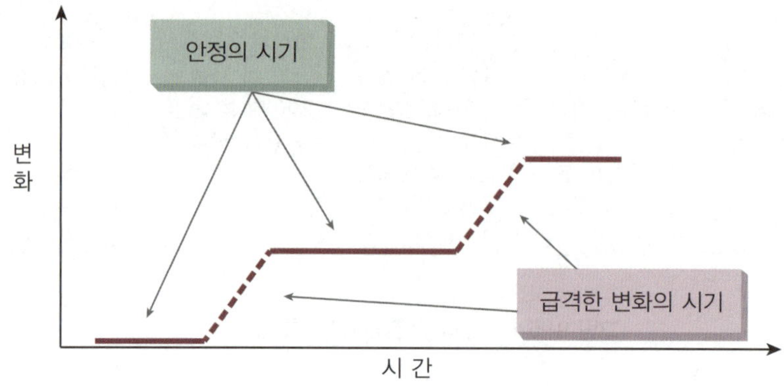

그림 9-6 단절적 균형 모델[20]

이상에서 논의한 집단 발전모델이 조직실무에 시사하는 점은 아래와 같다.

1. 모든 집단이 위에서 기술한 발전단계를 거치는 것은 아니다. 예외는 어디에서나 항상 있기 마련이다.
2. 어떤 집단은 영원히 성과달성 단계에 진입하지 못하고 그 전단계에 머물 수 있다.
3. 집단에 대한 진단을 수시로 하여 현재의 집단의 발전단계를 파악하고 문제점이 발견되면 바람직한 조치를 취해야 한다.
4. 집단의 발전단계에 일반적으로 소요되는 기간을 고려하여 기간이 경과하였음에도 현단계에 머물고 있을 때 조직차원에서 조치를 취해야 한다.
5. 특히 성과달성 단계에서는 항상 문제가 발생할 수 있기 때문에 특별한 관찰이 요구된다.

5 집단행동의 결정요인

집단은 개인으로 구성되어 있다. 그러면 집단행동은 구성원들의 개인행동을 모두 합친 것일까? 그렇지 않기 때문에 우리는 집단수준에서 조직행동을 연구하는 것이다. 집단구성원들의 행동은 자신이 개인으로 있을 때와 집단성원으로 있을 때 다를 수 있다. 개인의 행동에 영향을 미치는 요인들에 대해서는 성격, 모티베이션, 태도이론 등에서 이미 살펴보았다. 아래에서는 집단수준에서 나타나는 집단구성원들의 행동을 결정하는 요인이 무엇인가를 살펴본다.

집단행동에 영향을 끼치는 요인들은 매우 많을 수 있겠으나 크게 구분해 보면 집단외부 요인과 집단내부 요인으로 나눌 수 있다. 집단외부 요인은 경영전략, 환경, 조직구조, 리더십 등이 있다. 집단내부 요인들은 구성원들의 인구 통계적 특성, 성격, 능력 그리고 집단의 존속기간 등을 들 수 있다. 그리고 그림 9-7과 같이 집단의 규모, 집단에 형성된 규범, 집단구성원에게 기대되는 행동인 역할, 집단 내 구성원들의 사회적 위치를 말하는 지위 그리고 집단구성원들을 사회·심리적으로 묶어 주는 집단응집력 등은 보다 중요한 집단의 내부요인이 된다. 아래에서는 집단행동에 영향을 미치는 요인들로서 그 영향력의 크기 면에서 보다 중요하다고 판단되는 집단규모, 규범, 역할, 지위 그리고 응집력을 중심으로 살펴본다.

그림 9-7 집단행동의 결정요인

5.1 집단의 규모

기업조직에서 발견되는 집단의 규모는 어느 정도가 일반적일까? 한 조사에 의하면 3명으로 구성된 집단이 54%로서 가장 빈도가 높았으며, 그 다음으로 4명 이상이 27%로 나타났다.[21] 어느 정도의 규모가 집단의 성과를 높이는 데 효과적인가에 대해서는 대개 3~13명으로 주장된 바 있다.[22] 집단의 규모를 분류할 때 20명 미만을 소집단, 그 이상일 때를 대집단으로 간주한다.

집단규모는 집단구성원들의 행동에 영향을 끼친다. 집단의 규모가 작을 때 집단구성원들은 서로를 잘 알 수 있는 기회를 많이 가지며 일상생활에서 더 많은 상호작용을 한다. 뿐만 아니라 그들은 서로 더 많은 정보를 공유하며 각 구성원이 집단에 얼마나 공헌하는지를 보다 정확히 알 수 있고 집단목표에 대한 인식도 보다 확실해질 것이다. 그 결과 집단구성원들의 집단에 대한 일체감이 높아지며 목표달성에 대한 몰입 및 직무만족도가 높게 나타난다.

집단의 규모가 클 경우 구성원들 간의 상호작용 기회가 적으며, 그 결과 구성원들 간 공유하는 정보의 양도 적을 수밖에 없다. 구성원 개인의 경우, 자기 외에도 많은 다른 구성원이 있기 때문에 자신의 집단에 대한 공헌도를 보다 적게 인식하게 되고, 그 결과 집단에 대한 몰입도도 낮아지게 된다. 또한 이러한 이유로 구성원들의 만족도도 낮게 나타난다.[23]

집단의 규모가 클 경우의 장점

- 집단구성원들이 보유하고 있는 지식, 기술 그리고 경험 등이 합해지면 보다 높은 성과를 낼 수 있다.
- 집단이 수행해야 하는 업무를 분업(division of labor)함으로써 생산성을 높일 수 있다. 즉 한 사람이 여러 가지 과업을 수행하는 것보다 분업을 통해 수행하는 과업의 수를 줄임으로써 효율적인 과업 수행이 가능해지는 것이다. 사실 조직에서 집단을 만드는 이유 중 중요한 것이 바로 분업을 통한 생산성 향상이 가능하기 때문이다.

집단의 규모를 결정할 때 위에서 언급한 내용들이 고려되어야 할 것이다. 특히 집단의 규모를 크게 할 경우 발생하는 문제점에는 커뮤니케이션의 비효율성 및 업무 관련 조정(coordination)상의 문제점, 사회적 태만(social loafing) 등이 있다. 예를 들면 집단의 규모가 클 경우, 작업방식의 변화 등 업무진행에서 발생하는 불가피한 변화에 대한 전달 및 수용성에 어려움이 발생한다.

조정상의 문제점의 예를 들면, 팀 프로젝트를 들 수 있다. 5명이 하는 경우보다 20명이 공동으로 하는 경우 보고서 작성 등 여러 가지 측면에서 조정에 따르는 문제가 더 많이 발생한다.

사회적 태만은 개인으로 일할 때보다 집단으로 일할 때 노력을 줄이는 현상으로서 앞에서 소개한 링겔만 효과(Ringelmann effect)가 나타나는 것이다. 뿐만 아니라 집단규모가 클 경우, 구성원들 간의 갈등의 빈도도 높아진다.

조직에서 집단의 규모를 어떻게 할 것인가는 소집단과 대집단이 가지고 있는 장단점을 고려하여 판단해야 할 것이다. 표 9-4에서는 집단규모에 따른 장점이 제시된다.

표 9-4 집단규모별 장점[24]

소규모 집단	대규모 집단
• 집단 내부의 상호작용이 자주 일어남 • 구성원들 사이에 정보 교환이 쉬움 • 집단에 대한 공헌을 조직원들이 쉽게 인지할 수 있음 • 집단의 목표와 관련하여 조직원들이 동기부여되고 헌신할 수 있음 • 구성원들이 만족함	• 기술, 능력, 지식, 경험적으로 집단의 자원이 많기 때문에, 목표를 달성하기 위하여 사용이 가능함 • 과업이 분업되어 있으므로 구성원들은 특정 업무에만 전념할 수 있으며, 특정 업무를 수행하는 데 있어 더욱 전문성을 갖출 수 있음

5.2 집단규범

기업조직에서 집단규범의 존재를 처음 발견한 것은 호손연구에서였다. 당시 연구자들은 임금의 효과를 확인하기 위해 배전기 전선 작업실(bank wiring room)에 근무하는 남성 근로자 14명을 대상으로 연구를 실시하였다. 이들의 작업결과를 한마디로 말하면 이들 작업자들은 높은 임금을 받기 위해 최선을 다하지 않는다는 것이었다. 그 이유를 밝히기 위해 연구자들은 이들을 대상으로 심층 인터뷰를 실시하였는데 여기서 밝혀진 것이 바로 집단규범이었다. 이들에게 형성된 집단규범은 다음과 같다.

- 일을 너무 열심히 해서는 안 된다. 왜냐하면 열심히 일하여 성과를 높이게 되면 공장장이 임률(wage rate)을 과거보다 낮게 책정할 것으로 예상되고 그렇게 되면 열심히 일한 후 받은 임금이 과거의 경우와 비슷해져 초과 성과를 올린 것이 실질적으로 보상으로 연결되지 않기 때문이다.
- 너무 일에 태만해서도 안 된다. 성과가 낮게 되면 해고의 위험성이 존재한다고 구성원들은 믿고 있었다.
- 동료에게 해로운 말을 상급자에게 고자질해서는 안 된다. 예를 들면 동료의 성과가 낮을 경우, 고자질은 동료를 해롭게 하기 때문에 집단이 용납하지 않기 때문이다.

- 너무 잘난 체해서는 안 된다. 이것은 동료 간의 관계에 부정적인 영향을 주기 때문이다.

이러한 집단규범을 어긴 자는 집단에 의해 처벌을 받았는데 예로서 비꼬는 말, 욕설, 조롱, 심지어는 신체적인 공격 등이 있었다.[25]

아래에서는 집단규범의 개념, 형성, 종류 그리고 규범에 대한 동조 및 일탈에 대해 살펴본다.

1) 집단규범의 개념

집단규범(group norm)이란 집단구성원이 공유하고 있는 수용가능한 표준화된 행동을 말한다. 또한 집단규범은 행동에만 국한되지는 않는다. 이것은 태도, 의견 그리고 느낌까지도 포함된다.[26] 집단규범은 대개 문서화되지 않고 공개적으로 논의되지는 않지만 집단구성원의 행동에 결정적인 영향을 미친다.[27]

집단규범은 집단의 목표를 달성하는 데 필요한 행동을 구성원들에게 제시해 준다. 또한 이것은 집단이 요구하는 행동을 구성원이 하고 있는지를 판단할 수 있는 근거가 된다. 집단규범은 대개 집단의 존속에 필요한 행동과 이에 기대되는 역할, 곤란한 상황이 집단에 발생하지 않도록 하는 데 필요한 행동 그리고 집단구성원이 따라야 하는 가치 등이 포함되어 있다. 표 9-5에서는 이에 대한 실무에서의 사례가 제시된다.

표 9-5 집단규범의 기능[28]

규 범	시행 이유	예 시
최고계층이 보기에 우리 부서가 좋아 보이게 하라.	집단/조직 생존	부서별 미팅에서 인사부서의 중요한 역할에 대하여 열정적으로 방어하면 그의 상사에게 칭찬을 받는다.
게으름 피지 않고, 일을 열심히 하는 사람에게 성공이 온다.	기대행동에 대하여 명확히 함	남들과 다르게 생각하는 동료에 대하여 좀 더 인내심을 갖고 지켜보도록 고위간부가 신입에게 주의를 요함
개인적인 성공보다는 팀플레이어가 되어라.	곤란한 상황의 회피	상부에게 보고하는 회의 중에 토론에서 우위를 차지하고자 하는 동료가 프로젝트 팀 일원에게 비웃음을 당함
최우선 순위는 고객 만족이다.	독특한 정체성과 핵심 가치의 명확화	두 명의 영업 대표가 산업협회에서 고객 서비스 대상을 받아서 파티를 함

2) 집단규범의 형성

집단규범은 대개 집단이 효과적인 활동을 하는 데 필요하기 때문에 형성된다. 이것은 여러 가지 방식을 통해 형성되거나 개발된다.

집단규범 형성의 방식

- 상사나 동료들이 명시적(explicit)으로 정한다. 예를 들면 집단의 리더가 점심시간에는 술을 마시면 안 된다고 하는 것이다.
- 집단의 과거 활동에서 발생한 중요한 사건으로부터 규범이 형성된다. 예를 들면 프로젝트 팀이 결과 보고를 대표이사 앞에서 하는데 대표이사의 질문에 대해 신참 팀원이 아는 체하며 잘못 대답하는 바람에 그 팀이 난처한 상황에 빠지게 되었을 경우, 이제는 반드시 팀장이 대답해야 한다는 규범이 형성되는 것이다.
- 집단이 어떤 상황에서 취해진 초기 행동(primacy)이 규범으로 정해질 수 있다. 예를 들면 새로 부임한 팀장이 주재하는 회의가 격식을 중요시 하며 공식적인 분위기로 진행되면, 이 후에 개최되는 회의의 진행 방식이 이와 같은 방식으로 진행되도록 규범으로 정해지는 것이다.
- 과거 상황으로부터 전이된 행동(carryover behaviors)이 규범으로 형성될 수 있다. 이러한 행동이 당시 집단의 성과에 효과적이었을 경우, 현재의 집단에도 효과적일 수 있을 것이라고 예상하게 된다. 예를 들면 대학에서 학생과 교수는 수업시간에 해야 할 행동과 하지 말아야 할 행동을 수업시간을 통해 경험하면서 알게 되는 것이다.[29]

3) 집단규범의 종류

집단규범의 종류는 기준에 따라 다음과 같이 다양하게 분류할 수 있다.[30]

중심 규범

집단의 목표달성을 위해 필수적으로 지켜야 하는 표준 행동을 말하는데 이를 성과 규범(performance norm)이라고도 한다. 예를 들면, 근무시간에 얼마나 열심히 일해야 하는지, 초과 근무의 필요성이 있을 때 적극적으로 해야 한다든지, 고객에게 친절하게 대해야 하는 등을 말한다.

주변 규범

집단의 목표달성과 직접 관련은 없으나 지켜야 하는 행동을 말하는데 예를 들면 회식에 꼭 참석해야 한다든지, 근무 시간 중에 사적인 전화를 하지 않아야 하는 것 등을 들 수 있다.

지시적 규범(prescriptive norm)

특정 상황에서 집단구성원들이 적절하다고 생각하는 행동을 말한다. 예를 들면, 공동 작업을 할 때 동료가 건강상 문제가 생기면 그의 몫까지 일을 해야 하는 등이다.

금지적 규범(proscriptive norm)

가능하다면 회피해야 할 행동을 말한다. 예를 들면 남들이 대화를 하고 있는데 끼어드는 것, 약속시간에 늦게 오는 것 등이 이에 해당된다.

표출 규범(appearance norm)

집단구성원이 보여주어야 하는 외적인 측면과 관련된다. 예를 들면 근무 중에는 정장을 해야 한다든지, 낮은 목소리로 대화를 해야 한다든지, 공장장이 지나가면 열심히 일하는 모습을 보여주는 것 등이다.

4) 규범에 대한 동조

형성된 규범에 대해 구성원 모두가 아무런 저항 없이 따르는 현상을 규범에 대한 동조(conformity)라고 한다. 규범에 대한 동조 현상에 영향을 미치는 요인은 아래와 같다.[31]

- 집단구성원의 개인 특성에 따라 동조의 정도는 다르게 나타난다. 예를 들면 자아가 강한 사람은 동조하는 정도가 적은 편이며, 반면에 권위주의적인 성향이 높은 사람은 동조 성향이 높게 나타난다.
- 집단규모가 작을수록 동조의 정도가 높아진다.
- 집단구성원의 집단에 대한 일체감이 높거나 집단이 과거 목표달성에 성공한 경험이 많을 경우, 즉 우수한 집단으로 조직에서 평가되는 경우 동조의 정도가 높게 나타난다.

- 집단구성원들 간 관계가 보다 친밀할수록 동조의 정도가 높게 나타난다.
- 집단 내 커뮤니케이션이 보다 개방적일 때 동조의 정도가 높게 나타난다.

동조성에 반대되는 현상을 규범의 위반(deviance)이라고 하는데 집단에서 구성원이 규범을 위반하였을 경우 일반적으로 아래의 몇 가지 상황이 발생된다.[32]

- 집단은 위반자에게 규범의 중요성을 설명하고 위반자는 극히 소수에 불과하기 때문에 향후 규범을 지키라고 경고한다.
- 그럼에도 불구하고 규범 위반 사례가 발생하면 따돌리거나 배척하는 등으로 처벌한다.
- 규범의 위반 사례가 자주 발생할 경우 집단은 규범의 변경 가능성을 검토한다.

규범이 집단구성원들을 통제하고 성과 달성을 위해 긍정적인 영향을 미칠 경우, 이러한 규범에 따르는 것은 바람직하다. 그러나 집단규범이 처해진 상황에 맞지 않다거나 비윤리적일 경우 어떻게 해야 할 것인가? 예를 들면 호손연구의 남성 근로자들에서 형성된 집단규범은 어떻게 받아 들여야 할 것인가? 여기서 우수한 작업자는 집단의 성과를 높여 줌에도 불구하고 임률 파괴자(rate buster)로 매도되어 배척된다.

혹은 해당 규범이 과거에는 효과적인 것이었는데 현재는 상황이 바뀌어 비효과적일 경우에는 어떻게 할 것인가? 이 경우 규범은 바뀌어야 할 것이다. 다수에 의해 수용된 규범이 바뀌기 위해서는 우선 규범을 위반하는 사람이 나와야 될 것이다. 규범을 최초에 위반하는 사람에게는 이것이 상당한 도전일 것이다. 한번 형성된 집단규범이 영원한 것이 될 수 없으며 상황이 변하면 규범도 바뀌어져야 한다. 즉 집단규범이 효과적이 되기 위해서는 규범에 대한 동조와 위반이 번갈아 가면서 존재해야 한다.

5.3 역할

역할이란 집단구성원에게 기대되는 일관성 있는 행동들의 집합을 말한다.[33] 집단은 목표를 달성하기 위해 과업을 수행해야 하는데 이를 한 사람이 수행할 수가 없기 때문에 여러 구성원들에게 지위(position)를 부여하고 그에 상응하는 행동을 요구하게 된다. 집단구성원에게 주어진 역할은 새로운 지위가 부여되면 바뀐다. 예를 들면, 노조 위원장에게는 조직에 대해 비판과 투쟁에 앞장서는 역할이 요구되지만 그가 관리자로 승진하면 역할이 친조직 성향으로 바뀔 것이 요구된다. 구성원 개인에게 주어지는 역할이 항상 명확한 것은 아니다. 집단 내에서 합의가 이루어지지 않았기 때문일 수도 있고 상황에 따라 요구되는 행동을 구성원 개인 스스로 판단하는 경우도 있다. 이러한 경우 역할 모호성(role ambiguity)이 나타나게 되고 권한 및 책임과 관련하여 문제가 발생하기도 한다.

1) 역할의 종류

집단구성원의 행동을 보면 목표달성에 직접 관련되는 것뿐만 아니라 간접적으로 관련되는 것도 있다. 즉 부하에게 업무를 지시하는 일, 업무 결과를 평가하는 일 등뿐만 아니라 집단의 분위기를 좋게 하고 부하들의 감정을 배려해 주는 역할도 필요하다. 전자를 과업 역할(task role)이라고 하며 후자를 관계 역할(relationship role)이라고 한다. 집단구성원들은 이러한 역할 중 어느 하나만 할 수도 있으며 동시에 모두 다 할 수도 있다.

과업 역할은 행동의 초점을 집단의 목표에 두며 집단구성원들이 이를 지지하도록 하고, 어떤 문제가 발생하였을 때 대안을 주도적으로 탐색하고 가장 효과적인 대안을 제시해야 하는 역할을 말한다. 뿐만 아니라 집단구성원들의 행동을 목표지향적으로 할 수 있도록 영향력을 행사해야 한다.

반면에 관계 역할은 구성원들의 감정에 대해 관심을 가지고, 집단 내 갈등을 줄이며, 구성원의 만족과 신뢰를 높이며 집단 내 협동적인 분위기를 만드는 역할을 말한다. 회식 자리에서 분위기를 띄우며, 경조사가 생겼을 때 적절한 행동을 해야 하는 것도 여기에 해당된다. 관계 역할은 집단 내 대인 관계적 긴장과 스트레스를 감소시키는 기능을 가지고 있다.[34] 표 9-6에서는 역할 종류에 따른 사례가 제시된다.

표 9-6 역할 종류에 따른 사례

과업 역할	관계 역할
• 문제해결을 위한 아이디어 제공 • 문제해결을 위한 정보수집 및 분석 • 문제해결책 제시 • 개별 아이디어에 대한 평가 • 작업상 필요한 방법 및 절차 결정	• 칭찬 등을 통해 타인을 격려 • 집단 내 갈등 조정 • 커뮤니케이션의 원활화 노력 • 집단 내 긍정적 분위기 조성 • 타인의 아이디어에 대한 긍정적 반응

2) 역할 갈등

역할 갈등(role conflict)이란 집단구성원에게 부여된 역할이 문제가 생겨 발생하는 긴장 상태를 말한다. 역할 갈등은 크게 역할 간 갈등(interrole conflict)과 역할 내 갈등(intrarole conflict)으로 구분할 수 있다. 역할 간 갈등은 집단구성원이 여러 역할을 동시에 수행할 때 개별 역할들 간에 상충하는 현상이 나타날 때 발생하며, 역할 내 갈등은 하나의 역할에서 문제가 생길 때 나타난다.

갈등이 발생되는 원인

- **복수의 역할 간 갈등**

특히 맞벌이 부부의 경우, 여성의 육아를 위한 시간과 근무시간 간의 충돌이 발생한다. 또한 조직 내 팀장의 경우 본부장의 부하로서 해야 하는 행동과 팀원의 상사로서 행동 간에 충돌이 종종 발생한다. 예를 들면 본부장은 팀원들이 계속 야근을 해 주기를 원하는데 팀원들은 원하지 않을 경우 가운데 있는 팀장은 갈등에 빠지게 된다.

- **역할 모호성으로 인한 갈등**

자신이 해야 하는 업무와 다른 사람의 업무와의 경계가 모호하여 권한 및 책임 파악이 불분명한 경우이다. 뿐만 아니라 새로 만들어진 업무의 경우 종종 역할 모호성이 나타난다.

- **역할 인식 오류로 인한 갈등**

역할을 부여하는 사람(sender)이 생각하는 역할과 역할을 받은 사람(receiver)이 지각하는 것이 일치(role consensus)하지 않을 경우 발생한다. 예를 들면 학급에서 반장이 생각하는 역할은 반원을 통제하고 지휘하는 것으로 이해한 반면, 반장을 시켜준 반원들은 반장이 궂은일을 도맡아 해야 한다고 인식하는 경우이다.

- **역할과 가치관의 위배로 인한 갈등**

역할을 받은 사람이 자신의 역할이 무엇인지를 정확하게 알지만 이것이 자신의 가치관이나 정체성을 유지(role congruence)하는 데 문제를 일으킬 경우 갈등이 발생한다. 예를 들면, 산부인과 의사가 산모가 낙태를 원하면 해 주라는 원장의 지시가 있었지만 자신은 가톨릭 신자라 이것이 자신의 종교적 신념에 위배될 경우 갈등이 발생한다. 기업조직의 경우 팀장이 본부장으로부터 경쟁사의 정보를 불법으로라도 빼내 오라는 지시를 받을 경우 이것이 산업윤리에 어긋나기 때문에 팀장은 갈등에 빠진다.

- **역할 수행 여건으로 인한 갈등**

주어진 역할에 대해 자신이 정확하게 이해했고 이것이 자신의 신념에 전혀 위배되지 않지만 이러한 역할을 수행하는 데 능력이나 시간의 부족 그리고 예산상 문제(role overload)가 있을 때 갈등이 발생한다. 예를 들면 팀장은 사기 진작을 위해서 팀원과 인간관계를 더욱 긴밀히 해야 하는 것은 알고 있지만 팀원들을 위한 회식비 조달, 맞벌이 부부라 일찍 귀가해야 한다든지 자신은 체질상 전혀 술을 못할 경우 등이다.

이상에서 기술한 역할 갈등은 집단구성원의 만족과 성과를 저하시키며 스트레스를 증가시킨다.[35] 뿐만 아니라 집단에 대한 헌신 및 몰입이 줄어들고 집단 의사결정에의 참여도도 떨어진다.[36]

역할 갈등을 최소화하는 방안

지금까지 살펴본 역할 갈등을 최소화시키기 위한 방안이 요청된다.

- 역할 모호성을 줄이기 위해 직무기술서(job description)에 바탕을 두고 역할을 부여해야 한다.
- 역할 인식으로 인한 갈등은 집단 내 상하 커뮤니케이션을 보다 활성화 시킴으로써 줄일 수 있겠다.
- 역할 과부하(role overload)로 인한 갈등을 줄이기 위해서는 역할을 재조정하거나 조직의 지원이 필요하다.

그러나 자신의 정체성을 크게 훼손시키는 역할 갈등은 현실적으로 조직 내에서 해결하는 데 한계가 있다.

5.4 지위

지위(status)는 특정 집단 내 구성원들에 대한 사회적 서열을 말한다. 이러한 서열은 여러 가지 표출되는 현상을 가지고 식별할 수 있다. 동물 세계에서는 자신이 상대방보다 서열이 높다는 것을 직접 표시하는 사례가 많다. 침팬지는 경쟁자에게 큰 소리로 떠들고, 우두머리 사자는 서열이 낮은 늑대들에게 으르렁거리고 이빨을 드러내며, 사자 떼의 여왕 암사자는 다른 사자들을 발톱으로 위협한다. 동물세계에서는 상위 서열의 동물이 하위 서열의 동물을 위협하고 공격함으로써 자신들의 지위가 보전되며, 하위 서열의 동물은 이들에게 복종함으로써 이들의 공격으로부터 벗어난다.[37] 이로써 동물세계에서는 질서가 유지된다.

인간으로 구성된 집단의 경우도 크게 다를 바 없다. 동물들처럼 직접적인 공격을 하지는 않지만 악수할 때 손을 꽉 잡는다든가, 회의시 가장 늦게 회의 장소에 들어온다든가, 회의시 근엄한 표정을 짓는 것, 보다 넓은 책상 크기 등 여러 종류의 비언어적 커뮤니케이션 방법을 동원하여 자신의 지위를 확인시킨다.[38]

집단 내 구성원의 지위는 공식적으로 부여될 수 있으며 또한 비공식적으로 형성될 수 있다. 공식적으로 부여된 지위는 타인을 지시하고 통제하는 권한이나 권력으로 나타나며, 비공식적으로 부여받은 지위는 해당 집단에서의 특권이 부여되는 경우이다. 예를 들면 회식 자리에서 상석에 앉는 등이다.

이러한 지위는 가문, 혈통, 인종, 성별, 연령 등 개인이 통제할 수 없는 요소들에 의해 형성(ascribed status)될 수 있으며 또는 개인이 능력을 발휘하여 집단에서 탁월한 성과를 달성한 경우에도 획득된다(achieved status).

1) 지위와 집단행동

지위가 집단에 미치는 영향은 다음과 같다.

- 지위는 집단 내 구성원들 간의 상호작용에 영향을 미친다. 지위가 높은 사람이 보여주는 행동의 사례를 보면, 그는 지위가 낮은 사람들보다 독단적인 경향이 있으며, 타인에게 명령을 내리고, 심지어 지위가 높은 사람이 독단적일 때에는, 집단에 긍정적인 협력 관계가 구축되기 어렵고, 창의력이 발휘되기 어렵다.[39]
- 지위가 높은 사람은 낮은 사람에 비해 집단규범을 위배했을 때보다 관대하게 처리된다.[40]
- 지위가 높은 사람은 대개 동료들 간의 커뮤니케이션을 주도한다. 예를 들면

대화를 주도하거나 다른 사람이 말을 할 때 중단시키기도 한다.

- 집단 내 지위 불일치 현상이 나타날 경우 집단은 갈등에 빠질 수 있다. 예를 들면 레스토랑에서 손님이 음식에 대한 불평을 웨이터에게 했을 때, 웨이터가 이를 그대로 주방장에게 주변 사람들이 다 듣도록 야단치듯 크게 말하면 주방장은 몹시 불쾌해 한다. 왜냐하면 레스토랑에서는 주방장이 웨이터보다 지위가 훨씬 높은데, 웨이터의 이러한 행동은 지위 체계를 간과하였기 때문이다. 이러한 갈등을 해결하기 위해서는 웨이터가 고객의 불평 사항을 쪽지에 적어 주방장이 볼 수 있는 위치에 갖다 놓는 것도 한 방법이다.

이와 같이 집단 내 지위는 집단 내 사회적 관계에서 질서를 유지하는 중요한 기능을 수행한다.

2) 지위 결정 요인

집단 내 구성원들의 지위는 무엇에 의해 결정되는가? **지위-특성 이론**(status characteristics theory)에 의하면, 지위는 집단구성원이 보유하고 있는 권력, 집단 목표에 공헌할 구성원 개인의 능력 그리고 구성원의 개인적 특성으로부터 나온다.[41]

- 권력을 많이 보유하고 있으면 보다 높은 지위를 점할 수 있다. 왜냐하면 그가 보다 많은 자원을 동원할 수 있기 때문이다. 또한 권력이 많은 사람은 집단에 중요하고도 필요한 정보를 보유하고 있기도 한다. 예를 들면 승진 및 연봉 결정에 영향을 미칠 수 있다든지, 과업 수행의 일정을 조정할 수 있을 경우 그리고 여타 자원 할당에 영향을 미칠 수 있을 경우 높은 지위를 가지게 된다.
- 집단의 목표달성에 결정적인 영향을 미칠 수 있는 능력을 가지고 있는 경우이다. 왜냐하면 집단의 목표달성의 결과가 가져다주는 이점을 구성원이 누릴 수 있기 때문이다.
- 개인의 특성에 의해 지위가 결정될 수 있다. 예를 들면, 좋은 외모, 친절한 성격, 재력 그리고 좋은 가문 출신(사장의 인척 등), 연령이 높아 그들을 위한 유용한 경험을 많이 보유하고 있을 때 구성원들은 그에게 호감을 갖게 되고 이것이 높은 지위로 연결된다.

5.5 집단응집력

1) 개념

집단응집력(group cohesiveness)은 집단구성원들을 결속시키거나 갈라놓는 힘들에 대항함으로써 집단을 온전하게 유지시키는 힘을 말한다.[42] 이것은 집단구성원들이 서로 서로가 뭉치는 정도, 구성원의 집단에의 소속감의 정도 그리고 구성원들이 집단에 남아 있으려는 의지의 정도를 말한다.[43] 집단응집력의 구성요소는 다음과 같다.

매력

이것은 개인수준과 집단수준으로 다시 분류할 수 있다. 개인수준의 경우 집단구성원들 간의 상호 긍정적인 태도를 말하며 집단수준에서의 매력은 구성원이 집단 전체에 대한 긍정적인 태도를 말한다. 집단구성원들 간의 매력은 전체로서의 집단에 대한 호감과 자부심을 생성시키는 경향이 있다.[44]

집단구성원이 느끼는 일체감

이것은 집단구성원들을 통합하고, 결속시키고 공동체 의식을 가지게 한다. 일체감이 높을 경우, 집단구성원들은 서로 가까이 모여 있음을 느낀다. 이 경우 그들은 "내가 그 일을 해냈다."라는 표현보다는 "우리가 그 일을 해냈다."라는 말을 더 많이 사용한다.[45]

팀워크(team work)

이것은 집단의 목표를 달성하기 위해서 구성원들이 기꺼이 함께 일하고자 하는 것이다. 이럴 경우 목표달성을 위해 구성원들이 자연스럽게 몰두하는 경향을 보이며 그 결과 높은 집합적 효능감(collective efficacy)이 형성된다. 집합적 효능감이란 집단구성원들이 목표달성을 하기 위해 필요한 능력을 가지고 있다고 믿는 신념을 말한다.[46]

2) 집단응집력과 집단행동

집단응집력은 전체적으로 볼 때 집단의 성과를 높인다는 전제에서 출발하지만 이에 대한 반론도 적지 않다. 이와 관련한 Schacter의 연구는 집단응집력의 효과를 보다 명확히 보여준다.[47] 그는 여대생을 대상으로 집단응집력과 성과 간의 관계를 실험실 방법으로 조사하였는데 그 내용은 다음과 같다. 여대생 12명을 실험에 참가시켰는데 이들을 집단응집력이 높은 집단과 낮은 집단으로 각각 6명으로 나누고 다시 각 집단을 3명으로 구성되게 하여 모두 4개의 집단으로 나누었다. 과업은 마분지로 상자를 만드는 일인데 작업 공정은 종이를 자르고, 풀로 붙이고, 페인팅하는 것이었다.

4개의 집단이 과업을 수행하게 하고 16분이 지난 후 연구자는 응집력이 높은 2개의 집단 중 한곳의 리더로 하여금 작업을 더 빨리 진행해야 한다고 말하게 했으며, 다른 집단에게는 작업을 천천히 하자고 말하게 하였다. 똑같은 방식을 집단응집력이 낮은 집단 2곳에도 적용하였는데 이러한 조치(induction)를 취한 후의 생산성의 변화를 조사한 결과가 그림 9-8에서 제시된다.

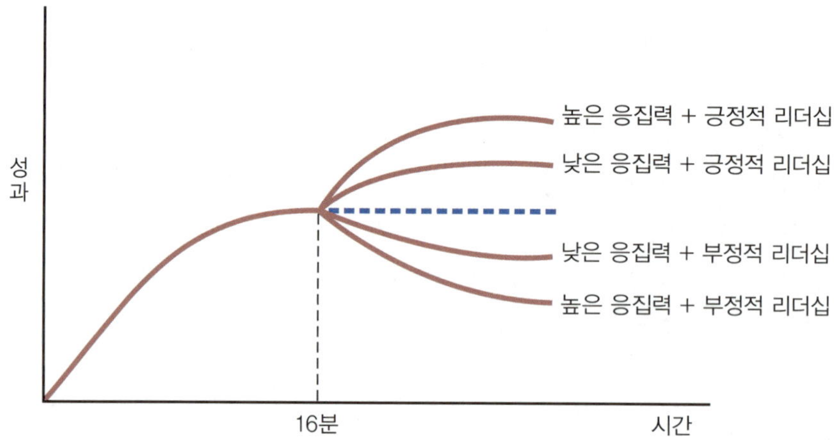

그림 9-8 집단응집력과 성과 간의 관계

그림 9-8에서 나타난 바와 같이 집단응집력이 높은 집단에 긍정적인 조치(리더십)를 취했을 경우 집단 성과는 급격히 증가하였으나, 부정적인 조치를 취했을 경우 성과는 그 반대로 급격히 감소했다. 반면에 집단응집력이 낮은 집단에 긍정적인 조치를 취했을 경우 성과는 약간 증가했으며, 부정적인 조치를 취했을 경우 성과는 약간 감소할 뿐이었다. 이상의 결과는 집단응집력이 반드시 성과를 높이는 것은 아니라는 것을 말해 준다. 이러한 결과는 바로 호손연구의 결과를 보다 의미 있게 해석할 수 있도록 한다. 그 연구에서는 여성 근로자 6명을

대상으로 실험하였을 때는 성과의 대폭적인 증가를 확인할 수 있었으나 남성 근로자 14명을 대상으로 한 실험에서는 성과가 오히려 감소했다. 즉 집단응집력은 상황에 따라 성과를 높일 수도 감소시킬 수도 있는 것이다. 여기서 말하는 상황은 리더십, 임금체계 등도 포함된다.

집단응집력의 효과에 대한 서로 다른 입장에 대해 집단응집력의 수준별 접근은 많은 설득력을 보여주고 있다. 표 9-7에서는 집단응집력의 결과를 응집력이 적당한 수준으로 높은 경우와 과도하게 높은 경우에 가져다주는 효과를 구분하여 제시하고 있다.[48]

표 9-7 집단응집력의 수준별 결과

적당한 수준의 높은 집단응집력	과도한 수준의 높은 집단응집력
만족감	동조압력
자신감 & 자존감	충돌회피
행복감(스트레스 완충제)	다양한 사고의 부족
참여도 & 몰입도	규범위반에 대한 강한 제재
집단의 생산성을 높임	집단사고의 위험

표 9-7에서 제시하는 바와 같이 집단응집력의 수준이 적당히 높을 경우 다음과 같은 효과를 기대할 수 있다.

- 구성원들이 집단에 대한 만족감이 높으며 사기가 높다. 구성원들은 서로에게뿐만 아니라 집단에 대해 긍정적인 태도를 갖는다.
- 집단구성원들은 높은 자신감 및 자기존중감을 갖는다.
- 구성원들이 느끼는 행복감이 높고 불안과 긴장이 적으며 또한 이것이 구성원들이 지각하는 스트레스를 줄여준다.[49]

- 집단구성원의 집단 활동에의 참여도 및 몰입도도 높게 나타난다.
- 이러한 여러 긍정적인 효과는 집단 생산성을 높인다. 즉 집단구성원들은 서로 간에 더 적극적으로 협력하여 시너지 효과를 창출한다.

반면에 집단응집력이 과도하게 높을 경우 집단은 일사불란한 모습을 보여주는데 그 결과 다음과 같은 몇 가지 부정적인 결과를 가져다준다.

- 동조 압력이 더욱 커져서 구성원 개개인의 저항은 더욱 약해진다.
- 갈등이 발생하는 것을 가능한 한 피하려고 하다 보니 집단이 변화를 시도하려고 하지 않는다.
- 구성원들의 다양한 사고(thought)를 기대하기가 어려워 문제 해결에 있어서 창의적인 대안을 탐색하는 데 한계가 있다.
- 집단규범을 위반하는 구성원에게 지나친 제재를 가하게 되어 집단의 유연성이 낮아진다.
- 집단사고(group think)의 발생 가능성이 높아 잘못된 의사결정의 가능성이 높아진다.

3) 집단응집력의 결정요인

위에서 설명한 바와 같이 집단응집력이 가져다주는 효과는 긍정적인 것뿐만 아니라 부정적인 것이 있다. 긍정적인 효과를 가져다주기 위해서는 바로 집단응집력을 적당한 수준으로 높게 만들어야 한다. 아래에서는 이를 위해 집단응집력의 결정요인을 살펴본다.[50]

집단구성원들 간의 동질성 정도

집단구성원들 간의 동질성 정도가 집단응집력에 많은 영향을 미친다. 동질성의 내용으로는 연령, 성별, 교육수준, 기능수준, 태도, 가치관 등이다. 특히 비슷한 태도와 가치관은 구성원들을 묶어 주는 강력한 원천이다. 즉 느낌, 의견 등이 비슷할 경우 보다 많은 상호작용을 하며 서로 협동하게 된다.

집단의 안정성

집단의 안정성은 집단응집력을 높게 형성하는 데 긍정적인 영향을 미친다.

집단의 안정성은 집단구성원들이 서로 같이 일한 기간이 길수록 더 많이 형성된다.

집단의 규모

집단의 규모가 클 때보다 작을 때 집단응집력이 높게 나타난다.

동료로부터의 정신적인 지원

집단구성원이 동료로부터 코칭(coaching), 정신적인 지원을 받을 때 집단에 대한 일체감이 높게 형성되고 이것이 응집력을 높여준다.

집단에서의 성과나 규범에의 동조 등에 대해 만족

집단구성원들이 집단에서의 성과, 규범에의 동조 등에 대해 만족할 때 집단 응집력은 높아진다.

목표달성을 통한 성공 경험을 공유

집단구성원들이 협력하여 어떤 어려운 일을 성공적으로 완수하였을 때, 즉 목표달성을 통한 성공 경험을 공유했을 때 집단응집력은 높아진다.

그림 9-9에서는 집단응집력의 결정요인들이 제시된다.

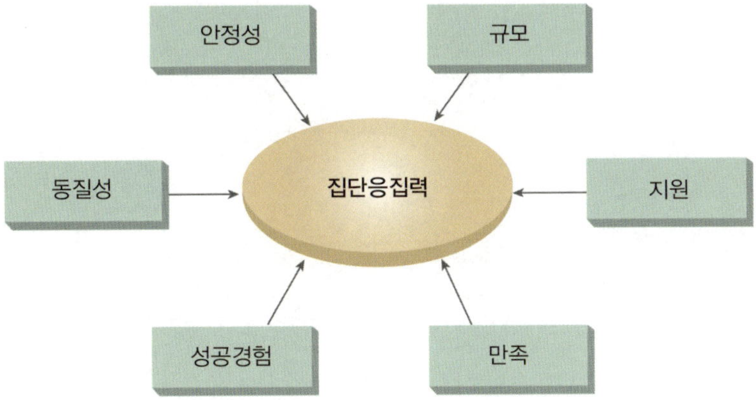

그림 9-9 집단응집력의 결정요인

집단응집력을 높이기 위해서는 응집력을 결정하는 요인들을 개선하면 된다. 결정요인들 중 통제 가능한 것이 있는 반면에 통제하기 곤란한 요인들도 존재한다. 예를 들면 집단의 규모는 과업의 종류에 따라 항상 소집단으로 유지할 수만은 없고, 집단의 안정성 역시 상당한 기간이 소요되기 때문에 현재 당장 어떻게 할 수도 없다. 이외에도 통제하기 곤란한 요인들도 존재한다. 이러한 제약하에서 집단응집력을 높이기 위한 방안을 아래에서 몇 가지 제안한다.

집단응집력을 높이기 위한 방안

- 가능한 한 집단의 목표와 조직의 목표가 연계되게 하며 집단구성원을 목표설정에 참여하게 한다.
- 집단의 목표달성을 위해 구성원 개개인이 해야 할 과업을 보다 명확히 하여 역할 갈등이 발생하지 않도록 해야 한다.
- 집단구성원들 간의 공간적인 배치를 보다 가깝게 하여 서로 친근한 분위기가 조성될 수 있도록 한다.
- 집단구성원들을 자주 칭찬한다. 이를 통해 구성원들은 자신감을 가지게 되고, 조직에 대해 긍지를 가지고 보다 긍정적인 조직행동을 함으로써 집단 분위기가 긍정적으로 형성된다.
- 집단구성원 개개인에 대해 품위 있게 대하고 존경의 표시를 한다. 이를 통해 집단구성원 모두가 해당 집단에 중요한 존재임을 인식하게 된다.
- 공동으로 참여하는 이벤트(event)를 만든다. 예를 들면, 팀장이 커피를 같이 마신다든가 정기적으로 회식을 하는 등이다.

집단응집력 사례

◉ 2002년 한·일 월드컵 4강 신화를 쓴 대한민국 국가대표 축구팀

2002년 5월 31일부터 6월 30일까지 한국과 일본에서 공동 개최되었던 월드컵 축구대회. 이 대회에서 한국은 사상 처음 16강 본선진출의 위업을 이룬 이후 4강에 진출하여 전세계를 놀라게 했다. 월드컵 기간 중 한국 국가대표 축구팀 서포터스인 '붉은 악마'를 비롯한 온 국민이 경기장, 광화문 네거리 등 전국의 거리에서 열렬한 응원을 펼쳤다. 우리나라 축구대표팀은 네덜란드 출신의 거스 히딩크(Guus Hiddink) 감독의 지휘 아래 경기기간 내내 놀라운 성과를 보여주었다. 히딩크 감독은 노련한 경험과 뛰어난 지도력으로 선수단뿐만이 아니라 언론과 국민들의 응원에도 지대한 영향력을 행사했다. 덕분에 국가대표 축구팀은 놀라운 집중력과 응집력으로 그들의 잠재능력을 최대로 발휘하여 월드컵 4강이라는 신화 같은 성과를 이루어낼 수 있었다.

생각해 볼 문제

- 2002년 한·일 월드컵에서 4강을 달성한 국가대표 축구팀 사례는 Schacter의 연구에서 분류한 '높은 응집력 + 긍정적 리더십'의 경우라고 할 수 있다. 여기서 발견되는 집단응집력의 결정요인을 설명해 보자.

Chapter

10

커뮤니케이션

ORGANIZATIONAL BEHAVIOR

1. 커뮤니케이션 기능
2. 커뮤니케이션 과정 및 네트워크
3. 커뮤니케이션 유형
4. 커뮤니케이션 방법
5. 효과적인 커뮤니케이션

CASE 1

▶ 바벨탑과 커뮤니케이션

"온 세상이 한 가지 말을 쓰고 있었다. ……
야훼께서 땅에 내려 오시어 사람들이 이렇게 세운 도시와 탑을 보시고 생각하셨다. ……
당장 땅에 내려가서 사람들이 쓰는 말을 뒤섞어 놓아 서로 알아듣지 못하게 해야겠다. 야훼께서는 사람들을 거기에서 온 땅으로 흩으셨다. 그리하여 사람들은 도시를 세우던 일을 그만두었다. 야훼께서 온 세상의 말을 거기에서 뒤섞어 놓아 사람들을 온 땅에 흩으셨다고 해서 그 도시의 이름을 바벨이라고 불렀다."

[성경: 창세기 11장:1–9]

성경(구약)은 이스라엘의 역사를 기록한 것으로 수없이 많은 사건들 중 그 시대에 일어났던 특별히 중요한 사건들을 주로 서술하고 있다. 바벨탑 이야기는 기원전 24세기에 일어났던 사건을 기록한 것이다. 이와 같이 커뮤니케이션은 인류가 탄생한 이래로 역사적으로 중요한 역할을 해오고 있다는 것을 알 수 있다.

미국에서는 연간 100만 건 이상의 의료사고가 발생하는데 이 중 10%는 잘못된 의료 기록으로 인해 발생한다고 한다.[1] 예를 들어 환자의 오른 쪽 다리를 절단해야 하는데 의료진들 사이에 커뮤니케이션이 잘못되어 왼쪽 다리를 절단하게 되는 끔찍한 의료사고가 발생할 수도 있다.

기업조직 관리자들의 일상생활을 보면 하루의 근무시간 중 75~90%를 커뮤니케이션에 할애하고 있다.[2] 이 중 그림 10-1에서처럼 50%는 청취, 35%는 대화, 10%는 읽기 그리고 5%는 쓰는 데 사용하고 있다.

「포춘」 지가 선정한 100대 기업 인사팀장을 대상으로 성공적인 관리자에게

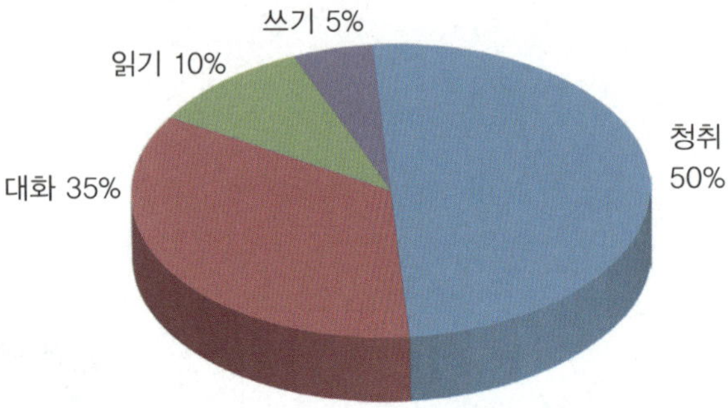

그림 10-1 관리자의 커뮤니케이션

요구되는 능력을 조사하였는데 상위 10개의 능력으로 대인관계, 경청, 설득과 동기부여, 프레젠테이션, 소집단 커뮤니케이션, 상담, 갈등관리, 코칭, 인터뷰, 읽기와 쓰기로 나타났다.[3] 여기서 제시된 10가지 모두가 커뮤니케이션과 관련되어 있다. 따라서 조직에서의 커뮤니케이션 관리는 조직의 유효성을 높이기 위해서 필수적으로 요청된다.

커뮤니케이션(communication)은 두 사람 혹은 그 이상의 사람들 간에 정보를 교환하고 의미를 공유하는 것을 의미한다.[4]

아래에서는 커뮤니케이션에 대한 기본 이해를 위해 커뮤니케이션의 기능, 과정, 네트워크, 유형 그리고 방법을 살펴본 후 조직에서의 효과적인 커뮤니케이션에 대해 살펴본다.

1 커뮤니케이션 기능

조직에서의 커뮤니케이션의 역할은 조직 전반에 걸쳐 발견된다. 아래에서는 그 중 중요한 것으로 간주되는 정보전달 기능, 동기부여 기능, 통제 기능 그리고 감정표현 기능을 살펴본다.[5]

지식 및 정보제공 기능

커뮤니케이션은 조직구성원들에게 직무를 효과적으로 수행할 수 있는 방법 및 목표에 대한 지식을 제공하는 기능을 한다. 즉 구성원이 어떻게 하면 높은 성과를 달성할 수 있는지에 대한 지식을 제공한다. 또한 커뮤니케이션은 조직 내 개인 및 집단이 의사결정을 하는 데 필요한 정보를 제공하는 기능을 가지고 있다. 예를 들면 의사결정을 위한 각종 대안들(alternatives)에 대한 정보, 이들을 평가하는 데 필요한 정보 등이 바로 커뮤니케이션을 통해 전달된다.

이러한 기능은 일을 처음 시작하는 작업자에게 특히 중요하다. 직무를 처음

맡게 되는 신입사원에게는 조직의 목표가 무엇인지 조직에서 허용되는 표준적인 행동은 무엇인지 등을 커뮤니케이션을 통해 알게 된다. 또한 커뮤니케이션은 조직구성원의 사회화(socialization)에 필수적인 기능을 한다. 기존의 조직 혹은 부서의 구성원들과 어울려서 조직 생활을 할 수 있는 정보를 제공하는 것이다.

커뮤니케이션은 조직구성원들에게 과업에 대한 정보, 조직의 목표에 대한 정보, 권한 및 책임에 대한 정보를 제공하기 때문에 조직 내 구성원들에게 매우 중요하다.

동기부여 기능

조직의 성과 달성을 위해 조직구성원들의 모티베이션은 매우 중요한 문제이다. 동일한 능력을 가진 두 사람의 경우 그들이 가지고 있는 모티베이션에 따라 성과는 매우 다르게 나타난다. 커뮤니케이션은 조직구성원을 동기부여시키는 데 결정적인 역할을 한다. 예를 들면, 본서의 제4장에서 설명했던 모티베이션의 기대이론에 의하면 모티베이션은 아래의 몇 가지 조건에 의해 발생한다.

- 조직구성원이 직무 목표를 달성하기 위해 얼마나 열심히 일할 것인가는 목표달성 후 받게 될 보상의 주관적 가치(valence)가 클수록 긍정적인 영향을 미친다.
- 목표달성과 주어지는 보상 간의 일관성 정도(instrumentality)가 높을수록 구성원은 더 열심히 일할 것이다.
- 구성원에게 설정된 목표의 수준이 달성가능한 것(expectancy)이라고 믿을 때 모티베이션이 더 증가한다.

이 이론에서 제시하고 있는 모티베이션의 조건들에 대한 정보는 바로 커뮤니케이션에 의해 획득된다.

통제 및 행동 조정 기능

커뮤니케이션은 조직구성원들의 행동을 통제하는 기능을 한다. 조직에는 계층에 따른 권한 및 공식적인 행동 지침이 존재하는데 커뮤니케이션은 구성원들의 행동을 특정한 방향으로 움직이도록 통제한다. 뿐만 아니라 조직의 성과에 부정적인 역할을 하는 사회적 태만(social loafing)을 줄이는 역할을 한다. 이를 위해서 조직구성원 개개인들의 권한과 책임, 역할, 규범, 요구되는 성과수준

등이 커뮤니케이션을 통해 명확하게 전달되어서 조직구성원들의 행동에 있어서 허용 가능한 폭을 제시해 준다.

뿐만 아니라 조직구성원들의 직무 간 경계가 모호하여 갈등이 발생할 때 커뮤니케이션은 이를 조정하거나 해결한다. 오늘날 조직구성원들은 개인적으로 완전히 독립된 업무를 수행하는 경우는 매우 드물며, 대부분의 조직구성원들의 업무는 상호의존적이다. 팀 또는 조직의 성과를 보다 높이기 위해서는 중복되는 업무를 줄이고 업무에 대한 조정이 필요하며 이를 위한 커뮤니케이션은 필수 불가결하다.

감정표출 및 대인관계 기능

조직구성원은 커뮤니케이션을 통해 자신의 감정을 표출한다. 이를 통해 개인은 타인과 교류하며 자신의 사회적 욕구를 충족한다. 조직구성원은 자신들이 받는 보상이나 상사의 리더십 등에 대한 만족 혹은 불만족의 의사를 커뮤니케이션을 통해 표출하며, 불치병이 걸린 가족을 둔 동료를 위로하거나 심리적 지원을 하기도 한다. 감정은 본서의 제6장에서 살펴보았듯이 조직행동 전반에 중요한 영향을 미친다. 긍정적인 감정은 대인관계를 보다 호의적으로 발전시키고 부정적인 감정은 반대로 대인관계를 위축시킨다.

커뮤니케이션은 감정표출 기능을 통해 조직구성원들이 서로에 대해 보다 더 잘 이해할 수 있게 하고 이러한 감정의 소통을 통해 조직 내 팀 구성원들의 응집력이 높아지는 것을 기대할 수 있다.

2 커뮤니케이션 과정 및 네트워크

조직 내 커뮤니케이션 현상을 이해하기 위해서는 커뮤니케이션이 진행되는 과정에 대한 이해가 있어야 한다. 커뮤니케이션은 한마디로 정보나 의미의 흐름이며 이러한 흐름의 형태와 관련하여 커뮤니케이션 네트워크의 유형에 대한 설명이 필요하다.

2.1 커뮤니케이션 과정

커뮤니케이션은 누가, 무엇을, 어떤 방법으로, 누구에게 전달하며, 전달된 내용이 해석되고 그 결과 다시 원래의 사람에게 피드백되는 과정이 반복되어 일어난다. 커뮤니케이션이 효과적이기 위해서는 이러한 과정에 장애요인(소음, noise)이 발생하지 않아야 하는데 실제로 이러한 문제가 많이 발생하여 커뮤니케이션의 효과를 저해한다. 그림 10-2의 커뮤니케이션 과정에는 정보 전달자인 송신자(sender)와 정보를 수령하는 수신자(receiver) 간에 일어나는 전 과정이 제시된다.

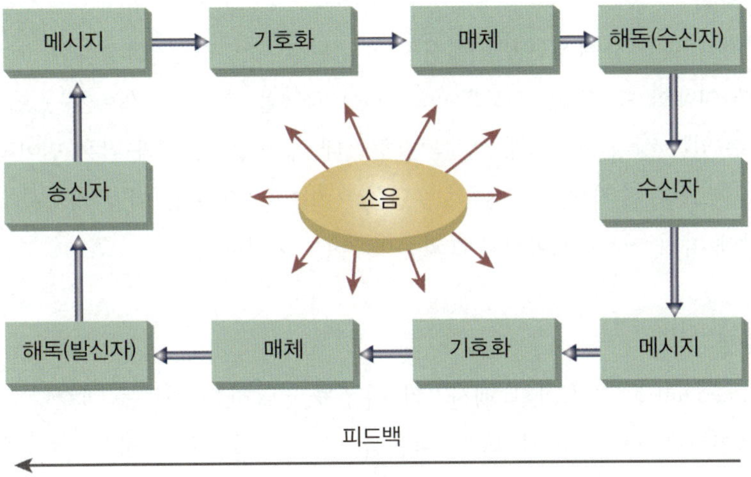

그림 10-2 커뮤니케이션 과정[6]

위에 제시한 과정 모델에 근거하여 그 내용을 설명하면 다음과 같다.

1) 송신자와 메시지

송신자는 위에서 제시한 커뮤니케이션 기능을 수행하기 위해 정보 및 의미를 공유하는 사람이며 그로부터 커뮤니케이션이 시작된다. 이는 개인, 집단 혹은 조직이 될 수도 있다. 수신자는 송신자로부터 정보 및 의미를 전달받는 개인, 집단 혹은 조직을 말한다. 예를 들면 팀장은 그의 부하에게 그가 달성한 업적을 전달하며 최고경영자는 조직의 전 구성원들에게 새로 도입한 경영 방침을 전달하는 것 등이 있다.

메시지(message)는 송신자가 다른 사람들과 공유하고자 하는 정보를 말한다. 효과적인 커뮤니케이션이 되기 위해서는 메시지가 명확하고, 필요한 내용을 모두 포함해야 한다. 예를 들면 메시지는 성과 평가 결과를 피드백할 때 내용이 쉽게 이해될 수 있어야 한다. 메시지 내용은 송신자와 수신자 간에 원하는 정보 내용이 모두 포함되어야 상호 원하는 것을 완전하게 이해할 수 있다. 팀장이 부하에게 성과 피드백을 할 때 부하가 달성한 성과를 명확히 파악하지 못한다면 커뮤니케이션의 효과가 떨어지게 된다.

2) 기호화

송신자가 수신자에게 어떤 메시지를 전달할 것인가를 결정하면 메시지는 수신자가 이해할 수 있는 기호화(encoding) 과정을 거친다. 기호화는 메시지를 전달할 수 있는 상징적인 매개수단을 말하는데 예를 들면, 말과 같은 언어적 수단 및 제스처, 그림, 숫자 등 비언어적 수단들이 이에 포함된다. 어떤 기호화 과정을 거치느냐에 따라 커뮤니케이션의 효과는 달라질 수 있다.

3) 매체

매체(medium)는 기호화한 메시지의 내용을 전달하는 경로를 말한다. 언어적 커뮤니케이션은 전달하고자 하는 내용을 말이나 서면으로 하는 것인데 이를 위한 매체 유형에는 대면(face-to-face), 전화 및 문서(메모, 서류, 이메일, 보고서) 등이 있다. 반면에 비언어적(nonverbal) 커뮤니케이션은 얼굴 표정, 드레스 코드(dress code), 신체적 접촉 등 매우 다양하다. 개별 매체들에 대한 커뮤니케이션 효과에 대해서는 후에 살펴본다.

4) 수신자의 해독

수신자는 송신자가 매체를 통해 보낸 메시지를 청취하거나, 읽거나 혹은 관찰함으로써 파악하게 된다. 해독(decoding)은 송신자가 보낸 메시지의 의미를 해석하는 것을 말한다. 송신자가 보낸 메시지는 연봉을 몇 퍼센트 올린다든가, 목표수준을 몇 퍼센트 상향 조정하는 등 그 내용이 오해의 여지가 없는 명백한 것인 반면, 메시지 자체가 모호한 것도 있다. 예를 들면 영업팀 사원의 영업실적이 예상보다 저조할 때 이에 대해 팀장의 불쾌한 표정을 어떻게 해석해야 할 것인가이다. 낮은 영업 실적이 원인의 전부인지 혹은 팀장이 그 전에 자기의 상사로부터 다른 일로 질타를 받았던 것이 원인인지 해석상의 어려움이 존재한다. 송신자가 보내는 메시지가 모호할 경우 수신자는 이것을 자신의 가치관, 감정, 기분에 따라 다르게 해석할 수 있다.

5) 피드백

수신자가 송신자로부터 받은 메시지에 대해 반응하는 것을 피드백이라고 한다. 이때 수신자는 수신된 메시지가 송신자가 원래 생각했던 것과 동일한 것인가에 대해 판단해야 한다. 피드백은 회의에 참석할 것인가에 대한 응답으로 "참석" 혹은 "불참"이라는 간단한 대답을 요구하는 것으로부터 어떤 사안에 대한 분석 결과를 보고해야 하는 복잡한 것도 있다. 심지어 송신자가 보낸 메시지를 수신자가 이해하지 못했을 경우에도 피드백을 통해 다시 확인해야 한다. 피드백 과정은 수신자가 이해했던 메시지 내용을 기호화하여 적절한 매체를 통해 송신자에게 전달된다.

피드백은 조직에서 쌍방적 커뮤니케이션을 가능하게 하고 일방적 커뮤니케이션이 가지는 오해 및 잘못된 해석 등을 예방할 수 있다.

6) 소음

커뮤니케이션의 각 과정에는 소음(noise), 즉 장애요인이 발생할 수 있다. 메시지를 적절하지 않게 부호화했다든지, 잘못된 매체를 사용했거나, 수신자의 지각 오류로 인해 메시지를 잘못 이해하는 경우 등 모두가 이에 해당된다. 이러한 소음은 물리적인 것으로서 전화를 거는데 목소리가 잘 들리지 않는 것에서부터 수신자가 송신자를 신뢰하지 않을 때 나타나는 심리적인 소음, 그리고 비언어적 표현에 대한 해석에서 국가별로 상이한 문화적인 차이에 이르기까지 매우 다양하다. 커뮤니케이션의 효율을 높이기 위해서는 이러한 소음을 최소화하는 것이 중요하며 이에 대해서는 본 장의 후반부에서 다시 기술될 것이다.

2.2 커뮤니케이션 네트워크

앞에서 설명한 커뮤니케이션 과정은 두 당사자 간 커뮤니케이션이 일어나는 과정에 대한 것인 반면, 커뮤니케이션 네트워크는 여러 사람들이 모여 있는 집단에서 일어나는 정보의 흐름에 대한 것이다. 즉 어떤 정보가 누구로부터 나오고 누구에게 흘러가느냐에 관한 것이다. 이에 대해 기업조직 전체 구성원들을 대상으로 분석할 수 있겠으나 그 복잡성과 네트워크의 규모가 방대하기 때문에 아래에서는 소집단을 중심으로 살펴본다.

커뮤니케이션 네트워크의 유형은 매우 많으나 대표적인 것으로서 그림 10-3에 소개된 수레바퀴형, 사슬형, 원형 그리고 완전 연결형을 소개한다.

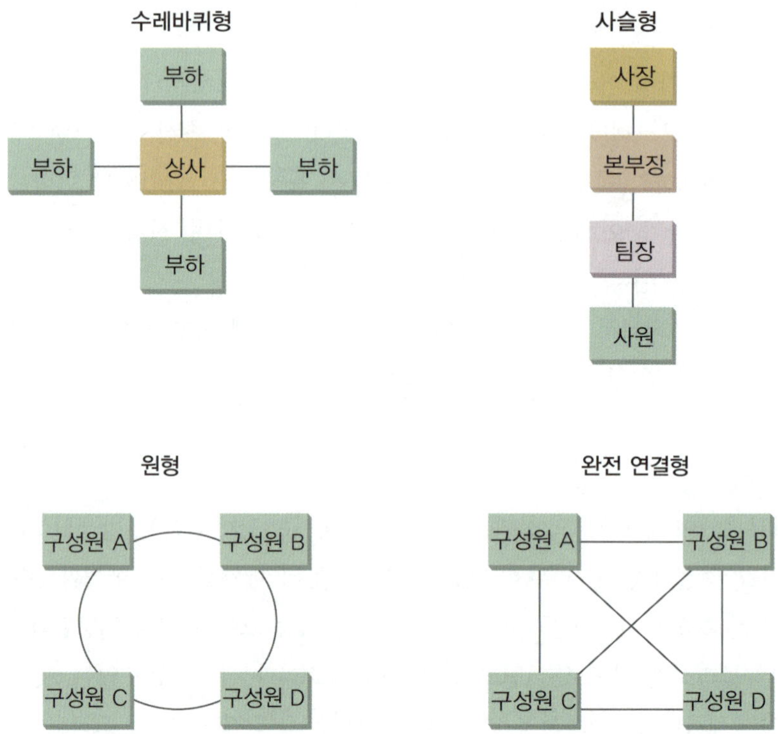

그림 10-3 소집단 커뮤니케이션 네트워크 유형[7]

1) 수레바퀴형

수레바퀴형 네트워크(wheel network)에서는 대부분의 정보가 집단의 중심인물(상사)로부터 나와 구성원들에게 전달된다. 이 경우 구성원들은 상사와 상호 정보를 교환하게 되며, 구성원들 간의 정보 교환은 직접적으로 일어나지 않는다. 구성원들 간의 정보 교환이 필요할 경우 이것은 반드시 상사를 통해 전달된다.

이러한 커뮤니케이션 네트워크는 주로 집단구성원 간의 과업 종류가 상호 독립적으로 행해지며 해당 집단의 성과는 구성원 개개인의 성과를 합계한 것으로 결정된다. 이러한 네트워크가 일어나는 집단의 예는 관할 지역 및 판매 제품의 종류가 다양한 영업팀을 들 수 있다.

2) 사슬형

사슬형 네트워크(chain network)에서는 사전에 정해진 순서대로 구성원 각각에게 순차적으로 정보가 전달된다. 구성원들은 특정인으로부터 정보를 받아 다음 사람에게 전달하고 전달받은 사람은 또 다른 사람에게 정보를 전달한다. 물론 정보는 반대 방향으로 다시 흐를 수 있다. 사슬형은 크게 두 가지 경우에 나타난다. 조직에서 계층을 기준으로 위에서 아래로, 즉 사장－본부장－팀장－사원으로 이어지는 수직적인 형태와 부품 조립 작업장에서 조립 순서가 구성원 A－구성원 B－구성원 C－구성원 D로 연결되는 수평적인 형태이다.

3) 원형

원형 네트워크(circle network)에서는 집단구성원들 간에 정보의 흐름이 각 구성원의 옆에 위치한 사람들에만 발생한다. 이러한 형태는 태스크포스 팀(task force team)에서처럼 권력의 집중도 없으며 서열도 형성되지 않게 된다. 팀 구성원들은 각자 맡은 일을 하면서 다음 구성원과 정보를 교환하고 마지막에 위치한 구성원은 처음에 위치한 구성원과 정보를 서로 교환하는 경우이다.

4) 완전 연결형

완전 연결형 네트워크(all-channel network)는 집단구성원 각각이 여타 다른 구성원들과 특정 순서 없이 자유롭게 정보를 서로 교환하는 방식이다. 어떤 문제에 대해 구성원들이 모여 대안을 찾기 위해 자유롭게 난상토론을 하는 경우가 이에 해당된다. 예를 들면, 연구개발부서 책임자들의 회의, 경영층 임원들의 전략회의, 병원 응급실 의료인들의 문제해결 방식 등에서 이러한 형태가 나타난다.

그림 10-4에서는 이상에서 소개한 커뮤니케이션 네트워크의 효과가 제시된다.

효과 \ 유형	수레바퀴형	사슬형		원형	완전 연결형
		수직	수평		
커뮤니케이션 속도	빠름	빠름	느림	느림	빠름
커뮤니케이션 정확도	보통	낮음	낮음	보통/낮음	높음
만족도	낮음	낮음	낮음	보통	높음
의사결정 속도	보통	빠름	느림	느림	빠름
의사결정 수용도	중간	낮음	낮음	높음	높음
권한 집중도	높음	높음	낮음	낮음	낮음

그림 10-4 커뮤니케이션 네트워크 유형별 효과[8]

그림 10-4에서 제시된 바와 같이 커뮤니케이션 네트워크의 유형별 효과는 다양하다.

- 커뮤니케이션 속도 측면에서 보면 수레바퀴형, 수직적 사슬형 그리고 완전 연결형이 빠른 반면 수평적 사슬형과 원형은 느리다.
- 커뮤니케이션의 정확도 측면에서는 수레바퀴형, 완전 연결형의 경우 높지만 나머지 유형의 경우 보통이거나 느리다.
- 구성원의 만족도는 완전 연결형이 높지만 나머지 유형에서는 보통이거나 낮은 것으로 나타났다.
- 의사결정의 속도 측면에서 보면 수직적 사슬형과 완전 연결형에서 빠르게 나타났으나 나머지 유형에서는 보통이거나 느리다.
- 의사결정의 수용도는 원형과 완전 연결형에서 높게 나타나며 나머지 유형에서는 보통 혹은 낮다.
- 권한의 집중도는 수레바퀴형과 수직적 사슬형에서 높게 나타나고 나머지 유형에서는 낮다.

이상에서 제시한 커뮤니케이션 네트워크의 효과의 차이는 커뮤니케이션에 따라 네트워크의 유형을 선택해야 함을 말해 준다.

소집단에서 커뮤니케이션 네트워크 유형의 결정요인[9]

- **과업의 종류**

커뮤니케이션을 통해 어떤 의사결정을 해야 하는 경우, 완전 연결형이 자연스럽게 형성된다. 의사결정에 있어서 대안의 탐색 및 이를 분석하기 위한 정보 수집과 공유는 의사결정에 있어서 필수적이기 때문이다. 그 외에도 서로 다른 제품을 판매하는 영업팀에서는 과업의 특성으로 인해 수레바퀴형 네트워크가 형성된다.

- **작업의 공간적 측면**

구성원의 좌석 배치, 지리적으로 떨어져 있는 정도 등이 네트워크의 유형 결정에 영향을 미친다.

- **구성원들의 개인 특성**

예를 들면 구성원들이 보유하고 있는 전문적 능력, 개방성, 서로 친밀한 정도 등이 이에 해당된다. 또한 당면한 문제가 고도의 전문적 기술을 요하는 것일 경우, 집단 내 전문적 기술을 보유하고 있는 사람들 간에 주로 커뮤니케이션이 이루어진다.

- **집단규범**

어떤 조직에서 개방적 커뮤니케이션이 규범으로 정립되어 있을 때, 집단 내 계층이나 타 집단 간 커뮤니케이션이 자연스럽게 촉진되어 정보의 흐름이 수평적 뿐만 아니라 수직적으로 나타난다.

3 커뮤니케이션 유형

조직에서 발견되는 커뮤니케이션 유형은 크게 공식적인 것과 비공식적인 것으로 구분할 수 있다. 공식적인 커뮤니케이션은 조직에서 어떤 정보가 제공될 때 주어진 절차, 권한 및 의무 관계를 바탕으로 이루어지는 것을 말하는데 예를 들면 상사가 부하에게 업무지시를 하는 것 등을 말한다. 비공식적 커뮤니케이션은 조직의 계층이나 작업 질서와 관계없이 발생하는 것을 말한다. 예를 들면 "이번에 승진이 누가 유력하다더라."와 같은 루머 등이 이에 해당된다.

조직에서 커뮤니케이션의 효과를 높이기 위해서는 개별 커뮤니케이션 유형에 대한 특징, 기능 등을 살펴보고 문제점을 파악하여 이를 개선해야겠다.

3.1 공식적 커뮤니케이션

그림 10-5에서와 같이 공식적 커뮤니케이션(formal communication)은 정보가 흐르는 방향에 따라 하향적, 상향적, 수평적 그리고 대각적 커뮤니케이션으로 구분된다. 그리고 조직과 조직 외부와의 정보 흐름인 대외적 커뮤니케이션이 있다.

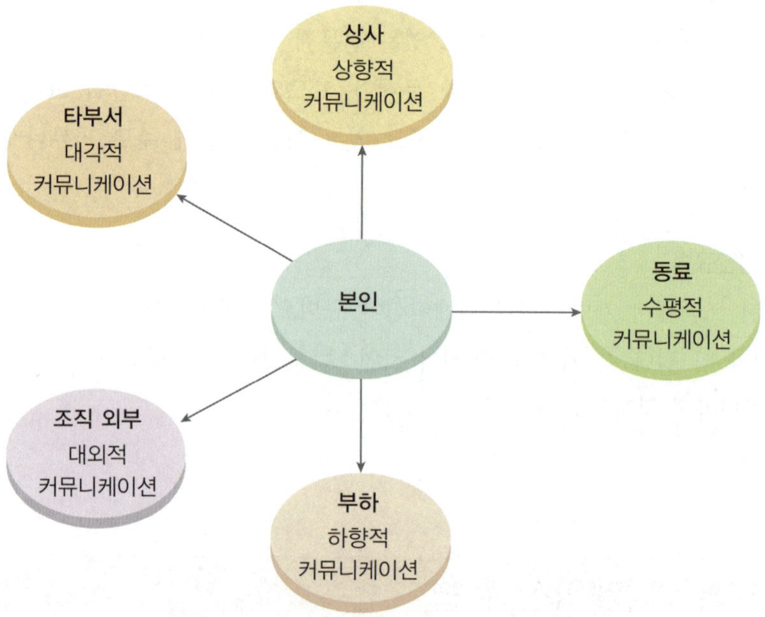

그림 10-5 공식적 커뮤니케이션의 방향

1) 하향적 커뮤니케이션

하향적 커뮤니케이션(downward communication)은 조직의 위계(hierarchy) 또는 명령 계통에 따라 상위계층으로부터 하위계층으로 정보가 전달되는 것을 말한다. 관리자가 아래로 전달하는 대표적인 정보는 조직의 목표 및 전략, 직무수행 절차

및 역할, 조직의 방침 및 관행 그리고 성과 평가에 대한 피드백 등이다.[10]

하향적 커뮤니케이션의 기능은 조직구성원이 해야 할 일이 무엇인지를 알려주어 구성원들의 에너지를 그 방향으로 집중하도록 해 주며 구성원 개인이 수행해야 하는 일의 목적과 다른 직무와의 관계를 알려준다. 또한 조직의 정책 및 방침을 전달하여 조직이 추구하는 가치가 무엇인지를 알게 해 준다. 그리고 구성원에 대한 평가결과를 알려주어 보상에 대한 공정성 지각과 향후 구성원에게 기대되는 것이 무엇인지를 알게 해 준다.[11]

하향적 커뮤니케이션의 문제점

- 정보의 누수 현상(information filtering): 조직의 상위계층에서 전달된 정보가 하위계층으로 내려가면서 그 내용이 일부 없어지거나 왜곡되는 경우를 말한다.
- 구성원 수용성: 하향적 커뮤니케이션은 위에서 아래로 가는 일방통행적인 것이어서 지시 내용이 모호하거나 부하의 현재의 상황(업무 부담, 시간 압박, 정보 과다 등)을 반영하지 못할 경우 부하의 심리적 저항이 발생할 수 있다.

2) 상향적 커뮤니케이션

상향적 커뮤니케이션(upward communication)은 조직의 하위계층으로부터 상위계층에 정보가 전달되는 것을 말한다. 예를 들면, 업무보고, 의견제시, 제안제도, 그리고 조직구성원을 대상으로 하는 설문조사 등이다. 상향적 커뮤니케이션이 가져다주는 이점은 조직 목표달성에 도움이 되는 많은 정보(혁신 아이디어 등)를 획득할 수 있으며 하향적 커뮤니케이션을 통해 제공된 정보(지시사항 등)의 문제점을 발견할 수 있다는 것이다. 또한 조직이 내리는 의사결정에 구성원을 참여시킴으로써 의사결정에 대한 수용성을 높일 수 있겠다.

반면에, 상향적 커뮤니케이션의 문제점으로는 우선 제시된 의견이 상사에 의해 수용되지 않을 경우, 부하가 무력감에 빠져 향후 상향적 커뮤니케이션에 소극적이 될 수 있다는 우려가 있을 수 있다. 또한 정보의 종류 및 양이 제한될 위험도 있다. 예를 들면, 부하는 본인에게 불리한 정보를 숨기려는 경향이 나타나는 경우이다.

3) 수평적 커뮤니케이션

수평적 커뮤니케이션(horizontal communication)은 계층수준이 동일한 같은 팀 혹은 다른 팀의 동료 간에 발생하는 정보의 흐름을 말한다. 수평적 커뮤니케이션의 주된 목적은 업무의 조정에 있다. 이를 통해 구성원은 동료들에게 업무방식, 업무 스케줄, 문제해결, 조언 그리고 갈등해결 등에 관한 정보를 공유하게 된다.

수평적 커뮤니케이션의 이점

- 정보의 누수 현상을 줄일 수 있다.

그림 10-6에 나타난 바와 같이 D가 G와 업무 조정 관련 커뮤니케이션을 할 경우 조직도에 의한 공식적인 경로는 D가 C에게 보고하고 이것이 B, A, E, F의 여러 단계를 거치게 되는데, 이 과정에서 정보의 왜곡 내지 누수 현상이 발생하게 된다. 이러한 문제점을 보완할 수 있는 것이 바로 수평적 커뮤니케이션이다.

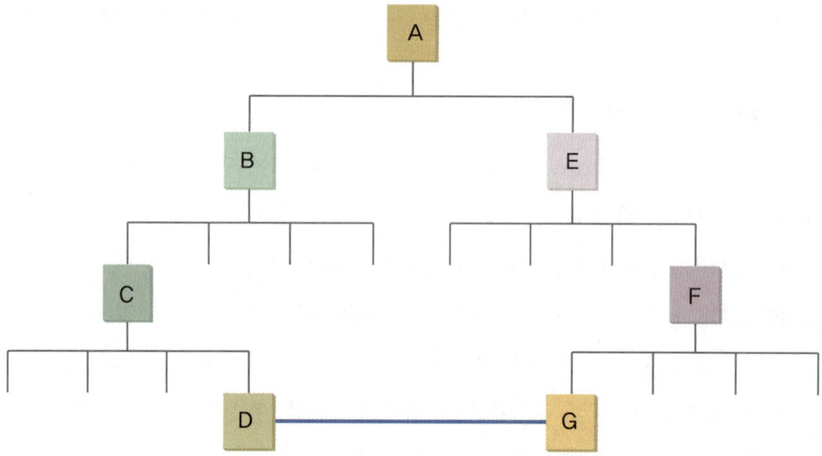

그림 10-6 수평적 커뮤니케이션

- 커뮤니케이션의 신속성을 확보하여 문제해결의 타이밍(timing)을 맞출 수 있다.
- 팀 간 혹은 부서 간 발생할 수 있는 잠재적 갈등을 원활하고도 직접적인 정보 교환을 통해 사전에 방지할 수 있다.

수평적 커뮤니케이션의 장애요인[12]

수평적 커뮤니케이션이 해당 부서나 팀 업무의 고유 영역을 침해하는 것으로 인식할 경우 이러한 커뮤니케이션은 줄어들게 된다. 또한 조직구성원들은 대개 조직 자원(승진, 임금, 예산 등)의 제약으로 인해 서로 경쟁관계에 있게 되며, 이러한 경쟁관계는 동료에게 필요한 정보 제공을 꺼리게 된다.

4) 대각적 커뮤니케이션

대각적 커뮤니케이션(diagonal communication)은 계층이 다른 타 부서의 구성원과의 정보 교류를 말한다. 예를 들면, 영업팀의 A사원과 생산팀장과의 커뮤니케이션 등이 해당된다. 이러한 유형의 커뮤니케이션은 그 발생 빈도가 낮지만, 본질적으로 수평적 커뮤니케이션이 가지고 있는 이점인 커뮤니케이션 내용의 정확성 그리고 신속성 측면에서 장점이 있다.

5) 대외적 커뮤니케이션

대외적 커뮤니케이션(external communication)은 조직의 외부 주체자 간의 정보 교류를 말한다. 예를 들면, 조직의 이해관계자인 고객, 주주, 협력업체, 금융기관, 지역사회 그리고 정부 등을 대상으로 하는 기업의 홍보, 광고, 웹 페이지(web page) 그리고 각종 행사 등이다. 대외적 커뮤니케이션은 기업의 이미지를 제고하여 근본적으로 조직의 경쟁력을 제고시키는 데 중요한 역할을 한다.

근무시간 커뮤니케이션 유형

그림 10-7에서는 기업의 관리자들이 근무시간 중 할애하고 있는 커뮤니케이션 유형에 대한 조사 결과를 제시하였다.[13]

이에 의하면 관리자는 하루의 근무시간 중 46%를 부하와, 14%를 상사와, 17%를 타 부서 구성원과 그리고 23%를 조직 외부와의 커뮤니케이션에 할애하고 있다.

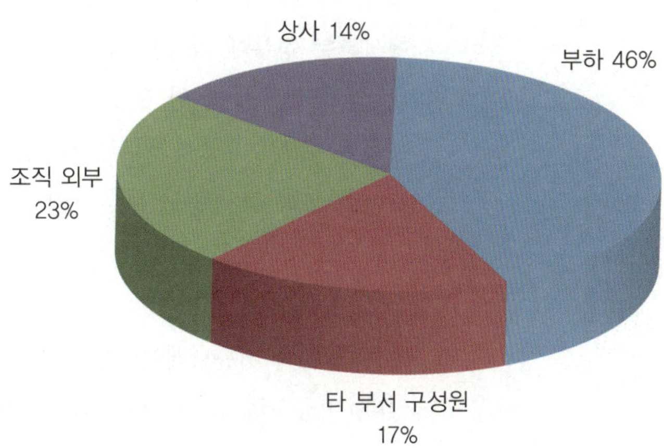

그림 10-7 관리자의 커뮤니케이션 유형별 할애시간

3.2 비공식적 커뮤니케이션

비공식적 커뮤니케이션(informal communication)은 조직 내 어떤 위계나 권한 관계로부터 벗어난 자연발생적인 것을 말한다. 이러한 유형은 대개 인간적 유대, 학연, 입사동기 등과 같이 극히 사적인 관계에서 나타나는 커뮤니케이션을 말한다. 비공식 커뮤니케이션을 **그레이프바인**(grape vine)이라고 불리기도 한다. 이 말은 미국의 남북전쟁 때 통신상의 장애가 많이 일어났는데, 그 이유가 전선이 나무들 사이에서 포도 넝쿨 모양으로 어지럽게 얽혀져 있기 때문인 것으로 보았다. 그레이프바인은 오늘날 잡담, 악성 루머 등을 양산하고 확산시킨다는 점에서 부정적인 측면이 많은 것으로 보고 있다.

아래에서는 비공식 커뮤니케이션의 형성 원인, 기능 그리고 종류 등을 살펴본다.

1) 형성 원인

비공식적 커뮤니케이션은 아래의 몇 가지 원인에 의해 발생하는데 먼저 공식적 커뮤니케이션으로 전달되는 정보가 부족하거나 정보에 대한 신뢰가 낮을 때 조직구성원은 이를 비공식적 커뮤니케이션을 통해 충분하고도 정확한 정보를 얻으려고 하기 때문이다. 또한 조직 내 구성원의 신분과 관련되는 새로운 제도의 도입 등 조직 변화가 예상될 때 구성원들은 불안감을 갖게 되고 이를 해소하기 위한 방안으로 비공식적 커뮤니케이션에 의존하게 된다. 뿐만 아니라 잡담, 자기만이 알고 있는 정보를 타인에게 전달함으로써 보다 긴밀한 인간관계를 형성하는 경우에 이러한 비공식적 커뮤니케이션이 활성화되기도 한다. 그리고 조직 내 권력 획득을 위한 활동으로서 정치적 행동이 존재할 수밖에 없는데 이러한 행동은 주로 비공식 커뮤니케이션을 통해 이루어진다. 상대방에 대한 험담을 포함한 조직 정치 등도 볼 수 있다.[14]

2) 순기능과 역기능

비공식적 커뮤니케이션은 순기능적인 측면과 역기능적인 측면을 동시에 가지고 있다. 비공식적 커뮤니케이션의 순기능은 다음과 같다.

공식적 커뮤니케이션을 통해 얻기 어려운 정보 획득

예를 들면 관리자는 자신의 부하들이 조직 및 자신에 대해 어떤 태도를 가지고 있는지를 비공식 커뮤니케이션을 통해 알게 된다. 왜냐하면 부하들은 상사에게 부정적인 얘기를 하게 되면 추후 평가에서 불이익을 받을 수도 있다고 믿기 때문에 공식적 커뮤니케이션 상에서는 듣기에 좋은 말만 골라서 하는 경향이 있다.

정신적 긴장감 해소를 통한 스트레스 감소

비공식적 커뮤니케이션은 조직구성원에게 정신적인 긴장감을 풀어주며 이를 통해 스트레스를 감소시킬 수 있다. 즉 부하들은 동료와의 사적인 자리에서 조직 혹은 상사에 대한 불만을 토로함으로써 스트레스를 줄일 수 있는 것이다.

새로운 정책이나 정보를 빠른 시간 내에 전달

비공식적 커뮤니케이션의 정보 전달 속도가 매우 빠르기 때문에 조직이 새로운 정책이나 기타 정보를 빠른 시간 내에 조직구성원들에게 전달하고자 할 때 매우 효과적이다.

조직변화에 대한 저항 약화

조직구성원들의 조직변화에 대한 저항을 약화시킬 수 있다. 예를 들면 생산공장에서 자동화 기계를 도입하여 인력 감축을 통해 인건비를 줄이고 생산성을 높이려고 할 때, 도입 계획을 공식적으로 한번에 발표하게 되면 구성원들의 감정이 격앙되어 격렬한 저항이 예상될 수 있다. 경영층은 비공식 커뮤니케이션 채널을 통해 조금씩 정보를 흐르게 하여 구성원들의 반응을 탐지할 수 있으며 또한 구성원들이 자주 이러한 정보를 접하게 됨으로써 심리적으로 준비할 수 있게 해 준다 .

비공식적 커뮤니케이션의 역기능은 다음과 같다.

조직의 비효율성 증가

비공식적 커뮤니케이션은 불필요하고도 사실이 아닌 정보가 유통되는 것으로 인해 조직의 비효율성을 증가시킨다. 대표적인 예가 루머이다. 이것은 구성원들에게 공포나 불안을 조장케 하는 루머(bogies), 원하는 것을 성취하고픈 루머(pipe dream), 상대방에게 이간질 혹은 공격을 함으로써 조직에 분열을 초래하는 루머(wedge drivers) 등이 있다.

비공식 채널로 전달되는 정보를 신뢰함

대개 조직구성원들은 공식적 채널을 통해 전달되는 정보보다 비공식 채널을 통해 전달되는 것을 더 신뢰하는 경향이 있다. 조직의 정책이 왜곡되어 전달되는 경우 구성원은 이를 믿고 그 결과 불만이 증가되고 건전한 조직문화 형성에 방해가 된다.

3) 비공식 커뮤니케이션의 네트워크

그림 10-8에서는 비공식적 커뮤니케이션의 네트워크 유형이 제시된다.

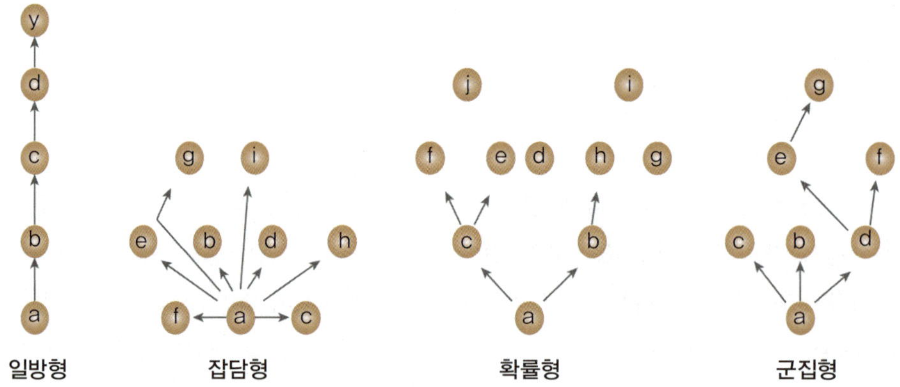

그림 10-8 그레이프바인의 네트워크 유형[15]

일방형(single stand network)

구성원들 사이에 단선적인 통로를 통해 정보가 전달되는 것인데, 이 경우 정보 전달의 정확성은 떨어지지만 처음부터 마지막까지 모두에게 정보가 전달된다.

잡담형(gossip network)

한 사람에 의해 여러 사람에게 정보가 전달되는데, 정보의 내용은 직무와의 관련성이 떨어진다.

확률형(probability network)

커뮤니케이션의 대상자가 사전에 선택되는 것이 아니라 그때그때 변하는 경우이다. 정보의 내용에 관심은 가지만 크게 중요한 것이 아닐 때 나타난다.

군집형(cluster chain network)

정보를 전달해야 할 사람에게만 선택적으로 커뮤니케이션이 이루어지는 경우이다. 이러한 유형은 정보를 전달받은 사람이 임의적으로 자신이 또 다른 사람들에게 정보를 전달하는 경우이며, 조직에서 가장 빈번하게 발생하는 편이다.

비공식적 커뮤니케이션은 조직에서 완전히 없앨 수는 없는 현상이다. 커뮤니케이션은 조직의 입장에서 통제가 거의 불가능하다. 따라서 역기능을 최소화하고 순기능을 극대화시키는 방향으로 관리해야 할 것이다. 역기능을 줄이기 위해서는 조직이나 관리자가 조직구성원에 대한 신뢰를 확보하는 것이 무엇보다도 중요하다. 이 경우에 비공식 커뮤니케이션의 주 원천이 되는 구성원들에 대한 파악이 필요하며 조직은 이들과의 관계를 긴밀히 하여 순기능을 극대화시킬 수 있도록 노력해야 할 것이다.

4 커뮤니케이션 방법

앞에서 살펴보았던 커뮤니케이션의 과정에서 송신자 및 수신자가 자신의 메시지를 어떠한 방법으로 전달하느냐가 중요하다. 이러한 방법의 선택은 바로 매체(media)의 선택을 말하는데 이것은 크게 언어적 커뮤니케이션과 비언어적 커뮤니케이션으로 나눌 수 있다. 언어적 커뮤니케이션은 다시 구두 커뮤니케이션과 서면 커뮤니케이션으로 구분된다.

어떤 커뮤니케이션을 선택하는 것이 바람직하냐는 메시지의 내용 및 중요도,

전달시 주어진 상황 등에 따라 결정된다. 실제 조직에서는 이러한 커뮤니케이션 중 어느 하나만 선택되는 것이 아니라 동시에 여러 가지를 사용하는 경우가 많다.

4.1 구두 커뮤니케이션

조직에서 가장 많이 사용되는 것이 구두 커뮤니케이션(oral communication)이다. 구두 커뮤니케이션은 조직의 모든 생활 분야에서 일어나는데 예를 들면, 과업에 대한 정보 교환, 회의와 토론, 관리자의 지시, 의사결정을 하기 전 대안 탐색 및 대안에 대한 평가를 위한 프레젠테이션(presentation) 그리고 비공식 커뮤니케이션 등이다.

구두 커뮤니케이션의 장점은 무엇보다도 전달 속도가 빠르며 즉각적인 피드백이 가능하다. 또한 구두 커뮤니케이션은 전달자의 메시지 내용에 그치지 않고 말의 강약, 속도 그리고 목소리의 크기 등이 동시에 이루어지므로 수신자의 입장에서 보면 메시지를 보다 더 잘 이해할 수 있다. 구두 커뮤니케이션은 메시지의 전달 과정에 송신자 및 수신자는 서로에 대한 느낌(감정)도 직접 전달할 수 있기 때문에 보다 정확하게 메시지를 이해할 수 있고 피드백을 기대할 수 있다. 그러나 전자 매체를 통해 구두 메시지를 남길 때 상대방이 이를 확인하였는지를 알기가 어려우며 즉각적인 피드백을 기대하기가 어렵다. 또한 구두 커뮤니케이션은 수신자가 집중해서 듣지 않을 경우 메시지 전달에 문제가 생길 수 있다.

4.2 서면 커뮤니케이션

서면 커뮤니케이션(written communication)은 결재서류, 메모, 편지, 작업 매뉴얼, 이메일(E-mail), 보고서 그리고 조직의 간행물 등 매우 다양하다. 구두 커뮤니케이션은 청취한 후 기억에 의존하게 되지만, 서면 커뮤니케이션은 기록으로 남아 수신자의 기억력에 의존할 필요 없이 메시지를 원하는 기간 동안 보존할 수 있다. 서면으로 전달되는 메시지는 오해의 소지가 적으며 긴 커뮤니케이션에 유용하다.[16] 예를 들면 어떤 프로젝트가 수개월 동안 진행될 때 이에 필요한 정보를 문서로 작성해 두면 많은 관련된 사람들이 필요할 때 서로 다른 시간대에 자유롭게 활용할 수 있다. 사람들은 구두 커뮤니케이션보다 메시지가 서면으로 작성되어 있을 경우 더 신중해지게 된다.

그러나 서면 커뮤니케이션은 구두 커뮤니케이션보다 커뮤니케이션의 전달 속도가 느리다. 말하는 것보다 어떤 내용을 쓰는 경우 훨씬 시간이 많이 걸리는 것이다. 뿐만 아니라 서면 커뮤니케이션은 수신자로부터 즉각적인 피드백을 받는 데 한계가 있다. 그렇기 때문에 송신자는 그가 보내는 메시지를 수신자가 어느 정도 이해하였는지 확인하는 데 시간이 상대적으로 많이 소요된다. 표 10-1에는 구두 및 서면 커뮤니케이션의 특징이 나타나 있다.

표 10-1 구두 및 서면 커뮤니케이션의 특징

구두 커뮤니케이션	서면 커뮤니케이션
감정과 느낌을 전달함	사실을 전달함
메시지가 영구적일 필요가 없음	메시지가 영구적인 파일이 됨
긴급한 시간이 요구됨	약간의 긴급한 시간이 요구됨
피드백이 요구됨	즉각적인 피드백이 요구되지 않음
아이디어가 간단하거나 설명과 함께 간단해질 수 있음	아이디어가 복잡할 때

이러한 커뮤니케이션에서 사용되는 매체들에 대한 커뮤니케이션 효과는 주어진 상황에 따라 다를 수 있다. 그림 10-9에서는 매체별 주어질 수 있는 정보의 양과

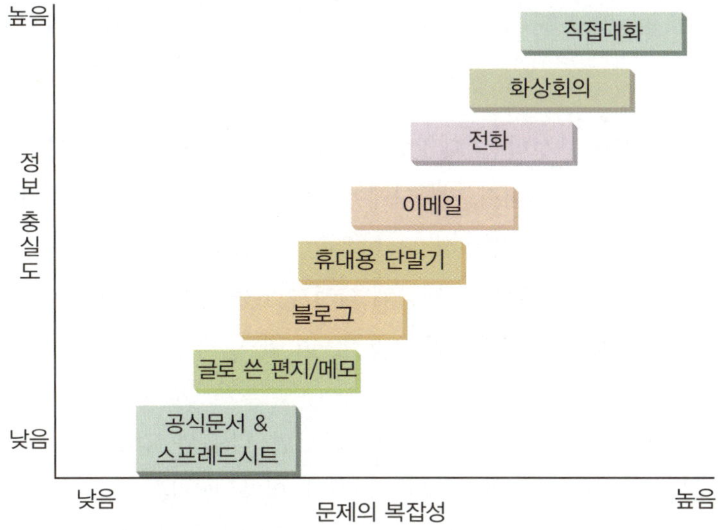

그림 10-9 상황에 따른 매체들의 커뮤니케이션 효과[17]

해당 문제의 복잡성 정도에 따라 효과적인 매체들이 제시된다.

그림 10-9에서 나타난 바와 같이 커뮤니케이션에 있어서 어떤 매체가 효과적인가는 요구되는 정보의 양과 커뮤니케이션을 통해 해결해야 할 문제의 복잡성에 따라 다르다. 문제의 복잡성 정도가 높고 이에 따라 공유해야 할 정보가 많을 경우 커뮤니케이션의 당사자는 직접 대화(face-to-face)를 해야 효과적이다. 반면에 문제의 복잡성이 극히 낮고 요구되는 정보 또한 많지 않을 경우, 수치 내지 도표가 있는 공식문서만으로도 커뮤니케이션이 충분하다.

4.3 비언어적 커뮤니케이션

CASE 2

▶ 꿀벌의 춤[18]

꿀벌의 양식은 꿀이고 벌은 이것을 꽃으로부터 채취한다. 어디에 꽃밭이 있는가를 벌들은 동료들에게 날갯짓을 통해 알려준다. 꽃밭을 새로 발견한 벌은 집으로 돌아와 꽃밭의 방향을 태양의 위치를 기준으로 특정한 각도로 머리를 향하는 자세를 취한다. 집에서 꽃밭까지의 거리는 춤의 속도를 가지고 알려준다. 빨리 추는 춤은 '잠시만 날아가면 돼.'라는 뜻이지만, 직선 춤을 추는 속도가 느리면, 즉 '부르르륵' 하고 올라갔다가 돌고 하면 한참 날아가야 된다는 뜻이다. 벌이 1분에 몇 번 춤을 추느냐에 따라 꽃밭의 위치가 다르다. 1분에 5번 출 때와 10번 출 때의 꽃밭의 거리는 꼭 2배가 된다. 노벨상을 받았던 폰 프리쉬(K. von Frisch, 오스트리아 곤충학자)는 벌의 날갯짓을 보고 벌통으로부터 2.5km 떨어진 꽃밭을 발견하고 그곳에서 벌이 꿀을 채취하는 것을 목격할 수 있었다.

메시지의 의미를 구성하는 데 있어 비언어가 차지하는 비중이 68%에서 93%까지 된다고 한다.[19] 언어적 커뮤니케이션이 두뇌 작용을 필요로 하는 것인 반면, 비언어적 커뮤니케이션(non-verbal communication)은 대부분 자신도 의식하지 못하는 상태에서 나오기 때문에 숨겨져 있는 감정이 표출된다. 비언어적 커뮤니케이션의 종류로는 제스처, 얼굴 표정, 눈 접촉, 복장 및 목소리의 강약 등 매우 다양하다.

비언어적 커뮤니케이션의 특징을 살펴보면 다음과 같다. 우선 이러한 커뮤니케이션은 상대방이 이해할 때만 의미가 있다. 이것은 다분히 어떤 표출 현상에 대해 그 의미를 사전적으로 서로 공유하고 있을 때 가능한 것이다. 또한 비언어적 커뮤니케이션, 즉 제스처, 접촉, 대화할 때 상대방과의 거리 유지 등을 통해 구성원들 간 인간관계의 친밀도를 알 수 있다. 뿐만 아니라 비언어적인 커뮤니케이션을 통해 사람들은 감정을 표현한다. 얼굴을 붉힌다든지, 찡그리는 등 말로 하기가 곤란할 때 비언어적인 커뮤니케이션을 사용한다. 끝으로 비언어적 커뮤니케이션의 사용 방식은 성별, 연령, 사회적 지위 그리고 교육수준에 따라 다르다.

1) 비언어적 커뮤니케이션의 기능

조직에서 표출되는 비언어적 커뮤니케이션은 아래와 같은 기능을 가지고 있다.[20]

언어적 커뮤니케이션의 보완 기능

프레젠테이션을 할 때 발표 내용을 그냥 전달하기보다 중요한 곳에서는 약간 시간적인 간격을 두고 보다 자신에 찬 목소리로 하는 경우 수신자에게는 이 부분이 중요하다는 메시지가 전달된다.

언어적 커뮤니케이션의 대체 기능

언어적 커뮤니케이션을 대체할 수 있다. 부하로부터 보고를 받을 때 상사가 대답 대신에 고개를 끄덕이는 경우이다.

규제의 기능

상대방의 말이나 행동을 규제하는데 비언어적 커뮤니케이션이 활용된다. 예를 들면 공감할 수 없는 말을 상대방이 한다거나 대화를 끝내고 싶을 때, 상대방을 보지 않거나 시계를 자주 보는 경우이다.

감정표출 기능

조직의 어떤 상황에서 상대방이 어떤 사안에 대하여 동의를 구할 때, 말은 '동의한다'라고 하지만 표정이 밝지 못할 때 그 사람의 감정이 표출되는 것이다. 이러한 감정표출은 동의를 하는 것이 내키지 않다는 메시지를 전달하게 된다.

2) 비언어적 커뮤니케이션의 종류[21]

얼굴 표정

얼굴 표정은 여러 가지가 있다. 긍정적인 것으로 미소가 있으며 부정적인 것으로 찡그리는 것이 있다. 상사와 부하의 대화 중에 부하는 상사의 얼굴 표정을 관찰하고 자신도 이에 보조를 맞추려는 경향을 보여준다. 그러나 상사가 진지하게 말하는데 부하가 미소를 보이면 상사는 자신을 무시하는 것으로 해석할 수 있다.

시선 맞추기

시선을 맞추는 것은 일반적으로 관심, 친근감, 지배, 권유, 공격, 신뢰감 등 매우 다양한 메시지를 전한다. 문제는 눈빛이다. 상사가 부하를 강하게 째려보면 부하는 자신이 무엇을 잘못하였는지 불안해질 수 있다. 그러나 따뜻한 눈길을 보내면 신뢰의 표시로 해석된다.

이러한 시선 맞추기는 문화가 다를 경우 전달되는 메시지가 다를 수 있다. 서양에서는 두 사람이 대화를 할 때 서로 시선을 마주보는 것이 신뢰의 표시인데 상대방의 시선이 아래를 보고 있으면 무엇인가 숨기는 것으로 해석된다. 그러나 유교 문화권에서는 상사와 대화를 할 때 부하가 똑바로 눈을 마주치면 저항하는 표시로 이해되기도 한다. 동서양을 막론하고 대화 중에 눈을 이리저리 많이 움직이는 것은 신뢰감을 얻는 데 문제가 생긴다.

파라랭귀지

파라랭귀지(paralanguage)는 대화 중에 목소리의 높낮이, 떨림, 침묵 등을 의미한다. 누가 발표를 할 때 목소리가 떨리면 자신감이 없다는 메시지가 전달되며 그의 전문적 능력을 과소평가하게 된다. 침묵은 여러 의미를 가지고 있다. 대화 중일 경우 침묵은 지루함의 표시일 수 있고 해당 주제에 대해 관심이 별로 없다는 메시지를 보여준다. 그러나 높은 직급인 사람이 회의를 주재할 때의 침묵은 오히려 예의가 있는 것으로 해석될 수도 있다.

드레스 코드

드레스 코드에는 해당 조직의 문화가 반영되는 경우가 많다. 수직적인 위계 질서를 강조하는 보수적인 조직에서는 정장 차림이 요구된다. 은행이나 투자 자문 회사에서는 고객에게 신중함과 신뢰감을 주기 위하여 정장 차림이 일반적이다.

반면에 광고회사, 영화제작회사와 같이 유연성을 강조하는 조직에서는 캐주얼 복장이 일반적이다. 복장은 개인의 사회적 지위와 직업 전문성을 반영하는 것이다.

커뮤니케이션 거리 및 좌석 배치

커뮤니케이션 거리(communication distance)는 집단회의, 상대방과의 대화시 사람과 사람 간의 거리를 말하는데 이것은 당사자 간의 친근감을 표시하는 등의 의미가 있다. 아주 친근할 경우 대화시 거리는 50cm 미만이 되며, 보통의 경우 1m 그리고 공식적인 비즈니스 회의일 경우 약 2m 내외가 일반적이다. 물론 이러한 거리는 문화권마다 다를 수 있다. 좌석의 배치는 신분에 따라 다르게 정해진다. 회의를 할 경우 가장 직급이 높은 사람이 중앙 상석에 앉고 그 다음 직급순으로 중앙 상석 옆에 배정된다.

제스처

제스처를 신체 언어(body language)라고 하는데 대화 중에 팔짱을 낀다든지

승리의 "V". 이 제스처를 사용할 때는 주의하라! 북미에서는 승리나 평화를 의미하지만 영국이나 오스트레일리아에서는 '엿이나 먹어'라는 것을 의미한다.

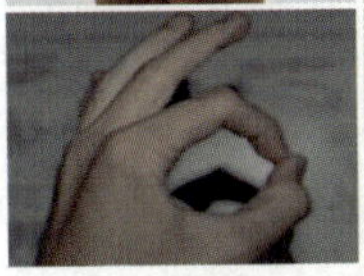

"OK" 제스처. 북미에서는 '잘 되어가고 있다'라는 의미이지만, 프랑스에서는 '쓸모 없는 사람', 일본에서는 '돈'을 의미하며 브라질, 러시아, 독일에서는 '직장에서 부적절' 하다는 것을 의미한다.

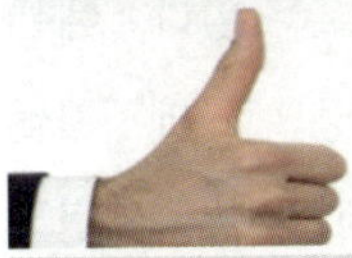

"엄지를 드는 것(thumbs up)". 북미에서는 '잘했어'를 의미하지만, 독일에서는 하나, 일본에서는 다섯을 의미한다. 이 제스처는 혼란을 초래할 수 있다.

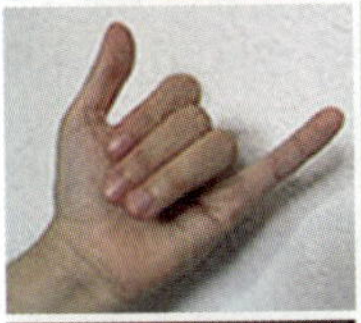

"뿔로 받아라(Hook'em horns)". 황소의 뿔처럼 보이는 이 손짓은 텍사스 대학의 운동선수들을 격려하는 사인이다. 하지만 이탈리아에서는 '당신은 속고 있다'는 것을 의미하고, 브라질이나 베네수엘라에서는 행운의 손짓이다.

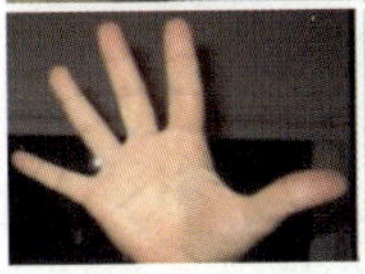

"손을 흔들다". 유럽에서는 손을 흔들며 의견차이를 나타내지만 북미에서는 일상적인 인사의 신호이거나, 다른 사람의 관심을 끄는 방법으로 사용된다.

그림 10-10 손가락 모양에 따른 해석의 문화적 차이

다리를 흔들 경우 상대방에게 신뢰감을 주기가 어렵다. 대화를 하는 자리나 목적 등에 따라 신체 언어는 달라지므로 절대적인 규범이 있을 수는 없지만 과도한 제스처는 사안을 과장하는 것으로 해석될 수 있다. 그림 10-10과 같이 신체 언어의 의미는 문화권에 따라 아주 다르게 해석되기도 한다.

5 효과적인 커뮤니케이션

효과적인 커뮤니케이션이란 두 가지 측면에서 이해할 수 있다. 첫째, 송신자가 의도한 메시지가 100% 수신자에게 전달되느냐 하는 것과 송신자가 의도했던 메시지대로 수신자가 반응을 보여주느냐 하는 것이다. 예를 들면 팀장이 팀원에게 "당신의 올해 업적은 80%밖에 달성 못했으니 내년에는 100% 달성해야 합니다."라고 보낸 메시지는 오해의 여지없이 전달될 수 있지만 해당 팀원이 팀장의 말을 듣고 다음 해에 더 열심히 일하겠다는 마음을 가지느냐는 또 다른 문제이다. 팀장의 메시지가 팀원에게 정확하게 전달되는 정도를 커뮤니케이션의 효율성(communication efficiency)이라고 하며, 전달자인 팀장의 커뮤니케이션 목적이 팀원이 내년에 더 열심히 일하고자 하는 마음이 생기는 정도를 커뮤니케이션 유효성(communication effectiveness)이라고 한다.

여기서 팀장이 팀원의 올해 목표달성 80%라는 사실을 어떤 상황에서 어떤 방식으로 전달하느냐에 따라 커뮤니케이션의 유효성은 달라질 수 있다. 예를 들면, 팀장이 팀원 모두가 있는 장소에서 큰 소리로 야단치는 억양으로 메시지를 전달했을 경우, 해당 팀원은 팀장이 나를 망신시키는 것으로 해석하고, 내년도 설정된 목표수준에 대해 문제를 제기하고 이것이 수용되지 못할 경우, 내년에 열심히 해 봐야 특별히 달라질 것이 없다고 생각하여 노력을 증가하지 않을 것이다. 즉 팀장의 커뮤니케이션 목적은 이 경우 달성되기 어렵다. 반면에 팀장이 팀원과 개인적인 면담에서 80% 목표달성을 전달하고 그 원인을 같이 분석하고 팀장으로서의 지원 문제를 협의했을 경우 해당 팀원의 내년도 목표달성 노력의 정도는 보다 나아질 것이다. 이것은 커뮤니케이션 그 자체만의 문제를 벗어나 커뮤니케이션이 팀장의 리더십 성공에 중요한 역할을 하는 것이다.

커뮤니케이션의 효과를 제약하는 요인들을 발견하기 위해서 우선 앞에서 기술했던 커뮤니케이션 과정의 요소들을 기준으로 접근할 수 있겠다.

5.1 커뮤니케이션의 장애요인[22]

1) 메시지 구성상의 문제

메시지의 구성상의 문제는 송신자뿐만 아니라 수신자가 송신자로부터 받은 메시지를 피드백할 때 일어난다. 몇 가지 문제들이 아래에서 제시된다.

정보의 누락 및 왜곡

송신자가 수신자에게 필요한 정보를 충분히 주어야 함에도 불구하고 자기에게 불리한 정보를 누락시키는 경우이다. 상사가 부하의 업적 평가 결과를 전달할 때 총 점수만을 제공하고 성과 종류별 평가 점수 그리고 이러한 평가의 과정을 생략하는 경우이다. 또한 공장에서 기계가 고장났을 때 담당자가 상사에게 고장 사실만 알리고 고장 이유가 자신의 잘못일 경우 이를 알리지 않는 것이다.

커뮤니케이션 기술상의 문제

송신자가 메시지를 구성할 때 문장 구성(문법 등)이 잘못되었거나 부적절한 단어를 사용하고 발음도 부정확할 경우 문제가 제기된다.

2) 부적절한 매체의 사용

송신자가 메시지를 전달하는 데 적절하지 못한 매체를 사용하게 되면 수신자의 메시지 수신 자체를 어렵게 만들 뿐만 아니라 다음 단계인 메시지 해석에까지 문제를 야기한다. 예를 들면 많은 액수의 투자를 검토해야 하는 경우 직접 대면 상태에서 메시지를 전달해야 함에도 불구하고 송신자가 도표, 그림 그리고 숫자로 된 자료만을 제공할 경우 심각한 문제가 제기된다. 조직에서 메시지 전달의 목적은 단순한 정보의 제공, 정보에 대한 검토 및 분석 그리고 의견 수렴 등 여러 가지가 있을 수 있는데 이러한 메시지 전달의 목적에 따라 상이한 매체를 선택해야 한다. 그 외에도 통신 장비의 결함으로 메시지의 전달에 장애가 발생할 수 있다.

3) 수신자의 메시지 수신상의 문제

경청의 실패

메시지가 구두로 전달될 때 수신자는 이를 경청하지 않는 경우가 종종 발생한다. 이는 송신자의 메시지를 선택적으로 청취(selective listening)함으로써 일어난다. 사람들은 대개 자신의 요구나 신념과 일치하는 정보를 우선적으로 받아들이고 그렇지 않은 것은 흘려버리는 경향이 있다. 혹은 수신자가 다른 여러 가지 업무로 시간에 쫓기고 있는 경우 송신자의 메시지를 완전하게 모두 수신하는 데 문제가 생긴다. 전문직 종사자들은 대략 하루 근무시간 중 50%를 메시지 청취하는 데 보내고 있기 때문에 경청의 실패는 커뮤니케이션 전체에 심각한 문제를 야기한다. 메시지가 일부만 청취될 경우 수신자는 자신이 청취한 것만 가지고 메시지를 해석하게 된다.

정보의 과다

송신자로부터 너무 많은 정보가 일시에 전달될 경우 수신자는 이를 모두 수신하는 데 한계를 가진다. 조직구성원이 수령하는 정보는 일반적으로 상당히 많다. 결재서류, 프로젝트 진행사항 보고서, 고객에 관한 보고서, 전화통화, 회의, 메모 그리고 다른 구성원들과의 대화 등이다. 이런 경우 송신자로부터 정보를 받았을 때 이 정보는 다른 수많은 정보 중 하나이기 때문에 어떤 것은 무시되고 어떤 것은 잊어버리는 등 완전한 형태로 수신되는 데 문제가 발생한다.

반응 피드백 결여

송신자가 정보를 보낼 경우 송신자는 수신자의 반응에 관심을 가지게 된다. 이 정보를 제대로 받았는지, 이해했는지 등을 알고 싶어 한다. 송신자가 정보를 전달할 때 수신자가 다른 곳을 쳐다본다거나 수신이 되었음을 확인하는 뜻으로 고개를 끄덕여야 하는데 아무런 반응을 보이지 않을 경우, 송신자는 제공했던 정보가 제대로 수신되었는지 확신을 할 수 없게 되고 추가로 전달할 정보가 있을 경우에 전달을 적극적으로 하지 않게 된다.

이러한 피드백 문제는 수신자가 송신자로부터 받은 메시지를 해석한 후 다시 송신자에게 그 결과를 전달할 때도 마찬가지로 발생한다.

4) 메시지 해석상의 문제

송신자에 대한 신뢰 결핍

송신자가 과거 여러 차례 진실된 정보를 제공하지 않은 사례가 있을 때, 혹은 송신자가 과거에 약속을 지키지 않는 등 전반적으로 신뢰를 줄 수 없는 사람인 경우 수신자는 송신자의 메시지에 대해 신뢰하지 않는다. 상사가 부하에게 정보를 제공할 경우 부하는 이것이 혹시 자기를 곤란하게 만들 수도 있다는 의구심을 가지게 되면, 상사의 메시지가 올바르게 해석되지 않는다.

준거체계의 차이

세대 간 준거체계는 많이 다를 수 있다. 특히 상사와 부하 간의 커뮤니케이션 상에 이러한 문제가 발생하는데 준거체계의 차이란 생활방식, 사고방식과 같은 바람직하다고 믿는 내용이 세대 간 서로 다른 경우를 말한다. 예를 들면, 조직에 대한 충성심, 초과근무에 대한 생각이 상사와 부하들 간에 많이 다를 수 있다. 상사는 초과근무를 당연한 것으로 생각하는 반면 젊은 사원들은 매우 이례적인 것으로 여겨 일단 거부한다.

선입견

선입견(preconceived ideas)은 전달된 정보의 특정 내용에 대해 편견을 가지고 있는 경우에 발생하는 문제점이다. 평소에 영업팀장이 판매 부진의 원인을 제품의 품질에 있다고 믿고 있는데 생산팀에서 제품의 품질을 옹호하는 정보를 제공할 때 이를 거부하는 경우이다.

감정상태

메시지가 전달될 때 수신자의 감정상태가 메시지를 해석하는 데 영향을 미친다. 동일한 메시지라도 기분이 좋을 때와 화가 난 상태일 때 그 해석이 다르게 나올 수 있다. 감정이 고조된 상태에서는 수신자가 메시지를 이성적이고 객관적으로 해석하는 데 실패할 수 있다.

어의상의 문제

같은 단어를 다른 뜻으로 해석하는 경우를 어의상의 문제(semantic problem)라고 하는데 이러한 상이한 해석의 원인은 문화 간, 국가 간, 그리고 세대 간

등 매우 다양하다. 예를 들면 북한에서는 식당에서 일하는 여성 종업원을 접대부라고 칭하지만 우리나라에서는 전혀 다른 뜻으로 해석된다. 표 10-2에서는 우리나라에서의 세대 간 어의상의 문제점들이 제시된다.

표 10-2 **세대 간 어의상의 문제(예)**

비교 기준	10대	50대
주전부리	억지로 떼쓰는 것, 주전자 물 나오는 곳	군 음식을 자꾸 먹는 짓, 군것질
털울	털갈이 하는 동물, 땅만 보면 나타나는 우울증	한 어머니가 낳은 자녀의 나이의 간격
불펌	인터넷상에서 자료를 올린 이의 허락 없이 다른 곳에 업로드하는 것	불난 집에 펌프질 하기
지름신	신제품이나 마음에 드는 물건을 보면 일단 사도록 부추기는 가상의 신 ('지르다'라는 우리말과 신이 결합된 신조어)	얼굴에 기름이 좔좔 흐르는 사람, 기름 짜는 신

그림 10-11에서는 커뮤니케이션상에 발생하는 장애요인들이 제시된다.

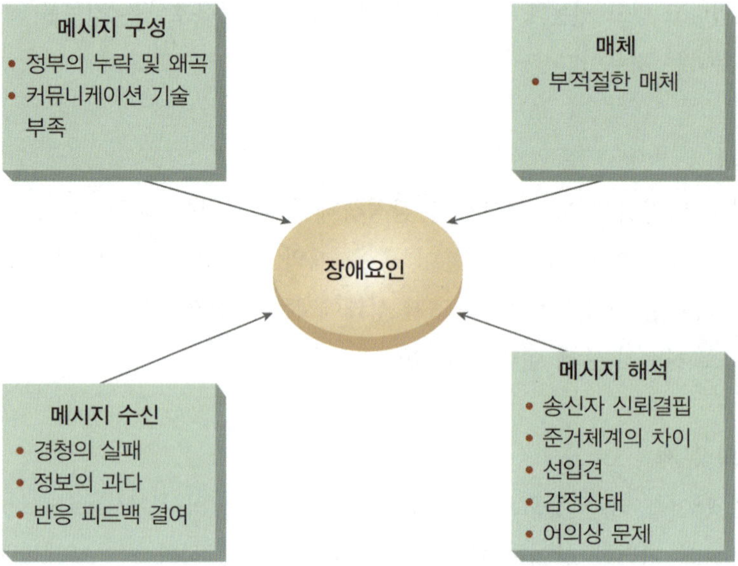

그림 10-11 커뮤니케이션의 장애 요인

5.2 효과적인 커뮤니케이션 방안

조직에서 효과적인 커뮤니케이션을 구축하기 위해서는 우선 위에서 살펴본 커뮤니케이션의 장애요인을 극복해야 할 것이다. 이러한 장애요인 중 메시지의 구성상 발생하는 문제들은 조직의 계층수를 줄인다든가 수평적인 커뮤니케이션을 활성화하여 커뮤니케이션의 정보 누수 현상을 줄이고 커뮤니케이션의 속도를 높일 수 있다. 그러나 송신자가 전달되어야 할 정보를 고의로 누락 또는 왜곡시킬 경우 조직 입장에서는 사실상 통제하기가 쉽지 않다. 반면에 부적절한 매체의 사용은 조직의 지원시스템을 통해 개선을 할 수 있겠다.

메시지의 수신과 해석상에 나타나는 문제점에는 수신자의 몫이 많다. 예를 들어 수신자는 송신자가 제공하는 정보에 대한 선입관을 버려야 하며 또한 감정이 개입되지 않도록 노력해야 할 것이다. 아래에서는 경청과 피드백의 개선책을 살펴보고 개방적 조직문화 조성의 필요성을 제시한다.[23]

1) 효과적인 경청

오늘날 조직생활에서는 상사와 부하, 동료 간 등 직접 만나서 대화(face-to-face)를 통해 메시지를 전달하는 경우가 증가하고 있다. 그만큼 문제가 복잡하고 커뮤니케이션의 정확성이 무엇보다도 중요할 경우 경청의 중요성이 더욱 커진다. 경청이란 송신자의 말을 주의 깊게 듣는 행동을 말한다. 그러나 조직에서 나타나는 커뮤니케이션에는 이러한 경청을 방해하는 요소들도 많이 있는데 이것들은 거의 동시에 나타나는 경우가 많다. 첫째, 송신자의 의도를 지나치게 읽으려는 자세이다. 이렇게 되면 정작 메시지에 집중 못하고 많은 부분을 놓치게 된다. 둘째, 송신자의 말이 끝나기 전에 미리 판단하고 자신의 반응을 보이는 경우이다. 셋째, 송신자가 전달하려는 정보의 내용을 지레 판단하거나 메시지와 상관없는 송신자의 인격이나 메시지에 대한 선입견을 가지는 경우이다. 효과적인 경청을 위한 몇 가지 대안을 제시하면 다음과 같다.

내용과 감정을 동시에 듣기

송신자가 전달하려는 메시지에는 내용(content)과 감정(emotion)을 동시에 포함하고 있는 경우가 많다. 이것을 공감적 경청이라고 하는데 메시지의 객관적인 내용뿐만 아니라 송신자의 감정까지도 헤아려 듣는 자세이다. 즉 객관적인 메시지 내용만으로 송신자의 의도를 파악하려 하기보다는 그가 어떤 상황과 감정 상태에서 메시지를 전달하는가를 고려해 봄으로써 메시지에 대한 보다 정확한 해석을 할 수 있다.

능동적으로 듣기

송신자가 메시지를 전달할 때 고개를 끄덕인다든가 중간에 간단한 질문을 하여 송신자가 자신의 말이 잘 전달되고 있음을 느끼게 하는 것이다.

자신의 언어로 표현하기

송신자가 메시지를 전달할 때 수신자가 자신의 언어로 그 내용을 다시 반복 표현하는 것이다. 즉 상대방의 언어를 자신의 언어로 바꾸어 말함으로써 상대방으로 하여금 수신자가 그의 말을 주의 깊게 듣고 있음을 알게 한다. 예를 들면, "당신이 하고 싶은 말을 바꾸어 말하면 …… 라는 것입니까?" 라든지 "당신은 …… 라고 말하고 싶어 하는군요, 맞습니까?" 등으로 나타날 수 있다.

2) 효과적인 피드백

커뮤니케이션에 있어서 피드백은 송신자가 보낸 메시지를 수신자가 해석하고 그 내용을 다시 송신자에게 보내는 것을 말한다. 피드백이 특히 중요시되는 경우는 바로 상사와 부하 간의 커뮤니케이션에서이다. 상사가 부하에게 비판적인 피드백을 서투르게 함으로써 부하의 심리적 저항과 사기 저하를 불러오는 경우가 종종 발생한다.

피드백은 크게 방어적 피드백과 지원적 피드백으로 나눌 수 있다.

먼저 방어적 피드백은 수신자를 굴복시키거나 통제할 목적으로 하는 피드백으로서 주로 수신자를 비판하는 내용이 주가 되겠다. 예를 들면 "지난 해 성과가 겨우 그것밖에 안 됩니까?" 라고 하는 경우이다. 이렇게 되면 부하는 자신을 방어하기 위해 상사의 업무 지원이 부족했다는 등 비슷한 종류의 비판하는 발언을 하게 된다. 방어적 피드백은 상사-부하 간의 갈등을 야기한다.

다음으로 지원적 피드백은 상사가 보내는 메시지 내용이 객관적인 사실 및 의미에 초점을 두는 경우이다. 앞의 예에서 볼 때 "김 팀장의 지난해 성과는 목표 수준을 80% 달성했어요. 원인이 무엇이었는지를 같이 검토해 봅시다."라고 하는 경우이다. 즉 피드백은 기본적으로 방어적인 것이 아니라 지원적인 것이 되어야 하겠다.

표 10-3 **효과적인 피드백 가이드 라인**[24]

- 피드백은 상사와 부하 간에 신뢰에 바탕을 두어야 한다. 조직 내 경쟁이 치열하고, 상사가 권력을 처벌 수단으로 이용하려 한다면 상사와 부하 간 관계는 보다 경직되고 상사의 피드백에 대해 부하의 신뢰가 감소한다.
- 피드백은 구체적이어야 한다. 부하의 업적이 그냥 '기대에 못 미친다'라고 하기보다 목표 수준의 몇 퍼센트를 달성하였는가를 구체적으로 피드백해야 한다.
- 피드백은 눈에 보이거나 평가될 수 있는 특정 행동에 초점을 맞춘다. 상대방의 성격이나 직책 등을 언급하지 않는다.
- 피드백은 발생한 일에 대해서만 한다. 감정적이거나 과잉 반응을 하지 않는다.
- 피드백은 부하가 받을 준비가 되어 있을 때 해야 한다. 부하가 다른 일로 절망에 빠져있거나 슬퍼하고 있을 때 하는 피드백은 효과를 거두기 어렵다.
- 피드백은 확인되어야 한다. 즉 피드백을 한 후 부하가 잘 이해했는지 확인을 해야 한다.
- 피드백은 부하의 능력을 염두에 두어야 하겠다. 능력이 한참 모자라는 부하에게 '계속해서 못하고 있다'라는 피드백은 부하로 하여금 잘 해보겠다는 생각보다 좌절감에서 헤어 나오지 못하게 만든다.
- 피드백은 시의적절해야 한다. 피드백은 어떤 일이 발생한 후 가능한 한 즉각적일수록 효과적이다.

3) 개방적 커뮤니케이션 분위기 조성

조직에서는 구성원들 간 경쟁이 치열하기 때문에 권력 획득을 위한 정치적 행동이 많이 일어난다. 권력 중 정보적 권력은 누가 중요한 정보를 많이 가지고 있느냐에 의해 결정된다. 커뮤니케이션을 조직 전체 수준에서 볼 때 구성원들은 중요한 정보를 다른 사람들과 공유하기를 꺼려하는 경향이 있다. 이렇게 되면 조직에서 일어나는 의사결정의 질이 저하될 수 있다. 따라서 조직은 개방적 조직 문화를 활성화시켜 구성원들 간의 정보 공유 분위기를 조성해야 하겠다. 이를 위해서는 탑 다운(top down) 방식으로 상위 직급부터 정보를 공유하는 노력을 해야 하겠다.

커뮤니케이션 사례

㈜포스코 – 커뮤니케이션 채널 확대 사례

과거의 기술모방자에서 벗어나 창조적인 혁신으로 세계를 이끌고자 하는 포스코의 의지는 사내 커뮤니케이션 활성화를 통한 소통의 강자로 거듭나려는 노력으로 나타나고 있다. 이를 위해 포스코는 몇 가지 눈여겨볼 만한 혁신조치들을 단행했다. 임원진 회의를 사내 인트라넷으로 생중계하고, 각 층마다 화상회의실을 설치하여 타부서/타지역 직원과의 소통을 강화하였다. 사내 신문과 각종 뉴스레터 발행을 확대 개편하였으며, 사무실은 자율좌석제를 실시하고 여기서 확보된 여유공간을 자유소통공간인 포레카(포스코+유레카)로 재탄생시킴으로써 비공식적 네트워크를 통한 소통활성화도 꾀했다. 사내동호회 및 단체MT 지원은 물론이고, 스마트폰 보급과 사내SNS인 PIRI를 통한 소통을 적극 권장하며, 태블릿 PC를 활용한 온라인 보고체계도 확립하고 있다. 그러나 이처럼 다각적인 노력이 모든 조직원에게 적극 수용되는 것은 아니다. 문화적인 이질감을 강하게 드러내는 계층도 많고, 사내 신문의 낮은 구독률과 중요 정보가 담긴 이메일 공지사항의 미열람 상태가 지속되는 오류가 나타나기도 한다. 세계 최강의 철강기업으로 도약하려는 포스코에 직원소통 활성화를 통한 창의적 조직문화가 구축되기 위해서는 위와 같은 일련의 조치들이 현실적으로 잘 정착되고 뿌리내리게 할 수 있는 혜안이 필요한 시점이라 하겠다.

㈜NHN – 커뮤니케이션 채널 축소 사례

국내 인터넷 업계 1위 기업인 ㈜NHN은 검색엔진 점유비율이 76.8%에 달하는 독점적 지위를 유지하고 있다. 산업의 특성상 창의적인 업무환경과 자유로운 커뮤니케이션이 예상되나, 오히려 ㈜NHN은 최근들어 과다하게 비용이 지출되는 커뮤니케이션 채널을 일부 폐지하기로 결정했다. 업계 1위 기업의 방만함을 극복하고자 활발한 커뮤니케이션보다는 적절한 수준의 통제가 필요하다고 판단한 것이다. 아마존닷컴의 사례도 이와 유사한데, CEO 제프 베조스는 사내 직원들의 지나친 커뮤니케이션이 오히려 효율성을 떨어뜨리고 신속한 의사결정에 방해가 된다고 말했다.

생각해 볼 문제

- ㈜포스코와 ㈜NHN의 커뮤니케이션 관련 사례를 비교해보고, 각각의 전략이 성공하기 위해서 반드시 고려할 요인을 2~3가지씩 요약해 보시오.

Chapter

11

갈등과 권력

1. 갈 등
2. 권 력

1 갈 등

CASE 1

▶ 공동자원의 비극[1]

목축업자들이 공동의 목초지를 사용한다. 이 목초지는 많은 수의 양떼를 기르기에 충분히 커서 이들의 목축사업에 별 문제가 없다. 그러나 이 공동체 내의 몇몇 이기적인 사람들이 자신의 이익을 극대화하기 위하여 양들을 더 사 넣는다. 이것을 보고 다른 사람들도 양떼를 늘린다. 이렇게 되자 그 목초지는 머지않아 황폐화되어서 먹을 풀이 없는 양떼는 모두 굶어 죽는다.

조직에는 크고 작은 갈등들이 항상 발생한다. 위의 사례처럼 제한된 자원이나 일상에서 일어나는 커뮤니케이션의 오류로 인한 경우까지 갈등의 발생원인은 매우 다양하다. 특히 기업조직에서 구성원들 간의 경쟁은 피할 수 없을 것이다. 이러한 이유로 조직에서 갈등을 피하기는 매우 어렵다.

아래에서는 갈등의 개념 및 유형, 갈등의 원인, 갈등이 가져다주는 결과 그리고 조직 내에서 갈등을 관리하기 위한 효과적인 방안들을 살펴본다.

1.1 갈등의 개념 및 유형

1) 개념

갈등이란 용어는 '칡'을 의미하는 한자어 '갈(葛)'과 '등나무'를 의미하는 '등(藤)'으로 구성된 것이다. 이들은 모두 덩굴식물로서 넝쿨이 돌아가는 방향이 서로 다르다. 칡은 오른쪽으로 감지만 등나무는 왼쪽으로 감는다. 이들이 서로 얽히면 풀기 어렵다.

갈등이란 이러한 나무들의 덩굴이 서로 복잡하게 뒤엉켜 있는 것과 같이 서로 적대시하며 분쟁을 일으키는 것을 말한다. 또한 이것은 목표, 관심, 원칙 혹은 감정에 있어서 다른 사람들과 양립할 수 없는 상황을 말한다. 일상생활에서 사용되는 유사한 말들로는 대인 간의 불화, 상충 그리고 충돌 등이 있는데 모두 갈등 현상을 나타내는 것이다.

조직에서 발생하는 갈등에는 몇 가지 특징이 있다.[2]

- 갈등은 어떤 하나의 사건이 아니라 과정을 의미한다. 이것은 과거의 어떤 사건으로부터 시간이 경과함에 따라 발전된 것이다. 갈등의 원인은 어떤 사건의 발생에서 시작된 것이지만 갈등은 시간이 흐름에 따라 형성된다.
- 갈등은 당사자들이 갈등이 되는 사건이나 현상을 지각할 때 비로소 이를 갈등이라고 부른다. 제3자의 입장에서 두 사람의 대화 내용으로 볼 때 갈등이 존재한다고 인지함에도 불구하고 두 사람이 이것을 갈등이라고 느끼지 않는다면 이것은 갈등이 아닌 것이다.
- 갈등에는 적대적인 감정이 존재한다. 가까운 친구들이 편을 나누어 야구시합을 하면서 경쟁하지만 쌍방에 대한 적대감이 없다면 이것을 갈등으로 보기는 어렵다.

2) 갈등의 유형

조직에서 일어나는 많은 갈등을 보다 잘 이해하기 위해서 우선 다음과 같이 그 유형을 나누어 볼 수 있다.

갈등 대상에 따른 분류

- 과업 관련 갈등: 직무를 수행하는 중 일과 관련된 갈등, 즉 업무량 과다, 업무목표 수준의 비현실성, 직무 간 권한의 불명확 등으로 인한 갈등이

있다.

- 인간관계 관련 갈등: 동료들과 작업을 할 때 서로 성격이 안 맞아서 나타나는 갈등, 상사의 리더십이 너무 고압적이라 나타나는 갈등, 동료 중 한 명이 너무 잘난 체 하고 상대방을 무시할 때 나타나는 갈등이 있다.
- 조직의 제도 관련 갈등: 새로 도입한 연봉제에 대한 조직구성원의 수용성 문제로 나타나는 갈등, 조직개편으로 자신이 불이익을 겪을 때 나타나는 갈등 등이 있다.

갈등 주체에 따른 분류

- 개인 내부 갈등(intra-individual conflict): 배는 고픈데 먹을 음식이 없을 때 나타나는 갈등(욕구좌절), 주어진 직무들이 서로 장단점이 다를 경우 어느 하나를 선택할 수밖에 없을 때 나타나는 갈등 등이 있다.
- 개인 간 갈등(inter-personal conflict): 상사의 비인간적 리더십 행사에 따른 갈등, 동료 간 의견 충돌로 일어나는 갈등 등이 있다.
- 집단 간 갈등(inter-group conflict): 부서 간의 갈등을 말하는데 대표적인 것이 생산부서와 영업부서 간의 갈등, 라인(line: 현장부서)과 스탭(staff: 지원부서) 간 갈등 그리고 부서에서 인력 충원과 관련하여 인사부서와 타 부서와의 갈등 등이 있다.
- 조직 간 갈등(inter-organizational conflict): 회사와 노동조합 간의 단체교섭으로 인한 갈등, 경쟁회사와의 갈등 그리고 조직과 협력회사(하청회사) 간의 갈등 등이 있다.
- 계층 간 갈등(inter-hierarchy conflict): 수직적 계층 간의 갈등, 동일한 계층 내 발생하는 갈등, 그리고 대각적 계층 간 갈등 등이 있다.

갈등의 유형에는 이 외에도 드러난 갈등(overt conflict)과 드러나지 않은 갈등(covert conflict)이 있다. 후자의 경우, 이것은 갈등 당사자가 어떤 일에 대해 상대방에게 갈등을 느끼고 있지만 내색하지 않는 경우이다. 지금 갈등을 표출해 봐야 문제 해결이 곤란한 경우 혹은 자신이 원하는 것을 얻을 수 없다고 판단할 때 갈등을 마음 속에 감추는 것이다. 대표적인 예로 감정노동의 경우를 들 수 있다.

1.2 갈등의 원인

조직에서 발생하는 수많은 갈등들에 대해 어떻게 대처할 것인가에 대한 논의를 하기 전에 우선 갈등 발생의 원인을 분석할 필요가 있다. 갈등의 원인들을 보다 의미있게 파악하기 위해 갈등의 원인들을 일정한 기준을 가지고 그림 11-1과 같이 분류하여 접근할 수 있겠다.

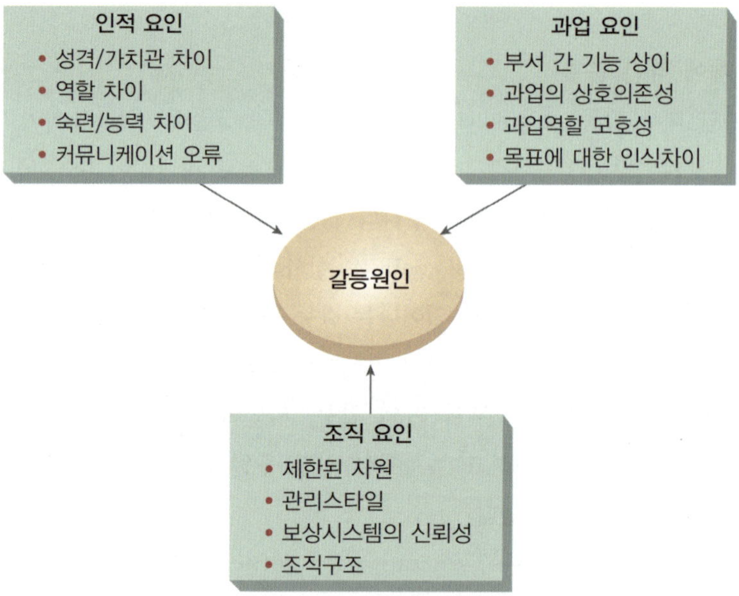

그림 11-1 갈등의 원인

1) 갈등의 인적 요인[3]

성격 및 가치관의 차이

"나는 저 사람과 일하면 마음이 안 맞아 피곤하다."라는 말을 듣는 경우가 종종 있다. 왜냐하면 그가 너무 자기 주장만 하고 고집이 세기 때문이다. 또는 상사가 너무나 권위적이기 때문에 부하의 심리적 저항을 유발하기도 한다. 자기가 몸담고 있는 조직에 대해서 구성원들이 가지고 있는 상이한 가치관 역시 갈등을 일으킨다. 어떤 사람은 조직을 돈을 버는 수단으로 생각하는 반면에 어떤 사람은 자신의 꿈이 실현될 수 있는 곳으로 생각한다. 구성원 간의 상이한 가치관은 조직이 어려운 일에 직면했을 때 비로소 갈등으로 표출된다. 전자(성격)는 당면한 문제를 해결하기 위해 특별한 노력을 기울이기보다 다른 회사로 이직하려는 노력을 하게 되고 후자(가치관)는 상반된 모습을 보여주는 경우 이들 간에 갈등이 발생하는 것이다.

역할 기대의 차이

조직에서 기대되는 역할의 차이로 발생하는 예가 바로 라인부서와 스탭부서이다. 라인부서는 스탭부서를 자신이 필요로 하는 정보와 서비스를 제공하는 부서로 여기는, 즉 자기를 보조하는 것으로 생각하지만 스탭부서는 자신들만의 전문성을 가지고 이를 통해 라인부서를 지휘하는 것으로 생각한다.

조직구성원은 저마다 복수의 역할을 수행한다. 예를 들면 기혼 여성은 가정과 직장에서 요구되는 역할을 수행하는데 이때 상사가 가정의 역할보다는 직장의 역할을 보다 적극적으로 수행하기를 기대할 때 역할 갈등이 발생한다.

숙련과 능력의 차이

조직구성원들의 기술이나 능력은 차이가 날 수밖에 없다. 공동으로 어떤 일을 수행할 경우 능력이 높은 자는 능력이 낮은 자에 대해 불만을 가지게 된다. 왜냐하면 그로 인해 일의 진행에 차질을 빚기 때문이다. 그렇게 되지 않기 위해서는 본인이 평상시보다 더 많이 일해야 하기 때문에 갈등이 생긴다.

적절치 못한 커뮤니케이션

커뮤니케이션상의 오류는 기본적으로 갈등으로 발전하는 경향이 있다. 메시지 구성이 잘못되었거나 적절하지 못한 매체를 사용한 경우 메시지 해석상에 어려움이 따르고 이것이 갈등을 유발한다. 커뮤니케이션에서 피드백도 그 방법이 적절치 못할 경우에 갈등을 일으킨다. 또한 일상적 조직생활에서 상대방에게 상처를 주는 언행 역시 갈등의 원인이 되겠다.

2) 과업 관련 갈등 요인

부서 간 기능 차이[4]

기업조직은 대체로 기능을 기준으로 분화되어 있다. 예를 들면 구매부서, 생산부서, 연구개발부서 그리고 영업부서 등을 들 수 있다. 부서의 기능이

상이하면 조직의 목표달성을 위한 업무의 우선순위가 다를 수 있다. 영업부서는 매출 신장을 통해 자사제품의 시장 점유율 확대를 우선시하겠지만 재무부서에서는 매출 이익을 우선시할 것이다. 영업부서가 제품의 가격을 소폭 인하하여 매출을 증대하도록 제안하면 재무부서에서는 반대한다. 생산부서에서는 제품의 원가 측면에서 효율성을 단기적인 시각으로 접근하지만 연구개발부서에서는 장기적인 시각으로 보면서 기술적 우위에 더 가치를 두게 된다. 이렇게 부서의 기능 차이는 갈등을 유발한다.

과업의 상호의존성

한 사람이 하는 일이 완전히 독립적일 경우 과업 관련 갈등은 발생하지 않는다. 그러나 여러 사람이 어떤 프로젝트를 공동으로 해야 하는 경우 갈등의 발생 가능성이 높다. 예를 들면, 업무 분담에서 나타나는 업무의 중첩성, 업무 진행 속도와 관련하여 한 사람이 어떤 일을 완성해야 다음 사람이 이를 받아 진행하는데 그가 일을 제때에 완성하지 못하는 경우 등이다. 이 경우 해당 구성원은 자신의 업무 진행이 동료로부터 방해받고 있다고 생각하기 때문에 갈등이 발생한다.

과업의 역할 및 권한 모호성

과업이 수행되는데 누가 무슨 일을 해야 하는지 명확하게 설정되거나 제시되어 있지 않은 경우, 특정한 일은 서로 미루게 되는데 나중에 이 일에 문제가 생기게 되면 서로 책임을 미루게 된다.

부서 간의 권한 관계에 문제가 생기는 경우 역시 갈등이 발생한다. 특히 조직이 빠른 속도로 성장하는 시기에 이런 문제가 많이 발생한다. 새로 생기는 업무들에 대해 부서들은 서로 관할권을 주장하는 경우이다. 소위 말해 영역 싸움이 발생하는 것이다.

목표에 대한 인식의 차이[5]

개별 부서가 추구하는 목표가 상이할 경우 갈등이 발생한다. 예를 들면 영업팀장은 해당 기간에 매출을 얼마나 올렸느냐를 기준으로 보너스가 결정되기 때문에 고객의 만족을 극대화시키기 위해 구입한 제품이 소량일지라도 그때그때 신속하게 배송되기를 원한다. 반면에 배송팀장의 보너스 결정 기준은 배송비를 얼마나 감소시켰느냐에 달려 있다. 배송팀장은 고객들이 구입하는 제품이 일정량이 될 때까지 기다렸다가 배송해야 배송비를 줄일 수 있다. 이런 경우 두 팀장 간의 갈등은 피할 수 없게 된다.

3) 조직 관련 갈등 요인

조직구성원이나 과업의 특성이 원인이 되지 않고 조직수준에서 갈등의 원인이 제공되는 경우도 있다.

제한된 자원

조직의 자원은 크게 보면 인적, 물적, 재무적 그리고 기술적 자원 등이 있다. 인사부서는 타 부서에 필요한 인력을, 구매부서는 생산에 필요한 원재료를, 재무부서는 필요한 예산을 지원해야 한다. 그러나 조직은 이러한 자원을 필요한 만큼 항상 확보하고 있지 못하다. 해당 부서에서는 필요한 자원을 제때에 공급받아야 부서의 목표를 차질 없이 달성할 수 있는데 그렇지 못할 경우 갈등에 빠진다. 해당 부서들은 자원을 공급하는 부서에 경쟁적으로 정치적 행동을 하게 되고 이런 경우 부서 간 갈등은 더욱 심화된다.

관리스타일

조직에서 구성원을 통제하는 제 방법을 관리스타일이라고 하는데 대표적인 것이 리더십이다. 상사가 과업 관련 정보를 독점하고 부하에게 업무를 시키면 부하는 부족한 정보하에서 일을 성공적으로 수행하기가 어렵다. 또한 상사가 부하를 도구로 취급하고 비인격적으로 대할 경우에는 상사에 대한 부하의 불만이 커지게 되고 상사-부하 간의 갈등이 발생한다.

보상시스템의 신뢰성

조직에서 보상은 크게 임금과 승진제도를 들 수 있다. 기업이 새로운 연봉제도를 도입했을 때 평가의 공정성이 확보되지 않으면 부하는 열심히 일하기보다 상사(평가자)의 비위를 맞추는 데 더 신경을 쓸 것이다. 승진 원칙이 확립되어 있지 않으면 구성원은 자신이 승진에 탈락되었을 때 이를 승복하지 않으며 갈등에 빠지게 된다.

조직구조상의 문제

조직구조는 일의 복잡성, 업무처리의 표준화 그리고 권한의 집중 정도로 구성되어 있다.

우선 조직구조가 잘못 설계되었을 때 갈등이 발생한다. 예를 들면 대규모 조직에서 권한의 집중화 정도를 높이면 의사결정을 할 때 작업 능률이 떨어지고 구성원과 갈등을 겪게 된다. 또한 매트릭스 조직(matrix organization: 본서의 13장 참조)에서는 구성원이 두 명의 상사로부터 지시를 받고 보고해야 하는데 두 명의 상사가 내린 업무 지시를 처리할 때 누구 지시부터 먼저 처리할 것인가, 즉 업무의 우선순위를 결정하게 되며 이때 갈등이 발생한다.

1.3 갈등의 결과

조직에서 갈등은 흔히 발견된다. 갈등은 많은 결과를 가져다준다. 개인 간 갈등은 긴장을 가져다주고 이것은 스트레스를 유발한다. 또한 이로 인해 그간 잘 형성되었던 좋은 인간관계가 훼손될 수 있다는 불안감이 생긴다. 갈등이 계속되면 상대방에 대한 신뢰가 감소되어 조직에서 필요한 협동시스템이 무너질 수 있다.

집단 간 갈등이 발생할 경우, 두 가지 방향에서 구성원들의 태도 및 행동 변화가 일어난다. 집단 간 갈등이 고조되면 집단구성원들은 상대방 집단을 제압하고 상대방 집단의 공격에 대한 방어 메커니즘(defense mechanism)이 작동되어 아래와 같은 모습을 보여준다.[6]

- 집단 내 나타나는 결과로서 집단응집력이 증가되고, 집단에 대한 충성심이 높아지며, 집단의 과업지향적 행동이 강화되고, 강력한 리더를 필요로 하는데, 구성원들은 그가 집단을 일사불란하게 끌고 가기를 원하게 되는 것이다. 왜냐하면 상대방 집단에 대항하기 위해 해당 집단구성원이 가지고 있는 에너지를 극대화시켜야 하기 때문이다. 이렇게 하기 위해 조직 내 질서는 엄격해지고 구성원 행동의 통일성이 강조된다.
- 상대 집단에 대해서는 적대감을 보이며, 부정적인 편견이 증가하게 된다.
- 상대 집단과 커뮤니케이션이 감소될 뿐만 아니라 상대 집단의 활동을 엄격하게 감시하게 된다.

1) 갈등의 순기능과 역기능

조직에 나타나는 갈등에 대한 상반된 관점이 있는데 하나는 갈등의 부정적인 측면이고, 다른 하나는 긍정적인 측면을 인정하자는 입장이다. 전자를 보통 전통적 관점이라고 하고 후자를 현대적 관점이라고 하는데 관점의 내용이 표 11-1에서 제시된다.

표 11-1 갈등에 대한 두 가지 관점

전통적 관점	현대적 관점
• 갈등은 제거되어야 한다. 이것은 집단활동을 방해하고 실제로 높은 업적달성을 방해한다.	• 갈등은 실제로 조직의 업적달성을 증대시킬 수 있다. 이것은 최선의 결과를 얻도록 관리되어야 한다. 어떻게 관리되는가에 따라 그것은 조직업적에 공헌할 수도 있고 그렇지 못할 수도 있다.
• 최선의 조직에는 갈등이 없다.	• 최선의 조직에는 어느 정도 알맞은 수준의 갈등이 있어서 이것이 높은 업적달성을 위해 사람들을 자극하고 동기를 부여한다.
• 갈등은 피할 수 있다.	• 갈등은 조직 생명의 통합적인 한 부분이다.
• 갈등은 신뢰의 부족, 직무역할의 불명확성 또는 커뮤니케이션 오류 등 관리 활동의 잘못에서 연유된다.	• 갈등은 서로 다른 조직구조, 보상, 목표 및 가치관에서 연유된다. 이는 또한 사람내부에 있는 자연적인 공격성에서 연유될 수도 있다.
• 갈등은 높은 스트레스, 사람들 간의 적대행위 및 사보타지 등을 유발하므로 본질적으로 나쁜 것이다.	• 갈등은 사람들로 하여금 문제를 해결하도록 촉진하므로 좋은 것이다.

갈등에 대한 전통적인 관점은 기본적으로 갈등은 조직에 역기능을 가져다주기 때문에 제거해야 된다는 입장이다. 반면에 현대적 관점은 갈등이 순기능을 가져다 줄 수 있기 때문에 조직에서 갈등에 대해 보다 적극적인 관심을 가져야 한다는 것이다. 표 11-2에서 갈등의 순기능과 역기능을 제시하였다.

표 11-2 갈등의 순기능과 역기능

순기능	역기능
• 문제해결 활동 증가 • 창의적 아이디어 증가 • 도전적 분위기 증가 • 변화에 대한 인식 증가 • 목표달성을 위한 실천 행동 증가	• 혼란과 분열로 인한 조직 에너지 분산 • 심리적 안정감 위협 • 집단응집력 훼손 • 적대감과 공격적 행동증가 • 목표의식 결여

표 11-2에서 나타난 바와 같이 갈등의 역기능으로서 조직 혹은 집단구성원은 혼란, 분열로 인해 자신들이 가지고 있는 에너지를 목표달성으로 초점을 맞추는 데 소극적이 된다. 또한 갈등 당사자들은 갈등으로 인해 긴장이 형성되고 이로 인해 심리적으로 안정감을 유지하는 데 어려움을 겪게 된다. 집단 내 구성원들 간의 갈등이 고조되면 상대방에 대한 적대감이 고조되고 이것은 집단응집력을 감소시키며 서로에게 공격적인 행동을 하게 된다. 이렇게 상대방을 제압하는 데 관심을 쏟다 보면 조직이나 집단 전체의 목표에 대한 의식이 결여된다.

그러나 갈등이 적정수준인 경우 조직에 순기능을 가져다준다. 갈등, 즉 문제가 발생하면 구성원들은 보다 적극적으로 문제에 대한 인식 및 해결방안을 찾게 되며 이를 위해 구성원들은 보다 다양하고 창의적인 갈등 해결방안을 제시한다. 이러한 해결방안을 적극적으로 찾다 보면 조직이나 집단에 도전적인 분위기가 형성된다. 또한 구성원들은 갈등을 해결하기 위해 변화의 필요성을 공감하고 변화에 대한 수용성을 보여준다. 이러한 행동은 결국 목표달성을 위한 적극적인 행동을 유도한다.

2) 갈등과 성과

갈등이 조직의 성과를 높일 것인가, 아니면 성과를 감소시킬 것인가에 대해서는 위에서 살펴본 갈등의 순기능과 역기능이 그 해답을 준다. 즉 조직은 갈등의 역기능을 최소화시키고 순기능을 극대화시켜야 될 것이다. 이렇게 하기 위해서는 바로 조직에서 나타나는 갈등수준에 대한 분석이 요청된다. 그림 11-2에서는 갈등의 양과 성과 간의 관계가 제시된다.[7]

그림 11-2에서 볼 수 있듯이 갈등과 성과 간의 관계는 갈등의 양의 정도와 역 U자의 곡선 관계가 있다. 이 그림에서는 갈등의 양의 크기가 아주 적은 정도, 중간 그리고 아주 많은 양에 따라 성과가 다르게 나타남을 보여주고 있다. 즉 갈등의 양이 아주 적거나 아주 많을 경우 성과수준은 낮으며 갈등의 양이 적정수준일 때 성과의 수준이 가장 높게 나타난다. 그 이유를 설명하면 다음과 같다.

첫째, 갈등의 양이 너무 많을 경우 조직이나 집단은 혼란에 빠지고 구성원들은 서로 분열하며, 적대감을 보이고 경우에 따라서는 서로를 위협하며 심지어는 공격적 행동을 하기도 한다. 이런 상황에 이르면 구성원들은 불안해지고 조직이나 집단에 대한 응집력이 감소한다. 이렇게 분열되어 서로를 공격하다 보면 결국 자신들이 공동으로 추구해야 하는 목표를 망각하게 된다. 이러한 상황에서의

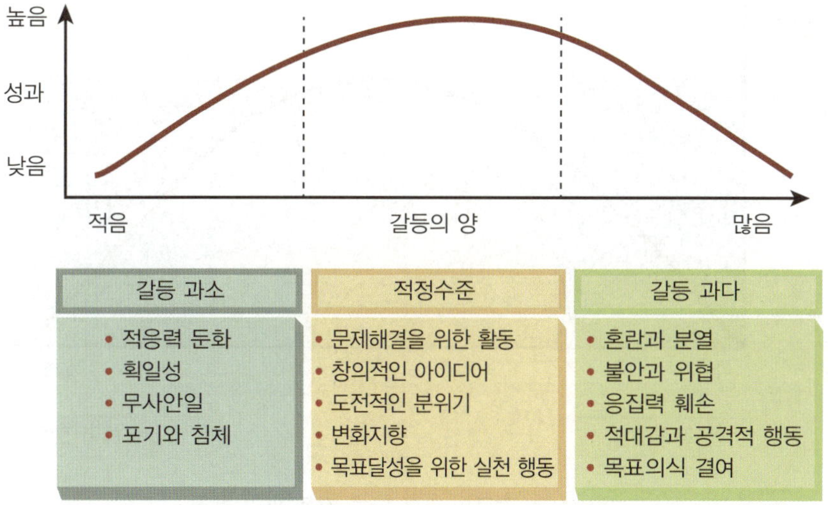

그림 11-2 갈등의 양과 성과 간의 관계

성과는 낮을 수밖에 없게 된다.

둘째, 조직이나 집단에서의 갈등 양이 너무 낮을 경우, 즉 구성원들은 딱히 관심을 끄는 이슈 없이 한가롭게 지내다 보면 새로운 일이 발생하였을 때 이에 대한 대처 능력이 떨어진다. 뿐만 아니라 새로운 문제없이 지내다 보면 사고가 다양하지 못하고 획일적이 되며 무사안일에 빠진다.

이러한 조직이나 집단은 어떤 일이든 쉽게 포기하고 분위기는 침체된다. 이러한 조직이나 집단의 성과는 낮게 나타난다.

셋째, 갈등의 양이 적정수준일 경우, 집단은 문제가 발생했을 때 이를 해결하기 위한 활동이 보다 왕성해지고 창의적인 아이디어도 많이 나오며, 집단 분위기는 도전적이 되어 활기를 띤다. 이러한 집단은 문제 해결을 위해 변화에 보다 적극적이 되고 공동의 목표를 달성하기 위해 보다 많은 노력을 보여준다.

1.4 갈등 관리

조직에서 갈등을 관리하는 것은 바로 성과를 높이기 위해서다. 갈등 관리의 기본 방향은 앞에서 기술했던 갈등의 순기능을 극대화하고 역기능을 최소화하는 것이다. 그림 11-3에 기능별 갈등 관리의 구체적 방향을 제시하였다.

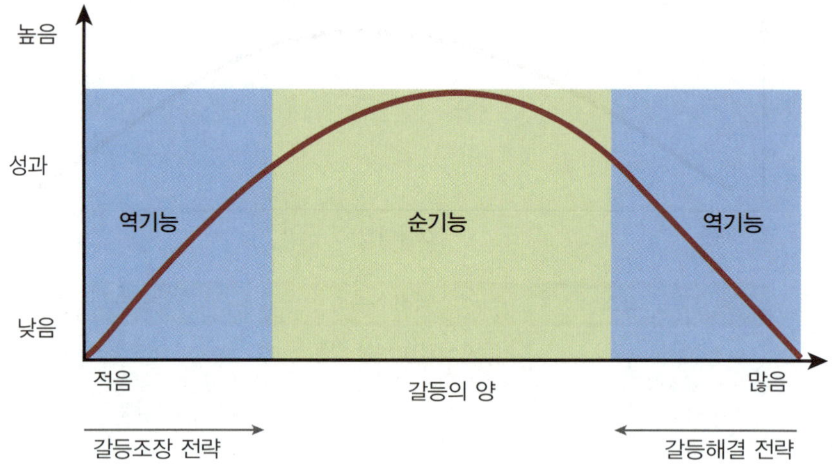

그림 11-3 갈등의 양에 따른 갈등 관리 방향

그림 11-3에서 나타난 바와 같이 갈등 관리의 목표는 갈등이 순기능을 할 수 있도록 유지하는 것이다. 즉 조직에서 갈등의 양이 아주 적을 때와 아주 많을 때는 역기능을 하기 때문에 이에 대한 관리가 요청된다. 갈등의 양이 너무 적을 경우 갈등을 조장하여 이를 적정수준으로 높이며, 갈등이 너무 많을 경우 갈등의 양을 줄이는 등의 해결 전략을 도입해야 하겠다.

갈등의 양을 조절하기 위해서는 조직이 통제 가능한 갈등과 통제 불가능한 갈등으로 구분하여 접근해야겠다. 예를 들면 구성원들의 성격 및 가치관의 차이로 인해 발생하는 갈등은 집단 내에서 해결하는 것은 거의 불가능하다. 조직의 제한된 자원으로 인해 발생하는 갈등 역시 간단하지 않다. 그럼에도 불구하고 갈등의 원인 중 많은 경우 조직에서 그 양을 조절할 수 있다. 아래에서는 갈등조장 전략과 갈등해결 전략을 살펴본다.

CASE 2

캐나다 동부에서 서부로 이동하는 활어 운반기차에 관한 일화다. 워낙 광대한 땅이라 동부에서 포획한 물고기들을 산 채로 어항 기차에 실어 서부로 운송하는 데 사흘이 걸린다고 한다. 그런데 도착할 때쯤이면 싱싱한 놈은 거의 구경할 수 없게 되는 문제가 생겼다. 이를 두고 관련자들이 머리를 짰다. 그리고 상어 한 마리를 어항에 넣었다.

그랬더니 잡아먹힌 물고기를 제외하고 나머지는 모두 싱싱하게 사흘을 견뎌낸 것이다. 바로 상어를 피해 도망 다니느라고 물고기들이 열심히 운동한 덕분이었다.

1) 갈등조장 전략

사례 2에서 볼 수 있듯이 상어 한 마리가 기진맥진한 물고기 떼를 활기차게 하였고 이러한 갈등은 물고기가 싱싱하게 며칠을 견딜 수 있도록 긍정적인 효과를 낳았다. 조직에서 도입할 수 있는 갈등 조장을 위한 몇 가지 대안이 아래에 제시된다.

인사제도의 변화

조직이 구성원에 대한 보상 기준으로 연공서열을 적용해 왔던 경우에 이를 성과를 기준으로 하는 연봉제로 바꿈으로써 구성원들 간의 경쟁을 유도한다. 뿐만 아니라 영업직 사원에게는 과거에 기본급과 성과급을 병행해 왔던 데에서 기본급 비율을 현저히 낮춘다. 이러한 인사제도의 변화는 교육훈련 및 승진제도에도 적용할 수 있다. 과거에는 교육훈련을 그냥 받기만 하였는데 이를 바꿔 교육훈련을 받은 후 평가를 하여 기대수준 이하의 성적을 낸 구성원에게는 불이익을 준다. 승진제도의 경우 승진 기준을 과거보다 높게 설정할 수 있다.

의사결정 방법의 변화

조직에서 개인의 의사결정 사안을 공동으로 하게 할 경우 갈등이 발생한다. 해당 구성원은 자신의 권한이 축소되었다고 생각할 것이며, 여러 명이 의사결정을 하는 과정에서 상이한 의견으로 인해 갈등이 발생한다. 여기에 소위 말하는 악마의 주장(devil's advocacy) 기법(본서의 8장 참조)을 도입하면 갈등이 조장된다.

목표의 상향 조정

대개 조직은 목표관리법(management by objectives)을 도입하고 있는데 구성원의 보상은 목표달성 정도에 따라 결정된다. 이 경우 조직이 목표를 과거보다 높게 설정함으로써 구성원을 긴장하게 만드는 것이다.

관리스타일의 변화

조직의 관리방법은 크게 엄격한 통제(tight control)와 느슨한 통제(loose control)로 구분할 수 있는데 과거 해왔던 느슨한 통제 스타일에서 엄격한 통제 스타일로 바꾸는 것이다. 상사는 부하들을 꼼꼼히 챙기고, 부하는 업무를 수행할 때 더 긴장하게 된다.

혁신 요구의 강화

조직은 구성원들에게 지속적인 혁신을 요구한다. 예를 들면 제품 혁신, 시장 점유율 증가, 고객에 대한 추가 정보 획득 등을 요구함으로써 구성원이 매너리즘에 빠지는 것을 방지할 수 있다.

2) 갈등해결 전략

조직에서 갈등이 생기는 원인 중 상당수가 커뮤니케이션의 오류로 발생한다. 특히 정보 공유의 실패, 상대방 메시지에 대한 잘못된 해석 등으로 발생하는 것이다. 이를 줄이기 위해서는 앞 장에서 논의한 커뮤니케이션의 장애요인을 극복하는 방안을 도입해야 하겠다.

그러나 조직에서 발생하는 주요 갈등의 원인들은 대부분 제로 섬 게임(zero sum game)에 바탕을 둔다. 즉, 예산 문제, 연봉결정 문제, 개인이나 집단 권한의 크기 문제, 과업의 할당 문제 등이다. 이러한 종류의 갈등들은 대부분 조직이 해당 갈등 당사자에게 추가적인 자원을 투입하여 해결하게 된다. 그러나 연봉의 인상, 영업 활동 예산의 증가, 승진 기회(T/O)의 증가 등은 현실적으로 쉽지가 않다. 이러한 원인에 의해 발생하는 갈등은 주어진 자원 범위 안에서 해결해야 하는데 갈등 당사자들이 자원을 배분하는 과정에서 이해관계가 대립될 수밖에 없게 된다. 이러한 상황에서의 갈등해결 모델이 Thomas에 의해 제시된 바 있는데 그 내용은 그림 11-4과 같다.[8]

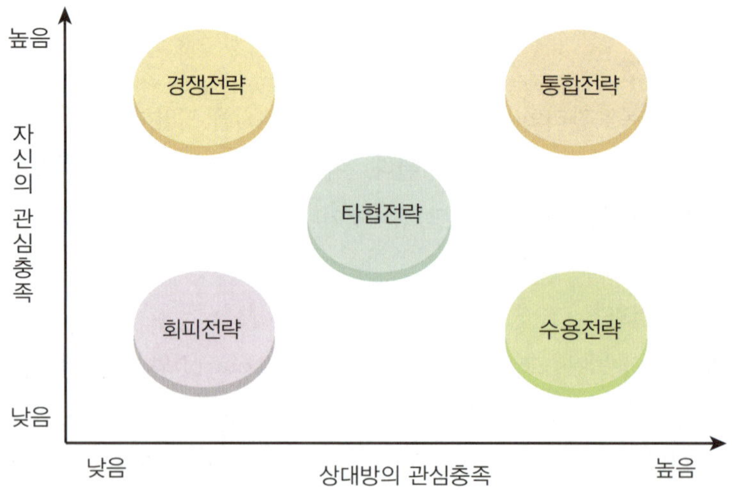

그림 11-4 Thomas의 갈등해결 모델

그림 11-4에서 제시하는 갈등해결 전략 중 어느 것이 가장 효과적이라고 말할 수는 없으며, 갈등 이슈에 따라 적절하게 도입해야 하겠다.[9] 아래에서는 개별 전략의 내용과 효과적인 상황을 살펴본다.

회피 전략

회피 전략(avoidant strategy)은 갈등 상황에서 자신의 것뿐만 아니라 상대방이 원하는 것 모두가 충족되지 않는 전략을 말한다. 자신이 갈등 이슈로부터 물러나거나 이를 회피함으로써 자신뿐만 아니라 상대방의 관심사를 무시하는 방식이다. 이러한 전략에서는 제기된 갈등이 해결되지 않으며 다만 의사결정을 일시적으로 미루는 것이다. 이러한 전략이 효과적인 상황은 다음과 같다.

- 현재 갈등 대상이 크게 중요하지 않으면서 다른 사안이 더 중요한 경우
- 자신이 원하는 것이 충족될 수 없다고 판단되는 경우
- 갈등과 관련된 다양한 정보의 수집이 우선시될 경우
- 갈등 해결에 따르는 비용이 결과보다 더 클 경우

수용 전략

수용 전략(accommodative strategy)은 갈등 상황에서 자신이 원하는 것을 포기하고 상대방이 원하는 것이 충족되는 경우를 말한다. 자신이 상대방을 이길 수 없을 때 내일을 기약하는 것이다. 이러한 전략의 장점은 상대방으로부터 이후 협조를 기대할 수 있는 반면, 자신에게 중요한 문제일 경우에는 도리어 곤란한 상황에 빠질 수 있다. 이러한 전략이 효과적인 상황은 아래와 같다.

- 갈등 상황에서 자신이 잘못되었음을 알았을 때 상대방에게 양보함으로써 그에게 자신이 합리적이라는 인상을 주고자 할 때
- 작은 것은 양보하고 나중에 상대방으로부터 큰 것을 받아 내고자 할 때
- 조직 혹은 집단의 현 시점에서 조화와 안정이 무엇보다도 중요할 때
- 상대방이 부하인 경우, 그가 잘못하더라도 학습할 수 있는 기회를 부여하고자 할 때

경쟁 전략

경쟁 전략(competitive strategy)은 자신의 관심사를 충족시키고 상대방이 원하는

것을 거부하는 것이다. 자신의 관심사를 충족시키기 위해 상대방을 압도함으로써 갈등을 처리한다. 이러한 전략은 의사결정을 신속하게 처리하지만 자칫 상대방의 저항을 야기시킨다. 이러한 전략이 효과적인 상황은 아래와 같다.

- 비상사태와 같이 빠르고 결정적인 행동이 요구되는 경우
- 비용 감축, 가격 인하 등 일반적이지 않은 사안을 처리해야 할 때
- 자신이 옳다는 것을 확신하고 이것이 조직에 중요한 공헌이 된다고 믿을 때

타협 전략

타협 전략(sharing strategy)은 갈등 이슈에서 자신과 상대방이 다 같이 양보하여 서로의 관심사를 부분적으로 충족되게 하는 것이다. 쌍방이 상호 교환과 희생을 통해 부분적으로 만족을 취하는 방식을 말한다. 이러한 방식은 갈등 상황을 처리하는 데 가장 보편적으로 활용된다. 이러한 전략이 효과적인 상황은 아래와 같다.

- 쌍방이 비슷한 영향력을 가지고 있어 어느 일방의 관심사만 충족시키기가 곤란할 때
- 시간 압박으로 인해 문제 해결을 바로 해야 할 때
- 자신이 상대방을 이김으로써 얻는 대가가 기대에 못 미칠 때
- 다른 유형의 전략이 실패했을 때

통합 전략

통합 전략(collaborative strategy)은 갈등 이슈에서 자신과 상대방이 원하는 것 모두가 충족되는 전략을 말한다. 이러한 전략은 이상적인 것으로서 조직에서 도입하기에는 사실 용이하지 않다. 이러한 전략이 요구되는 상황은 다음과 같다.

- 갈등 쌍방의 관심사가 각자에게 너무 중요하여 절충할 수 없을 때
- 서로 상이한 관점을 지닌 사람들의 통찰력을 결집시키려 할 때
- 갈등 이슈에 감정이 개입되어 서로의 관계를 심각히 훼손할 가능성이 클 때

이상에서 소개한 갈등해결 전략의 모델들은 조직에서 갈등을 해결하는 데 현실적으로 매우 유익한 정보를 제공해준다. 이러한 전략들 외에도 조직이 주체가 되어 갈등을 해결할 수 있는 방안들도 있다. 아래에서는 몇 가지 방안들이

제시된다.[10]

상위 목표의 설정

조직은 갈등 가운데 있는 당사자들에게 이를 중단하도록 유도할 목적으로 이들이 공동으로 추진해야 할 상위 목표를 제시한다. 이러한 목표는 조직수준에서 달성되어야 하는 것으로서 당사자들의 관심사보다 상위에 있는 것이기 때문에 각자의 관심사에 집중하거나 고집하는 것을 중단해야 한다. 이러한 방법은 앞에서 소개한 갈등 중 경쟁, 순응 그리고 회피 전략을 시도하려는 당사자들에게 적용할 수 있겠다.

갈등 당사자들은 이러한 상위 목표를 공동으로 수행하는 과정에서 보다 많은 정보의 공유와 상호간의 커뮤니케이션을 통해 원래 존재했던 갈등을 해결하는 계기를 찾을 수 있겠다.

제도의 명확화

갈등 이슈 중 개인 간 혹은 집단 간에 권한 및 책임의 경계가 불명확하여 영역 다툼과 같은 갈등이 발생하는 경우가 많다. 이러한 갈등은 조직이 규정을 정비하고, 권한 관계를 명확히 함으로써 해결할 수 있겠다.

조직 개편

부서 간 갈등이 일어나는 이유 중 하나가 해당 부서가 하는 기능이 서로 다르기 때문인 경우가 많다. 예를 들면, 생산부서는 최소의 비용으로 제품을 만들기 원하며 영업부서는 비용이 많이 발생하더라도 고객의 변화되는 니즈(needs)에 맞게 제품 개발 및 판매에 주력하려 한다. 영업부서는 판매 저조의 원인을 제품의 품질에서 찾으려는 경향이 많다. 이런 경우에 영업부서의 마케팅 업무 중 일부를 생산본부장 밑에 둔다거나, 원래 생산부서에서 해왔던 품질 관리 업무를 영업본부에 귀속시키는 등 기능의 상이함으로 인해 불가피하게 발생하는 갈등을 감소시킬 수 있다.

조직 내 인적 교류의 확대

집단 내 업무의 상호의존성으로 인해 나타나는 개인 간 갈등이나 조직 내 부서 간의 마찰이 발생하는 경우 인적 교류를 통해 갈등을 줄일 수 있다. 예를 들어 영업 팀장과 마케팅 팀장 간에 업무영역 또는 책임과 관련하여 발생하는 갈등의 경우, 두 사람이 자리를 맞바꾸어 일하게 함으로써 갈등 당사자 간에 서로 더 잘 이해하게 만들 수 있다. 즉 상대방의 업무 및 작업환경에 대한 보다 많은 이해를 할 수 있게 하여 갈등을 감소시킬 수 있다. 소위 역지사지(易地思之)를 경험하게 하는 것이다.

이상에서 제시한 여러 방안들을 도입하였음에도 불구하고 갈등이 해결되지 않을 경우에는 제3자가 갈등 상황에 개입하여 해결을 시도해야 할 것이다. 개인 간 갈등의 경우에는 해당 팀의 책임자가, 부서 간의 갈등의 경우는 그보다 높은 직급(본부장, 대표이사 등)의 인사가 개입하여 갈등을 조정해야 할 것이다. 물론 제3자의 경우 갈등을 조정할 때 제시할 수 있는 대안들은 위에서 설명한 여러 대안들이 될 수 있겠다.

2 권 력

조직을 보는 관점은 크게 두 가지로 나눌 수 있다. 첫째, 조직을 구성원들의 공동목표달성을 위한 협동시스템으로 보는 견해[11]로서 이를 일원적 조직관이라고 하며, 반면에 조직을 구성원들의 이해관계가 서로 충돌하는 투기장으로 보는 견해[12]로서 이를 다원적 조직관이라고 한다.

일원적 조직관에서는 조직의 공동 목표를 달성하기 위해 구성원들의 이해관계는 조정되고 업무가 배분되어 조직 관리가 균형적으로 이루어지며 원천적으로 갈등이 발생하지 않게 된다. 그러나 다원적 조직관에서는 조직에서 구성원들이 자신의 개인 목표를 달성하고 작업 상황을 통제하기 위해 각자 다양한 권력을 사용하여 영향력을 행사하려고 한다. 조직에서 권력에 대한 관심은 기본적으로 다원적 조직관으로부터 나온다.

아래에서는 권력에 대한 개념, 권력이 어디로부터 나오는가, 어떤 종류의 권력에 효과적인가 그리고 권력 획득을 위한 활동인 조직정치에 대해 살펴본다.

2.1 권력의 개념

권력(power)이란 사회적 관계에서 상대방의 동의 없이 상대방의 저항을 극복하고 자신의 의지(will)를 관철시킬 수 있는 힘(force)을 말한다.[13] 권력은 사회적 관계에서 존재하는 것이기 때문에 아래와 같은 몇 가지 특징이 있다.

- 권력은 **양립적**이다. 권력은 한쪽 사람 혹은 집단에게만 주어지는 것이 아니라 다른 일방에게도 주어진다. 상사는 부하에게 권력을 행사하지만 부하 또한 자신의 전문적인 지식으로 상사에게 권력을 행사할 수 있다.
- 권력은 **상대적**이다. 어느 개인 혹은 집단이 가지고 있는 권력의 크기는 절대적이라기보다 상대방이 누구냐에 따라 그 크기가 달라진다. 즉 "A가 권력을 가지고 있다."라기보다 "A는 B에 대해 권력을 가지고 있다."가 더 정확한 표현이다.
- 권력은 **가변적**이다. A가 B에 대해 가지고 있는 권력의 크기는 상황에 따라 바뀐다. 똑같은 부하일지라도 그가 수행하는 직무가 바뀌게 되면 권력의 크기도 달라진다.
- 권력의 크기는 행사 대상이 되는 **인원의 수**(domain), **영역**(scope), **강도**(strength) 등 여러 관점에서 인식할 수 있다. 우선 권력의 행사 대상이 되는 인원의 수가 얼마나 되느냐이다. 이는 조직계층의 위치에 의해 결정된다. 또한 권력을 행사할 수 있는 영역에 따라 그 크기가 달라진다. 마케팅부서의 시장분석 담당자는 시장조사에 대한 권력만 가질 뿐이지 광고분야까지 권력을 확장할 수 없다. 상사의 경우 부하의 근무시간 중 행동에 대한 권력을 행사할 수 있지만 퇴근 후에까지 행동에 대한 통제력을 가질 수는 없다. 뿐만 아니라 권력의 크기는 그 강도(strength)라는 관점에서도 볼 수 있다. 즉 팀장이 부하에게 행사할 수 있는 권력도 업적 평가 정도이지 그를 해고시킬 수 있는 권력은 가지고 있지 않다.[14]

권력, 권한, 리더십

권력은 영향(influence), 권한 그리고 리더십과도 관련되지만 그 개념에는 차이가 있다. 영향 혹은 영향력의 행사는 태도나 행동 변화를 위해 개인이나 집단에게 가해지는 것으로서 과정적이고 동적인 속성을 가지고 있는 반면에 권력은 영향력을 행사할 수 있는 힘이나 자원으로 볼 수 있으며 정적인 속성을 가지고 있다.

권한(authority)은 조직에서 개인이나 집단에 공식적으로 부여한 권력을 말한다. 즉 합법성(legitimacy)이 보장된 것이다. 반면에 권력은 권한보다 그 범위가 넓다. 조직이 부여한 권한뿐만 아니라 그 외 비공식적인 측면에서도 권력은 존재한다. 권한은 권력의 한 유형에 해당된다.

리더십은 한마디로 조직의 목표달성을 위해 조직구성원에게 영향력을 발휘하여 태도 및 행동을 변화시키는 것인데 이를 위해 권력을 수단으로 사용한다. 리더십은 조직의 목적 적합성을 요구하지만 권력은 반드시 이를 요구하지는 않는다. 또한 리더십은 상사에서 부하에게로 흐르는 즉 하향적 영향력에 중점을 두는 반면에 권력은 모든 방향의 영향력을 포함한다.

2.2 권력의 원천

권력은 어디서 나오는가? 이것은 총과 칼에서부터 잔잔한 미소 등 매우 다양한 곳에서 나올 수 있다. 권력의 원천을 개인수준과 집단수준에서 살펴보면 다음과 같다.

1) 개인수준

이래에서는 개인이 다른 사람 혹은 집단에 권력을 행사할 수 있는 가장 기본적인 힘의 원천을 제시한다.[15]

보상적 권력

보상적 권력(reward power)은 개인이 상대방의 보상을 통제할 수 있는 힘을 말한다. 여기서 보상은 물질적인 것뿐만 아니라 상징적인 것 모두가 포함된다. 이러한 보상은 배고픈 사람에게는 음식, 죄수에게는 자유, 근로자에게는 연봉인상, 승진, 인정, 보다 도전적인 업무, 그리고 선호하는 근무시간 등 매우 다양하겠다. 상대방이 권력을 행사하는 사람에게 저항하지 않고 복종하는 이유가 보상 때문일 경우 우리는 권력 행사자가 보상적 권력을 가지고 있다고 말한다.

강제적 권력

강제적 권력(coercive power)은 기본적으로 보상적 권력과 유사한 것이다. 이것 역시 권력 행사자가 보상의 반대인 처벌할 수 있는 힘을 가지고 있는 경우이다. 일상생활에서 처벌은 매우 다양한 형태로 나타난다. 숙제를 안한 학생에게 청소를 시킨다든지, 인간관계에서 왕따시키거나 괴롭히는 것(bullying) 등이다. 조직에서는 구성원을 한직으로 좌천시키거나, 연봉을 삭감한다든가 인사평가에서 낮은 점수를 주는 것 등이 해당된다. 조직구성원들 중 자신이 권력을 많이 가지고 있다고 생각하는 사람보다 그렇지 않은 사람이 상대방에게 강제적 권력을 선택하는 경우가 더 많다.[16]

▲ 강제적 권력의 예

합법적 권력

합법적 권력(legitimate power)은 조직이 개인에게 부여한 공식적인 권한(authority)을 말하는데 개인의 직위에서 나온다. 조직에서 상위계층에 있는 사람이 하위계층에 있는 사람보다 더 많은 권력을 가지고 있다. 예를 들면 상사가 부하에게 업무지시를 하게 되면 부하는 상사의 지시를 반드시 수용해야 한다. 앞에서 소개한 보상적 권력과 강제적 권력도 조직이 대부분 공식적으로 부여한 것이기는 하지만 보상 및 강제적 권력은 합법적인 것을 벗어난 경우도 있다. 예를 들면 부하에게 인정감을 부여한다든지 혹은 은밀히 왕따를 시키는 것은 조직의 규정에 나와 있지 않는 것이다.

준거적 권력

준거적 권력(referent power)은 개인이 바람직한 특질을 가졌을 때 나오는 것으로서 권력을 수용하는 사람과 일체감이 조성될 때 발생한다. 예를 들면, 권력 행사자가 개인적으로 매력을 가졌거나, 상대방으로부터 존경을 받는 경우이다. 권력 수용자가 권력행사자의 권력을 수용하는 이유가 그를 롤 모델(role model)로 여겨 동일시하고 싶다든지 인간적으로 그를 좋아하기 때문인 경우다.

▲ 준거적 권력의 예

전문적 권력

전문적 권력(expert power)은 권력 행사자가 전문지식, 특수기술 그리고 업무 수행상 노하우(know-how)를 가지고 있을 때 형성된다. 집단구성원들은 대개 월등한 기술과 능력을 가졌다고 보이는 사람의 의견을 따르며 그의 충고를 받아들인다. 사회생활에서는 환자의 증상을 해석하는 의사나 외지인에게 길을 가르쳐 주는 그 지방 주민, PC 사용자에게 조언을 해주는 컴퓨터 기사 등이 바로 이러한 권력을 가지고 있다.

이상에서 제시한 권력의 원천 외에도 조직에서는 정보적 권력 및 관계 권력 등도 발견된다. 정보적 권력(information power)은 권력 행사자가 권력 수용자에게 필요한 가치 있는 정보에 접근할 수 있을 때 생긴다. 전문적 권력은 권력 행사자가 광범위한 지식이나 정보를 보유하고 있어야 하지만 정보 권력은 권력 수행자가 특정 정보에 접근할 수 있을 때 권력을 가지는 것을 말한다. 예를 들어 가격 입찰 때 상대방이 원하는 가격을 미리 알고 있는 경우 그는 이러한 권력을 가진다. 관계 권력(connection power)은 권력 행사자의 사회적 네트워크(social network)에 의거하여 권력 수용자가 접근하고 싶은 사람과 연결시켜줄 수 있을 때 형성된다.[17]

2) 집단수준

조직에서 권력의 기본 원천은 합법적 권력이라고 말할 수 있다. 집단수준에서의 권력 또한 본질적으로 볼 때 합법적 권력에 의해 형성된다. 집단수준에서의 권력은 조직에서 부서의 권력이 얼마나 크며, 무엇에 의해 형성되느냐를 말하는 것이다. 부서(팀)의 업무 내용과 권한은 조직에 의해 공식적으로 부여받는다. 예를 들면 구성원이나 부서(팀)의 처벌에 대한 정보를 제공하는 감사팀, 예산을 배분하는 예산팀 등은 그들이 가지고 있는 권한을 가지고 조직 내 다른 집단에 권력을 행사하는 것이다. 아래에서는 집단이 가지고 있는 권력의 원천을 살펴본다.

불확실한 상황의 통제 능력

어떤 부서가 환경의 불확실한 상황을 감소시켜 줄 수 있을 때 해당되는 다른 부서에 대해 권력을 가진다. 예를 들면 마케팅부서는 시장 정보를 바탕으로 차기에 어느 정도의 제품을 생산해야 하는지에 대한 정보를 가지고 있다. 이러한 정보는 생산부서 활동의 불확실성을 감소시킬 수 있다. 왜냐하면 생산부서는 비용을 최소화하는 원칙하에 생산계획을 수립해야 하기 때문이다. 조직에서 법률팀은 다른 부서에 어떤 문제가 발생하였을 때 이것이 법적으로 문제가 되는지 해결할 수 있는 방법이 무엇인가를 알려줌으로써 해당 부서에서 발생한 문제에 대한 불확실성을 줄여준다.[18]

기능의 비대체성

기능의 비대체성(irreplaceability)은 조직에서 해당 부서의 기능이 불가피하고 다른 부서가 이를 대체할 수 없을 때를 말한다.[19] 예를 들면 공장에서 하위계층에 있는 정비 업무를 수행하는 부서는 이 공장에 필수적이고 다른 부서로 대체할 수 없기 때문에 공장장은 이 부서가 권력을 많이 행사하는 것을 허용할 수밖에 없게 된다.[20] 왜냐하면 이 부서는 공장에서 낮은 계층에 속해 있지만 공장의 기계가 고장나면 이 부서의 도움이 필수적이기 때문이다. 조직 내 대부분의 부서 업무를 다른 부서가 대체하기 어려운 것이 사실이다. 따라서 업무대체의 용이성과 이로 인해 발생하는 비용의 관점에서 해당 부서의 권력의 크기가 결정될 수 있겠다.

업무의 중심성

부서의 권력은 해당 부서가 조직의 목표달성에 얼마나 중요한 일을 하고 있느냐 혹은 업무의 수행 과정에 얼마나 중심적(centrality)인 위치를 점하고 있느냐에 의해 그 크기가 결정된다. 여기서 업무의 중심성은 조직 내 정보의 흐름에 중심 위치를 차지하고 있는 것을 말한다. 예를 들면 제품개발부서는 보다 많은 권력을 가지고 있는데, 왜냐하면 생산부서, 엔지니어 그리고 마케팅부서는 그들의 활동계획을 수립하기 위해 이 부서로부터 정보를 받아야 하기 때문이다. 어떤 부서가 조직에서 더 중요한가는 조직 전략에 의해 좌우된다고 할 수 있다. 예를 들면, 창업 초기에는 이익보다 시장 점유율을 증가시키는 것이 우선이라 영업부서가 보다 중요할 것이며, 조직이 상당히 성장했을 경우, 시장 점유율보다 이익 창출에 더 가치를 두거나 혹은 기업이 자금난을 겪고 있을 경우, 재정부서가 보다 중요한 부서로 인식될 것이다.

자원의 조달 및 통제 능력

해당 부서는 다른 부서가 필요로 하는 자원에 대해 조달 및 통제 능력을 많이 가지고 있을수록 상대방 부서에 대한 권력은 커진다.[21] 즉 다른 부서가 해당 부서에 자원 측면에서 얼마나 의존하느냐의 정도에 의해 권력의 크기가 결정되는 것이다. 어느 부서에서 이직이 빈번하여 제때에 구성원을 충원해야 하는 경우 인사부서는 필요한 인력을 공급해 주기 때문에 해당 부서에 대해 권력을 가지게 된다. 또한 예산부서의 경우, 회사의 이익을 높이기 위하여 비용을 최소화하는 일환으로 영업 활동비, 원자재 가격 등을 통제하게 되면 이 부서의 권력은 커지게 된다. 뿐만 아니라 구매부서의 경우, 제때에 원자재를 생산부서에 공급해 주어야 생산활동이 원활히 진행되는데 구매부에서 원자재 납기를 제대로 지키지 않을 경우 생산부서는 구매부서의 눈치를 볼 수밖에 없게 되는 것이다. 그림 11-5에서는 기술했던 집단수준에서의 권력 원천이 제시된다.

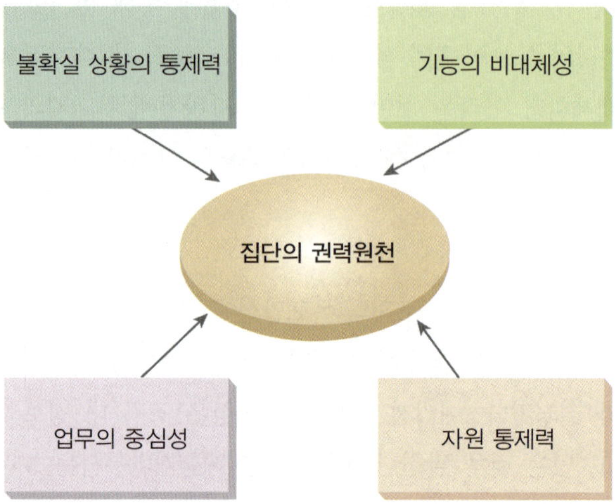

그림 11-5 집단의 권력 원천

이상에서 기술한 집단수준에서의 권력의 원천들이 실제 조직에서 어떻게 작동하느냐는 해당 조직이 처한 환경, 즉 전략에 따라 원천들의 영향력 크기가 달라진다. 따라서 기업조직에서 어떤 부서가 절대적으로 권력을 가장 많이 가지고 있느냐는 한마디로 말할 수 없다.

2.3 권력 행사의 결과

어떤 권력을 행사하느냐에 대해서는 조직행동 관점에서 볼 때 대개 상사에 초점을 맞추게 된다. 즉 상사가 부하의 만족과 몰입 그리고 성과를 높이기 위해 영향력을 행사하는데 이러한 영향력의 원천이 바로 권력이다. 물론 같은 보상적 권력을 가지고 부하에게 영향력을 행사할 때 상사가 어떤 방식으로 하느냐에 따라 그 효과가 달라질 수 있다. 자기가 부하들에게 "당신들의 연봉 결정권은 내가 가지고 있으니 열심히 일해야 돼."라고 공개적으로 떠들 경우 부하들은 열심히 일할 마음보다 오히려 심리적인 저항을 가지게 된다. 반면에 부하의 성과가 높으면 연봉을 올려 주겠다는 것을 개인적으로 배려하는 마음을 담아 전달하면 부하의 행동은 보다 긍정적이 될 것이다.

상사가 일반적으로 정상적인 방법으로 권력을 행사했을 때 나타나는 부하의 직무만족, 몰입 그리고 성과에 대한 여러 연구들을 종합해 보면 표 11-3과 같다.[22]

표 11-3 **권력 유형별 행사 결과**

유형 \ 결과	직무만족	몰입	성과
보상적 권력	중간	약간 높음	약간 높음
강제적 권력	낮음	낮음	–
합법적 권력	약간 낮음	중간	–
준거적 권력	높음	높음	높음
전문적 권력	높음	높음	높음

표 11-3에서 나타난 바와 같이 권력 유형별로 부하가 보여주는 결과는 다르게 나타난다.

보상적 권력

학습이론에서 설명했던 긍정적 강화 유형에 해당되는데 기본적으로 성과를 높여준다. 여기서는 다른 유형의 권력과 비교하였을 때 약간 높은 것으로 평가된다. 몰입 또한 약간 높으며, 반면에 직무만족의 수준은 중간인 것으로 나타났다.

강제적 권력

성과와의 관계는 통계적으로 유의미한 것으로 나타나지 않았으나, 직무만족 및 몰입과의 관계는 낮게 나타났다.

합법적 권력

행사했을 때 부하의 직무만족은 약간 낮으며, 몰입은 중간수준 그리고 성과와의 관계는 명확하게 나타나지 않았다. 이러한 권력은 기본적으로 부하에게 자신이 낮은 직급에 있기 때문에 상사의 지시에 따를 수밖에 없다는 약간의 무력감을 가져다주는 것이다. 이러한 권력은 상사의 지시가 부하보다 더 많은 지식 내지 업무 노하우에 바탕을 둔 것일 때 최소한의 효과를 가져다준다.

준거적 권력

높은 직무만족과 몰입 그리고 성과를 높게 가져다준다. 준거적 권력은 기본적으로 감정에 바탕을 둔 것이기 때문에 부하로부터 보다 긍정적인 태도와 성과를 이끌어내게 된다.

전문적 권력

높은 직무만족과 몰입 그리고 성과를 높여 준다. 이것은 팀 내 신뢰에 바탕을 두게 되며, 부하의 동조성과 내재적 동기를 가져다준다.

조직에서는 본인이 원하지 않더라도 불가피하게 어떤 유형의 권력을 행사할 수밖에 없는 경우가 종종 일어난다. 이럴 경우 해당 권력을 행사하는 데 부정적인 효과를 줄이고 긍정적인 효과를 높이기 위한 몇 가지 지침이 표 11-4에서 제시된다.[23]

표 11-4 **권력행사의 유형별 지침**

권력의 기준	사용을 위한 가이드라인
보상적 권력	규정준수를 입증할 수 있어야 한다. 실현가능한 합리적인 요청이어야 한다. 윤리적이고 적절한 요청이어야 한다. 부하들이 원하는 보상을 제공해야 한다. 상사가 보상을 제공할 수 있을 것이라는 신뢰가 있어야 한다.
강제적 권력	부하들에게 규칙과 처벌에 대해 알려주어야 한다. 처벌하기 전에 충분히 경고해야 한다. 처벌을 같은 기준을 가지고 일관성 있게 하여야 한다. 처벌하기 전에 상황을 이해해야 한다. 신뢰를 유지해야 한다. 위반의 정도에 맞게 처벌해야 한다. 처벌은 공개적이 아닌 개인적으로 해야 한다.

합법적 권력	예의를 다해 요구해야 한다. 자신감 있게 요구해야 한다. 명확하게 요구하고, 이해여부를 확인해야 한다. 요구가 적절해야 한다. 요구의 이유를 설명해야 한다. 적절한 커뮤니케이션 경로를 따라야 한다. 정기적으로 권한을 행사해야 한다. 상사의 요구는 이행되도록 해야 한다. 부하들의 문제에 지체없이 반응해야 한다.
준거적 권력	부하를 공정하게 대해야 한다. 부하의 이익을 보호해주어야 한다. 부하의 요구나 감정에 민감해야 한다. 리더와 닮은 점이 많은 부하를 선발한다. 역할모델링을 해야 한다.
전문적 권력	전문가로서의 이미지를 보여야 한다. 신뢰성을 유지해야 한다. 자신감 있고 단호하게 행동해야 한다. 정보수집을 계속해야 한다. 부하의 관심사를 파악하고 있어야 한다. 부하의 자존심을 위협해서는 안 된다.

2.4 조직정치

권력과 밀접한 관계를 가지고 있는 것이 조직정치 혹은 정치적 행동이다. 조직정치란 개인 혹은 집단이 원하는 결과를 얻는 데 필요하다고 판단되는 권력을 획득하거나 이를 증가시키기 위해 하는 행동을 말한다. 이러한 행동은 합법적일 수도 있고 비합법적일 수도 있다.[24]

조직정치는 조직을 다원적 시각에서 볼 때 나타나는 현상으로 일반적으로 조직에 광범위하게 확산되어 있다. 한 연구에 의하면 조직 내 관리자의 30%가 연봉을 결정할 때, 28%가 채용을 결정할 때 정치적 행동을 발견한다고 했다. 또한 관리자의 75%가 조직정치가 낮은 직급보다 높은 직급에서 일어난다고 했다. 뿐만 아니라 관리자 중 50%는 조직정치가 불순하고 비합리적인 것으로 평가했다. 그러나 조직에서 높은 직급으로 올라가기 위해서는 정치적 행동이 필요하다고 믿으며, 이것은 바람직하지는 않지만 피할 수 없는 것이라고 생각하고 있다.[25]

1) 정치적 행동의 원인과 결과

그림 11-6에서는 조직 내 정치적 행동이 일어나는 원인과 결과가 제시된다.[26]

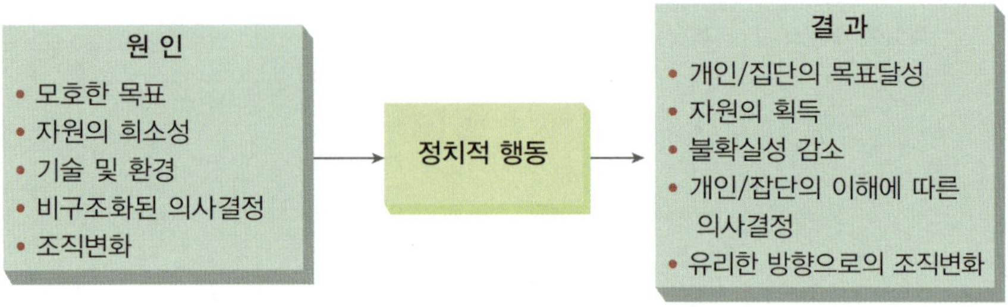

그림 11-6 정치적 행동의 발생 원인과 결과

그림에 제시된 바와 같이 조직에서 정치적인 행동이 일어나는 원인으로서 첫째, 조직이나 집단이 제시하는 목표가 모호하여 발생한다. 조직 내 도처에서 이러한 현상이 나타나는데, 예를 들면 신시장에서 우리 기업의 시장 점유율 확대와 같은 경우이다. 구체적으로 어떻게 어느 정도 수준의 시장 점유율이 명시되지 않아 관련되는 구성원들은 각자가 자신에게 유리한 아이디어를 관철시키기 위하여 정치적 행동을 하게 된다.

둘째, 개인의 연봉 결정, 부서의 예산 확보 등과 같은 이슈에는 항상 자원의 한계가 존재한다. 어느 부서에 예산을 많이 할당하면 다른 부서에는 그만큼 적게 할당할 수밖에 없다. 특히 영업부서의 경우 영업활동비 예산이 매출에 많은 영향을 끼치기 때문에 서로 예산을 많이 확보하기 위한 정치적 행동을 하게 된다.

셋째, 불확실성이 존재하는 신기술을 도입해야 하는 경우 그리고 조직을 둘러싼 환경이 급격하게 변할 경우 정치적 행동은 증가된다. 낯설고 불확실한 상황에서는 개인이나 집단이나 이에 보다 효율적으로 대처하기 위해 정치적 행동을 하는 것이다.

넷째, 비구조화된 의사결정(non-programmed decision) 상황에서는 명확한 답이 없기 때문에 해당되는 구성원은 자신에게 보다 유리한 의사결정을 하기 위해 정치적 행동을 하게 된다.

다섯째, 대규모 조직변화가 예상될 때, 구성원들은 이러한 변화가 자신들에게 불리한 방향으로 발전하지 않도록 정치적 행동을 하게 된다. 예를 들면 조직구조 변화로 인해 특정 부서의 권한이 축소되거나 이러한 변화로 인해 자신의 자리자체가 위협을 받을 수 있다고 예상하는 경우이다.

정치적 행동이란 그 발생 원인으로 인해 자신에게 긍정적인 결과를 극대화시키고 부정적인 결과를 최소화시키는 것이 목적이다. 정치적 행동의 결과로서는 개인 및 집단이 추구하는 목표의 달성, 더 많은 연봉의 인상, 승진 등 보상의 증가, 정보 획득이 있는데, 이와 같이 자신의 업무와 관련하여 보다 많은 정보를 획득함으로써 불확실성은 감소되고, 자신에게 유리한 의사결정이 보다 원활하게 이루어지고, 조직변화가 일어날 때 자신에게 닥치는 불이익이 최소화되는 것을 말한다.

2) 권력획득 전략

조직에서 권력을 획득하기 위한 전략은 매우 다양하다. 집단의 경우 부서의 기능을 확장하여 권한을 확대하는 것이 좋지만 현실적으로는 많은 어려움이 존재한다. 다른 부서도 똑같이 생각하고 있기 때문이다. 개인의 경우 가장 확실한 것이 능력을 향상시켜 성과를 내고 그 결과 상위계층으로 승진하게 되면 권력이 보다 확대된다. 개인이든 집단이든 주어진 조건에서 권력을 확대시키기 위해서는 아래의 몇 가지 전략이 존재한다.[27]

권력층과의 유대형성

조직에서 권력을 많이 가진 자와 유대관계(alliances/coalitions)를 맺는 것은 권력획득을 위한 가장 기본적인 전략이다. 예를 들어 조직 내 가장 중요한 부서의 장이나 경영층과의 관계를 형성하는 것이다. 또한 대표이사의 비서나 스탭(staff) 관리자들과의 유대형성도 권력획득의 방법이 되겠다.

분할 후 지배

이 전략은 자신에게 반대하는 개인들이나 집단이 연합을 형성하지 못하게 하기 위해 그들 간의 관계를 분리시키는 전략이다. 예를 들면 연구개발부서장이 생산부서의 장과 마케팅부서의 장의 관계에서 갈등을 조장시킴으로써 그들이 공동으로 연구개발부서를 공격하지 못하게 하는 것이다.

정보 접근에 대한 통제

조직에서 정보는 권력획득의 중요한 수단이다. 정보를 획득하는 것뿐만 아니라 이미 획득한 정보를 적절히 통제하는 것도 권력획득을 위한 전략이 된다. 예를 들면 자신에게 불리한 정보는 통제하고 자신이 가지고 있는 정보 중 상대방에게 꼭 필요한 정보를 일부 제공한다. 혹은 상대방에게 불리한 정보를 수집하여 자신이 그 정보를 가지고 있음을 알린다. 이러한 전략은 자신이 보유하고 있는 정보 범위 안에서 가능하다.

자신의 강점 홍보

자신이 어떤 프로젝트를 수행할 때 현재까지 진행된 것 중 자랑할 만한 것을 공개함으로써 상대방의 관심을 끈다. 이러한 긍정적인 측면은 이후 다른 프로젝트를 수행할 때에도 좋은 인상을 가지도록 유도한다.

의무감 형성

권력을 획득하려는 사람은 상대방이 자기에게 빚을 지도록 만든다. 즉 상대로 하여금 "내가 그에게 신세를 졌다"라는 느낌을 가지도록 하는 것이다. 어려울 때 도와줌으로써 그에게 보다 많은 권력을 행사할 수 있는 관계를 만드는 것이다.

장기적인 노력

권력을 획득하기 위해 서두르지 않고 장기적으로 상대에게 접근하는 것이다. 이 전략은 원래 기원전 3세기 로마 장군인 파비우스가 로마를 공격한 카르다고의 한니발 군대에게 사용했던 전략에서 나왔다. 파비우스는 한니발과 직접 전투를 하게 되면 패전할 것이 명백하기 때문에 항상 후방에서 그 군대를 추격만 하고, 만일에 한니발 군대가 돌아서서 공격을 하면 도망갔다. 이러한 방법으로 파비우스 군대는 상대를 지치게 만들었고 후에 전쟁에서 승리하게 되었는데 이를 페비아니즘(Fabianism) 전략이라고 명명하게 되었다.

점진적 영역확보

이 전략은 권력을 한꺼번에 획득하려는 것이 아니라 점진적으로 한 단계씩 확보해 나가는 전략이다. 처음에는 매우 작은 영향력만을 획득하고 있는 것처럼 보이지만 이것을 교두보로 점차 권력을 확장시켜 결국에는 원하는 것을 모두 획득하는 전략이다.

갈등과 권력 사례

여의도 칼부림 사건 범인에게 징역 14년 중형 선고

서울 여의도 한복판에서 무차별 칼부림으로 4명을 다치게 한 30대 남성이 항소심에서도 징역 14년의 중형을 선고 받았다. 서울고법 형사7부(부장판사 윤성원)는 지난해 8월 서울 여의도 렉싱턴호텔 인근 길거리에서 전 직장 동료들과 행인 등 4명을 흉기로 찌른 혐의(살인미수 등)로 구속기소된 김모씨(31)에 대해 원심과 같이 징역 14년에 위치추적전자장치(전자발찌) 부착 10년을 선고했다. 재판부는 "피고인이 미리 흉기를 준비해 범행을 저질렀고 피해자들이 큰 상처를 입은 점을 고려하면 원심 선고는 적정하다"고 판단했다. 전자발찌 부착 명령을 취소해 달라는 김씨 측 주장도 받아들이지 않았다.

한편, 사건발생 당시 범인의 범행동기를 밝히는 수사과정에서 드러난 직장 내 갈등 문제가 이슈가 되기도 했다. 범인은 30대 초반 나이에 직장 내 소외(왕따)를 당하다가 결국엔 직장을 잃고 신용불량자가 된 뒤 혼자 죽기엔 억울하다고 생각하여 예전 직장에서 자신을 왕따시켰던 동료들을 상대로 범행을 계획했다고 한다.

* 『파이넨셜 뉴스』, 2013. 4. 6.

생각해 볼 문제

- 직장 내에서의 갈등은 때로는 극단적이고 잘못된 개인행동을 촉발하게 된다. 조직 내에서 심각한 수준의 갈등이 발생했을 경우 리더가 선택할 수 있는 효과적인 갈등해결 전략을 생각하고 토론해 보자.

Chapter

12

리더십

ORGANIZATIONAL BEHAVIOR

1. 리더십 개념 및 구조
2. 특성이론
3. 행동이론
4. 리더십 상황이론
5. 최근 주목받는 리더십 이론

CASE 1

▶ 모세의 리더십

이튿날 아침, 모세가 백성들의 소송을 재판하기 위하여 재판석에 앉았다. 백성들은 아침부터 저녁까지 모세 둘레에 서 있었다. 모세의 장인은 모세가 백성을 다스리느라고 애쓰는 모습을 보고 말하였다. "백성을 이렇게 다스리다니, 이게 무슨 일인가? 아침부터 저녁까지 둘러 서 있는 이 백성을 왜 혼자 앉아서 다 처리하는가?" 그러자 모세는, "백성은 하느님께서 판가름해 주셔야 할 일이 생기면 저에게로 옵니다. 무슨 일이든지 생기면 저에게로 옵니다. 이웃끼리의 문제를 제가 재판해 주고 하느님께서 지키라고 주신 규칙도 알려주어야 합니다." 하고 설명하였다. 모세의 장인이 그에게 충고하였다. "이렇게 해서야 되겠는가? 자네뿐 아니라 자네가 거느린 이 백성도 아주 지쳐버리고 말겠네. 이렇게 힘겨운 일을 어떻게 혼자서 해내겠는가? 이제 내가 한마디 충고할 터이니 들어 보게. 아무쪼록 하느님께서 자네를 도와주시기 바라네. 자네는 백성의 대변인이 되어 그들이 제시하는 소송들을 하느님 앞에 내어 놓게. 그리고 그들이 지켜야 할 규칙을 알려주어 어떻게 살아야 하며 무엇을 해야 할지를 가르쳐 주게. 하느님을 두려워하며 참되게 살며 욕심이 없고 유능한 사람을 찾아내어 백성을 다스리게 세워주는 것이 좋겠네. 천 명을 거느릴 사람, 백 명을 거느릴 사람, 오십 명을 거느릴 사람, 열 명을 거느릴 사람을 세우게. 언제나 그들을 시켜 백성을 다스리게 하고 큰 사건만 자네에게 가져오도록 하게. 작은 사건은 모두 그들에게 맡겨 두게. 그들과 짐을 나누어 자네 짐을 덜도록 하게. 자네가 이와 같이 일을 처리한다면, 이것이 곧 하느님의 뜻에도 부합되고 자네 일도 다 감당할 수 있어 이 백성이 모두 만족해서 집으로 돌아갈 것일세." 모세는 장인의 말을 듣고 그대로 하였다. 모세는 이스라엘 백성 가운데서 유능한 사람들을 골라 내어 백성의 지도자로 삼았다. 천 명을 거느릴 사람, 백 명을 거느릴 사람, 오십 명을 거느릴 사람, 열 명을 거느릴 사람을 세워 늘 백성을 다스리게 하였다. 그들은 어려운 일은 모세에게 가져왔지만 사소한 일들은 각자 자기네가 다스렸다.

[성경: 출애굽기 18:13-27]

모세가 활동한 시대는 지금으로부터 약 3500여 년 전이다. 당시 유대인의 지도자인 모세는 몇 백만 명의 유대인을 이끌고 이집트로부터 나와 소위 말하는 젖과 꿀이 흐르는 땅을 찾아 민족 대이동을 하고 있었다. 성경에서는 모세의 장인 이드로의 입을 빌려 당시 중요한 이슈로 간주되었던 리더십에 대해 명쾌한 답을 내리고 있다. 리더는 업무를 위임해야 한다. 모세의 예처럼 리더의 역할은 한 사람의 리더가 지휘할 수 있는 사람의 수는 몇 명이 적당한지 판단하고, 하위 계층에 있는 리더가 해결할 수 없는 예외적이고 중요한 일은 최종적으로 리더 자신이 해결하는 것이다.

리더십은 서양에서뿐만 아니라 동양에서도 매우 높은 관심을 보여주었다. 예를 들면 2500여 년 전 공자는 사회 질서를 확립하기 위한 많은 명언을 남겼고, 이는 『논어』에 수록되어 오늘날까지 전해지고 있다. 그는 "소인을 다스리기는 매우 어렵다. 그를 너무 가까이 하면 불손한 행동을 하고 너무 멀리하면 윗사람을 원망한다"(與小人, 爲難養也, 近之則不孫, 遠之則怨)라고 말한 바 있다. 이를 보면 오늘날 부하의 특성을 상황요인으로 인식한 리더십 상황이론이 바로 공자로부터 출발한 것이라고 해도 과언이 아니다.

동서고금을 막론하고 리더십은 인간이 집단을 이루어 생활하는 곳에서는 항상 중요한 이슈였다. 오늘날 리더십은 대통령으로부터 초등학교 학급 반장에 이르기까지 필요 불가결한 것으로 인식되고 있다. 리더십이 학문적으로 관심을 끌기 시작한 것은 Weber가 리더십 유형을 합리적인 리더십, 전통적인 리더십 그리고 카리스마적인 리더십으로 분류한 데서 찾을 수 있겠다.[1] 이후 리더십에 대한 연구는 보다 과학적인 틀 속에서 진행되고 있다.

본 장에서는 리더십의 개념, 구조 및 주요한 이론들을 살펴본다.

1 리더십 개념 및 구조

리더십은 조직구성원에게 조직의 목표달성을 위해 행동하도록 영향력을 행사하는 것이다. 리더십 개념에 내포되어 있는 몇 가지 내용을 보면 다음과 같다.

- 리더십을 구조적인 측면에서 볼 때 리더십을 행사하는 리더는 집단에서 가장 높은 위치에 존재한다. 이러한 이유로 리더를 상사라고 하며 리더의

영향력을 받는 사람을 부하라고 한다. 또한 리더는 집단의 중심에 위치하고 있다. 집단구성원들의 상호작용의 중심에 리더가 있는 것이다.[2]

- 리더십은 리더와 부하 간에 영향력이 행사되는 과정으로 이해된다. 리더십이란 자신의 의지대로 부하의 태도 및 행동변화를 위해 방향을 제시하고 행동을 유도하고 나아가 부하를 지배하는 과정이다. 여기에 바로 리더의 권력이 행사되는 현상이 존재한다.[3]
- 리더십은 조직의 목표달성을 위해 필수적인 수단이다. 조직구성원들에게 목표만 제시한다고 목표가 저절로 달성되지는 않는다. 목표가 달성되기 위해서는 리더십이 투입(input)되어야 가능하다.[4]
- 리더십은 조직 내 여러 수준에서 행해진다. 리더십은 개인수준에서 멘토링(mentoring), 코칭(coaching) 그리고 동기부여로 나타나며, 집단 수준에서는 팀을 구성하고, 집단응집력을 형성하게 하고 구성원들 간의 갈등을 해결하는 역할을 한다. 조직수준에서는 조직문화를 형성하고 조직변화를 주도하는 역할을 한다.[5]

오늘날 조직의 환경이 급변하고 조직의 생존과 관련되는 많은 도전적인 이슈가 빈번히 발생하기 때문에 리더에 대한 역할 인식이 변하고 있다. 전통적인 리더십에서 기대하는 리더의 역할은 조직에서 관리자라는 이름으로 수행되어 왔으나 이제는 관리자로서의 역할만으로는 부족하며 새로운 리더의 역할이 요구되고 있다. 표 12-1에서는 관리자(manager)와 리더(leader)의 역할이 비교된다.[6]

표 12-1 관리자와 리더의 역할

관 리 자	리 더
위험을 통제한다.	기회를 모색한다.
일이 발생하면 대처한다.	일이 발생하기 전에 준비한다.
조직의 규칙을 집행한다.	조직의 규칙을 변화시킨다.
업무를 분장한다.	성취를 유도한다.
일에 대해서 계획, 조직화, 지휘, 통제한다.	비전을 창출한다.
단기적 시각에서 일을 처리한다.	장기적 시각에서 일을 처리한다.

표 12-1에 나타난 바와 같이 관리자는 한마디로 주어진 일을 진행시키고 조직의 규칙을 철저히 따르고, 비용이 최소화되도록 조직 생산성의 효율을 추구하며, 그 결과를 상부에 보고하는 일을 한다. 자신의 역할을 잘 수행하면 조직에서 인정을 받고 빠른 승진이 보장된다. 그러나 조직이 환경변화로 인해 방향을 잡지 못할 때 관리자는 별 다른 역할을 하지 못한다. 이러한 이유로 오늘날 조직에는 리더의 역할이 요구되는 것이다. 리더는 조직이 위기에 빠지는 것을 사전에 예견하고 그에 맞는 행동을 계획하며, 업무지시 및 평가관리에 중점을 두기보다 부하에게 감동을 주고 문제를 해결하는 데 영감을 줄 수 있어야 한다. 뿐만 아니라 리더는 조직의 생존과 관련되는 위협에 대처할 수 있어야 한다.

조직에서 발견되는 리더십 현상을 보다 의미 있게 이해하기 위해 그림 12-1과 같은 분석 모델을 제시할 수 있다.

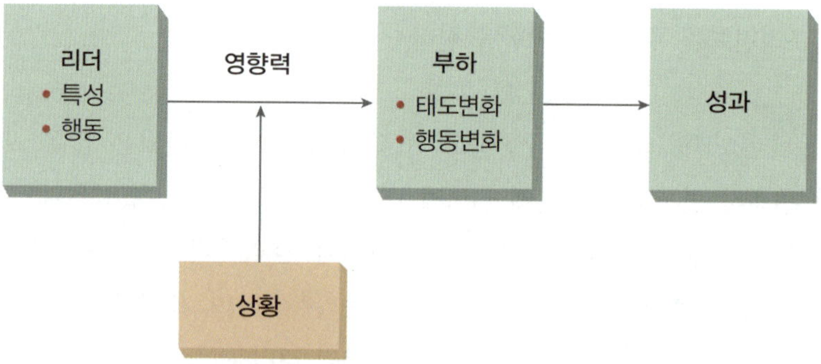

그림 12-1 리더십의 구조

그림 12-1에서 나타난 바와 같이 리더십은 리더가 부하 혹은 집단에게 영향력을 행사하여 그들의 태도 및 행동을 변화시키고 이를 통해 성과가 달성되는 것이다. 리더십의 최종 결과물인 성과가 원하는 수준으로 달성될 경우, 행사된 리더십이 성공적이라고 말할 수 있다. 리더십이 성공하기 위해서는 어떻게 해야 하는가? 성공적인 리더십을 이끄는 요인이 무엇인가를 찾는 작업이 바로 리더십 연구의 일차적인 목적이겠다.

리더십 성공의 중심은 바로 리더임은 두말할 필요가 없다. 그가 어떤 사람인가 혹은 그가 어떤 행동을 하였는가에 의해 리더십 성공이 결정된다. 또한 리더십 성공에는 리더십이 발휘되는 상황도 중요한 역할을 한다. 똑같은 리더십을 발휘하더라도 어떤 경우에는 성공할 수도 있고 어떤 경우에는 실패할 수도 있다는 것이다.

2 특성이론

리더십에 대한 특성이론(trait theory)은 리더십을 성공적으로 이끄는 주된 요인이 바로 리더가 갖추고 있는 특성 및 자질에 있다는 주장이다. 특성이론은 과거 성공적이었던 리더들이 갖추고 있었던 개인적인 특성을 찾아내어 이를 통해 리더십의 성공 여부를 예측할 수 있다는 것이다.

리더십 위인이론(great-man theory)은 역사학에서 처음 주장되었던 이론으로서 리더는 추종자(부하: follower)와 다르며 리더는 타고난 자질로 인해 위대한 인물이 된다는 것이다. 리더에 의해서 역사가 만들어지며 리더가 그 자리를 차지하게 되는 것은 우연이나 운명에 의한 것이 아니라 그의 위대성을 나타내게 만드는 어떤 특성이 있다는 것이다.[7] 이 이론은 한마디로 리더는 어떤 특성과 자질을 갖추고 있는 데 반해 부하는 그러한 특성을 가지고 있지 않다는 것이다. 이에 반해 알렉산더 대왕이나 나폴레옹 등 영웅이 출현한 것은 그가 위대한 점도 있겠지만 본질적으로 당시 시대 정신이 그런 사람이 두각을 나타내는 데 유리하게 작용했다는 주장도 제기된다.[8]

기업조직이라는 미시적인 수준에서 볼 때 성공적인 리더가 갖추고 있는 특성들은 대개 신체적 특성, 사회적 배경, 지능, 성격, 욕구 그리고 사회적 특성으로 나누어 연구되어 왔다.[9] 아래에서는 리더십의 성공과 관련되는 주요한 특성을 살펴본다.

감성지능

감성지능(emotional intelligence)은 과거 중요시되어 왔던 일반 정신 능력(general mental ability: IQ로 지칭됨)이 가지고 있는 성과 예측력의 문제를 극복할 수 있는 대안으로 제안된 것이다. 감성지능이 높은 사람은 자기 인지 능력과 사회적 기술(social skill)들이 높게 나타난다.[10] IQ 지수는 낮은 계층에 있는 관리자의 성과를 예측해 줄 수 있는 반면에 감성지능은 보다 상위 계층에 있는 관리자의 성과를 더 잘 설명해준다. 리더십이란 리더가 부하에게 영향력을 행사하는 과정인데 감성지능이 높은 관리자는 자신의 감정을 조절할 줄 알고 타인의 감정을 잘 이해할 수 있으며 인간관계를 보다 긍정적으로 구축할 수 있기 때문에 리더십 행사 과정에 효과적이 된다는 것이다.

Big 5 성격 특성

Big 5 성격 특성은 **정서적 안정성**, **외향성**, **개방성**, **동조성** 그리고 **성실성**을 말한다. 과거 제기되었던 리더가 갖추어야 할 특성들은 대부분 Big 5 성격 특성의 범주 안에 속해 있는 것으로 볼 수 있다. 예를 들면, 야심과 에너지는 외향성에 속하며 자신감은 정서적 안정성에 속한다. 외향적인 리더는 대체로 사교적이며 에너지가 넘치고 단호한 면을 가지고 있다. 이러한 성격을 가진 자는 조직구성원들과 적극적인 상호작용을 하며 타인에게 자신감을 보여준다. 또한 타인들에 의해 리더로 추대되는 경향이 많으며 그가 행사하는 리더십 또한 보다 성공적이라는 점이 여러 연구에서 밝혀진 바 있다.[11]

성실성(conscientiousness) 또한 리더십과 밀접한 관계를 가지고 있다. 성실한 성격을 가진 사람은 대개 어떤 일을 잘 조직하고, 일을 실행하는 데 이니셔티브(initiative)를 가지며 어려운 문제가 발생해도 인내심을 가지고 극복하는 경향을 보인다. 경험에 대한 개방성(open to experience)이 높은 사람은 어떤 견해나 이론에 집착하지 않는 성격을 가지고 있기 때문에 조직에서 창의력에 기반을 둔 새로운 것을 추구하는 역할을 잘 수행할 수 있다.

자기존중감

자기존중감(self-esteem)은 개인이 자신의 가치와 능력에 대해 긍정적인 평가를 하고 있는 정도를 말한다. 자기존중감이 높은 사람은 보통 리더로 수용되는 경향이 높으며 부하에 대한 보다 많은 지원을 하는 경우가 많기 때문에 효과적인 리더십을 발휘한다.[12] 또한 자기존중감이 높은 리더는 높은 자신감을 가지고 있으며 이것이 부하의 눈에는 긍정적으로 비춰진다. 자기존중감은 후에 소개할 카리스마 리더십에서 리더가 갖추고 있는 자질로서도 평가된다.

정직성

정직성(integrity)은 소위 말하는 '올곧은 성품'을 소지한 사람을 말한다. 하는 일이 정도에 벗어나지 않으며 도덕적이며 원칙을 지키는 꾸준함을 보이는 사람이다. 이러한 성격을 가지지 않으면 기업조직의 일상에서 타인의 신뢰를 받기가 어렵다. 부하로부터 신뢰를 획득한다는 것은 리더십 성공의 출발점이 된다. 리더가 부하 앞에서 다른 팀장을 옳지 않은 이유를 대며 비난한다거나 인간관계에서 정직하지 못한 모습을 보이게 되면 부하들은 그의 도덕성에 의문을 제기한다. 정직성은 리더십을 효과적으로 이끄는 데 중요한 변수로 평가된다.[13]

그림 12-2에서는 위에서 논의한 성공적인 리더의 특성들이 제시된다.

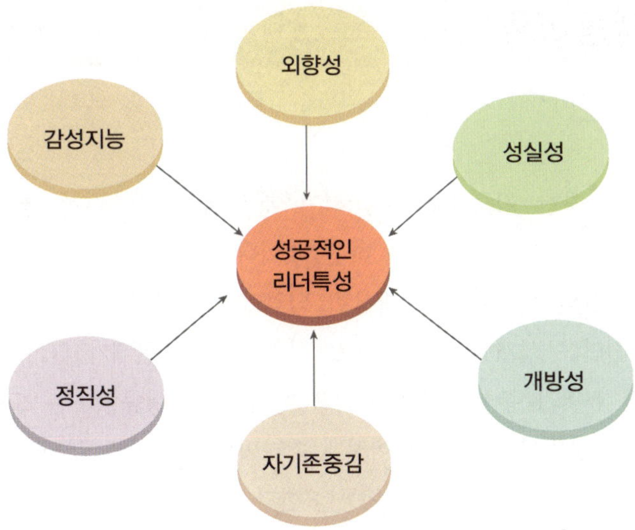

그림 12-2 성공적인 리더의 특성

이상에서 논의했던 리더십 특성이론을 아래와 같이 평가할 수 있다.

- 이 이론은 리더가 가지고 있는 특성에 초점을 맞추다 보니 리더십이 행사되는 상황에 대한 설명이 부족하다. 예를 들어 성공적인 특성으로 제시된 외향성의 경우, 영업분야에서는 효과적일 수 있겠지만 과연 연구개발분야에서도 효과적일 수 있겠느냐에 대해 의문이 제기된다. 또한 리더십이란 리더가 부하와의 상호작용의 연속선상에서 일어나는데 리더십

행사에 있어서 부하의 리더에 대한 영향력 문제는 전혀 포함시키고 있지 않다.

- 특성이론은 리더의 출현이나 등장을 예측하는 데 보다 유용하다. 그러나 어떤 사람이 보이고 있는 특성으로 인해 리더로 추대될 수는 있지만 이것이 그가 이끄는 집단의 목표가 성공적으로 달성된다는 것을 의미하지는 않는다.[14]
- 특성이론은 리더가 보유하고 있는 특성이 어떤 과정을 통해 부하에게 영향력이 발휘되는가에 대한 설명이 미흡하다.

3 행동이론

리더십에 대한 행동이론은 리더가 부하에게 보여주는 행동을 대상으로 성공적인 리더십을 밝혀내고자 하는 것이다. 행동이론이 등장하게 된 배경은 무엇보다도 앞의 특성이론의 대상이 되었던 리더의 특성인 성격, 가치관 등과 같은 추상적인 구성개념(constructs)을 관찰하는 데 한계가 있기 때문이다. 사실 리더십이란 리더가 부하에게 영향력을 행사할 때 행동이라는 도구를 사용하게 되고 이러한 행동이 부하에게 어떻게 지각되느냐에 따라 부하는 리더의 리더십 행동을 평가하고 그에 상응하는 행동을 한다.

리더십 특성이론에 의하면 조직이 뛰어난 리더를 확보하기 위해서는 해당되는 특성들을 가지고 있는 사람을 선발하는 방법밖에 없게 된다. 이는 리더는 타고난 것이라는 관점에서 접근하기 때문에 조직이 리더를 개발할 여지를 부정하고 있다. 그러나 행동이론은 어떻게 하면 효과적인 리더가 되는가에 중점을 두고 리더의 행동을 구체적으로 제시하고 이를 근거로 리더를 양성하기 위한 훈련을 시킬 수 있다.[15]

리더가 조직에서 보여주는 행동은 매우 다양하다. 아래에서는 리더가 의사결정 상황에서 리더가 가지고 있는 권한을 부하와 얼마나 나누는지 그리고 일상적인 리더십 상황에서 부하에게 보여주는 행동에 대한 내용을 살펴본다.

3.1 리더십 스타일 이론

리더가 전제적인가 혹은 민주적인가에 대한 분류는 리더십 연구에서 가장 기본적인 접근이다. 리더십 연구 초기에 어린이들을 대상으로 실험한 결과에서 민주적인 리더십 스타일이 보다 효과적이라고 보고되었다.[16] 이 실험에서는 방과 후 어린이들이 여러 종류의 취미 활동을 하게 하는데 여기에 세 종류의 리더십 스타일이 행사되었으며 그 내용은 다음과 같다.

전제적 리더십 스타일

- 집단의 취미 활동에 관한 결정을 내릴 때 어린이들의 의견을 듣지 않음.
- 리더 자신의 권위를 강조하고, 누가 어떤 일을 할 것인가를 지시하였음.
- 어린이들의 작업 파트너를 리더가 임의대로 결정하였음.

민주적 리더십 스타일

- 어린이들이 활동을 하기 전에 무엇을 할 것인가를 전체 집단이 토론하게 하였음.
- 어린이들이 각자 자신이 할 일과 자신의 파트너를 스스로 결정하게 해 주었음.
- 집단에 평등한 분위기가 조성되도록 격려하였음.

CASE 2

▶ 꿀벌의 민주주의 방식

어수선해 보이는 꿀벌들의 집단이지만 이들이 새 집을 지을 때는 나름대로 민주적인 방식이 동원된다. 집이 좁아지면 이 중 일부는 집을 나와 새로운 명당자리를 찾아 나선다. 약 2~3일간 활동하면서 집을 지을 수 있는 속 빈 나무를 찾아 10~20개의 정보를 수집해 다시 집으로 돌아와 다른 가족들과 정보를 공유한다. 이때 표현 방법으로 춤이 동원된다. 춤추는 시간이 길수록 집터가 좋다는 뜻이며 이와 같은 방식으로 다른 벌들에게 신호를 보낸다. 그렇지만 춤추는 벌은 절대로 과장하거나 속이지 않고 자신이 채집한 정보에 맞는 시간의 길이로 춤을 춘다. 이 과정이 끝나면 다른 벌들의 검증과정을 거친다. 그 장소에 직접 찾아가서 확인하고 다시 자신이 춤으로 표현한다. 이런 방법으로 가장 많은 벌이 모이는 장소가 새로운 집터로 결정된다.

자유방임적 리더십 스타일

- 리더는 집단의 활동에 거의 개입하지 않았음.
- 어린이들은 모든 결정을 리더가 없는 상황에서 스스로 내렸음.
- 리더는 단지 활동에 필요한 정보만 제공하는 역할만 하였음.

실험의 결과 리더십 스타일은 어린이들의 취미 활동의 지속시간, 만족도 그리고 공격적 행동에 영향을 미치는 것으로 나타났다. 예를 들면 어린이들이 보여준 취미 활동의 시간(생산성)은 리더가 자리를 지키고 있을 때 민주적 리더십뿐만 아니라 전제적 리더십에서 비슷하였으나 자유방임적 리더십 스타일에서는 짧았다. 그러나 리더가 자리를 떠났을 때는 전제적 리더십 상황에서의 생산성은 현저히 떨어졌다. 또한 전제적 리더십 상황에서의 어린이들은 리더에게 의존하는 행동을 더 많이 보였고, 불평도 많이 하였으며, 주의를 끌기 위하여 공격적인 행동을 보였다.

이러한 연구에 기초하여 기업조직에서 리더가 어떤 의사결정을 할 때 부하에게 이와 관련되는 권한을 얼마나 허용하느냐에 따라 리더십 스타일을 전제적인 리더십과 민주적인 리더십으로 구분할 수 있다. 그림 12-3에서는 의사결정시 리더가 부하에게 부여하는 권한(재량권)의 정도가 제시된다.

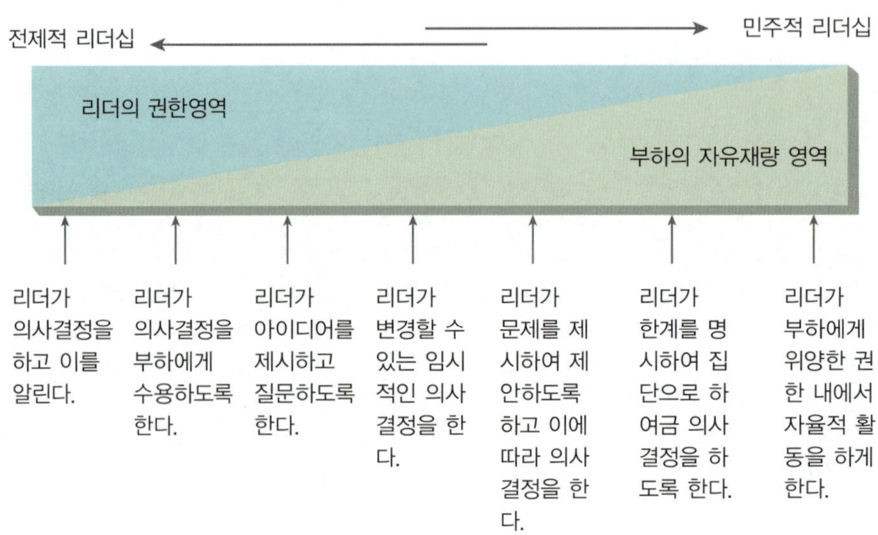

그림 12-3 리더십 스타일[17]

그림 12-3에 나타나 있듯이 전제적 리더십과 민주적 리더십 스타일은 하나의 연속선상에 있는 것으로서 어떤 리더의 리더십 스타일은 아주 전제적인가, 아주 민주적인가 혹은 어느 정도 전제적인가 등으로 인식된다. 즉 어떤 리더가 전제적이면서 동시에 민주적인 리더십을 행사할 수는 없는 것이다.

조직에서 리더십 스타일과 성과 간의 관계에 대해서는 일관된 연구결과가 제시되지 않고 있다. 다만 단기적으로 성과를 높여야 하는 상황에서는 민주적인 것보다 전제적인 리더십 스타일이 효과적인 반면, 성과가 장기적으로 나타나는 작업하에서는 민주적인 리더십 스타일이 효과적이다. 그리고 집단구성원의 만족을 높이는 데에는 전제적인 것보다는 민주적인 리더십 스타일이 보다 효과적이다.[18]

3.2 행동에 대한 2차원적 접근

1) 구조주도 및 배려 행동

1950년대에 리더가 조직에서 어떤 행동을 하는가에 대해 조직구성원이 자유롭게 기술하는 식으로 조사한 결과 그 숫자가 무려 1800여 개나 되었다. 이러한 행동 사례들을 1차적으로 분류한 결과가 아래에서 제시된다.[19]

- **배려**: 부하의 복지 및 안녕에 신경을 써 준다.
- **구조주도**: 부하의 역할을 명확히 해 주고 작업이 순서대로 진행되도록 한다.
- **멤버십(membership) 강조**: 부하들을 긴밀하게 접촉하게 하고 서로 간에 관심사를 공유하게 한다.
- **대표 행동**: 집단의 이해 내지 관심사를 대변한다.
- **통합**: 집단에 긍정적인 분위기를 조성하고 구성원 간의 갈등을 해결한다.
- **업무의 배분 및 조정**: 집단구성원들이 해야 할 업무를 배분하고 서로 중복되는 것을 조정한다.
- **주도력**: 집단이 어떤 문제에 직면하였을 때 의견을 내고 의사결정을 한다.
- **커뮤니케이션**: 집단구성원들 간에 정보를 공유하도록 한다.
- **평가**: 집단구성원의 행동에 대해 옳고 그름을 평가한다.
- **생산성의 강조**: 성과를 높이도록 독려한다.

이상에서 제시한 리더의 행동들은 다시 해당 행동과 부하들의 성과 간의 관계를 조사한 후 최종적으로 배려(consideration)와 구조주도(initiating structure) 행동이 리더십 성공에 보다 의미가 있는 것으로 밝혀졌다.[20] 여기서 배려 행동은 기본적으로 리더가 집단구성원들의 욕구에 관심을 가지며 상호 신뢰관계를 구축하는 데 초점을 맞추는 행동을 말한다. 반면에 구조주도 행동은 집단구성원들의 성과를 극대화시키는 데 필요한 자원을 조달하고 이를 사용하는 데 이니셔티브(initiative)를 가지는 행동을 의미한다. 여기서 배려 행동과 구조주도 행동은 하나의 연속선상에 있는 것이 아니라 서로 다른 독립된 차원으로 이루어진다. 표 12-2에서는 이러한 행동들의 예가 몇 가지 제시된다.

표 12-2 **배려와 구조주도 행동**

배려 행동	구조주도 행동
• 친근하고 접근하기에 편하다. • 작업자들을 기쁘게 하는 일을 한다. • 작업자들이 제안한 아이디어가 실행될 수 있도록 노력한다 • 모든 작업자들을 자신과 동등하게 취급한다. • 작업자들이 변화의 필요성이나 징후를 사전에 알 수 있도록 해 준다.	• 작업자에게 기대되는 일(혹은 역할)이 무엇인지 명확하게 알려준다. • 작업자에게 합의된 절차의 사용을 촉구한다. • 자신의 아이디어를 작업자들이 활용하도록 시도한다. • 작업자들에게 자신의 태도나 입장을 분명히 한다. • 무엇을 해야 하고 어떻게 해야 하는지를 결정한다.

위에서 제시한 리더의 행동들과 부하의 성과 관련 변수들 간의 관계는 대체로 의미가 있는 것으로 밝혀진 바 있다.[21] 연구결과를 보면 리더의 배려 행동은 작업장에서의 고충 건수와 자발적 이직 건수를 줄이는 결과를 가져다주는 반면 구조주도 행동은 이러한 것들을 높이는 것으로 나타났다. 또한 배려 행동은 부하의 만족을 높이는 데 상당히 기여하는 반면, 구조주도 행동은 성과를 높이는 데 긍정적인 역할을 한다. 만일 리더가 구조주도 행동만 하고 배려 행동을 하지 않을 경우 부하의 성과는 단기적으로 높게 나타나지만 장기적으로는 이직, 불평, 태업, 결근 등 부정적인 결과를 가져다준다. 이러한 연구결과를 바탕으로 연구자들은 리더십 행동을 2차원적으로 보고 리더가 배려 행동과 구조주도 행동을 동시에 보여줄 때 리더십 유효성이 높아진다는 결론을 내리고 있다.

2) 관리격자 모델

리더십에 있어서 관리격자 모델(managerial grid model)은 앞에서 소개하였던 리더의 배려 행동과 구조주도 행동 접근과 기본적으로 유사하다. 이 모델은 리더십에서 가장 효과적인 것이 무엇인가를 찾으려는 데서 시도되었다. Blake와 Mouton은 리더십 유형을 리더가 가지고 있는 관심사가 무엇인가에 따라 구분했다. 리더의 관심사를 집단구성원의 성과를 극대화하는 소위 생산(production)에 초점을 맞추는 경우와 집단구성원들 간의 긍정적 감정을 중요시하여 팀워크(team work)와 만족을 강조하는 것으로 구분하였다. 생산에 대한 관심은 예를 들면, 정책결정의 질, 절차와 과정, 연구의 창의성, 업무의 효율성에 관한 것이다. 반면에 사람에 대한 관심은 조직몰입 제고, 자존심 유지, 신뢰에 근거한 책임 부여, 양호한 작업조건 배려, 긍정적인 대인관계 유지 등이 해당된다. 이 모델의 결론은 한마디로 가장 효과적인 리더십은 이 두 가지를 모두 강조해야 한다는 것이다.[22] 그림 12-4에서는 관리격자 모델이 제시된다.

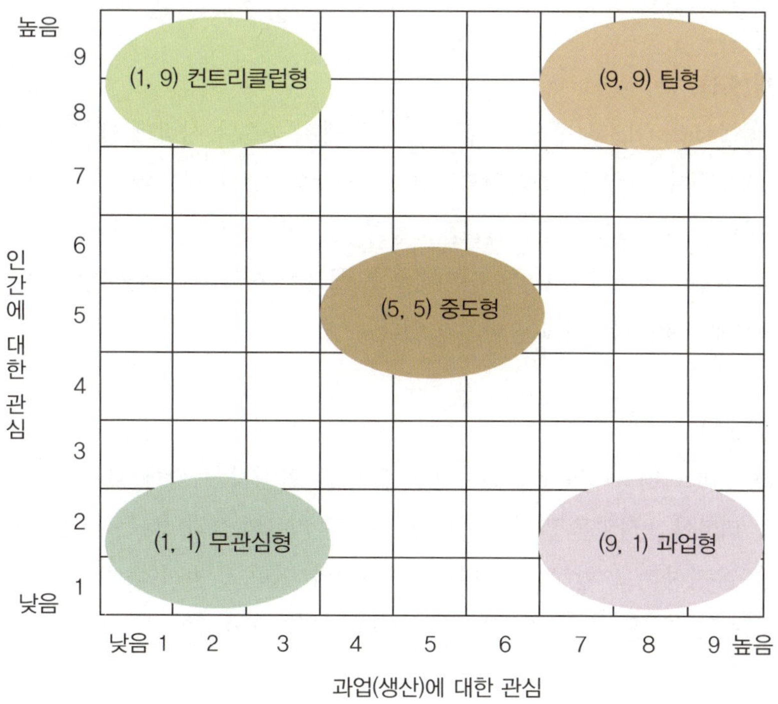

그림 12-4 관리격자 모델

리더십에 대한 관리격자 모델은 리더가 인간에 대해 가지는 관심의 정도를 9등분하고 동시에 생산에 대한 관심의 정도를 9등분하여 이를 2차원으로 보고 있다. 엄격히 말하면 이 모델은 81개의 리더십 유형을 제시하는 것이다. 그러나 이들은 위의 모델에서 대표적인 5가지 리더십 유형을 아래와 같이 제시한다.

무관심형(1.1)

무관심형(impoverished style)은 생산에 대한 관심과 사람에 대한 관심이 모두 낮으며 이러한 유형의 리더는 요구되는 업무를 수행하는 데 노력을 최소화한다.

컨트리클럽형(1.9)

컨트리클럽형(country club style)은 인간에 대한 관심은 매우 높은 반면 생산에 대한 관심은 매우 낮은 경우이다. 이러한 유형의 리더는 만족스러운 인간관계를 유지하기 위해 구성원들의 욕구에 깊은 관심을 보임으로써 긍정적이고 우호적인 집단 분위기와 이에 맞는 업무 진행 속도를 유지시킨다. 그러나 생산에 대한 적극적인 관심이 부족하여 효과적이라 보기가 어렵다.

과업형(9.1)

과업형(task style)은 생산에 대한 관심은 매우 높으나 사람에 대한 관심이 매우 낮은 경우이다. 이러한 스타일의 리더는 업무를 수행하는 데 인간적인 요소로 인한 방해가 최소화되도록 여건을 조성하는 것이 리더십을 효과적으로 이끈다고 믿는다. 또한 이러한 스타일은 단기적으로 성과를 높일 수 있겠지만 높은 성과를 장기적으로 유지하는 데에는 한계가 있다.

중도형(5.5)

중도형(middle of the road)은 생산에 대한 관심과 사람에 대한 관심이 중간 수준인 리더십 스타일을 말한다. 이러한 유형은 최고의 성과보다는 적절한 수준에서 성과를 유지하려고 할 뿐만 아니라 구성원의 만족도 동시에 추구한다. 이렇게 함으로써 적절한 업무 속도와 우호적인 집단 분위기를 동시에 추구하고자 한다.

팀형(9.9)

팀형(team leader)은 인간과 과업 모두에 높은 관심을 가지는 경우이다. 이러한 스타일의 리더는 높은 수준의 성과를 내기 위해 부하들의 성과에 대한 몰입의 정도가 높아야 됨을 인식하고 구성원들의 만족과 인간관계 그리고 집단의 긍정적인 분위기를 조성하는 한편 구성원들에게 성과를 강조한다. 팀형의 리더가 다른 유형의 리더보다 가장 성과가 높으며 이를 효과적인 리더십이라고 명명하게 된다.

이상의 모델은 기업조직에서 그리드 세미나(grid seminar)라는 이름으로 교육훈련 프로그램으로 활용되고 있는데 그 목적은 기업조직 리더들을 팀형(9.9)으로 개발시키는 데 있다. 훈련 과정은 3단계로 나뉘는데 우선 참가자들에게 자신이 지각하는 리더십 스타일을 관리격자 모델에 의거하여 진단하게 한 후, 이들이 팀형 리더십과 얼마나 차이가 있는지를 알게 한다. 마지막으로 그들에게 팀형 리더십으로 변화하기 위한 방법을 학습하게 한 후 이를 실행에 옮기도록 한다.

팀형 리더십이 모든 상황에서 가장 효과적인 리더십인가에 대한 검증 작업이 다수 실시되었으나 결과가 일관되게 보고되지 않고 있다.[23] 이러한 이론을 제시한 연구자들 스스로도 리더십이 행사되는 상황을 함께 고려해야 함을 스스로 인정하고 있다. 그럼에도 불구하고 이 이론은 리더의 행동을 보다 의미 있게 분류하고자 했다는 측면에서 그 가치가 인정된다.

리더의 행동에 대한 지금까지의 2차원적인 접근에 대해 새로운 행동 차원을 제시한 연구도 있는데 위에서 소개했던 리더 행동 차원에 해당되지는 않지만 오늘날 조직의 급속한 환경 변화에 요구되는 리더 행동으로서 개발 지향적 행동(development-oriented behavior)을 제3의 차원으로 제시하고 있다.[24] 개발 지향적 행동은 리더가 부하의 성장에 관심을 가지고 이를 지원해주는 것을 말하는데, 예를 들면 리더가 구성원들이 새로운 일을 시작할 수 있도록 격려하는 것 등이다. 이런 행동은 부하의 만족을 높여주며, 리더가 부하들에게 보다 유능한 존재로 지각된다.

지금까지 리더십의 성공요인을 찾기 위해 리더가 발휘하는 행동에 초점을 맞추어 살펴보았다. 앞서 제시된 리더 행동들과 집단구성원의 성과와의 관계는 대체로 의미 있다는 것이 검증되었으나 그 관계가 아주 명확하지는 않았다. 그 이유로 리더의 행동이 부하에게 전달되는 과정에서 상황요소가 이 관계에 영향을 미칠 수 있다는 것이 확인되기 시작하였으며 이러한 상황요소를 밝히려는 연구가 이어졌는데 이는 리더십 이론의 상황적 접근법으로 정립되게 되었다.

4 리더십 상황이론

앞에서 살펴본 리더십 특성이론과 행동이론은 본질적으로 모든 상황에서 보편타당한 최상의 리더십을 찾으려는 노력이었다. 그러나 이론에서 제시한 내용이 논리적으로는 타당성이 인정되지만 조직 실무에 적용했을 때 나타난 결과는 일관성을 확보하기 어려웠다. 이렇게 되자 최상의 리더십이 존재하는가에 대해 학자들은 의문을 가지게 되었고 효과적인 리더십은 리더가 부하에게 영향력을 행사하는 과정에 존재할 수 있는 여러 상황에 의해 결정될 수 있다는 인식을 하게 되었다. 이후 연구들은 리더십 효과성(effectiveness)을 설명해 줄 수 있는 상황(situation)을 발견하는 데 초점을 두고 진행된다.

지금까지 연구에서 발견된 상황들은 리더의 직위 권력, 과업 특성, 리더-상사 간의 관계, 부하의 특성, 과업 환경의 특성, 의사결정이 일어나는 상황 등이었다. 아래에서는 리더십에서 이러한 상황들이 어떤 역할을 하는가에 대해 살펴본다.

4.1 리더십 효과성 이론

리더십 효과성 이론(theory of leadership effectiveness)은 Fiedler에 의해 제시되었는데 그 내용을 한마디로 말하면 리더십 효과성은 리더의 동기 유형과 집단 상황을 통제할 수 있는 역량에 의해 결정된다는 것이다.[25] 여기서 리더의 동기란 자신이 지휘하는 집단 내에서 관계구축에 동기화된 리더인지 혹은 과업완수에 집중하는 리더인지로 구분된다. 리더가 리더십이 발휘되는 곳에 존재하는 상황에 대해 통제력을 가지고 있으면 리더가 하는 행동에 대해 집단구성원들이 그대로 수행할 것이라고 확신할 수 있으나 통제력을 가지고 있지 못하면 집단구성원들은 리더가 원하는 행동을 하지 않을 것이라고 보는 것이다. 그림 12-5에서는 Fiedler의 리더십 효과성 이론의 모델이 제시된다.

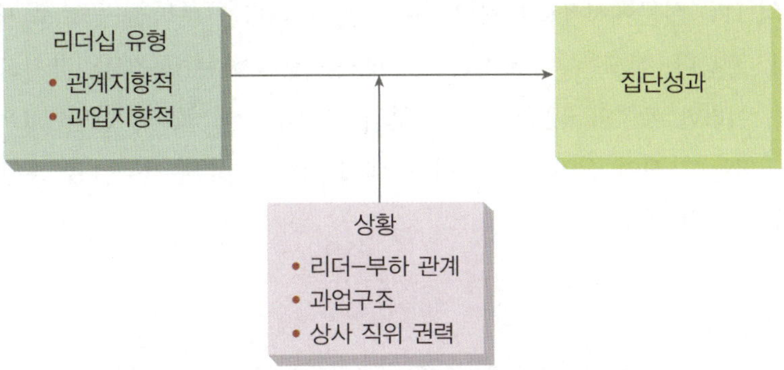

그림 12-5 Fiedler의 리더십 효과성 이론

1) 리더십 유형

리더가 가지고 있는 동기에 따라 리더십 유형을 관계지향적 리더십과 과업지향적인 리더십으로 구분할 수 있다. 리더십 유형을 측정하는 도구로 Fiedler는 LPC(least preferred coworker) 점수를 사용했다. 여기서 LPC 점수란 리더가 과거에 함께 일하기가 가장 싫었던 사람에 대해 그 사람이 가지고 있는 특성을 표 12-3의 설문 항목에 답하는 방식으로 측정한 것이다.

표 12-3 LPC 설문

쾌활한 사람	8 7 6 5 4 3 2 1	쾌활하지 않은 사람
다정한 사람	8 7 6 5 4 3 2 1	다정하지 않은 사람
잘 거부하는 사람	1 2 3 4 5 6 7 8	잘 수용하는 사람
도움이 되는 사람	8 7 6 5 4 3 2 1	좌절을 주는 사람
열정적이지 않은 사람	1 2 3 4 5 6 7 8	열정적인 사람
잘 긴장하는 사람	1 2 3 4 5 6 7 8	편한 느낌을 주는 사람
거리감을 느끼게 하는 사람	1 2 3 4 5 6 7 8	가까운 느낌을 주는 사람
차가운사람	1 2 3 4 5 6 7 8	따뜻한 사람
협조적인 사람	8 7 6 5 4 3 2 1	비협조적인 사람
지원하는 사람	8 7 6 5 4 3 2 1	적대적인 사람
지루한 사람	1 2 3 4 5 6 7 8	흥미있는 사람
타인과 잘 싸우는 사람	1 2 3 4 5 6 7 8	타인과 조화를 이루는 사람
자기확신에 찬 사람	8 7 6 5 4 3 2 1	주저하는 사람
효율적인 사람	8 7 6 5 4 3 2 1	비효율적인 사람
우울한 사람	1 2 3 4 5 6 7 8	즐거워하는 사람
개방적인 사람	8 7 6 5 4 3 2 1	남을 경계하는 사람

앞의 LPC 설문에서 Fiedler는 점수가 높은 리더는 부하를 동료로 대할 뿐만 아니라 존경할 정도는 아닐지라도 이들을 존중하는 특성을 가지고 있다고 보는데, 이러한 유형의 리더를 관계지향적 리더라고 해석했다. 반면에 LPC 점수가 낮은 리더는 자신이 싫어하는 부하에 대해 강한 정서적 거부감을 보이며, 이를 과업지향적 리더라고 보았다.

2) 상황

Fiedler는 리더십이 행사되는 상황에서 그 결과를 조절할 수 있는 중요한 변수로 다음과 같은 세 가지 상황을 제시했다.

리더-부하 관계

리더와 부하 간의 관계는 집단구성원이 리더를 좋아하고 신뢰하여 리더가 지시하는 것을 기꺼이 따르려고 하는 정도를 말한다.

과업구조

집단구성원들이 각자가 해야 할 일을 명확히 알고 있는 정도를 말한다. 과업상의 요구사항이 표준운영절차의 형태로 제시되어 있다든지, 과업을 수행하면서 진척사항을 점검해 볼 수 있는 기준이 존재하는 경우 그 과업은 구조화되어 있다고 본다.

리더의 직위 권력

직위 권력은 리더가 집단구성원들로 하여금 자신의 지시를 수용할 수 있게 하는 힘을 말한다. 앞에서 논의했던 합법적 권력, 보상적 권력 그리고 강제적 권력을 가지고 있는 정도를 말한다.

이상에서 제시한 세 종류의 리더십 상황들에 대해 그 정도를 구분하여 아래와 같은 8개의 상황으로 구분할 수 있다. 이러한 상황들에서 어떤 것이 리더에게 유리하고 불리한지를 분석하였는데 그 기준은 리더가 집단구성원에 대해 통제력 내지 영향력을 가지고 있는 정도이다. 그림 12-6에서는 리더십 상황에 따라 리더의 통제력을 기준으로 유리한 상황, 중간 정도 그리고 불리한 상황으로 구분된다.

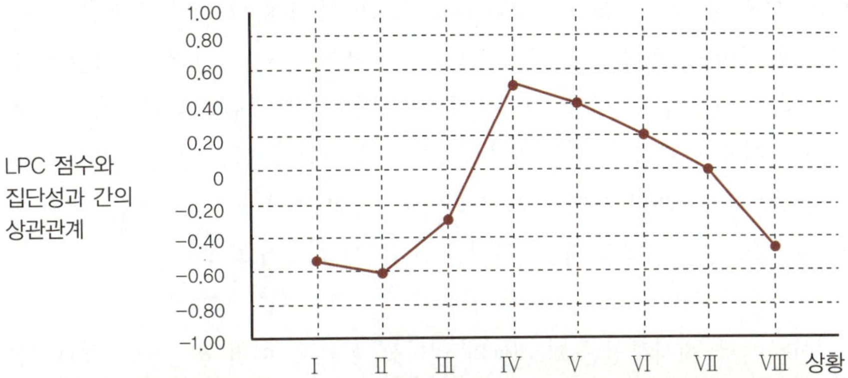

리더–부하 관계	좋음	좋음	좋음	좋음	나쁨	나쁨	나쁨	나쁨
과업구조	고	고	저	저	고	고	저	저
리더의 직위 권력	강	약	강	약	강	약	강	약

그림 12–6 LPC 점수와 집단성과 간의 상관관계

그림 12–6에서 나타난 바와 같이 Fiedler는 리더–부하의 관계가 좋을수록, 과업이 구조화될수록, 그리고 리더의 직위 권력이 강할수록 리더는 보다 많은 통제력을 가진다고 보았으며 이를 유리한 상황이라고 해석하였다. 그리고 리더–부하 관계가 나쁘고 과업의 구조화 정도가 낮으며 리더의 직위 권력이 약한 경우를 불리한 상황으로 보았다. 그리고 그 외의 상황들을 유리함과 불리함의 중간 정도로 해석하였다. 이러한 상황에 대한 리더의 통제력 정도는 Fiedler가 리더십 유형과 집단성과 간의 관계에서 상황의 역할을 해석하는 데 의미를 가지게 된다.

3) 상황에 따른 리더십 유효성

Fiedler는 LPC 점수와 집단성과 간의 관계를 위에서 분류한 8개의 상황 각각에서 조사하였는데 그 결과는 그림 12–6에서 제시된다.

그림 12–6에서는 LPC 점수와 집단성과 간의 상관관계가 8개의 상황별로 제시되어 있다. 상황 I의 경우 LPC 점수와 집단성과 간의 상관관계 값이 −0.55 정도로 나타났는데 이것은 LPC 점수가 낮으면 낮을수록 집단의 성과가 높게 나타남을 의미한다. 즉 LPC 점수가 낮다는 것은 과업지향적인 리더십을 의미하기 때문에 상황 I에서는 과업지향적인 리더십이 효과적이라는 것을 말해 준다.

이와 같은 방법으로 해석해 보면 상황 I, II, VIII에서는 과업지향적인 리더십이 효과적인 반면, 상황 IV, V, VI에서는 관계지향적인 리더십이 집단의 성과를 높인다는 것이다. 이러한 결과는 특정 상황이 리더에게 유리한지 불리한지에 따라 리더가 선택해야 하는 리더십 스타일이 달라야 함을 말해 준다. 즉 상황이 리더에게 유리하거나 불리할 때는 과업지향적인 리더십이 효과적인 반면, 상황이 유·불리의 중간인 경우 관계지향적인 리더십이 효과적인 것이다.

이상에서 제시하였던 Fiedler의 리더십 이론은 어떤 리더십이 효과적인가를 찾고 있던 학계에 "상황에 따라 성공적인 리더십은 다르다." 라는 새로운 관점을 제시한 획기적인 접근이라고 평가할 수 있다. 그러나 아래의 몇 가지 한계점을 가지고 있다.

- 리더십을 인식하는 데 있어서 관계지향적인 리더와 과업지향적인 리더를 LPC 점수로 하나의 연속선상에 있는 것으로 보았다. 즉 어떤 리더가 관계지향적이면 그는 과업지향적이 될 수 없다는 논리이다. 그러나 이전의 연구에서 볼 때 리더는 이 두 종류의 행동을 동시에 보일 수 있다.
- 리더십을 LPC 점수를 가지고 측정하였는데 이러한 척도의 타당성에 문제가 제기된다. 즉 LPC 점수를 가지고 리더십을 측정할 수 있느냐이다. 또한 Fiedler는 리더십을 리더에게 물어서 자신의 리더십 유형을 대답하게 하였는데 이것 또한 문제가 된다. 리더십이란 리더가 부하에게 행사될 때 부하가 이것을 어떻게 지각하느냐에 따라 달라질 수 있다는 것이다. 예를 들면 리더가 자기는 부하에게 민주적으로 행동한다고 하지만 부하가 이를 전제적으로 받아들인다면 그 리더십은 전제적인 것이 되는 것이다. 따라서 리더십 측정은 부하를 대상으로 해야 신뢰성을 확보할 수 있다.
- Fiedler가 제시한 상황이 어떤 이유로 리더십과 집단성과를 조절하는지에 대한 논리적인 해석이 미흡하다. 상황들 중 리더에게 유리한가, 불리한가 라는 관점에서 상황의 역할을 설명하려고 시도하였으나 명확하지가 않다.

4.2 상황적 리더십 이론

상황적 리더십 이론(situational leadership theory)은 효과적인 리더십을 발견하는 데 있어서 부하의 성숙도(maturity: readiness)를 상황변수로 도입한 이론이다. Hersey와 Blanchard는 앞에서 소개한 관리격자 모델에서 제시된 리더의 행동을 바탕으로 상황변수를 추가하여 리더십 모델을 제시하였다.[26] 이 이론에서 다루는 리더의 행동과 부하의 성숙도에 대한 내용은 아래와 같다.

과업 행동

리더가 집단구성원들의 역할의 범위와 한계를 명확히 해 주는 행동을 말한다. 즉 각 구성원이 해야 할 과업을 언제, 어디서, 어떻게 수행해야 하는지를 설명해 주는 것이다. 또한 조직의 구조를 잘 설계하고 구성원들 간의 커뮤니케이션을 지원하여 효과적인 과업 수행 방식을 알려주는 것을 말한다.

관계 행동

리더가 부하와의 커뮤니케이션을 보다 개방적으로 유지하고, 부하에 대한 사회정서적인 지원을 하며 부하와 보다 긴밀한 인간관계를 유지하는 행동을 말한다.

부하의 성숙도

부하의 성숙도는 직무상의 성숙도와 심리상의 성숙도로 구성되어 있다. 직무상의 성숙도는 해당 직무를 수행하는 데 필요한 기능 및 지식, 즉 역량을 보유하고 있는 정도를 말하며, 심리상의 성숙도는 자신감과 몰입(commitment)의 정도, 즉 일하고자 하는 의지(willingness)를 말한다. 이러한 두 가지 측면을 고려하여 부하의 성숙도를 4단계로 구분하는데 첫 단계(M1)는 역량과 의지 모두가 매우 낮은 경우이며, 두 번째 단계(M2)는 역량은 낮지만 의지가 높은 경우이며, 세 번째 단계(M3)는 역량은 높지만 의지가 낮은 경우 그리고 가장 높은 성숙도 수준인 네 번째 단계(M4)는 역량과 의지 모두 높은 경우를 말한다.

그림 12-7에서는 부하의 성숙도 수준에 따라 리더가 선택해야 하는 효과적인 행동의 조합을 제시한다.

그림 12-7은 부하의 성숙도 수준에 따른 가장 효과적인 리더십 행동(관계 및 과업)의 위치를 말해 주고 있다. 리더의 행동은 부하의 성숙도 수준에 따라 달라야 효과적이라는 것이다. 부하의 역량(–) 및 열심히 하고자 하는 의지(–)가 모두

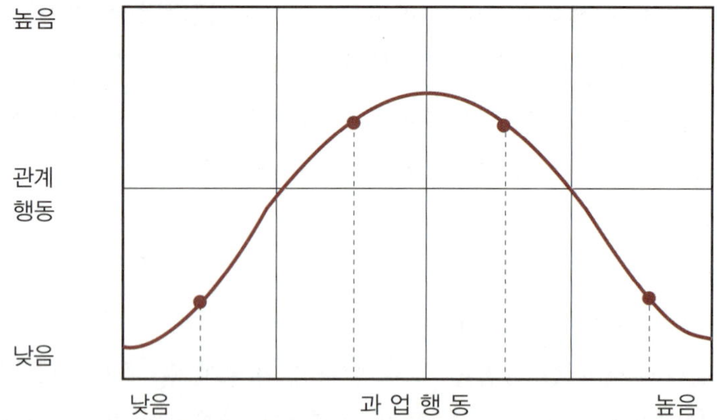

부하의 성숙도	M4	M3	M2	M1
리더십 유형	위임형	참여형	지도형	지시형

그림 12-7 상황적 리더십 모델

낮은 경우(M1) 리더는 부하에게 관계 행동은 아주 낮게, 과업 행동은 아주 높은 수준으로 행사하여야 된다. 이런 리더십 행동을 **지시형**(directing)이라고도 하는데 이러한 상황에서는 부하의 직무수행 역량이 갖추어져 있지 않기 때문에 리더가 부하에게 직무수행 방법 및 절차 등을 구체적으로 지시함으로써 부하의 성과를 높이는 것을 우선적으로 요구한다.

부하의 역량(-)은 낮으나 의지(+)가 높은 경우(M2), 리더는 약간 높은 과업 행동 및 약간 높은 관계 행동수준을 보여야 한다. 이런 경우는 부하가 해당 직무를 시작한 지 약간의 기간이 지났을 때 일반적으로 발견되는 현상으로 부하는 조직에 대한 이해 및 자신의 조직에서의 정체감을 발견하고 몰입이 높아지는 단계이지만 직무가 요구하는 역량은 아직 충분히 갖추지 못한 경우이다. 이때 행사되는 리더십을 **지도형**(coaching)이라고 한다.

부하의 역량(+)은 높으나 의지(-)가 낮은 경우(M3), 리더는 약간 낮은 과업 행동과 약간 높은 관계 행동수준을 보여주어야 한다. 이런 경우는 대개 부하가 특정 직무를 맡은 기간이 어느 정도 경과하였을 때 발견되는데 부하는 해당 직무가 요구하는 역량을 충분히 갖추게 되지만 수행하고 있는 직무에 대해 점차 매너리즘(manerism)에 빠지는 현상이 나타나게 된다. 이때 행사되는 리더십을 **참여형**(participation)이라고 한다.

마지막으로 부하의 역량(+) 및 의지(+) 모두 높은 경우(M4), 리더는 과업 행동 및 관계 행동을 모두 최소화하여야 한다. 이런 경우 부하는 성취 동기에 의해 스스로 동기유발되며, 리더가 구체적인 지시를 하지 않더라도 스스로 목표를 달성할 수 있기 때문에 권한을 대폭 부하에게 위임하여야 한다. 이런 리더십 유형을 **위임형**(delegating)이라고 한다. 기업조직에서 승진을 앞둔 구성원에게서 주로 발견된다.

이상에서 논의한 이론을 평가하면 아래와 같다. 우선 리더가 효과적인 리더십을 행사하기 위해서는 리더십 당사자인 부하의 특성에 초점을 맞추어 리더의 행동에 변화가 있어야 한다는 관점은 본질적으로 조직 실무에 매우 타당한 시사점을 제공해 준다. 왜냐하면 리더는 여러 명의 부하들을 지휘하는데 부하들의 특성은 매우 다양하기 때문이다. 이를 고려해야 효과적인 리더십이 발휘될 수 있다. 또한 이 이론에서 관심을 가지는 부하의 성숙도는 결국 조직 내지 리더가 이를 개발시켜야 한다는 점을 시사하고 있다. 부하의 성숙도가 M4일 때 리더의 리더십에 대한 부담이 최소화된다. 이것은 앞의 행동이론에서 언급하였듯이 리더의 개발지향적 행동의 필요성을 이론적으로 뒷받침해주는 것으로 보인다.

4.3 경로-목표 이론

경로-목표 이론(path-goal theory)은 모티베이션의 기대이론을 리더십에 접목시킨 것으로 볼 수 있다. 기대이론에 의하면 어떤 작업자가 성과를 높이는 것을 자신이 추구하는 목표달성을 위한 하나의 경로(path)로 본다면 그는 생산성을 높일 것이다. 물론 여기서는 그 자신이 생산성을 높이는 데 필요한 제반 여건이 갖추어져 있어야 한다. 리더의 행동이 부하로부터 수용되려면 부하가 리더의 목표달성 내지 만족을 가져다주는 데 일종의 도구(instrument)역할을 해야 한다는 것이다.[27]

효과적인 리더십을 발휘하기 위해 리더는 상황에 적합한 행동을 보여주어야 한다. 여기서 상황은 환경적 요인과 부하의 특성이 되겠다. 아래에서는 다양한 리더십 유형들이 제시된다.

리더 행동

- **지시적(directive) 리더십**: 부하의 과업을 정의해주고, 개인별 성과에 대한

책임을 할당해주며, 작업일정을 정해준다.

- **지원적(supportive) 리더십**: 부하의 욕구와 복지에 관심을 보이고, 개인적인 관심을 보이며 부하의 의견 제시를 촉진한다.
- **참여적(participative) 리더십**: 의사결정을 하기 전에 부하의 의견을 청취하고 그들의 아이디어를 끌어내며 부하들과 정보를 공유한다.
- **성취지향적(achievement-oriented) 리더십**: 도전적인 작업목표를 설정하고 부하의 능력개발과 성과달성에 적극적이다.

그림 12-8에서는 경로-목표 이론의 모델이 제시된다.

위의 모델을 기업조직에 적용한 연구결과에서 밝혀진 것을 보면 다음과 같다.

- 지시적 리더십이 효과적인 상황은 직무가 구조화되어 있지 않아서 과업

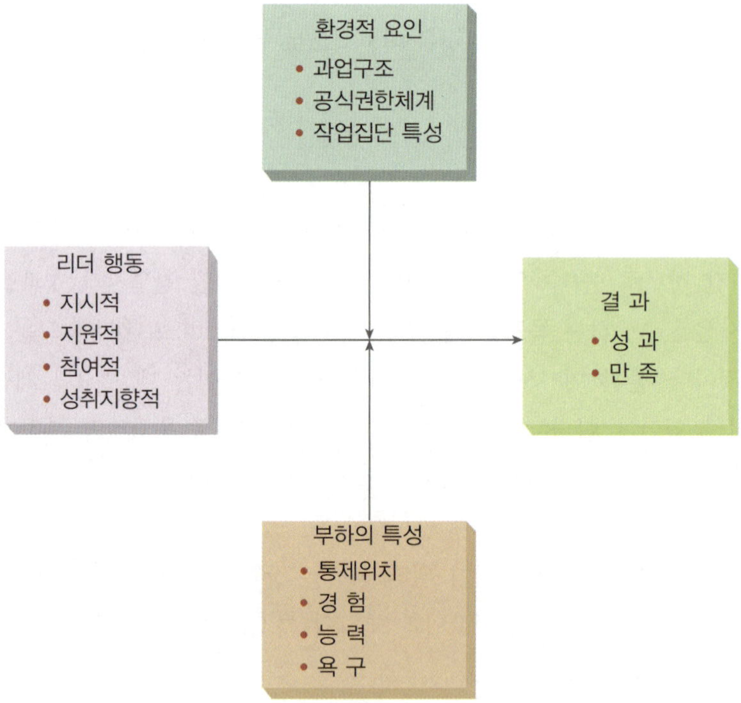

그림 12-8 경로-목표 이론 모델

모호성으로 인해 부하에게 긴장과 좌절이 조성될 때, 복종적인 부하의 의존성 욕구를 충족시켜 줄 때, 부하가 정보와 기술에 있어서 상사에 의존하는 경우, 부하의 능력 수준이 낮으며 외적통제성향(external locus of control)을 가지고 있을 때 그리고 상사가 강력한 직위 권한을 가지고 있을 때에 나타났다.

- 지원적 리더십이 효과적인 상황은 과업이 극히 구조화되어 있을 때, 즉 내재적인 만족을 주지 못하는 반복적인 과업일 경우에 이러한 리더십은 부하의 좌절을 완화시킨다. 또한 부하가 높은 수준의 사회적 욕구를 가지고 있을 때 그리고 과업 특성상 작업 집단구성원 간의 상호작용이 많이 필요할 때 효과적인 것으로 나타났다.
- 참여적 리더십은 다음의 상황에서 효과적으로 나타났다. 예를 들면, 부하가 내적통제성향(internal locus of control)을 가지고 있을 때, 부하의 능력 수준이 높을 때, 과업이 내재적 모티베이션을 줄 수 있을 때, 즉 과업이 흥미롭고 도전감을 유발할 때 효과적이다. 또한 집단구성원 간 상호작용이 많이 필요할 때, 부하의 독립심이 높을 때, 개인의 목표와 조직의 목표가 일치할 때 그리고 결정사항에 대해 부하의 수용성이 의사결정을 실행하는 데 중요할 때 효과적이다.
- 성취지향적 리더십은 부하의 능력수준이 높으며 성취욕구 수준이 높을 때, 복잡한 과업을 수행할 때, 리더가 부하에게 보다 도전적인 목표를 설정해 줄 때, 그리고 부하가 이를 달성할 수 있을 것이라는 확신을 부하에게 보여줄 때 효과적이다.

경로-목표 이론은 Fiedler의 이론과 달리 모티베이션의 기대이론을 바탕으로 특정 리더십이 특정 상황에서 왜 효과적일 수 있는가에 대한 이유를 설명해 준다는 측면에서 그 가치가 인정된다. 그러나 이 이론은 다루고자 하는 상황 변수가 너무 많기 때문에 모든 변수들 간의 영향력을 전체적으로 밝히지는 못하고 있다.

4.4 규범적 의사결정 모델

리더십에 있어서 핵심 이슈는 바로 어떤 일이 생겼을 때 의사결정을 누가

하느냐이다. 이러한 문제는 리더십 연구 초기에 많은 논의가 있었다. 집단에서 의사결정을 리더가 독단적으로 하는 스타일을 전제적 리더십이라고 하였으며 의사결정에 부하를 참여시키는 것을 민주적 리더십이다고 명명한 바 있다. 효과적인 리더십은 민주적인 것이라는 것이 일반화되었다. 그러나 Vroom과 Yetton은 규범적 의사결정 모델(normative decision-making style)을 정립하면서 효과적인 의사결정 스타일은 반드시 어느 하나가 있는 것이 아니라 주어진 상황에 따라 여러 가지가 있을 수 있다는 것을 보여주었다.[28]

의사결정에 존재할 수 있는 상황은 어떤 것들이 있는가는 의사결정이 가지고 있는 요소들에 의해 결정된다. 그 내용은 아래와 같다.

의사결정의 중요성

공장을 이전한다든지, 제품의 가격을 변경시킨다든지 하는 문제는 경영에 커다란 영향을 가져다주는 중요한 의사결정이다. 반면에 회사 축구팀의 유니폼 색을 어떤 것으로 하느냐는 중요한 의사결정이라고 보기 어렵다.

의사결정의 수용성

리더의 의사결정에 의해 부하의 업무수행에 필요한 자원획득이 심각하게 불리하다든지, 자신의 신분에 중대한 영향을 미치는 경우에 부하는 리더의

표 12-4 **의사결정 리더십 스타일**

의사결정 스타일	
AI : 전제적 리더십	경영자 혼자서 문제를 해결하고 의사결정을 한다.
AII: 전제적 리더십	경영자는 하급자들에게 정보를 요청하지만 의사결정을 혼자 한다. 하급자에게는 문제가 무엇인지를 알려줄 수도 있고 알려주지 않을 수도 있다.
CI: 협의적 리더십	경영자는 하급자와 문제를 함께 공유하며 정보와 평가를 그들에게 요청한다. 회합은 집단으로서 이루어지지 않고 1:1로 이루어진다. 그 다음 경영자가 혼자서 의사결정을 한다.
CII: 협의적 리더십	경영자와 하급자들은 문제를 토론하기 위해서 하나의 집단으로 모이지만 경영자가 최종적인 의사결정을 한다.
GII: 참여적 리더십	경영자와 하급자는 문제를 토론하기 위해서 집단으로서 만나며 집단 전체적으로 의사결정을 한다.

의사결정을 쉽게 수용하기가 어렵다.

표 12-4에 의사결정시 발휘하는 리더십 스타일의 유형을 제시하였다. 이 표에 제시된 리더십 스타일에 대해 리더가 단독으로 내리는 의사결정은 신속하고 효율적일 수 있는 반면에 부하의 저항에 부딪힐 수 있다. 효과적인 리더십이란 바로 의사결정이 내려지는 상황에 의해 규범적인 접근을 하는 것이다. 그림 12-9에 의사결정 상황에 따른 효과적인 의사결정 리더십이 제시된다.

그림 12-9에 의거하여 효과적인 의사결정 리더십을 찾는 방법은 다음과 같다. 의사결정시 존재하는 상황들은 A에서 G까지 있는데, 이러한 상황들을 차례로

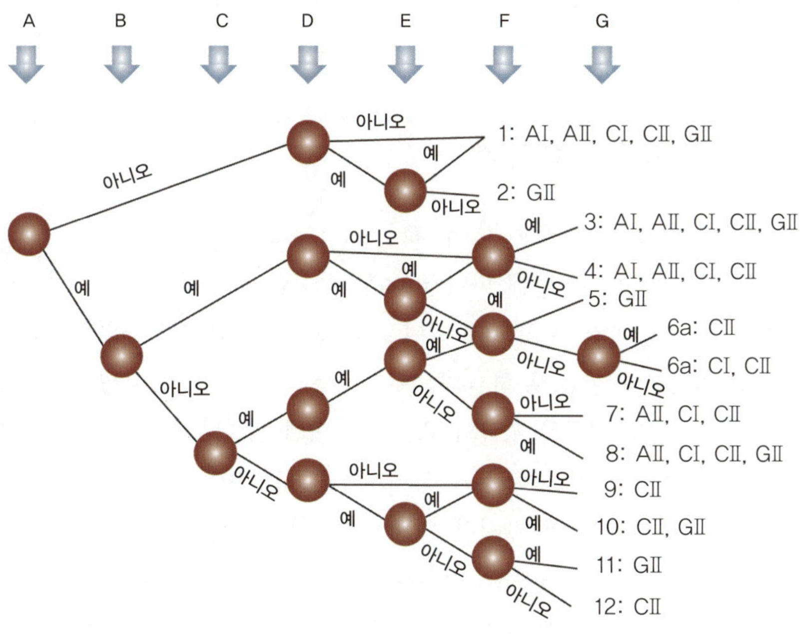

A. **의사결정의 질**: 그 문제에 대한 의사결정이 중요한가?
B. **리더의 정보**: 리더는 의사결정에 필요한 충분한 정보를 가지고 있는가?
C. **문제의 구조**: 의사결정할 문제가 정형화되고 명확하게 정의되어 있는가?
D. **부하의 수용성**: 의사결정 내용에 대해 부하의 수용 여부가 의사결정의 실행에 중요한가?
E. **리더 단독 결정에 대한 수용가능성**: 리더가 단독으로 의사결정을 할 때, 부하가 받아들일 것이 확실한가?
F. **조직목표의 공유**: 부하는 의사결정의 결과 달성되는 조직목표를 자신의 것으로 공유하는가?
G. **부하들의 갈등**: 의사결정 대안과 관련하여 부하들 간에 갈등이 발생할 가능성이 있는가?

그림 12-9 효과적인 의사결정 유형 선택

'예', '아니오' 라는 답을 통해 그 다음 상황으로 진행하여 최종 도달하는 곳에서 제시되어 있는 의사결정 유형이 효과적인 리더십이 되는 것이다.

이상에서 제시한 규범적 의사결정 이론은 리더십에서 가장 본질적인 이슈인 리더가 내리는 의사결정 상황에 초점을 맞추어 조직에서 존재할 수 있는 의사결정 상황들을 체계적으로 제시하였다는 측면에서 그 가치가 인정된다. 그러나 이 이론은 너무 복잡하여 조직에서 적용하는 데 어려움이 따른다. 또한 리더가 의사결정을 내릴 때 리더에만 초점을 맞춘 나머지 부하와의 상호작용에 대해서는 전혀 고려하지 않는 점이 지적된다. 실제의 경우 리더는 부하와의 상호작용을 통해 어떤 의사결정 리더십을 발휘할 것인가를 판단하는 것이 일반적이다. 뿐만 아니라 의사결정에 존재하는 다른 상황들도 고려해야 된다는 요구도 있다. 예를 들면, 부하가 보유하고 있는 정보의 양, 시간제약 및 지리적 분산 등이 있겠다.[29]

4.5 리더-멤버 교환 이론

리더-멤버 교환 이론(leader-member exchange theory)은 리더가 자신의 부하와 어떤 관계를 맺고 있느냐에 따라 리더의 부하에 대한 영향력 행사가 달라진다는 이론이다. 지금까지 논의되어 왔던 리더십 이론들에서는 리더십을 부하들이 지각한 리더십의 합을 부하들의 수로 나눈 값으로 인식해 왔다. 즉 리더십을 부하들 개개인이 인식한 평균의 개념으로 이해했었다. 그러나 이 이론은 이러한 방식의 리더십 인식에 대해 문제를 제기한다. 즉 리더는 실제로 부하들 개개인에 대해 서로 다른 리더십을 행사하고 있기 때문에 리더십을 부하들이 지각하고 있는 것들의 평균값으로 인식하는 것은 사실상 의미가 없게 된다. 리더십은 부하가 이것을 지각하고 그에 대해 반응한 결과로 효과가 결정되기 때문에 이를 파악하기 위해서는 리더가 부하들 개개인에게 각각 다르게 행사한 것을 구분하여 분석해야 한다.

이와 관련하여 Dansreau 등은 리더는 부하들을 내집단(in-group)과 외집단(out-group)으로 구분하여 서로 다른 리더십을 발휘한다고 주장했다. 예를 들면 내집단에게는 심리적으로 보다 가깝게 느끼고 공식적인 관계에서 발생하는 책임 이상으로 부하들에게 믿음과 책임감을 형성하고 있는 반면에 외집단에 속하는 부하들에게는 감독자로서의 역할만을 수행하고, 일방적이고 하향적인 합리적 권한(legitimate power)을 주로 행사하며 공식적인 직무관계 외에는 다른 인간적인

관계를 맺기를 꺼린다는 것이다.[30]

리더-멤버 교환 이론은 부하를 두 개의 집단으로 분류하는 데 그치지 않고, 리더가 부하들 개개인에게 행사하는 리더십이 상이하며 이것을 리더-멤버 교환의 질(quality)이라는 관점에서 파악한다.[31] 여기서 교환의 질이 높은 경우, 리더와 부하와의 관계는 상호 존경하며 신뢰가 형성되어 있는 것을 말하며, 교환관계의 질이 낮다는 것은 이러한 존중과 신뢰의 수준이 낮음을 의미한다. 그림 12-10에서는 리더-멤버 교환의 질의 결정원인과 결과가 제시된다.[32]

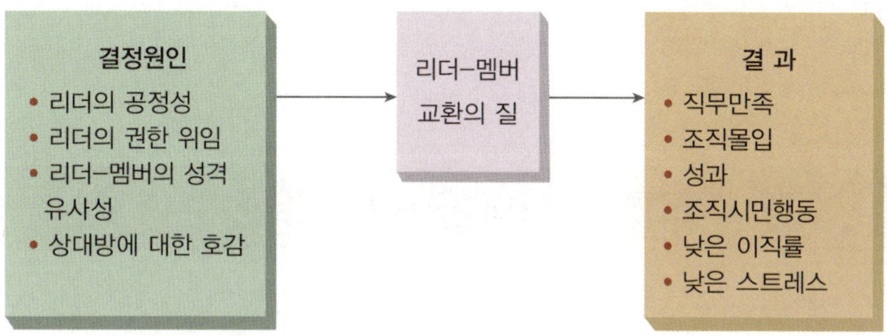

그림 12-10 리더-멤버 교환의 질의 결정원인과 결과

그림 12-10에서 제시하듯이 리더-멤버 교환의 질은 리더가 부하를 대할 때 공정하고, 부하에게 권한을 많이 위임할 때, 리더와 부하 간의 성격이 유사할 때 그리고 상대방에 대해 호감을 가질 때 높아진다. 리더-멤버 교환의 질이 높으면 부하의 직무만족, 조직몰입, 성과, 조직시민행동이 높아지고 이직률 및 스트레스는 낮아진다.

이상에서 설명한 리더-멤버 교환 이론은 리더십을 리더와 부하 간의 상호작용 과정으로 보고 있다. 리더는 부하가 목표를 달성하는 과정에서 부하에 대한 행동이 하나의 유형에 고정되어 있지 않고 변화하는 것임을 시사해 준다. 마찬가지로 부하 또한 리더에 대한 인식이 리더의 행동 변화에 의해 바뀐다는 것을 의미한다. 즉 리더십은 하나의 유형으로 고정되는 것이 아니라 계속 변화한다는 것이다.[33]

지금까지 살펴본 리더십 상황이론은 효과적인 리더십을 결정하는 요인을 리더가 가지고 있는 특성 그리고 리더가 보여주는 행동에서 찾기보다 리더십이 행사되는 상황적 요소에 의해 결정되는 것으로 보고 있다. 상황적 요소들로서 리더-부하의 관계, 직무특성, 리더의 직위 권력, 부하의 특성들인 성숙도, 성격, 능력, 욕구 그리고 리더가 하는 의사결정의 특성 등이 중요한 요소들로 제시되었다. 이러한 상황적 요소들은 조직이나 리더가 통제할 수 있는 것이 있는 반면 통제하기가 어려운 것들도 있다. 사실 통제할 수 없는 상황요소들은 이것이 리더십 효과를 결정한다는 것을 알려주지만 조직으로서는 이를 개선하기 위한 노력에는 한계가 있을 수밖에 없다. 리더십에 대한 상황이론은 리더십 현상에 대한 인식에 본질적으로 공헌한 것은 사실이다. 그러나 아직까지 발견되지 못한 상황요소들도 많이 존재할 것으로 판단되며 이에 대한 지속적인 연구가 있어야 하겠다.

5 최근 주목받는 리더십 이론

리더십에 대한 연구는 계속 진화되고 있는 실정이다. 아래에서는 최근 그 가치가 인정되고 있는 새로운 개념의 리더십 접근들로서 카리스마 리더십, 변혁적 리더십, 서번트 리더십 그리고 진정성 리더십에 대해 살펴본다.

5.1 카리스마 리더십 이론

"리더는 늘 신비의 베일을 쓰고 있어야 한다." (드골, 전 프랑스 대통령)

카리스마 리더십(charismatic leadership)은 Weber가 리더십을 합법적 리더십과 전통적 리더십을 포함하여 세 가지로 분류한 후에 관심을 가지게 되었다.[34] 그리스어인 카리스마(khrisma)의 원래 뜻은 신이 주는 재능 내지 신성한 은혜로서 개인이 소지하고 있는 영적이면서 초자연적인 특성을 리더가 가지고 있을 때 집단구성원이 이를 신봉함으로써 리더의 영향력이 형성되는 것을 말한다. 카리스마 리더십은 리더가 가지고 있는 특성과 그가 보여주는 행동을 종합하여 인식된 리더십 유형으로서 앞에서 논의했던 리더십 특성이론과 행동이론을 모두 포괄한다.

카리스마적인 리더는 타고나는(born) 것인가 아니면 만들어질(made) 수 있는가에 대해 조직은 관심을 가지지 않을 수 없다. 만일 이러한 리더가 태어나는 것이라면 조직의 입장에서 볼 때 이러한 유형의 인재를 선발할 수밖에 없으며 조직이 현재 보유하고 있는 리더를 변화·개발시킬 수가 없기 때문이다. 이에 대해 카리스마적인 리더는 만들어질 수 있다는 주장이 있다. 즉 카리스마적인 리더는 다음과 같은 행동을 할 수 있도록 개발될 수 있다.[35]

자기확신

리더는 고도의 자신감과 자기 신념에 대한 확신을 가지고 집단에 영향력을 행사하고자 하는 강한 의지를 가져야 한다. 이러한 자신감과 확신은 부하들에게 리더의 판단에 믿음을 가지고 따르게 한다.

비전제시

리더는 집단구성원들에게 미래에 대한 바람직한 비전을 제시해야 한다. 이렇게 함으로써 집단이 수행해야 할 목표에 대해 보다 깊은 의미를 부여하고 열성과 노력을 바친다.

솔선수범

리더는 불확실하고 어려운 상황에서도 자신의 행동을 부하들에게 직접 단호하게 보여줌으로써 부하들의 행동을 원하는 방향으로 끌어낸다.

감정적 호소

리더는 어떤 사안에 대해 논리적인 접근 방법보다 부하의 감성에 호소하는 방법을 택한다. 감성을 통해 발휘되는 내적 에너지를 극대화시킨다.

이미지 관리

리더는 부하들로 하여금 리더가 그들과 다른 사람이라고 믿을 수 있도록 이미지 관리를 한다. 리더 자신이 능력과 판단력이 탁월하며 하는 일에 엄청난 에너지와 열정을 쏟으며 성공적인 사람이라는 인상을 주기 위해 노력한다.

조직에서 카리스마적인 리더에 대한 이해를 보다 명확히 하기 위해서 이를

구분할 수 있는 행동 기준이 표 12-5에서 제시된다.[36]

표 12-5 **카리스마적인 리더와 비카리스마적인 리더 비교**

행위 요소	비카리스마적 리더	카리스마적 리더
현상에 대한 태도	근본적으로 현 상태에 만족하고 그것을 유지하려 함	현 상태에 근본적으로 불만족하며 변화시키려고 노력함
목표제시	현 상태에서 크게 차이가 나지 않는 목표 중시	현 상태를 크게 뛰어넘어 이상적 비전을 제시함
존경	관점을 공유함으로써 하급자들이 존경함	관점과 비전을 공유함으로써 하급자들이 존경하고 동일시 또는 모방하려 함
전문성	현 질서하에서 목표를 달성하는 데 필요한 수단을 사용함에 있어 전문가임	현 질서를 뒤엎을 수 있는 혁신적 수단(방법)을 사용하는 데 있어 전문가로 인정받음
환경에 대한 민감성	현 상태 유지가 목적이므로 환경에 대한 민감성이 낮음	현 상태를 변혁하기 위해 환경에 대한 민감성이 높음
명확성	목표와 리더십 동기가 명확하지 않음	미래의 비전과 리더십 동기가 매우 명확함
권력의 원천	직위 권한과 개인적 힘(보상, 전문성, 처지가 비슷한 친구에 대한 호의 등)에 기초함	전문성, 존경, 특출한 영웅에 대한 부하들의 칭송에 기초하며 개인적인 권력에 의지함
리더-부하의 관계	• 평범, 합의 추구, 또는 지시적 • 자신의 관점을 공유하도록 하급자들을 몰아붙이거나 지시함	• 엘리트, 기업가, 하나의 롤(role)모델 • 사람들을 혁신하여 급진적인 변화를 수용토록 함

카리스마적인 리더는 표 12-6에서 제시되는 세 단계를 거쳐 성과를 달성한다.[37]

표 12-6에서 나타난 바와 같이 카리스마적인 리더는 제1단계에서는 미래의 변화트렌드에 따른 비전을 명확하게 제시하여 자신 및 자신이 이끄는 집단에 대해 높은 기대수준을 가지게 하며 이러한 기대에 부응하기 위한 일관성 있는 행동 모델을 설정한다. 제2단계에서는 적극적인 관심 표명, 개인적 확신 그리고 성공에

표 12-6 카리스마적인 리더의 성과달성 단계

비전 설정 단계	동력화 단계	실천단계
• 강력하고 설득력 있는 비전을 제시 • 높은 기대를 설정 • 지속성 있는 행동을 설정	• 개인적인 흥미를 보여줌 • 개인적인 자신감을 표현 • 성공 사례를 찾아 활용함	• 개인적인 지원을 표현함 • 공감 • 부하들 앞에서 확신을 표현함

대한 자신감을 통해 집단을 동력화(energizing)시킨다. 마지막 단계에서는 집단에 대한 자신의 지원과 공감 그리고 믿음을 보여줌으로써 집단이 성과를 달성할 수 있도록 한다.

카리스마 리더십이 가져다주는 대표적인 효과를 보면 집단(부하)은 리더에 대한 높은 신뢰를 보여주고, 리더에 대해 무조건적으로 수용하며, 리더의 비전이나 사명에 대한 감정적 몰입, 만족, 성과 향상 그리고 목표를 달성할 수 있다는 자신감을 가지게 된다.[38] 그러나 카리스마 리더십이 위와 같이 항상 일관성 있는 결과를 보여주는 것만은 아니라는 주장도 있다.[39] 오히려 카리스마 리더십을 상황과 관련하여 그 효과를 발견하려는 노력도 있다. 예를 들면 부하가 높은 스트레스가 발생하는 과업 및 불확실한 환경에 처해 있을 때 카리스마 리더십이 보다 효과적이라는 것이다.[40] 이러한 해석은 카리스마 리더십이 정치, 종교, 전쟁시 그리고 기업의 창립 초창기와 같이 구성원의 생존을 위협하는 위기에 처해 있을 때 그 효과가 발휘된다는 데 근거를 두고 있다.

이상에서 살펴본 카리스마 리더십은 리더십 이론의 발전과정에서 볼 때 특성이론, 행동이론 그리고 상황이론에서 제시하였던 여러 요소들을 모두 포함하고 있다고 평가할 수 있다. 뿐만 아니라 카리스마적인 리더를 조직에서 개발할 수 있는 가능성까지 제시하여 그 가치가 높이 평가된다. 다만 리더가 카리스마를 가지고 있을 때 이를 조직의 성과달성이라는 긍정적 방향으로 사용될 수 있겠지만 리더의 잘못된 판단으로 일을 추진할 때 부하들의 비판적인 사고 및 의견이 잠식될 수 있다.

5.2 변혁적 리더십

변혁적 리더십 이론(transformational leadership theory)은 기존의 리더십 이론이 리더와 부하 간에 발생하는 거래적 관계에 초점을 맞추어 발전하였다고 보고 이러한 관점은 한계를 가질 수밖에 없으며 이에 대한 대안으로 제시된 것이다.[41] 변혁적 리더십은 한마디로 변화와 안정의 양 축에서 변화에 초점을 맞춘 것이다. 거래적 관계에 바탕을 둔 리더와 변혁적인 리더와의 비교가 표 12-7에서 제시된다.[42]

표 12-7 거래적 리더와 변혁적 리더의 특성 비교

거래적 리더	변혁적 리더
• 조건적인 보상 : 노력과 보상을 교환하기로 계약하고, 좋은 성과에 대한 보상을 약속하며 성취를 인정함 • 예외에 의한 관리(적극적) : 규칙과 표준으로부터의 이탈을 지켜보고 조사하며, 수정조치를 취함 • 예외에 의한 관리(소극적) : 표준이 충족되지 않을 경우에만 개입함 • 자유방임 : 책임을 포기하고 의사결정을 회피함	• 카리스마 : 비전과 사명감을 제공하여 긍지를 불어넣어 주며, 존경과 신뢰를 얻음 • 영감 : 높은 기대를 전달하고, 노력을 집중시키기 위해 상징을 사용하며, 중요한 목적을 단순하게 표현함 • 지적 자극 : 탁월한 지성을 갖추고 문제해결을 위해 세심한 주의를 기울이며 이를 추구함으로써 혁신적이고 창의적인 대안을 찾도록 유도함 • 개별 배려 : 개인적인 관심을 보이고, 각 종업원을 개별적으로 다루며, 코치하고, 조언함

표 12-7에서 제시된 바와 같이 거래적 리더(transactional leader)가 부하에게 리더십을 발휘할 때 사용하는 스타일은 업적달성과 같은 조건적인 보상을 내걸고, 규칙과 표준을 준수하는지를 감독하며, 부하가 이것을 위반하였을 때 개입하고 자신의 책임과 의사결정을 회피한다. 반면에 변혁적 리더는 카리스마를 가지고 있으며 부하들에게 비전과 사명감을 주고 부하로부터 신뢰와 존경을 획득한다. 또한 리더십을 발휘하는 데 영감(inspiration)을 가지고 보다 높은 기대수준을 지향하고 중요한 집단 목표를 명확하게 전달한다. 뿐만 아니라 변혁적 리더는 지적 자극을 구사하며 이것을 통해 문제해결을 보다 합리적으로 한다. 그리고 부하 한

사람 한 사람을 존중하며 개별적으로 관심을 가진다.

변혁적 리더는 카리스마적인 리더와도 비교되는데, 카리스마적인 리더는 권위, 높은 수준의 자아 그리고 자신의 믿음에 대한 강력한 욕구를 가지며, 부하들에게 비전을 제시하기는 하지만 동시에 부하들에게 리더 자신에 대한 충성과 헌신을 보이도록 요구함으로써 때로는 부하를 의존적으로 만드는 경향이 있다.[43] 그러나 변혁적 리더는 부하들에게 권한을 위임해주고 그들의 위상을 제고시키는 특성을 가지고 있다. 또한 변혁적 리더의 요건에 카리스마가 하나의 구성요소로 포함되기 때문에 변혁적 리더는 카리스마적인 리더보다 포괄적인 특성을 가지고 있다고 볼 수 있다.

그림 12-11에서는 변혁적 리더십의 효과가 발생하는 과정에 대한 모델이 제시된다.[44]

그림 12-11에서 나타난 바와 같이 변혁적 리더가 만들어지는 데에는 본인의 특성(성격, 가치관 등), 생애 경험의 내용 그리고 조직문화 등이 영향을 미친다.

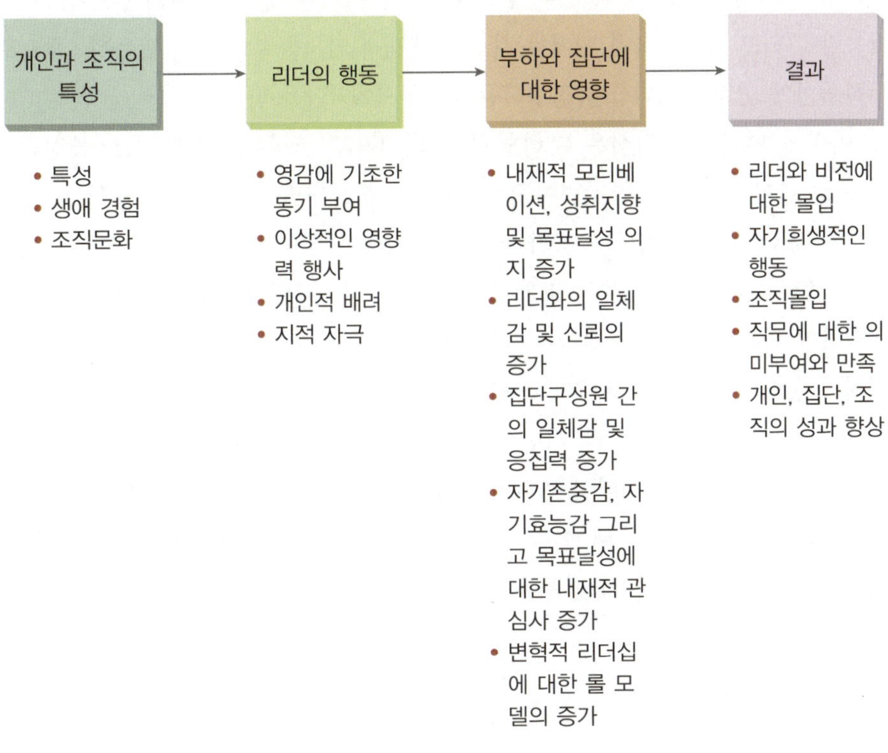

그림 12-11 변혁적 리더십의 효과 발생과정

조직문화가 경직되어 있고 관료적일 경우보다 융통성이 있으며 변화에 보다 잘 적응하는 조직문화인 경우 변혁적 리더가 만들어질 가능성이 높다. 변혁적 리더는 영감에 바탕을 둔 동기부여를 하며 이것은 미래에 대한 보다 매력적인 비전을 제시하고 낙관적이고 열정에 가득 찬 모습으로 부하들을 감성적으로 대한다. 여기서 보다 매력적인 비전이란 조직이 실현가능하고 신뢰할 수 있는 것을 말한다.

리더의 행동 중 이상적인 영향력 행사는 리더가 부하들을 위해 보다 희생적이고, 부하들에게 롤 모델(role model)이 되며 높은 수준의 윤리의식을 가지고 있는 것을 말한다. 다음으로 리더가 부하들을 개별적으로 관심을 가지고 배려하는 행동이다. 이러한 행동은 부하들을 격려하고, 임파워먼트(empowerment: 권력 공유하기)하며 코칭 등을 하는 것이다. 끝으로 부하들에게 지적 자극을 준다. 이것은 조직이 당면한 문제에 대해 관행적으로 문제해결을 하는 것이 아니라 혁신적이고 창의적인 대안을 찾도록 하는 것이다.

이러한 네 가지 종류의 리더 행동은 부하들의 내적 동기를 증가시켜 주며 성취지향적이고 목표달성에의 의지를 높여준다. 또한 부하의 리더에 대한 일체감과 신뢰를 확보하고 집단응집력을 높인다. 뿐만 아니라 부하의 자기존중감, 자기효능감 그리고 목표달성에 있어서 자신의 내재적 가치를 추구하게 만든다. 끝으로 부하들에게 변혁적 리더십을 전수하는 데 롤 모델역할을 한다.

이렇게 변혁적 리더십은 부하들을 변화시키고 조직유효성에 매우 긍정적인 역할을 한다. 예를 들면, 변혁적 리더십이 행사되면 집단구성원들의 리더와 비전에 대한 몰입의 정도가 증가하며, 자기희생적 행동을 보여주며 조직에 보다 높은 충성심을 가지게 된다. 또한 부하들 자신이 수행하는 과업에 대한 의미를 인식하며 만족도도 증가하게 된다. 이러한 결과들이 모여 개인, 집단 그리고 조직 전체의 성과가 증가되는 것이다.

이상에서 논의한 변혁적 리더십은 카리스마 리더십을 기본적으로 포함하고 있는 것으로서 기존의 리더십 관점인 거래적 리더십과 구분되며, 거래적 리더십과 그 효과면에서 비교해볼 때 변혁적 리더십은 더 낮은 이직률, 보다 높은 생산성 그리고 보다 높은 부하들의 만족을 가져다준다.[45]

5.3 서번트 리더십

서번트(servant)와 리더는 서로 반대되는 개념이다. 서번트 리더십이란 이와 같이 역설적인 측면을 가지고 있지만 이 두 단어를 창조적이고 의미 있게 결합한 것이다.[46] 이 이론은 리더십에 대한 철학적 당위성을 강조한 것으로서 리더의 역할이 과거 관리자에서 서번트로 변화되어야 함을 강조한다. 관리자가 외부에서 성과를 독촉하며 동기를 부여하는 사람이라면, 서번트 리더는 집단구성원 모두를 일체화시키면서 누구나 공감하는 공동의 비전을 만들어가고, 그 비전을 성취하는 데 집단구성원 개개인이 자신의 고유한 능력을 기꺼이 발휘하도록 만드는 사람을 말한다.[47] 표 12-8에서는 서번트 리더의 특성이 제시된다.

서번트 리더가 다른 유형의 리더와 다른 점을 살펴보면 다음과 같다. 우선 권위주의적 리더는 명령을 내리고, 권력을 독점하며 집단구성원을 단순히 목적성을 위한 수단으로 보는 반면, 서번트 리더는 구성원을 설득과 임파워링(empowering)을 통해 이끌며 집단구성원 자체를 목표로 대한다. 이

표 12-8 서번트 리더의 특성[48]

서번트 리더의 특성	
1. 경청	부하들의 욕구와 열망에 대해 경청하고 명확히 파악한다.
2. 동정	부하의 감정에 공감하고, 부하가 실수했을 때에는 그들의 좋은 의도에 대해 알아준다.
3. 치유	부하의 실수를 해결해주기 위해 노력하며 위로해준다.
4. 인지	부하의 강점과 한계에 대해서 관찰하여 알려준다.
5. 설득	지시보다 설득으로 부하를 대한다.
6. 개념화	철학적 깊이를 가진 개념적인 사고를 기반으로 부하들을 개발하려고 노력하며, 장기적이고 폭넓은 사고방식을 가지려고 노력한다.
7. 예견	현재의 행동이 어떤 결과를 가져올 것인지 예견하고 상황판단을 한다.
8. 스튜워드십(stewardship)	리더 자신이 조직의 물적, 인적 자원에 대한 감시자, 보호자라고 여긴다.
9. 구성원의 성장에 몰입	부하들의 현재 능력에 만족하지 않고 이를 개발, 발전시켜 나간다.
10. 공동체 형성	조직의 구성원들에게 조직 내·외부 모두 공동체 정신을 심어준다.

결과 권위주의적 리더는 집단구성원을 상대적으로 소극적인 추종자(follower)로 만들지만 서번트 리더는 구성원을 창의성을 지닌 적극적인 추종자로 만든다.[49]

변혁적 리더십과 서번트 리더십은 구성원들에 대한 개별적인 배려를 강조하는 측면에서 유사하지만, 변혁적 리더는 조직과 조직목표달성을 위한 구성원의 몰입에 초점을 두는 데 반해 서번트 리더는 자신의 집단구성원을 우선한다. 즉 서번트 리더는 조직의 목표달성이라는 결과보다도 구성원에 대한 서비스에 초점을 두는 것이다.[50] 이러한 관점에서 볼 때, 서번트 리더에게 요구되는 역할은 조직의 목표달성 이상의 것에 대한 책임이 요구되며 더 나아가 리더의 도덕성 및 자기희생으로까지의 당위성이 요구되겠다.[51]

여기서 서번트 리더의 자기희생이 나타나는 영역으로서 부하들에 대한 업무 분장, 보상 분배 그리고 권한 행사를 들 수 있다. 업무 분장시 자기희생이란 다른 업무에 비해 더 위험하거나 기피되는 업무를 리더 자신이 맡으며, 보상 분배에서는 리더 자신에게 분배되어야 할 보상을 부하들에게 우선적으로 준다. 그리고 권한 행사에 있어서 자기희생이란 리더 자신이 사용할 수 있는 자원과 권한을 자제할 경우를 말하는데, 이렇게 자기희생에 초점을 맞춘 리더십을 자기희생적 리더십이라고 칭하기도 한다.[52]

서번트 리더십이 조직에 가져다주는 결과는 그림 12-12에서 제시된다.

그림 12-12에서 나타난 바와 같이 서번트 리더십은 집단 내 긍정적인 정서를 형성하고 리더-멤버 간 상호존중하도록 만들어 리더-멤버 간 관계의 질을 높인다. 또한 서번트 리더십은 집단 내 상호신뢰 및 공정성을 증가시켜 구성원들의 심리적 분위기가 호의적이 된다. 이러한 결과들은 집단구성원의 몰입, 직무만족,

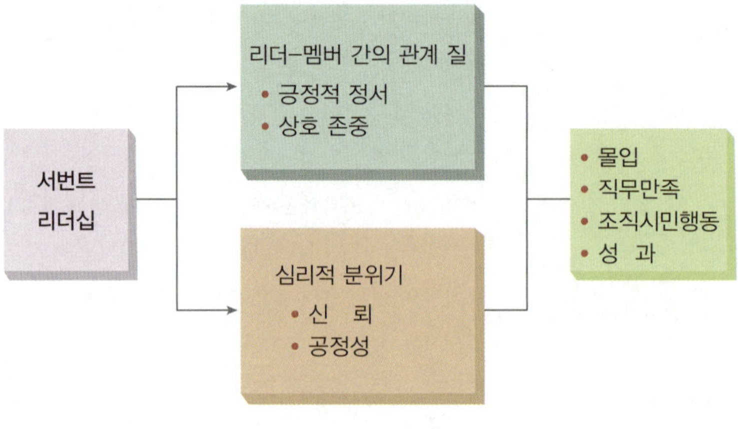

그림 12-12 서번트 리더십의 효과[53]

조직시민행동 및 성과를 높인다.

5.4 진정성 리더십

진정성 리더십(authentic leadership)은 최근 기업조직에서 리더가 가지고 있는 자신의 고유가치를 리더십을 발휘하는 데 회복시키자는 동기에서 개발되었다.[54] 진정성(authenticity)이라는 개념은 원래 "너 자신을 알라."라는 그리스 철학에서 연유된다.[55] 여기서 말하는 진정성에는 순수하고, 투명하고, 믿을 수 있고, 가치 있고, 가식이 없으며 무엇보다도 진실한 것을 말한다.

진정성 리더십은 앞에서 논의한 변혁적 리더십 및 서번트 리더십보다 한층 더 깊은 개인의 내면적인 측면을 다루고 있다. 진정성을 가진 리더는 일상생활에서 자신이 가지고 있는 핵심 가치, 정체성 그리고 감정 등에서 벗어나지 않고 이를 근거로 타인과 상호작용하는 경우를 말한다. 진정성 리더십의 핵심 요소는 자신의 고유한 자아의 인식, 대인관계에서의 진실성, 그리고 이러한 진실성이 행동으로 나타난 것이다.[56] 이러한 핵심 요소를 갖춘 리더는 부하 및 조직과의 일체감이 형성되고 부하들로 하여금 참여와 몰입을 이끌어내어 성과를 증대시킬 수 있다.[57]

그림 12-13에서는 진정성 리더십의 내용과 이것이 형성되는 과정이 제시된다.

그림 12-13에서 볼 수 있듯이 진정성 리더십은 개인 차원인 긍정심리자본(자신감, 희망, 낙관주의, 회복 탄력성)과 조직 차원인 긍정적 조직 맥락(positive organizational context: 참여적 조직문화 등)으로부터 자아인식(self-awareness)이 형성되고 이것이 리더의 자기규제적 행동(self-regulation behaviors)으로 이어진다.

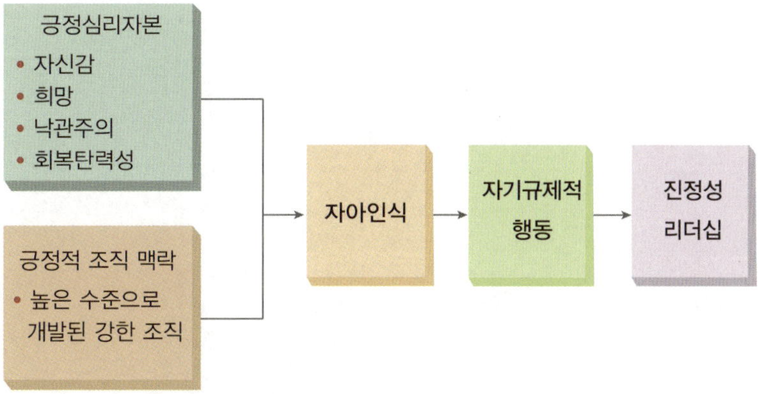

그림 12-13 진정성 리더십의 형성과정[58]

여기서 자기규제적 행동이란 자신의 행동을 자아 개념과 일치시키려는 노력을 말한다. 계산적으로 기대되는 보상에 의해서라기보다 자신의 가치와 정체성에 일치되는 행동을 하는 것을 말한다.[59] 그 결과 진정성 리더십이 나타난다. 진정성 리더십에서 주목할 만할 사실은 이러한 리더십을 발휘하는 리더의 특성이 주어진 것이라기보다 개발 가능하다는 것에 있다.[60]

진정성 리더십이 가져다주는 효과는 대체적으로 긍정적이다. 이러한 리더십은 조직구성원들의 조직시민행동, 리더에 대한 만족 및 조직몰입을 증가시키고 이직 의도를 감소시킨다.[61]

이상에서는 최근 주목받는 리더십 이론으로서 카리스마 리더십, 변혁적 리더십, 서번트 리더십 그리고 진정성 리더십을 살펴보았다. 카리스마 리더십은 리더가 가지고 있는 특성인 카리스마를 리더십 행동에 실행하였을 때 나타나는 리더십 효과를 다루었으며 진정성 리더십은 리더가 원래 가지고 있는 자신의 고유 가치를 일상적 조직생활에서 진정성을 가지고 행동으로 보여줄 때 리더십 효과가 증가된다는 주장이다. 반면에 변혁적 리더십과 서번트 리더십은 집단구성원을 어떤 관점에서 보고 행동해야 하는가에 대한 일종의 당위성 측면에서 이론을 구축한 것이다. 이러한 리더십 이론들은 과거 리더십에 대한 특성이론, 행동이론 그리고 상황이론에서 다루지 못한 부분을 추가적으로 이론화하였다는 측면에서 그 가치가 인정된다.

CEO 리더십 사례 -긍정적 사례-

◉ 두산그룹 CEO 리더십 사례 (박용만 회장)

113년의 역사를 자랑하는 두산그룹을 이끌고 있는 박용만 회장은 트위터상에서 신세대 못지않은 젊은 감각으로 유저들과 격의 없는 대화를 이끌어가는 것으로 유명하다. 50대 중반의 박회장은 트위터상에서 팔로워만 7만 명이 넘을 정도로 인기가 높은 트위터리안(아이디 Solarplant)이지만 더 놀라운 것은 튀는 감각으로 모든 트위터리안들과 격의 없는 대화를 할 정도로 오픈마인드를 가지고 있다는 점이다.
박회장이 가장 중시하는 것은 소통과 사람이다. 유연한 사고와 때와 장소를 가리지 않는 진솔한 소통이 있어야 권위와 위계에 눌리지 않고 누구든 마음껏 자신의 창의력을 발휘할 수 있다고 믿는다. 두산이 수차례 경영위기를 넘기면서도 100년 넘게 꿋꿋이 창업정신을 이어올 수 있었던 원동력이 바로 그러한 창의력에서 나온다고 확신한다.
대표적인 소비재 생산업체이던 두산그룹이 최근 10여 년간 과감한 사업구조조정을 단행하여 중공업을 주력으로 하는 글로벌 기업의 이미지를 성공적으로 구축할 수 있었던 원인 중 하나가 바로 박회장의 유연하고 세련된 경영마인드와 사람중시 경영의 결실이라는 평판이 높다.

생각해 볼 문제

- 위 사례에서 보면, 두산그룹은 리더인 박용만 회장의 경영철학의 영향으로 여느 대기업과는 달리 자유롭고 유연한 분위기가 기업풍토로 자리잡은 듯하다. 그런데, 재미있는 것은 두산과 같은 분야의 라이벌 구도를 형성 중인 현대그룹의 경우 굉장히 공식적이며 군대문화적인 조직 분위기를 가지고 있다. 이것은 같은 산업기반인 두산그룹에 시사하는 바가 있을 것이다. 왜냐하면 현대그룹과 같은 구조 또한 높은 성과를 위해 연마된 조직형태 중 하나이기 때문이다. 현재의 기업들에게 요구되는 사회적 기대와 역할수행을 위해 꼭 필요한 리더십의 유형에 대해 생각해 보자.

Part IV

조직수준 행동

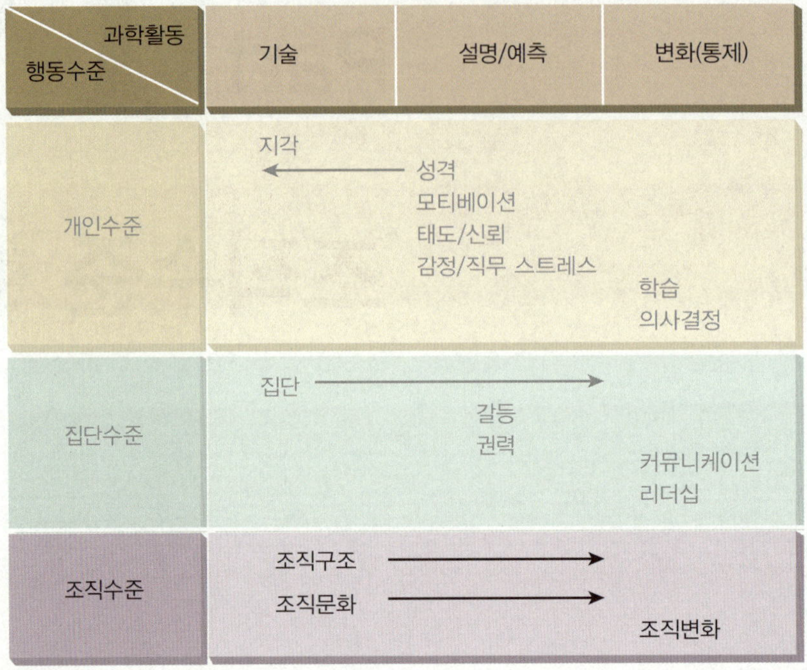

overview

그동안 조직행동을 개인수준 및 집단수준에서 살펴보았다. Part 4에서 살펴볼 조직수준 행동은 조직에 대한 거시적 접근으로 볼 수 있다. 조직은 개별 구성원들이 모여서 이루어진 집단의 합 이상의 어떤 모습을 보여주기 때문에 조직행동을 조직수준에서 분석할 필요가 있는 것이다. 거시적 조직이론(organization theory)에서는 조직을 하나의 단위로 보고 조직 내에서 일어나는 현상이 조직 전체의 성과와 관련되는 것을 연구대상으로 한다. 뿐만 아니라 조직이 자신을 둘러싸고 있는 환경에 어떻게 반응하고 생존하는가를 연구대상으로 삼고 있다.

본 편에서는 조직행동의 조직수준인 조직구조, 조직변화 그리고 조직문화에 대해 살펴본다.

Chapter

13

조직구조 및 변화

ORGANIZATIONAL BEHAVIOR

1. 조직구조

2. 조직변화

1 조직구조

CASE 1

▶ 핀 제조공장의 과업 전문화

18세기 영국의 핀 제조공장에서 일하는 작업자는 교육수준이 낮았으며, 기계를 사용하지 않고 수작업으로 핀을 만들었다. 작업내용은 감겨져 있는 철사를 잡아끌고, 이를 직선으로 만든 후 길이에 맞게 자르고, 끝을 뾰족하게 하며, 핀의 머리 부분을 다듬질하는 등 18개의 공정을 거치게 되는데 한 사람이 이 모든 공정을 수행하며, 하루에 평균 20개 정도 생산하고 있었다. 그런데 이러한 작업 방식을 바꾸어 18개 공정을 10개의 공정으로 재분류하여 10명이 각자 1~2개의 공정만 작업을 하게 하였다. 예를 들면 첫 번째 작업자는 철사를 잡아끄는 일만 하고, 두 번째 작업자는 철사를 직선으로 만든 후 자르고, 세 번째 작업자는 그 후의 공정을 하나 혹은 2개 정도 수행하였다. 그 결과 작업자 10명이 생산한 핀의 수는 무려 하루에 48,000개나 되었다. 이것은 작업자 1인당 4,800개를 생산한 셈이며 생산성이 240배 증가한 것이다. 노동의 분업이라는 혁명적인 사건이 일어난 것이다.[1]

인체는 머리, 골격 그리고 근육, 혈액순환, 영양상태 등으로 구성되어 있으며, 이러한 구성요소들은 인체의 건강을 유지하는 데 필수적인 역할을 수행한다. 조직은 인체에 비유될 수 있다. 사람의 머리는 조직목표에 해당되고 조직구조는 인체의 골격 그리고 조직의 기능인 모티베이션, 갈등관리, 리더십 등은 인체를 유지하는 데 필요한 근육, 영양상태 등으로 비유할 수 있다. 아래에서 논의할 조직구조는 인체의 골격에 해당된다고 할 수 있겠다. 100m 달리기를 할 때, 일등을 해야겠다는 목표가 명확하고 많은 연습을 통해 달리기에 필요한 심장 기능과 근육이 발달되어 있었다 하더라도 발을 삐었다면 그 사람은 달리기 자체를

시도할 수 없게 된다. 이와 같이 조직구조는 조직의 목표달성과 관련하여 필수 불가결한 역할을 수행한다.

아래에서는 조직구조에 대한 기본 이해, 조직구조의 유형 그리고 조직구조를 설계하는 상황적 접근을 살펴본다. 그리고 이미 설계되어 운영되고 있는 조직을 여러 가지 이유로 변화시키는 문제도 분석한다.

1.1 조직구조의 구성요소

기업의 조직구조를 어떤 건물의 층수, 방의 개수, 전기시설 등과 같이 물리적인 시각에서 인식할 수는 없다. 조직이란 여러 사람들이 모여 공동의 목표를 달성하기 위해 활동하는 시스템으로 보아야 한다. 이러한 활동을 보다 효과적으로 수행하기 위해서 조직구조가 필요한 것이다. 즉, 조직구성원들에게 이런 활동들을 어떻게 배분하고, 배분된 활동들이 조직의 목표달성을 향한 방향으로 수행되는지를 확인하고, 잘못된 방향으로 진행될 경우에는 이를 조정하고 통제해야 한다. 또한 이들 활동이 어떤 방식으로 진행되어야 효과적일 것인가에 대해서도 사전에 정해져야 한다. 또한, 조직에서 일어나는 제반 활동에는 본질적으로 의사결정이 수반되는데 이러한 의사결정을 누가 할 것인지를 사전에 정해야 한다.

조직구조를 인식하기 위해서는 위에서 기술한 것을 바탕으로 과업의 분화 및 통합, 작업수행의 공식화 그리고 의사결정 권한의 배분 관점에서 접근할 수 있다.

1) 과업의 분화

과업의 분화(differentiation)란 조직에서 수행되어야 할 일들이 구성원들에게 어떻게 배분되어 있느냐를 말한다. 위에서 제시한 핀 제조공장의 경우 핀 생산의 공정이 18개 있는데 이를 한 사람이 모두 하는 경우 과업은 분화되지 않은 것이다. 과업의 분화 정도가 높을수록 직무전문화 정도가 높다고 말하며, 분화 정도가 낮을수록 직무 복잡성(job complexity)이 낮다고 말한다. 조직에서 수행되는 일들은 작게는 이러한 핀을 만드는 일에서부터 원자재를 구매하고, 생산한 제품을 판매하고, 이러한 활동을 수행해야 하는 사람들을 고용하고, 훈련시키고, 필요한 자금을 조달하고, 기업활동의 결과를 화폐적으로 기록하는 일 등에 이르기까지 수없이 많다.

과업분화의 정도가 높을수록 생산성이 높아진다는 가정이 지난 200여 년 동안 통설로 받아들여졌으나 최근 작업장에서 작업자의 심리적 측면이 생산성에 미치는 영향이 발견됨에 따라 그 관계는 다시 인식되었다. 즉 직무전문화의 정도가 과도하게 높을 경우 생산성은 오히려 떨어진다는 것이다. 그림 13-1에서는 직무의 전문화 정도와 생산성과의 관계가 제시된다.

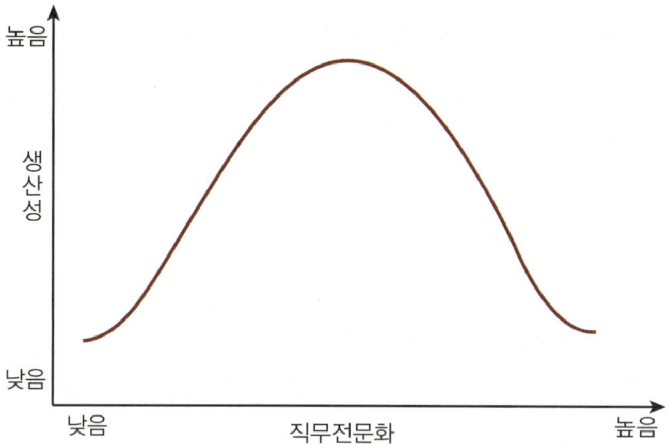

그림 13-1 직무전문화와 생산성과의 관계[2]

과업을 어느 정도 분화시킬 것인가는 조직 내에 지식과 기술 측면에서 전문성을 요구하는 상이한 과업들이 얼마나 많은지에 따라 달라진다. 뿐만 아니라 과업을 수행하는 조직구성원들의 기능수준 및 구성원의 수에 따라서도 분화의 정도가 달라진다. 그리고 과업들의 물리적 공간의 분산 정도로 분화의 정도를 결정한다. 예를 들면 똑같은 일이 본사뿐만 아니라 여러 지점에서 수행될 때 분화의 정도가 높다고 할 수 있다.

2) 과업의 통합

대규모 조직에서는 수백 개 혹은 수천 개의 과업이 존재하고, 이러한 과업들을 구성원 개개인이 수행하게 된다. 이들 과업들은 조직의 목표달성 방향으로 수행되어야 하는데 현실적으로는 여러 복잡한 문제가 발생한다. 예를 들면 어떤 과업들은 조직의 목표방향에 꼭 맞게 진행되지 않는 경우도 있으며 과업들 간 책임 및 권한 등이 중복될 수도 있다. 이러한 여러 문제들을 해결하기 위해 분화된 과업들을 일정한 단위로 통합(integration)해야 한다. 통합하는 활동을 부문화(departmentalization)라고 한다. 예를 들면 기업의 전체 활동을 원재료를 구매하는 활동, 생산활동, 마케팅활동, 재무활동 등으로 재분류하는 것이다. 이러한 부문화는 몇 가지 장점을 가지고 있다.

- 분화된 과업들을 유기적으로 묶어서 조직의 목표달성에 최대한 공헌하도록 한다.
- 유사한 과업들을 집단화시킴으로써 규모의 경제를 가져올 수 있다. 예를 들면 관리업무를 하나로 묶음으로써 관리비용의 절감과 관리상의 전문성을 높일 수 있다.
- 부문화는 부문 내 과업들을 조정하기가 용이하다. 왜냐하면 과업들 간 유사성이 높기 때문이다.
- 통제가 용이하다. 수백 개의 과업들이 있는 조직에서 한 사람이 이들 각각이 잘 진행되고 있는지, 진행 결과인 성과를 파악한다는 것은 거의 불가능하다. 때문에 조직통합을 통해 중간 관리자들에게 이를 관리하게 하면 보다 효과적이 된다.

부문화를 하는 기준으로는 과업의 기능(구매, 생산, 판매, 인사, 재무, 정보, 연구개발 등), 생산공정, 제품의 종류, 고객의 유형 등 매우 다양하다.

부문화에 있어서 또 다른 중요한 이슈는 부문의 규모를 어떻게 정하느냐이다. 1000명이 있는 조직에 부문화의 크기를 20개로 할 경우 50개의 부문들이 만들어진다. 이런 경우에는 해당 부문을 관리해야 하는 책임자 수도 부문의 수만큼 존재해야 한다. 즉 부문의 규모를 어떻게 하느냐에 따라 관리자 수가 달라지게 되며 이는 결국 한 사람이 관리할 수 있는 조직구성원의 수에 대한 문제로 연결된다. 이를 관리의 폭(span of management)이라고 하는데, 조직에서 관리의 폭을 확대하면 계층의 수가 줄어들고 반대의 경우 계층의 수가 증가한다. 계층의 수가 많으면 많을수록 수직적인 분화의 정도가 높은 것이다. 예를 들면 가톨릭 교회의 경우 계층이 교황–교구 주교–본당 주임신부–신자로 되어 있는 반면에 대기업의 경우 회장부터 말단 사원까지 계층수가 10개 이상 되기도 한다. 부문화의 크기, 즉 조직에서 계층의 수를 몇 개 만들어 조직의 활동을 통합할 것인가는 관리자가 부하를 관리하는 데 시간을 얼마나 단축할 수 있느냐와 같은

관리자 능력에 달려 있다. 이것은 아래의 몇 가지 요인에 의해 결정된다.[3]

- 부하의 능력 정도: 능력이 많고 잘 교육된 부하를 보유하고 있으면 그만큼 관리자의 투입시간이 줄어든다. 즉 부하의 능력이 많으면 많을수록 관리의 폭이 확대될 수 있는 것이다.
- 권한 위임의 명료성: 리더와 부하 간의 권한 관계가 복잡하거나 잘못되어 있으면 리더의 개입 정도가 높아진다.
- 역할 명확성: 역할이 명확하여 부하가 스스로 해야 할 일을 정확히 알고 있으면 리더는 관리에 보다 적은 시간을 소비한다.
- 변화의 정도: 조직의 변화 정도는 정책 및 업무처리 방식의 변화 정도를 말하는데 예를 들면 가톨릭 교회 조직의 경우 변화의 정도가 매우 낮기 때문에 관리의 폭이 매우 넓다.
- 커뮤니케이션 방법: 대면 회합을 통해서만 관리를 할 경우 시간이 많이 소요되지만 전자 커뮤니케이션을 통한다면 리더의 관리시간이 많이 줄어들 수 있다.

그림 13-2에서는 관리의 폭에 따른 계층수의 예가 제시된다.

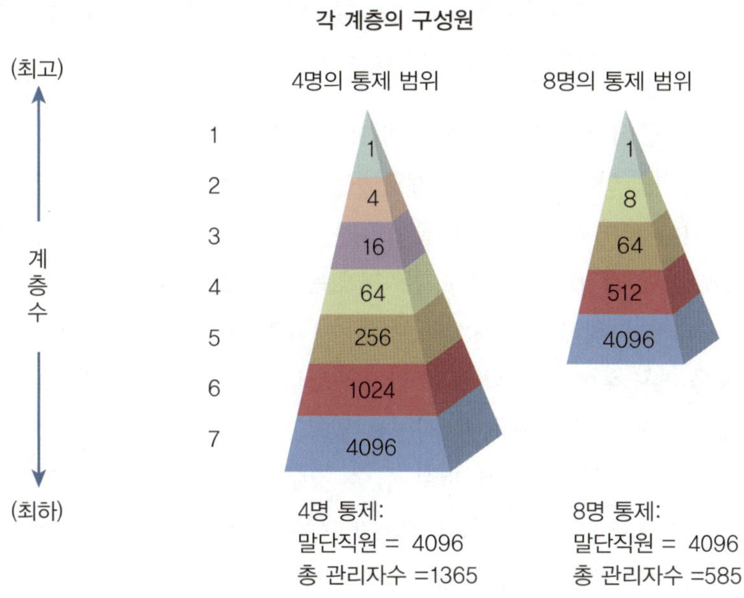

그림 13-2 관리의 폭에 따른 계층의 수

그림 13-2에 나타난 바와 같이 관리자가 몇 명의 부하를 지휘하느냐에 따라 조직의 계층수가 달라진다. 즉 관리자 1명의 관리 폭이 4명인 경우 계층이 6개가 생기지만 8명인 경우에는 4개가 생긴다. 다른 조건이 동일할 경우, 관리의 폭이 좁으면 리더는 부하들을 보다 잘 관리할 수 있겠지만 관리의 폭이 넓어지면 부하 개개인에 대해 할애할 수 있는 시간이 줄어들어 관리가 느슨해질 수밖에 없다. 일반 사무직종의 경우 관리의 폭은 4~6명이 적당하지만 생산직처럼 단순 조립작업일 경우 관리의 폭은 20~50명 정도가 된다.

3) 공식화

공식화(formalization)는 조직구성원이 수행하는 과업의 내용, 수행절차, 수행방법 그리고 수행결과 등에 대해 사전에 기준을 정해 놓은 정도를 말한다. 이것을 과업과정에 대한 표준화(standardization)라고도 하는데 이것은 문서뿐만 아니라 비문서로 되어 있다. 조직에서 공식화의 필요성은 다음과 같은 가정에서 발생한다.

- 과업 및 부문 간 경계가 분명하게 주어지지 않으면 구성원들이 다른 사람들의 영역을 침범할 수 있어서 갈등이 발생한다.
- 구성원들은 과업이 분명하게 할당되지 않으면 책임지기를 꺼린다.
- 구성원들은 역할이 모호한 과업보다는 역할이 분명한 과업을 선호한다.
- 구성원들은 과업이 표준화되면 높은 성과를 올린다.

조직에서 공식화 정도가 높으면 주어진 과업을 보다 효율적으로 수행할 수 있으나 작업 중 발휘할 수 있는 재량권은 줄어든다. 즉 작업자가 자기 업무에 미칠 수 있는 영향력은 그만큼 줄어드는 것이다. 공식화는 어떤 일을 수행할 때 어떻게 하면 가장 효율적으로 할 수 있는가에 대한 지침이다. 이러한 지침은 유능한 관리자에 의해 단번에 만들어질 수 있겠지만 기업조직에서는 대개 많은 시행착오를 거친 후에 가장 합리적이라고 판단되는 업무처리 방식이 만들어진다.

그러나 조직은 항상 변화에 직면해 있고 이에 따라 과업의 내용도 변화될 수밖에 없다. 공식화 정도가 너무 높을 경우 조직은 규칙 및 절차에 얽매여 유연성이 저하되며 반면에 공식화 정도가 너무 낮으면 업무처리의 효율성을 해당 작업자의 판단에 맡길 수밖에 없다. 이때 작업자가 충분한 직무 경험이 없다면 성과는 떨어지게 된다.

4) 권한의 집중성

권한의 집중성(centralization of authority)은 조직에서 일어나는 공식적인 의사결정 권한이 얼마나 최고계층에 집중되느냐의 정도를 말한다. 반대의 개념을 분권화라고 한다. 사실 조직에서 가장 합리적인 양질(quality)의 의사결정을 할 수 있는 사람은 최고 경영층이라고 할 수 있다. 왜냐하면 그가 그 자리에 오르기까지 대개 수십 년간의 의사결정 경험을 가지고 있기 때문이다. 수많은 시행착오를 거쳤고 결과적으로 과거의 합리적인 의사결정들에 대한 보상으로 최고 경영층에까지 오른 것이다. 조직이 소규모일 경우에 당연히 최고 경영자가 모든 의사결정을 할 수 있겠지만 조직의 규모가 커지면 최고 경영자는 조직에서 일어나는 모든 일에 대해 시간적 제약으로 인해 혼자 의사결정을 할 수 없게 된다. 뿐만 아니라 조직의 현장에서 일어나는 일들이 상황에 따라 자주 바뀌게 되면 규정이나 절차만으로 합리적인 의사결정을 하기가 어려워진다. 이런 경우 집권화 정도는 낮아진다.

표 13-1에서는 기업에서 일어나는 의사결정 사안별로 최종 결정권자가 표시되어 있다. 기업의 경우 이를 직무전결규정이라고 하는데 대기업의 경우 대개 의사결정의 사안들이 수천 개 이상 목록으로 제시되어 있다.

표 13-1 의사결정 권한의 집중성(A기업의 사례)

직 무			직무권한 직위			
대분류	항	목	사장	본부장	차장	팀장
7. 인 사	14. 상 벌	2. 포상금의 결정		●		
		3. 징계				
		가. 해임	●			
		나. 기타 징계				
		(1) 1(갑)직급 직원		●		
		(2) 1(을)직급 이하		●		
		다. 징계 외의 처리			●	
		라. 항고에 대한 재심여부 결정			●	
	15. 근무 성적 및 평가	1. 정기근무평정 시행지시				●
		2. 수시 및 별도근무평정 실시계획				
		가. 1(갑), 1(을) 직급 직원		●		
		나. 기타 직원			●	

	16. 출 장	1. 국내출장				
		가. 이사	●			
		나. 1(갑) 직급 직원		●		
		다. 1(을) 직급 직원			●	
		다. 3직급 이하 직원				●
		2. 해외출장				
		가. 기본품의				
		(1) 이사	●			
		(2) 1(갑) 직급, 사업소장		●		
		(3) 1(을) 직급 이하			●	
		(4) 나. 출장 명령				●
8. 노 무	1. 노무 관리	1. 노무관리 기본방침	●			
		2. 근로시간 연장신청	●			
		3. 단체교섭				
		가. 임금조정에 관한 사항	●			
		나. 복리후생제도 변경에 관한 사항	●			
		다. 취업규칙 개정에 관한 사항			●	
		라. 기타사항		●		
	2. 노사 협의회	1. 부의안건의 결정		●		
		2. 협의회 운영		●		
	3. 급 여	1. 인건비 관리 기본방침	●			
		2. 연간 인건비 집행방침			●	
		3. 시간 외 근무 기준시간의 확정 및 변경		●		
		4. 특수지 근무수당 지급 승인			●	
		5. 퇴직연금				
		가. 퇴직연금 사업자 선정 및 변경			●	
		나. 퇴직연금 관리				●
		6. 별정직 급여				
		가. 고문 및 계약직원의 임금 책정		●		
		나. 6직급, 촉탁 및 용원의 임금 책정			●	
		다. 제 수당 지급기준의 결정			●	

표 13-1은 최종 의사결정 권한을 누가 가지고 있느냐를 나타내 준다. 인사 부문에서 일어나는 의사결정에 대한 것으로서 조직구성원에 대한 해임, 이사 직급의 출장 및 노무관리에 대한 사안들은 최종적으로 사장이 한다. 반면에 중간 이하의 출장의 경우 본부장이나 차장이 결정하며 정기 근무평정 실시에 관한 사안은 하위 직급인 팀장이 한다. 이와 같이 대개 기업조직에서는 의사결정 사안에 따라 권한의 집중성 정도가 다르다. 그러나 전체적으로 볼 때 의사결정 사안들이 상위계층에서 최종 결재를 하는 경우가 많을수록 권한의 집중성 정도가 높다고 보는 것이다.

이상에서는 조직구조의 구성요소인 분화와 통합, 공식화 그리고 권한의 집중성 등을 살펴보았다. 여기서 업무의 분화와 통합은 조직에서 공간적인 측면으로 이해할 수 있으며, 업무의 공식화는 업무가 진행되는 과정에 대한 통제로 볼 수 있다. 의사결정 권한의 집중성은 권력배분과 관련되는 이슈이다. 조직구조를 설계한다는 것은 바로 위에서 제시한 조직구조의 구성요소들을 어느 정도의 수준으로 할 것인가를 결정하는 것이다. 아래에서는 부문화를 중심으로 조직구조의 일반적인 유형을 살펴본다.

1.2 조직구조의 유형

1) 기능 중심의 조직구조 유형

조직구조 부문화의 전통적인 모델은 바로 조직이 수행하는 기능들을 비슷한 것끼리 모아서 분류하는 것이다. 조직의 기능들은 재화의 흐름 측면에서 볼 때 원자재의 구매, 생산 그리고 생산된 제품의 판매로 나누어진다. 뿐만 아니라 이러한 활동을 지원하는 인사, 재무 그리고 정보활동 등이 있다. 그림 13-3에서는 기업 조직의 활동을 기능 중심으로 설계한 내용이 제시된다.

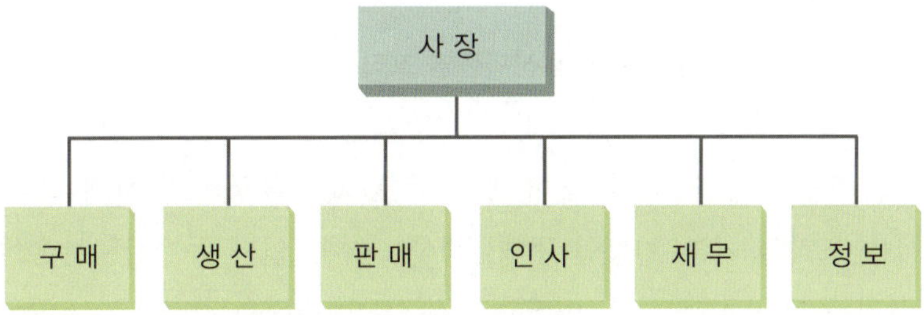

그림 13-3 기능 중심 조직구조 유형

그림 13-3에 나타나 있듯이 기능을 부문화의 기준으로 하기 때문에 해당 부문의 기능 관련 전문성이 높아 업무가 보다 효율적이 된다는 장점이 있다. 뿐만 아니라 부문 내 구성원들의 과업의 유사성이 높아 통제가 용이하다. 그러나 부문 간 업무 관련 갈등이 발생하였을 때 이를 조정할 수 있는 시스템이 취약하다. 또한 오늘날 기업의 빠른 환경변화에 대처하기 위한 계획활동 내지 전략수립 활동이 각 부문에 산재되어 있어 기업 전체수준에서의 환경적응에 문제점이 발생한다. 따라서 이러한 유형의 조직구조는 기업이 생산하고 있는 제품의 종류가 많지 않을 때 그리고 환경변화의 속도가 빠르지 않을 때 보다 효과적이다.

2) 제품, 고객, 지역 중심 조직구조 유형

부문화에 대한 또 다른 대안은 생산제품별, 고객별 그리고 시장별로 나누어 할 수 있다. 이러한 유형의 조직구조는 우선 조직이 생산하는 제품의 종류별 규모가 매우 클 때, 만들어진 제품이나 서비스가 고객의 유형(남성, 여성, 어린이, 노인 등)별로 상이한 마케팅 전략이 요구될 때, 그리고 고객의 위치가 지역적으로 광범위하게 흩어져 있을 때 도입된다. 그림 13-4에서는 이 중 제품유형별 조직구조의 예가 제시된다.

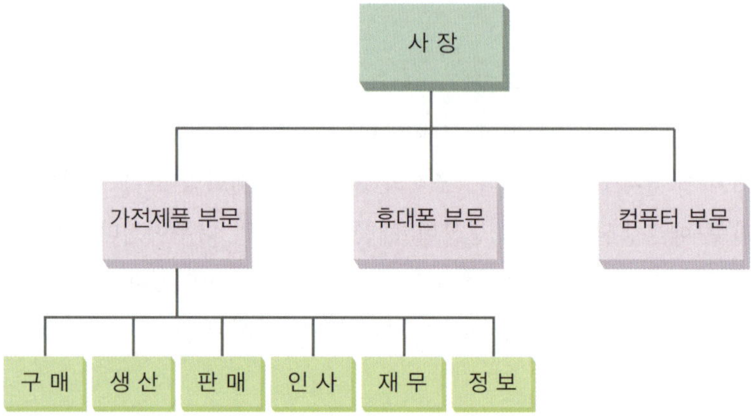

그림 13-4 생산제품별 조직구조 유형

그림 13-4에 나타난 바와 같이 부문화를 제품유형별로 하게 되어 개별 부문에서는 조직의 기본 기능인 구매, 생산, 판매, 인사 등 모든 분야에 대한 의사결정 및 통제를 하게 된다. 이러한 조직구조의 장점은 각 부문이 기능적으로

처음부터 마지막 기능을 총괄하기 때문에 부문 책임자의 독립적인 경영이 가능하다. 앞에서 제시한 기능별 조직구조의 경우 부문 간 벽이 높고 갈등 발생시 조정의 어려움이 따랐지만, 이런 유형의 조직구조에서는 갈등이 발생하면 부문의 책임자가 직접 해결할 수 있어 해결이 보다 용이하다. 이러한 부문화의 가장 큰 장점은 무엇보다도 각 부문별 경영활동의 결과를 객관적으로 평가할 수 있기 때문에 대표이사의 입장에서 볼 때 부문별 성과를 관리하는 데 용이하다. 뿐만 아니라 시장의 변화(제품에 대한 고객의 만족도 등)에 즉각적으로 대응할 수 있기 때문에 조직성과를 높이는 데 매우 효과적이다.[4]

그러나 몇 가지 단점을 피하기 어렵다. 예를 들면 부문별 개별 기능들이 다른 부문들에도 동시에 존재하기 때문에 해당 기능들(구매, 생산, 판매, 인사, 재무 등)에 대해 높은 전문성을 확보하는 데 어려움이 존재하며, 이러한 기능들이 다른 부문 모두에 존재하므로 업무의 중복성을 피하기도 어렵다. 또한 개별 부문들 간의 경쟁(업적 등)으로 인해 고객에 대한 정보를 공유하지 않는 등 전체 조직목표 달성에 문제가 생길 수 있다.

기업에서는 이러한 단점들을 극복하기 위해 해당 부문별 지원 기능인 인사 및 재무분야를 따로 분리시켜 대표이사가 직접 통제하기도 한다.

3) 매트릭스 조직

매트릭스 조직(matrix organization)은 본질적으로 기능별 부문화와 제품별 부문화를 결합한 것이다. 이러한 조직은 주로 건설회사, 제약회사, 연구개발 실험실 등에서 자주 나타난다. 그림 13-5에서는 매트릭스 조직구조 유형이 제시된다.

그림 13-5에서 볼 수 있듯이 제품 A를 개발하기 위해서는 이러한 제품이 개발되었을 때 과연 적절한 생산비용으로 가능하며, 기술적으로 대량 생산이 가능한지, 시장에서 고객이 어떤 평가를 할 것인지, 제품생산시 필요한 기능 인력의 확보가 가능한지 그리고 제품개발에 소요되는 예산의 확보가 가능한지 등에 대한 종합적인 판단을 해야 할 것이다. 따라서 경제성이 있는 제품을 개발하는 과정에는 개발부문의 인력만으로는 한계가 있다. 이러한 조직구조에서는 생산부문에 소속된 홍길동 과장이 자기의 고유 업무를 수행함과 동시에 제품 A의 개발활동에 참여해야 한다.

매트릭스 조직의 장점은 특정 제품을 개발하는 데 있어서 각 기능별 전문성을

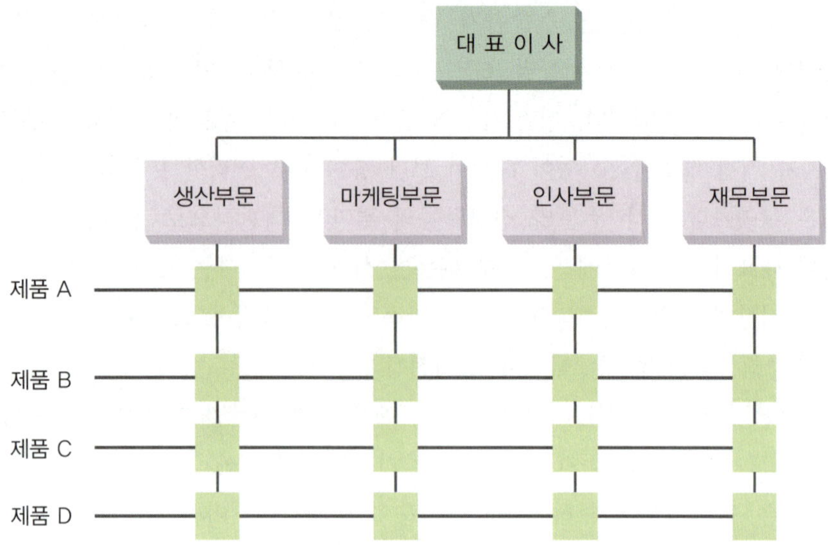

그림 13-5 매트릭스 조직

갖춘 인원이 참여하기 때문에 제품 개발의 현실성과 성공 가능성을 높여줄 수 있다. 또한 전문직종 간의 직접적이고 많은 상호작용을 통해 서로에게 가치 있는 학습기회를 제공한다. 그러나 조직운영상의 문제점으로는 이 조직에 속해 있는 구성원은 기능부문의 책임자와 제품개발 책임자로부터, 즉 두 사람으로부터 지시를 받고 보고해야 한다는 것이다. 해당 구성원이 두 사람으로부터 상이한 지시를 받았을 때 어떤 것을 우선적으로 처리해야 하는가가 문제로 제기되는 것이다. 이러한 상황은 바로 구성원들에게 갈등과 스트레스를 유발한다. 또한 여러 제품이 동시에 개발과정에 있을 때 개발 책임자는 기능부문에 속해 있는 전문가를 서로 영입하려고 경쟁하게 된다. 이러한 현상은 결국 권력 싸움으로 발전될 가능성이 있는 것이다.[5]

4) 네트워크 조직

네트워크 조직(network organization)은 가상조직(virtual organization) 혹은 모듈조직(modular organization)이라고도 칭한다. 한마디로 말하면 기업은 자신이 보유할 수 있는 기능을 최소화하고 나머지 기능을 외주(outsourcing)로 돌리는 것이다. 그림 13-6에서 그 내용이 제시된다.

그림 13-6에서 볼 수 있듯이 해당 조직은 경영의 여러 활동들을 일부만 자신이 수행하고 나머지는 외부의 조직으로 외주를 주는 것이다. 기업의 경영활동 중 경쟁력 확보에 필수 불가결한 것인 연구개발과 자금관리 등은 자신이 하고 제품 및 서비스의 광고활동은 외부의 독립된 조직인 광고대행사에 맡기며, 채용, 급여 산정, 제품생산 및 판매까지도 외부의 조직으로 하여금 수행하게 하는 것이다. 이러한 조직이 탄생하게 된 이유는 바로 경영상의 위험 부담을 줄이고, 개별 기능에 대한 최고의 경쟁력을 확보함으로써 조직의 유연성을 높이고자 하는 데 있다. 예를 들면 제품에 대한 광고의 경우, 해당 조직이 보유하고 있는 몇 명 안 되는 인력만으로 최고의 광고를 기획하는 데 한계가 있을 수밖에 없다. 광고대행사에 외주를 줄 경우 그 조직은 해당 조직보다 훨씬 높은 전문성을 갖춘 인력을 많이 보유하고 있기 때문에 최고의 광고를 제작할 수 있게 되는 것이다. 따라서 해당 조직은 자신이 가장 잘 할 수 있는 기능만을 수행하고 나머지는 외부조직에 맡김으로써 조직의 성과를 극대화시킬 수 있는 것이다.[6]

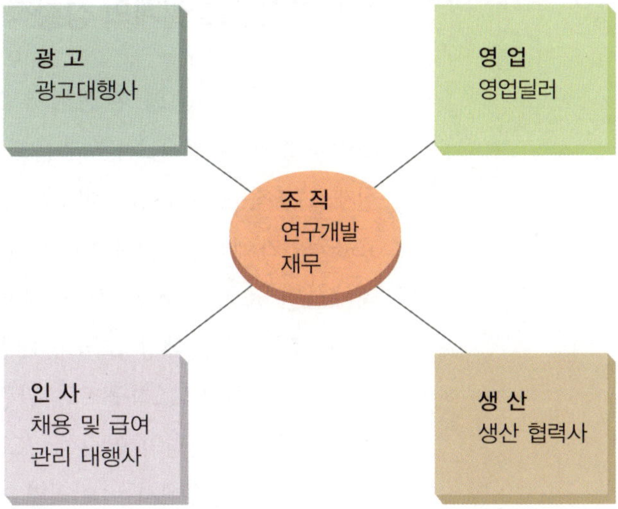

그림 13-6 네트워크 조직

네트워크 조직은 이러한 장점을 가지고 있는 반면에 극복하기가 쉽지 않은 단점들도 있다. 예를 들면 여러 분야에 걸쳐 기능을 외주로 대체했을 때 협력회사의 내부 사정(예 파업 등)으로 제품 및 서비스의 납품에 문제(예 불량품, 납기지연 등)가 생기고 이것이 긴급히 해결되어야 하는 상황일 경우 조직은 이러한 기능을 수행해 줄 대체 협력회사를 적시에 구하는 데 어려움이 존재한다. 또한 협력회사에 외주를 준 기능들이 비밀을 요하는 경우, 이것이 타 경쟁사에 유출되면 심각한 문제가 발생한다. 네트워크 조직은 비용을 줄이고 전문성을 높이는 측면에서 필수적이지만 이러한 단점들을 극복할 수 있는 방안이 제고되어야 하겠다.

1.3 조직구조 설계의 상황적 접근

앞에서는 부문화 관점에서 조직구조의 대표적인 유형들을 살펴보았다. 조직구조의 구성요소는 부문화 외에도 공식화 및 권한의 집중성도 있다. 실제로 조직구조 유형은 이보다 훨씬 다양한 형태를 보여준다. 어떤 조직구조가 효율적인가에 대한 질문에 대해 한마디로 “이것이다.”라고 말하기는 어렵다. 왜냐하면 조직이 처한 상황 자체가 매우 다양하기 때문이다. 가장 효과적인 조직구조는 바로 해당 조직이 처해 있는 상황과의 적합성(fitness) 정도를 가지고 판단하여야 한다. 조직구조와 관련하여 고려해야 하는 상황들로서 조직의 규모, 조직을 둘러싼 환경의 안정성, 도입하고 있는 기술의 유형 그리고 경영전략 등을 들 수 있다. 아래에서는 이러한 상황들에 효과적인 조직구조가 어떤 것인가를 살펴본다.

1) 조직의 규모

조직의 규모를 인식하는 기준은 다양하다. 종업원 수, 업무의 양, 매출규모, 고객의 수, 고객의 물적 수용능력(예 병원의 병상 수, 호텔의 객실 수, 제조기업의 기계대수 등) 등과 같은 양적인 측면에서 그 규모를 인식할 수 있다. 또한 질적인 측면인 과업의 장소적 분화, 전문직의 수 및 해당 전문직의 자격을 획득하는 데 소요되는 훈련 기간 등도 있다.[7] 조직의 규모를 결정하는 기준인 종업원 수와 분화의 정도가 그림 13-7에서 제시된다.

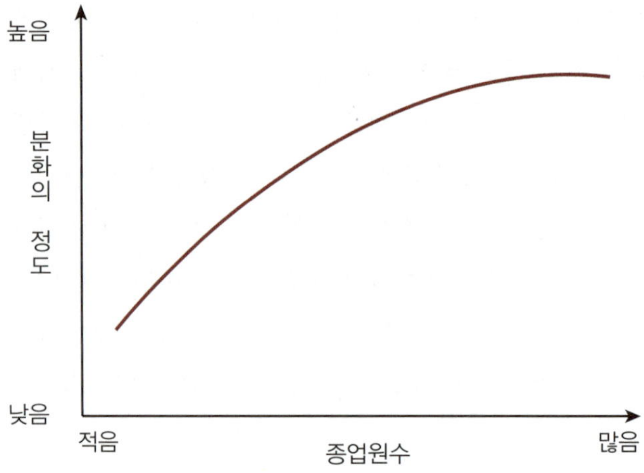

그림 13-7 종업원 수와 분화의 관계

그림 13-7에서 나타난 바와 같이 종업원 수가 많아질수록 전문화, 즉 분화의 정도가 높아진다. 또한 조직의 규모가 커지면 업무 처리에 대한 공식화 정도는 높아질 수밖에 없다. 왜냐하면 많은 수의 조직구성원이 일하는데 개인별로 직무경험의 정도가 다르기 때문에 과업 수행에 대한 규정 및 절차를 통한 표준화 정도를 높여야 과업이 효과적으로 달성된다. 반면에 관리자들이 의사결정을 할 때 시간적 제약 및 현장에서의 과업 관련 변화에 대한 정보 부족으로 인해 단독으로 결정하는 데 한계가 발생한다. 이런 경우 관리자는 자신의 의사결정 권한을 부하들에게 위임하는 경우가 많이 발생한다. 즉 권한의 집중화 정도가 낮아지고 분권화 정도가 높아진다.

2) 환경의 안정성

조직의 성과에 영향을 미칠 수 있는 주요 변수 중의 하나가 바로 환경이다. 조직의 환경을 구성하는 요소들은 고객, 경쟁회사, 원자재 공급자 그리고 정부 등 매우 다양하다. 조직이 환경에 대해 관심을 가져야 하는 이유는 바로 환경의 불확실성 때문이다. 예를 들면 신규 경쟁회사들의 등장, 원자재 획득의 어려움, 고객의 구매 스타일의 변화 그리고 정부 규제의 변화들이 조직의 경영활동을 제약하기 때문이다. 환경이 불안정할 경우 조직의 입장에서 볼 때 불확실성이 증가하게 된다. 이것은 조직의 유효성에 위협을 가져다줄 수 있기 때문에 조직은 이러한 환경에 대응하는 조직구조를 만들게 된다.

Burns와 Stalker는 환경의 변화 정도에 효과적으로 대응할 수 있는 조직구조 모델을 제시했다.[8] 이들은 앞에서 제시한 조직구조의 구성요소들 외에도 조직에서 일어나는 커뮤니케이션 및 갈등관리의 스타일 등을 추가하여 기계적 조직(mechanistic organization) 모델과 유기적 조직(organic organization) 모델로 구분하였다. 그림 13-8에서는 이들의 특징이 제시된다.

그림 13-8에 의하면 기계적 조직모델에서는 부문 간 업무의 이질성이 매우 높으며, 부문 내 상하관계는 엄격하고, 구성원에게 부여된 직무가 고정적이라 잦은 변경이 일어나지 않으며, 공식화 및 권한의 집중성 정도가 높다. 또한 하향적 커뮤니케이션이 주로 사용되며, 부문 내 갈등이 발생하였을 때 상사가 주도하여 해결한다.

반면에 유기적 조직 모델에서는 부문 간 업무의 유사성이 높으며, 상사와 부하 관계는 수직적이기보다 협동적인 형태를 보여주고, 구성원들에게 배분된

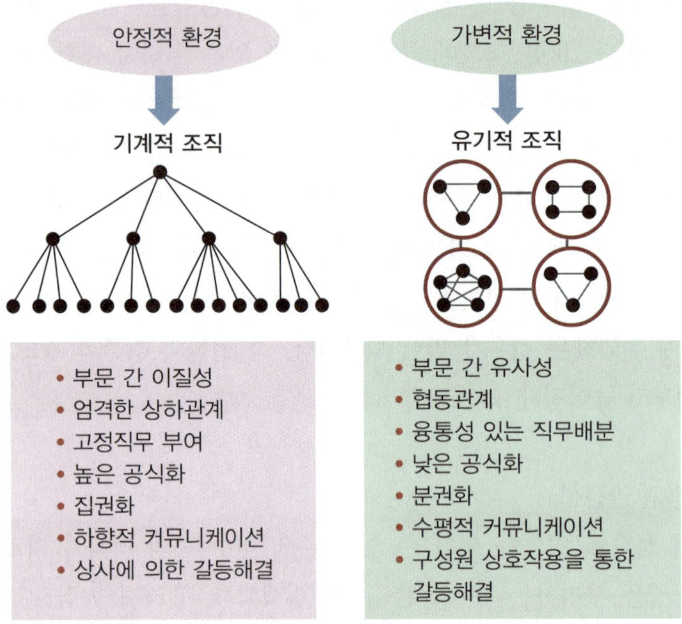

그림 13-8 조직환경의 안정성과 조직구조 모델

직무가 수시로 바뀔 수 있으며, 공식화 및 권한의 집중성 정도가 낮다. 또한 수평적 커뮤니케이션이 활성화되어 있으며, 부문 내 갈등이 발생하였을 때 상사가 주도하기보다 구성원들 스스로 상호작용을 통해 해결한다. 여기서 제시된 기계적 및 유기적 조직구조 모델들은 한 선상의 양쪽 끝에 있는 것으로서 아주 높은 수준의 기계적 조직, 중간수준의 유기적 조직 그리고 아주 높은 수준의 유기적 조직 등으로 나눌 수 있다. 어떤 조직 모델이 더 효과적인가는 말할 수 없으며 이것은 조직환경의 안정성 정도에 따라 그 효과가 결정된다. 즉 조직의 환경이 안정적일수록 기계적 모델이 효과적이며 환경이 가변적(volatility)일수록 유기적 조직이 효과적이 된다.[9]

3) 기술 유형

기업조직에서 말하는 기술(technology)이란 투입물을 산출물로 전환시키는 방법을 말한다.[10] 기술을 분류하는 방법에 대해 다양한 접근들이 있다. 예를 들면 작업수행 과정에 발생하는 예외의 빈도, 발생한 문제의 분석 난이도, 작업 간의 상호의존성 등이다. 이 중 아래에서는 기술에 대한 전통적인 분류로서 제조업을

대상으로 하는 생산기술의 차이를 기준으로 살펴본다. Woodward는 기술을 단위소량 생산기술, 대량 생산기술 그리고 연속공정 생산기술로 구분하고 이러한 기술을 도입하고 있는 성공적인 기업들에서 공통적으로 발견되는 조직구조의 특징을 발견하였다.[11] 아래에서는 그녀가 분류한 기술유형과 조직구조와의 관계가 제시된다.

단위소량 생산기술(unit and small batch production)

이러한 기술유형은 여성의류, 도자기 생산, 가구의 보수, 그리고 주문 신발제작 등 주로 고객의 주문에 의해 제작되는 경우처럼 비일상적인 기술, 즉 기술의 복잡성이 높은 기술이 주로 도입된다. 이런 조직에서는 분화의 정도가 낮으며, 계층의 수도 적다. 그리고 작업수행에 대한 표준화, 즉 공식화 정도 또한 낮다. 뿐만 아니라 권한의 집중성 정도도 낮아진다. 왜냐하면 소량주문에 의한 생산이라 작업자가 고객의 특정 요구를 충족시킬 수 있는 제품을 만들어야 하기 때문에 보통 장인 기술을 보유한 작업자에게 업무의 재량권이 많이 부여된다.

대량 생산기술(large batch and mass production)

이러한 기술은 주로 조립작업 공정을 거치는 자동차 및 식음료제품 등의 산업에서 발견된다. 1920년대 포드자동차 회사에서 도입한 반복적인 작업을 통해 생산성을 높여 비용을 절감함으로써 경쟁력을 확보한 것이 대표적인 사례이다. 대량생산을 위해서는 표준화된 반복적인 생산이 행해지는데 이러한 조직에서는 기술의 복잡성 정도가 낮다. 또한 조직이 효율적이 되기 위해서는 분화의 정도가 매우 높으며, 공식화 정도, 그리고 권한의 집중화 정도도 높아야 된다. 따라서 작업장에서 일하는 조직구성원의 경우 작업 수칙에 따라 일을 해야 하기 때문에 작업상 재량권이 거의 주어지지 않는다.

연속공정 생산기술(continuous process production)

이러한 기술은 주로 화학산업에 속하는 제품으로서 정유, 가스 또는 유리제품과 같은 물질의 연속적인 변환과정을 통해 생산이 이루어진다. 이러한 작업에서는 대량 생산기술에 비해 기술의 복잡성이 높다. 물질의 연속적인 변환과정은 오늘날 거의 자동화되어 있기 때문에 작업자의 역할은 기계를 체크하며 예외적인 일이 발생하였을 때 기술적으로 해결하는 것이다. 이러한 기술유형에서는 작업자가 직접 제품을 생산하는 것이 아니고 기계에 의해 이루어지므로 원자재가 투입된 후 최종제품이 나오는 과정이 무엇보다도 그 흐름이 순조롭게 진행되어야 하는 것이 중요하다. 이러한 기술의 작업조직에서는 예외적인 일의 발생이 자칫 큰 사고로 이어질 가능성이 존재하기 때문에 사고의 방지를 위해 구성원들을 계층별로 철저하게 통제해야 하기 때문에 관리의 폭은 좁아진다. 작업의 지침 또한 정교하게 정해지고 이에 따라 철저하게 관리되어야 한다. 그럼에도 불구하고 의사결정에서의 권한 집중성은 낮아진다. 왜냐하면 예외적인 일이 발생하였을 때 이를 적시(timely)에 해결하려면 커뮤니케이션 채널을 줄이며 해당 관리자에게 재량권이 많이 부여되어야 하기 때문이다.

전체적으로 볼 때 단위소량 생산기술을 도입하고 있는 조직은 유기적 조직이며, 대량 생산기술의 경우는 기계적 조직이다. 그리고 연속 공정기술의 경우에는 유기적인 조직이 보다 효과적이라고 할 수 있겠다.

그림 13-9는 기술유형별로 나타나는 조직구조의 특징을 보여준다.

조직구조 \ 기술유형	단위소량 생산기술	대량 생산기술	연속공정 생산기술
분 화	낮 음	높 음	낮 음
공식화	낮 음	높 음	높 음
권한의 집중성	낮 음	높 음	낮 음
조직 모델	유기적 조직	기계적 조직	유기적 조직

그림 13-9 기술유형과 조직구조

4) 경영전략

경영전략은 기업의 목표달성에 결정적인 역할을 하기 때문에 경영전략의 유형에 따라 이에 적합한 조직구조의 설계가 요구된다. 경영전략은 여러 관점에서 분류할 수 있지만 대체로 혁신전략, 원가최소화전략 그리고 모방전략으로 나눌 수 있다.[12] **혁신전략**(innovation strategy)은 기존의 제품의 본질적인 측면을 변화시키는 것으로서 창의성을 필요로 하는 전략이다. 예를 들면 모바일 제품을 생산하는 전자회사가 이에 해당된다. **원가최소화전략**(cost-minimization strategy)은 생산하는 제품의 원가를 최소화시키는 데 초점을 맞추어 관리하는 것으로서 생산비뿐만 아니라 마케팅 비용에 이르기까지 전 영역에서 발생하는 비용을 최소화하는 전략을 말한다. 예를 들면 식료품 산업을 들 수 있다. **모방전략**(imitation strategy)은 타 기업이 시장에서 성공하는 것을 확인한 후 시장에 진입하는 기업으로서 제품개발 및 시장진입에 따르는 위험부담을 최소화하려는 전략이다.

이상에서 기술한 전략에 보다 효과적인 조직구조가 그림 13-10에 제시된다.

전략유형 / 조직구조	혁신전략	원가최소화전략	모방전략
분 화	낮 음	높 음	중 간
공식화	낮 음	높 음	높 음
권한의 집중성	낮 음	높 음	낮 음
조직 모델	유기적 조직	기계적 조직	기계적/유기적 조직 혼재

그림 13-10 전략유형과 조직구조[13]

그림 13-10에서 볼 수 있듯이 전략유형별로 효과적인 조직구조는 다르다. 혁신전략의 경우 분화, 공식화 및 권한의 집중성 정도는 모두 낮으며, 원가최소화전략에서는 분화, 공식화 및 권한의 집중성 정도가 모두 높다. 그리고 모방전략에서는 분화의 정도는 중간이고 공식화 정도는 높으며 권한의 집중성은 낮아진다. 왜냐하면 미래에 새로운 시도를 해야 하므로 통제활동이 느슨해지기 때문이다. 전략별 조직 모델로서는 혁신전략의 경우 유기적 조직 모델이, 원가최소화전략에서는 기계적 조직모델이 효과적이다. 반면에 모방전략의 경우 유기적 모델과 기계적 모델이 혼재되어 나타나고 있다.

이상에서는 효과적인 조직구조를 설계하는 데 있어서 고려되어야 되는 상황변수들로서 조직의 규모, 환경, 기술 그리고 경영전략을 살펴보았다. 상황변수로서 이 외에도 조직 내 형성된 권력구조가 있을 수 있지만 이것은 비공식적인 측면이 강하기 때문에 이를 유형화하는 데는 한계가 있다.

2 조직변화

2.1 조직변화의 필요성

CASE 2

▶ 개구리의 죽음

개구리는 수온이 15도일 때 가장 기분이 좋은 상태로 헤엄을 친다. 이 상태에서 1도, 2도씩 서서히 온도를 높이면 20도, 30도가 되어도 유유히 헤엄을 계속한다. 그러다가 45도가 되면 삶아진 채로 죽고 만다. 물론 처음부터 40도, 45도의 물에 개구리를 넣으면 놀라서 뛰쳐나와 버리지만 조금씩 온도를 올려주면 온도가 변했는지를 느끼지 못한 채 죽어버린다.

기업이 환경변화를 모르거나, 인지하더라도 둔감하게 받아들이는 경우 기업은 결국 삶은 개구리 꼴이 된다. 조직을 둘러싼 환경을 구성하는 요인들은 매우 다양하다.[14] 우선 노동력 구성의 변화를 들 수 있다. 인구의 고령화 현상, 글로벌화로 인한 문화적 다양성, 저기능 노동력의 증가 등은 조직을 관리하는 데 어려움을 가져다준다. 기술의 발전은 본질적으로 일하는 방식을 변화시키며, 이에 맞는 조직구조의 변화를 요구한다. 계속적으로 새로운 경쟁회사가 등장하여 현재의 조직에 대해 변화의 압력을 가한다. 뿐만 아니라 경제성장의 둔화로 인해 해당 기업이 살아남기 위해서는 구조조정을 피할 수 없는 경우도 발생한다.

이러한 환경적 요인 외에도 조직은 그 자체로 생성, 성장, 성숙 그리고 쇠퇴과정을 거치게 되는데 이러한 과정에서 쇠퇴하지 않고 살아남기 위해서는

변화하지 않으면 안 된다. 그림 13-11에서는 조직의 수명주기 모델에 따른 조직변화가 제시된다.[15]

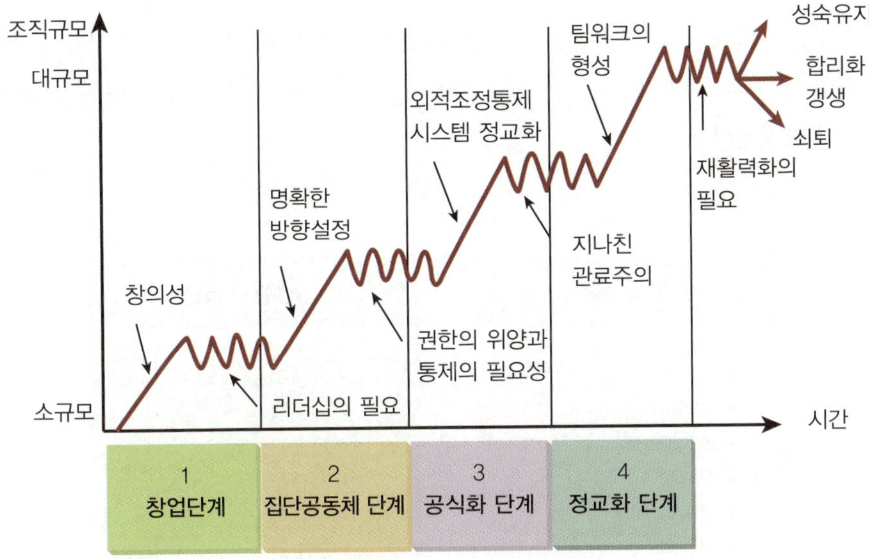

그림 13-11 조직의 수명주기와 조직변화

그림 13-11에 나타난 바와 같이 기업조직은 규모를 기준으로 볼 때 일반적으로 창업단계, 집단공동체 단계, 공식화 단계 그리고 정교화 단계로 나눌 수 있다. 창업단계에서는 창업자의 창의성이 조직성장을 이끈다. 조직이 어느 정도 규모가 커지면 창업자의 리더십에 한계가 오게 되고 이를 극복하기 위해 대개 전문 경영인을 영입하게 된다. 전문 경영인은 조직을 집단공동체로 강화하며 조직의 목표 및 관리방향을 적극적으로 제시하고 효과적으로 성장시키지만, 이후 권한의 집중화로 인한 조직의 효율적인 통제가 문제로 제기된다. 이를 극복하기 위해 권한의 위양, 즉 분권화가 이루어지는데 본사 또는 사장이 위임된 권한에 대한 새로운 통제 방식으로 스탭(staff) 조직을 만들고 규정 및 절차를 많이 만든다. 조직의 규모가 계속 커지게 될수록 이러한 통제방식이 강화되게 되고, 그 결과 규정 및 절차를 너무 강조하는 관료주의(bureaucracy)가 조직을 지배하게 되어 조직은 매너리즘(mannerism)에 빠진다. 이러한 조직의 경직화 현상을 극복하기 위해 조직은 팀워크를 중심으로 하는 변화를 시도하여 조직에 다시 활력을 불어

넣는 것이다.

조직변화는 자연적인 것과 계획적인 것으로 나눌 수 있다. 조직의 자연적인 변화의 기본 입장은 조직은 유기체이기 때문에 그냥 내버려 두어도 환경에 살아남기 위해 스스로 적응한다는 것이다. 반면에 계획적 변화는 목표달성을 위해 의도적인 변화를 강조하는데, 즉 조직환경을 예측하여 사전에 변화시킴으로써 조직의 생존과 성장을 추구한다는 것이다. 그림 13-12에서는 조직변화를 보는 관점이 제시된다.

자연적 변화	계획적 변화
• 수동적	• 능동적/동태적
• 우연적	• 계획적
• 과정지향적	• 목표지향적
• 사후적	• 사전적
• 경험적	• 전략적
• 적응적	• 의도적

그림 13-12 조직의 자연적 변화와 계획적 변화의 특징[16]

그림 13-12에 나타난 바와 같이 자연적 조직변화의 특징은 수동적이고, 환경변화가 일어난 후에 나타나는 사후적인 변화인 데 반해, 계획적 조직변화는 능동적이며 환경의 변화를 사전에 예측하여 조직을 사전적으로 변화시킨다는 측면에서 자연적 변화보다 조직의 생존에 보다 효과적이다.

2.2 조직변화 접근법

조직을 변화시키기 위해서는 여러 측면에 대한 의사결정을 해야 한다. 변화의 대상으로서 과업, 조직구조, 기술 그리고 조직구성원을 기본적으로 들 수 있다. 이러한 변화대상들은 서로 완전히 독립적으로 작동하는 것이 아니라 상호 의존관계를 가지고 있다. 예를 들어 생산분야에 신기술을 도입하면 과업내용이 바뀌며 이것은 조직구조의 분화 정도를 변화시키고 이에 대처할 수 있는 조직구성원의 자격요건 내지 작업내용이 달라지게 된다.[17] 뿐만 아니라 추가적으로 조직변화에 고려해야 하는 것으로서 변화의 시기, 변화의 범위 그리고 변화방법이 있다. 아래에서는 조직변화에 대한 통합적 모델과 과정적 모델을 살펴본다.

1) 통합적 접근

조직을 효과적으로 변화시키기 위해서 조직변화의 시기, 범위 그리고 방법을 종합적으로 고려한 변화 접근이 있다. 그림 13-13에서는 조직변화에 대한 종합적 모델이 제시된다.

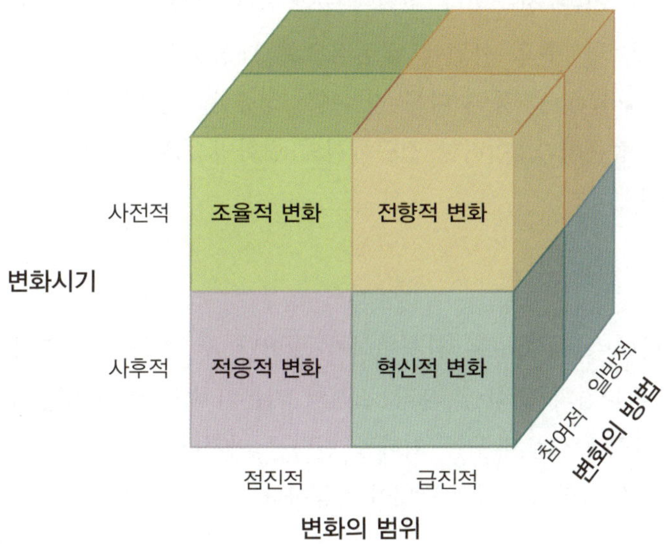

그림 13-13 조직변화의 통합적 모델[18]

그림 13-13에 나타난 바와 같이 조직변화를 시기, 범위 그리고 방법의 관점에서 볼 때 조율적 변화, 전향적 변화, 적응적 변화 그리고 혁신적 변화로 나눌 수 있다.

조율적 변화

조율적 변화(tuning)는 앞으로 발생할 주요 조직환경의 변화를 미리 예측하고 사전에 기존의 조직시스템(과업, 조직구조, 기술, 구성원)의 일부 혹은 전부를 점진적으로 개선, 보완 그리고 조정하는 접근을 말한다. 변화의 방법은 구성원을 참여시키는 방법과 경영층이 일방적으로 결정하는 방법이 있다.

전향적 변화

전향적 변화(reorientation)는 미리부터 대규모의 변화를 시도하는 접근을 말한다. 이러한 접근은 미래에 발생할 조직환경의 변화를 예측하고 조직의 기본방향을 바꾸어 나가는 전략적 변화로서 조직 내부에 큰 혼란을 피하면서 근본적인 변화를 가져오는 것이 목적이다. 이러한 접근에서의 변화방법은 참여적 혹은 일방적 모두가 가능하다.

적응적 변화

적응적 변화(adaptation)는 환경변화가 일어난 후 조직변화를 시도하는 것을 말한다. 즉 기존 전략이나 조직에 근본적인 변화를 주지 않고 시장의 변화나 기술개발 등 주요 사건에 점진적으로 대응하는 것이다. 예를 들면 벤치마킹(benchmarking)을 통해 다른 기업에서 성공한 기술이나 관리방식(연봉제 등)을 도입하는 접근이다. 이러한 접근에서의 변화방법은 참여적 혹은 일방적 모두가 가능하다.

혁신적 변화

혁신적 변화(re-creation)는 환경변화가 일어난 후 변화를 시도하는 것을 말한다. 즉 조직환경의 변화에 따라 조직의 기본가치(사명), 경영전략 그리고 조직시스템을 급진적으로 바꾸는 커다란 변화를 가져다주는 접근이다. 이러한 접근에서는 참여적 그리고 일방적 방법이 가능하다.

2) 변화과정 접근

조직변화의 한 대상인 조직구성원의 태도 및 행동을 변화시키기 위한 과정적 접근 중 대표적인 것으로서 Lewin의 변화단계를 들 수 있다.[19] 그는 그림 13-14와 같이 변화를 성공적으로 이끌기 위해서는 변화가 해빙단계, 변화단계 그리고 재동결 단계를 거쳐야 됨을 제시했다.

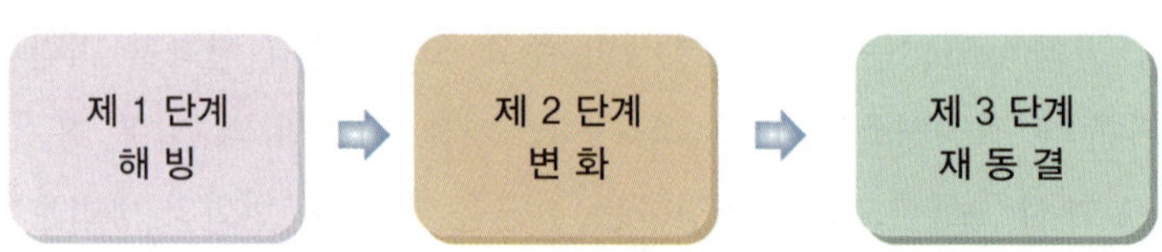

그림 13-14 변화의 3단계

제 1 단계 해빙

해빙단계(unfreezing)에서는 현재의 상태가 바람직하지 않음과 변화의 필요성을 인식시키는 단계이다. 해빙이란 기존의 고정된 관념에서 벗어나게 하는 것을 의미한다. 즉 구성원이 가지고 있는 조직규범, 규정, 사고방식 등을 허물고 변화된 새로운 상황을 받아들일 수 있도록 하는 준비과정을 말한다.

제 2 단계 변화

변화단계(changing)에서는 조직구성원의 태도 및 행동을 바람직한 방향으로 변화시키는 단계를 말한다. 변화의 전략유형으로서 순응, 동일화 그리고 내면화 전략을 들 수 있다.[20] 표 13-2에서는 변화의 세 가지 전략이 가지고 있는 특성이 제시된다.

표 13-2 **변화전략의 유형**

	순 응	동 일 화	내 면 화
선행요건			
• 목적	• 결과적 행동	• 사회적 의존	• 가치전향
• 수단	• 물리적 힘	• 매력	• 신뢰
• 방법	• 행동선택의 제한	• 역할제시의 기대	• 인식구조의 변화
결과			
• 지속의 조건	• 감독	• 관계의 밀도	• 가치의 연관성
• 변화의 조건	• 보상의 정도	• 관계의 만족도	• 가치의 극대화
• 기대되는 행동이 포함된 행동유형	• 구체적인 상황에서의 명시적 요구	• 구체적인 역할에 대한 기대	• 개인의 가치체계

표 13-2에서 볼 수 있듯이 **순응전략**(compliance strategy)은 한마디로 조직구성원에게 압력을 행사하여 복종시키는 유형을 말한다. 변화의 목적은 변화된 행동에 초점을 맞추고, 조직이 물리적인 힘을 행사하여 구성원이 해야 할 행동과 하지 말아야 할 행동을 강제화시키는 것이다. 변화의 조건으로서 보상과 벌을 사용한다. 이러한 전략에서는 변화된 바람직한 행동이 유지되기 위해서는 지속적인 감독을 필요로 한다.

동일화 전략(identification strategy)에서 추구하는 목적은 조직구성원의 사회적 의존 관계에 있다. 즉 구성원이 조직 혹은 리더가 가지고 있는 매력으로 인해 변화에 동참하는 것이다. 이런 경우 조직은 구성원에게 역할 기대만 제시하면 된다. 변화의 지속조건으로서는 긍정적 관계의 밀도가 유지되고 있어야 하며 구성원이 이러한 관계에 대해 만족하고 있어야 한다.

내면화 전략(internalization strategy)은 조직이 시도하는 변화의 목적이 구성원의 가치체계의 변화에 있다. 이러한 변화가 성공하기 위해서는 구성원에게 조직이나 리더에 대한 높은 신뢰가 요구된다. 또한 변화가 지속되기 위해서는 조직이 추구하는 가치와 구성원이 추구하는 가치의 연관성이 있어야 한다. 이러한 변화는 구성원의 가치체계를 대상으로 하기 때문에 일단 변화가 일어나면 오래 지속된다.

제3단계 재동결

재동결(refreezing) 단계의 목적은 변화된 태도나 행동이 계속 유지될 수 있도록 조직이 변화내용을 조직 전체 시스템에 통합하는 것이다. 예를 들면 변화 결과에 대한 보상과 지원을 계속 유지하며 변화한 후에 변화 전의 상태로 되돌아가지 않는지를 계속 체크해야 하는 단계이다.

2.3 변화에 대한 저항

조직변화가 시도되면 일반적으로 변화에 반대하는 저항세력이 발생한다. 이러한 세력은 조직변화를 성공적으로 이끄는 데 장애요인이 된다. 조직변화가 조직구성원들에게 얼마나 부정적인 영향을 미치느냐에 따라 저항의 강도가 달라진다. 예를 들면 저항의 결과 조직에서는 불만표시로부터 생산성의 저하, 이직률 증가, 만성적인 투쟁, 적대감 팽배, 태업 및 파업에 이르기까지 저항의 역기능이 일반적으로 나타난다. 그러나 저항의 순기능도 존재한다. 예를 들면 조직이 합리적이지 않고 조직 내 정치적인 이유로 변화를 시도할 때 이를 막는 역할을 들수 있다.

그러나 일반적으로 저항은 순기능보다 역기능이 더 큰 것이 사실이다. 조직변화가 모두 성공하는 것은 아니며 조직변화에는 저항세력과 변화압력이 동시에 나타난다. 조직변화가 장기적으로 성과의 증가로 이어지는 과정이 그림 13-15에서 제시된다.

그림 13-15에서 보여주듯이 조직이 변화를 시도하는 시점 t_0부터 성과는 저항세력에 밀려 감소하다가 t_1에는 최소가 되고 그 이후 변화압력이 우세해

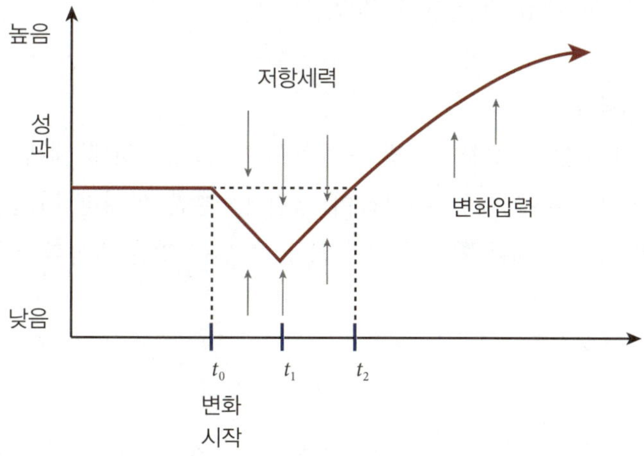

그림 13-15 조직변화와 성과

지면서 성과는 증가한다. 이렇게 성과가 증가하면서 t_2가 되면 변화를 시도했던 시점의 성과수준을 능가한다. 여기서 저항세력이 변화압력보다 더 강하게 작용하는 시기인 t_0부터 t_2 기간을 단축하는 것이 변화를 관리하는 데 핵심적인 이슈가 되겠다. 조직변화 후 성과가 감소하는 기간을 단축시키기 위해서는 저항세력에 대한 분석이 필요하다. 조직변화의 성공에 장애가 되는 것은 구성원의 저항뿐만 아니라 조직에 내재되어 있는 장애요인도 존재한다. 그림 13-16에서는 조직구성원이 조직변화에 저항하는 대표적인 이유가 제시된다.

그림 13-16에서 볼 수 있듯이 조직변화에 대해 조직구성원이 반대하는 이유로는 불확실성에 대한 두려움, 기득권 상실에 대한 두려움, 시스템에 대한 이해 부족, 보유기술의 노후화, 친숙한

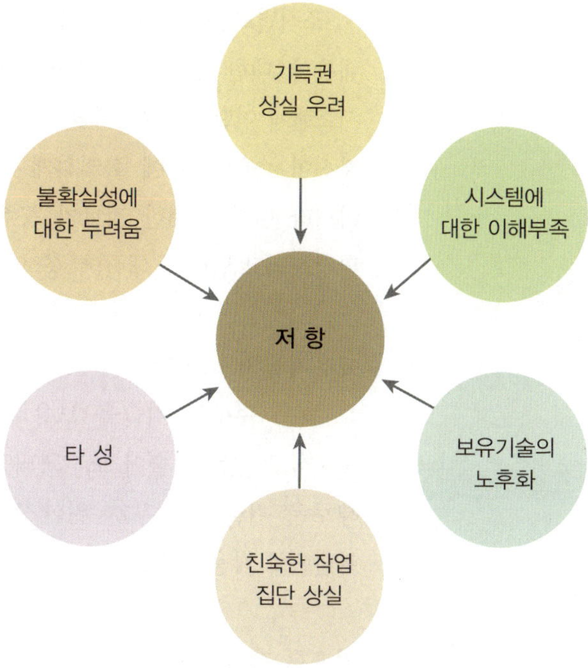

그림 13-16 조직변화에 대한 저항이유

작업집단의 상실 그리고 타성 등을 들 수 있다.[21]

불확실성에 대한 두려움

조직이 변화되면 작업의 절차 및 방식이 바뀌고 새로운 것에 대해 자신이 어떻게 적응할 수 있을지에 대한 두려움이 생긴다. 뿐만 아니라 작업집단의 감독자도 효과적인 감독에 대한 확신이 서지 않을 수 있어 일단 변화를 거부하게 된다.

기득권 상실우려

조직이 변화되면 직무내용이 바뀔 수 있으며 이럴 경우 구성원이 지금까지 보유해 왔던 직무 관련 권한이 축소될 수 있으며 혹은 자기가 맡고 있는 직무가 없어질 수도 있다. 이러한 가능성은 자신의 조직에서의 신분상뿐만 아니라 보상의 안정감에도 위협이 될 수 있다.

변화내용에 대한 이해부족

조직변화를 계획하는 과정에 구성원이 참여하지 않을 경우 구성원은 변화의 내용에 대한 정보를 충분히 가질 수 없기 때문에 변화할 내용이 조직의 여러 시스템에 어떤 영향을 끼칠 수 있는가에 대해 잘 알기 어렵다. 이러한 경우 변화가 자신이 속한 집단에 불리하게 될 것이라는 생각을 막연하게 가지게 된다. 뿐만 아니라 변화에 대한 정보가 공유되지 않을 경우 조직에 비공식 커뮤니케이션이 활성화되고 변화에 대한 부정적인 소문이 나게 된다.

보유기술의 노후화

높은 수준의 기술을 보유하고 있는 조직구성원은 조직변화로 인해 자신이 보유하고 있는 기술이 노후화되고 그렇게 되면 조직에서 자신의 가치가 하락하며 새로운 기술을 배우기 위한 교육을 받아야 한다. 이러한 것이 구성원에게는 부담으로 작용한다.

친숙한 작업집단의 상실

조직구성원들은 일하는 동안 동료들과 강한 사회적 관계를 형성하며 사회적 욕구를 충족시키는 데 커다란 역할을 한다. 조직변화로 인해 이러한 동료집단이 재편성되면 개인은 새로운 동료와의 관계를 형성해야 하는데 이것이 성공한다는 보장이 없다.

타성

현재의 조직이 설사 문제가 있다고 하더라도 조직구성원은 현 상태에 안주하려는 경향을 가지고 있다. 변화가 나타나면 본능적으로 거부하고 원래의 상태로 돌아가려는 타성(inertia)을 가지고 있다.

조직변화의 장애요인으로서 조직구성원의 저항이 있겠지만 이 외에도 조직에 내재하는 요인들도 있다.[22]

자원의 한계

조직이 변화를 시도할 의지를 가지고 있지만 변화에 요구되는 자원(자금, 인원, 공간 등)의 부족으로 변화를 적극적으로 추진할 힘이 없는 경우이다. 예를 들면 새로운 생산라인을 개발하려면 많은 전문인력과 자금이 소요되는데 이를 조달하는 데 한계가 있을 경우 변화는 쉽게 추진되지 않는다.

매몰비용과 기득권

현재의 조직을 구축하는 데 막대한 투자를 하였을 경우, 안정적인 회수를 위협하는 새로운 변화를 할 경우에 기존 투자한 것이 매몰비용(sunk cost)으로 사라질 수 있다는 가능성 때문에 조직은 변화를 꺼리게 된다.

조직의 경직화

조직은 시간이 지남에 따라 규정, 규칙 및 절차 등 일하는 방식이 고착화되어 변화에 대해 경직된 반응을 보여주는 경향이 있다. 즉 관료주의 조직체제하에서 흔히 나타나는 현상이다. 목표수단의 전치현상이 팽배할 때 어떤 변화가 시도되면 규정 및 절차를 내세우면서 변화에 대한 사고의 유연성이 저하된다.

과거의 변화시도에 대한 실패경험

조직이 과거에 여러 번 변화를 시도하였으나 실패로 끝난 경험을 가지고 있을 때 조직은 변화로 인한 위험 부담을 지지 않으려 하며 현재 상태에 머물고자 한다.

이외에도 조직이 변화를 시도할 때 조직구성원의 이해관계를 대변하는 노조의 입장도 중요한 역할을 한다. 노조의 입장은 앞에서 기술하였던 조직구성원의 저항이유에 대한 합리성을 주장하며 조직변화를 억제하는 중요한 압력단체로서의 역할을 한다.

조직은 변화에 따르는 조직구성원의 저항을 최소화하고 변화에 적극적으로 동참하여 시너지 효과(synergy effect)가 창출될 수 있도록 변화관리를 해야 하겠다. 아래에서는 저항을 관리하는 몇 가지 방안이 제시된다.[23]

교육과 커뮤니케이션

조직변화를 시도하기 전에 구성원들에 대한 교육 및 커뮤니케이션을 통해 변화의 내용을 적극적으로 알리고 이해를 구한다. 이러한 방법은 상당한 시간을 요구한다.

참여와 몰입

변화를 구체적으로 계획하는 과정에 관련되는 구성원들을 참여시킨다. 이렇게 함으로써 구성원들은 변화내용에 대한 아이디어를 낼 수 있으며 필요할 경우 변화 관련 각종 태스크포스 팀(task force team)의 일원으로 활동하게 한다.

촉진과 지원

변화에 따르는 애로사항에 대해 조직이 지원을 제공한다. 예를 들면 제기하는 문제에 대해 경청하고, 변화 후 제기될 수 있는 도전적인 작업환경에 대한 교육훈련 등을 지원한다.

협상과 동의

저항 당사자에게 변화수용에 따르는 보상을 제공할 것을 약속하는 등 협상을 통해 변화에 대한 동의를 이끌어 낸다.

명시적·묵시적 강요

변화 대상자들에게 압력을 행사하는 방법이다. 이상에서 제시하였던 방법들이 실패하였을 때 주로 도입된다. 즉 변화를 수용하지 않을 경우 불이익이 있을 것이라는 일종의 위협 방식이다.

2.4 조직개발

기업에서 조직구성원들의 능력을 신장시키기 위해 교육시킨 후 그 결과를 평가하였을 때 교육에 참가하기 전보다 향상된 평가결과가 나왔으나, 이들이 현장조직에 돌아와 일정기간이 지나면 해당 집단의 문화에 흡수 및 동화되어 교육효과가 사라지는 경우가 종종 일어난다. 이러한 현상에 대해 교육의 효과를 장기적으로 유지시킬 수 있는 방안을 조직개발(organizational development)이라는 관점에서 접근하게 되었다. 즉 개별 구성원의 변화를 조직 전체 차원에서의 변화를 통해 구성원들을 변화시키자는 것이다.

조직개발은 새로운 기술이나 시장, 도전적 사건 및 변화 그 자체에 보다 잘 적응할 수 있도록 조직구성원의 태도, 가치, 신념, 그리고 조직구조를 변화시키도록 고안된 교육전략을 말한다.[24] 이러한 개념에 나타난 특징을 보면 첫째, 조직개발은 계획적 조직변화를 하기 위한 교육전략이다. 둘째, 여기서 변화는 조직이 대처하는 긴박성 및 요구와 관계된다. 셋째, 조직개발은 경험으로부터 나온 행동을 강조한다. 넷째, 조직개발은 조직 전체에 포괄적인 변화를 추구한다. 다섯째, 조직개발은 장기적인 변화를 염두에 둔다. 여섯째, 조직개발은 집단변화에 초점을 맞춘다. 아래에서는 조직개발의 몇 가지 기법이 제시된다.[25]

1) 감수성 훈련

감수성 훈련(sensitivity training)은 조직 내 다른 부서에 근무하는 10~15명으로 구성된 서로 잘 모르는 피훈련자들이 모여서 자유롭게 토론을 하는 방식이다. 참가자는 훈련기간 동안에는 훈련장소를 떠날 수 없다. 토의 주제는 자유로우며 진행도 참가자들이 알아서 한다.

훈련 참가자는 자신이 발언한 것이 다른 참가자들에게 어떤 영향을 미치는지 그리고 다른 참가자가 발언한 것이 나에게 어떻게 받아들여지는지를 관찰하여 기록한다. 이러한 훈련을 통해 기대되는 효과는 다음과 같다.

- 참가자 개개인의 자아인식(self-awareness)증대
- 집단 내 구성원들 간의 상호작용에 대한 이해 증대
- 대인관계 및 집단관계에서 당면하고 있는 진단기술(diagnostic skill)의 향상

- 학습결과를 자신의 실제행동으로 전환시킬 수 있는 능력 증가
- 대인관계에서 자신의 행동을 분석하여 개선할 수 있는 능력 증가

2) 팀구축

팀구축(team building)은 조직 내 존재하는 다양한 팀들을 개선하고 그 유효성(effectiveness)을 증대시키는 것을 목적으로 한다. 예를 들면 현재 근무하고 있는 팀에서 일어나는 제반 문제들을 이슈화하고 이에 대한 해결방안을 모색하는 것이다. 이 방법은 외부에서 제3자가 개입하는데 우선 훈련 참가자와 개별접촉을 하여 정보를 수집한다. 다음으로 얻은 자료를 주제별로 분류하고 집단에 익명으로 피드백한다. 집단은 회합을 하여 문제들에 대해 토의를 한 후 이를 중요도에 따라 순위를 매기고 해결책을 강구하고 실행에 옮긴다. 실행 후 다시 회합하여 실행한 결과에 대해 그 효과를 평가한다.

팀구축은 집단구성원 각자가 팀에서 갖는 역할을 명확히 할 수 있다. 이를 통해 팀의 목적달성을 위해 구체적으로 무슨 일을 해야 하는지를 철저하게 생각해 볼 수 있는 기회를 가질 수 있다.

3) 집단 간 회합

집단 간 회합(group confrontation)은 조직에서 부문 간 발생하는 역기능적인 경쟁 및 갈등이 존재하는 경우 도입된다. 예를 들면, 기술자와 생산부문, 생산부문과 영업부문 등 각각의 부문들은 자신이 속한 부문만 우선시하는 경향이 있고, 문제가 발생하면 이를 다른 부문에 책임을 전가시키려는 경향을 보여준다. 이러한 부문 간의 문제를 조정하고 조직 전체의 유효성을 높이기 위해 집단 간 대면기법이 도입된다.

회합의 진행은 제3자가 개입한다. 진행단계는 다음과 같다. 제3자는

1. 각 부문으로부터 상대방 부문이 자기들을 곤란하게 하였던 사건들을 청취하고 기록한다.
2. 각 부문에게 상대방 부문이 자기들을 어떻게 기록할 것인지를 예측하게 한다.
3. 이 두 부문을 만나게 하여 제3자가 작성한 익명으로 내용을 공개한다.

이런 방법으로 진행하게 되면 특정 부문은 상대방이 자신을 어떻게 생각하고 있는지를 알게 되고 많은 부분이 오해로부터 나온 것일 수 있으며 혹은 개선하는 데 별 문제가 없다는 것을 발견하게 된다. 이러한 방식으로 많은 문제가 해결되며 부문 간 가지고 있는 갈등을 줄이고 조직 전체의 유효성을 높이는 데 공감대를 형성할 수 있다.

4) 대면회합

대면회합(confrontation meeting)은 조직의 여러 계층에서 나온 사람들로 구성된 집단이 조직의 건강도를 신속히 파악하여 빠른 시간 내에 이를 개선할 방안을 마련하는 기법이다.[26] 대개 1~2일 프로그램으로 조직구성원들을 가능한 한 많이 연수원에 합숙시키고 조직 전반에 대한 문제점들을 제시하게 하고 해결방안도 제안하게 한다. 진행순서는 다음과 같다.

1. 회합목적 설명: 경영층 혹은 외부 컨설턴트가 회합의 목적을 설명한다.
2. 정보수집: 여러 계층 및 부문에 속한 구성원들이 팀을 만들어 조직문제를 진단하고 문제점을 발견한다.
3. 정보공유: 일정시간 후에 팀들이 모여 그들이 발견한 문제들을 보고한다.
4. 우선순위 결정 및 개선방안 탐색: 제기된 문제별 개선방안을 토의한다.
5. 경영층이 참석한 자리에서 개선방안들을 보고하고 실행을 위한 우선순위를 정한다.
6. 즉각적 사후조치: 경영층은 회합 후 개선방안에 대한 실행계획을 수립한다.

대면회합의 장점은 경영층이 우선적으로 관심을 가져야 하는 분야를 알 수 있게 해 준다. 뿐만 아니라 조직의 건강도가 개선되어 부문 간, 계층 간 커뮤니케이션이 활성화된다. 그러나 경영층이 대면회합의 결과를 실행하지 않고 미룰 경우, 조직 내 불신이 조성된다.

5) 서베이 피드백

서베이 피드백(survey feedback)은 설문지를 이용하여 조직구성원들의 의견을 조사한 후, 여기에서 얻은 자료를 응답한 구성원들에게 피드백하는 것을 말한다. 설문내용은 사기조사, 보상제도, 리더십, 커뮤니케이션, 갈등 등에 관한 것이 될 수 있다. 설문조사의 결과는 경영층에 전달되고 이를 참고로 경영층은 조직구성원의 조직에 대한 만족 정도를 파악할 수 있다. 이러한 서베이 피드백을 통해 조직의 문제점을 발견할 수 있으며 어려움을 겪고 있는 부문 내지 팀 구성원들에 대한 지원방안을 수립하는 데 중요한 자료로 활용된다.

조직개발에 대한 평가는 상당히 긍정적이다. 특히 조직개발은 조직 전체보다 개인수준에서 좀더 효과적이다.[27] 조직개발은 본질적으로 개인의 태도변화(만족도, 자기발견, 목표중시 등)에 긍정적인 영향을 미친다.[28] 그러나 경영층이 조직개발에 대해 단기적인 효과를 기대할 경우 이에 대한 의구심으로 조직개발 프로그램을 진행 중에 중단하는 경우도 있다. 조직개발은 구성원의 의식변화가 주요 초점이 되는 경우가 많기 때문에 이에 대한 효과는 장기적인 관점에서 기대해야 할 것이다.

조직구조 사례

◉ Sony 의 컴퍼니제 도입 사례

세계 1등 품질의 전자제품 메이커로 명성을 얻었던 일본의 Sony社는 오가 노리오 사장 시대인 1994년 4월부터 일본의 대기업 중에서도 가장 먼저 컴퍼니 제도를 도입한 기업이다. 기존의 사업부를 강화시켜 마치 하나의 독립회사처럼 취급하고 환경변화에 민첩하게 적응하게 함으로써 비즈니스의 순발력을 높이려는 목적이었다. 그러나 Sony 내부에서는 도입 직후부터 이 제도가 겉보기와는 다르게 대단히 큰 문제를 안고 있었다는 것이 밝혀졌다. 각 컴퍼니가 마치 독립된 회사처럼 독립채산성을 가지게 되면서 부서별로 사업영역을 둘러싼 갈등이 일어나고, 이는 심장이 각 기관에 제대로 혈액을 공급하지 못하는 것처럼, 컴퍼니 간의 불필요한 경쟁을 야기했다.*

최근까지도 Sony의 몰락은 처참하다. 매출액 감소와 손익 및 재무구조 악화에 시달리고 있는 Sony는 어디서부터 잘못됐던 것일까? Sony의 불운이 컴퍼니 제도의 도입에서 시작되었다고 믿는 사람들이 적지 않다. 1994년 당시 Sony의 컴퍼니 제도의 도입은 잘못된 투자로 인한 재무구조 악화에 시달리던 Sony에게 단기적으로는 가시적인 개선 효과를 보여주었다. 그러나 오래지 않아 Sony는 컴퍼니 제도로 인해 각 사업부가 사일로(silo)화• 되는 부작용을 겪게 되었다. 컴퍼니 제도의 부작용은 사일로 현상에만 그치지 않고 더 큰 암세포가 되어 Sony를 잠식하게 되었다. 그 암세포는 바로 성공의 DNA, 즉 기업 이념과 문화를 갉아먹기 시작한 것이었다. 강력한 컴퍼니제의 추진에 의해 그룹 전체의 시너지 효과나 협력의 효율성이 저하되었고, 각 사업부문이 자기 부문의 목표달성을 위해 제각각 장벽을 치고 단기 수익 경쟁에 몰두하게 됨에 따라 사업부 간 시너지(상승) 효과는 전혀 기대할 수 없게 되었다. 이와 함께 연구개발분야에도 철저한 분화가 이루어져 전체적이고 장기적인 관점이 필요했던 기초연구가 중지됨으로 인해 Sony는 필수 성장 동력을 잃어버리게 된 것이다.

* 미야자키 타쿠마. 『소니침몰』. 북쇼컴퍼니. 2006.

사일로(silo)화 곡식을 저장해 두는 원통형 모양의 독립된 창고처럼 기업에서 조직의 각 부서들이 서로 다른 부서와 담을 쌓고, 자기 부서의 이익만 추구하는 현상

생각해 볼 문제

- 과감하게 컴퍼니제를 도입하면서 시장변화에 빠르게 적응하고자 했던 Sony社가 조직구조 설계 및 운영에 실패한 원인은 무엇인지 생각하고 토론해 보자.

Chapter

14

조직문화

CASE 1

▶ 일본기업의 사풍(社風)

1973년 여름 혼다 기연(技硏) 총무부장 오카무라는 마쓰시다 전기(2008년 파나소닉으로 기업명칭 변경)의 강연회에 초빙되어 혼다이즘(Hondaism)의 인사관리에 대해 열정적인 강연을 마쳤고, 마쓰시다의 청중은 그의 강연에 감동을 받았다. 그들은 혼다에는 무언가 다른 것이 있다고 생각했다. 이를 계기로 그 해 10월 두 회사는 반장급 10여 명을 선출하여 각각 5일 일정으로 상대방 기업을 방문하는 교류연수를 실시하였다.

혼다 사원들이 마쓰시다에서 경험한 것을 토대로 살펴보면 첫째, 규율이 엄했다. 아침 6시에 기상, 체조, 마쓰시다 강령을 제창하고 일과가 시작되었다. 둘째, 근무상의 특징으로서 모두가 조직적이고 구석구석까지 관리가 잘 되어 있고, 사원들은 넥타이를 맨 정장 차림으로 출근했다. 셋째, 작업장 분위기는 매우 엄격했으며, 사원들 간의 사적인 대화는 거의 없고, 작업생산 라인을 떠나는 사람도 없으며, 작업 중 흡연을 하는 사람도 없었다. 넷째, 기숙사 생활 또한 규율이 엄격했다. 저녁 10시에 취침 소등 그리고 기숙사에서는 음주 및 마작과 같은 도박이 금지되었다. 넷째, 작업반장이 공정을 변경하려면 2~3일이 걸렸다.

이와 같이 마쓰시다 조직의 특징은 조직질서가 엄격하고, 조직목표가 개인 것보다 우선이어서 작업과정에 개성이 들어갈 여지가 전혀 없었다. 마치 정식코스를 따라 항해하는 배와 같았다. 혼다에서 온 반장들은 마쓰시다의 중압감 및 업무수행의 철저함을 보고 위장에 통증을 느꼈다.

반면에 마쓰시다에서 온 사원들은 혼다에서의 첫째 날 "아무것도 배울 만한 것이 없군. 돌아가 버릴까?"라고 생각했다. 그러나 둘째 날 실습에 들어가자 이들은 깜짝 놀랐다. 혼다 사원들은 작업을 하면서도 자연스럽게 서로 얘기를 주고 받았으며 장발을 한 사람들도 눈에 띄었다. 일이 언제 시작되었는지 언제 끝났는지도 분명치 않았다. 너무 풀려있고 마디가 없는 것같이 느껴졌다. 그렇지만 이상스러우리 만큼 공장 안에는 활기로 가득 차 있었다. 혼다 사람들은 각자 개성이 있고, 상사와 부하 간에 자유롭게 얘기했으며, 근무 복장은 청바지를 입고 샌들을 신고 넥타이를 매지 않았다. 기숙사에서도 감독자가 방문하여 사원들과 함께 술을 마시거나 마작을 하면서 어울리는 것이 당연한 것으로 여겨졌다. 작업장에서는 담배를 피우고 싶으면 지정된 장소에 가서 피우며, 사적인 대화도 자주 했다. 공정의 변경이 필요할 경우에는 작업반장이 부품의 공급 정도에 따라 1~2시간 만에 결정하였다. 마쓰시다에서 온 사원들은 혼다 사람들이 "커피를 마시면서 얘기하자."라는 제안으로 너무 자주 커피를 마셔 위장에 통증을 느꼈다.

두 회사 간의 교류연수를 통해 위에서 살펴본 바와 같이 혼다 조직의 특성은 개인의 개성을 존중하는 경영철학으로 요약할 수 있으며, 모든 것의 출발점은 개인이었다. 목표는 개인이 설정하며 달성방법 또한 개인이 판단한다. 혼다는 한마디로 해도(海圖)에 입각한 정식코스를 무시하는 바이킹(viking)에 비유할 수 있다.

중요한 것은 두 조직이 너무나 다른 사풍을 보여주었음에도 불구하고 모두 세계적인 우량기업으로서 지속적으로 높은 성과를 내고 있다는 것이다.

세계 선진국 기업들은 1960년대까지만 하더라도 기업경영의 핵심은 조직관리의 합리성 추구에 있었으며 1970년대에 들어와서는 기업의 해외진출이 활발해지자 국제환경변화에 대응할 수 있는 전략경영의 필요성이 증대되었다. 그러나 1980년대에는 경쟁심화에 따르는 극복전략으로서 새로운 자원의 탐색에 주력하게 된다. 이러한 경영환경의 변화는 자연스럽게 조직관리에 대한 인식도 바뀌게 했다. 과거에는 유용한 방식이었던 합리적 조직관리, 정교한 조직설계, 효율적인 작업수행 등이 지니는 한계를 인식하고 조직의 비공식 측면인 조직구성원의 심리적, 정신적 측면이 조직성과에 중요한 영향을 미친다는 점에 주목하게 된 것이다. 이때 나타난 것이 바로 조직문화였다. 즉 조직문화를 조직에서 동원할 수 있는 중요한 자원(에너지)의 원천으로 보고 이를 기업경영에 원용하는 것이 경쟁력 확보를 위한 하나의 대안으로 등장하게 된 것이다. 이러한 시대적 요청에 따라 조직행동 분야에서 조직문화라는 이슈는 1980년대부터 학문적으로 관심을 끌어 왔다. 그 이전에는 사풍, 경영철학 그리고 조직분위기 정도로 논의되어 왔었다.

이와 관련하여 조직문화에 대해 몇 가지 질문을 던질 수 있다.

- 조직문화란 무엇이며, 이것이 조직행동을 이해하는 데 어떤 의미가 있는가?
- 조직문화는 조직에서 어떤 기능을 수행하고 있는가?
- 조직문화의 구성요소 및 형성요인은 무엇이며, 조직문화의 유형 등은 어떻게 분류할 수 있나?
- 조직문화와 경영성과 간에는 어떤 관계가 형성되는가?
- 성과를 높일 수 있는 조직문화를 개발하려면 어떻게 해야 하는가?

이러한 몇 가지 질문에 의거하여 아래에서는 조직문화에 대한 기초적 이해, 조직문화의 유형, 조직문화와 성과 간의 관계 그리고 조직문화의 개발 및 유지에 대해 살펴본다.

1 조직문화에 대한 이해의 기초

1.1 개념

조직행동에 있어서 새로운 개념이 바로 문화(culture)인데 이 용어는 원래 문화인류학의 연구대상이었다. 문화란 그 개념이 매우 광범위하고 통일된 정의를 발견하기가 어렵다. 그럼에도 불구하고 문화는 기술적 개념과 해석적 개념으로 구분하여 파악할 수 있다. 기술적 개념으로서의 문화는 인간행동의 결과로서 물질적인 산물과 사회적인 산물을 말한다. 즉 문학, 예술품, 건축물, 사회제도, 교육방식 등 직접 관찰이 가능한 것들을 의미한다. 반면에 해석적 개념으로서의 문화는 인간행동의 원인으로서의 정신문화, 즉 종교적 확신, 행동규범, 공유된 태도 및 가치관 등을 말한다.[1]

문화가 가지고 있는 이러한 개념적 내용을 바탕으로 하여 조직문화를 "조직구성원 행동의 지침이 되는 행동규범을 창출하는 공유된 가치와 신념의 체계"로 정의할 수 있다. 여기에는 이념, 관습, 규범, 전통 그리고 지식 및 기술도 포함된다.[2] 즉 조직문화는 유형적인 것이 아니라 무형적인 관념의 체계를 말하는 것이다. 따라서 조직구성원의 의식 속에 자리잡고 있으면서 조직과 구성원의 행동에 반영되어 나타난다.

조직문화는 본서의 제3장에서 논의했던 개인의 성격처럼 조직수준에서의 특성으로 이해할 수 있으며 이것은 다른 조직과 구별되는 속성을 가지고 있고, 형성되는데도 많은 기간이 소요된다. 조직을 인체에 비유해 볼 때 조직문화는 우리의 인체내부에 있는 보이지는 않지만 에너지를 발산하는 기(氣)에 해당된다고 볼 수 있겠다.

조직문화와 조직 분위기를 비교해 보면 조직 분위기(organizational climate)는 조직특성에 대해 개인이 지각하는 인상에 초점을 맞춘 반면, 조직문화는 조직구성원과 전체 조직에 영향을 주는 무형의 기본가치를 강조하는 미래지향적인 속성을 가지고 있어 행동개발의 지침이 되는 보다 적극적인 측면을 가지고 있다.[3]

조직문화는 그 범위 측면에서 볼 때 여러 종류로 구분할 수 있다. 예를 들면 한 국가의 경영문화(예 한국의 경영문화, 미국의 경영문화, 일본의 경영문화), 해당 국가의 산업별 문화(예 자동차 산업문화, 전자산업문화, 서비스 산업문화), 기업집단의 그룹문화(예 삼성그룹 문화, 현대그룹 문화, LG그룹문화), 단위기업의 기업문화 그리고 기업 내 부문문화 혹은 팀문화 등이다. 조직문화는 일반적으로 단위기업조직의 문화를 다룬다.

1.2 조직문화의 기능

조직문화의 기능은 대내적 기능과 대외적 기능으로 구분할 수 있다.

대내적 기능으로서 조직문화는 첫째, 조직구성원에게 행동기준을 제시하게 된다. 즉, 조직에서 어떤 행동이 수용될 수 있는가에 대해 구성원에게 일종의 인지지도(cognitive map)를 제공해주는 것이다. 어떤 구성원이 조직문화에 합치되는 행동을 했을 때는 그 조직에서 인정을 받게 되고, 반대의 경우에는 제재를 받게 되는 것이다. 다시 말해서, 조직문화는 조직구성원에 대한 통제 메커니즘 역할을 하는 것이다. 둘째, 조직문화는 구성원들을 하나로 묶어주는 정신적인 지주 역할을 수행한다. 일종의 사회적 접착제 역할을 하는 것이다. 조직문화는 기업이 추구해야 할 가치를 핵심내용으로 담고 있기 때문에 조직구성원들은 이러한 가치를 공유하게 된다. 이것은 조직구성원에게 내재적 보상으로의 역할을 하며 구성원들에게 조직에 대한 몰입(commitment)을 높여준다.[4] 셋째, 조직문화는 인사관리에 룰(rule)을 제공한다. 우선 인력을 선발할 때 조직문화는 조직 인재상의 근거가 되기 때문에 해당 조직에 적합한 인재를 선발할 수 있게 해 준다. 또한 조직구성원들의 교육훈련의 기준이 되기도 한다. 교육훈련을 통해 양성할 인재의 모습이 어떤 것이어야 하는지 기준을 제시하는 것이다.

조직문화의 대외적 기능으로는 첫째, 조직문화는 기업이 대외적으로 경쟁에 대처해 나가는 데 있어서 강력한 에너지를 응집시킬 수 있다. 즉 조직구성원의 높은 몰입 및 동질감 등은 본질적으로 환경변화에 대한 대처능력을 높인다. 둘째, 조직문화는 대외적으로 고객에게 해당 기업의 이미지를 제공하여 제품을 선택할 때 커다란 영향을 미친다. 예를 들면 어떤 기업이 혁신적이고 기술우위를 지향하는 조직문화를 가지고 있을 때, 고객이 이 회사의 제품에 대한 기술적 속성에 대한 정보가 설사 부족하더라도 해당 기업이 가지고 있는 이미지에 의존하여 구매를 위한 의사결정을 할 수 있는 것이다.

이상에서 살펴본 바와 같이 조직문화는 조직 내부에 정신적 에너지를 증가시키고 기업의 대외 경쟁력을 확보할 수 있는 중요한 자원으로 볼 수 있겠다. 이상에서 제시한 조직문화의 기능이 그림 14-1에서 제시된다.

그러나 조직문화는 역기능도 가지고 있다. 예를 들면 특정 조직문화가 강하게 형성되어 있을 때 조직은 변화에 대한 내부 구성원들의 저항이 보다 강력해진다. 즉 기존의 조직구성원들은 현재의 조직문화에 의해 조직 내 응집력이 높아져 있기 때문에 변화를 통해 다른 조직문화가 형성되는 데 거부감이 보다 크게 발생할 수 있기 때문이다.[5] 또한 조직문화는 새로 들어오는 조직구성원의 창의성을 제약할 수 있다. 조직은 인적구성의 다양성을 통해 혁신을 추구할 수 있는데 고착된 조직문화는 신입 구성원들이 개성을 발휘하며 새로운 아이디어를 낼 수 있는 창의성을 제약할 수 있다.[6]

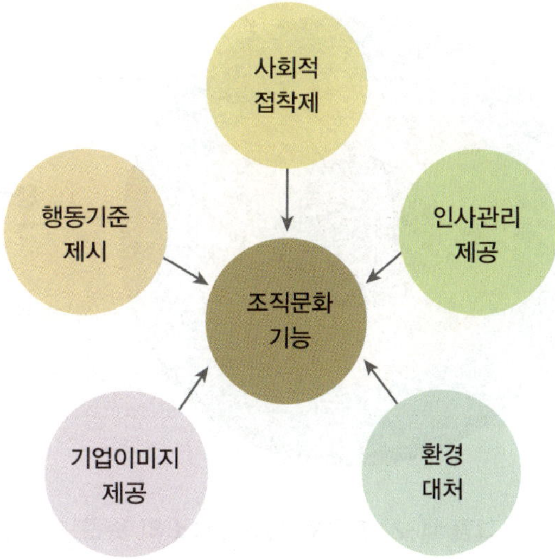

그림 14-1 조직문화의 기능

1.3 조직문화의 구성요소

조직문화의 존재를 인식하기 위해서는 앞에서 기술한 문화의 개념으로부터 출발해야 한다. 즉 문화란 인간이 만든 것(man-made)과 인간행동의 원인이 되는 가치 내지는 규범 등을 포괄하는 것이다. 이러한 관점에서 볼 때 조직문화는 조직구성원의 행동 및 그 결과물(artifact), 조직구성원이 공유하고 있는 가치 그리고 어떤 대상 및 사건에 대한 기본가정(basic assumptions)이라는 세 가지 수준에서 인식할 수 있겠다.[7]

여기서 인간행동이나 그 결과물은 가시적이며, 가치는 인지가능하고 기본가정은 보이지 않는 무의식으로 존재하는 것을 말한다. 조직문화를 구성하고 있는 이러한 요소들의 관계를 그림 14-2에서처럼 수준별로 제시할 수 있다.

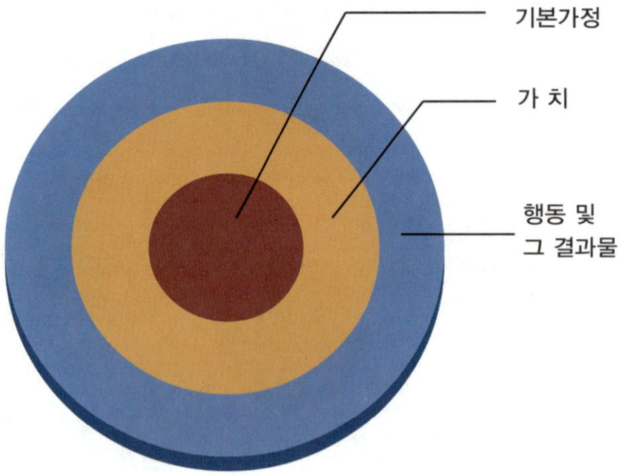

그림 14-2 조직문화 구성요소의 수준

그림 14-2에서 제시한 바와 같이 조직문화를 수준별로 볼 때 가장 외부에 있는 것은 조직 및 조직구성원의 행동 및 그 결과물이며 이보다 더 깊은 곳에 위치해 있는 것은 가치이며, 내면세계 가장 깊이 위치해 있는 것이 바로 기본가정이다.

1) 조직구성원의 행동 및 그 결과물

조직에서 발견되는 구성원의 행동과 그 결과물은 조직문화 구성의 가장 외부에 위치하는 것으로서 매우 다양한 모습을 보여준다. 이러한 것들은 구성원이 사용하는 언어, 상징물, 조직에서 행해지는 의례의식 그리고 전해 내려오는 이야기(일화) 등으로 분류할 수 있다.

언어

조직구성원들이 사용하는 언어로부터 해당 조직의 문화를 경험할 수 있다. 예를 들면 관리자가 부하에게 사용하는 말투로 상사-부하 간의 인간관계가 수직적인가 혹은 개방적인가를 알 수 있다. 또한 회사의 매장에 붙어 있는 슬로건(slogan)이 "여기서 파는 제품의 가격보다 더 싼 곳이 있으면 구입제품의 10배를 드립니다." 라고 되어 있으면 고객은 이 회사가 고객에게 가격면에서 최상의 서비스를 제공하고 있다는 메시지를 인지할 수 있을 것이다. 그리고 사장이 신년사에서 구성원의 창의성 및 구성원의 도전감을 강조하게 되면 조직의 역동성을 파악할 수 있다. 그 외에도 구성원들이 사용하는 비공식 커뮤니케이션 등으로부터도 조직문화의 색깔을 느낄 수 있겠다.

상징물

조직에서 발견되는 상징물(symbol)은 건물, 사무실 집기, 사무용품, 회사 로고 그리고 구성원들의 복장 등이 되겠다. 미국의 어떤 청바지 제조회사는 고색창연한 오래된 붉은 벽돌건물의 본사가 있다. 일상생활에서 부담 없이 막 입는 청바지의 모습을 상징하고 있는 것이다. 휴대폰과 같은 첨단 기기를 판매하는 회사의 건물은 최첨단 현대식 건물인 경우가 많은데 이와 같은 상징물은 해당 기업이 무언가 새로운 것을 빠르게 도입하고 있는 회사라는 느낌을 준다. 어떤 기업은 구성원에게 정장차림을 요구하지만 다른 기업은 자유복장이 일반적이다. 회사의 로고 또한 이를 통해 기업문화를 추측하게 해준다. 어떤 기업의 로고는 글자 위주로 만들어져 있는 반면 다른 기업은 글자보다도 그림의 형태를 통해 역동성을 표현하려고 한다.

의례의식

의례의식(ceremonies and rites)은 조직에서 특정한 시기에 행해지는 일련의 행동을 말한다. 예를 들면 신입사원을 받아들이는 행사를 할 때 어떤 회사는 신입사원 및 그 가족들까지 그 회사의 식당에 초대하고 사장을 포함한 모든 임원들이 참석한다. 조직구성원들의 경조사가 발생했을 때 다른 구성원들이 보여주는 일관된 행동들도 이에 해당된다. 뿐만 아니라 정기적으로 최우수 사원들을 선정하여 포상하는 행사 등도 있다. 이러한 의례의식을 통해 조직구성원은 회사가 무엇을 중요하게 생각하고 있는가를 알 수 있다.

이야기

어떤 조직이든 창업자의 일화 및 과거 회사가 위기에 처했을 때 이를 극복한 사례 등의 전해 내려오는 일화(stories)가 있기 마련이다. 예를 들면 현대그룹의 창업자인 정주영 회장이 울산에 조선소를 건설하기도 전에 영국에서 조선소를 건설하기 위한 차관을 도입한 일화는 매우 유명하다. 그는 은행에 거북선이 그려져 있는 우리나라 돈을 보여주면서 조선능력을 확신시켜 차관을 받았던 것이다. 이러한 이야기는 현대그룹 구성원들에게 "무에서 유를 창조할 수 있다."는 자신감을 가져다주었고 이것이 오늘날 현대그룹 조직문화의 현주소로 자리매김하고 있다.

이외에도 조직에는 각종 공식적인 제도들이 있다. 예를 들면, 연봉결정을 위한 평가제도, 승진제도, 복리후생제도 그리고 고충처리제도 등이 있는데 이러한 제도들이 해당 조직의 조직문화를 표출하고 있다. 예를 들면 성과평가시 결과만 중시하는지 과정도 평가에 반영하는지, 복리후생은 최소로 하고 연봉위주로 보상을 하는지에 따라 조직문화가 경쟁을 강조하는지 혹은 화합을 강조하는지를 파악할 수 있다.

이상에서 제시한 조직구성원의 행동 및 그 결과물에는 조직이 추구하는 가치가 반영되어 있는 것이다.

2) 가치

조직문화의 두 번째 수준에 위치하는 것은 의식이나 지각이 가능한 가치(values)이다. 이것은 해야 할 일과 하지 말아야 할 일을 구분해주는 구성원의 신념이 반영된 것이다. 가치는 조직구성원들에게 구두 혹은 문서로 전달된다. 예를 들면 조직의 사명(mission), 경영이념 혹은 경영보고서 등은 서면으로 표시되는 반면, 일상적 조직생활에서 지켜야 할 내용이 규범으로 제시되기도 한다. 가치는 구성원들이 가치가 있다고 인정하는 인지가치(espoused values)와 이들의 행동에 실제로 반영된 행동가치(enacted values)로 구분된다.[8] 일상적인 조직생활에서 인지가치와 행동가치가 일치하지 않는 경우도 발생하는데, 이럴 경우 조직구성원은 갈등을 느끼게 된다.

가치는 기업마다 다를 수 있다. 어떤 기업은 고객에 대한 서비스에 최고의 가치를 두고 사장이 정기적으로 매장에 나가서 직접 고객을 만나 고객만족의 정도를 살펴보는 경우도 있으며, 어떤 기업은 품질에 가치를 두기 때문에 생산공정을 강화하기도 하고, 혁신을 강조하는 경우에는 선행연구개발 부문에 예산을 많이 배정하기도 한다. 그러나 조직이 추구하는 가치와 조직구성원이 생각하는 것이 다를 수도 있다. 이를 경우 조직과 구성원에게 가치가 공유되지 않고, 그 차이가 크면 클수록 조직문화의 강도(strength)가 약해진다.

3) 기본가정

기본가정은 조직구성원들의 가장 깊은 내면에 자리잡고 있는 신념이며, 이것은 외부세계에 대한 인식과 사고방식 그리고 행동에 대한 기본적인 지침을 제공한다. 이것은 조직문화의 가장 본질적인 측면을 이루고 있는 것이다. 이러한 기본가정은 인간의 본성, 현실, 시간 및 공간에 대한 본질, 인간관계의 본질 그리고 개인의 조직환경에 대한 관계의 본질 등에 관한 기본입장을 말한다. 예를 들면 인간은 본래 선한 존재인가 아니면 악한 존재인가와 관련하여 어떤 기업에서는 '인간은 원래 선한 존재'라는 가정이 조직과 구성원 간의 신뢰를 강조하는 가치에 반영되기도 한다.

이상에서 살펴본 바와 같이 조직문화는 세 가지 수준에서 인식되는데 가장 표면적인 것인 조직구성원의 행동 및 그 결과는 이보다 한층 아래에 존재하는 가치를 반영하여 나타나며, 이 가치는 이보다 더 내면에 자리를 잡고 있는 기본가정으로부터 나온다.

1.4 조직문화의 형성

조직문화는 매우 집합적인 현상으로서 서서히 형성되는데 이러한 문화형성에는 아래의 몇 가지 요인들이 존재한다.

1) 중심인물

조직에서 중심인물(hero)은 창업자, 사장 그리고 해당 기업을 성공적으로 발전시키는 데 결정적인 공헌을 하였던 사람을 말한다. 조직의 창업자는 전통적으로 해당 조직의 초기문화 형성에 결정적인 역할을 한다. 그는 처음 조직을 만들었기 때문에 완전 백지상태에서 자기가 원하는 조직문화라는 그림을 그려 넣을 수 있다. 여기에 새로운 문화가 만들어지는 데 별다른 저항세력이 존재할 수 없다. 창업자가 조직문화를 만드는 과정을 보면, 첫째, 창업자는 자신과 같은 가치관을 가지고 있는 사람을 채용한다. 둘째, 백지상태로 채용된 사람들에게 창업자는 자신의 사고방식이나 가치를 주입시킨다. 셋째, 창업자의 행동이 조직구성원들에게 역할모델이 되어 수용된다. 그 결과 창업자의 신념, 가치 그리고 기본가정이 구성원들에게 내재화되는 것이다.[9]

뿐만 아니라 새로 취임한 사장이 조직을 변화시키기 위해 조직구조, 제도 및 관리방식을 바꾸게 되면 이러한 것들이 추구하는 가치가 점차 조직구성원들에게 내재화되어 새로운 조직문화가 형성되는 것이다.

2) 조직의 역사 및 안정적인 멤버십

문화라는 개념 자체가 역사성을 내포하고 있기 때문에 조직문화는 단기간에 형성되지는 않는다. 일반적으로 볼 때 대략 최소한 3~5년의 기간이 소요된다. 창업한 지 1년도 되지 않은 기업에 조직문화를 발견하기는 어렵다. 따라서 조직문화는 조직에 최소한의 역사를 필요로 한다. 그러나 조직의 역사가 설사 오래되었다 하더라도 이직률이 높아서 조직구성원의 해당 조직에서의 체류 기간이 짧을 경우 조직문화가 형성되는 데 문제가 발생한다. 즉 조직 자체로 보면 역사가 길겠지만 구성원 개개인으로 볼 때 해당 조직에 심리적인 안정감을 느낄 수 없기 때문이다. 조직문화란 일관성을 가지고 꾸준히 지속되는 과정에서 서서히 형성되기 때문이다.

3) 외부환경

기업경영에 영향을 미치는 외부환경은 제품, 고객, 기술, 시장경쟁 그리고 정부 등 매우 다양하다. 이러한 기업의 외부환경은 해당 기업의 조직문화 형성에 영향을 미친다. 예를 들면, 가격경쟁이 치열하여 원가절감이 경영의 초미의 관심사가 될 경우 기업은 조직구성원의 보상뿐만 아니라 원자재 비용을 최소화하려고 노력할 것이다. 이렇게 될 경우 기업은 조직구성원의 업무 강도를 높일 것이고 이에 대해 구성원들의 심리적 저항이 발생하게 된다. 따라서 조직문화는 매우 계산적이고 서로를 감시하는 방향으로 형성될 것이다. 또한 휴대폰과 같이 기술혁신이 빨리 일어나는 분야에서는 창의성을 강조하는 조직문화가 만들어지게 된다.

4) 기업이 속한 문화권

여기서 문화권이란 국가의 문화를 말하는데 그 범위를 보다 확대하면 아시아 문화, 중동문화 그리고 서양문화 등으로 나눌 수 있다. 특히 우리나라의 경우 유교문화권에 속해 있어 유교적 사회질서가 조직 내 인간관계 형성에 영향을 미친다. 예를 들면 비공식조직에서의 구성원의 서열은 대개 연령을 기준으로 형성되는데, 이러한 룰(rule)이 공식조직에서 흔들리게 되면 이와 관련되는 사람들은 심리적인 불편함을 느낀다. 즉 조직 내 나이가 젊은 사람이 자기보다 나이가 많은 사람을 부하로 둘 경우 양측 모두 불편함을 느낀다. 이러한 유교문화적 가치관에 의해 기업에서는 승진기준을 연공으로 하게 되는데 이럴 경우 조직구성원은 성과를 높이기 위해 열심히 일하기보다 근속연수를 채우는 데 급급한 나머지 나태한 조직문화가 형성되게 된다. 물론 우리나라 기업이 연공서열식의 인사관리를 탈피하려고 하지만, 특히 제조업 생산직종의 경우 거센 저항에 부딪치고 있다.

2 조직문화의 유형

기업에서 발견되는 조직문화의 유형은 매우 다양하다. 어떤 기준을 가지고 조직문화를 식별하느냐에 따라 조직문화의 내용이 다를 수 있다. 그동안 학계에서는 보다 의미있는 조직문화의 유형을 찾기 위해 노력해 왔으나 '문화'라는 개념이 가지고 있는 모호함과 광범위함으로 인해 보편 타당성(generalization)을 갖추고 있는 분석의 틀은 아직 발견되지 않고 있는 실정이다. 그럼에도 불구하고 보다 조직문화의 유형을 찾기 위한 의미있는 몇몇 연구들이 있다. 아래에서는 일반적으로 기업조직이 추구할 수 있는 가치 프로파일(value profile)을 귀납적으로 조사한 것과 특정한 가치들을 통합하여 의미있게 재분류하여 조직문화를 인식하는 시도를 살펴본다.

2.1 조직문화 가치 프로파일

조직문화 가치 프로파일은 현재 존재하는 기업들을 대상으로 해당 기업이 어떤 가치를 중요하게 여기고 있는가를 설문하여 수집한 것으로서 원래는 54개였으나 이 중 가장 설명력이 높을 것으로 판단되는 몇 가지가 아래에 제시된다.[10]

1) 혁신적 문화

혁신적 문화(innovative culture)를 가지고 있는 조직은 구성원이 내는 새로운 아이디어에 대해 매우 개방적이고 유연한 입장을 가지고 이 아이디어를 우선 실험적 수준에서 기꺼이 실행하려는 적극성을 가지고 있다. 이런 조직에서는 조직계층의 수가 적으며, 구성원이 직급에 의해 대우받기보다 개성을 존중한다. 상사-부하 간의 관계는 수직적이지 않고 동료관계처럼 협력적이다. 또한 어떤 일을 시도하는 데 있어서 위험을 기꺼이 부담하며 그 일이 실패하더라도 담당자를 처벌하지 않는다.

2) 공격적 문화

공격적 문화(aggressive culture)를 가진 기업은 경쟁 그 자체 및 경쟁기업을 능가하기 위한 탁월한 성과에 가치를 둔다. 이러한 기업들은 경쟁기업과 '전쟁'도

불사하는 의지를 보이며, 특허 관련 소송도 빈번하게 일으킨다. 조직구성원들 사이에 '상대방 기업을 쳐부숴야(kill) 한다'는 말이 일상화되어 있다.

3) 성과지향적 문화

성과지향적 문화(outcome-oriented culture)에서는 조직구성원의 노력이 투입되는 과정은 무시하고 오로지 달성된 결과에 가치를 두는 문화이다. 이러한 조직에서는 매출액, 시장 점유율 그리고 수익에 대해 부문별·기간별로 철저하게 관리한다. 조직구성원들은 제품을 많이 팔 수 있도록 교육훈련을 많이 시킨다. 보상의 기준 역시 결과에 초점을 맞추며, 성과창출과정인 노력의 정도나 환경적 여건으로 인한 성과감소는 인정하지 않는다. 또한 매출증가로 인해 중장기적으로 발생할 수 있는 부정적인 효과도 무시하며 오로지 단기적인 성과의 증가에만 초점을 맞춘다. 이러한 조직에서 일하는 구성원들은 동료를 협력자라기보다 경쟁자로 보며 성과를 올리는 데 발생할 수 있는 윤리적인 이슈도 무시된다. 즉 수단방법을 가리지 않고 성과를 올리는 데 몰입하게 된다.[11]

4) 안정적 문화

안정적 문화(stable culture)는 조직에서 일어나는 일이 예측 가능하고, 규칙을 철저히 따르고 관료적인 조직관리가 이루어지는 것을 말한다. 이런 조직에서는 개인의 노력이 조직 전체의 목표달성에 맞도록 조정되고 통합된다. 조직을 둘러싸고 있는 환경이 안정적일 경우에 보다 효과적이며 원하는 목표수준에 맞는 성과가 꾸준히 달성된다.[12] 그러나 환경이 매우 가변적일 경우, 조직은 신속한 행동을 하지 못하고 환경적응에 문제가 발생한다. 이러한 문화는 통칭 관료적 조직문화라고 칭해지며 혁신적 조직문화에 반대되는 모습을 보여준다. 이러한 조직문화에서는 누가 변화를 시도하게 되면 구성원들의 강력한 저항에 직면한다.

5) 인간지향적 문화

인간지향적 문화(people-oriented culture)에서는 조직구성원 개인의 권리에 대해 공정성을 가지고 지원하고 존중하는 데 높은 가치를 둔다. 이러한 조직에서는 인적자원을 조직의 경쟁력 확보에 가장 중요한 자원으로 본다. 또한 구성원에게 보다 공정한 평가시스템을 적용하고 이들이 일과 자기의 생활을 동시에 추구할 수 있는 여건을 마련해 준다. 소위 말하는 펀(fun)경영을 도입하는 것이다.

또한 조직구성원 개인의 개성 및 인격을 존중한다. 이러한 조직문화에서는 조직구성원의 이직률이 매우 낮게 나타난다.[13]

6) 팀지향적 문화

팀지향적 문화(team-oriented culture)에서는 조직구성원 상호간 협동을 강조한다. 또한 조직시민행동이 빈번히 발견된다. 작업수행 방식도 개인별 독립적으로 하기보다 팀구성원들 간 상호의존적으로 일을 완성할 수 있도록 설계된다. 팀원들은 협동과 관련하여 자주 미팅(meeting)을 하며 이런 과정을 통해 구성원들 및 그들의 관리자와의 관계가 매우 긍정적으로 발전된다.[14]

7) 디테일 지향적 문화

디테일 지향적 문화(detail-oriented culture)는 업무수행 및 관리에 있어서 작은 것까지 철저히 챙기는 문화를 말한다. 이러한 문화는 항공, 호텔 및 레스토랑처럼 서비스에 있어서 실수가 발생해서는 안 되는 업종에서 주로 형성된다. 호텔의 경우 고객에 대해 체크인(check-in)에서부터 호텔을 떠날 때까지 정확하고 엄격한 절차에 따라 서비스를 제공해야 한다. 레스토랑의 경우 식탁보의 청결 정도, 주문한 음식과 제공된 음식의 일치성 그리고 여러 명의 고객이 집단으로 와서 음식을 주문했을 때 음식이 그들에게 동시에 제공되어야 하는 등 매우 세심한 부분까지 서비스가 제공되어야 고객의 만족도가 높아지게 된다.

이상에서 설명하였던 조직문화 가치 프로파일이 그림 14-3에서 제시된다.

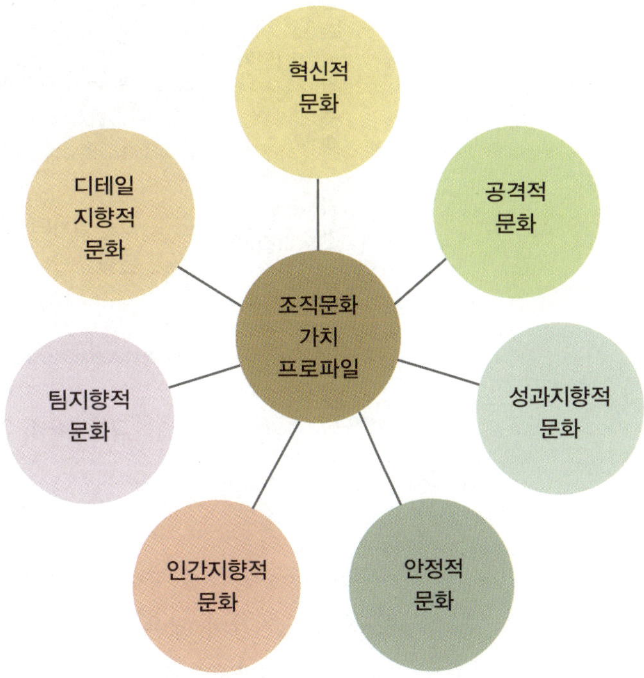

그림 14-3 조직문화 가치 프로파일

2.2 투자 위험성과 결과 피드백 기준 조직문화 유형

위에서 살펴본 조직문화 가치 프로파일은 조직이 추구하는 개별 가치를 일종의 가능한 목록으로 제시한 것이었다. 그러나 조직문화를 업종에 근거하여 발견되는 전형적인 조직문화로 분류하여 살펴본 연구가 있다. Deal과 Kennedy는 기업이 속해 있는 업종을 투자에 대한 위험부담의 정도 그리고 투자한 것이 회수되는 데 소요되는 기간에 따라 분류하였으며 해당 업종에 나타나는 전형적인 조직문화를 그림 14-4와 같이 제시하였다.[15]

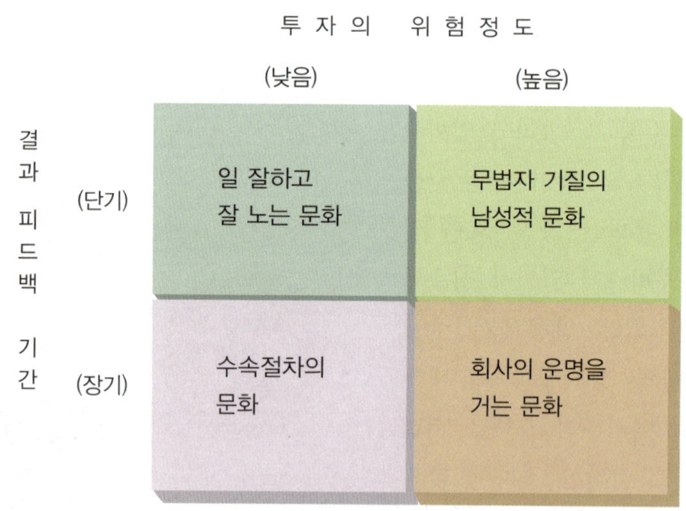

그림 14-4 업종별 조직문화 유형

그림 14-4에서 볼 수 있듯이 투자에 대한 위험 정도가 낮으며 투자결과가 피드백되는 기간이 짧은 업종에는 '일 잘하고 잘 노는 문화(work hard/play hard culture)'가 일반적으로 나타난다. 이러한 업종에 속하는 기업으로서 가전제품, 사무용품, 자동차, 컴퓨터 그리고 소매업을 들 수 있다. 투자에 대한 위험 정도가 높으며 회수기간이 짧은 업종에서는 '무법자 기질의 남성적 문화(tough guy/macho culture)'가 전형적으로 나타난다. 이러한 업종에 속하는 기업은 건설회사, 광고회사, 영화제작회사 등이 있다.

또한 투자에 대한 위험부담이 낮으며 회수기간이 장기인 업종에는 '수속절차의 문화(process culture)'를 발견할 수 있다. 이러한 업종에 속하는 기업으로서 은행, 보험회사, 전력회사 그리고 공기업을 들 수 있다. 그리고 투자에 대한 위험부담이 높으며 회수기간이 장기적인 업종에는 '회사의 운명을 거는 문화(bet-your company culture)'가 일반적이다. 이러한 업종에 속하는 기업으로서 장치산업, 제철, 정유회사 그리고 투자은행을 들 수 있다. 표 14-1에서는 개별 조직문화에서 추구되는 가치, 우대부서, 구성원의 생활풍속 그리고 해당 조직에서 살아남을 수 있기 위해 요구되는 구성원의 특징이 제시된다.

표 14-1 개별 조직문화의 특징

	일 잘하고 잘 노는 문화	무법자 기질의 남성적 문화	수속절차의 문화	회사의 운명을 거는 문화
주요 가치	고객과 고객의 필요에 집중	위험감수와 개척 추구	장기적 발전지향	기술적 완벽성
우대부서	판매와 제조부서	시장개척 또는 수주부서	경리부서	연구개발부서
생활풍속	• 중산층의 표준복장 • 예의바른 행동 • 동료와의 모임	• 유행복장(독창성) • 무뚝뚝하고 투박한 행동 경쟁	• 드러나지 않는 복장 • 섬세한 언어 • 서면 중시	• 지위에 따른 복장 • 예의 바른 언어 • 전문성을 갖춘 대화
생존자	부지런한 자	냉혹한 자	절차에 순응한 자	인내심 강한 자기개발형

표 14-1에서 볼 수 있듯이 '일 잘하고 잘 노는 문화'에서 추구되는 가치는 고객과 고객의 필요에 집중하는 데 있으며, 조직에서의 우대부서는 판매 및 제조부서가 되겠다. 이러한 조직에 근무하는 구성원들은 중산층의 표준복장을 하고 있으며, 예의 바른 행동을 하고 동료와의 모임을 즐겨 갖는다. 이러한 조직에서는 부지런한 자가 살아남는다. '무법자 기질의 남성적 문화'에서의 주요 가치는 위험감수와 개척추구에 있다. 우대부서는 시장개척 혹은 수주업무를 담당하는 부서이며, 조직구성원은 현재 유행하는 독창적인 복장을 선호하며 행동

스타일은 무뚝뚝하고 투박하며 경쟁을 즐긴다. 이러한 조직에서 살아남으려면 냉혹한 성격을 가지고 있어야 한다.

'수속절차의 문화'는 장기적 발전에 주요 가치를 두고 우대부서는 경리부서이며, 구성원은 드러나지 않는 평범한 복장을 하며, 섬세한 언어를 사용하며 업무처리를 반드시 서면으로 한다. 이러한 조직에서는 절차에 순응하는 자가 살아남는다. 끝으로 '회사의 운명을 거는 문화'에서는 기술적 완벽성이 주요 가치로 추구되며 우대부서는 연구개발부서가 되겠다. 조직구성원은 지위에 걸맞은 복장을 하며, 예의 바른 언어를 사용하고 전문성을 갖춘 대화를 한다. 이런 조직에서는 인내심 강한 자기개발형의 인재가 살아남는다.

2.3 경쟁가치 모델에 따른 조직문화 유형

경쟁가치 모델(competing values model)은 조직의 성과를 포괄적으로 파악하는 것으로서 조직관리에 있어서 본질적으로 내재하는 모순과 긴장관계에 주목하고 이를 극복할 수 있는 이론적 틀을 말한다. 이것은 조직을 관리하는 데 있어서 통제와 자율, 장기와 단기, 변화와 안정 등 양분법적인 시각에서 탈피하여 서로 상충되어 보이는 요소들을 균형 있게 동시에 추구할 때 조직유효성이 높아진다고 주장한다. 이렇게 조직에서 추구하는 모순적인 가치들을 통합하는 과정에서 조직문화 유형이 나누어진다.[16] 이 모델을 원용하여 우선 두 가지 차원으로 접근한다. 첫 번째 차원은 조직에 대한 질서 및 통제를 강조하는 측면과 자율 및 유연성을 강조하는 것으로 나뉜다. 질서 및 통제를 강조하는 조직은 예측 가능성, 확실성, 그리고 안정성 등을 가장 우선적으로 추구하는데 이럴 경우 조직은 통합과 권한의 집중화에 가치를 둔다. 반면에 자율 및 유연성을 강조하는 조직은 구성원들의 자발적인 의사결정을 강조하며 조직은 상당히 분권화되어 있다. 두 번째 차원은 조직의 내부통합을 강조하는 것과 조직 외부를 지향하는 것으로 나누어진다. 내부지향적인 가치는 조직 내부의 조정과 균형을 강조하는 것이며 외부지향적인 가치는 조직이 당면하는 외부 환경에의 적응과 경쟁을 강조하는 것이다.

이상에서 제시한 분석틀을 기준으로 그림 14-5와 같이 네 가지 조직문화 유형을 분류할 수 있다.

	내부 통합	외부 지향
유연성 강조	관계지향 문화	혁신지향 문화
통제 강조	위계지향 문화	시장지향 문화

그림 14-5 경쟁가치 모델에 따른 조직문화 유형

그림 14-5에서 제시된 조직문화 유형의 내용을 살펴보면, 첫째, **관계지향 문화**(clan culture)에서 추구하는 가치는 조직 내 가족 공동체적인 인간관계의 구축과 유지에 있다. 또한 조직구성원들의 조직에의 소속감, 상호신뢰 및 참여에서 그 가치가 발견된다. 또한 조직구성원을 서로 분리된 개인으로 보기보다 조직에서 일어나는 모든 일에 대해 공통된 이해관계를 가지고 있는 공동체의 일원으로 본다. 이러한 조직문화에서는 인적자원의 중요성과 개발을 강조한다.

둘째, **혁신지향 문화**(adhocracy culture)에서는 조직의 유연성을 강조하며, 특히 조직이 당면한 외부환경에의 적응에 높은 가치를 둔다. 이러한 조직문화에서는 혁신과 창의성이 강조되기 때문에 조직구성원은 과거에 해본 경험이 없는 새로운 일을 주로 한다. 이들은 통제받기보다 새로운 일에 대해 자율성이 허용되어 내재적으로 동기부여가 되며 또한 자신의 일에 몰입하고 도전감을 느끼게 된다.

셋째, **시장지향 문화**(market culture)는 조직의 성과달성과 과업수행에 있어서 생산성에 가치를 둔다. 예를 들면, 시장 점유율, 목표달성 그리고 이윤창출이 핵심가치가 된다. 이를 위해서는 과업을 명확하게 규정하고, 목표를 설정하며, 목표달성을 실천하기 위한 행동이 강조된다. 또한 이런 문화에서는 조직구성원들 간의 경쟁이 조장되고 주어진 목표를 제대로 달성할 경우 이에 상응하는 금전적 보상이 주어진다. 그리고 조직은 경쟁우위를 위해 시장을 적극적으로 공략한다.

넷째, **위계지향 문화**(hierarchy culture)에서는 조직의 안정적인 기반 위에서 조직 내부의 효율성을 추구하는 데 가치를 둔다. 이를 위해서 조직 내 질서가 강조되고 구성원들에게 명확히 규정된 과업이 부여되며 또한 구성원들은 주어진 규칙을 철저히 따라야 한다. 뿐만 아니라 비용통제에 대한 강도가 높다.

3 조직문화와 성과

조직문화와 성과 간의 관계를 밝힌다는 것은 매우 어렵다. 왜냐하면 조직문화 자체가 매우 거시적인 개념이고 추상적이고 포괄적인 것이어서 이것이 조직의 성과라는 구체적인 결과에 미치는 영향을 밝혀내는 것이 간단하지 않다. 또한 조직문화는 매우 장기적으로 형성되는 것이고 계속 서서히 변화되는 속성을 가지고 있기 때문에 측정에 있어서 어려움이 존재한다. 그럼에도 불구하고 조직문화가 조직의 성과에 영향을 미친다는 기본인식에는 대부분의 학자들이 동의하고 있다.

조직문화와 성과 간의 관계를 밝히는 데에는 여러 가지 관점이 있다. 첫째, 조직문화의 유효성을 결정하는 것이 현재 조직에 존재하는 조직문화의 강도에 달렸다는 관점이다. 둘째, 효과적인 조직문화는 하나가 있는 것이 아니고 존재하는 여러 조직문화들 간 균형을 유지해야 한다는 관점이다. 셋째, 성공적인 조직문화를 결정하는 것은 현존하는 문화가 얼마나 주어진 환경에 적합(fit)하냐에 의해 결정된다는 관점이다. 끝으로 현재의 조직문화가 환경변화에 얼마나 적응력을 가지고 있느냐에 초점을 맞춘 관점이다. 아래에서는 이상에서 소개한 여러 관점의 주장을 살펴본다.

3.1 조직문화의 강도 관점

어떤 기업이 강한 조직문화를 가지고 있을 경우, 이것은 조직 내 구성원들에게뿐만 아니라 조직 외부에서도 쉽게 인식된다. 강한 조직문화란 조직의 가치가 구성원에게 명확히 이해되고 광범위하게 수용되며 또한 지속되는 것을 말한다. 또한 이러한 가치가 구성원의 의식세계에 강렬한 모습으로 자리매김하고 있는 경우를 말한다.[17] 뿐만 아니라 구성원의 행동이 해당 조직문화와 일치되어 나타날 때 그 조직의 문화는 강하다고 할 수 있다. 반면에 약한 조직문화는 어떤 조직에서 조직문화 자체를 식별하기가 어렵거나, 설사 있다고 하더라도 명확히 이해되기 어렵고 쉽게 변하는 경우를 말한다.

강한 조직문화는 조직구성원을 조직의 가치에 몰입하게 만들고, 조직과의 일체감을 형성시키며 또한 구성원들 간 협동기반을 형성해 주기 때문에 구성원의 내적 에너지를 활성화시켜 성과를 높일 수 있다.[18] 또한 강한 조직문화는 조직 내 규범을 통합할 뿐만 아니라 이것을 통해 구성원을 효과적으로 통제할 수 있는 수단으로서의 역할을 한다.[19] 강한 조직문화는 조직 전체의 성과를 장기적으로 높인다.[20]

그러나 기업의 환경이 안정적일 경우 이 관계는 보다 강하게 나타나지만 기업환경이 가변적일 때는 강한 조직문화와 조직성과 간의 긍정적 관계가 감소한다.[21]

또한 강한 조직문화는 조직이 변화를 추구할 때 종종 장애요인이 되기도 한다. 강한 조직문화 속에서는 대개 경영층이 과거 해 오던 방식대로 과감히 조직을 운영하는데 이러한 방식이 변화된 조직환경에 적합하지 않을 수도 있는 것이다. 조직이 새로운 변화를 시도하게 되면 이것이 조직의 목표 및 구성원의 가치체계의 변화를 요구하는데 강한 조직문화 속에서는 변화의 속도가 매우 느리며 심지어 새로운 가치가 뿌리내리는 데 구성원들의 심리적 저항이 발생한다.

3.2 조직문화의 균형 관점

Peters와 Waterman은 성공하는 기업에서 발견되는 중요한 특성으로서 아래의 8가지를 제시한 바가 있다.[22]

- **행동지향성:** 분석은 행동이 아니다. 실행을 중시한다.
- **고객에 대한 최우선 서비스:** 고객에게 최대한 밀착한다.
- **자율성과 기업가정신:** 조직이 크다고 해도 행동은 작게 한다. 규율보다도 자존감을 높일 수 있도록 자율성을 부여한다.
- **인간을 통한 생산성 제고:** 생산성을 향상시키는 주체는 바로 사람이다.
- **가치의 중시:** 회사가 지향하는 가치를 조직구성원들에게 이해시키고 스스로 자부심을 느끼게 한다.
- **핵심사업에 집중:** 다각화를 통한 시너지 효과는 기대하기가 어렵다.
- **단순한 조직구조:** 단순한 조직구조와 작은 본사를 지향한다. 조직은 최소한으로 유지하고, 필요한 인력은 아웃소싱한다.
- **자율과 통제의 동시 강조:** 집권화와 분권화가 조화를 이룬다. 특히

분권화하에서는 그들의 능력을 보다 많이 발휘할 수 있다.

이상에서 제시한 조직의 특성들은 대부분 조직이 추구하는 가치와 관련되어 있으며, 이것들은 조직문화라는 현상으로도 파악할 수 있겠다. 이외에도 효과적인 조직문화의 유형으로서 신뢰에 바탕을 둔 투명성이 있으며 개방적인 문화가 제시된 바 있다.[23]

그러나 앞에서 소개한 경쟁가치 모형에서 설명한 바와 같이 4가지 조직유형들 간의 균형을 추구하는 것이 조직의 성과에 매우 중요하다. 즉 효과적인 조직은 변화와 안정, 유연성과 통제, 혁신과 효율성을 모두 역동적으로 균형 있게 추구해나갈 수 있어야 한다. 혁신과 유연성만을 강조하면 지나친 자원의 낭비를 초래할 수 있으며, 이것이 기업의 경쟁력을 감소시킬 수 있다. 반면에 효율성과 통제만을 강조하게 되면 조직구성원들 간에 서로 감시하는 불신이 조직에 확산될 수 있으며, 새로운 기회에 대한 도전이 억제된다. 이렇게 되면 조직의 장기적인 발전이 저해될 수 있다.[24]

3.3 조직문화의 환경적합적 관점

환경적합적 관점은 조직문화가 외부환경이나 조직의 경영전략과 적합성을 가질 때 높은 성과를 낼 수 있다는 것이다. 안정을 주요 가치로 여기는 보수적인 조직의 경우, 조직의 수직적 위계질서 및 작업의 표준화를 위한 규정 및 절차를 강조하는데 이는 시멘트와 같은 제품을 생산하는 기업에서는 효과적일 수 있겠지만 환경이 빨리 변하는 전자 또는 컴퓨터 산업에서는 효과적이지 못하게 된다. 또 다른 사례는 앞에서 소개한 업종별 나타나는 조직문화의 유형들(예 일 잘하고 잘 노는 문화, 수속절차의 문화 등)에서도 볼 수 있다. 그리고 기업의 경영전략과 부합되지 않는 조직문화는 조직 내 자원의 분배 및 업무처리 방식 등에서 비효율을 가져올 수 있다. 환경적합적 조직문화에는 간과할 수 없는 약점도 있다. 왜냐하면 환경이 급변할 경우 조직문화도 이에 따라 변화되어야 하는데 조직문화의 속성상 변화의 속도를 맞추는 데에는 한계가 있다. 따라서 환경적합적 관점은 조직이 처한 특정 환경이 변화되지 않고 안정적일 경우 그 효과가 지속된다.

3.4 조직문화의 환경적응적 관점

환경적응적 관점에 따르면 조직문화는 조직의 환경변화에 잘 적응하여 변화될 수 있는 것일 때 효과적이 된다는 것이다. 표 14-2에서는 환경적응적인 조직문화와 그렇지 않은 조직문화의 핵심가치와 행동특성이 제시된다.

표 14-2 환경 적응적 vs 환경 부적응적 조직문화[25]

	환경 적응적 조직문화	환경 부적응적 조직문화
핵심가치	• 관리자는 고객, 주주, 조직 • 관리자는 인간에 대해 높은 가치를 부여하며 개방적 리더십을 통해 변화를 창출한다.	• 관리자는 자신과 자신의 부서의 이익에 관심을 쏟는다. • 관리자는 일상적이고 위험 회피적인 일에 더 가치를 둔다.
공통행동	• 관리자는 조직의 모든 이해관계자들, 특히 고객에게 관심을 가지며 고객의 욕구를 충족시킬 수 있다면 언제라도 변화를 시도한다.	• 관리자는 다소 정치적이며 관료적이다. • 관리자는 환경변화에 빨리 적응하기 위해 전략을 제때에 바꾸지 아니한다.

표 14-2에서 볼 수 있듯이 환경적응적 조직문화의 핵심가치는 한마디로 고객, 주주 그리고 조직구성원을 깊히 배려하며 개방적 리더십을 통해 변화에 적극 대응하는 반면, 환경에 부적응적인 조직문화에서는 관리자는 자신과 자신의 부서의 이익을 위해 노력하며 일상적이며 위험부담이 따르지 않는 일만 찾아서 한다. 또한 환경적응적 조직문화에서는 조직의 모든 이해관계자들의 욕구를 충족시키기 위해 관리자는 변화를 기꺼이 시도한다. 반면에 환경 부적응적 조직문화에서의 관리자는 관료적이며 변화에 대해 소극적이다. 그러나 이러한 관점은 현재의 조직문화의 강도가 매우 높을 경우 그 변화가 신속하게 이루어지는 데 어려움이 나타난다.

기업에는 강력히 지배하는 하나의 조직문화만 존재하는 것은 아니다. 사실 여러 유형의 문화가 혼재되어 있는 경우가 많다. 또한 기업이 성공하였을 때 무엇이 원인이었는가를 밝히는 것이 간단하지 않다. 조직문화 외에도 관리시스템,

호의적인 시장환경, 풍부한 자금 그리고 기술적 우위 등 매우 많이 있을 수 있다. 여기에서 조직문화가 성과에 미친 영향력을 찾아내는 것은 실증적으로 간단하지 않다. 그럼에도 불구하고 조직문화는 이 장의 앞부분에서 기술했듯이 긍정적인 기능들을 수행하기 때문에 조직문화와 조직성과 간의 관계는 부정할 수 없겠다. 예를 들면 조직문화는 조직구성원들에게 일체감과 조직에 대한 몰입을 가져다주며 이것을 통해 조직구성원의 모티베이션이 증가되며 그 결과 성과가 높아진다.

4 조직문화의 개발

조직문화와 조직성과 간의 관계가 밝혀짐에 따라 조직성과를 높이기 위해 효과적인 조직문화의 개발이 경영의 중요한 대안으로 인식되고 있다. 조직문화는 원래 창업자가 조직을 만든 후 자신의 가치를 구현하는 과정에서 서서히 형성되는 것이 일반적이다. 이때 조직문화는 창업자가 추구하는 가치가 주어진 조직환경(업종 등)에 적합하게 만들어졌을 때 조직문화가 효과적이 된다.

앞에서 살펴보았던 조직문화의 형성요인들은 중심인물(창업자), 조직의 역사 및 안정적인 멤버십, 외부환경 그리고 그 조직이 속해 있는 국가문화 등이 있다. 이러한 요인들 중 기업이 통제할 수 있는 것은 중심인물(창업자)과 조직구성원의 안정적 멤버십이 되겠으며 조직의 역사, 해당 기업이 속해 있는 산업(업종) 및 국가문화는 통제할 수 없다.

기업이 창업 후 일정기간이 경과하게 되면 자연스럽게 조직문화가 형성된다. 물론 이것이 강한 문화일 수도 있으나 중간 정도 혹은 약한 문화일 수도 있다. 그러나 조직의 역사가 오래되고 규모가 커져서 창업자가 원래 추구했던 가치가 변질되면 조직문화가 조직성과를 높이는 데 오히려 부정적이 될 수도 있다. 예를 들면 규정 및 절차만 따지고 조직의 목표를 뒷전에 두는 관료적 조직문화이거나 조직구성원들이 주어진 일만하고 책임회피에 급급하여 변화에 대해 무작정 거부하는 등 조직에는 역기능적인 조직문화도 존재하게 된다.

만약, 조직이 급변하는 환경에 적응하지 못하여 생존에 위협을 받게 되거나, 현재의 조직문화가 조직구성원들의 동기부여에 오히려 저해가 되는 경우라면 조직은 기존의 조직문화를 바꾸어야 할 필요성이 절실해진다.

조직문화란 매우 복합적인 요소들이 장기적으로 작용하여 형성되는 것이기 때문에 새로운 조직문화를 개발하는 데 상당한 기간을 필요로 한다. 이러한 전제 하에 조직문화를 그림 14-6에서 보는 바와 같이 4단계를 통해 개발할 수 있겠다.[26]

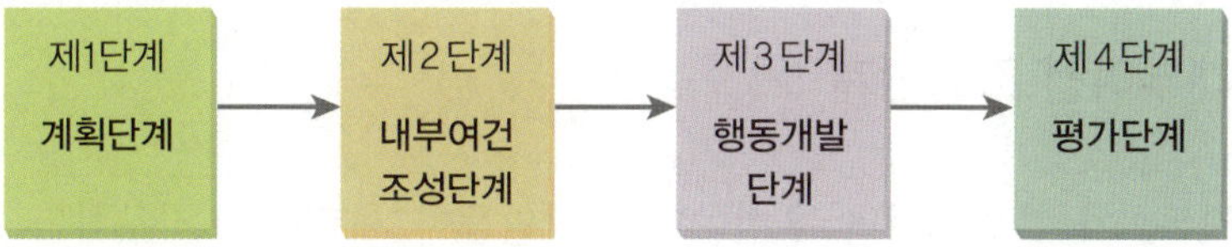

그림 14-6 조직문화 개발단계

4.1 계획단계

조직문화를 개발하기 위한 첫 단계는 조직 내부의 상황을 분석하고 문제점을 발견한 후 새로운 조직문화 개발의 목적을 수립하는 것이다. 상황분석에는 아래의 몇 가지가 포함된다.

첫째, 조직구성원들이 공유하고 있는 가치와 기본전제(basic assumption), 그들의 태도와 행동 그리고 규범을 지배하는 의식구조이다. 이러한 것은 설문조사, 자유로운 토의 그리고 행동의 관찰을 통해 수집할 수 있다.

둘째, 조직의 사명, 경영이념, 경영전략, 조직구조, 기술 및 전반적인 관리 시스템에 대한 정보가 수집된다. 여기에는 리더십 스타일, 공식적 커뮤니케이션 제도, 보상 및 평가제도 등 공식적인 측면이 해당된다.

셋째, 조직구성원들 간의 상호작용, 비공식적 커뮤니케이션 그리고 조직 분위기에 대한 정보가 그 내용이 되겠다.

이러한 정보를 가지고 현재의 조직상황을 분석하는데 그 초점은 현재 조직의 지배적인 문화가치가 무엇이며, 이것이 어떻게 형성되고 유지되어 나가며, 또한 조직성과에 어떤 영향을 미치는지를 파악한다. 이를 통해 현재의 조직문화의 강도를 파악할 수 있으며 또한 문화형성에 중심인물이 있는지 그리고 있다면 누구인지를 밝힌다. 바로 중심인물이 나중에 조직문화를 변화시키는 데 핵심적인 역할을 할 수 있는 것이다.

다음에는 새로 개발되는 조직문화의 목표 이미지에 대한 설계를 해야 한다. 즉 새로 개발되는 조직문화에서 기대하는 성과수준은 무엇이며, 이러한 성과를 달성하기 위해서는 조직구성원이 어떤 행동을 해야 하는지 그리고 이러한 행동에 요구되는 갖추어야 하는 조직구성원의 요건은 무엇인지 그리고 이를 위해 관리 시스템을 바꾸어야 하는지 등을 밝혀내어야 한다.

4.2 내부여건 조성단계

조직문화가 개발되려면 우선 조직구성원들이 새로운 조직문화의 필요성을 공감해야 하며 이를 조직에 정착시킬 수 있는 능력과 의지가 있어야 한다. 새로운 조직문화의 필요성을 인식시키기 위해서는 앞단계에서 조사한 자료를 토대로 회의 등 보다 적극적인 커뮤니케이션을 해야 할 것이다. 예를 들면 구성원들을 집단으로 구성하여 워크샵을 통해 주어진 자료에 대한 내용을 검토하게 하여 변화의 필요성을 직접 체험하게 하는 것이다.

새로운 조직문화에서 요구되는 행동을 실천하기 위해서는 조직구성원들을 대상으로 의식변화 내지 능력변화를 위한 교육훈련이 실시되어야 하겠다. 이러한 과정에 변화담당자(change agent)의 역할이 매우 중요하다. 이들은 변화에 대한 종합적인 계획을 세우고 조직구성원들이 집단 내지 부서별로 행동계획을 수립하는 데 주도적인 역할을 해야 한다.

4.3 행동개발단계

이 단계에서는 집단 내지 부서별로 수립된 행동계획을 실행해 나가는 단계이다. 이러한 행동변화는 개인, 집단, 관리층 그리고 조직 전체수준에서 이루어진다. 개인수준에서의 행동개발은 새로운 조직문화에 일치하는 행동을 모형화하고 이에 대한 보상제도를 연결시킨다. 예를 들면 위계적 질서문화에서 혁신문화로 변화하려고 할 때 조직구성원의 보상시스템을 연공체계에서 성과를 강조하는 기준으로 바꾸는 것이다. 집단수준에서의 행동변화는 집단의 성과목표를 구성원들 공동으로 설정하게 하며 그 결과에 대해서 개인별이 아닌 집단별 보상시스템을 도입하는 것이다. 관리층에게는 변화된 조직문화가 추구하는 가치에 부응하는 리더십을 교육훈련을 통해 갖추게 하고 이를 실천하게 한다.

조직수준에서의 행동변화는 조직의 사명, 경영이념, 경영전략 그리고 권력구조 등에 새로운 조직문화의 가치가 반영될 수 있도록 수정한다.

4.4 평가단계

조직문화 개발의 마지막 단계는 새로 도입된 조직문화가 어떻게 작동되는지, 얼마나 정착되고 있는지 그리고 구성원의 저항은 없는지 등에 대한 일차적인 평가를 해야 하겠다. 다음으로 새로 도입된 조직문화가 추구하는 목표들, 예를 들면 구성원의 몰입, 만족도, 행동변화 그리고 조직분위기뿐만 아니라 경영의 직접적인 성과지표인 매출액, 고객만족도, 시장 점유율, 생산성 등을 측정하여 그 효과를 밝혀야 한다.

실제로 새로운 조직문화가 정착되는 데에는 최소한 몇 년의 기간이 소요되기 때문에 조직문화를 통해 나타나는 성과를 측정할 때는 단기적인 시각으로 해서는 안 될 것이다.

조직문화 사례

◉ 3M社 '실패를 응원하는 조직문화'

세계에서 가장 혁신적인 기업 중에 하나인 3M은 현재 연 매출이 29.6billion 달러이고, 직원 수는 8만 명이 넘는 거대기업이다. 그러나 보통 다른 거대 기업들이 자본력을 바탕으로 기술개발보다는 독점, 합병 등으로 성장을 유지해 온 반면, 3M의 경우 보유특허수가 500개가 넘고 자사개발품이 6만 개가 넘을 정도로 혁신을 통해 성장, 발전을 지속해왔다고 할 수 있다. 3M은 "10%, 15%, 30%" 라는 원칙을 내걸고 혁신과 창의를 중시하는 경영원칙을 고수한다. 최근 1년 이내에 개발된 신제품의 매출이 전체 매출의 10%에 도달해야 하고, 모든 직원들은 맡은 업무 외에 자신의 관심분야에 총 근무시간의 15%를 할애해 연구해야 하며, 연간 총 매출의 30%는 최근 4년 이내에 내놓은 신제품과 서비스로 달성해야 한다는 원칙이다. 놀랍게도 3M은 대기업답지 않은 유연한 시스템과 이를 충분히 뒷받침해줄 수 있는 기업문화가 있기에 이러한 목표달성이 가능하다.*

3M은 직원들의 창의적인 도전에 대하여 전폭적으로 지원하되 실수에는 관대한 조직문화를 구축하고 있다. 한 가지 예를 들면, 3M의 국내법인인 ㈜한국쓰리엠 연구소의 First Penguin Award 라는 독특한 시상제도를 소개할 수 있다. 펭귄무리가 바다를 앞둔 절벽에 이르면, 그 중 누구도 선뜻 바다로 뛰어들지 못하고 주저하게 된다. 왜냐하면 수면 아래에는 그들이 뛰어들기만을 기다리는 천적과 포식자들이 모여들기 때문이었다. 그러나 생존에 필요한 먹이를 구하려면 펭귄들은 바다로 뛰어들어야만 한다. 이때 용기를 낸 한 마리가 처음으로 바다에 뛰어들면 다른 펭귄들이 뒤이어 바다로 뛰어든다. 처음 바다로 뛰어든 펭귄은 포식자의 먹잇감이 되기 십상이지만, 그 시도는 무리를 모두 바다로 뛰어들게 하는 용기를 제공한다. First Penguin Award는 바로 연구소에서 처음 바다로 뛰어드는 펭귄의 용기있는 시도처럼 비록 실패하더라도 인정받을 만한 시도를 한 직원을 시상한다. 바로 그 해 연구소에서 시도한 모든 프로젝트들 중 가장 크게 실패한 프로젝트의 팀원들을 시상하는 제도이다. 비록 실패했더라도 거기서 더 큰 교훈을 얻을 수 있다면 충분히 인정받아야 한다고 생각하는 경영진과 직원들이 함께 만들어내는 유쾌하면서도 깊이 있는 경영철학을 느낄 수 있다.

* HR insight, 2013. 9. '기업사례_3M'에서 인용.

생각해 볼 문제

- 3M의 높은 혁신성은 실수에 관대하고 직원을 배려하고 존중하는 기업문화에 기반한다. First Penguin Award는 기업이 어떻게 직원들을 높은 목표에 과감히 도전할 수 있게 만드느냐에 대한 좋은 사례가 된다. 그러나 이러한 조직문화는 자칫 결과에 무책임하고 방임적인 관리의 부재를 초래할 수도 있다는 우려 때문에 많은 기업들이 쉽사리 시도하지 못하는 것이기도 하다. 국내 기업들이 3M과 같이 도전적이고 창의적인 조직문화를 구축하고자 할 때 선결해야 할 요건들이 있다면 무엇일까?

참·고·문·헌

Chapter 1 조직행동에 대한 기본이해

1. 이건희, 『이건희에세이』, 동아일보사, 1997.
2. Taylor, F. W., *Principles of Scientific Management*, New York, 1911.
3. 이승재, *The Organization*, 북프로네시스, 2007.
4. Fayol, H., *Allgmeine und industrielle Verwaltung*, dt. Uebers. Paris, 1916 durch Reineke, K., Muenchen/Berlin, 1929.
5. 임창희, 『조직행동』, 비앤앰북스, 2012.
6. Weber, M., *Wirtschaft und Gesellschaft*, Heidelberg, 1921.
7. Gouldner, A.W., "Theoretical Requirement of the Applied Social Science," in: *American Sociological Review*, 1957, 22, 91-102.
8. Merton, R.K., "Bureaucratic Structure and Personality," in: *Social Forces*, 1940, 18, 560-568.
9. Muchinsky, P.M., *Psychology Applied to Work*, Hypergraphic Press, Inc., 2009.
10. Simmel, G., *Der Streit in Soziologie*, Muenchen/Leipzig, 1908.
11. Briefs, G., *Ueber das Organisations problem*, Berlin, 1918.
12. Mayo, E., *The Social Problems of an Industrial Civilization*, Harvard University Boston, 1945.
13. Muchinsky, P.M., *Psychology Applied to Work*, Hypergraphic Press, Inc., 2009.
14. Barnard, C. I., *The Functions of the Executive*, Cambridge, MA: Harvard University Press, 1938.
15. Newstrom, J.W., *Organizational Behavior*, McGrawhill, 2007.
16. Morehead, G./R.W. Griffin, *Organizational Behavior*, 9th ed. South-Westen Cenge Learning, 2010.

Chapter 2 지각

1. Neisser, U., The Contro of Information Pickup in Selective Looking, in: A.D. Pick(Ed.), *Perception and its Development: A Tribute to Eleanor J. Gibson*, Hilsdale, N.J: Elbaum, 1979를 현성용 외, 2008에서 재인용.
2. 현성용 외 17명, 『현대 심리학의 이해』, 학지사, 2008.
3. Luthans, F., *Organizational Behavior*, McGraw-Hill, 1992.
4. 현성용 외 17명, 『현대 심리학의 이해』, 학지사, 2008.
5. Rule, N. O./Ambady, N./Adams, R. B. Jr./Macrae, C. N., "Accuracy and Awareness in the Perception and categorization of Male Sexual Orientation," *Journal of Personality and Social Psychology*, 95, 2008을 한규석, 『사회심리학의 이해』, 학지사, 2009에서 재인용.
6. 현성용 외 17명, 『현대 심리학의 이해』, 학지사, 2008.
7. Ash, S. E., "Forming impressions of personality," *Journal of Abnormal and Social Psychology*, 1946, 41, 258-290.
8. 한규석, 『사회심리학의 이해』, 학지사, 2009
9. Hamilton, D. L./Zanna, M. P, "Differetial Weighting of Favorable and Unfavorable Attributions in Impression of Personality," *Journal of Experimental Research in Personality*, 6, 1972를 한규석, 『사회심리학의 이해』, 학지사, 2009에서 재인용.
10. Ash, S. E., "Forming impressions of personality," *Journal of Abnormal and Social Psychology*, 1946, 41, 258-290.
11. Kelley, H. H., "The Warm-Cold Variable in the first Impression of Persons," *Journal of Personality*, 18, 1950, 431-439.

12. Wegner, D./Bargh, J., Control and Automaticity in Social Life, In: Gilbert, S./Fiske, S./Lindzey, G.(Eds.), *The Handbook of Social Psychology*, McGraw-Hill, 2, 1998.
13. Wojciszke, B./Bazinska, R./Jaworski, M., "On the Dominance of Moral Categories in Impression Formation," ***Personality and Social Psychology Bulletin***, 24, 1998, 1251-1263.
14. 한규석, 『사회심리학의 이해』, 학지사, 2009.
15. Heider, F., *The Psychology of Interpersonal Relations*, John Wiley, 1958.
16. Rosenbaum, R. M., A Dimensional Analysis of the Perceived Causes of Success and Failure, unpub. diss. UCLA, 1972를 Weiner, B., A Theory of Motivation for some Classroom Experience, *Journal of Educational Psychology*, 71, 1979, 3-25.
17. 한규석, 『사회심리학의 이해』, 학지사, 2009.
18. Kelley, H. H., Attribution Theory in Social Psychology, in: Sevine, D. (eds.), ***Nebraska Symposium on Motivation***, Lincoln: University of Nebraska Press, vol. 15, 1967.
19. McArthur, L. Z., The how and what of why: Some determinants and consequences of causal attribution, *Journal of Personality and Social Psychology*, 1972, 22, 171-193을 박오수(역), 『사회인지론』, 법문사, 1992에서 재인용
20. Hewstone, M./Antaki, C., Attribution theory and Explanations, In: Hewstone, W./Stroebe, W./Codel, J./Stephenson, G. (Eds.), ***Introduction to Social Psychology***, Basil Blackwell Ltd., 1988.
21. 현성용 외 17명, 『현대 심리학의 이해』, 학지사, 2008.
22. George, J. M./Jones, G. R., ***Organizational Behavior***, Addison-Wesley, 1999.
23. Duchacek, I. W., ***Nations and Men: An Introduction to International Politics***, New York, 1972.
24. Jones, E. E./Nisbett, R., The Actor and Observer: Divergent Perceptions of the Causes of Behavior, in: Jones et al. (Eds.), ***Attribution: Perceiving the Causes of Behavior***, Morristown, NJ., 1972.
25. Rau, R. R./Russel, D., Attribution in the Sports Pages, ***Journal of Personality and Social Psychology***, 39, 1980, 29-38.
26. Smith, P. B./Bond, M. H., ***Social Psychology Across Culture***, Allyn and Bacon, 1999.
27. Greenwald, A. G., The Totalitarian Ego: Fabrication and Revision of Personal History, ***American Psychologist***, 35, 1980, 603-613.
28. Schaufeli, W. B., Perceiving the Causes of Employment: An Evaluation of the Causal Dimensions in a Real-life Situation, ***Journal of Personality and Social Psychology***, 54, 1988, 347-356.
29. Langer, E. J., The Illusion of Control, ***Journal of Personality and Social Psychology***, 32, 1975, 311-328.
30. 신유근, 『조직행위론』, 다산출판사, 1985.
31. Munter, M., Cross-cultural Communication for Managers, ***Business Horizons***, May-June 1993. 66-78.

Chapter **3** 개인차: 성격 및 능력

1. 중앙일보, 1991.6.10.
2. Kreitner, R./Kiniki, A., ***Organizational Behavior***, Mcgraw-Hill, 2010.
3. Robbins, S. P., ***Organizational Behavior***, Prentice Hall, 1998.
4. Hochwarter, W. A./Ferris, G. R./Perrewe, P. L./Witt, L. A./Kiewitz, C., A Note on Nonlinearity of the Age-Job Satisfaction Relationship, ***Journal of Applied Social Psychology***, June 2001, 1223-1237.
5. Robbins, S. P./Judge, T. A., ***Organizational Behavior***, Pearson, 2013.
6. 임창희, 『조직행동』, 비엔엠북스, 2012.
7. Vandenberghe, C./Bentein, K./Michon, R./Chebat, J./Tremblay, M./Fils, J., An Examination of the Role of Perceived Support and Empliy Commentment in Employee-Customer Encounters,

Journal of Applied Psychology, 92, 2007, 1177-1187.

8. Breaugh, J. A./Dossett, D. L., The Effectiveness of Bio-data for Predicting Turnover, Paper presented at the National Academy of Management Conference, 1987.
9. Keller, R. T., Predicting Absenteem from Prior Absenteesm, Attitudinal Factors, *Journal of Applied Psychology*, August 1983, 536-540.
10. 이수원 외, 『심리학』, 정민사, 2001.
11. 안범희, 『성격심리학』, 도서출판 하우, 2009.
12. Sheldon, W./Stevens, S./Tucker, W., *The Varieties of Human Psysique*, NY: Harper & Brothers, 1940.
13. Jung, c. G., *Analytical Psychology — Its Theory and Practice*, London: Routledge & Kegan Paul, 1968.
14. 이수원 외, 『심리학』, 정민사, 2001.
15. 이수원 외, 『심리학』, 정민사, 2001.
16. Cattell, R. B., *The Scientific Analysis of Personality*, Boltimore, 1965.
17. 홍기원, 『심리학』, 양서원, 2009.
18. Freud, S., *The Origin and Development of Psychoanlysis*, New York, 1965.
19. Canter, S./Claridge, G./Hume, W. L., *Personality Difference and Biological Variations*, New York: Pergamon, 1973.
20. Arvey, R. D./Bouchard, T. J. Jr., Genetics, Twins, and Organizational Behavior, in: Staw, B. M./Cummings, I. I., *Research in Organizational Behavior*, vol. 16, 1994.
21. Kretchmer, E., *Physique and Character*, New York: Harcourt, 1936.
22. 안범희, 『성격심리학』, 도서출판 하우, 2009.
23. 안범희, 『성격심리학』, 도서출판 하우, 2009.
24. Freud, S., *A General Introduction to Psychoanalysis*, New York: Permabooks, 1953.
25. Berelson, B./Steiner, G. A., *Human Behavior: An Inventory of Scientific Findings*, New York: Harcorut, Brace & World, 1964.
26. Arvey, R. D./Bouchard, T. J. Jr., Genetics, Twins, and Organizational Behavior, in: Staw, B. M./ Cummings, I. I., *Research in Organizational Behavior*, vol. 16, 1994.
27. Pervin, L. A./John, O. P., *Personality*, John Willy & Sons.Inc., 1997.
28. Friedman, M./Roseman, R. H., *Type A Behavior and Your Heart*, Greenwich, Conn: Fawcett Pub., 1974.
29. Friedman, M./Rosenman, R. H., *Type A Behavior and Your Heart*, Greenwich, Conn: Fawcett Pub., 1974.
30. McCrae, R. R./Costa, P. T. Jr., The Stability of Personality: Observation and Evaluations, *Current Directions in Psychological Science*, 3, 1994, pp. 173-175.
31. Organ, D. W., Personality and Organizational Citizenship Behavior, *Jornal of Management*, Summer 1994, 468-478.
32. Robbins, S. P./Judge, T. A., *Organizational Behavior*, Pearson, 2013.
33. Meyers, I. B., *The Meyers-Briggstype Indicator*, Palo Alto, CA: Consulting Psychologist Press, Inc., 1962.
34. Rotter, J. B., Generalized Expectancies for Internal versus External Control of Reinforcement, *Psychological Monographs: General and Applied*, vol. 80, 1966, 1-28.
35. Spector, P. E., Behavior in Organizations as a Function of Employee's Locus of Control, *Psycological Bulletin*, May 1982, 482-497.
36. Robbins, S. P., *Organizational Behavior*, Prentice Hall, 1998.
37. Adorno, T. W./Frenkel-Brunwik, E./Levinson, D. T./Sanford, R. N., *The Authoritarian Personality*, New York, 1950.

38. Jacobson, F. N./Rettig, S., Authoritarianism and Intelligence, *Journal of Social Psychology*, vol. 50, 1959, 213-219.
39. Vroom, V. H., Some Personality Determinants of the Effects of Participation, *Journal of Abnormal and Social Psychology*, vol. 59, 1959, 322-327.
40. Kessler,S. R./Bandelli, A. C./Spector, P. E./Borman, W. C./Nelson, C. E./Penney, L. M., Re-Examining Machavelli: A Three-Dimensinal Model of Maciavellism in the Workplace, *Jornal of Applied Psychology*, 40, 2010, 1868-1896.
41. Robbins, S. P./Judge, T. A., *Organizational Behavior*, Pearson, 2013.
42. Bateman, T. S./Crant, J. M., The Proactive Component of Organizational Behavior: A Measure and Correlates, *Jounal of Organiztional Behavior*, vol. 14, 1993, 103-118.
43. Crant, J. M., The Procative Personality Scale and Objective Job Performance among Real estate Agents, *Jornal of Applied Psychology*, 80, 1995, 532-537: Parker, S. K./Sprigg, C. A., Minimizing Strain and Maximizing Learning: The Role of Job Demands, Job Control, and Personality, *Journal of Applied Psychology*, 84, 1999, 925-939: Seibert, S. E./Kraimer, M. L/Crant, J. M, What Do Proactoive People Do? A Longgitudinal Model Linking Proactive Personalty and Career Success, *Personnel Psychology*, 54, 2001, 845-874.
44. Becherer, R. C./Maurer, J. G., The Procative Personality Disposition and Entrepreneurial Behavior among Small Company Presidents, *Journal of Small Business Management*, January 1999, 28-36.
45. Wechsler, D., *The Measurement and Appraisal of Adult Intelligence*, Boltimore, Williams and Wilkins, 1958.
46. Binet, A./Simon, T., Methodes nouvelles pour le diagonistic du niveau intellectuel des amormaux, *L'Annee Psychologisqe*, 11, 1905, 191-244를 현성용 외 17명, 『현대심리학의 이해』, 학지사, 2008에서 재인용.
47. Gardner, H., *Frames of Mind: The Theory of Multiple Intelligences*, New York, Basic Books, 1983.
48. Salovey, P./Mayer, J. D., Emotional Intelligence, Imagination, *Cognition and Personality*, 9(3), 1990, 185-211.
49. Wong, C. S./Law, S. L., The Effects of Leads Follower Emotional Intelligence on Performance and Attitude: An Exploratory Study, *The Leadership Quarterly*, 13, 2002, 243-273.
50. Caruso, D./Salovey, P., *The Emotional Intelligence, Manager*, San Francisco, Jossey Bass, 2004.
51. Dulewicz, V./Higgs, M., Emotional Intelligence: Can it be Reliably and Validly using Competency Data?, *Competency*, vol. 6, 1998, 1-15.
52. Goleman, D., What Makes a Leader, *Harvard Business Review*, 76, 1998, 93-102.
53. 송병식/강문실/김희철, 직무배태성과 이직의도간의 감성지능 조절효과, 「상업교육연구」, 제24권, 2010, 419-436.
54. Thorndike, E. L, Intelligence and Its Uses, *Harpers Magazine*, 140, 1920, 227-235.를 인용한 김은희/이철영/유승엽, 사회지능과 감성지능이 광고 창의적 사고와 행동에 미치는 영향, 「한국심리학회지: 소비자 · 광고」, vol.10. 2009, 13-33에서 재인용.
55. Goleman, D., Leadership That Gets Results, *Harvard Business Review*, 78, 2000, 78-90.
56. 신철/황성혜, 호텔 종사원의 사회지능이 사회적 지원 및 직무성과에 미치는 영향에 관한 연구, 관광연구, 제24권, 2010, 437-455.; 김은희/이철영/유승엽, 사회지능과 감성지능이 광고 창의적 사고와 행동에 미치는 영향, 「한국심리학회지: 소비자 · 광고」, vol.10. 2009, 13-33.
57. Coles, R., *The Moral Intelligence of Children*, New York: Random House, 1997.
58. 김수동, 리더십으로서의 도덕적 품성, 「숙명 리더십연구」, 5, 2007, 143-159.
59. Jones, T. M., Ethical Decision Making by Individuals in Organizations: An Issue-contingent Model, *Academy of Management Review*, 16(2), 1991,
60. Seligman, M. E., Positive Psychology, Positive Prevention, and Positive Therapy, in: Synder, C.

R./Lopez, S. J.(eds.), *Handbook of Positive Psychology*, New York: Wiley, vol. 1, 2002, 3-9.
61. Luthans, F., The Need for and Meaning of Positive Organizational Behavior, *Journal of Organizational Behavior*, 23, 2002, 695-706.
62. Bandura, A., *Social Foundations of Thought and Action: A Social Cognitive Theory*, Englewood Cliffs, NJ: Prentice Hill, 1986.
63. Luthans, F., *Organizational Behavior*, McGraw-Hill, 2011.
64. Bandura, A., *Self-Efficacy: The Exercise of Control*, New York: Freeman, 1997.
65. Luthans, F., *Organizational Behavior*, McGraw-Hill, 2011.
66. Seligman, M. P., *Learned Optimism*, New York: Pockets Books, 1998.
67. Carver, C./Scheier, M., Optimism, in: Synder, C. R./Lopez, S. J.(eds.), *Handbook of Positive Psychology*, New York: Wiley, 2002. 231-243.
68. Seligman, M. P./Schulman, P., Explanatory Style as a Predictor of Productivity and Quitting among Life Insurance Sales Agents, *Journal of Personality and Social Psychology* 50, 1986, 832-838.: Schulman, P., Applying Learned Optimism, *Journal of Personal Selling and Sales Management*, 19, 1999, 31-37.
69. Wunderley, I. J./Reddy, W. P./Dember, W. N., Optimism and Pessimism in Business Leaders, *Journal of Applied Psychology*, 28, 1998, pp. 715-760.
70. Luthans, F., *Organizational Behavior*, McGraw-Hill, 2011.
71. Goleman, D., *Emotional Intelligence*, New York: Bantam Books, 1995.
72. Snyder, C. R., *Handbook of Hope*, San Diego, CA: Academic Press, 2000.
73. 이동섭 외 5명, 긍정심리학의 응용을 통한 인사조직연구의 새로운 접근, 「인사조직연구」, 2009, 17, 307-339.
74. Luthans, F., *Organizational Behavior*, 14th., McGraw-Hill, 2011.
75. Luthans, F./Youssef, C. M., Emerging Positive Organizational Behavior, *Journal of Management*, 2007, 33. 321-349.
76. Werner, E. E./Smith, R. S., *Vunerable but Invincible: A Longitudinal Study of Resilient Children and Youth*, New York: McGraw Hill, 1982.
77. Luthans, F., *Organizational Behavior*, McGraw Hill, 2011.
78. 김주환, 『회복탄력성』, 위즈덤하우스, 2011.
79. Youssef, C. M./Luthans, F., Positive Organizational Behavior in the Workplace: The Impact of Hope, Optimism, and Resilience, *Journal of Management*, 33, 2007, 774-800.
80. Masten, A. S./Reed, M. J., Resilience in Development, in: Synder, C. R./Lopez, S. J.(eds.), *Handbook of Positive Psychology*, New York: Wiley, 2002. 74-88.
81. Horne III, J. F./Orr, J. E., Assessing Behaviors That Create Resilient Organizations, *Employment Relations Today*, vol. 24, 1998, 29-39.

Chapter 4 모티베이션

1. Pinder, C. C., *Work Motivation in Organizational Behavior*, Psychology Press, 2008.
2. Vroom, V. H., *Work Motivation*, John Wiley & Sons, Inc., 1964.
3. Murray, H. A., *Exploration in Personality*, New York: Oxford University Press, 1938.
4. 한덕웅, 『조직행동의 동기이론』, 법문사, 1983.
5. Maslow, A. H., *Motivation and Personality*, New York: Harper & Row, 1954.
6. 한덕웅, 『조직행동의 동기이론』, 법문사, 1983.
7. Slzagyi, Jr. A. D./Wallace, Jr, M. J., *Orgnizational Behavior and Performance*, Harper Collins Pub., 1990.
8. Huizinga, G., *Maslow's Need Hierarchy in the Work Situation*, Groningen, 1970.

9. 한덕웅, 『조직행동의 동기이론』, 법문사, 1983.
10. Alderfer, C. P., *Existence, Relatedness and Growth*, New York: Free Press, 1972.
11. 한덕웅, 『조직행동의 동기이론』, 법문사, 1983.
12. Alderfer, C. P., *Existence, Relatedness and Growth*, New York: Free Press, 1972.
13. Alderfer, C. P., *Existence, Relatedness and Growth*, New York: Free Press, 1972.
14. Alderfer, C. P., *Existence, Relatedness and Growth*, New York: Free Press, 1972.
15. Scott, W. E./Mitchell, T. R., *Organizational Theory: A Structural and Behavioral Analysis*, Illinois: Richard D. Irwin, Inc., 1976.
16. Kaplan, R. E./Smith, K. A., The Effect of Variations in Relatedness Need Satisfaction on Relatedness Desire, *Administrative Science Quarterly*, 1974, pp. 507-532.
17. Murray, H. A., *Exploration in Personality*, New York: Oxford University Press, 1938.
18. McClelland, D. C., *The Achieving Society*, Prinston, N.J. Van Nostrand, 1961.
19. 한덕웅, 『조직행동의 동기이론』, 법문사, 1983.
20. McClelland, D. C., *Human Motivation*, San Francisco: Scott, Foreseman, 1985.
21. Murray, H. A., *Exploration in Personality*, New York: Oxford University Press, 1938.
22. McClelland, D. C., Business Drive and National Achievement, *Harvard Business Review*, 40. 1962, 99-112.
23. Robbins, S. P., *Organizational Behavior*, Prentice Hall, 1998.
24. Zemke, R., What are High-Achieving Managers really like, *Training/HRD*, Feb., 1979, 35-36.
25. McClelland, D. C., *The Achieving Society*, Prinston, N.J. Van Nostrand, 1961.
26. Weber, M., *The Protestant Ethic and the Spirit of Capitalism*, New York: Scribner, 1930.
27. McClelland, D. C., *The Achieving Society*, Prinston, N.J. Van Nostrand, 1961.
28. Gibson, J. L./Ivancevich, J. M./Donnelly, Jr. J. H., *Organizations: Behavior, Structure, Processes*, 4th ed., Dallas, Texas: Business Publications, 1982.
29. Franken, R. E., *Human Motivation*, Wadsworth, 6th ed., 2009(강갑원/김정희 역, 『인간의 동기』, 시그마프레스, 2009).
30. Muchinsky, P. M., *Psychology Applied to Work*, Hypergraphic Press Inc. 9th ed. 2009 (유태용 역, 시그마프레스, 2009).
31. Lewin, K., The Conceptual Representation and the Measurement of Psychological Forces, Contr. psychol. Theory, Durham, N. C.: Duke University Press, 1938, 1, No. 4.: Rotter, J. B./ Fitzgerald, B. J./Joyce, J. N., A Comparison of some Objective Measures of Expectancy, J. abnorm. soc. Psychol., 1954, 49, 111-114.: Tolman, E. C., Principle of Purposive Behavior, in: Koch, S. (ed.), Psychlogy: A Study of Science, vol. 2. New York: McGregor-Hill, 1959, 92-157.
32. Vroom, V. H., *Work Motivation*, John Wiley & Sons, Inc., 1964; Porter, L. W./Lawler, III, E. E., *Managerial Attitudes and Performance*, Homewood, IL: Dorsey, 1968.; Lawler, E. E., *Motivation in Work Organizations*, Monterey, CA: Brooks/Cole, 1973.
33. Muchinsky, P. M., *Psychology Applied to Work*, Hypergraphic Press Inc. 9th ed. 2009(유태용 역, 시그마프레스, 2009).
34. Vroom, V. H., *Work Motivation*, John Wiley & Sons, Inc., 1964.
35. Muchinsky, P. M., *Psychology Applied to Work*, Hypergraphic Press Inc. 9th ed. 2009 (유태용 역, 시그마프레스, 2009).
36. 한덕웅, 『조직행동의 동기이론』, 법문사, 1983.
37. Nadler, D. A./Lawler, III, E. E., *Motivation: A Diagnostic Approach*, in: Hackman, J. R./Lawler, III, E. E./Porter, L. W., *Perspectives on Behavior in Organizations*, N.Y.: McGraw-Hill, 1977, 26-36.
38. 한덕웅, 『조직행동의 동기이론』, 법문사, 1983.
39. Campbell, J. P./Pritchard, R. D., *Motivation Theory in Industrial and Organizational Psychology*,

in: Dunnette, M. D. (ed.), *Handbook of Industrial and Organizational Psychology*, Chicago: Rand McNally Co., 1976, 63-130.; Staw, B. M., Organizational Behavior: A Review and Reformulation of the Field's Outcome Variables, *Annual Review Psychology*, vol. 35, 1984.

40. Locke, E. A., Toward a Theory of Task Motivation and Incentives, *Organizational Behavior and Human Performance*, 1968, 3, 157-189.
41. Spector, P. E., *Industrial and Organizational Psychology*, 5th ed., John Wiley & Sons, Inc., 2008(박동건 역, 『산업 및 조직 심리학』, 학지사, 2009).
42. Adams, J. S., Toward an Understanding on Inequity, *Journal of Abnormal Psychology*, 67, 1963, 422-436.
43. Jaques, E., *Equitable Payment*, New York: Wiley, 1961.
44. Festinger, L., *A Theory of Cognitive Dissonance*, Evanston, III: Row, Petterson, 1957.
45. 김원형, 『조직심리와 행동의 이해』, 시그마프레스, 2009.
46. Opsahl, R. L./Dunnette, M. D., The Role of Financial Compensation in Industrial Motivation, *Psychological Bulletin*, 66(2), 1966. 94-118.
47. Taylor, F. W., *The Principles of Scientific Management*, New York: Norton, 1911.
48. Drucker, P., *The Practice of Management*, New York: Harper, 1954.
49. Locke, E. A., Toward a Theory of Task Motivation and Incentives, *Organizational Behavior and Human Performance*, 1968, 3, 157-189.
50. Locke, E. A./Henne, D., *Work Motivation Theories*, in: Cooper, C. L/Robertson, I. T. (Eds.), *International Review of Industrial and Organizational Psychology*, Chichester, UK: John Wiley, 1986, 1-35.
51. Locke, E. A., Toward a Theory of Task Motivation and Incentives, *Organizational Behavior and Human Performance*, 1968, 3, 157-189.; Latham, G. P./Locke, E. A., Goalsetting — A Motivational Technique that works, *Organizational Dynamics*, 1979, 68-80.
52. Locke, E. A., Toward a Theory of Task Motivation and Incentives, *Organizational Behavior and Human Performance*, 1968, 3, 157-189.
53. Campbell, D. T./Ilgen, D. R., Additive Effect of Task Difficulty and Goal Setting on Subsequent Task Performance, *Journal of Applied Psychology*, 1976, 61(3), 319-324.
54. Locke, E. A., Toward a Theory of Task Motivation and Incentives, *Organizational Behavior and Human Performance*, 1968, 3, pp. 157-189.
55. Muchinsky, P. M., *Psychology Applied to Work*, Hypergraphic Press Inc., 9th ed., 2009(유태용 역, 시그마프레스, 2009).
55. Latham, G. P./Yukl, G. A., A Review of Research on the Applicatin of Goal Setting in Oganization, *Academy of Management Journal*, 1976, 18(4), 824-845.
57. 황규대 외 7명, 『조직행위론』, 법문사, 1999.
58. Locke, E. A., Toward a Theory of Task Motivation and Incentives, *Organizational Behavior and Human Performance*, 1968, 3, 157-189.
59. Latham, G. P./Yukl, G. A., A Review of Research on the Application of Goal Setting in Oganization, *Academy of Management Journal*, 1976, 18(4), 824-845.
60. Latham, G. P./Baldes, J. J., The Practical Significance of Locker's Theory of Goal Setting, *Journal of Applied Psychology*, 1975, 60, 122-124를 Muchinsky, P. M., *Psychology Applied to Work*, Hypergraphic Press Inc., 9th ed., 2009(유태용 역, 시그마프레스, 2009)에서 재인용.
61. Locke, E. A., Personnel Attitudes and Motivation, *Annual Review of Psychology*, 1975, 26, 457-480.
62. Drach-Zahavy, A./Erez, M., Challenge versus Threat Effects on the Goal-Performance Relationship, *Organizational Behavior and Human Decision Processes*, 2002, 88, 667-682.
63. Csikszentmihalyi, M., *Good Business, Brockman*, Inc., 2003(심현식 역, 『몰입의 경영』, 황금가지,

2009).
64. Deci, E. L., Effects of Externally Mediated Rewards on Intrinsic Motivation, *Journal of Personality and Social Psychology*, 1971, 18, 105-115.
65. Hackman, J. R./Oldham, G. R., Development of the Job Diagnostic Survey, *Journal of Applied Psychology*, 1975, 60(2), 159-170.
66. Thomas, K. W., *Intrinsic Motivation at Work*, Berrett-Koehler Pub., 2000(장재윤/구자숙 역, 『열정과 몰입의 방법』, 지식공작소, 2002).
67. Thomas, K. W./Velthouse, B. T., Cognitive Elements of Empowerment: A Interpretive Model of Intrinsic Task Motivation, *Academy of Management Review*, 1990, 15(4), 666-681.
68. Deci, E. L., Effects of Externally Mediated Rewards on Intrinsic Motivation, *Journal of Personality and Social Psychology*, 1971, 18, 105-115.
69. Deci, E. L./Koestner, R./Ryan, R. M., A Meta-Analytic Review of Experiments Examining the Effects of Extrinsic Rewards on Intrinsic Motivation, *Psychological Bulletin*, 1999, 125(6), 617-668.
70. Deci, E. L., Effects of Externally Mediated Rewards on Intrinsic Motivation, *Journal of Personality and Social Psychology*, 1971, 18, 105-115.
71. Deci, E. L., Effects of Externally Mediated Rewards on Intrinsic Motivation, *Journal of Personality and Social Psychology*, 1971, 18, 105-115.
72. 백기복, 『조직행동연구』, 창민사, 2008.
73. Lepper, M./Greene, D./Nisbett, R., Undermining Children's Intrinsic Interest with Extrinsic Rewards: A Test of the 'Overjustification' Hyphesis, *Journal of Personality and Social Psychology*, 1973, 28(1), 129-137를 Pink, D., *Drive: The Surprising Truth About What Motivates Us*, 2009(김주환 역, 『드라이브』, 청림출판, 2011)에서 재인용.

Chapter 5 태 도

1. Mayo, E., *The Social Problems of an Industrial Civilization*, Harvard Uni. Press, 1945.
2. Kluckhohn, C., *Culture and Behavior*, New York, 1962.
3. Rokeach, M., *The Nature of Human Values*, San Francisco, 1973.
4. Willams, R.M., The Concept of Values, in: Shills, D.L.(ed.), *International Encyclopedia of the Social Sciences*, 16, Mamillian Company & the Free Press, 1968, 283-287.
5. Gordon, L.V., *Survey of Interpersonal Values*, Chicago, 1960.
6. Nordmann, A., *Zielsetzungen der schweizerischen Machinenindustrie, eine empirische Erhebung*, Bern, 1974.
7. Pappi, F./Laumann, E.O., Social Value Orientations and Political Behavior, *Zeitschrift fuer Soziologie*, 3, 1974, 157-188.
8. Nord, W./Brief, A./Atieh, J./Doherty, E., Work Values and the Conduct of Organizational Behavior, in: Staw, B.M./Cummings, (eds.), Research in Organizational Behavior, 10, 1988, 1-42.
9. George, J.M./Jones, G.R., *Organizational Behavior*, Addison-Wesley, 1999.
10. Rokeach, M., Belief, *Attitudes and Values*, New York, 1968.
11. Rokeach, M., Belief, *Attitudes and Values*, New York, 1968.
12. Fishbein, M./Ajzen, I., *Belief, Attitude, Intention and Behavior: An Introduction to Theory and Research*, Addison-Wesley, 1975.
13. La Pierre, R.T., Attitude versus Action, *Social Forces*, 13, 1934, 230-237.
14. Ajzen, I., The Theory of Planned Behavior, *Organizational Behavior and Human Decision Process*, 50, 1991, 1-33.
15. Mayo, E., *The Social Problems of an Industrial Civilization*, Harvard Uni. Press, 1945.

16. Roethlisberger, F. J./Dicksons, W.J., *Management and the Worker*, Cambridge, MA, 1939.
17. Herzberger, F./Mausner, B./Snyderman, B.B., *The Motivation to Work*, John Wiley & Sons, 1959.
18. Locke, E.A., The Nature and Causes of Job Satisfaction, in: Dunnette, M.D.(ed.), *Handbook of Industrial and Organizational Psychology*, Chicago, 1976, 1297-1350.
19. Schaffer, R.H., Job Satisfaction as related to Need Satisfaction at Work, *Psychological Monographs*, 364, 1953.; Maslow, A.H., *Motivation and Personality*, New York: Harper & Row, 1954.
20. Katzell, R.A., Personal Values, Job Satisfaction and Job Behavior, in: Borrow, H. (ed.), *Man in a World of Work, Boston*, 1964, 341-363.
21. Lawler, E.E., *Motivation in Work Organizations*, Brooks/Cole, 1973.
22. Locke, E.A., Job Satisfaction, in: Grunberg, M./Wall, T. (eds.), *Social Psychology and Organizational Behavior*, John Wiley & Sons, 1984.
23. Dunham, R.B., *Organizational Behavior: People and Process in Management*, Richard D. Irwin, Inc., 1984.
24. Judge, T.A./Larson, R., Dispositional Affect and Job Satisfaction: A Review and Theoretical Extension, *Organizational Behavior and Human Decision Processes*, 86, 2001, 67-98.
25. 황규대 외 7명, 『조직행위론』, 박영사, 1991.
26. Herzberger, F./Mausner, B./Snyderman, B.B., *The Motivation to Work*, John Wiley & Sons, 1959.
27. Vroom, V. H., *Work Motivation*, John Wiley & Sons, Inc., 1964.
28. Porter, L.W./Lawler, E.E. III., *Managerial Attitudes and Performance*, Homewood, III: Dorsey Press, 1968.
29. Lawler, E.E., *Motivation in Work Organizations*, Brooks/Cole, 1973.
30. Newstrom, J.W., *Organizational Behavior*, 12th., McGraw-Hill, 2007.
31. Newstrom, J.W., *Organizational Behavior*, 12th., McGraw-Hill, 2007.
32. Herzberger, F./Mausner, B./Snyderman, B.B., *The Motivation to Work*, John Wiley & Sons, 1959.
33. 김원형, 『조직심리와 행동의 이해』, 시그마프레스, 2009.
34. Moyle, P./Parkes, K., The Effect of Transition Stress: A Relocation Study, *Journal of Organizational Behavior*, 20, 1990, 625-646.
35. Schaufeli, W.B./Bakker, A.B., Job Demand, Job Resources, and their Relationship with Burnout and Engagement: A Multi-Sample Study, *Journal of Organizational Behavior*, 25, 2004. 293-315.
36. Csikszentmihalyi, M., *Beyond Boredom and Anxiety*, San Francisco: Jossey-Bass, 1975.
37. Brown, S.P., A Meta-Analysis and Review of Organizational Research on Job Involvement, *Psychological Bulletin*, 120, 1996, 235-255.
38. Dubin, R., Industrial Worker's Worlds: A Study of the "Central Life Interest" of Industrial Workers, *Social Problems*, 3, 1956, 131-142.
39. Lodahl, T.M./Kejner, M., The Definition and Measurement of Job Involvement, *Journal of Applied Psychology*, 49, 1965, 24-33.
40. Rabinowitz, S./Hall, D.T., Organizational Research on Job Involvement, *Psychological Bulletin*, 84, 1977, 265-288.
41. Brown, S.P., A Meta-Analysis and Review of Organizational Research on Job Involvement, *Psychological Bulletin*, 120, 1996, 235-255.
42. Dubin, R., Industrial Worker's Worlds: A Study of the "Central Life Interest" of Industrial Workers, *Social Problems*, 3, 1956, 131-142.
43. Lawler, E.E., *Motivation in Work Organizations*, Brooks/Cole, 1973; Rabinowitz, S./Hall, D.T., Organizational Research on Job Involvement, *Psychological Bulletin*, 84, 1977, 265-288.
44. Muchinsky, P.M. *Psychology Applied to Work*, 9th., Hypergraphic Press, Inc. 2009(유태용 역, 『산업 및 조직심리학』, 시그마프레스, 2009).

45. White, J.K./Ruh, R.A., Effect of Personal Values on the Relationship between Participation and Job Attitudes, *Administrative Science Quarterly*, 18, 1973, 506-514.
46. Rabinowitz, S./Hall, D.T., Organizational Research on Job Involvement, *Psychological Bulletin*, 84, 1977, 265-288.
47. Gannon, M.J./Hendrickson, D.H., Career Orientation and Job Satisfaction among Working Wives, *Journal of Applied Psychology*, 57, 1973, 339-340.
48. Solinger, O.N./Olffen, W.V./Roe, R.A., Beyond the Three-Component of Organizational Commitment, *Journal of Applied Psychology*, Jan. 2008, 70-83.
49. March, J.G./Simon, A., *Organizations*, New York, 1958.
50. Homans, G.C., Social Behavior: Its Elementary Forms, New York, 1961: Becker, H.S., Notes on the Concept of Commitment, *American Journal of Sociology*, 66, 1960, 32-40.
51. Buchanan, B., Building Organizational Commitment: The Socialization of Managers in Work Organizations, *Administrative Science Quarterly*, 19, 1974, 533-546.
52. Allen, N.J./Meyer, J.P., The Measurement and Antecedents of Affective, Continuance, and Normative Commitment to the Organization, *Journal of Occupational Psychogy*, 63, 1990, 1-18.
53. Chen, Z./Francisco, A., The Relationship between the Three Component of Commitment and Employee Performance in China, *Journal of Vocational Behavior*, 62, 2003, 490-510.
54. Becker, H.S., Notes on the Concept of Commitment, *American Journal of Sociology*, 66, 1960, 32-40.
55. Kreitner, R./Kinicki, A., *Organizational Behavior*, 9th. ed., Irwin: McGraw-Hill, 2010.
56. Chen, Z./Francisco, A., The Relationship between the Three Component of Commitment and Employee Performance in China, *Journal of Vocational Behavior*, 62, 2003, 490-510.
57. Bauer, T./Erdogan, B., Organizational Behavior, *Flatworld Knowledge*, 2010
58. Mathieu, J./Zajac, D., A Review and Meta Analysis of Antecedents, Correlates, Consequences of Organizational Commitment, *Psychological Bulletin*, 108, 1990, 171-194.
59. Allen, N.J./Meyer, J.P., The Measurement and Antecedents of Affective, Continuance, and Normative Commitment to the Organization, *Journal of Occupational Psychology*, 63, 1990, 1-18 을 김원형, 『조직심리와 행동의 이해』, 시그마프레스, 2009에서 재인용.
60. 김원형, 『조직심리와 행동의 이해』, 시그마프레스, 2009.
61. Meyer, J.P./Stanley, D./Hercovitch, D., Affective, Continuance and Normative Commitment to Organization: A Meta Analysis of Antecedents, Correlates, and Consequences, *Journal of Vocational Behavior*, 10, 2001, 1006-1039.
62. 김원형, 『조직심리와 행동의 이해』, 시그마프레스, 2009.
63. Covey, S., *The Speed of Trus*t, CoveyLink, LLC, 2006(김경섭/정병창 역, 『신뢰의 속도』, 김영사, 2009).
64. Knack, S./Keefer, P., Does Social Capital Have an Ecomomic Payoff? A Cross-Country Investigation, *The Quarterly Journal of Economics*, 112, 1997, 1251-1288.
65. Morris, J.H./Moberg, D.J., *Work Organizations an Context for Trust and Betrayal*, in: Sarbin, T.R./Carney, R.M./Eoyang, C.(eds.), *Citizen Espionage: Studies in Trust and Betrayal*, Greenwood Pub., Co., 1998, 163-187.
66. Rotter, J.B., Generalized Expectations for Interpersonal Trust, *American Psychologist*, 26, 1971, 443-452.
67. Gambetta, D., *Trust: Making and Breaking Cooperative Relations*, New York, 1988.
68. Fukuyama, F., *Trust: The Social Virtues and the Creation of Prosperity*, The Free Press, 1995.
69. Luthmann, N., Familarity, Confidence, Trust: Problems and Alternatives, in: Gambetta, D.(ed.), *Trust*, New York, 1988, 94-107.
70. Boss, R.W., Trust and Managerial Problems Solving Revisited, *Group and Organizational*

Studies, 3, 1978, 331-342.
71. Thompson, J.D., *Organization in Action*, NY: McGraw-Hill, 1967.
72. Tyler, T.R./Kramer, R.M., Whither Trust? in: Kramer, R.M./Tyler, R.(eds.), *Trust in Organizations: Frontiers of Theory and Research*, Sage Pub., 1996, 1-15.
73. Cummings, L.L./Bromiley, P., The Organizational Trust Inventory, in: Kramer, R.M./Tyler, T.R., *Trust in Organizations: Frontiers of Theory and Research*, Sage Pub., 16, 1995, 302-331.
74. Tyler, T.R./Degoey, P., Trust in Organizational Authorities: The Influence of Motive Attributions on Willingness to accept Decisions, in: Kramer, R.M./Tyler, R.(eds.), *Trust in Organizations: Frontiers of Theory and Research*, Sage Pub., 1996, 331-356.
75. Shaw, J.D./Delery, J.E./Jenkins, D.G./Gupta, N., An Organizational- level Ananlysis of Voluntary and Involuntary Turnover, *Academy of Management Journal*, 41, 1998, 511-525.
76. Cook, J./Wall, T., New Work Attitude Measures of Trust, Organizational Commitment and Personal Need Non-fulfillment, *Journal of Occupational Psychology*, 53, 1980, 39-52.
77. Mayer, R.C./Davis, J.H./Schoorman, D., An Integrative Model of Organizational Trust, *Academy of Management Review*, 20, 1995, 709-734.
78. Gabarro, J. J., The Development of Trust, Influence and Expectations, in: Athos, A.G./Gabbatto, J.J.(eds.) *Interpersonal Behaviors: Communication and Understanding in Relationships*, New York, 1978, 290-303.
79. Mishra, A.K., Organizational Responses to Crisis: The Centality of Trust, in: Kramer, R.M./Tyler, R.(eds.), *Trust in Organizations: Frontiers of Theory and Research*, Sage Pub., 1996, 261-287.
80. Covey, S., *The Speed of Trust*, CoveyLink, LLC, 2006(김경섭/정병창 역, 『신뢰의 속도』, 김영사, 2009).
81. Covey, S., *The Speed of Trust*, CoveyLink, LLC, 2006(김경섭/정병창 역, 『신뢰의 속도』, 김영사, 2009).
82. Covey, S., *The Speed of Trust*, CoveyLink, LLC, 2006(김경섭/정병창 역, 『신뢰의 속도』, 김영사, 2009).

Chapter 6 감정 및 스트레스

1. Weiss, H.M./Cropazano, R., Affective Events Theory: A Theoretical Discussion of the Structure, Causes and Consequence of Affective Experience at Work, in: Staw, B.M./Cummings, L.L.(eds.), *Research in Organizational Behavior*, 18, 1996, 17-19.
2. George, J.M., Trait and State Affect, in: Murphy. K.R.(ed.), *Individual Differences and Behavior in Organizatins*, San Francisco, Jossey-Bass, 1996.
3. Izard, C.E., Four Systems for Emotion Activation: Cognitive and Noncognitive Development, *Psychological Review*, 100, 1993, 68-90.
4. Reeve, J., *Understanding Motivation and Emotion*, 5th., John Wiley & Sons, 2008(정봉교 외 4명 역, 『동기와 정서의 이해』, 박학사, 2011).
5. Reeve, J., *Understanding Motivation and Emotion*, 5th., John Wiley & Sons, 2008(정봉교 외 4명 역, 『동기와 정서의 이해』, 박학사, 2011).
6. Herzberger, F./Mausner, B./Snyderman, B.B., *The Motivation to Work*, John Wiley & Sons, 1959.
7. Plutchik, R., *Emotion: A Psycoevolutionary Analysis*, New York: Harper & Row, 1980을 Reeve, J., *Understanding Motivation and Emotion*, 5th., John Wiley & Sons, 2008(정봉교외 4명 역, 『동기와 정서의 이해』, 박학사, 2011)에서 재인용.
8. Askanasy, N.M./Daus, C.S., Emotion in the Workplace: The New Challege for Managers, *Academy of Management Executive*, Feb, 2002.
9. Salovey, P./Mayer, J. D., Emotional Intelligence, *Imagination, Cognition and Personality*, 9(3),

1990, 185-211.
10. Robbins, S.P., *Organizational Behavior*, 11th., Pearson: Prentice Hall, 2005.
11. Luce, M./Betman, J./Payne, W., Choice Processing in Difficult Sessions, *Journal of Experimental Psychology: Learning, Memory and Cognition*, 23, 1997, 388-405.
12. George, J.M., Emotions and Leadership: The Role of Emotional Intelligence, *Human Relations*, Aug. 2000, 1027-1055.
13. Robbins, S.P., *Organizational Behavior*, 11th., Pearson: Prentice Hall, 2005.
14. Tsai, W.C./Huang, Y.M., Mechanisms Linking Employee Affective Delivery and Customer Behavioral Intentions, *Journal of Applied Psychology*, Oct. 2002, 1001-1008.
15. Hochschild, A. R., *The Managerial Heart: Communication of Human Feeling*, Berkery, CA: University of California Press, 1983.
16. Hochschild, A. R., *The Managerial Heart: Communication of Human Feeling*, Berkery, CA: University of California Press, 1983.
17. Morris, J.A./Feldman, D.C., The Dimensions, Antecedents, and Consequences of Emotional Labor, *Academy of Management Review*, 21, 1996, 986-1010.
18. Hochschild, A. R., *The Managerial Heart: Communication of Human Feeling*, Berkery, CA: University of California Press, 1983.
19. Hochschild, A. R., *The Managerial Heart: Communication of Human Feeling*, Berkery, CA: University of California Press, 1983.
20. Adelman, P.K., *Emotional Labor and Employee Well-being*, Uni. of Michigan, 1989.
21. 현성용 외 17명, 『현대 심리학의 이해』, 학지사, 2008.
22. Brenner, M.H., *The Stress Full Price of Prosperity*, Science News, 1978.
23. SERI. 직장인 스트레스 관리, 3.3 전략, 2010, 8. 26.
24. SERI. 직장인 스트레스 관리, 3.3 전략, 2010, 8. 26.
25. Cannon, W.B., *The Widsom of the Body*, N.Y.: Norton, 1932.
26. Selye, H., *Sress without Distress*, Philadelphia: Lippincott, 1956.
27. Selye, H., History and Present Status of the Stress Concept, in: Goldberger, I./Breznitz, S.(eds.), *Handbook of Stress*, N.Y.: Free Press, 1982, 7-17.
28. 박천식, 『심리학』, 교육과학사, 2003.
29. Kreitner, R./Kinicki, A., Organizational Behavior, 9th., McGraw-Hill: Irwin, 2010.
30. 김원형, 『조직심리와 행동의 이해』, 시그마프레스, 2009.
31. Maslach, C./Leiter, M.P., *The Truth about Burnout*, San Francisco: Jossey Bass, 1997.
32. Andre, R., *Organizational Behavior*, Pearson International Edition, 2008.
33. Newstrom, J.W., *Organizational Behavior*, 12th., McGraw-Hill, 2007.
34. Cooper, C.L./Rousseau, D.M., *Trends in Organizational Behavior*, New York: Wiley, 1997.
35. Svenson, O./Maul, J.A., *Time Pressure and Stress in Human Judgement and Decision-making*, New York: Plenim, 1993.
36. 김원형, 『조직심리와 행동의 이해』, 시그마프레스, 2009.
37. Smith, J.C., *Understanding Stress and Coping*, New York: Macmillian, 1993.
38. Kreitner, R./Kinicki, A., *Organizational Behavior*, 9th., McGraw-Hill/Irwin, 2010.
39. Friedman, M./Rosenman, R.H., *Type A Behavior and your Heart*, NY: Knopf, 1974.
40. Kreitner, R./Kinicki, A., *Organizational Behavior*, 9th., Irwin: McGraw-Hill, 2010.
41. Rotter, J. B., Generalized Expectancies for Interal versus External Control of Reinforcement, *Psychological Monographs: General and Applied*, vol. 80, 1966, 1-28.
42. Horner, K.R., Locus of Control, Neuroticism, and Stressors: Combined Influences on reported Physical Illness, *Personality and Individual Differences*, 21, 1996, 195-204.
43. Cohen, S./Wills, T.A., Stress, Social Support, and the Buffering Hypothesis, *Psychological*

Bulletin, 98, 1985, 310-357.

44. SBS 뉴스, 2013. 7. 7.

45. Hobson, C. J. et al, Stressful Life Events: A Revision and Update of the Social Readjustment Rating Scale, *International Journal of Stress Management*, 5, 1998, 1-23.

46. Luthans, F., *Organizational Behavior*, 12th., Irwin: McGraw-Hill, 2011.

47. Karasek, R.A., Job Demands, Job Decision Latitude, and Mental Strain: Implications for Job Redesign, *Administrative Science Quarterly*, 24, 1979, 285-308.

48. Kreitner, R./Kinicki, A., *Organizational Behavior*, 9th., McGraw-Hill/Irwin, 2010.

49. Ivancevich, J.M./Matheson, M.T., *Stress and Work: A Managerial Perspective*, Glenview IL: Scott, Foresman, 1987.

50. Luthans, F., *Organizational Behavior*, 12th., McGraw-Hill: Irwin, 2011.

51. Jex, S.M., *Stress and Job Performance: Theory Research and Implications for Managerial Practice*, Thousand Oaks, CA: Sage, 1998.

52. Luthans, F., *Organizational Behavior*, 12th., McGraw-Hill: Irwin, 2011.

53. Brotheridge, F.C./Grandey, A.A., Emotional Labor and Burnout: Comparing two Perspectives of "People Work", *Journal of Vocational Behavior*, 60, 2002, 17-39.

54. Hochwater, W./Kacmar, C./Perrewe, P./Johnson, D., Perceived Organizational Support as a Mediator of the Relationship between Politics Perceptions and Work Outcomes, *Journal of Vocational Behavior*, 63, 2003, 438-456.

55. Hughes, D./Galinsky, E., Work Experiences and Marital Interactions: Elaborating the Complexity of Work, *Journal of Organizational Behavior*, 15, 1994, 423-438.

56. Greenhaus, J.H./Beutell, N.J., Source of Conflict between Work and Familiy Roles, *Academy of Management Review*, 10, 1985, 76-88.

Chapter **7** 직무행동과 학습

1. Campbell, J. P., Modeling the Performance Prediction Problem in Industrial and Organizational Psychology, in: Dunnette, M.D./Hough, I.M. (eds.), *Handbook of Industrial and Organizational Psychology*, 2nd., Palo Alto, CA, 1, 1990, 687-732.

2. Organ, D.W., *Organizational Citizenship Behavior: The Good Soldier Syndrome*, Lexington, MA, 1988.

3. Puffer, S.M., Prosocial Behavior, Noncompliant Behavior, and Work Performance among Commission Salespeople, *Journal of Applied Psychology*, 72, 1987, 615-621.

4. Schnake, M., Organizational Citizenship: A Review Proposed Model and Research Agenda, *Human Relations*, 44, 1991, 735-759.

5. Kreitner, R./Kinicki, A., *Organizational Behavior*, 9th., McGraw-Hill/Irwin, 2010.

6. Scott, S.G./Bruce, R.A., Determinants of Innovative Behavior: A Path Model of Individual Innovation in the Workplace, *Academy of Management Journal*, 37, 1994, 580-607.

7. Kanter, R.M., When a Thousand Flowers Bloom: Structural, Collective, and Social Conditions for Innovation in Organizations, in: Staw, B.M./Cummings, L.L.(eds.), *Research in Organizational Behavior*, JAI Press, Greenwich, CT, 10, 1988, 169-211.

8. Janssen, C., Job Demands, Perceptions of Effort-Reward Fairness and Innovative Work Behavior, *Journal of Occupational and Organizational Psychology*, 73, 2000, 289-302.

9. Barnard, C.I., *The Functions of the Executive*, Cambridge, MA: Harvard Universitity Press, 1938.

10. Weick, K., *The Social Psychology of Organizing*, 2nd., Addison-Wesley Pub. Co., 1979.

11. Hollinghead, A.B., Cultural Factors in the Selection of Marriage Mates, *American Sociological Review*, 15, 1950, 135-175.

12. Chen, C.C./Chen, X.P./Meindl, .R., How can Cooperation be fostered? The Cultural Effects of Individualism-Collectivism, *Academy of Management Review*, 23, 1998, 285-304.
13. Van der Vegt, G./Van De Vliert, E., Motivating Effects of Task and Outcome Interdependence in Work Teams, *Group and Organization Management*, 23, 1998, 124-143.
14. Muchinsky, P.M. *Psychology Applied to Work*, 9th., Hypergraphic Press, Inc. 2009(유태용 역, 『산업 및 조직심리학』, 시그마프레스, 2009).
15. Anderson, L.M./Pearson, C.M., Tit for Tat? The Spiraling Effect of Incivility in the Workplace, *Academy of Management Review*, 24, 1999, 452-471.
16. Bies, R.J./Tripp, T.M./Kramer, R.M., At Breaking Point, in: Giacalone, R.A./Greenberg, J.(eds.), *Antisocial Behavior in Organizations*, Thousand Oaks, CA: Sage, 1997, 18-36.
17. Hilgard, E.R./Bower, G.H., *Theories of Learning*, 5th., Englewood Cliffs, N.J., 1981.
18. Pavlov, I.P., *Conditioned Reflexes*, Oxford Uni. Press, 1927을 홍기원/이종택/최영안, 『심리학』, 양서원, 2009에서 재인용.
19. Watson, J./Rayner, R., Conditioned Emotional Reaction, *Journal of Experimental Psychology*, 3, 1920, 1-14를 현성용 외 17명, 『현대 심리학의 이해』, 학지사, 2008에서 재인용.
20. Thorndike, E., *The Elements of Psychology*, New York: Seiler, 1905를 이수원/이종택/최영안, 『심리학』, 양서원, 2009에서 재인용.
21. Skinner, B.F., *The Behavior of Organisms*, New York: Appleton-Centry-Clofts, 1938을 박천식, 『심리학』, 교육과학사, 2003에서 재인용.
22. 현성용 외 17명, 『현대 심리학의 이해』, 학지사, 2008.
23. Bandura, A., *Social Learning Theory*, Englewood Cliffs, N.J.: Prentice-Hall, 1977.
24. Liebert, R.M./Liebert, L.L., *Personality*, Thomson, 2002(조연춘/조현재/문지혜 역, 『성격심리학』, 시그마프레스, 2003).
25. Schnake, M.E./Dumler, M.P., Use of Vicarious Punishment to Offset Effects of Negative Social Cues, *Psychological Reports*, 60, 1990, 1299-1308.
27. Bandura, A., *Social Learning Theory*, Englewood Cliffs, N.J.: Prentice-Hall, 1977.
27. George, J.M./Jones, G.R., *Organizational Behavior*, 2nd., Addison-Wesley Pub. Co., 1999.
28. Tolman, E.C., *Purposive Behavior in Animals and Man*, New York: Appleton, 1932를 박천식, 『심리학』, 교육과학사, 2003에서 재인용.
29. Tolman, E.C., *Purposive Behavior in Animals and Man*, New York: Appleton, 1932를 박천식, 『심리학』, 교육과학사, 2003에서 재인용.
30. George, J.M./Jones, G.R., *Organizational Behavior*, 2nd., Addison-Wesley Pub. Co., 1999.
31. Luthans, F., *Organizational Behavior*, McGraw-Hill, Inc., 1992.
32. Steers, R.M., *Introduction to Organizational Behavior*, 2nd ed., Glenview, III, 1984.
33. 이수원/이종택/최영안, 『심리학』, 양서원, 2009.
34. Liebert, R.M./Liebert, L.L., *Personality*, Thomson, 2002(조연춘/조현재/문지혜 역, 『성격심리학』, 시그마프레스, 2003.)
35. Pittenger, D.J./Pavlik, W.B., Resistance to Extinction in Humans: Analysis of the generalized partial Reinforcement Effect, *Learning and Motivation*, 20, 1989, 60-72.
36. Liebert, R.M./Liebert, L.L., *Personality*, Thomson, 2002(조연춘/조현재/문지혜 역, 『성격심리학』, 시그마프레스, 2003).
37. 현성용 외 17명, 『현대 심리학의 이해』, 학지사, 2008.
38. George, J.M./Jones, G.R., *Organizational Behavior*, 2nd., Addison-Wesley Pub. Co., 1999.
39. George, J.M./Jones, G.R., *Organizational Behavior*, 2nd., Addison-Wesley Pub. Co., 1999.

Chapter 8 의사결정

1. Bauer, T./Erdogan, B., *Organizational Behavior*, Flatworld Knowledge, 2010.
2. Bauer, T./Erdogan, B., *Organizational Behavior*, Flatworld Knowledge, 2010.
3. March, J.G./Simon, H.A., *Organizationas*, New York, 1958.
4. Baron, R.A./Greenberg, J., *Behavior in Organization: Understanding amd Managing the Human as Side of Work*, Boston: Allyn and Bacom, 1990.
5. Kreitner, R./Kinicki, A., *Organizational Behavior*, 9th., McGraw-Hill/Irwin, 2010.
6. Nutt, P.C., Expanding the Search for Alternatives during Strategic Decision-Making, *Academy of Management Executive*, Nov. 2004, 13-28.
7. March, J.G./Simon, H.A., *Organizationas*, New York, 1958.
8. March, J.G./Simon, H.A., *Organizationas*, New York, 1958.
9. Bauer, T./Erdogan, B., *Organizational Behavior*, Flat-world Knowledge, 2010.
10. Kreitner, R./Kinicki, A., *Organizational Behavior*, 9th., McGraw-Hill/Irwin, 2010.
11. Dane, E./Pratt, M.G., Exploring Intuition and Its Role in Managerial Decision Making, *Academy of Management Review*, Jan. 2007, 33-54.
12. Begley, D., You Might Help a Teen Avoid Dumb Behavior by Nurturing Intuition, *The Wall Street Journal*, Nov. 3, 2006.
13. Sadler-Smith E./Shefy, E., The Intuitive Executive: Understanding and Applying 'Get Feel', *Academy of Management Executive*, Nov. 2004.
14. Cohen, M.D./March, J.G./Olsen, J.P., A Cabage can Model of Organizational Choice, *Administrative Science Quartely*, Mar. 1972, 1-25.
15. Bauer, T./Erdogan, B., *Organizational Behavior*, Flatworld Knowledge, 2010.
16.. Tversky, A./Kahneman, D., Judgement under Uncertainty: Heuristics and Bias, *Science*, 11, 1974, 1124-1131.
17. Bauer, T./Erdogan, B., *Organizational Behavior*, Flatworld Knowledge, 2010.
18. Stoll, J.D./Terlep, S., GM to Offer Two Choices: Bankruptcy or More Aid, The Wall Street Journal, Feb. 14, 2009를 reitner, R./Kinicki, A., *Organizational Behavior*, 9th., McGraw-Hill/Irwin, 2010에서 재인용.
19. Bauer, T./Erdogan, B., *Organizational Behavior*, Flatworld Knowledge, 2010.
20. Ross, J./Staw, B.M., Organizational Escalation and Exit: Lessons from the Shoreham Nuclear Power Plant, *Academy of Management Journal*, Aug. 1993, 701-732.
21. Schiller, Z., GE's Appliance Park: Rewire, or Pull the Plug?, *Business Week*, Feb. 8, 1993을 George, J.M./Jones, G.R., *Organizational Behavior*, 2nd., Addison-Wesley, 1999에서 재인용.
22. Kreitner, R./Kinicki, A., *Organizational Behavior*, 9th., McGraw-Hill/Irwin, 2010.
23. Moscovici, S./Zavalloni, M., The Group as Polarizer of Attitudes, *Journal of Personality and Social Psychology*, 1969, 125-135.
24. Janis, I.L., *Victims of Groupthink*, New York: Houghton Mifflin, 1972.
25. Bauer, T./Erdogan, B., *Organizational Behavior*, Flatworld Knowledge, 2010.
26. Kreitner, R./Kinicki, A., *Organizational Behavior*, 9th., McGraw-Hill/Irwin, 2010.
27. 황규대 외 7명, 『조직행위론』, 박영사, 1999.
28. Kreitner, R./Kinicki, A., *Organizational Behavior*, 9th., McGraw-Hill/Irwin, 2010.
29. 황규대 외 7명, 『조직행위론』, 박영사, 1999.
30. Mitchell, D.J./Pennington, N., Back to the Future: Temporal Perspective in the Explanation of Events, *Journal of Behavioral Decision Making*, 2, 1989, 25-38.

Chapter 9 집 단

1. Mayo, E., *The Social Problems of an Industrial Civilization*, Harvard University Boston, 1945.
2. Lewin, K., *Field Theory in Social Science*, London, 1952.
3. Kreitner, R./Kinicki, A., *Organizational Behavior*, 9th., McGraw-Hill/Irwin, 2010.
4. Forsyth, D.R., *Group Dynamics*, 4th., Cengage Learning, 2006(남기덕 외 5명 역, 『집단역학』, 시그마프레스, 2009).
5. Kreitner, R./Kinicki, A., *Organizational Behavior*, 9th., McGraw-Hill/Irwin, 2010.
6. Steiner, I.D., *Group Process and Productivity*, New York: Academic Press, 1972.
7. Forsyth, D.R., *Group Dynamics*, 4th., Cengage Learning, 2006(남기덕 외 5명 역, 『집단역학』, 시그마프레스, 2009).
8. Cooley, C.H., *Social Organization*, New York: Scribner, 1909을 Forsyth, D.R., *Group Dynamics*, 4th., Cengage Learning, 2006(남기덕 외 5명 역, 『집단역학』, 시그마프레스, 2009)에서 재인용.
9. Cartwright, D./Zander, A., *Groups Dynamics, Research and Theory*, 2nd., New York, 1960.
10. Newstrom, J.W., *Organizational Behavior*, 12th., McGraw-Hill, 2007.
11. Bales, R.F., Interaction Process Analysis: A Method for the Study of Small Groups, Reading(Mass), 1950을 Newstrom, J.W., *Organizational Behavior*, 12th., McGraw-Hill, 2007에서 재인용.
12. Newstrom, J.W., *Organizational Behavior*, 12th., McGraw-Hill, 2007.
13. Baron, R.A./Greenberg, J., *Behavior in Organizations: Understanding and Managing the Human Side of work*, 3rd., Allyn and Bacon, 1990.
14. Newstrom, J.W., *Organizational Behavior*, 12th., McGraw-Hill, 2007.
15. Newstrom, J.W., *Organizational Behavior*, 12th., McGraw-Hill, 2007.
16. Tuckman, B.W., Developmental Sequences in Small Groups, *Psychological Bulletin*, 63, 1965, 384-399를 Forsyth, D.R., *Group Dynamics*, 4th., Cengage Learning, 2006(남기덕 외 5명 역, 『집단역학』, 시그마프레스, 2009)에서 재인용.
17. Bauer, T./Erdogan, B., *Organizational Behavior*, Flatworld Knowledge, 2010.
18. Bauer, T./Erdogan, B., *Organizational Behavior*, Flatworld Knowledge, 2010.
19. Karriker, J.H., Cyclical Group Development and Interaction-based Leadership Emergence in autonomous Teams: An Integrated Model, *Journal of Leadership and Organizational Studies*, 11, 2005, 54-64: Gersick, C.J.G., Revolutionaly Change Theories: A Multilevel Exploration of the Punctuated Equilibrium Paradigm, *Academy of Management Review*, 16, 1991, 10-36.
20. Gersick, C.J.G., Revolutionaly Change Theories: A Multilevel Exploration of the Punctuated Equilibrium Paradigm, *Academy of Management Review*, 16, 1991, 10-36.
21. Vella, M., "In Data", *Business Week*, 2008, Apr. 28.
22. Grofman, B./Feld, S.L./Owen, G., Group Size and the Performance of a Composite Group Majority: Statistical Truth and Empirical Results, *Organizational Behavior and Human Performance*, June, 1984, 350-359.
23. Jones, G.R., Task Visibility, Free Riding, and Shirking: Explaining the Effect of Structure and Technology on Employee Behavior, *Academy of Management Review*, 9, 1984, 684-695.
24. George, J. G./Jones, G.R., *Organizational Behavior*, 2nd, Addison-Wesley, 1999.
25. Mayo, E., *The Social Problems of an Industrial Civilization*, Harvard University Boston, 1945.
26. Kreitner, R./Kinicki, A., *Organizational Behavior*, 9th., McGraw-Hill/Irwin, 2010.
27. Younggreen, R./Moore, C.D., The Effects of Status Violation on Hierarchy and Influence in Groups, *Small Group Research*, Oct. 2008, 569-587.
28. Kreitner, R./Kinicki, A., *Organizational Behavior*, 9th., McGraw-Hill/Irwin, 2010.
29. Kreitner, R./Kinicki, A., *Organizational Behavior*, 9th., McGraw-Hill/Irwin, 2010.

30. Forsyth, D.R., *Group Dynamics*, 4th., Cengage Learning, 2006(남기덕 외 5명 역, 『집단역학』, 시그마프레스, 2009).
31. Reitan, H.T./Shaw, M.E., Group Membership, Sex Composition of the Group, and Conformity Behavior, *Journal of Social Psychology*, Oct., 1964, 45-51.
32. George, J. M./Jones, G. R., *Organizational Behavior*, 2nd., Addison-Wesley, 1999.
33. Forsyth, D.R., *Group Dynamics*, 4th., Cengage Learning, 2006(남기덕 외 5명 역, 『집단역학』, 시그마프레스, 2009).
34. Forsyth, D.R., *Group Dynamics*, 4th., Cengage Learning, 2006(남기덕 외 5명 역, 『집단역학』, 시그마프레스, 2009).
35. Beauchamp, M. R./Bray, S.R./Eys, M. A./Carron, A.V., Role Ambiguity, Role Efficacy, and Role Performance: Multidimensional and Mediational Relationships within Interdependent Sport Teams, Group Dynamics: Theory, *Research and Practice*, 6, 2002, 229-242.
36. Tubre, T.C./Collins, J.M., A Meta-Analysis of the Relationships between Role Ambiguity, Role Conflict, and Job Performance, *Journal of Management*, 26, 2000, 155-169.
37. Forsyth, D.R., *Group Dynamics*, 4th., Cengage Learning, 2006(남기덕 외 5명 역, 『집단역학』, 시그마프레스, 2009).
38. Leffer, A./Gillespie, D.L./Conaty, J.C., The Effects of Status Differentiation on Nonverbal Behavior, *Social Psychology Quartely*, 45, 1982, 153-161.
39. Silver, D./Cohen, B.P./Crutchfield, J.H., Status Differentiation and Information Exchange in Face-to Face and Computer-Mediated Idea Generation, *Social Psychology Quartely*, 57, 1994, 108-123.
40. Hackman, J.R., Group Influences on Individuals in Organizations, in: Dunnette, M.D./Hough, L.M.(eds.), *Handbook of Industrial and Organizational Psychology*, 2nd., Palo Alto, CA, Consulting Psychologist Press, 3. 1992, 199-267.
41. Wagner, D.G./Berger, J., Stayus Characteristics Theory: The Growth of a Program, in: Berger, J./ Zelditch, M.(eds.), *Theoretical Research Programs: Studies in the Growth of a Theory*, Stanford, CA, 1993, 23-63.
42. Lewin, K., *Field Theory in Social Science,* London, 1952.
43. Forsyth, D.R., *Group Dynamics*, 4th., Cengage Learning, 2006(남기덕 외 5명 역, 『집단역학』, 시그마프레스, 2009).
44. Mullen, B./Cooper, C., The Relation between Group Cohesiveness and Performance: An Integration, *Psychological Bulletin*, 115, 1994. 210-227.
45. Cialdini, R.B./Borden, R./Yhome, A./Walker, M./Freeman, S./Sloan, L.R., Basking in Reflected Glory: Tree(football) Field Structures, *Journal of Personality and Social Psychology*, 34, 1976, 366-375.
46. Bandura, A., *Self-Efficacy: The Exercise of Control*, New York: Freeman, 1997.
47. Schachter, S., *The Psychology of Affliation*, Standford: CA, 1950.
48. George, J.M./Jones, G.R., *Organizational Behavior*, 2nd., Addison-Wesley, Pub. Co., Inc, 1999.
49. Hackman, J.R., Group Influences on Individuals in Organizations, in: Dunnette, M.D./Hough, L.M.(eds.), *Handbook of Industrial and Organizational Psychology*, 2nd., Palo Alto, CA, Consulting Psychologist Press, 3. 1992, 199-267.
50. Bauer, T./Erdogan, B., *Organizational Behavior*, Flatworld Knowledge, 2010.

Chapter **10** 커뮤니케이션

1. 황상재, 『조직커뮤니케이션 이해』, 법문사, 2006.
2. Abbatielo, A.A./Bistrup, R.T., Listening and Understanding, *Personnel Journal*, 48, 1969, 590-598.

3. 황상재, 『조직커뮤니케이션 이해』, 법문사, 2006.
4. Moorehead, G./Griffin, R.W., *Organizational Behavior*, 9th., South-Western CENGAGE Learning, 2010.
5. George, J.M./Jones, G.R., *Organizational Behavior*, 2nd. Addison-Wesley, 1999.
6. George, J.M./Jones, G.R., *Organizational Behavior*, 2nd. Addison-Wesley, 1999.
7. George, J.M./Jones, G.R., *Organizational Behavior*, 2nd. Addison-Wesley, 1999.
8. Dunham, R.B., *Organizational Behavior: Peoole and Process in Management*, Richard D. Irwin, Inc., 1984.
9. Moorehead, G./Griffin, R.W., *Organizational Behavior*, 9th., South-Western CENGAGE Learning, 2010.
10. Kreitner, R./Kinicki, A., *Organizational Behavior*, 9th., McGraw-Hill/Irwin, 2010.
11. 황상재, 『조직커뮤니케이션 이해』, 법문사, 2006.
12. 황상재, 『조직커뮤니케이션 이해』, 법문사, 2006.
13. Larson, J.K., How Managers really communicate, *Human Relations*, 39, 1986, 161-178.
14. Kreitner, R./Kinicki, A., *Organizational Behavior*, 9th., McGraw-Hill/Irwin, 2010.
15. Davis, K./Newstrom, J.W., *Human Behavior at Work: Organizational Behavior*, 8th., 1989.
16. Robbins, S.P., *Organizational Behavior*, 11th., Pearson: Prentice Hall, 2005.
17. Bauer, T./Erdogan, B., *Organizational Behavior*, Flatworld Knowledge, 2010.
18. 최재천, 『최재천의 인간과 동물』, 궁리, 2007.
19. Burgoon, J.K./Buller, D.B./Woodall, W., *Nonverbal Communication: The Unspoken Dialogue*, NY: McGraw-Hill, 1996.
20. 황상재, 『조직커뮤니케이션 이해』, 법문사, 2006.
21. Bauer, T./Erdogan, B., *Organizational Behavior*, Flatworld Knowledge, 2010.
22. Kreitner, R./Kinicki, A., *Organizational Behavior*, 9th., McGraw-Hill/Irwin, 2010.
23. Anastasi, T.E., *Listen! Techniques for Improving Communication Skills*, Boston: CBI, 1982.
24. Bauer, T./Erdogan, B., *Organizational Behavior*, Flatworld Knowledge, 2010.

Chapter 11 갈등과 권력

1. Hardin, G., The Tragedy of the Commons, *Science*, 162, 1968, 1243-1248을 Forsyth, D.R., *Group Dynamics*, 4th., Cengage Learning, 2006(남기덕 외 5명 역, 『집단역학』, 시그마프레스, 2009)에서 재인용.
2. Moorehead, G./Griffin, R.W., *Organizational Behavior*, 9th., South-Western CENGAGE Learning, 2010.
3. Kreitner, R./Kinicki, A., *Organizational Behavior*, 9th., McGraw-Hill/Irwin, 2010.
4. George, J.M./Jones, G.R., *Organizational Behavior*, 2nd. Addison-Wesley, 1999.
5. Bauer, T./Erdogan, B., Organizational Behavior, Flatworld Knowledge, 2010.
6. Moorehead, G./Griffin, R.W., *Organizational Behavior*, 9th., South-Western CENGAGE Learning, 2010.
7. Bauer, T./Erdogan, B., *Organizational Behavior*, Flatworld Knowledge, 2010.
8. Thomas, K., *Conflict and Conflict Management*, in: Dunnette, M.D.(ed.), *Handbook of Industrial and Organizational Psychology*, Chicago, 1976, 889-935.
9. Rahim, M.A., A Strategy for Managing Conflict in Complex Organization, *Human Relations*, 38, 1985, 81-89.
10. Moorehead, G./Griffin, R.W., *Organizational Behavior*, 9th., South-Western CENGAGE Learning, 2010.
11. Barnard, C. I., *The Functions of the Executive*, Cambridge, MA: Harvard, 1938.

12. Weber, M., *Wirtschaft und Gesellschaft*, Heidelberg, 1921.
13. Weber, M., *Wirtschaft und Gesellschaft*, Heidelberg, 1921.
14. Szilagyi, A.D./Wallace, M.R. Jr., *Organizational Behavior*, 4th., Scott, Foresman and Co., Illinois, 1987.
15. French, J.B./Raven, B., *The Bases of Social Power*, in: Cartwright, D./Zander, A., (eds), 2nd , New York, 1960, 607-612.
16. Forsyth, D.R., *Group Dynamics*, 4th., Cengage Learning, 2006(남기덕 외 5명 역, 『집단역학』, 시그마프레스, 2009.)
17. Raven, B., The Bases of Power: Origins and Recent Developments, *Journal of Social Issues*, 49, 1993, 227-251.
18. Hickson, D.J./Hinings, C.R./Lee, C.R./Schneck, E./Pennings, D.J., A Strategic Contingencies Theory of Intraorganizational power, *Administrative Science Quarterly*, 16, 1971, 216-227.
19. Hickson, D.J./Hinings, C.R./Lee, C.R./Schneck, E./Pennings, D.J., A Strategic Contingencies Theory of Intraorganizational power, *Administrative Science Quarterly*, 16, 1971, 216-227.
20. Crozier, M., Sources of Power of Low Level Participations in complex Organizations, *Administrative Science Quarterly*, 7. 1962, 349-364.
21. Slancik, G.R./Pfeffer, J., The Bases and Uses of Power in Organizational Decision Making, *Administrative Science Quarterly*, 19, 1974, 453-473.
22. Cartwright, D. P., *Studies in Social Power*, Ann Arbor, Uni. of Michigan, 1959.
23. Yukl, G., Use Power Effectively, in: Locke, E.A.(ed.), *Handbook of Principles of Organizational Behavior*, Malden, MA, 2004, 241-256.
24. Treadway, D./Hochwarter, W./Kacmar, C./Ferris, G., Political Will, Political Skill, and Political Behavior, *Journal of Organizational Behavior*, 25, 2005, 229-245.
25. Murray, V./Gandz, J., Games Executives Play: Politics at Work, *Business Horizons*, Dec. 1981, 11-23.
26. Moorehead, G./Griffin, R.W., *Organizational Behavior*, 9th., South-Western CENGAGE Learning, 2010.
27. Luthans, F., *Organizational Behavior*, 4th., McGraw-Hill, New York, 1985.

Chapter 12 리 더 십

1. Weber, M., *Wirtschaft und Gesellschaft*, Heidelberg, 1921.
2. Stogdill, R.M., *Handbook of Leadership*, New York, 1974.
3. French, J.B./Raven, B., *The Bases of Social Power*, in: Cartwright, D./Zander, A., (eds), 2nd , New York, 1960, 607-612.
4. Stogdill, R.M., *Handbook of Leadership*, New York, 1974.
5. Northhouse, P.G., *Theory and Practice*, 4th., Thousand Oak, CA: Sage, 2007.
6. Bennis, W.G., Managing the Dream: Leadership in the 21st Century, *Journal of Organizatinal Change Management*, 2, 1989, 6-10.
7. Carlyle, T., *On Heroes, hero-worship, and the Heroic*, London: Fraser, 1841을 Forsyth, D.R., Group *Dynamics*, 4th., Cengage Learning, 2006(남기덕 외 5명 역, 『집단역학』, 시그마프레스, 2009)에서 재인용.
8. Tolstoy, L., *War and Peace*, Chicago: Encyclopedia Britannica, 1952를 Forsyth, D.R., *Group Dynamics*, 4th., Cengage Learning, 2006(남기덕 외 5명 역, 『집단역학』, 시그마프레스, 2009)에서 재인용.
9. Stogdill, R.M., Personal Factors Associated with Leadership: A survey of the Literature, *The Journal of Psychology*, 1948, 35-71.

10. Goleman, D., What Makes a Leader?, *Harvard Business Review*, 82, 2004, 82-91.
11. Bauer, T./Erdogan, B., *Organizational Behavior*, Flatworld Knowledge, 2010.
12. Atwater, L.E./Dionne, J.F./Camobreco, J.F./Avolio, B.J./Lau, A., Individual Attributes and Leadership Style: Predicting the Use of Punishment and its Effects, *Journal of Organizational Behavior*, 19, 1998, 559-576.
13. Reave, L., Spiritual Values and Practices related to Leadership Effectiveness, *Leadership Quartely*, 16, 2005. 655-687.
14. Lord, R.G./DeVader, C.L./Alliger, A Meta-Analysis of the Relation between Personality Traits and Leadership Perceptions: An Application of Validity Generalization Procedures, *Journal of Applied Psychology*, Aug. 1986, 402-410.
15. Park, K., *Fuehrungsverhalten in unterschiedlichen Kuturen*, Muenchen-Mannheim, 1983.
16. Lewin, K./Lippitt, R./White, R., Patterns of Aggresive Behavior in Experimentally created "Social Climate", *Journal of Social Psychology*, 10, 1939, 271-299.
17. Tannenbaum, R./Schmidt, W.H., How to Choose a Leadership Pattern, *Harvard Business Review*, May-June 1973, 162-180.
18. Moorehead, G./Griffin, R.W., *Organizational Behavior*, 9th., South-Western CENGAGE Learning, 2010.
19. Hemphill, J.K., *Seader Behavior Description*, Ohio, 1950.
20. Fleishman, E.A./Harris, E.F., Patterns of Leadership Behavior related to Employee Grievances and Turnover, *Personnel Psychology*, 15, 1962, 43-56.
21. Fleishman, E.A./Harris, E.F., Patterns of Leadership Behavior related to Employee Grievances and Turnover, *Personnel Psychology*, 15, 1962, 43-56.
22. Blake, R./Mouton, J., *The Managerial Grids: Key Orientation for Achieving Production through People*, Houston, 1964.
23. Kreitner, R./Kinicki, A., *Organizational Behavior*, 9th., McGraw-Hill/Irwin, 2010.
24. Ekvall, G./Arvonen, A., Change-Centered Leadership: An Extention of the Two-Dimensinal Model, *Scandinavian Journal of Management*, 7, 1991, 17-26.
25. Fiedler, F.E., *A Theory of Leadership Effectiveness*, New York, 1967.
26. Hersey, P./Blanchard, K., *Management of Organizational Behavior: Utilizing Human Resources*, 4th., Pretice-Hall, Inc., 1982.
27. House, R.J., A Path Goal Theory of Leader Effectiveness, *Administrative Science Quarterly*, 16, 1971, 321-338; House, R.J./Mitchell, I.R., Path-goal Theory of Leadership, *Journal of Contemporary Business*, 3, 1974, 323-352.
28. Vroom, V.H./Yetton, P.W., *Leadership and Decision-Making*, Uni. of Pittsburgh Press, 1973.
29. Vroom, V.H./Jago, A.G., *The New Leadership: Managing Participation in Organization*, Englewood Cliffs, New Jersey: Prentice-Hall, 1988.
30. Dansereau, F./Graen, G./Haga, W.J., A Vertical Dyad Linkage Approach to Leadership within Formal Organizations: A Logitudinal Investigation of the Role Making Process, *Organizational Behavior and Human Performance*, 13, 1975, 46-78.
31. Graen, G.B./Uhl-Bien, M., Relationship-based Approach to Leadership: Development of Leader-Member Exchange(LMX) Theory of Leadership over 25 years: Applying a Multi-level Multi-domain Perspective, *Leadership Quarterly*, 6, 1995, 219-247.
32. Erdogan, B./Liden, R.C./Kraimer, M.L., Justice and Leader-Member Exchange: The Moderating Role of Organizational Culture, *Academy of Management Journal*, 49, 2006, 395-406.
33. Lord, R.G./Brown, D.J./Freiberg, S.J., Understanding the Dynamics of Leadership: The Role of Follower Self-concepts in the Leader/Follower Relationship, *Organizational Behavior and Human Decision Processes*, 78, 1999, 167-203.

34. Weber, M., *Wirtschaft und Gesellschaft*, Heidelberg, 1921.
35. Christopher, A.T., "Max Weber's Charisma", *Journal of Classical Sociology*, 5, 2005, 189-204.
36. Conger, J.A./Kanungo, R.N., Toward a Behavioral Theory of Charismatic Leadership in Organizational Settings, *Academy of Management Review*, 12, 1987, 637-647.
37. Nadler, D.A./Tushman, M.L., Beyond the Charismatic Leader: Leadership and Organizational Change, *California Management Review*, winter 1990, 70-97.
38. Waldman, D.A./Bass, B.M./Yammarino, F.J., Adding to Contingent-Reward Behavior: The augumenting Effect of charismatic Leadership, *Group & Organization Studies*, Dec. 1990, 381-394.
39. Robbins, S.P., *Organizational Behavior*, Pearson Education, Inc., 11th. 2005.
40. House, R.J., *A 1976 Theory of Charismatic Leadership*, in: Hunt, J.G./Larson, L.L.(eds.), *Leadership: The cutting Edge*, Carbondate: Southern Illinois Uni. Press, 1977, 189-207.
41. Burns, J.M., *Leadership*, New York: Harper, 1978.
42. Bass, N.M., *Bass and Stogdill's Handbook of Leadership: Theory, Research, and Managerial Applications*, 3rd., New York: Free Press, 1990.
43. Yukl, G.A./Van Fleet, D.D., Cross Situational Multimethod Research on Military Leader Effectiveness, *Organizational Behavior and Human Performance*, 1982, 87-108.
44. Waldman, D.A./Yammarino, F.J., CEO Charismatic Leadership: Levels-of- Management and Levels-of-Analysis Effects, *Academy of Management Review*, Apr. 1999, 266-285.
45. Judge, T.A./Bono, J.E., Five-Factor Model of Personality and Transformational Leadership, *Journal of Applied Psychology*, Oct. 2000, 751-765.
46. Spears, L.C., The Understanding and Practical of Servant Leadership, Paper presented at the 2005 Meeting of the Servant Leadership Research Roundtable, Virginia Beach, VA, 2005.
47. Greenleaf, P.K., *Servant Leadership: A Journey into the Nature of Legitimate Power and Greatness*, New York: Paulist Press, 1977.
48. Spears, L.C., *Reflections on Leadership: How Robert K. Greenleaf's Theory of Servant-Leadership influenced Today's Top Management Thinkers*, New York: John Willey, 1995.
49. Hennessy, J.E./Killian, J./Robins, S., *Managing Toward the Millennium*, in: Spears, L.C., Reflections on Leadership — How Robert K. Greenleaf's Theory of Servant-Leadership influenced Today's Top Management Thinkers, New York: John Wiley & Sons, Inc., 1995, 161-168.
50. Stone, E.F./Anderson, L.E./Patterson, K., Transformational versus Servant Leadership: A Difference in Leader Focus, *The Leadership & Organization Development Journal*, 25, 2004, 349-361.
51. Graham, J.W., Servant Leadership in Organizations: Inspirational and Moral, *Leadership Quartely*, 2, 1991, 105-119.
52. 최연, 자기희생적 리더십: 연구현황과 과제, 「인사관리연구」 24, 2001, 219-238.
53. van Dierendonck, D., Servant Leadership: A Review and Synthesis, *Journal of Management*, 37, 2011, 1228-1261.
54. Avolio, B.J./Gardner, W.L./Walumbwa, F.O./Luthans, F./May, D.R., Unlocking the Mask: A Look at the Process by which Authentic Leaders Impact Follower Attitudes and Behaviors, *The Leadership Quarterly*, 15, 2004, 801-823.
55. Luthans, F., *Organizational Behavior*, 21th., McGraw-Hill/Irwin, 2011.
56. Kernis, M.H., Toward a Conceptualization of Optimal Self-Esteem, *Psychological Inquiry*, 14, 2003, 1-26.
57. Avolio, B.J./Gardner, W.L./Walumbwa, F.O./Luthans, F./May, D.R., Unlocking the Mask: A Look at the Process by which Authentic Leaders Impact Follower Attitudes and Behaviors, *The*

Leadership Quarterly, 15, 2004, 801-823.
58. Luthans, F., *Organizational Behavior*, 21th., McGraw-Hill: Irwin, 2011.
59. Shamir, B./Eliam, G., What's Your Story? A Life-stories Approach to Authentic Leadership Development, *The Leadership Quarterly*, 16, 2005, 395-417.
60. Luthans, F., *Organizational Behavior*, 21th., McGraw-Hill: Irwin, 2011.
61. Walumbwa, F.O./Avolio, B.J./Gardner, W.L./Wernsing, T.S./Peterson, S.J., Authentic Leadership: Development and Validation of a Theory-based Measure, *Journal of Management*, 34, 2008, 89-126; 전기호, 박성훈, 박헌준, 김지연, Authentic Leadership이 조직행동에 미치는 영향: 동일시의 매개효과를 중심으로, 한국인사·조직학회 발표논문집, 1, 2010, 1-33.

Chapter **13** 조직구조 및 변화

1. Smith, A., *The Wealth of Nations*, Penguin, 1970.
2. Robbins, S.P., *Organizational Behavior*, 11th., Pearson Education, Inc., 2005.
3. Andre, R., *Organizational Behavior*, Pearson International Edition, 2008.
4. Bauer, T./Erdogan, B., *Organizational Behavior*, Flatworld Knowledge, 2010.
5. Robbins, S.P., *Organizational Behavior*, Pearson Education, Inc., 11th. 2005.
6. Kreitner, R./Kinicki, A., *Oranizational Behavior*, McGraw-Hill, 9th., 2010.
7. Aldrich, H.E., *Organization and Environment*, Prentice-Hill, 1979.
8. Burns, T./Stalker, G.M., *The Management of Innovation*, London, 1961.
9. Burns, T./Stalker, G.M., *The Management of Innovation*, London, 1961.
10. Robbins, S.P., *Organizational Behavior*, Pearson Education, Inc., 11th. 2005.
11. Woodward, J., *Industrial Organization: The Theory and Practice*, London, 1965.
12. Miles, R.E./Snow, C.C., *Organizational Strategy, Structure, and Process*, McGraw-Hill, 1978.
13. Robbins, S.P., *Organizational Behavior*, Pearson Education, Inc., 11th. 2005.
14. Robbins, S.P., *Organizational Behavior*, Pearson Education, Inc., 11th. 2005.
15. Daft, R.L., *Organization Theory and Design*, West Pub. Co., 1995.
16. Duncan, W.J., *Organization Behavior*, Houghton Mifflin Co., 1978.
17. Leavitt, H.J., Applied Organizational Change in Industry: Structural, Technological, and Humanistic Approaches, in: *Handbook of Organizations*, March, J.G.(ed.), Chicago, 1965, 1144-1170.
18. Nadler, D.A./Tushman, M.L., Beyond the Charismatic Leader: Leadership and Organization Change, *California Managemment Review*, Winter, 1990, 77-97.
19. Lewin, K., *Field Theory and Social Science*, Harper & Row, 1951.
20. Kelman, H.C., Tree Process of Social Influence, in: Hollander, E.P./Hunt, R.G. (eds), *Current Perspectives in Social Psychology*, Oxford Uni. Press, 1963.
21. Badler, D.A., The Effective Management of Organizational Change, in: Lorsch, J.W.(ed.), *Handbook of Organizational Behavior*, Englewood Cliffs, 1987, 358-369.
22. Katz, D./Kahn, R.L., *The Social Psychology of Organizations*, 2nd New York: Wiley, 1978.
23. Kotter, J.P./Schlesinger, L.A., Choosing Strategies for Change, *Harvard Business Review*, March-April, 1979, 106-114.
24. Bennis, W.G., *Organizational Development: Its Nature, Origins, and Prospects, Reading*, Mass: Addson-Wesley, 1969.
25. Robbins, S.P., *Organizational Behavior*, Pearson Education, Inc., 11th. 2005.
26. Beckhard, R., *Organization Development: Strategies and Models, Reading*, Mass: Addison-Wesley, 1969.
27. Porras, J.L./Berg, P.O., The Impact of Organization Development, *Academy of Management*

Review, 3, 1978, 249-266.
28. Luthans, F., *Organizational Behavior*, McGraw-Hill, 6th. 1992.

Chapter 14 조직문화

1. Kroeber, A.L./Kluckhohn, C., *Culture: A Critical Review of Concepts and Definition*, New York, 1967.
2. Park, K., *Fuehrungsverhalten in unterschiedlichen Kulturen*, Muenchen–Mannheim, 1983.
3. Schein, E.H., *Organizational Culture and Leadership*, San Francisco: Jossey-Bass, 1992.
4. Weiner, Y./Vardi, Y., Relationships between Organizational Culture and Individual Motivation: A Conceptual Integration, *Psychological Reports* 67, 1990, 295-306.
5. Sorensen, J.B., The Strength of Corporate Culture and the Reliability of Firm Performance, *Administrative Science Quarterly*, 47, Mar., 2002, 70-90.
6. Stone, D.L./Stone-Romero, E.F./Lukazewski, K. M., The Impact of Cultural Values on the Acceptance and Effectiveness of Human Resource Management Policies and Practices, *Human Resource Management Review*, 17, 2007, 152-165.
7. Schein, E.H., *Organizational Culture and Leadership*, San Francisco: Jossey-Bass, 1992.; Bauer, T./Erdogan, B., *Organizational Behavior*, Flat-World Knowledge, 2010.
8. Argyris, C./Schon, D.A., *Organizational Learning, Reading*, Mass: Addition-Wesley, 1978.
9. Schein, E.H., *Organizational Culture and Leadership*, San Francisco: Jossey-Bass, 1992.
10. Caldwell, D./O'Reilly, C., Measuring Person-Job Fit using a profile comparison process, *Journal of Applied Psychology*, 75, 1990, pp. 648-657.
11. Probst, G./Raisch, S., Organizational Crisis: The Logic of Failure, *Academy of Management Executive*, 19, 2005, 90-105.
12. Westrum, R., Increasing the Number of Guards as Nuclear Power Plants, *Risk Analysis: An International Journal*, 24, 2004, 959-961.
13. Sheridan, J., Organizational Culture and Employee Retention, *Academy of Management Journal*, 35, 1992, 1036-1056.
14. Erdogan, B./Liden, R.C./Kraimer, M.L., Justice and Leader-Member Exchange: The Moderating Role of Organizational Culture, *Academy of Management Journal*, 49, 2006, 395-406.
15. Deal, T.E./Kennedy, A.A., *Corporate Cultures*, Addison-Wesley Co., 1982.
16. Cameron, K.S./Quinn, R.E./DeGraff, J./Thakor, A.V., *Competing Values Leadership*, Edward Elgar, 2006.
17. Chatman, A./Cha, S.E., Leading by Leveraging Culture, *California Management Review*, 45, 2003, 20-34: Wiener, Y., Forms of Value System: A Focus on Organizational Effectiveness and Cultural Change and Maintenance, *Academy of Management Review*, Oct. 1988, 534-545.
18. O'Reilly, C./Chatman, J., Cultures as Social Control: Corporations, Cults, and Commitment, in: Cummings, L./Staw, B.(eds.), *Research in Organizational Behavior* 18, Greenwich, CT, 1996, 157-200.
19. Weick, K., Organizational Culture as a Source of High Reliability, *California Management Review*, 29, 1987, 112-127.
20. Kotter, J.P./Heskett, J.L., *Corporate Culture and Performance*, New York: Free Press, 1992.
21. Sorensen, J.B., The Strength of Corporate Culture and the Reliability of Firm Performance, *Administrative Science Quarterly*, 47, Mar., 2002, 70-90.
22. Peters, T.J./Waterman, R. H. Jr., *In Search of Excellance*, Warner Books, 1982.
23. Akin, G./Hopelain, D., Finding the Culture of Productivity, *Organizational Dynamics*, winter, 1986, 19-32.

24. Quinn, R.E./McGrath, M.R., The Transformation of Organizational Cultures: A Competing Values Perspective, in: Frost, P.J. et al(eds), *Organizational Culture*, Beverly Hills:SAGE, 1985, 315-334.
25. Kotter, J.P./Heskett, J.L., *Corporate Culture and Performance*, New York: Free Press, 1992.
26. Allen, R.F., Four Phases for Bringing About Cultural Change, in: Kilman, R./Saxton, M.J./Serpa, R., *Gaining Control of the Corporate Culture*, San Francisco: Jossey Bass, 1986, 332-350.

찾•아•보•기

사 항 찾아보기

ㄹ

ㅁ

ㅂ

ㅅ

ㅇ

ㅈ

인 명 찾아보기

[저자 약력]

서강대 문학사, 서울대 대학원 경영학 석사
독일 만하임대 대학원 경영학 박사
동국대 경영학과 교수

한국인사조직학회 회장
한국윤리경영학회 회장
한독경상학회 회장
한국 인사관리학회 편집위원장
독일 만하임대 객원교수
서강대 총무처장
서강대 경영연구소 소장
서강대 경영대 학장
중앙노동위원회 심판위원
서강대 경영학과 명예교수(현)
사)한국기업조직역량연구원 원장(현)

제 2판 **조직행동**

2014년 2월 25일 제1판 발행
2019년 2월 25일 제2판 발행

저　자　박 경 규
발행인　임 권 규
발행처　弘 文 社

05855 서울시 송파구 송파대로 167 테라타워 B동 802호
등록 1993. 6. 24. 제1-1543호
TEL. 712-5311(代) FAX. 716-5311

값 33,000원

ISBN 978-89-7770-423-7 93320